四川大学学报

（哲学社会科学版）
2023年度选集

JOURNAL OF SICHUAN UNIVERSITY
Philosophy and Social Science Edition
Anthology of 2023

姚乐野　周维东 ◎ 主编　吴茜 ◎ 执行副主编

参编人员（按栏目顺序排名）
邱爽　庞礴　曹玉华　史云鹏　刘楷悦　吴茜　郭鹏程

四川大学出版社
SICHUAN UNIVERSITY PRESS

图书在版编目（CIP）数据

四川大学学报（哲学社会科学版）2023年度选集 / 姚乐野，周维东主编. -- 成都 : 四川大学出版社，2024.12

ISBN 978-7-5690-6894-8

Ⅰ. ①四… Ⅱ. ①姚… ②周… Ⅲ. ①社会科学一文集 Ⅳ. ① C53

中国国家版本馆 CIP 数据核字（2024）第 099246 号

书　　名：四川大学学报（哲学社会科学版）2023年度选集
Sichuan Daxue Xuebao (Zhexue Shehuikexue Ban) 2023 Niandu Xuanji
主　　编：姚乐野　周维东

选题策划：黄蕴婷
责任编辑：黄蕴婷
责任校对：毛张琳　张伊伊
装帧设计：李　野
责任印制：李金兰

出版发行：四川大学出版社有限责任公司
地址：成都市一环路南一段24号（610065）
电话：（028）85408311（发行部）、85400276（总编室）
电子邮箱：scupress@vip.163.com
网址：https://press.scu.edu.cn
印前制作：四川胜翔数码印务设计有限公司
印刷装订：成都金龙印务有限责任公司

成品尺寸：185mm×260mm
印　　张：36.75
字　　数：771千字

版　　次：2024年12月 第1版
印　　次：2024年12月 第1次印刷
定　　价：198.00元

本社图书如有印装质量问题，请联系发行部调换

扫码获取数字资源

四川大学出版社
微信公众号

前　言

《四川大学学报（哲学社会科学版）》2023 年度选集已经编选完成，按照惯例，需要对新的选集作一介绍。

关于为什么要出选集，在 2022 年度选集中已经进行了说明，此处就不再赘述。这里就说一说川大的哲社版学报是一本什么样的刊物，或者说，它希望成为一本什么样的刊物。《四川大学学报（哲学社会科学版）》1955 年创刊，到 2025 年即将迎来 70 华诞，至 2023 年底已经出版 249 期。作为“学报”，它始终和高等学校文科学术前沿保持密切互动，承担了连接四川大学与世界学术共同体的功能。在传播学术前沿问题时，基于刊物实际，较为重视以下三类问题：

（一）基础问题。所谓基础问题，按照美国国家科学基金会对“基础学科”的定义，即“研究目的是获取被研究主体全面的知识和理解而不是去研究该主体的实际应用”，将“基础学科”转化为“基础问题”，则是所有学科中涉及运行原理和能够成为新的知识的问题。并不是只有基础学科中才会出现基础问题，侧重解决社会问题的社会科学，也存在着基础问题。2023 年我们展开了关于“重写文明史”的讨论（专栏文章单独出版，故年度选集只选一篇作为代表），因为涉及文明史书写，所以它是基础学科中的问题，但它也是很多社会问题中的基础问题，譬如近年来世界范围内出现的逆全球化现象、种种国际冲突，在根源上其实也是文明史问题。基础问题是高校学术的根本，高校科研工作者兼具传道、授业、解惑的职责，基础学科中的知识需要融会贯通，社会上新出现的问题也需要从知识和原理的角度进行解读，因此强调基础问题是对于这个学术共同体的尊重。从学术传播的角度，基础性问题可能在一时之内难以产生轰动的反响，但如果是能够经受历史考验的成果，就能够比较长时间地发挥作用，这也就是图书出版中“畅销”和“长销”的道理。

（二）时代问题。2018 年 4 月 10 日，在博鳌亚洲论坛开幕式上习近平总书记提出了“时代之问”：“面对复杂变化的世界，人类社会向何处去？亚洲前途在哪里？”

"时代之问"将时代问题提到了人类命运的新高度。实际上，在任何时代都会有时代问题，它是社会发展、科技进步发展到一个阶段必然出现的现象。对于高校科研工作者来说，穷经皓首、孜孜不倦埋头基础研究是工作本份，胸怀国之大者、直面时代问题也是必需的担当。具体来说，时代问题大概包含三类：世界和国家出现的重大问题；老百姓普遍关注的社会生活和精神生活问题；学科发展中的重要知识转型。2023年开辟的"中国式现代化与高质量发展"专栏，便是针对时代问题做出的选择，"中国式现代化"是一个复杂问题，既涉及人类社会向何处去，又涉及老百姓生活的方方面面，同时涉及关于"现代化"的重新定义和思考。刊物从2022年开始设置的"马克思主义经典与阐释"专栏，则是从马克思主义经典作品入手，力图对当代马克思主义和21世纪的马克思主义在学理上有更深刻的理解。总体来说，时代问题尽管直面时代之变，但对于高校科研工作者来说，应对的方式还是基础研究式的。

（三）交叉问题。交叉问题既是学术前沿问题，又是人文社会科学的基础问题。学术探索进入前沿，学科的边界就变得模糊，物理学进步对哲学产生过深刻影响，近代医学发展改变了人类对生命的认知，人工智能对以"人"为中心的人文学科产生了冲击，都是历史上发生过和当下正在发生的问题，面对这些问题，单一学科的知识积累和方法范式都显得远远不够。当前出现的"新文科"'新理科""新工科"等说法，虽然涉及方方面面，但核心还是交叉，新的技术进步、新的生活方式、新的社会问题，让过去的知识体系和学术方法都呈现出种种缺陷，解决的方法只能是打破边界重建系统。在人文学科研究中，"文史哲不分家"的说法已是共识，其中的道理不言自明，它们都是人类精神的不同侧面，如同认识一个身边的人，对他的过往、思想、气质不能不有所把握。社会科学的基础便是交叉，几乎每一个社会科学学科都用到大量跨学科的知识和方法，范式变革极其迅速，原因也在于此。

学报选集的出版，目的在于增进学术交流，也是让学界更好地了解这个刊物，了解它的个性、它的品质。这也是我们的学报成长的见证，七十年，对人是古稀暮年，对一个刊物、一个大学来说，才刚刚进入青葱岁月，很多品质正在形成，还需要在不断的积淀和摸索中形成更加成熟的个性。

目　录

马克思主义·政治学·传播学

文学·语言学

哲学·宗教·艺术学

历史学

法　学

经济与管理

马克思主义·政治学·传播学

《资本论》的历史哲学意蕴*

付文军**

摘　要：马克思是历史哲学领域中的旗帜性人物。在对以“永恒论”为基调的“一般历史哲学”的“批判性拒绝”中，马克思推出了以“发展论”为核心的“批判的历史哲学”。在《资本论》中，马克思遵循了哲学服务历史的基本取向，并沿着两条并行不悖的路径稳步推进了他的“历史之思”：一是依托于唯物史观的分析范式，深入物质生产领域探掘了历史的本质与规律，二是以政治经济学批判为武器切近现代工商业实践格局，洞悉了资本主义的前景和命运。据此而论，马克思在《资本论》中竭力探掘社会历史的根源并展开对资本主导下的经济运行规则和文化道德机制的实质性批判，确证了以生产方式为基础、以人类解放为核心的“经济基础—上层建筑”的历史哲学运思路向。马克思的历史哲学就是一种基于实践的历史性批判，它在回应“时代之问”中完成了关于人类“历史之谜”的哲学思考。这种历史哲学以“世界历史”为基本定向，以“人类社会”为立脚点，实现了对“当代的自我阐明”，开辟了历史哲学的新境界和开启了人类文明的新方向。

关键词：《资本论》；历史哲学；社会形态；发展论；人类文明新形态

《资本论》是马克思不断与自己身处其中的现实世界“接触并相互作用”[①] 的理

---

* 国家社会科学基金青年项目“《资本论》及其手稿中的社会哲学思想研究”（21CKS030）

** 付文军，浙江大学马克思主义学院教授，浙江大学中国特色社会主义研究中心、浙江大学马克思主义理论创新与传播研究中心研究员（杭州　310058）

① 《马克思恩格斯全集》第1卷，北京：人民出版社，1995年，第220页。

论结晶。由于《资本论》融贯了多种研究视域和理论资源，学者们纷纷展开了对它的多样化阐释。在众多的研究成果中，哲学阐释[①]和政治经济学阐释[②]是“主流阐释路径”。当然，还有部分学者致力于《资本论》中的政治学、教育学、文艺学、法学、民族学和宗教学等思想的抽绎。在众多的阐释进路中，对于《资本论》的历史哲学阐释却一直不温不火。究其原因，大致主要有两点：一是马克思对所谓“一般历史哲学”始终保持“批判性拒绝”的态度；二是《资本论》皇皇巨著从头至尾都对“历史哲学”缄口不言。马克思谨慎的批判态度和历史哲学的静默状态都不足以确证“《资本论》中的历史哲学”是一个伪命题，我们必须回到《资本论》的历史时代与言说方式中去一探究竟。对于《资本论》中历史哲学意蕴问题的科学思辨，既能深化对马克思以及《资本论》理论高度和历史价值的认知，又能为“依然处在马克思主义所指明的历史时代”[③] 的我们提供通达“人类文明新形态”[④] 的路径与指引。

一、“一般历史哲学”：马克思的“批判性拒绝”

马克思直接提及“历史哲学”的著作并不是很多，大致集中在《神圣家族》《德意志意识形态》《〈政治经济学批判〉导言》和《给〈祖国纪事〉杂志编辑部的信》等文本中。这些文本集中表达了马克思对于历史哲学的基本态度——批判性拒绝。这是马克思在对“一般历史哲学”或“思辨历史哲学”进行学理省察的基础上而表露出的

---

① 代表性成果主要有孙正聿：《“现实的历史”：〈资本论〉的存在论》，《中国社会科学》2010 年第 2 期；孙承叔：《〈资本论〉及其手稿的哲学地位》，《哲学动态》2008 年第 11 期；丰子义：《〈资本论〉唯物史观的呈现方式与独特作用》，《中国高校社会科学》2015 年第 6 期；王南湜：《〈资本论〉的辩证法：历史化的先验逻辑》，《社会科学辑刊》2016 年第 1 期；何萍：《马克思〈资本论〉的历史性解读》，《哲学动态》2008 年第 11 期；仰海峰：《〈资本论〉与〈政治经济学批判大纲〉的逻辑差异》，《哲学研究》2016 年第 8 期；张盾：《马克思〈资本论〉中的辩证法》，《哲学研究》2022 年第 8 期；郗戈：《走向“特定性哲学”——政治经济学批判对马克思哲学革命的深化》，《中国社会科学》2022 年第 5 期。

② 代表性成果主要有顾海良：《〈资本论〉与中国特色社会主义政治经济学》，《政治经济学评论》2017 年第 3 期；吴宣恭：《学好〈资本论〉推进当代中国政治经济学建设》，《经济纵横》2016 年第 3 期；逄锦聚：《〈资本论〉与中国特色社会主义政治经济学——纪念〈资本论〉第一卷出版 150 周年》，《南开学报》2017 年第 4 期；洪银兴：《〈资本论〉和中国特色社会主义经济学的话语体系》，《经济学家》2016 年第 1 期；张旭、常庆欣：《〈资本论〉是光辉的政治经济学著作——驳〈资本论〉哲学化》，《当代经济研究》2019 年第 11 期。

③ 习近平：《坚持用马克思主义及其中国化创新理论武装全党》，《求是》2021 年第 22 期。

④ 习近平：《高举中国特色社会主义伟大旗帜　为全面建设社会主义现代化国家而团结奋斗——在中国共产党第二十次全国代表大会上的报告》，《人民日报》2022 年 10 月 26 日，第 1 版。

愤懑情绪和否弃态度。就此而论，马克思并未将一切历史哲学都拒之门外，他所反对的只是以形而上学或抽象思辨的方式考察社会历史的做法。更为明确地，马克思批判和拒绝的是黑格尔式的历史哲学，典型代表是黑格尔和蒲鲁东。

黑格尔构筑了一套关于世界历史的终极构思，并抓准了世界历史“最内在”的东西——作为世界精神的绝对，“绝对知识”就是世界辩证运动的目标所在。在《历史哲学》(*Vorlesungen über die Philosophie der*）中，黑格尔讨论了“原本的历史”“反思的历史”和“哲学的历史”三种历史书写类型，并将“哲学的历史”视为真正的历史哲学。在黑格尔的视域中，历史不是外在并独立于自然的存在，而是精神自身的内在发展，理性灌注到了历史的每一领域和环节。“在历史中，精神外化其自身，成为对象，人的意识意识到其自身。”[①] 由是观之，黑格尔以绝对精神为核心展开了对社会政治与文化问题的深刻洞见，通过将精神的本质规定为与自身同在(Beisichselbersein）的自由而使“精神的历史最终把握了自身”。[②] 黑格尔的理论运思继承了德国历史编纂学传统，在纯粹思维领域论及历史并在宗教中找寻历史动力并以此展开对历史问题的逻辑推演。在黑格尔那里，“理性”便是世界的主宰，世界历史由此成为一种“合理的过程”，而历史哲学不过就是“历史的思想的考察罢了”，[③] 它是将思想或理性“应用”到历史中的学问。对于黑格尔的这一套路，马克思早已洞若观火：“把占统治地位的思想同进行统治的个人分割开来，主要是同生产方式的一定阶段所产生的各种关系分割开来，并由此得出结论说，历史上始终是思想占统治地位，这样一来，就很容易从这些不同的思想中抽象出‘思想’、观念等等，并把它们当做（作）历史上占统治地位的东西，从而把所有这些个别的思想和概念说成是历史上发展着的概念的‘自我规定’。在这种情况下，从人的概念、想象中的人、人的本质、人中能引申出人们的一切关系，也就很自然了。”[④] 黑格尔虽然确证了精神在历史上的“最高统治”，却“不幸地在头脑中保留了一个形而上学的解决方案”。[⑤] 恩格

① 阿维纳瑞：《黑格尔的现代国家理论》，朱学平、王兴赛译，北京：知识产权出版社，2016年，第281页。

② 卡尔·洛维特：《从黑格尔到尼采：19世纪思维中的革命性决裂》，李秋零译，北京：生活·读书·新知三联书店，2019年，第40页。

③ 黑格尔：《历史哲学》，王造时译，上海：上海书店出版社，2006年，第8页。

④ 《马克思恩格斯文集》第1卷，北京：人民出版社，2009年，第553页。

⑤ 大卫·库尔珀：《纯粹现代性批判：黑格尔、海德格尔及其以后》，臧佩洪译，北京：商务印书馆，2004年，第15页。

斯在 1886 年的著作中特别指出，黑格尔所代表的历史哲学不过是“以哲学家头脑中臆造的联系来代替应当在事变中去证实的现实的联系”并将全部社会历史都视为“哲学家本人所喜爱的那些观念”的“逐渐实现”而已。[①] 不在历史本身之中找寻社会历史发展的动力，而是诉诸“外观”。黑格尔的这一做法始终都未曾离开过“哲学的基地”，他是在“经验的、公开的历史内部让思辨的、隐秘的历史发生的”。[②] 人类历史也被置换成了抽象精神的发展史，这也使得黑格尔对于历史的哲学运思显得神秘而缥缈。

作为“魁奈第二”的蒲鲁东依据经济学的教条而阐发了他对经济范畴和社会历史问题的反思。在《贫困的哲学》中，蒲鲁东沿着黑格尔的道路继续论述了与“观念顺序”而非“时间次序”相一致的历史。在他看来，“文明世界与宇宙一样，一切都存在，一切都始终在活动”。[③] 一切存在都是先天的，整个社会经济领域概莫能外。通过反复咀嚼经济学家们留下的关于分工、信用、货币和利润等经济范畴，蒲鲁东完成了对这些经济范畴的黑格尔式改造。他先将我们日常触及的一系列“生产关系”视为原理、范畴和抽象的逻辑范畴，继而按照魁奈的《经济表》的模式对这些抽象的范畴进行排序和编号以表明它们的历史运动。如此，社会经济范畴都按照自我设定（正题）、自相对立（反题）、自相合成（合题）的规律布展开来。蒲鲁东的所有思路都是建立在一个先验基础上的，即先行“假定被当做（作）不变规律、永恒原理、观念范畴的经济关系先于生动活跃的人而存在”，然后“再假定这些规律、这些原理、这些范畴自古以来就睡在‘无人身的人类理性’的怀抱里”。利用逻辑必然性取代经济必然性的蒲鲁东，做了解释经济范畴如何运动开来的尝试，在范畴的抽象演绎中阐发了纯粹理性的辩证运动史。这种绝对理性或抽象是超时间的，它并不在时间之中。资本主义经济关系也就自然成了“不受时间影响的自然规律”，它们作为超历史的存在而成为“永远支配社会的永恒规律”。至此，历史在经济学讨论中开始隐身以至于终结，人类社会形态也就至此永固不变。马克思据此点出了包括蒲鲁东在内的经济学家们颇为“奇怪”的论点和自相矛盾的论证方式：“他们认为只有两种制度：一种是人为的，一种是天然的。封建制度是人为的，资产阶级制度是天然的……以前是有历史的，现在再也没有历史了。以前所以有历史，是由于有过封建制度，由于在这些封建制度中

---

① 《马克思恩格斯文集》第 4 卷，北京：人民出版社，2009 年，第 301 页。

② 《马克思恩格斯文集》第 1 卷，第 292 页。

③ 蒲鲁东：《贫困的哲学》下卷，余叔通、王雪华译，北京：商务印书馆，2010 年，第 536 页。

有一种和经济学家称为自然的、因而是永恒的资产阶级社会生产关系完全不同的生产关系。”[①] 据此看来，蒲鲁东其实跟黑格尔并无二致，他们都善用形而上学来打造一个永恒王国，以此为资本主义的永恒与合法进行辩护。蒲鲁东乐于并善于用“编造神话”的办法“来对一种他不知道历史来源的经济关系的起源作历史哲学的说明”，[②] 这样的经济学是辩护论的经济学，通过不彻底的历史分析而达到为资本主义进行超历史论证之目的。

让我们回到正题，马克思所要反对的是只见思维而罔顾现实的理论家，他明确拒绝了“头脚倒置”的历史哲学所进行的超历史论证与思辨演绎。当然，马克思还在现实中拒斥了将自身理论泛化的做法。在《给〈祖国纪事〉杂志编辑部的信》和《给维·伊·查苏利奇的复信》及其草稿中，马克思运用唯物史观这一理论武器分析了俄国社会发展道路、俄国农村公社的发展前景和历史命运等问题。然而在理论的应用层面，一些理论家则将马克思在《资本论》中关于西欧资本主义起源的理论概述和历史分析变成了“一般发展道路的历史哲学理论”，并认为“一切民族，不管它们所处的历史环境如何，都注定要走这条道路”。对于将自己关于社会历史的分析不顾具体实情地普及开来的做法，马克思明确表达了不满——这“会给我过多的荣誉”，同时“也会给我过多的侮辱”。[③] 在马克思的视域里，一般历史哲学并不是“万能钥匙”，毕竟一系列极为近似的事件在不同的历史环境和时代语境中也完全可能导致截然相异的后果。与其说马克思极力排斥“一般历史哲学”，毋宁说马克思所明确反对的是拙劣套用历史分析范式来推演和分析社会现象的本本主义和经验主义。

二、“为历史服务的哲学”：《资本论》的“历史哲学”

拒斥“一般历史哲学”并不代表马克思就此与历史哲学“绝缘”。马克思虽没有像黑格尔那样以“历史哲学”之名出版专著，但他却一再树立哲学服务历史的基本取向，并依托于唯物史观和政治经济学批判完成了对历史的沉思。具体说来，带有马克思“标签”的历史哲学是从两条并行不悖的学术路线展开的：一是以唯物史观为根本分析范式，深入物质生产领域探掘了历史的本质与规律；二是以政治经济学批判切近

① 以上引文参见《马克思恩格斯文集》第1卷，第608、612、612—613页。

② 《马克思恩格斯文集》第8卷，北京：人民出版社，2009年，第6页。

③ 《马克思恩格斯文集》第3卷，北京：人民出版社，2009年，第466页。

现代工业实践格局，洞悉了资本主义的前景和命运。在《〈黑格尔法哲学批判〉导言》中，马克思就已明确表达了“为历史服务的哲学的迫切任务”所在——聚焦于“工业以至于整个财富领域对政治领域的关系”而“揭露具有非神圣形象的自我异化”问题以“确立此岸世界的真理”。[①] 对于“彼岸世界”的真理性求索就是要联系“原本”来剖解人们的生产活动及其物质生活条件，以此锻造能够引领世界历史变革的“时代精神”。这一任务显然只能在《资本论》中完成。遵循到“生产方式和交换方式的变更中”或“有关时代的经济中”找寻社会历史变迁或形态演变之根本依据的原则，[②] 马克思展开了对资本主义理论与实践、历史与未来的政治经济学批判。至此，《资本论》的历史哲学也就逐渐明确了：马克思着眼于“物质的生活关系”，在宏观上陈述了生产力在社会历史发展过程中的决定性作用，同时立足于现代工商业实践格局，在微观上展开了对劳动和资本关系的历史性理解和实质性批判，以此发掘了现代社会的问题与危机，找到了人类历史迈向新文明类型的方向与道路。

（一）“物质的生活关系”的解剖与社会历史进程的宏观展示

马克思深入到“物质的生活关系”中完成了对社会历史进程的宏观展示。马克思虽然一直置身于物质生活中，但这一领域并不理所当然地进入他的研究视界。追捧青年黑格尔派和费尔巴哈的青年马克思，虽然展开了对真理、自由等问题的人本主义求索和对人类社会历史状况的浪漫主义解锁，但也时常苦恼于对物质利益发表意见的“难事”。在《莱茵报》时期关于自由贸易和保护关税问题的讨论，直接刺激了马克思开启新的学术转向——从哲学而经济。根据马克思自己的回忆和陈述，他在对黑格尔法哲学的批判中逐渐确立了“对市民社会的解剖应该到政治经济学中去寻求”的致思路向，[③] 并在巴黎广泛汲取了国民经济学的智慧，逐步展开了对经济事实的科学考量。直至对以鲍威尔兄弟为代表的青年黑格尔派的批判中，马克思发现“批判的批判”总是将历史的诞生之地高置于“天上的云兴雾聚之处”，如此便顺理成章地将工商业、自然科学以及人都统统排除在历史的运动之外。马克思则开启了与之相反的思考路向，将粗糙尘世的物质生产视为历史的发源地，并借此确认了“现实的、活生生的人”创造历史的事实。马克思就是以此为出发点或前提来考察社会历史的，作为

① 《马克思恩格斯文集》第 1 卷，第 8、4 页。

② 《马克思恩格斯文集》第 9 卷，北京：人民出版社，2009 年，第 284 页。

③ 《马克思恩格斯全集》第 31 卷，北京：人民出版社，1998 年，第 412 页。

"追求着自己目的的人的活动"的历史也就不再是抽象经验主义者所描绘的一系列僵死事实的集合,[①] 不再是唯心主义者所判定的主体抽象思辨的产物。

在《德意志意识形态》中，马克思直面"物质生活本身"，在"生活决定意识"这一原则的指导下阐发了关于社会历史的辩证法。具体说来，马克思通过对人类创造历史的"第一个前提"——满足吃、喝、住、穿等基本生活所需的生产——的考察，展开了对生产、分工和交往之间复杂关系的分析和演绎。直观看来，人们的物质生产首先就是人与自然之间的交互活动与过程。这一过程不是离群索居的鲁滨逊式的人与自然的交互，而是社会性交往，即"许多个人的共同活动，不管这种共同活动是在什么条件下、用什么方式和为了什么目的而进行的"。[②] 显然，这种"共同活动"的合作关系是生产得以顺利进行的前提，也是历史得以延展开来的基础。基于此，马克思指认了"一定的生产方式"或"一定的工业阶段"始终是与"一定的共同活动方式"（生产力）或"一定的社会阶段"紧密相连，"人们所达到的生产力的总和决定着社会状况"。[③] 这在后来被马克思明确表述为"社会的物质生产力发展到一定阶段，便同它们一直在其中运动的现存生产关系或财产关系（这只是生产关系的法律用语）发生矛盾。于是这些关系便由生产力的发展形式变成生产力的桎梏。那时社会革命的时代就到来了。随着经济基础的变更，全部庞大的上层建筑也或慢或快地发生变革"。[④] 依此而论，人类历史或社会发展阶段必须要与生产力和生产关系统一的生产本身相联系，并为其所决定。而这种"联系"在生产活动中不断变换并采取新的形式，最终铸造了"历史"。由是观之，历史不再是"自我意识""世界精神"或某一"形而上学幽灵"的纯粹思辨抽象，而是完全"物质的"并且是可以通过每一个"实际生活的、需要吃、喝、穿的个人"的经验证明的"行动"。[⑤]

当然，马克思并未止步于对历史生成与演变过程的粗线条勾勒，他还详细述及了基于一定生产状况的分工对于社会历史的影响。分工作为社会生产力最显著的标志性事件，不仅剥离了社会经济存在形式，还是与私有制相等的"表达方式"。"分工的各个不同发展阶段，同时也就是所有制的各种不同形式。这就是说，分工的每一个阶段

---

① 《马克思恩格斯文集》第 1 卷，第 351、295 页。

② 《马克思恩格斯文集》第 1 卷，第 532 页。

③ 《马克思恩格斯文集》第 1 卷，第 532—533 页。

④ 《马克思恩格斯全集》第 31 卷，第 412—413 页。

⑤ 《马克思恩格斯文集》第 1 卷，第 541 页。

还决定个人在劳动材料、劳动工具和劳动产品方面的相互关系。”① 人类社会依据分工而先后呈现出由低级到高级、由无序到有序、由野蛮到文明的演进序列，即从部落［Stamm］所有制、古典古代的公社所有制和国家所有制、封建的或等级的所有制、资本主义私人占有制到共产主义公有制。这其实也就是马克思在《1857—1858 年经济学手稿》中所归纳的从“人的依赖关系”“以物的依赖性为基础的人的独立性”到“自由个性”的循序渐进的发展序列。②

可见，马克思在生产力和生产关系的矛盾运动中考究了“历史”，在自然、人和历史的关联统一视域中把握了历史的真义，以此开显了马克思历史观的科学性。马克思对于历史的科学考辨表明，“从直接生活的物质生产出发阐述现实的生产过程，把同这种生产方式相联系的、它所产生的交往形式即各个不同阶段上的市民社会理解为整个历史的基础，从市民社会作为国家的活动描述市民社会，同时从市民社会出发阐明意识的所有各种不同的理论产物和形式，如宗教、哲学、道德等等，而且追溯它们产生的过程。……这种历史观和唯心主义历史观不同，它不是在每个时代中寻找某种范畴，而是始终站在现实历史的基础上，不是从观念出发来解释实践，而是从物质实践出发来解释各种观念形态”。③

（二）现代工商业实践格局的批判与资本主义历史的微观呈现

马克思基于现代工商业实践格局展开了对资本主义历史的微观呈现。如果说生产力决定生产关系是对人类历史变迁根源的原则性规定和粗线条勾画，那么以英国为典型案例深入剖析资本主义生产方式及附着其上的各种复杂关系就是对特定历史阶段的微观呈现。马克思在《资本论》中完成了这一工作并详细说明了自己的谋划。以当时最为发达的英国为例分析社会历史状况就具有普遍性和说服力吗？这是马克思首先要回应的问题。他在《资本论》第一版序言中就明确批评了抱有“侥幸心理”的德国读者，“问题本身并不在于资本主义生产的自然规律所引起的社会对抗的发展程度的高低。问题在于这些规律本身，在于这些以铁的必然性发生作用并且正在实现的趋势。工业较发达的国家向工业较不发达的国家所显示的，只是后者未来的景象”。④ 其实

---

① 《马克思恩格斯文集》第 1 卷，第 521 页。

② 《马克思恩格斯全集》第 30 卷，北京：人民出版社，1995 年，第 107—108 页。

③ 《马克思恩格斯文集》第 1 卷，第 544 页。

④ 《马克思恩格斯文集》第 5 卷，北京：人民出版社，2009 年，第 8 页。

这一思路在《〈政治经济学批判〉导言》中就已得到确认，国民经济学家抹杀历史差别和时代差异并遗忘“人体解剖”这一重要的历史解锁之匙，继而将一切社会形式都视为永恒固定的资产阶级社会形式，自然也就无法侦破历史发展的序列与规律。马克思直接确认了历史的流变过程及其必然趋势，“最后的形式总是把过去的形式看成是向着自己发展的各个阶段”。作为“最发达的和最多样的历史的生产组织”的资本主义社会，它的各种关系范畴、经济结构和内在要素都在前资本主义时代已经得到了某种程度上的“暗示”，前资本主义时代作为“母体”孕育了资本主义，必然也就将一些时代印记“遗传”给了自己的“后代”。关于资本主义的学理解剖为我们“透视一切已经覆灭的社会形式的结构和生产关系”提供了可能，[①] 就和世人只有对基督教有一个全面把握之后才能更好地理解古代神话是一个道理。总体而言，我们不仅可以将《资本论》视为资本主义的“病理解剖学”，还可将其看作“历史诠释学”，它不仅昭示着马克思对资本主义经济基础的实质性批判，还彰显着马克思对资本主义上层建筑的历史性理解。

马克思精准地抓住了“劳动”和“资本”的关系是这一社会体系“所围绕旋转的轴心”[②] 展开了对资本主义经济基础的解构。劳动是人和自然间的“物质变换”过程，也是人类社会得以持存的前提和基础。在资本主义生产方式之下，劳动不仅是通过对自然物的占有而“制造使用价值的有目的的活动”，还是作为“酵母”般的实现价值增殖的活动。由于“劳动者和劳动实现条件的所有权之间的分离”，一无所有的自由劳动者为了生计只能将自己唯一拥有的东西——劳动力——投放到商品市场之上，以便能够将其顺利出售。资本家一旦在市场上购买了劳动力，劳动力商品的使用价值就归资本家所有。按照商品交换规律和资本的牟利剥削本性，作为买者的资本家也势必会想方设法从他购得的商品使用价值中获得尽可能多的利益，他们势必会到处声称“买者的权利”，即“尽量延长工作日，如果可能，就把一个工作日变成两个工作日”。广大工人就此沦为“人格化的劳动时间”，并终生臣服在资本脚下。在资本无限增殖欲望的驱使下，无限度追逐剩余劳动时间，如狼似虎般地啃噬剩余劳动，突破工作日的道德界限和身体极限成为“常态”。工人在创造财富、促成资本增殖的时候，也使得自身身心俱疲并成为只有最基本需求的“牲畜”。资本主义的生产实质就是

---

① 《马克思恩格斯全集》第 30 卷，第 47、46 页。

② 《马克思恩格斯全集》第 21 卷，北京：人民出版社，2003 年，第 362 页。

“剩余价值的生产”或“剩余劳动的吮吸”，通过延长劳动时间、增大劳动强度等一系列手法满足其增殖欲望和需求。最终的结果是，资本家赚得盆满钵满，而广大工人却落得个体力衰竭、精神萎靡、苦不堪言的下场。通过对劳动和资本关系的政治经济学批判，马克思不仅直观地呈现了工人和资本家之间在经济、政治和社会中的悬殊状况，还深刻揭示了摧残工人生命根源的幕后操手。资本主义劳动关系的悖论充分显示了劳动力成为商品是“通向地狱的道路”，同时也确证了化解这一根本性悖论的方法与道路——基于资本主义生产方式的“自我摧毁”机制利用资本来消灭资本。①

马克思在对劳资关系的政治经济学阐析中，还深刻批判了资本逻辑的意识形态本质，以“炸毁构成官方社会的整个上层”。②“占统治地位的思想不过是占统治地位的物质关系在观念上的表现，不过是以思想的形式表现出来的占统治地位的物质关系。”③ 竖立在资本主义经济基础之上的意识形态是该社会的观念上层建筑，作为社会的“牧师”而唯资本之命是瞻。这种与生产方式相适应的意识形态是根植于资本主义生产的，并与资本家的命运和地位紧密相连。资本主义意识形态实质上就是“资本意志”的典型表现和“资本逻辑”的现代化身，通过高扬“资本理性”而重塑“理性王国”。更为明确地说，资本家及其代言人处心积虑地用尽一切办法来将资本家的“特殊利益”描绘成广大人民的“普遍利益”，站在资本家的立场之上竭力宣传一系列包装过的关于平等、公平、正义、博爱、自由、人权和民主等论调，将这些说辞竭力内化为人们心中的基本信念，继而帮助资本家牢牢守住思想领地。资本主义意识形态主要通过两种方式来完成对社会的全面统摄。一是充分发挥“抽象”的统治力量。在“物的依赖性”遍布开来的时代，所有的交换都要经过不断地“抽象”而各式不同的物化为“同一的东西”，继而造就了“个人现在受抽象统治”的局面，④“抽象”随着资本积累不断强化了对人们的管控和钳制。二是通过“颠倒”的手法回避和歪曲事实。“资本主义生产方式的神秘化”“社会关系的物化”“物质的生产关系和它们的历史社会规定性”三者直接融合、塑造了“一个着了魔的、颠倒的、倒立着的世界”。⑤这一颠倒的主要表现就是劳动和资本回报率之间的差异，劳而不获（或获之绝少）和

① 以上引文参见《马克思恩格斯文集》第 5 卷，第 215、821、271、281、307、223 页。

② 《马克思恩格斯文集》第 2 卷，北京：人民出版社，2009 年，第 42 页。

③ 《马克思恩格斯文集》第 1 卷，第 550—551 页。

④ 《马克思恩格斯全集》第 30 卷，第 114 页。

⑤ 《马克思恩格斯文集》第 7 卷，北京：人民出版社，2009 年，第 940 页。

获而不劳的局面逐渐稳固。工资制度、工作日和生产纪律等都不过是资本剥削的帮凶和安抚工人的规定，其实质不过是资本对工人的“规训”。在对资本主义意识形态的深层解蔽中，马克思确认了这种意识形态的虚假性和不义，为唤醒广大工人沉睡已久的革命意识，号召人们同资本主义所有制关系及其观念“实行最彻底的决裂”。①

在对资本主义经济基础和上层建筑的“解锁”中，马克思揭明了“资本主义的结构内在地产生了它自身的妄见”。② 作为“活生生的矛盾”的资本贯穿于资本时代的全过程，资本按照自己的意旨打造了一个符合资本理性的王国，整个社会的经济运行和思想状况都受制于资本逻辑。而这也恰是资本主义的“七寸”，资本最大的问题也在于资本自身。在对资本主义生产方式的批判中，马克思透视了资本主义的“史前史”以及当代境遇，为最终克服资本主义而迈向新的文明形态——共产主义——提供了学理论证和科学预想。

三、朝向“世界历史”：马克思历史哲学的归旨

对于马克思而言，“问题就是时代的口号，是它表现自己精神状态的最实际的呼声”，马克思的历史哲学真正所要分析的“不是答案，而是问题”。③ 这些“问题”既不是先验存在，又不是头脑虚构，亦不是个人体悟。马克思所讨论的“问题”都是在世界历史范围之内的发生。由此，我们可以看到马克思历史哲学的独特性所在，它既不是在思辨领域所进行的问题叙述，又不是以单个个体的活动为中心的理论构建，而是一种基于实践的历史性批判。马克思历史哲学就是一种在回应“时代之问”中关于人类“历史之谜”的批判性思考。或言之，马克思的历史哲学打造了一种将世界历史转变为与哲学思维变革相统一的新型历史观，这种“改变世界”的历史哲学成为“不断丰富和发展人类文明新形态”的科学指南。④

人类社会以“世界历史”为基本定向，⑤ 在不断的实践中完成从“历史”到“世

① 《马克思恩格斯文集》第 2 卷，第 52 页。

② 巴弗莱·贝斯特：《马克思与资本形成的动力学：政治经济学的美学》，张晶译，南京：江苏人民出版，2020 年，第 79 页。

③ 《马克思恩格斯全集》第 40 卷，北京：人民出版社，1982 年，第 289—290、289 页。

④ 习近平：《高举中国特色社会主义伟大旗帜　为全面建设社会主义现代化国家而团结奋斗——在中国共产党第二十次全国代表大会上的报告》，《人民日报》2022 年 10 月 26 日，第 1 版。

⑤ 付文军：《〈资本论〉的世界历史叙事及其当代意义》，《学术界》2022 年第 4 期。

界历史”的转变。随着人类实践的推进和资本主义生产方式的布展，“各个相互影响的活动范围”得以不断扩大，各个民族和地区的闭关状态得以改变，整个世界被纳入商品生产和交换体系中，“历史也就越是成为世界历史”。① 世界历史是人们必须直面的现实境遇，它“包含了人类历史整体性的存在状态、活动方式以及追求自由的路径”。②《资本论》印证了《共产党宣言》中所提及的以资本逻辑为基本建制的社会的强大“魔力”。资本主义大工业开创了一个全新的时代，它依托于强大的经济渗透力和政治控制力，将整个世界都卷入到这种生产方式之中，实质性地改变了自给自足、闭关自守、分裂割据的状态。一切陈旧的宗法关系和封建羁绊都不复存在，取而代之的是“赤裸裸的利害关系”充斥到人们的生产和生活当中，“农村屈服于城市的统治”“未开化和半开化的国家从属于文明的国家”“农民的民族从属于资产阶级的民族”和“东方从属于西方”的世界格局的成型。在工商业大潮的席卷之下，整个世界日渐成为一个普遍联系的“地球村”，全球化成为一股不可逆转的风潮。“自此以后，正像总体的历史不能不是世界历史一样，任何一个民族的或地域的历史性活动在本质上不能不参与到世界历史的总体进程之中，并成为它的组成部分”。③《资本论》的历史哲学就是在此“语境”中展开的。当然，马克思也并未沉迷于资本世界而丧失理性的批判力，他着眼现状展开了他的“劳动之问”（考究无产阶级“存在的秘密”）和“资本之思”（省察资本的运作方式与规律），继而洞察到了贯穿资本主义社会始终的“生产方式的对抗性矛盾”。④ 在对劳动和资本这一根本的对抗性矛盾的政治经济学批判中，马克思确证了人类脱离剥削苦海、获得自由和全面发展的解放之路。可以说，《资本论》的历史哲学着重强调人类社会发展与世界历史转变相互交汇、人类历史的现实演进与历史观的生成变革彼此融合的辩证智慧，它所强调的是现实意义层面的“历史”与历史视野中的“现实”的有机统一。在这种“生成性”的历史哲学中，马克思始终是“在实践中求解现实问题”的。⑤

马克思以“人类社会”为立足之点，在对人类历史的总体考察中践履了“通过批

---

① 《马克思恩格斯文集》第 1 卷，第 541 页。

② 刘同舫：《当代中国马克思主义的哲学境界》，《中国社会科学》2021 年第 9 期。

③ 吴晓明：《世界历史与中国道路的百年探索》，《中国社会科学》2021 年第 6 期。

④ 张一兵：《马克思历史辩证法的主体向度：似自然性、物役性批判理论研究》，北京：北京师范大学出版社，2017 年，第 193 页。

⑤ 刘同舫：《当代中国马克思主义的哲学境界》，《中国社会科学》2021 年第 9 期。

判旧世界发现新世界”的哲学宣言，并实现了对“当代的自我阐明”。[①] 对旧世界的批判旨在发现新世界，马克思历史哲学就要完成对新世界出场逻辑的科学阐明。与旧哲学和国民经济学不同，马克思现身于历史哲学这一研究场域就旗帜鲜明地表达了自己的学术旨趣——为了人的自由而全面发展。马克思历史哲学具有独特的超越性，他始终站在广大工人一边，为工人阶级的革命和解放事业著书立说。这就使得马克思对于社会历史的诉求不再局限于维护现实状况或改变私有制，他不再强调“改变”或“改良”，而着力推崇“批判”和“革命”——消灭阶级、消灭私有制。而这种消灭私有制的革命运动和批判行动又必须有条不紊地展开，要讲究方式方法。就基本策略来看，资本主义的“根本”就在于资本，这一社会的诸多矛盾与危机的肇源也在于此，资本主义的“惟一祸害”就是“资本本身”。[②] 按照“抓住事物的根本”的彻底革命的要求，要实现人的自由和全面发展就要积极探寻一条“根本消灭资本”[③] 或“利用资本本身来消灭资本”[④] 的道路。《资本论》为我们明示了积极扬弃资本的基本方案，即在“资本主义时代的成就”和“在协作和对土地及靠劳动本身生产的生产资料的共同占有”的基础上，以“每一个个人的全面而自由的发展”为基本原则，[⑤] 按照“社会总体和每个成员的需要对生产进行的社会的有计划的调节”，[⑥] 建构“联合起来的、社会的个人的所有制”。[⑦] 当然，这一理想社会发展形态也不会一蹴而就。“无论哪一个社会形态，在它所能容纳的全部生产力发挥出来以前，是决不会灭亡的；而新的更高的生产关系，在它的物质存在条件在旧社会的胎胞里成熟以前，是决不会出现的”。[⑧] 资本主义势必不会心甘情愿地退出历史舞台，纵使自身满目疮痍、危机重重，也会为了自身的利益而狗苟蝇营。无论资本主义怎样依据具体情势而定制“改良”方案，只要资本主义还存在，它就要不断生产和不断积累以适应资本增殖的需求。“这种适应的开头是创造出相对过剩人口或产业后备军，结尾是现役劳动军中不断增大的各阶层的贫困和需要救济的赤贫的死荷重”。[⑨] 资本积累和贫困积累、问题积蓄、危

---

① 《马克思恩格斯文集》第 10 卷，北京：人民出版社，2009 年，第 7、10 页。
② 《马克思恩格斯文集》第 5 卷，第 649 页。
③ 《马克思恩格斯全集》第 21 卷，第 316 页。
④ 《马克思恩格斯全集》第 30 卷，第 390—391 页。
⑤ 《马克思恩格斯文集》第 5 卷，第 874、683 页。
⑥ 《马克思恩格斯文集》第 3 卷，第 561 页。
⑦ 《马克思恩格斯全集》第 37 卷，北京：人民出版社，2019 年，第 300 页。
⑧ 《马克思恩格斯文集》第 2 卷，第 592 页。
⑨ 《马克思恩格斯文集》第 5 卷，第 742—743 页。

机频发是同步的，只要资本主义不被消除，人类文明的步伐也就会因此而受限。对马克思来说，立足于人类社会的历史哲思就是要为“消灭现存状况的现实的运动”[①]提供智力支援。

在历史哲学思想史上，马克思的批判的历史哲学是独树一帜的。马克思携《资本论》毅然与“永恒论”的“一般历史哲学”分道扬镳，通过推出“发展论”来探掘社会历史并展开对资本主导下的经济运行规则和文化道德机制的实质性批判，确证了以生产方式为基础、以人类解放为核心的“经济基础—上层建筑”的历史哲学运思。作为朝向“世界历史”之思的《资本论》的历史哲学，是一种批判的历史哲学。它不仅是一部“旧世界的解剖学”，更是一部“新世界的展望学”；它不仅是“工人阶级的圣经”，更是对世界历史的“重新书写”；它不仅与“改变世界”的哲学宣言相吻合，还同马克思社会批判的逻辑理路相一致。在历史哲学领域，“只有一个德国人才能攀登最高点，把现代社会关系的全部领域看得明白而且一览无遗，就像一个观察者站在最高的山巅观赏下面的山景那样”，[②]而这个“德国人”就是卡尔·马克思！

小　结

对于历史发展路向的问询是人类永恒的课题，也是一代代智者贤人孜孜求索的重要目标。思辨哲学、实证科学、历史编纂学和古典经济学纷纷以抽象的方式展开了对历史及其问题的演绎，最终都自然地导出了形而上学的解释方案。马克思携《资本论》开启了解答人类“历史之谜”的新境界，他不再局限于维护现实，而是在直面现实的过程中不断探掘改变现实的科学方案。《资本论》的历史哲学就此与“解释世界”的旧哲学划清了界限，成为引领时代潮流和人类发展方向的指路明灯。

在“世界之变、时代之变、历史之变正以前所未有的方式展开”的当下，在资本主义和社会主义交织的情势中，人类社会走向何处的问题成为一个世界性的议题。资本主义现代性所提供的少数私人牟利并引领时代的方案必然导致社会的两极分裂，必然会造成尖锐的社会对立，它在人类文明发展史上的作用虽有效却有限。社会主义所推行的现代化则是立足实际、放眼长远的科学建设方案，中国式现代化的理论与实践

① 《马克思恩格斯文集》第1卷，第539页。

② 《马克思恩格斯全集》第21卷，第363页。

就是明证。中国人民在中国共产党的领导下，在具体实践中“不断回答中国之问、世界之问、人民之问、时代之问”，既正视并积极回应了时代和现实抛出的一系列难题，又在这一过程中得出了“符合客观规律的科学认识，形成与时俱进的理论成果”。在理论和实践的互动中，中国人民“书写了经济快速发展和社会长期稳定两大奇迹新篇章”，并以自己的力量使得“科学社会主义在二十一世纪的中国焕发出新的蓬勃生机”。① 可以说，中国人民在社会主义求索过程中不断推进着人类文明进程，中国式现代化助推着人类文明新形态。这一系列成就的取得和局势的奠定，很重要的一个方面就是中国共产党和中国人民自觉地运用了马克思历史哲学的方法论，在充分尊重人类社会发展规律、社会主义建设规律和共产党执政规律的基础上积极发挥主观能动性，在“推进和深化对历史唯物主义的理论和历史的实际研究”② 的过程中稳步坚持中国特色社会主义道路，以此实现对人类文明的创造性书写和科学性引领。

---

① 习近平：《高举中国特色社会主义伟大旗帜　为全面建设社会主义现代化国家而团结奋斗——在中国共产党第二十次全国代表大会上的报告》，《人民日报》2022 年 10 月 26 日，第 1 版。

② 陈先达：《历史与历史的书写》，《贵州师范大学学报》2021 年第 3 期。

人类命运共同体的自然法权基础[*]

吴宏政[**]

摘　要：“全人类共同价值”诸范畴为人类命运共同体提供的不只是“价值观”，更是“自然法权”。通过对“全人类共同价值”的自然法权内涵分析，可得出如下结论：第一，“和平、发展、公平、正义、民主、自由”这些自然法权是不可剥夺的，是人类物种的“安身立命之本”，而不是由某个民族国家赋予的；第二，它们不仅是某个民族国家的“主观愿望”，而且是基于社会历史的客观规律而对人类物种来说的“客观价值”；第三，它们不仅是抽象的关于“共同价值”的观念，而且在具体内涵上构成了自然法权的基本范畴；第四，这些自然法权绝不允许被任何一个民族剥夺和破坏；第五，资本主义制度及其文明是对人类物种“自然法权”的践踏。因此，构建人类命运共同体，要把上述“自然法权”熔铸在马克思的历史唯物主义之中，进而为人类命运共同体提供法理基础。

关键词：人类命运共同体；自然法权；历史唯物主义

“构建人类命运共同体”不仅仅是一种愿望或理想，而且在人类这一物种的生存活动中有其客观的法理基础。因此，为人类命运共同体确立客观的“自然法权”基础，其重大意义在于：明示了人类命运共同体不是根据主观的愿望设定，不是各民族

* 国家社会科学基金重点项目“坚持和发挥我国国家制度和治理体系　依靠人民推动国家发展的显著优势研究”（20AZD008）

** 吴宏政，吉林大学马克思主义学院教授（长春　130015）

国家的偶然行为；相反，它对于每个民族国家来说（在不破坏人类物种的可持续生存和可持续和平前提下），是必然应该坚持的目标导向，这是由它的自然法权基础所决定的。

一、“全人类共同价值”之为自然法权的理论根据

人类这一物种和其他物种的区别在于，人既具有自然生命，又具有精神生命。于是，人类的全部生存活动便在这双重属性的关系中展开。作为精神生命，天然会追求和平、发展、公平、正义、民主、自由，这便是“全人类共同价值”。[①] 这些价值观如果必然和人的生存实践结合起来，就必须转变为人类物种得以生存的“自然法权”。按照从抽象到具体的逻辑层次，人类命运共同体首先被置于世界历史进程当中，在历史哲学的意义上确立它的客观真理性。而后，这一世界历史意义的客观真理性必然要扬弃它的抽象性，进而在具体的价值规定中获得它的“自然法权的客观真理性”。

（一）“人类命运共同体”在世界历史意义上的客观真理性

人类命运共同体不仅仅是人类的“主观愿望”，而且具有其法理意义上的“客观真理性”。如果人类命运共同体仅仅是人类的“主观愿望”，就会出现如下结果：人们可以有这样的愿望，也可以有那样的愿望；可以有这个愿望，也可以没有这个愿望。显然，把人类命运共同体仅仅建立在人类的“主观愿望”上而没有其客观真理性，这既不符合马克思的历史唯物主义立场，在现实中也会缺少其客观必然性。在世界历史的背景下探讨人类命运共同体的客观真理性包括两个维度：一是在历史哲学的意义上为人类命运共同体确立世界历史的存在论基础；二是在法哲学的意义上为人类命运共同体确立自然法权基础。

在历史哲学的意义上，我们首先为人类命运共同体提供其世界历史的存在论基础。第一，人是世界历史的创造者，人类应牢牢掌握自己的命运，因此，推动构建人类命运共同体乃是人类物种赋予自身的世界历史责任。第二，世界历史是进步的，这一进步的目的便是马克思所揭示的共产主义的客观必然性。因此，共产主义构成了世界历史的客观目的，它不仅仅是马克思的主观构想。同样，人类命运共同体也不仅仅

① 《习近平谈治国理政》第二卷，北京：外文出版社，2017年，第522页。

是人类的主观愿望，而且是世界历史进程的客观趋势。第三，世界历史的发展是有客观规律的，并且这一客观规律能够被人类所把握。人类有能力揭示人类命运共同体的客观真理性，这同样是世界历史客观规律所决定的。对人类命运共同体的希求根植于人类这一物种作为世界历史性存在的生命本性，因而是直接获得的自然权利。人类如果不把共同体视为客观的自然权利，这一物种便无法生存。

然而，上述世界历史的存在论基础仍然是宏观而抽象的，必然要扬弃它的抽象性而进入它的“自然法权”基础。因此，要赋予“和平、发展、公平、正义、自由、民主”这些“全人类共同价值”的概念以自然法权的内涵，需要强调：“全人类共同价值”不是某一民族国家的“主观臆断”，而是出自“实践理性”① 而直接赋予人类的，并且在现实中，每个民族国家也都将这些价值范畴作为本民族的价值追求。这就表明，“全人类共同价值”不是以个别民族国家的意志为转移的“主观选择”。相反，“全人类共同价值”是人类这一物种不可被剥夺的自然法权。因此，“全人类共同价值”具有客观真理性的法理基础。正是在这个意义上，“全人类共同价值”才是作为各个民族国家天然具有的“自然法权”而存在的。

（二）“自然法权”是人类物种的安身立命之本

所谓“自然法权”（natural rights），② 是指一个主体直接无条件地具有的权利，因此成为人类全部行为的最高规范和安身立命之本。人类命运共同体就是要保证每一个民族国家作为独立主体，其自然法权得到尊重。“全人类共同价值”作为抽象的“概念”还不足以呈现它们的内涵，因而需要对其内涵作出逻辑上的澄明。这样，这些“价值观”的诸概念就因为具有了内涵而成为自然法权的“范畴”。“概念”在没有获得具体的规定之前是抽象的，而“范畴”是被赋予了理论内涵的概念，因而是具体的。就概念而言，中国和西方共同使用上述概念，但是，对这些概念的内涵理解却存在着差别。因此，需要赋予这些概念具体的理论内涵，使它们成为自然法权的基本

---

① 康德把理性分为两种，即“思辨理性”和“实践理性”。前者是理性在理论中的运用，后者则是理性在实践中的运用。参见康德：《实践理性批判》，邓晓芒译，北京：人民出版社，2003年，“序言”，第1页。

② “自然法权”是西方政治哲学的概念。马克思批判了西方自然法权的抽象人性论特征，并在唯物史观的意义上探讨人类的自由和解放。但是鉴于“自然法权”这一概念已经成为学界的习惯用法，本文克服其唯心论性质，在唯物史观的意义上赋予其直接享有、不可剥夺的内涵，并特指“全人类共同价值”的诸范畴，从而和西方政治哲学的“自然法权”概念有本质性区别，旨在强调这些权利的客观真理性。

范畴。

然而，西方资本主义国家把这些共同价值作为资本扩张和文化殖民的“工具”，在他们对待其他民族国家的实践行为中违背了这些自然法权的范畴内涵，使这些范畴变成了和现实脱节或背离的虚假价值观，进而成为意识形态斗争的工具。

上述六个范畴作为“观念”是“全人类共同价值”；作为“行为规范”则是使人类物种得以生存的“自然法权”。作为自然法权，它们全部归属于每一个民族国家，并且是直接拥有的。这就意味着，“全人类共同价值”是在世界各民族国家之间关系的语境中被赋予意义的，它针对的是有不同文化价值观的不同民族国家，因此要在差异性基础上坚持同一性，这一同一性就是“全人类共同价值”，而这些共同价值在民族构架交往实践中就构成了人类得以安身立命的“自然法权”。

（三）“全人类共同价值”在自然法权意义上的客观真理性

从学理上看，“全人类共同价值”必然要面对如下问题：“全人类共同价值”仅仅是某一个民族国家的主观愿望，还是具有客观真理性？对于这一问题的回答具有重大的世界历史意义。如果仅仅是某一个民族国家的主观愿望，根据文明多样性原则，其他民族国家就有权利放弃这些价值；相反，如果具有客观真理性，则每个民族国家就必须把这些价值作为生存法则。

毫无疑问，上述六个范畴所表达的价值诉求是人类性的。当我们提出“全人类共同价值”的时候，显然是站在全人类的立场上，这就意味着它们所承载的价值绝不是某一民族国家的“特殊价值”，而是全人类应当具有的“共同价值”。因此，这些价值绝不是出自某一民族国家的主观愿望，相反，它必须具有客观真理性。而如果具有客观真理性，这些价值便具有了绝对可靠的法理依据。这样，这些价值就绝不仅仅是人们的“价值观”，它在本质上是人类这一物种直接拥有的“自然法权”。这些自然法权根植于人类的本性，因此不是后天由他人（民族国家）赋予的，因而也是不可剥夺的。倘若有民族国家破坏这些自然法权，则在根本上是对人类这一物种生命法则的背叛，亦即反人类的。

我们所以要强烈地把上述“全人类共同价值”从“价值观”现实地确立为“自然法权”，是为人类这一物种的永久性生存建立牢固的客观根基，以阻止由于人类自身的狭隘偏见摧毁人类自然法权，进而威胁人类物种永久生存的行为。而这一客观根基除了诉诸“自然法权”，目前尚没有其他形式能够取代。这表明：“和平、发展、公平、正义、民主、自由”这六个概念，不仅仅是关于人类物种生存的“共同价值”，而且同时构成了人类得以永久生存的“自然法权”，是人类这一物种的安身立命之本。

然而，抛弃和背叛上述自然法权的做法在资本主义文明中从未停止过，直到今天仍然面临如下情况：“一方面，和平、发展、合作、共赢的历史潮流不可阻挡，人心所向、大势所趋决定了人类前途终归光明。另一方面，恃强凌弱、巧取豪夺、零和博弈等霸权霸道霸凌行径危害深重，和平赤字、发展赤字、安全赤字、治理赤字加重，人类社会面临前所未有的挑战。”① 这也是马克思为何用其毕生精力批判资本主义制度及其文明的根本原因。马克思试图用历史唯物主义的真理捍卫人类物种可持续生存的自然法权，以此终止人类的冲突。

二、“全人类共同价值”诸范畴的自然法权内涵

人类命运共同体是依托“全人类共同价值”而获得其存在根据的。因此，人类命运共同体的自然法权基础不能从外在的经验策略中获得，只能从“全人类共同价值”的内在规定中演绎出来。以下对“全人类共同价值”诸范畴所具有的自然法权内涵逐一进行探讨，以此为人类命运共同体确立自然法权基础。

（一）“和平”的自然法权内涵

“和平”是指世界各民族消除彼此之间的矛盾和战争而达成的稳定状态。永久和平的目的是保证人类这一物种的永久生存。无论是康德还是马克思，都试图以理论的方式探讨永久和平的可能之路，康德试图建立一部世界公民宪法，成立“各民族的联盟”，从而实现人类的永久和平。而马克思则通过建立一种公有制的生产关系，进入“共产主义”，从而彻底消灭阶级和阶级斗争，实现人类的永久和平。这些努力本质上都是在确立“和平”对于人类来说的自然法权基础。

“和平”与“战争”是相对概念，而战争无疑是对人类生存的破坏。战争分为两种，一种是为侵略而战，一种是为反侵略而战。但无论侵略或反侵略，战争都意味着对人类物种生存的破坏。在传统常规战争方面，即便出现大规模伤亡，也不至于毁灭

---

① 习近平：《高举中国特色社会主义伟大旗帜 为全面建设社会主义现代化国家而团结奋斗——在中国共产党第二十次全国代表大会上的报告》，北京：人民出版社，2022 年，第 60 页。

人类这一物种。然而，今天的高科技战争已经远远超出传统的常规战争，特别是核武器、生物武器的出现，至少在理论上是可以毁灭人类这一物种的。因此，任何一个民族国家都不能破坏人类和平，作为一条普遍法则的“和平”将成为人类首要的自然法权。

“和平”的自然法权内涵可以表述为：各民族国家之间在彼此不可避免地发生领土争端、物质利益和思想文化关系的时候，无论遇到怎样的矛盾，都不能以武力冲突（战争）的方式加以解决，这一权利是人类物种实现共同生存的普遍法则。因此，每一个民族国家都直接地享有和平的权利和保护和平的义务，这一权利不是后天强加于某一民族国家的，而是其直接享有的自然法权。

（二）“发展”的自然法权内涵

“发展”是人类生存意义的自我实现过程。它作为人类物种特有的生存方式而成为直接享有的自然法权。“发展”这一自然法权表明：任何一个民族国家都直接享有推动自己民族国家实现“发展”的权利，而任何一个民族国家都不能阻止其他民族国家的发展，除非该民族国家的发展是以破坏和阻碍其他民族国家发展为条件的。

什么是“发展”？可以借助“矢量”（Vector）这一数学、物理学概念来理解其内涵。当人类为自身设定了一个目标，其生存行为不断地趋向该目标，这一过程就被称为“发展”。从自然倾向来说，“发展”所以被作为人类物种的自然权利，乃是因为人类是有意识的存在，即马克思所说的“人则使自己的生命活动本身变成自己意识的和自己意志的对象”。[①] 正因如此，人类总是在自己的思想理论中创造自己的“生活理想”，这种创造自己“生活理想”的行为，是人类这一物种区别于其他物种而特有的生存方式。正是在这个意义上，人总是要超越当下的生活并构建更加理想的生活，把“生活的理想”变成“理想的生活”，这一过程就被称为“发展”。

可见，“发展”是基于人类这一物种的特殊本性，因而是直接享有的自然法权。具体来说，发展总是要在马克思意义上的生产力和生产关系两个维度展开。因此，一方面表现为生产力的不断提高，一方面表现为生产关系的不断改进。这就意味着，各民族国家追求生产力提高，追求生产关系改善，这是直接享有的自然权利。然而，在历史转变为世界历史的背景下，各民族国家在追求本国的生产力和生产关系改进方

---

① 《马克思恩格斯文集》第1卷，北京：人民出版社，2009年，第162页。

面，不可避免地发生与其他民族国家之间的关系，在这一相互关系中，自然法权就发挥着重要作用。它构成了每个民族国家追求生产力和生产关系进步的根本法则。

（三）“公平”的自然法权内涵

“公平”是各民族国家之间在彼此相处和利益分配及其规则的制定方面的法则。亚里士多德对“平等”有过较为详细的论述，即“算术的平等”和“几何的平等”。[①] 这表明，各民族国家都有追求物质生活资料的自然法权，即获得财富的权利，实现对“物”的占有。因此，在西方法理学体系中，“物权”同样是一种自然法权，即人对物的占有权利。人作为生物必须要从自然摄取营养以及其他维系生命的物质资料，如果“生存”是直接享有的自然权利，那么“物权”就必须同时被视为自然法权。这是与生存权相伴随的自然权利。

进一步，在对物的占有方面必然涉及人与人之间、民族国家之间发生的物质利益关系，前者为国家共同体问题，后者则为世界历史问题。正是因为有不同民族国家，而且它们之间在世界历史的意义上不可避免地发生物质利益关系，“公平”直接就是各民族国家作为独立主体之间的“公平”，因此“公平”这一自然法权范畴直接为“主体际”的存在关系。在发生物质利益关系的民族国家主体际关系中，当各民族国家争取本国的物质利益时，不可避免地在相互生产合作、分工协作、交换分配方面发生关系。而有理性的存在者，此时便会提出民族国家主体际的“公平”问题。每个民族国家在世界历史的意义上成为“世界生产关系”中的一员，必然会发生物质生产和分配的关系，这在单个民族国家内部是以“国家”的主权赋予其中每个个体的“财产权”，而在世界历史的意义上，则需要各民族国家之间凭借理性建立起生产和分配的规则，比如WTO便是西方国家主导确定的国际经济秩序。

这样，最初的“物权”在世界历史的生产关系中便表现为“公平”占有的问题。物权是由生存权直接带来的自然法权，而“公平”则是在物权基础上由实践的理性带来的自然权利。这样，单独的“物权”便是抽象的，而获得对物的占有的具体形态——世界生产关系符合“公平”这一理性法则，便成为直接享有的自然法权。此外，在“公平”这一自然法权中，还包括民族国家在独立主权、民族尊严方面的平等问题，比如，国家无论大小一律平等，这也成为处理国际事务关系的自然法权。“公平”

① 亚里士多德：《尼各马可伦理学》，廖申白译，北京：商务印书馆，2009年，第140页，注释①。

这一自然法权表明：各民族国家之间，在世界生产关系中对本国物质财富占有和义务承担方面，应该坚持同一标准，而不是双重标准。应该用同一把尺来衡量各民族国家的同一生存行为以及彼此构成的国际关系行为，这是一条直接享有的自然法权。违背这一自然法权，世界历史将因不公平陷入民族国家之间的冲突，无法实现永久和平。

（四）“正义”的自然法权内涵

“正义”最初是国家共同体的本质和真理。柏拉图在《理想国》中的核心问题就是论证：只有服从理性的正义法则，才能在地上建立起人间的天国。而在世界历史的意义上，“正义”作为自然法权同样转变为各民族国家间的本质和真理。在黑格尔的法哲学原理中，世界历史各民族国家之间不存在所谓的“正义”，因此黑格尔认为，“福利是国家在对别国关系中的最高法律”。[①] 这实际上构成了西方资本主义在世界历史层面推行“丛林法则”的法理基础。每个民族国家都把本国的利益视为最高法律，而且在资本主义私有制的意义上，利益最大化就是资本逻辑的真理。所以，这条资本逻辑的法则随着历史转变为世界历史而变成世界历史的丛林法则。在丛林法则中，“霸道”“霸权”就是真理。显然，这是违背前文提到的“公平”这一自然法权的。

“正义”这一自然法权同样是作为民族国家的“主体际”意义的范畴。如果世界历史只有一个民族国家，那就不存在正义的问题。艾伦·布坎南认为，在资本主义条件下，“正义”这一自然法权是因为有“不正义”才存在的。按照马克思的观点，在共产主义社会，不正义消失了，正义也随之消失。在这个意义上，正义只是马克思所批判的“资产阶级法权的狭隘眼界”。因此，我们必须赋予“正义”这一自然法权以全新的意义，这就是在各民族国家之间的生存行为的真理性。这一真理性即是把实践理性的普遍法则作为人类这一物种的最高生存法则，从而超出丛林法则（自然法则）。“正义”是人类物种出自实践理性在民族国家之间直接享有的，也是同样不允许任何一个民族和国家违背的。这一自然法权表明，每个民族国家在对待其他民族国家发生的生存行为时，不能遵循丛林法则，而必须服从正义的理性法则，否则人类必将发生冲突而无法实现永久和平。

（五）“民主”的自然法权内涵

“民主”这一自然法权最初也是在国家层面政治建设的价值归宿。一个国家的政

---

① 黑格尔：《法哲学原理》，范扬、张企泰译，北京：商务印书馆，2009 年，第 396 页。

治制度总是把“民主”作为政治组织的真理。而在世界历史层面，“民主”是指各民族国家之间在国际政治经济事务中，如何实现各民族国家共生的自然法权。诚然，历史上存在过把殖民地变成宗主国组成部分的情况。但是，自资本全球殖民扩张以来，包括落后民族的一切民族都被卷入资本体系当中。这其中最极端的方式就是弱小国家或民族作为殖民地被卷入资本体系当中。如中国近代鸦片战争，中国作为殖民地不得不与西方资本主义民族国家发生关系。而在资本体系当中，其政治表现形式就必然是马克思所指出的“支配－从属”关系，“它使东方从属于西方”。[①] 显然，资本主义破坏了各民族国家之间的“民主”这一自然法权。真正来说，每个民族国家是自己的主人，这是一条普遍有效的法则，除非某一民族国家违背民主的法权而对待其他民族国家。而后者也必然导致民族国家之间的冲突，如反抗殖民统治的解放运动、世界反法西斯战争等。因此，“民主”成为人类这一物种为了实现可持续生存而直接享有的自然法权。

民主这一自然法权表明：不能干涉其他国家的内政。独立主权国家是自己的主人，否则就违背了国际关系民主的自然法权。“民主”这一自然法权同样是一个“主体际”范畴，如果不存在诸多民族国家不可避免地发生关系，就不存在民主的问题。所以，习近平总书记多次提出“国际关系民主化”，推动“多边主义”的主张，反对“单边主义”“霸权主义”。后者是资本逻辑的丛林法则，因而破坏了“民主”这一人类物种所特有的自然法权。

（六）“自由”的自然法权内涵

“自由”这一自然法权最初是在道德学、法学、政治学中所探讨的关于个体生命的最高价值归宿。如康德认为“自由的概念，一旦其实在性通过实践理性的一条无可置疑的规律而被证明了，它现在就构成了纯粹理性的、甚至思辨理性的体系的整个大厦的拱顶石”，[②] 后来被作为国家的最高理想，一直被拓展到世界历史。因此，自由也成为人类物种得以可持续生存的自然法权。黑格尔认为，全部世界历史就其民族国家的现实性来说，是实现人类的“全体的自由”的过程。他认为，历史从“东方世界”开始，但东方只有一个人的自由，即皇帝；而古希腊世界和古罗马世界只有部分

---

① 《马克思恩格斯文集》第 2 卷，北京：人民出版社，2009 年，第 36 页。

② 康德：《实践理性批判》，“序言”，第 2 页。

人的自由，奴隶便没有自由可言；只有到了日耳曼世界才实现了“全体的自由”。所以，黑格尔也把“自由”作为人类这一物种的自然法权，并且把这一自然法权作为有理性存在者的人类物种的最高价值归宿。

实际上，马克思也同样把“自由”这一自然法权视为人类的最高归宿，这便是共产主义的“自由和解放”。“代替那存在着阶级和阶级对立的资产阶级旧社会的，将是这样一个联合体，在那里，每个人的自由发展是一切人的自由发展的条件”。① 但是，马克思把“自由”这一自然法权落实在历史唯物主义的客观世界当中，这是生产关系领域的自由，而不是黑格尔意义上的思辨哲学的自由。也就是说，在马克思看来，“自由”是世界历史的最终归宿，因此也是直接享有的自然法权。但这一自然法权不能停留在思辨哲学所赋予它的抽象规定中，而是要落实在社会关系当中。

现在，“自由”这一自然法权被拓展到世界历史领域，就成为各民族国家之间关系的自由问题。自由这一概念毫无疑问是相对于“被支配”“被奴役”“被操控”等概念而言的。每一个民族国家都应按照理性法则对待其他民族国家，而不能从自己主观的“任性”出发来行为，这便成为民族国家之间直接享有的自然权利。“自由”这一自然法权表明，任何一个民族国家都不能违背国际达成的契约或者条约而行为，它是人类这一物种直接享有的自然权利。

通过以上分析，得出如下结论：第一，“和平、发展、公平、正义、民主、自由”这些自然法权是不可剥夺的，它们是人类物种的“安身立命之本”，而不是后天由某个民族国家赋予的；第二，它们不仅仅是某一个民族国家的“主观愿望”，而是基于社会历史客观规律而对人类物种来说的“客观价值”；第三，它们不仅仅是抽象的关于“共同价值”的观念，而且在具体内涵上构成了自然法权的基本范畴；第四，这些自然法权是绝对不允许被任何其他民族所剥夺和破坏的；第五，资本主义制度及其文明是对人类物种“自然法权”的践踏。

三、以“自然法权”为基础的人类命运共同体构建之路

上述自然法权只有历史性地落实在人类命运共同体当中，才能获得它的实践形态。康德尽管曾经作出过努力，但由于没有深入到历史深处，他的自然法权基础是不

① 《马克思恩格斯文集》第2卷，第53页。

彻底的，然而留下的启示却是十分重要的。马克思超越了康德的唯心论并基于“类本质”开创了历史唯物主义，从而把自然法权落实在社会生产关系当中。这不仅为当代构建人类命运共同体奠定了现实基础，而且为人类这一物种的永久生存提供了法理依据。

（一）康德用自然法权建立永久和平的启示

17—18世纪西方出现了一批古典自然法学派的思想家，从霍布斯、洛克、卢梭、孟德斯鸠，一直到德国古典哲学家康德、费希特。但是，“自然法权”更多是在主权国家范围内的法哲学中加以探讨，而从自然法权的角度探讨人类永久和平的世界历史问题，康德首屈一指。康德曾经试图在自然法权的意义上探讨人类永久和平，虽然没有成功，但他的这一努力无疑对当代世界历史通向人类命运共同体具有重要启示。

康德怀着人类性情怀，寄希望于人类有朝一日能够彻底摆脱冲突，特别是摆脱民族国家之间的战争，最终实现永久和平。这一希望具有强烈的理想主义色彩。为了实现这一梦想，康德以其精致的思辨哲学构建了一套自然法权，即世界公民宪法。这部保证人类永久和平的宪法是面向各民族国家的，康德希望各民族国家都能够遵守这些条款，以理性的契约精神维护这些条款的尊严，使人类进入永久和平的美好生存状态。而为了保证这部世界公民宪法得到落实，他进一步提出建立“各民族联盟”，每个民族国家作为成员单位，共同遵守世界公民宪法并相互结为一体。这实际上就是一种世界大同的构想。

然而，遗憾的是，康德基于自然法权的和平构想，在西方资本主义文明兴起以后，迄今从未实现。其中最为根本的原因，不是人类缺少对自然法权的构想，而是这一“实践理性”没有在现实中得到落实。具体来说，是因为资本主义私有制所服从的“资本逻辑”是背离上述自然法权的，导致康德建构的自然法权在资本逻辑的现实中被摧毁。资本逻辑宣告了康德建构的自然法权无效，至于这一“实践理性”如何在现实中得以实现，马克思开创了唯物史观的道路。康德的永久和平论的重大意义在于：

第一，自然法权对于实现永久和平不是充分条件，但绝对是必要条件。唯当在自然法权上为人类命运共同体奠定确定性的、可靠的法理基础，真实地建构人类命运共同体才是可能的。马克思在康德之后开辟了一条新道路，在世界历史的客观规律中寻求人类永久和平道路。而中国特色社会主义的建设之路毫无疑问是马克思共产主义理论在今天的重要实践。

第二，康德的自然法权是“永久和平”，但今天，在资本主义有能力毁灭自身的背景下，自然法权已经在人类物种“永久生存”的意义上被赋予新的内涵，即已经不只是人类能否实现永久和平的问题，而是人类能否实现永久生存的问题。因此，人类命运共同体更加具有人类物种的永久生存的向度。康德的自然法权在今天看来显然不够彻底，因为，在人类物种能够毁灭自身的情况下，已经不是永久和平的问题，而是永久生存的问题，永久生存构成了世界历史的绝对基础。在这个意义上，人类命运共同体关涉的终极问题是人类物种的永久生存。因此，我们有必要在康德之后，进一步沿着自然法权的路向探讨人类命运共同体的客观真理性。

第三，自然法权必须进驻历史唯物主义才有其现实意义。康德的自然法权仍然是在先验哲学中构造的，并且从未真正走进世界历史。马克思则深入世界历史本身，在历史唯物主义基本原理中找到了实现和平的道路。今天在推动构建人类命运共同体这一世界历史主题中，仍然需要立足这一唯物史观原理，把“全人类共同价值”的自然法权落实在各民族国家之间的生产关系中。

（二）“自然法权”向历史唯物主义的进驻

克服自然法权的抽象性，必然要借助历史唯物主义的方法论，同时与世界历史的实际行动结合起来。一方面，人类命运共同体所立其上的自然法权，必须进驻到世界历史的实际生产关系中才能实现，这是历史唯物主义的基本原理。另一方面，只有在人类命运共同体中，这些自然法权才能够得到捍卫，并发挥它们对于人类物种的绝对意义。

首先，要想彻底批判资本逻辑的反自然法权的本性，就必须回到历史唯物主义中，只有历史唯物主义才是对资本主义的彻底的批判。对于不坚持理性的民族国家来说，理性是无用的。现在，尽管我们极力地倡导理性的自然法权的真理性，这或许也仅仅对于秉持理性的民族国家来说才有意义。对于那些放弃理性的自然法权且仅仅因为自身的强大而奉行丛林法则的民族国家来说，理性便显得无济于事。

但是，我们作一个推理：如果确实持有人类虚无主义的价值观，并不是因为接近了“神性”而否定“人性”，而是仅仅因为把动物性作为自己的最高本性。如此注重物质利益的资本主义文明，是否真的持有人类虚无主义并放弃人类物种的自然生命？因为，那过于看重物质利益的资本主义价值观，或许更加不愿意放弃它所依托的民族国家特殊群体的生命，并因此否定其他民族的生命。否则，为什么通过无人机和现代信息技术来作战呢？显然是为了避免人在战争中的死亡。所以，必须要逼迫那些违背人类自然法权的行为，消除其丛林法则文明形态，从而迫使其回到理性的限度。显然，这是更加艰难的世界历史行动。

其次，马克思的“类本质”概念为构建人类命运共同体提供了唯物史观意义上的自然法权原理。自然法权所表达的是人的“类本质”，或者反过来说，人正是因为具有“类本质”，所以才希求“普遍的东西”。这些自然法权恰好就是普遍的真理，他们是各个民族共同持有的价值。所以，为什么人类这一物种会直接享有这些自然法权？这根源于人类物种的“类本质”属性。这一类本质属性不是费尔巴哈意义上的“单个人所固有的抽象物”，而是“一切社会关系的总和”。因此，各民族国家之间的物质生产关系才是自然法权得以实现的场域，自然法权需进驻历史唯物主义的根据便是“类本质”的发现。

确立人类命运共同体的自然法权基础，还仅仅是在“理论”上获得了人类命运共同体的理性基础，而这些法理上的自然权利得到实现却仍然是十分艰难的。现在的问题是，如果我们确实遇到某一民族国家以其强大的武力保护其违背自然法权的行为，那么，人类命运共同体是如何可能的呢？因为，如果执行丛林法则而破坏自然法权的民族国家足够强大，而又不惜持有彻底的人类物种的虚无主义，那么，自然法权的理性根基还如何能够得到保护，并在其现实性上发挥它的效力呢？这是摆在当代世界历史面前的重大抉择。

最后，自然法权需最终寄身于普遍的生产关系。马克思把人类和平的根据地放在了社会生产关系变革这一基础上，希望建立一种“普遍的生产关系”。在历史唯物主义基本原理的背后，是马克思对人类这一物种的自然法权的捍卫，他所说的人类的“自由和解放”，实际上是人类物种的自然法权。正是为了带领人类实现这一自然法权，马克思诉诸资本主义的必然灭亡和共产主义的必然实现。自然法权具有普遍性，而与这种自然法权相对应的世界历史的现实，就应该是普遍的生产关系。自然法权在世界历史中直接表现为普遍的生产关系的确立。

（三）“自然法权”为人类物种永久生存提供法理基础

人类命运共同体首先需确立自然法权，且这些自然法权要贯彻到具体的政治、经济和文化当中，特别是要落实在各民族国家的生存实践当中。通过确立各民族国家之间的自然法权基础，规范各民族国家的生存实践，来推动形成超越以往资本逻辑主导的文明形态的人类文明新形态。

在世界百年未有之大变局的背景下，人与自然之间、各民族国家之间的矛盾更加突出。就人与自然的矛盾来说，生态危机依然严峻，能源危机、环境污染、气候变暖、物种灭绝等依然威胁着人类物种的永久生存，人类尚没有摆脱因为自身违背理性法则而产生的对人类生存的威胁。就各民族国家的矛盾来说，第二次世界大战后形成的由资本逻辑主导的世界秩序越来越深刻地暴露出危机，各民族国家间贫富差距扩大、世界产业结构失衡、世界市场产业链失调、局部地区战争冲突、金融资本垄断、贸易和技术保护主义、经济制裁、逆全球化和民粹主义抬头等，成为威胁人类生存安全的主要因素。面对这一世界形势，推动构建人类命运共同体成为当代世界各民族国家面临的紧迫而艰巨的任务。

西方资本主义文明是由资本逻辑所主导的文明。这种文明坚持的是“文明冲突”或“文明优越”、文明“支配－从属”等观念，具有丛林法则的性质。它注重的是理论理性（工具理性），但在实践理性方面却坚持丛林法则而非理性法则，这体现在其政治上的霸权主义、经济上的零和博弈、文化上的“文明冲突”。而与此不同，人类文明新形态则在政治上坚持多边主义，经济上坚持合作共赢，文化上坚持交流互鉴。正是通过实践理性所颁布的自然法权，才能超越各民族国家之间的对抗而走向人类命运共同体，人类这一物种才能避免自我毁灭的危险。

人类的永久生存不是天然就能够实现的。人类以外的其他物种都直接地指向永久生存，这些物种单纯凭借它们生命的自然法则就能够实现永久生存，除非某种外部自然力的破坏导致物种的毁灭。“物竞天择、适者生存”这一总体的自然法则就是为了保证该物种中最优秀的个体得以生存，从而繁衍后代确保物种延续。人以外的其他物种作为“生命”是按照大自然的选择而实现其永久生存目的的，“生命”没有被“实践理性”所中介，因此黑格尔指出“直接性的理念就是生命”。[①] 也就是说，人以外的其他物种的自然生命直接就具有理念的永恒性。马克思说得更为明确：“动物和自己的生命活动是直接同一的。”[②]

与此不同，人类作为“有理性的存在者”，只能借助“实践理性”来捍卫这一物种的自然法权，从而实现永久生存。否则，如果放弃自然法权就会进入霍布斯意义上

---

① 黑格尔：《小逻辑》，贺麟译，北京：商务印书馆，1980年，第404页。

② 《马克思恩格斯文集》第1卷，第162页。

的“每个人对一切人的战争”状态，或每个民族国家对一切民族国家的战争状态，因此人类这一物种将无法永久生存。这也正是西方政治哲学家持续探讨如何把人类从“自然状态”中带向“法治状态”① 的根本原因，因为人类在动物式的“自然状态”下无法实现永久生存，唯当借助实践理性为基础的“法治状态”才能达到这一目的，而这一社会状态的实践理性基础便集中落实在自然法权上。

综上所述，人类命运共同体首先需要把“全人类共同价值”确立为自然法权，然后促使这些自然法权进驻世界历史的实际生产关系，并从世界各民族国家之间的经济关系、政治关系和文化关系等方面创造人类文明新形态，才能实质性地建成人类命运共同体。

① 参见康德：《历史理性批判文集》，何兆武译，北京：商务印书馆，2009年，第107—108页。

抽签式选举：中国古代各民族的实践模式及其理论价值

何俊志*

摘　要：在代议民主体制的实践结果与原初价值出现脱节现象的背景下，为了疗救民主体制，理论界围绕着抽签与选举的争论形成了两大阵营。而论战双方的一个共同点就是将抽签与选举视为相互替代的工具。结合抽签与选举的相关理论与实践，在将选举视为一个挑选过程、抽签作为挑选工具的背景下，以选民和候选人的关系为标准，可以区分出四种抽签制度的理想类型。结合前期研究的成果可以发现，这四种类型的抽签模式在中国古代各民族中都有过实践。理解中国古代各民族的抽签实践，既可以在理论上扩展抽签研究的范围，也对当代民主实践有重要启示意义。

关键词：抽签；投票；选举；民主；少数民族

一、研究背景与问题

通过以地域为基础选举产生的代表来治理国家，是现代代议民主政体的核心要义和标准版本。伯纳德·曼宁（Bernard Manin）的研究表明，现代民主的发展历程，在制度上的表现就是选举战胜抽签的历程。而选举战胜抽签背后的理论基础，则是将代议制政府的核心界定为提供合法性的授权而非职位分配的掌权。因此，以地域为基

* 何俊志，中山大学政治与公共事务管理学院教授，中山大学港澳珠江三角洲研究中心研究员（广州　510275）

础而由选举产生代表进行治理，就构成现代代议民主政体的核心。[①] 但是，20 世纪后期以来的选举实践表明，这一标准版本与其原初价值之间出现了某些明显脱节的迹象，脱节的主要表现就是选举产生的代表与选民之间的关系出现了扭曲。面对这一尴尬局面，一些理论家开始重新思考选举与民主的关系，重点检讨选举对于支撑现代民主的不足之处，以重新建构选民与代表之间的新型关系，从而推动当代政治中的代表理论进入了建构主义时代。[②]

在从理论上反思民主与选举间关系并建构新的代表理论的过程中，一个重要的分支就是非选举型代表理论的出现。[③] 在各种超越传统选举模式而构建的非选举型代表理论中，抽签作为一种民主的实现途径尤其引人关注。在诸多关于抽签的设想中，由詹姆斯·菲什金（James Fishkin）设计的通过在全体合资格的选民中抽签产生的代表就重大问题进行协商的协商民主模式受到了不少追捧，并且已经在一些地方成功实践。根据统计，目前已经有加拿大的不列颠哥伦比亚省和安大略省，荷兰、冰岛和爱尔兰以抽签产生的代表以协商的方式讨论改革选举法和选举制度，甚至是就制宪会议和宪法大会进行协商的先例。[④]

在现有的实践模式之外，一些学者还从理论上构建了不少新的抽签模式。法国政治学家伊夫·辛多默（Yves Sintomer）提出，应该从那些先自荐成为候选人的人群中通过抽签产生一个新的立法机关，作为现有两院之外的第三院。在自荐候选人中抽签产生的第三院主要通过关注生态及社会问题、选举法和宪法等需要长期规划的议题来弥补选举产生的两院的不足。[⑤] 美国的政治学者约翰·麦考米克（John Paul McCormick）提出，要在美国设立一个由 51 位 25 岁以上公民组成的“保民院”。保民院成员从成年公民中抽签产生，任期一年。政治与经济精英都不能成为保民院的候选人。保民院在任期内可以否决一项国会的立法、一项行政命令和一项最高法院的判

---

① 伯纳德·曼宁：《代议制政府的原则》，史春玉译，北京：中国社会科学出版社，2019 年，第 80 页。

② Nadia Urbinati and Mark E. Warren, “The Concept of Representation in Contemporary Democratic Theory,” *Annual Review of Political Science*, vol. 11 (2008), pp. 387—412.

③ 钟本章、何俊志：《非选举型代表的兴起与政治代表概念的转向》，《北京行政学院学报》2020 年第 5 期。

④ 达维德·范雷布鲁克：《反对选举》，甘欢译，北京：社会科学文献出版社，2018 年，第 121—123 页。

⑤ 达维德·范雷布鲁克：《反对选举》，第 141—142 页。

断，同时还可以挑选一个议题进行全民复决。[①] 亚历克斯·扎卡拉斯（Alex Zakaras）也提出，可以考虑在美国的联邦和州一级立法机关中废除参议院，保留选举产生的众议院，同时设立一个由抽签产生的公民院。公民院不能启动立法但负责审查立法和划分选区。[②] 一些更为激进的学者甚至提出，一套以抽签为基本原理的政治体系，无论在回应性或优良治理方面，都要强于以选举为基础的政治体系。[③]

不过值得注意的是，即使是在各种超越模式大量涌现的背景下，仍然还有一批学者在捍卫经典的代议民主体制。在这些论者看来，只要涉及以暴力垄断为基础的决策，目前还很难找到一种替代选举的机制做出合法性决策；而且，合理的选举制度也能够确保产生具有回应的代表。[④] 另外一些学者认为，到目前为止，各种抽签都还不足以构成对主流的选举模式的替代模式，但是，抽签还是可以在一定范围内、某些环节中补充现代选举的不足，因此可以在某些领域探索抽签的适用空间。在民族国家范围内，选举仍然是最有效的民主工具，而在不超过古希腊雅典城邦的范围内，抽签就非常值得认真对待。[⑤] 另外一些研究则认为，历史经验表明，在某些特殊的领域，例如一定范围的公决事项、单议题决策事项、重要的改革议题和监察官员的产生等方面，抽签都要比投票选举更能避免群体内部的派系斗争，更能体现平等和公正价值。[⑥]

自王绍光的《民主四讲》出版以来，国内学术界围绕着民主、选举与抽签的关系也展开了不少讨论。在王绍光看来，在政治中运用抽签实际上是很有道理的、经过深思熟虑的、有助于实现民主共和理念。[⑦] 而反对的观点认为，抽签代表选举的观点不仅不合理，而且缺乏论据，论证难以成立。这一观点远不如探讨抽签规则的具体适用

---

① John P. McCormick, "Contain the Wealthy and Patrol the Magistrates: Restoring Elite Accountability to Popular Government," *The American Political Science Review*, vol. 100, no. 2 (2006), pp. 147—163.

② 亚历克斯·扎卡拉斯：《抽签与民主代表：一个温和建议》，欧树军译，《开放时代》2012年第12期。

③ Alexander A. Guerrero, "Against Elections," *Philosophy & Public Affairs*, vol. 42, no. 2 (2014), pp. 135—178.

④ Dimitri Landa and Ryan Pevnick, "Representative Democracy as Defensible Epistocracy," *American Political Science Review*, vol. 114, no. 1 (2020), pp. 1—13.

⑤ Richard G. Mulgan, "Lot as a Democracy Device of Selection," *The Review of Politics*, vol. 46, no. 4 (1984), pp. 539—560.

⑥ Oliver Dowlen, *The Political Potential of Sortition: A Study of the Random Selection of Citizens for Public Office*, Exeter: Andrews UK Limited, 2017, p. 94.

⑦ 王绍光：《抽签与民主：释放对民主理念实现方式的想象力》，《中国政治学》2018年第1期。

性，或者如何增进选举的民主性更有价值。①

显然，围绕着民主与抽签的关系，研究者们已经形成了支持和反对的两大阵营。这两大阵营争论的核心是抽签是否更有利于支撑民主政体，而且都将抽签和选举视为相互替代甚至相互对立的两种模式。由于双方的争论都以从古希腊雅典到当代西方国家的历史经验和理论文献为基础，他们关注的核心就是抽签与民主共和政体的关系。

首先需要强调的是，从逻辑上讲，作为一种选择工具，抽签既可以用来选人，也可以用于决策。即使是用来选人，抽签并不必然与民主共和政体完全对应。即使是在民主共和政体之下，历史经验也表明抽签与选举之间并不完全构成对立关系。众多的研究已经表明，在古希腊雅典城邦，抽签主要用于产生五百人议事会成员、部分行政官员和陪审法庭的成员；在古罗马，抽签被用来与投票选举进行搭配，解决投票本身难以解决的一些问题；在文艺复兴时期的意大利，威尼斯等城邦曾经采用抽签与投票相结合的方式产生首脑；此时的瑞士乡村则盛行过用抽签的方式来产生政策执行官员。② 而当代协商民主理论所实践过的抽签模式，其实也主要局限于两个方面：一是打破地域限制，通过随机抽样产生出决策代表；二是在自荐候选人中以抽签的方式产生出决策代表。

其次，本文要强调的是，由于这些讨论都没有将中国历史上广泛存在抽签模式纳入视野，完全忽视了中国历史上各民族曾经探索过、有的甚至延续至今的各种抽签模式，这些理论所依据的样本和经验都存在明显不足，前期争论就只呈现了关于抽签与选举的残缺图景。而中国的民族学者虽然在田野调查中已经发现了大量的中国古代各民族用抽签方式选人的案例，但一直没有从理论上进行概括，从而导致大量的实践案例没有进入理论视野。

为了进一步丰富有关抽签和选举的理论，本文首先将选举模式区分为抽签式选举和投票式选举两种基本类型，然后，基于抽签得以展开的抽签主体和客体的关系建立起一种抽签式选举的类型学。在此基础上，再通过中国历史上各民族的实践案例展开各种类型的经验模式，并通过抽签式选举与其他选择工具的组合模式的展示，从而在理论上构建出一套抽签、投票、选举和政体之间的完善图景。

---

① 聂露：《抽签代替选举?》，《二十一世纪》第119期（2010年6月号）。达维德·范雷布鲁克：《反对选举》，第141—142页。

② Josep M. Colomer, *Political Institutions*, *Democracy and Social Choice*, Oxford: Oxford University Press, 2001, pp. 18—20.

二、分析框架：抽签式选举的类型学

首先需要明确的是，在政治运行中，无论是抽签还是选举，都是一种选择（selection）工具。即使用于人的挑选，二者也并不一定构成相互替代的关系。

首先，在政治上，抽签只是一种挑选工具。在民主视角下，事实上，古希腊雅典城邦曾经用抽签的方式来挑选公民议事会成员、除军事和财政之外的行政官员及陪审法庭的成员。由于这种抽签模式的潜在候选人是所有成员，比较彻底地体现出人人平等和轮流为治的特征，因而被当成是直接民主的经典模式。不过，即使作为一种挑选工具，抽签也不仅仅适用于直接民主制度之下，其他的制度同样可以使用抽签。在考察抽签制度从古希腊到中世纪的流变时，王绍光区分了“民主抽签”和“共和抽签”两种模式。而更加值得注意的是，在王绍光所区分的这两种模式中，“民主抽签”与“共和抽签”的区别并不是抽签与选举，而是抽签与投票。而且，在他对全书观点进行总结的图示中，所使用的标题也是“选举制度中抽签的位置”。[①] 因此，在王绍光的图谱中，抽签与选举并没有对立，抽签与投票都被当成是选举的工具。

其次，投票只是选举的工具之一。在人类选举史上，大规模的纸质投票制度的普及是非常晚近的事。在此之前，世界上各个国家和地区的人们在选举代表或统治者时，都曾经因地制宜地采用过各种投票工具。豆类、玉米、石子等都曾经用于投票。作为表达工具，采用各种工具的投票行为只是其中之一。从人类社会最初的选举到今天的选举中，欢呼和鼓掌也一直是广泛使用的选举工具。

前述争论双方的一个比较大的误解，是将抽签等同于直接民主，将选举等同于投票。经过上述区分之后就可以发现，一旦将抽签仅作为一个政治选择的工具，将选举视为一个挑选过程，二者之间就并不必然构成相互替代的关系。如果我们仅将自下而上的挑选视为民主体制，同时把选举视为一个挑选过程，抽签就只不过是挑选的工具之一，投票也同样只是挑选工具之一。真正可以形成替代关系的并不是抽签与选举，而是抽签与投票。即使是仅限于抽签的使用，作为一个挑选过程的抽签也存在着不同的模式。如果把抽签和投票都看成是一种在候选人之中进行挑选的工具，就可以从整体上区分出两种挑选工具：抽签式选举（sortition or selection by Vote）和投票式选

---

① 王绍光：《抽签与民主、共和：从雅典到威尼斯》，北京：中信出版集团，2018 年，第 370 页。

举（selection by voting）。

前期研究已经表明，我们还可以进一步将投票式选举区分为豆选、纸质投票、举手投票等各种具体方式。结合本文的讨论及抽签在各种制度之下的适用模式，我们还可以尝试性地建立起一套抽签制度的类型学框架。在选举过程中，无论采用何种工具，选举制度的核心内容是选民与候选人之间的关系。根据选民和候选人的范围大小，可以把抽签制度的理想形态分为四种类型。其中，类型一可以视为直接民主，类型二可以视为代议民主，类型四可以视为贵族政体，类型三则可以视为混合政体。

抽签式选举的类型学

角色及范围	全体成员为候选人	部分成员为候选人
全体成员为抽签人	类型一：全体抽全体	类型二：全体抽部分
部分成员为抽签人	类型三：部分抽全体	类型四：部分抽部分

在政治学理论的有关讨论中，除了学术界主张的抽签模式外，在历史上，古代雅典提供了类型一的案例，中世纪意大利城市共和国提供了类型四的案例，当代世界上一些国家和地区用抽签的方式产生法院陪审团成员提供了第二种案例，古罗马用抽签决定投票顺序的做法则可以视为第三种类型。接下来，本文将利用中国古代各民族的选举实践表明，抽签既可以成为直接民主的工具，也可以成为间接民主的工具，甚至还可以成为非民主政体的工具。

三、中国古代各民族的抽签制度

由于中国的王朝国家的皇位继承从西周开始就基本确立了嫡长子继承制度，最高统治者的世袭制就构成了文献传统中的主流形式。但是，由于中国一直是一个多民族共存的政治体，在中原王朝的直接统治范围之外，还存在大量的政治继承方式。近年来，历史学、人类学和民族学者们的研究已经为我们提供了非常丰富的案例。根据前文建立起来的类型框架，可以将前期发现的这些案例置入理论框架之内。根据现有的资料，在中国古代各民族中，曾经采用抽签方式产生领导的就有布朗族、拉祜族、藏族、瑶族和佤族等，而且这些民族所探索的抽签模式完全可以覆盖前文提出的几种抽签类型。

（一）全体抽全体

对于全体抽全体的样本，理论界比较熟悉的是古希腊雅典城邦用抽签的方式产生议事会和陪审法庭的案例。在中国历史上各民族的实践中，布朗族则提供了另外两种版本。云南布朗族曼果寨中主管寨神的达曼，由全寨人抽签产生。具体的抽签办法是，先用三根竹片，一片写“达曼”字样，两片空白。由全寨成员每人来抽三次签。如果有人接连三次都抽中有字样者，他就当选为达曼；如果是两次抽中，一次抽不中，则还需要抽下去，一直到抽中有字样的竹片为止。在达曼任职期间，若有猪、鸡跳到寨心神的台柱上，人们认为是大不吉利的事，这个达曼就不能再当下去，必须另选。①

同样是云南的布朗族，勐海县的布朗山章加寨在用抽签的方法产生头人召曼时，则采用一种可以称之为“抽签淘汰制”的方法。凡村社成年男子（包括当过和尚还俗结了婚，并把妻子接回家中者），都有权利参加抽签选举。届时，事先准备好九根竹签，其中有一根写着“当选召曼”的字样。将竹签投入铜罐中后，由布占向佛祷告说：“现在我们全寨来抽签选召曼，你在高处看得清，谁管寨子最合适让谁当选。”祷告完毕后，就是参加人依次抽签，抽签者必须摘下包头虔诚地跑着摸，摸着候选者站立一边，竹签仍投入罐中，未摸着的人就淘汰，站到佛寺外面。第一轮摸完，又摸第二轮，逐次淘汰，直到最后一人，以当选为召曼。此后，如果寨子里发生老虎、豹子咬牲畜、吃人，或猪、鸡跳进寨心神“再曼”里等不吉之事，即表明这个召曼不能继续任职，必须重新选举召曼。②

另外一个非常有意思的案例是，对中缅边境的拉祜西头人制度的研究发现，当无人愿意出任头人或者需要强行更换头人时，拉祜西会采用一种“茅草沾鸡蛋”的选举方式。在选举之时，主持选举的头人要先在家里的祭台上点四炷香或者两双蜂蜡祭神，把几根茅草折弯后依次摆放在碗里，每根茅草代表一个候选人。再将鸡蛋打在一个碗里，旁边放一碗米，米上放一块岩盐，然后用竹匾覆盖。不超过十分钟便可以掀开竹匾查看，如果哪根茅草上粘了鸡蛋，就说明它所代表的候选人被选中。如果有两

---

① 颜思久：《布朗族社会历史调查》，云南省编辑组：《布朗族社会历史调查（三）》，昆明：云南人民出版社，1981 年，第 31 页。

② 龚佩华等：《勐海县布朗山章加寨布朗族社会调查》，云南省编辑委员会编：《布朗族社会历史调查（二）》，昆明：云南人民出版社，1982 年，第 18—19 页。

根以上的茅草沾了鸡蛋，则由有经验的头人或老人判断。[①]

（二）全体抽部分

全体抽部分的基本机制是，全体成员都参加抽签，但是抽签的对象是已经挑选出来的少数候选人。云南布朗族帕勒寨的召曼选举，首先是由寨内群众推选作风好、生产好的人作为候选人。在候选人推选出来后，由一位代表左手抓一把谷粒高举于头上，再用右手去左手中随便拈一撮谷，一边拈谷，一边念某候选人的名字，若拈着的谷粒成双数，此候选人当选，若是单数，此候选人落选。于是这位代表又重新拈一撮谷，一边拈谷一边念着另一位候选人的名字，若拈着的谷粒成双数，此候选人当选。否则仍要继续进行下去，直到选出为止。[②]

在藏北牧区，曾经用“打日支”方法选举头人。大多在选举前，先由部落内威信最高的人提出候选人。他们一般提出 2～3 个或 3～5 个。候选人的条件是：（1）口才好；（2）骨系高贵（不是主要条件）；（3）家庭富裕；（4）平时支差好；（5）有一定的组织管理才能。对于挑选候选人的要求，当地有一条谚语说：“以佛法三宝为依怙，以官府之法令为依据。”候选人选出后，选举者们一起离开帐篷，到附近野外的平滩里，找一个安静的地方，将候选人的名字写在纸条上，揉成纸团放在碗里摇，第一个摇出来的纸团上写的名字即为当选的头人。还可用与候选人数量相同的纸条，其中只有一张写有“本”字，揉成团，放进一个箱里摇，然后在每个候选人面前放一个，谁的纸团上有“本”字，谁就是当选的头人。这种方法，当地称为“打日支”。头人选出后，还须请高僧打卦，看此人行不行，能不能为部落办好事。打卦的结果均不直说，一般用牲畜和各种物品比喻。经打卦确定后的头人，还须报宗政府批准。[③]

这种全体成员对部分人抽签产生统治者的制度，显然不能看成是直接民主。因为在这种制度下对候选人已经提出了能力要求。就制度运行的原理而言，因为已经确定了候选人，抽签是在候选人中进行，这种制度在理论上应该归类为间接民主或代议民主，是一种用抽签的方式来运作的代议民主。

---

① 韩俊魁：《拉祜西头人制度：传统与国家力量影响下的变迁》，《民族研究》2006 年第 3 期。

② 云南省编写组编：《布朗族社会历史调查（一）》，昆明：云南人民出版社，1981 年，第 23 页。

③ 格勒等编著：《藏北牧民——西藏那曲地区社会历史调查》，北京：中国藏学出版社，2004 年，第 235 页。

（三）部分抽全体

简而言之，部分抽全体是一种被选举权平等但选举权不平等的制度。在瑶族的村老选举中，广西十万大山山子瑶凡度过戒的成年男子都可以作为村老的候选人。选举时，由原任村老烧香焚纸祭祖后，用一根一尺来长的小木棍敲打地面，一面喃神，一面念村子里度过戒的男子姓名，当念到谁的名字时发现棍子颤动，即算该人初选合格。用这种方法选出三人后，再用香卜。点燃三炷香代表三个候选人，看谁的香先燃尽，则谁就为第二次卜选合格。然后再举行鸡卜，将杀好的鸡放入锅内煮熟，取出看鸡爪是否蜷缩，如蜷缩，则算选中，否则将继续选举，直到选出一人为止。①

在这种选举制度下，全体成员都是候选人。在第一轮挑选过程中，原任村老从全体中抽签产生部分人作为候选人；然后再从部分中抽签产生一人。抽签在这里被分解为两个过程。至少就选民与候选人的关系而言，山子瑶提供的这种模式表明，部分抽全体的抽签制度是存在的。

（四）部分抽部分

广西金秀茶山瑶的前一个社老死去后，先是由他的子孙代社老三年。三年期满，共社庙的甲（同姓亲房推定的小头人）约期集在社庙外，约请师公（巫师）在神前祈祷，然后在社庙门外摆方桌一张，师公站在桌上，按照甲拟定的社老候选人名单，逐一卜卦。占卦用的工具，由两片竹根制成，名叫筶子。筶子掷落地上，依其仰覆可现出三种不同卦兆：两覆为阴，两仰为阳，一覆一仰为胜。选社老要 13 次相同的兆，即是：如果第一次是阳兆，第二次是阴兆，第三次又是阴兆，那第四次以后各兆又要重复阳、阴、阴的顺序，以此类推，直到 13 兆满，都不紊乱程序的，方算社神已经决定由他当社老了。如果 13 兆有一兆紊乱，就不册卜，再念第二个名字来卜卦。②

在部分抽部分的抽签制度下，选民其实只有两人：一是挑选候选人的甲，二是执行抽签的师公。而候选人则只能是那些由甲挑选的成员。

---

① 玉时阶：《瑶族习惯法研究》，《中央民族大学学报》1998 年第 2 期。

② 广西壮族自治区编辑组《中国少数民族社会历史调查资料丛刊》修订编辑委员会编：《广西瑶族社会历史调查（一）》，北京：民族出版社，2009 年，第 30 页。

（五）其他模式

云南勐腊瑶族人在选举寨老时，则平行存在三种抽签的方法。在由上一届寨老提出候选人之后，选举办法一般有三种：一种是临时让各候选人酿白酒，谁酿的白酒质量最好，谁就当选；另一种是各候选人烧一炷香，谁的先燃完谁就当选；再有一种是用纸包稻谷或玉米，上书候选人姓名，置簸箕内簸扬，最先扬出或最后剩下的三者当选。有的地区三者交叉使用，有的地区则惯用其中一种。在元阳等地瑶族中，除簸扬选举外，又有打卦选举、占卜选举产生等办法。①

另外，在中国古代各民族的实践中，抽签也并不必然与民主相联系，一些民族的抽签制也与世袭制结合在一起。佤族的头人窝郎是从建寨最早的一姓人中选举的。若同时有几姓人迁到新的地方，建立寨子，则由这几姓杀鸡看卦，哪姓人的卦好，就是哪姓人当窝郎，而且是世袭的。②

以上实践模式表明，本文以选民与候选人关系为核心而构建出的一套类型学体系，在中国古代各民族的实践中全部都得到了验证。这一验证过程表明：（1）全体抽全体的直接民主，在中国有着比雅典更为多元的模式；（2）全体抽部分的代议民主实践同样在中国存在多种版本；（3）部分抽全体和部分抽部分这两种非民主政体下的抽签模式，也在中国大地上长期存在过；（4）抽签本身存在各种混合模式且有可能服务于与其他制度混合而成的更为复杂的制度体系。

另外，由于抽签并不保证抽选出来的当选者持续承担政治责任，尤其是在以抽签的方式挑选当选者的情况下，还需要设计一些罢免制度来终止抽选出的不负责的当选者。在前面所展示的布朗族的两种全体抽全体的实践中，实际上已经设计了这一制度上的闭环。另外一些民族则采取了更为严酷的措施。例如，金秀山的瑶人抽签选出的头人如果不断作恶，为群众所痛恨时，群众为了消除祸根，常有暗地商量，凑集一笔“花红”，或买通打手去拦路把他暗杀掉，或纠合群众大张旗鼓地把他杀掉。③ 更为极

---

① 徐祖祥：《瑶族文化史》，昆明：云南民族出版社，2001 年，第 93—94 页。

② 《民族问题五种丛书》云南省编辑委员会编：《佤族社会历史调查（一）》，北京：民族出版社，2009 年，第 46 页。

③ 广西壮族自治区编辑组《中国少数民族社会历史调查资料丛刊》修订编辑委员会编：《广西瑶族社会历史调查（一）》，第 31 页。

端的案例是，在云南僰人建立的车里国中，人民还有过定期放杀酋首的实践。[①]

四、抽签式选举与其他选择工具的组合模式

前文关于中国古代各民族的抽签实践表明，抽签既可以用于直接民主，也可以用于代议民主，还可以用于非民主政体。在古希腊雅典的实践中，除了用抽签产生议事会、部分行政官员和陪审团成员外，同时也采用投票选举的方式产生军事和财政官员。古罗马的实践经验则表现为用抽签决定投票的顺序。在文艺复兴时期的意大利各城邦，抽签与投票交替进行以排除选举的各种干扰因素。在当代协商民主理论的各种倡议和实践中，抽签的主流经验是用随机抽样产生的代表来做出决策。

在中国古代各民族的实践经验中，那些采用抽签的民族中，也不仅仅存在单独采用抽签的案例。部分民族还探索出抽签式选举与投票式选举的各种结合模式。

作为典型代表，布朗族就曾经对不同职位采用不同的产生方式。云南布朗山新曼峨寨的布朗族的头人格旁、格香、格奴、格香是世袭制。除此四人外，召曼是抽签产生。召曼人选当选后如果不愿意任职，可请求大家再抽签一次。在此之下，作为小头人的奶恩和奶喊的产生过程则是先由头人提名，再经群众选举，任期不定。如果有不称职者，群众有权另选。他本人不愿当时，亦可请求改换。[②] 与此类似的是，在广西京族的传统政治体系中，作为首领的翁村由长老选举产生，协助翁村工作的翁模由卜卦产生，专门看管山林的翁宽则由民众投票选举产生。[③]

还有一些民族也采用了类似于文艺复兴时期的威尼斯模式，交替使用各种模式产生负责人。海南五指山一带的黎族人出猎时，要选出一名队长，黎话叫俄巴，意思是带领猎狗的人。选举的方法是，出猎人员到齐后，头人亩头当众点燃两炷香，一炷香插在亩头家里的野兽髆骨上，另一炷香插在出猎人员集合的地方。又用两根竹叉架起一根竹竿，竹竿上吊挂一块石头，石头面上再放置一饭团。亩头口中逐个念出同行出猎者的名字，当念到某人的名字时，如吊挂着的石头摆动，就由那人担任队长。还有一种方法是，出猎人员到齐后，亩头点燃两炷香，一炷插在亩头家里的野兽髆骨上，

---

① 李文海主编：《民国时期社会调查丛编（二编—少数民族卷）上》，福州：海峡出版发行集团，2014 年，第 705 页。

② 云南省编辑组编：《布朗族社会历史调查（一）》，北京：民族出版社，2009 年，第 22 页。

③ 广西壮族自治区编辑组编：《广西京族社会历史调查》，北京：民族出版社，2009 年，第 26 页。

另一炷插在出猎人员集合的地方。亩头拿出一面白色、一面黑色的两枚铜钱，每念出一个出猎者的名字，就抛两枚铜钱于地上，如铜钱面呈一白一黑，那人就当选队长。[①] 与此类似的是，云南省瑞丽景颇族在进行战争之前要产生军事指挥者诺皆。诺皆并不一定由具有勇敢精神、牺牲精神的人担任，而是由卜卦决定。[②]

在另外一些民族中，即使对于同一职位，有时也采用不同的方式确定人选。云南西盟佤族战争之前产生军事领袖的方式就不止一种。一是头人和老人开会商量，指定勇敢善战的人担任。二是看鸡卦产生。在看鸡卦的过程中，首先由头人找出几个砍人头的英雄作为候选人，每人杀一只鸡看卦。哪个的鸡卦同领导作战胜利的祖辈的老鸡卦同，就任命哪个为这次战略的领袖。三是若此次对甲寨的战斗，是因为甲寨对本寨某人或某些人的危害引起的，则受危害者或受害严重者最积极，也往往由他们来领导。[③]

中国古代各民族的上述实践和国外的经验都表明，虽然我们可以从理论上将选举方式区分为抽签式选举和投票式选举两种类型，但是在实践中这两者并不必然相互排挤。即使是在同一个群体之内，二者之间既可以交替使用，也可以结合运用。

结论与讨论

从有关抽签与选举的争论入手，本文首先试图在概念上厘清抽签与选举的基本关系，将作为一个人选挑选过程的选举区分为抽签式选举和投票式选举两种基本类型。在此基础上，根据选民与候选人的关系建立了一套抽签式选举的类型学；其次以中国历史上各民族的实践经验为基础，检验了四种类型的抽签制度在中国古代民族选举中的实践形态，并且在一个比较视野下考察了抽签式选举与投票式选举的各种组合模式。

本文的研究首先表明，抽签与选举之间并不是一种相互矛盾和替代关系。如果将抽签视为一个选举过程，将更有利于透视古今抽签的各种模式。其次，利用中国古代各民族的抽签实践的资料，可以进一步丰富抽签研究的经验基础。尽管我们只观察到部分民族在特定时期内的抽签实践，但其理论意义远远超过这些民族的实践本身。中

① 范宏贵：《少数民族习惯法》，长春：吉林教育出版社，1990年，第77—78页。

② 云南省编辑组编：《景颇族社会历史调查（一）》，北京：民族出版社，2009年，第165页。

③ 《民族问题五种丛书》云南省编辑委员会编：《佤族社会历史调查（一）》，第49页。

国古代各民族曾经实践过的抽签模式，可以在相当程度上丰富对抽签和投票的研究。抽签既可以单独使用，也可以与其他民主工具配合运行。最后，中国古代各民族实践过的抽签，对于我们思考当代民主制度的完善仍然具有重要意义。中国古代各民族的抽签实践表明，抽签式选举与政体之间并不存在一一对应关系，抽签可以与各种政体共存。

本文的研究意味着，既然抽签只是一种选择工具，它就既可以服务于直接民主，也可以服务于代议民主，还可以服务于其他类型的非民主政体。无论东方还是西方的实践都表明，抽签服务于直接民主政体是有条件的，这一条件就是群体内部的成员处于大体平等的地位，而且群体成员的地域分布不能超过一定的范围。雅典的实践表明，在成员实际上不平等的情况下，只能在创造出平等机会后这一制度才有可能实施。与此同时，群体的范围超出全体成员直接集会的范围之后，直接民主的抽签在组织上将不可能实现。因此，随着群体规模的扩大和不平等加剧，以抽签的方式实现直接民主的概率就越来越低。

在代议民主政体下，与国外的经验一致，抽签可以适用于候选人产生之后的环节，也可以与投票进行交替和结合。而中国的经验则表明，抽签还有一个功能是解决没有候选人之时的选举问题。

最后，本文的研究还表明，即使是在非民主政体下，抽签作为一种工具可以在某些环节中使用和对某些职位适用，也可以提高挑选过程中某些具体环节的公平性。但是，无论国外的实践还是中国古代各民族的实践都表明，抽签的适用要受到人群和地域范围的限制。抽签只能在特定人群和地域范围之内的某些领域和环节内采用；抽签必须要有相应的配套措施和保障制度。

包容性选举及其在当代中国的探索

陈周旺*

摘　要：任何选举都有竞争，但是以竞争为中心的竞争性选举，并不是民主的全部，民主还必须是包容的。竞争性选举可以通过制度设计使其具有一定程度的包容性，但是对竞争的强调更有可能导致社会的分裂。包容性选举以包容为中心来容纳竞争，注重民主的治理效能，加强社会团结。当代中国的民主政治实践，非常接近于包容性选举的要求，主要体现在超额代表权、开放提名权、全额连记投票法和协商候选人等方面。

关键词：民主；选举；包容；竞争

近代以来，选举已经成为民主政治不可分割的一部分，民主在制度上常常要通过选举来体现。人民主权，就是一切主权归于人民，而主权如何归于人民，需要以一定的制度形式来体现。迄今人们能够想到的最可信的民主制度形式就是选举。民主选举是用选票征集民众意见的一种做法，一人一票，以少数服从多数原则决定最终结果。应该指出的是，选举并非一成不变，而是因时、因地而异。在不同的国家，选举制度的设计不一样，皆随该国发展民主政治之需要而定，并不存在一种放诸四海而皆准的选举制度。本文重点不在于比较不同的选举和投票制度，而在于检讨不同民主政治条件下，其选举性质之差异。文章的基本观点是，对民主政治的不同理解，决定了一国选择何种性质的选举模式，并且在制度设计上反映出来。

* 陈周旺，复旦大学国际关系与公共事务学院教授（上海　200433）

一、竞争性选举：理论缘起与制度困境

选举比民主的历史更悠远，任何政治体都要选举，并不是所有选举都跟民主有关。最初的选举，只是局限在贵族集团内部的权力分配，除了投票，也不排除“推选”和“举荐”，这些都可称为选举。按照何怀宏的说法，在现代民主政治产生之前，中国就经历了一个相当漫长的“选举社会”。[①] 选举社会对应于世袭社会，是一个巨大的进步，它的公共职位是向社会开放的。但是中国传统意义上的选贤任能，并不是现代意义上的民主，更多是自上而下的选官制度。到了现代，普罗大众才争取到选举的权利，普选权的扩大成为民主政治发展的标志之一，选举从此被称为民主选举，以区别于之前存在的各种选举形式。与之对应的是，以人民主权对抗君权专制成为思想共识，民主思想逐渐发展成熟。第一个将选举与民主正式挂钩，并且深思熟虑相关制度设计的，应属法国思想家卢梭。然而，卢梭对于选举的民主价值持有疑义，所以他要对选举设定条件。这就是卢梭饱受争议的，关于公民要“交出全部权利”的提法。其实，卢梭并不是主张要在自然社会中剥夺公民的全部权利，而是指公民在进入政治社会之前才应该如此，他的原话是：“每个结合者及其自身的一切权利全部转让给整个的集体。”[②] 换言之，进入这个集体成为结合者是基本前提。显然，公民对政治表达意见的时候，要摒弃对自己权利的思虑，这样的意见才具有公共性，才是有价值的。同样，只有在祛除私利前提下的选举，才符合民主的要求，能达致“公意”的结果，否则就是破坏民主的“众意”。

其实卢梭只不过是在契约论的话语下重述了亚里士多德关于正常政体和变态政体的区分。亚里士多德把那些基于个体私利而进行统治的政体统统归入到变态政体行列，试想，若是为一己私利投票，那么它形式上哪怕再民主，亚氏都不会认为其具有正当性，就像僭主哪怕做了很多好事，他依然是一名僭主，而不可能成为一位君主。卢梭对选举的质疑比亚里士多德要刺眼得多，原因就在于到了现代社会，自然社会与政治社会的区分已经模糊，自然正当成为主导一切的基本原则。

在卢梭那里，自然权利与民主是对立的，选举必须从“公意”出发，才能真正体

---

① 何怀宏：《选举社会及其终结——秦汉至晚清历史的一种社会学阐释》，北京：生活·读书·新知三联书店，1998年。

② 卢梭：《社会契约论》，何兆武译，北京：商务印书馆，1980年，第23页。

现民主，从自然权利出发，则是对人民主权的伤害。按照意大利政治学者布隆代尔的观点，这种对立，在历史的进程中，演化为宪政与民主两种政治制度的对立。① 卢梭之后近一个世纪追求民主的斗争，在欧洲制造的，都是对宪政体秩序的破坏。德国思想家汉娜·阿伦特称之为“权威的失落”。② 民主成为政治不稳定的根源，令欧洲的精英阶层闻风丧胆，忧心忡忡。这种对立一直到约翰·密尔提出“代议制政府”才得到解决。众所周知，代议制的核心就是选举，而不是后来被模糊掉的民主，毋宁说选举是为了抑制民主而被设计出来的。基佐对代议制的起源的称颂至今言犹在耳：“人民统治原则，可以说是所有的人都有同等权利来行使统治权，或者说是每个人的权利在统治权的行使中都起作用，这基本上是行不通的。……代议制政府的原则不会是这样。”③ 然而，作为解决方案的代议制，是从卢梭的立场上倒退，寻求以自然权利为基础、而不是以祛除自然权利为前提的选举，选举权便成为自然权利在政治社会的延伸。随着约翰·密尔、基佐那一代人的逝去，尤其是两次世界大战造成的意外后果即普选权的扩大，选举逐渐站到了民主的中心位置，代议民主制也成为选举民主的同义词。

选举之所以脱颖而出，是因为它合乎自然社会的竞争法则。既然是选举，就一定有竞争，有人当选，自然亦有人落选。竞争性是选举的应有之义。没有竞争的选举是不存在的。如果只有一个候选人，貌似不存在竞争，那其实只是将竞争前置于挑选候选人的过程之中。在这个意义上，“竞争性选举”这一术语是同义反复。

因此，关于竞争性选举的争议，并不在于选举过程或者选举规则中是否存在竞争，而在于通过竞争规则是否一定能选出最好的候选人。一般认为，没有竞争的选择是被动的，因而无法确保这个选择是最好的；如果存在着一定数量的选项供人选择，从人的理性出发，肯定能选择出一个最好的选项。

但是选举研究发现情况并非如此。最著名的来自“孔多塞循环”理论。在简单多数决规则下，由于投票群体的偏好不同，事实上存在不同的投票选项，无法真正确定最好的选项。肯尼思·阿罗基于孔多塞循环建立了“阿罗不可能定理”，指在不同社会偏好条件下，不存在一个共同一致认定的最佳方案。放在投票制度下来理解，阿罗

---

① 猪口孝等主编：《变动中的民主》，林猛等译，长春：吉林人民出版社，1999 年，第 86 页。

② 汉娜·阿伦特：《过去与未来之间》，王寅丽等译，南京：译林出版社，2011 年，第 88 页。

③ 弗朗索瓦·基佐：《欧洲代议制政府的历史起源》，张清津等译，上海：复旦大学出版社，2008 年，第 65—66 页。

不可能定理就是指我们不可能在理性条件下确保选出最好的候选人。[①]

在投票制度的设计上，竞争也不一定能产生最好的候选人。简单多数决在这个问题上长期受诟病。简单多数决选不出最好候选人的典型例子在韩国。1987 年韩国第一次开放选举，由于反对派领导人金大中和金泳三相互竞争，把票源分散，原本并不被看好的前军政府领导人卢泰愚坐收渔翁之利，成为得票最多的候选人而当选。为了避免简单多数决的问题，法国实行二轮决选的制度，但是二轮决选制也不能确保最好的候选人当选，最多只能降低最差候选人当选的可能性。另外，要达到这样的目的，还必须让那些被淘汰的候选人的支持者在第二轮投票中有意愿去投票，因此候选人之间是否能够协调，形成选前联盟，对于二轮决选制至关重要。当然，在二轮决选制下，最好的候选人第一轮就出局的情况，也是再寻常不过的事情。

如果说不能选出最佳候选人只是竞争性选举的一个技术性问题，那么加剧社会分化则是竞争性选举的必然后果。关于民主危机的讨论几乎都集中在这个问题上。[②] 虽然竞争性选举并非社会分歧的深层原因，但它显然是制造社会分裂的催化剂，同时也成为社会分裂最显著的表征之一。[③] 在竞争性选举制度下，互相竞争的候选人集团为了争取选票，势必要扩大自己的支持度，一方面要稳固基本盘，另一方面要通过不断抹黑对手来争取更多的中间选民，因为中间选民不存在基本立场，是最大可能改变态度的群体。如此一来，不同阵营的相互对立就不可避免。在选举民主的典范国家美国，这种对立从乔治・布什争取第二个总统任期开始特别显著。此前美国总统选举策略都笼罩在唐斯的理论阴影下，认为两党竞争必然导致“政策趋中”，中间选民是改变选举结果最大的变数。布什从第二次竞选开始，发现由于伊拉克战争等一系列政策，自己已经失去中间选民的支持，转而寻求共和党铁杆阵营的支持；只要这些人投票，而中间选民的投票率控制在一定水平，他就能顺利连任。布什的“催票”策略十分成功。候选人为了“催票”，强化本方阵营的认同，就会倾向于采取分化策略。在社会状态比较平和的条件下，这种分化策略不至于造成巨大的社会震荡，但是一旦有某些重大议题构成了对社会的根本冲击，竞争性选举就会演化为制造社会分裂的催化剂。

---

① 肯尼思・阿罗：《社会价值与个人选择》，陈志武、崔之元译，成都：四川人民出版社，1987 年。

② 参见米歇尔・克罗齐、塞缪尔・亨廷顿等：《民主的危机》，马殿军等译，北京：求实出版社，1989 年；亚当・普沃斯基：《民主的危机》，周建勇译，上海：上海人民出版社，2022 年。

③ 孙存良：《选举民主与美国政治极化研究》，北京：世界知识出版社，2020 年。

鉴于竞争性选举的分化后果，政治学者卡·鲍什认为竞争性选举只适合分化程度低的社会，[①] 因为只有在这样的社会，选举才能真正产生“愿赌服输”的效应，选输的一方不用付出太大的代价。一旦选举的失败对于候选人乃至于其所代表的整个社会群体成了灭顶之灾，那他不惜任何代价也要挑战选举的结果，这样只会加深社会的裂痕，产生出一种不妥协的政治文化。

当然，更重要的效应在于，政党竞争的压力迫使政党将更多注意力放在竞选上而不是治理上。政党近年来政治形象的下滑，与政党的官僚化以及竞争压力下采取相对短期化甚至极端化的应对策略，存在不可分割的关系。[②] 为了打赢选战，政党放弃了长期政策目标和立党原则，为了讨好特定的选民群体而随意改变自己的意识形态和政策主张。

二、竞争性选举是否可以解决包容性问题

正因为竞争性选举存在各种局限性，一些政治学者如艾丽丝·扬，认为竞争性选举不能等于民主的全部，世界上需要一种“深层次的民主”，也就是从竞争性选举的对立中走出，实现包容性。艾丽丝·扬这样说：“民主实践是一种促进正义的方式，势必要求扩展与深化民主，虽然大家对民主的理解不同，但是可以求同存异，毕竟很多社会都认可民主，并且逐步在实现民主。”[③]

讨论包容性选举，首先要解读何谓包容性政治。包容性政治主要是指两个方面。第一是在理念层面包容差异，即尊重多样性。加拿大学者查尔斯·泰勒称之为“承认的政治”。这种对承认的吁求，深深扎根于魁北克少数族裔寻求政治身份的政治传统之中。泰勒将“承认的政治”追溯至卢梭，认为包容差异、相互承认，是一种政治的“本真性”。[④] 当然，“承认的政治”如若走向极端，反而容易助长族群对立，与本文所指的包容性政治背道而驰。第二是在制度层面吸纳少数。包容差异意味着对少数的吸纳，而不是通过一定的制度或规则，将少数排除在决策过程之外。民主的原则“少数服从多数”蕴含着一种危险，就是排斥少数。如果在一个政治体中存在这么一些少

---

① 卡·鲍什：《民主与再分配》，熊洁译，上海：上海人民出版社，2011 年，中文版序。

② 拉里·戴蒙德、理查德·冈瑟：《政党与民主》，徐琳译，上海：上海人民出版社，2012 年，序。

③ Iris Young, *Inclusion and Democracy*, New York: Oxford University Press, 2000, p. 5.

④ 汪晖、陈燕谷主编：《文化与公共性》，北京：生活·读书·新知三联书店，1998 年，第 293 页。

数，长期被排除在正式的政治议程之外，那么就会出现“用子弹代替选票”的可能性，[①] 比如新芬党的爱尔兰共和军。

竞争性选举本身是否可以体现包容性政治呢？美国政治学者阿伦·利普哈特一直鼓吹“共识民主”，认为其优于“多数民主”，他指出，多元文化社会“所需要的是这样一种民主制度：它强调共识而非对抗、主张包容而非排斥、力求使处于统治地位的多数的规模最大化而不满足于微弱多数”。[②] 多数决是“胜者全得”，可以通过扭曲地划分选区制造出多数，相比之下，比例代表制按得票比例分配席位，被操纵扭曲的可能性低，比较能真实地反映民意。更重要的是，比例代表制给予众多小党当选的可能，使之有机会代表少数群体发声。从某种意义上，比例代表制的包容性其实取决于政党的碎片化。在政党碎片化的条件下，由于没有一个政党能确保长期执政，在它获胜后就不得不与其他相近的政党进行协商合作，从而形成一个相对稳定的执政联盟。这些政党预期在下次大选中一旦失去执政地位，依然可以通过长期的协商联盟传统在新政府中分一杯羹。

除了选举制度本身所蕴含的包容性程度不一，即便在同样一种选举制度下，由于投票制度的设计不同，其包容性也会有所不同。

在全额连记投票制度中，常见的是一种选票设计，设置三个选项，分别是赞成、弃权和反对。在实际计票中，往往是赞成算一票，弃权和反对都不计票。这样的计票方式，使选票设计中原本所具有的包容性被剔除。实际上，弃权票和反对票的计票方法应该是不一样的，否则这种设计就多余了。也就是说，弃权不计票，而反对则应该扣减一票，才符合全额连记法的设计初衷。为什么说这样的设计更具包容性呢？因为得到反对票比较多的候选人，通常是政策比较极端、不利于团结者，他累积的反对票越多，当选的可能性就越低。相反，能够团结大多数选民的候选人，哪怕竞争对手的支持者不投其赞成票，其当选的可能性也更大。一旦当选，这样的候选人更有可能促进整个社群的团结。按照美国政治学者唐纳德·霍洛维茨的观点，如果在全额连记法中，规定当选候选人必须取得过半数的选票方可当选，那么代表不同族群的候选人，可能都要寻求其他族群选民的支持，从而增加选举的包容性。但这对于选区中的大党来说不是必然的。

---

① 阿伦·利普哈特：《民主的模式》，陈崎译，北京：北京大学出版社，2006年，第23页。

② 阿伦·利普哈特：《民主的模式》，第23页。

同样，在多族群的复数选区中，还存在一种可转让投票制度的设计，要求选民勾选自己中意的候选人并排序。按照选区的席位可以知道当选的票数门槛，超过门槛的多余票，可以按照排序转让给第二顺位的候选人。这种选票设计，使得候选人通常要依赖于转让票来当选，换言之，把他排在第二顺位的群体而不是自己所代表的群体，对于其当选是至关重要的。这样一来，候选人都要寻求其他族群或者团体选民的支持来获取更多的选票，从而增加了选举的包容性，有利于促进群体之间的团结。①

总而言之，竞争性选举有可能通过选举制度和投票方法的设计，来增加选举的包容性，一定程度克服竞争可能带来的社会分化。这种做法，可称之为“内生策略”，也就是在竞争性选举下，通过深化和强化包容性的制度设计，达到选举的包容性要求。包容性的最重要成果就是给代表少数群体的小党“应得”的席位，而不是使之长期在选举中受到多数压制。在一些存在大党的选区，大党铁定占有优势的条件下，可以通过投票制度的设计确保其他相对规模较小群体拥有自己的代表。这种做法不同于多数决下的选前联盟，也不是李帕特笔下的“大联盟”体制，这些都是一些政党联盟机制。② 在包容性设计中，大党和小党在选举中依然保持独立，各自去争取选民的支持。比例代表制也因此被认为是最能促进包容性的“内生策略”之一。

由于竞争性选举本身所具有的特点，这些制度设计所能达到的包容效果有限。比较奇怪的是，选举的分化程度越低，竞争就越不激烈，选民投票的热情就越低，从而制造出一种“同意的政治”，不投票即表示同意。反之亦然。最终的态势是，稳定的民主建立在普遍的政治冷漠和低度竞争基础之上，“过度参与”反而被认为是成熟民主体制的危险。③ 有鉴于此，要克服竞争性选举的这种悖论，单一依赖在选举制度和投票制度上细枝末节的调整肯定不够，必须建立一种“外生策略”，也就是吁求一种不同类型的选举，姑且称之为包容性选举。

三、是否存在一种包容性选举?

外生策略，就是在竞争性选举之外，创设新的包容性制度作为补充，使竞争与包

① 霍洛维茨的观点参见伊恩·夏皮罗：《民主理论的现状》，王军译，北京：中国人民大学出版社，2013年，第115页。

② 阿伦·利普哈特：《多元社会中的民主》，刘伟译，上海：上海人民出版社，2013年，第23页。

③ 迈克尔·罗斯金等：《政治科学》，林震等译，北京：华夏出版社，2001年，第92页。

容相互促进，构成一种超越简单竞争的包容性选举。

包容性而不是排他性，对于民主越来越重要。自由主义民主当初被设计出来，是要在决策过程中建立多数的统治，少数不可避免是被排斥的。在排斥性这一点上，自由主义民主与专制其实没有本质区别，只不过民主是多数排斥少数，专制是少数排斥多数。所谓“保护少数”，就是采取充分多数规则，给予少数否决权，难免又与原本的民主原则相冲突。卡尔·施米特便认为，政治就是区分敌友，自由主义也不例外，它并没有创造出新的基本政治原理。[①] 因此，民主的重点实际上在于包容，即多数如何包容而不是排斥少数。在实际的决策过程中，其实很难真正区分多数和少数。即便在一个决策链条中，多数也经常发生变化；在此环节中的多数，未必是彼环节中同样的多数。反复识别变化的多数是民主的一个难题，只有通过包容去解决。在一个多元社会中，这种多数排斥少数的做法即便符合少数服从多数的民主原则，却依然不可避免地对整体社会带来伤害。第二次世界大战后所有的国家几乎都是以一种多元冲突的社会文化结构迎来了民主，即便是老牌民主国家也不得不面对新的挑战。在这种条件下，包容性业已成为民主的基本前提。某种政体如果不能吸纳不同的群体，使他们都能有机会在政治舞台上发出声音，而是顽固地基于某种不可选择的身份比如种族、宗教、文化，将某一部分特定群体排除在政治之外，那么这种民主就是脆弱的、有缺陷的，甚至可以说是虚假的。如果民主运作最后的结果是一种排他性的政治，而不是包容差异，那么这样的民主不可避免会深陷危机。正是在这个意义上可以说，没有达到一定程度的包容性，民主就是不可能的。

既然选举是民主最重要的制度形式之一，甚至在很多民主国家，选举已经成为唯一的民主制度形式，那么，民主政治的包容性最好首先能通过选举反映出来，创造出一种新的选举制度形式。这种选举既包含了竞争，但是又与前文所讲的竞争性选举有所不同，它以包容为中心而不是以竞争为中心，可以被称为包容性选举，与竞争性选举相对。包容性选举，与竞争性选举之区别，更多可能体现在优先次序上，包容性选举更强调包容而不是竞争，为了达到包容可能选择牺牲某些竞争的“公平性”。相反，竞争性民主更主张公平公开的竞争，只要规则允许，都可以不择手段。用一般的术语来讲，包容性选举更多是“实体主义”的，它强调整体性、道义性，有时候不那么符合理性算计；竞争性民主更多是“理性主义”的，强调成本与收益之比。理性主义的

---

① 卡尔·施米特：《政治的概念》，刘宗坤等译，上海：上海人民出版社，第182页。

选举，基本是一种浅层的民主，是看得见、容易理解的；实体主义的选举，就不那么容易体会了，因为它必须诉诸更深层次的道义感和相对抽象的整体感，所以被称为一种深层次的民主。选举越具包容性，民主越为深化。当然，一旦拥有了深层次的民主，这样的民主就更加容易扎根于社会和历史之中，深入人心，也更容易激发人们去捍卫、守护它。

按照本文的理解，包容性选举与竞争性选举虽然从核心设计原则上存在某种对立，或者说张力，但两种选举形式并不互斥，而是可以融合在一起的，区别仅仅在于选举的核心原则到底是包容还是竞争。因此，可以说，包容性选举不是对竞争性选举的简单否定，毋宁说是一种超越，它在尽可能保留选举的竞争性的同时，通过某些制度设计首先确保选举的包容性，或者将竞争限制在一定条件下，避免任由竞争的逻辑向失控的方向发展，最终招致自我否定，选贤变成“比烂”、合作变成“分化”，等等。套用卡尔·波兰尼的话来说，包容性选举的意义，就在于当发现竞争已经脱嵌于民主之际，通过包容性的设计来拯救选举、保卫民主。

从这一优先性出发，可以明确几种“外生策略”。第一，在参与资格上，包容性选举要求参与投票者与方案之间尽量形成利益隔离，即投票者应该“利益无涉”，或者说投票者的利益被“悬置”，使之处在相对中立的地位。这种情况下，投票者的投票才可能从整体考虑，具有包容性。从这一点上，那些被设置为利益无涉的选举更可能是包容性的。比如，某个区县的基层代表就一个省级层面重大决策投票时，会更倾向于从省的整体利益出发而不是从个人利益出发来投票。由于利益中立，方案的竞争性被弱化，包容性被强化，但它依然存在竞争性。当然，利益中立也可能导致另外的后果，那就是投票者的政治责任。在利益被“悬置”的条件下，投票者的一票也可能是不负责任的。这就必须在更深层次上对投票者的政治责任和履职水平加以严格审查和要求，不过这已经是另一个层面的问题了。

第二，在席位分配上，包容性选举倾向于给少数群体超越公平原则的“超额代表权”，尽管这有违公平竞争的原则，但是超额代表权的存在，确保少数群体可以同等地在公共领域发出自己的声音。比如美国联邦众议院按州的人口比例分配席位，但参议院则是每州 2 名参议员，人口较少的小州因此获得“超额代表权”，强化了小州的话语权，从而体现出一定程度的包容性。[①] 在席位分配上，包容性选举的一个显著特

① 阿伦·利普哈特：《民主的模式》，第 150—151 页。

征就是小党在选举中多少会得到某种“优惠”。这种“优惠”反过来也会促使大党主动寻求小党的合作，可以说在竞争中引入协商，不同政党都要寻求其他政党的支持，逐渐塑造出互相包容的制度语境。

第三，在投票结果上，包容性选举会让选举结果更倾向于有利于加强群体团结的人，而不是单一取决于竞选能力。前述全额连记法所设计的“弃权”和“反对”选项，一定程度上可以起到这种效果。相较之下，单记不可转让投票制的导向恰恰相反，它以分化社会为代价来进行选举。主要的大党如果配票不当，哪怕控制了过半数的选票，也会失去席位，造成党内的分化和竞争，而对于选区中的小党，则可能通过剑走偏锋来巩固在本选区中的铁票而当选。因此，在单记不可转让投票制下，尽管小党也同样存在某些可能的“优惠”，首先这种“优惠”不是必然的，更重要的是这种选举制度严重恶化竞争，分化社会，谈不上任何的包容性。可见，给小党更多的当选机会，还不足以确保选举本身的包容性。选举的包容性更多体现在选举的结果上，即加强社会团结，而非弱化社会治理。当政治团体的特殊利益通过一定的制度被淡化、甚至消解之后，这些政治团体能更多从整体而不是自身利益出发来对待公共政策问题，就可以促进共同的善的成长，不同政治团体之间有可能更顺利地进行跨派别的沟通和协调。

总而言之，包容性选举之区别于竞争性选举，在于包容性选举将民主视为一个完整的过程，而不是简单的一次性票决。在包容性选举看来，一个完整的民主决策过程，多数是不断变化的，需要在各个环节中反复加以识别。“多数”并非表决时刻的“多数”，而是在整个民主运作过程中反复出现的“多数”。当“多数”反复出现，事实上的“少数”可能就不存在了，实现了最大程度的包容。特别是在政策实施上，不管谁是“多数”，都尽可能考虑到曾经是“多数”那一部分“少数”，这样，约翰·密尔所称的“保护少数”也就落到了实处。那么，如何去识别这个“多数”呢？在这个过程中引入一种持续性的协商机制是必要的，即从议程设置、拟定政策到决策、执行各个环节都引入制度化的协商，而不是票一投就了事。

四、为什么说中国的选举民主更趋近于包容性选举？

中国不是没有选举，只是中国的选举制度与西方的选举制度不同。如前所述，中国是一个有着悠久选举历史的社会。秦统一六国之后设郡县制，中国古代官僚系统就取消了世袭制，需要从民间社会选拔人才来维持运转。从最初的“举孝廉”“九品中正制”发展到后来的科举制，中国传统社会的选举政治一直延续至清末废科举，方失去制度依托。

西风东渐之下，中国社会对“选举”的理解已经发生深刻变化。选举已经不单是“选贤任能”，更重要的是作为民主政治的一种制度形式。民国初年，偶尔也可见一些不伦不类的议会选举。① 若论现代中国最真实广泛的民主选举，毫无疑问当属中国共产党领导的边区政府推行的“豆选”。“豆选”是中国共产党人在根据地和解放区推行的普选，无论从内容还是形式，相比同时期欧美国家的选举，都具有先进性。这主要体现在两个方面：第一是普选，不分男女、财产，只要符合年龄要求都可以投票；第二是采取各种形式的秘密投票，以确保选举的真实性，而很多欧洲国家在第二次世界大战前后才将秘密投票逐渐制度化。② 随着全国解放战争的胜利不断扩大，党领导各地的翻身解放农民在当地开展选举，用一种民主的方式将原来的乡村权力精英结构进行彻底的置换，民主和选举从此深入人心。

既然是选举，就必然存在竞争。中国的选举当然也存在竞争，并且选举制度的改革方向，一直都是朝着强化其竞争性来开展，比如对差额选举的规定。在基层社区的选举中，反对票的比例一直是选举竞争程度的风向标之一，如果达到一定比例的反对票，说明该社区的换届选举具有了“良性竞争”的氛围。对竞争性的关注反过来说明，相比于竞争性，当代中国选举本身可能更倾向于追求包容性。正是因为长期以来把包容性作为优先选项，选举的竞争色彩有所淡化，给人一种印象，貌似选举制度改革应以竞争性为重点。事实上，包容性本来就是我国选举制度的优势之一，若以包容性为代价来强化竞争性，只会制造出新的社会分化，可谓得不偿失。因此，在选举制度改革中，与其片面追逐竞争性，不如将更多的关注点放在优化包容性选举制度本身。我们可以从以下四个方面概括中国包容性选举的基本特征。

第一，超额代表权。诸如美国这样的西方大国，要么通过强化社会区隔的比例代表制，要么通过 Gerrymandering（杰利蝾螈，即扭曲地划分选区）来确保少数群体当选，③ 但是 Gerrymandering 本身是中性的，从美国的经验来看，其更多是用于确保大党在多数决选区的利益，而不是用于包容少数群体。中国的选举，则是通过直接

---

① 叶利军：《民国北京政府时期选举制度研究》，长沙：湖南人民出版社，2007 年。

② 牛铭实、米有录：《豆选》，北京：中国人民大学出版社，2014 年，第 164 页。

③ 王绍光：《民主四讲》，北京：生活·读书·新知三联书店，2008 年，第 149—150 页。

在代表名额的分配上给予制度性倾斜，以确保不同社会群体、阶层都有其代表。《选举法》第六条规定："全国人民代表大会和地方各级人民代表大会的代表应当具有广泛的代表性，应当有适当数量的基层代表，特别是工人、农民和知识分子代表；应当有适当数量的妇女代表，并逐步提高妇女代表的比例。"这意味着通过超额代表权，也就是超出其人口比例的代表名额来保证少数群体的代表权，特别是对于少数民族，或者人口相对少的地区。《选举法》规定在代表名额总体按人口比例分配的条件下，应给与少数民族地区、人口少的地区一定的超出比例的名额："自治区、聚居的少数民族多的省，经全国人民代表大会常务委员会决定，代表名额可以另加百分之五。聚居的少数民族多或者人口居住分散的县、自治县、乡、民族乡，经省、自治区、直辖市的人民代表大会常务委员会决定，代表名额可以另加百分之五。"同时还规定："地方各级人民代表大会代表名额，由本级人民代表大会常务委员会或者本级选举委员会根据本行政区域所辖的下一级各行政区域或者各选区的人口数，按照每一代表所代表的城乡人口数相同的原则，以及保证各地区、各民族、各方面都有适当数量代表的要求进行分配。在县、自治县的人民代表大会中，人口特少的乡、民族乡、镇，至少应有代表一人。"针对少数民族聚居区又规定："聚居境内同一少数民族的总人口数不足境内总人口数百分之十五的，每一代表所代表的人口数可以适当少于当地人民代表大会每一代表所代表的人口数，但不得少于二分之一；实行区域自治的民族人口特少的自治县，经省、自治区的人民代表大会常务委员会决定，可以少于二分之一。人口特少的其他聚居民族，至少应有代表一人。"诸如此类的规定，都是为了确保少数群体能够通过选举有其代表，这正是包容性选举的体现。①

当然，超额代表权的前提是，在政治体中，对于谁是"少数"有明确的、长期的共识，这是超额代表权的合法性来源。② 中国人大代表的选举，对"少数"做了严格的、法律意义上的规定。只有当被界定为少数，才有可能获得超额代表权。这种超额代表权不仅体现在名额的超比例分配上，而且体现在指定名额上，即有些"少数"不是根据比例，而是直接指定分配名额的。当然，这种对"少数"的规定跟具体的历史条件往往结合在一起，随着社会的发展，"少数"也会发生一些变化，比如知识分子与无产阶级基本上已经融为一体，不再是一种"少数"。同样，由于职工队伍和农民

---

① 陈周旺、申剑敏：《当代中国政治学重大命题的知识表达》，《复旦政治学评论》第 22 辑，上海：复旦大学出版社，2020 年。

② 伊恩·夏皮罗：《民主理论的现状》，第 117 页。

人口的变化以及其他社会因素影响，他们往往会缺少自己的代表，这时也需要指定当选名额以确保工人和农民拥有自己的代表。

第二，开放提名权。提名权的开放程度，往往是衡量一国政治制度民主化水平的标准。欧美国家虽然扩大了普选权，但是提名权却始终牢牢控制在政党手中，只有在简单多数决条件下，才有候选人独自参选的空间。也就是说，如果要竞选政治职位，首先就要加入某个政党，或者登记成立政党。政党其中一个功能就是垄断提名权。这是政党和一般利益集团的实质性区别。根据各国不同的法律规定，登记成立政党的门槛高低也有所不同，但这已经是一种限制。进而言之，从登记参选到进入实质性的角逐，也是一个艰难的进程。其实只有那些大党的竞选名单才是真正有效的，小党虽然也可以提名参选，但陪跑的可能性极大。对于小党而言，更合适的策略是依附于某个大党来获得提名参选的机会。从这个意义上，在欧美国家，这些大党的存在限制了竞争，也影响了选举的包容性。

当代中国人大代表选举并不由政党或者社会团体垄断提名权，而是充分开放提名权。《选举法》第二十九条规定："全国和地方各级人民代表大会的代表候选人，按选区或者选举单位提名产生。各政党、各人民团体，可以联合或者单独推荐代表候选人。选民或者代表，十人以上联名，也可以推荐代表候选人。"这条规定非常重要，是当代中国包容性选举探索实践的重要标志。这里有两层涵义。第一层涵义，候选人提名主体和渠道都是多样的，在任何选区或者选举单位中，提名的主体可以是政党，可以是各人民团体，也可以是代表，还可以是普通选民。换言之，只要是合资格的选民，就有提名权。世界上没有哪一个国家的提名权比这条规定更开放。第二层涵义，它规定的提名门槛也比较低，选民或者代表，只要达到了十人联名，就可以推荐代表候选人，相当于政党提名或者人民团体提名。对于普通选民来说，只要有意愿参选，这一提名门槛是非常低的，达到了非常高的开放程度。这种开放的提名权，正是当代中国民主选举之包容性的重要体现。

第三，全额连记法。即选区有多少名额，选民就可以圈选多少候选人，可以选足，可以少选。它理论上是多数决，少数基本很难当选。但是由于我国在代表提名和名额分配上已经向少数群体倾斜，所以，一方面，采取全额连记法的多数决反而更容易确保少数群体的候选人当选，另一方面，在全额连记法下，由于少数群体的候选人是由多数选举出来的，这样一来，选举结果更容易促进团结而不是导致相互排斥。从这个意义上，中国采取多数决的选举制度，不仅没有像李帕特设想的那样，限制少数当选的可能，反而促进了选举的包容性，这是十分难能可贵的。当然，这种包容性，不是全额连记的投票制度单独能够实现的，而必须以超额代表权和开放提名权的制度为前提，因此包容性也就体现为中国选举制度的一个重要特色。

如前所述，在选票设计上，全额连记法通行的选票依然设有“赞成”“弃权”“反对”三个选项，传统的做法是在计票时分别记 1、0 和 −1，这样那些走极端路线、不利于团结的候选人，当选的概率大大降低，主张包容的候选人更容易当选。近年来，其他方面的制度设计，已经充分保证了选举的包容性，在“弃权”与“反对”两个选项上进行区分所能发挥的作用已经不大，所以在具体投票的程序中，勾选“弃权”“反对”或者不勾选，这三种方式都统一记 0 票，其中的差别已经无法显示。当几个选项之间已经没有排斥性，依然在选票中保留这些选项是令人困惑的，它增加了投票的复杂性，让选民无所适从。若有机会加以调整，其实仅保留“赞成”一项即可。

第四，协商候选人。候选人产生的协商过程，也体现了当代中国选举制度的包容性。关于选举过程中的协商，过去存在长期的争论。从竞争性选举的角度，常常认为协商候选人有违选举之公正，理由是协商过程难免受到干预，从而使有意图参选的人士，其参选空间被挤压，或者失去提名的机会。应该说，选举中出现这种现象难以避免，但这不是问题的根本。问题的根本还是要回到对包容性选举的理解上来。

首先，选举的目的是强化团结，而不是分化社会。无论是人大代表候选人，还是基层社区自治组织候选人，在候选人产生过程中，都要经过协商，将破坏社会团结的因素加以排除。其实协商更应理解为一个反复沟通以求达成共识的过程，如果有机制确保沟通的平等、公开和信息充分，那么也就可以最大程度排斥外部干预。共识的凝聚，反倒可以为后面的一次性票决创造良好的氛围。

其次，选举不是为选而选，重要的是同时达到选贤任能的效应。对于存在强烈发展要求的地区，通过选举来强化领导者的治理能力至关重要，但是仅靠票决并不能发现或者确认候选人的能力。过去无数的选举经验表明，能力并不是候选人当选的充分条件，甚至也不是必要条件。在支持和能力两个要件中取得平衡的最重要机制就是协商。如果存在一个协商程序，就可以对候选人的能力进行深入考察，确保有能力的候选人获得提名。这当然可以理解为一种门槛，但是这个门槛不是基于金钱、地位等不可变更的硬性条件，而是基于广泛的协商，这里存在本质的区别。

再次，协商本身也是制度化、公开透明、充分讨论的，并非如想象般以体现行政领导意志为主。当协商候选人成为选举的关键环节，而这个环节又容易引起争议，那么它的程序化、制度化进程就会加速。实际上，任何一名候选人在进入选举环节之前，都要经历严格的干部考察程序，只有把好考察这一关，才能确保选举中无论谁胜出，都有足够能力胜任该职位。关于二十大两委选举之前的干部考察，新华社专门刊载文章进行详细介绍，其中指出："考察组到省区市后，先在一定范围内进行谈话调研，在广泛听取意见基础上，提出会议推荐参考名单，然后进行会议推荐。根据谈话调研、会议推荐与平时掌握情况，再次进行谈话，进一步听取意见。通过综合分析比较，按程序提出考察对象名单。深入考察谈话中，还会找部分厅局级干部甚至县处级干部等谈话。……据了解，本次考察中省区市考察组平均每组谈话 1400 余人次，中央和国家机关等单位考察组共谈话近 1 万人次。无论是谈话调研，还是会议推荐，不简单以票数多少作取舍，而是根据人选的德才素质和一贯表现，结合廉洁状况和民主测评等情况，综合分析研判，作出全面客观准确判断，比选择优，提出人选遴选意见。"① 文章虽然针对二十大两委选举，但是其关切的问题和相关程序，在干部任命、从中央到地方的选举甚至基层社区选举中，都会广泛参照执行。

当代中国选举的包容性，在于将最重要的程序放在协商讨论环节，而非最终表决环节，理由在于协商讨论才能充分体现包容，而表决投票则是一锤子买卖。重点不在于要不要协商，而在于能否让协商程序本身制度化。这种制度设计的精神是竞争性选举可望而不可即的。正是在此意义上，习近平总书记指出选举与协商是有机统一的两种民主形式："人民通过选举、投票行使权利和人民内部各方面在重大决策之前进行充分协商，尽可能就共同性问题取得一致意见，是我国社会主义民主的两种重要形式。"②

正因为存在以上做法，可以认为，中国的选举制度更趋近于包容性选举。当然，中国的包容性选举制度还处于探索发展的过程中，相关的实践正在不断完善。在当代中国，选举的目的不仅在于通过竞争来选贤任能，更在于选举之后能产生出正面的治理效果，并且达到大多数人的团结。但这并不等于中国的选举中就没有竞争色彩，如前所述，只要选举都会存在竞争，但是竞争性选举如果不能实现包容，那么就会背离

① 《高举伟大旗帜　谱写崭新篇章——新一届中共中央委员会和中共中央纪律检查委员会诞生记》，http://www.gov.cn/xinwen/2022—10/22/content_5720942.htm，2022 年 10 月 22 日。

② 习近平：《在庆祝中国人民政治协商会议成立 65 周年大会上的讲话》，北京：人民出版社，2014 年，第 15 页。

民主政治的初衷，而服从于商业社会的支配逻辑。因此，民主政治的发展，关键还是在于如何设计出一种包容性选举，在确保大包容的条件下实现良性竞争，从而让民主与有效治理有机统一。

“数据主义”滥觞下的新技术人文：智能时代算法传播的价值转型*

蒋晓丽　钟棣冰**

摘　要：智能传播时代，算法和数据技术成为社会基础设施和底层逻辑，并在广泛应用中带来数据主义思潮的盛行。数据主义的哲学渊源来自古希腊时期的毕达哥拉斯主义，主张将万事万物皆转化为算法可以计算的数据，从而根本上消解了人的存在价值和意义；人不再被视为具有独特性与丰富个性的主体，引发深刻的人文危机。基于技术哲学的思考发现，经典人文主义过于强调主客体的二元对立，不可避免陷入决定论的困境。技术与人并不是二元对立的主客体关系，而是具有同构性，且内在于人的主体性之中的存在方式。因此，体现和呈现人性、维护人的主体性和独特尊严成为智能时代算法技术应然的价值导向。但是，智能传播时代需要对传统人文主义进行超越与突破，构建以“人—技”和谐共生为旨归的新形式。

关键词：数据主义；人文主义；算法；智能传播

一、引　言

从专业媒体主导的大众传播时代到人人都是记者的自传播时代，再到以人工智能

---

* 四川省社科规划重点研究基地重大项目“智能传播时代国际传播策略研究”（SC22EZD046）

** 蒋晓丽，四川大学文学与新闻学院教授；钟棣冰，四川大学文学与新闻学院博士研究生（成都 610207）

为代表的智能传播时代，新兴技术的不断进步变革着人类社会的信息传播模式。当前，人工智能技术深刻嵌入社会各个领域与不同层面，作为智能技术产物的大数据技术、算法技术对社会的改造也随处可见，进而带来数据主义思潮甚嚣尘上。2013 年 4 月，大卫·布鲁克斯在《纽约时报》上发表文章《数据哲学》，首次提出了数据主义的概念。这种以数据为中心的世界观主张数据至上，一切皆为数据，一切都应交由算法模型处理。随着当前可穿戴设备、智能手机等技术不断普及，人的全息数据化生存逐渐变为现实，数据主义正在以其特有的价值观念和行动纲领深刻塑造着人类社会与物质世界。

针对数据主义思潮及智能算法引发的各种伦理问题，世界范围内的学者试图制定相应的伦理准则来规范算法技术的研发与应用。2016 年，电子电气工程师协会（IEEE）制定并连续两次发布《人工智能设计的伦理准则》，确立了人权、幸福优先、可问责、透明、不被滥用等人工智能设计的伦理准则。2017 年 1 月，在阿西洛马召开的著名的“有益的 AI”会议签署并发布了包含 23 条原则的阿西洛马人工智能原则，呼吁建立包含安全性、透明性、与人类价值观一致等道德准则和价值观念。在国内新闻传播领域，陈昌凤等学者也提出了尊重人的尊严、保护个体自由、维护社会公平正义以及保护人类整体福祉和社会可持续发展的算法伦理核心原则。针对算法技术价值观，亟待提出一种适合智能传播时代的价值导向作为指引。本文意在立足技术哲学相关思想，发展出与智能传播时代相适应的“新技术人文”观念，以期为未来的实践探索提供学理层面的指导。

二、数是本原：数据主义思潮的哲学渊源

在数据主义语境下，数是万物的本原。本原问题是古希腊哲学时期探讨的核心本体论命题。所谓“本原”，指的是“事物的最初状态或者是构成事物的基本要素，或者是事物存在和运动的缘由”，不同哲学家从多种视角寻找事物运动发展的原始状态。泰勒斯最早宣称“水是万物的本原”，他的学生阿那克西曼德认为世界的本原是“无定”，阿那克西米尼主张“气”为万物的本原，赫拉克利特则把世界的本原归结为“火”，德谟克利特归为不可分的“原子”，恩培多克勒则将“土”“气”“水”“火”四种元素作为世界本原，等等。

当下盛行的数据主义思潮最早可以追溯到古希腊哲学时期的毕达哥拉斯主义。在

毕达哥拉斯学派看来，数是万物的本原，一切事物都可以被归结为数的规定性，即一切事物都是由数的比例关系或对立关系决定，例如 1 代表灵魂，4 和 9 代表正义。他们主张存在两种不同的“世界”：一个是可感知的千变万化的表象世界，另一个则是不可感知的、没有变化运动的无形世界，这个世界本质上是处于支配地位的“数学世界”，纷繁变化的表象世界背后是永恒不变的数学实在世界，数是万物不变的根源。毕达哥拉斯主义试图用简单的抽象数学来解释纷繁复杂的世间万物。这一立足于数学来把握世界的抽象思维对整个西方世界的哲学思想和科学研究产生了深远影响。

从某种意义上说，正是天文学、物理学、力学等自然科学通过将抽象的数学计算、形式逻辑引入实验研究，从而带来了自然科学的迅猛发展。最早在天文学领域，哥白尼通过运用数学运算处理天体现象助其发现天体运动规律，开普勒则宣称世界的实在性是由其数学关系构成的。数学在天文学领域的成功运用进一步推动其他自然科学与数学的结合：在物理学领域，牛顿将数学计算从天体运动进一步扩展到一切物体的运动，推动经典力学的发展；笛卡尔基于广延的可量化性，将物质世界划分为由长宽高构成的广延，试图将整个物理学还原为几何体系。整个宇宙即是一架由数学设计而成的庞大、和谐的机器，现实世界是一个用数学运算表达出来的整体。时至今日，数学仍然被大多数学者视为近代科学的主导因素，这种以代数、几何、微积分为代表的形式数学带来了科学观念的彻底革新，即自然科学数学化，按照抽象的数学思维来理解外部物理世界。

针对这一颠覆性变化，胡塞尔在其著作《欧洲科学危机和超验现象学》中提道：“自然本身在新的数学的指导下被理念化了：自然本身成为——用现代的方式来表达——一种数据的集。”[①] 并且，自然科学以客观存在的物理世界作为研究对象，使得数字、数学与客观、普遍等观念联系在一起。人们逐渐给数字、数学赋予了至高无上且毋庸置疑的客观性、精确性和普遍性，这种“数字神话”“数学崇拜”的信仰正是当前数据主义思潮能够大行其道的思想根基，也直接引发了科学研究范式的变革：美国计算机领域专家、图灵奖获得者詹姆士·格雷认为“实验科学、理论科学和计算科学都受到数据泛滥的影响，第四种‘数据密集型’科学范式正在出现”。[②] 在他看来，

① 艾德蒙德·胡塞尔：《欧洲科学危机和超验现象学》，张庆熊译，上海：上海译文出版社，1988 年，第 27 页。

② H. Tony, T. Stewart and T. Kristin, “The Fourth Paradigm: Data-Intensive Scientific Discovery,” *Proceedings of the IEEE*, vol. 99, no. 8 (2011), pp. 1334—1337.

大数据驱动研究是自实验研究、理论研究和计算机模拟研究以来新兴的第四种科学研究范式。数据主义者鼓吹大数据研究不存在先在理论假设，也并不基于先验立场。大数据的全样本分析能够避免小样本的随意性，不具有任何人类的既有偏见，从而超越了特定领域的知识。单纯通过数据挖掘进行相关分析便能够获取全部知识。数据主义力求通过数据之间的相关关系取代原有科学研究对于因果关系的追求，同时也宣告了“理论的终结”。

进入智能时代，随着计算机科学以及智能技术不断进步、完善，数据主义思潮进一步演化和表现为计算主义，成为认知神经科学、人工智能等领域的主导研究范式。计算主义主张物理世界、生物生命过程乃至人类的认知、心理状态、心理活动、情感情绪都是算法可以计算的。早在 20 世纪 50 年代，计算机科学奠基人冯·诺依曼便提出细胞自动机理论，认为生命过程的本质是一种计算的过程。人工智能先驱图灵同样将人的大脑看作一台不断运作、处理信息的机器。在计算主义者看来，物理世界乃至整个宇宙都是可被计算的，万事万物皆是算法计算的结果。人的感知、认知等智能行为同样也是由计算机处理的一套符号系统。

无论是数据主义还是计算主义，其共同之处在于都是人类以高度抽象、简单片面的思维去认识、把握世界。这种主张将万事万物数据化、计算化、算法化的思潮，源自古希腊哲学时期的毕达哥拉斯主义，是其在智能时代的新形态。在这一思潮的指引下，人类只有通过将外部世界全部转化为数据，通过算法计算才得以认知、理解和解释世间万物。世界的本原是数据，数据主义、计算主义成为智能时代的“数字拜物教”。也即是说，智能时代的拜物教在保留资本主义时代的核心内涵的同时，又呈现许多新特征。世间万物，无论是实体之物，还是虚拟之物，都可以转化为数据形式进行测量与计算，以“数字”为标识的符号体系已然成为新的“物神”。在数字资本主义社会，除了商品、货币、资本拜物教之外，还呈现新的“数字拜物教”。

三、主体消解：数据至上原则的人文危机

当前，智能技术对于社会的影响随着人工智能、大数据、算法技术的发展不断显现，大数据正以空前的速度和规模渗透到人类社会生活的方方面面。在此背景下，将万事万物数据化、计算化、算法化的数据主义思潮逐渐从科学研究范式转变成普罗大众日常生活的思维方式、行为方式和存在方式。具体表现为，“量化自我”已经成为

社会新风尚，数字化生存进一步深化为“数据化生存”。

智能程度不断提升的传感器、可穿戴设备等智能物体，由于可以测量、检测生理状态、运动轨迹，甚至情绪、心理状态等传统方式下不可被量化的深层维度，成为自我传播的新中介。人们热衷于利用手环、智能手机等设备监测自己的身体数据（如心率、体温、血压、血糖等）。其中，健身人士作为量化自我的主流人群，通过积极记录每天的运动量、摄入的热量以及消耗的卡路里，来衡量运动的效果。这种主动的量化自我实践在提高身体运动机能的同时，也带来个人形象的提升。有学者研究发现，可穿戴设备可为量化自我者赋权。通过可穿戴设备记录身体数据进行身体资本的展演，一方面产生自我赋权感，另一方面这种实践也成为建构社会资本的新途径。① 但需要注意的是，这种量化自我实践在提升自我管理能力，为实践者赋权的同时，也可能走向控制的反面。目前量化自我实践更多需要依靠设备、应用及其背后的平台。平台设计者在决定将哪些维度进行量化时，并不完全出于用户需求，而是必然带有商业利益的考量。这种自我量化所带来的效应，很可能如美国社会学者贝克所言，并没有给人们带来更多的幸福，而是走向了它的反面。②

不容置疑，数据主义思潮的盛行出现在大数据、智能算法技术深度介入社会各个层面之后，深刻变革社会结构，重塑人与人之间的连接方式以及人与社会之间的互动关系。当前的算法社会是“一个普遍使用算法、机器人与人工智能进行决策的社会，也是一个围绕算法逻辑而组织和运转的社会”。③ 智能技术不断演进使得算法及其基础——数据，成为社会运作的底层基础设施：企业借助算法招聘员工；银行参照数据运算结果决定放贷额度；在医学领域，智能影像分析系统帮助医生做出诊断决策；在法律领域中，算法也逐渐参与到司法裁判中，甚至能够判断嫌疑人再犯罪风险，进行量刑测算。

主张数据至上、将一切数据化、一切都交由算法来处理的数据主义思潮成为大众意识形态和行动纲领。在此背景下，尤其需要警惕“数据主义对数据和算法的推崇，意味着数据的资源化、权力化和意识形态化”。④ 数据主义作为资本主义时代的数字

---

① 宋庆宇、张樹沁：《身体的数据化：可穿戴设备与身体管理》，《中国青年研究》2019 年第 12 期。

② D. A. Baker, “Four Ironies of Self-Quantification: Wearable Technologies and the Quantified Self,” *Science and Engineering Ethics*, vol. 26, no. 3 (2020), pp. 1477—1498.

③ J. M. Balkin, “The Three Laws of Robotics in the Age of Big Data,” *Ohio State Law Journal*, vol. 78, no. 5 (2017), pp. 1217—1241.

④ 李伦、黄关：《数据主义与人本主义数据伦理》，《伦理学研究》2019 年第 2 期。

拜物教，“已经成为了一个以数字平台和一般数据为基础的新型资本主义，它正在成为我们时代新的支配性力量，而我们所有的存在的意义，只能在这个数字平台上被重塑”。[①] 将外部世界、万事万物以及人的一切数据化、算法化，不可避免会把数据、信息和算法置于人类之上，使得数据和算法成为芒福德所言的“巨型机器”，对人类社会进行规训和重构。我们的现实生活已经或正在被数据和算法的逻辑规则所控制。

移动终端、智能传感器等技术的普及，使得数据化生存不断变得普遍。今天人们的身体、位置、行为轨迹、社会关系、心理状态、情绪情感甚至评价系统等各种层面都在经历全面的“数据化”，人的思维方式也深受数据化的影响：当前各平台广泛采用的个性化智能算法推荐技术便是基于收集用户数据、记录历史行为数据，通过精准描绘用户画像，在此基础上将与用户兴趣相似度较高的内容推荐给用户；除了用户的内容发布、点赞、评论、转发等典型的可被数据化的行为之外，对用户物理位置及运动轨迹的数据记录与分析，也成为智能时代平台服务的依据；未来可穿戴设备的普遍应用，还可以“测量”用户在某一地点相关的多种“场景”变量；脑电仪、眼动仪等设备还可通过采集与分析人的视线移动、汗液分泌等生理线索，将人内在的、隐蔽的心理活动、心理状态和情感情绪变成外在的、显在的数据；社会网络分析方法的广泛应用也带来人与人、人与物、人与内容、人与机器等各种关系的数据描绘，甚至还能够将关系的亲近程度、紧密程度等过去相对模糊的变量进行量化。

除此之外，数据化的另一维度——评分机制也同样值得重视，无论是个体之间的评价（电商买家与卖家、网约车司机与乘客），还是机构对个体的评价（工作业绩），评分制的流行一方面在提高治理、管理、决策效率的同时，也带来了对评分权力的追逐与垄断。[②] 在劳动领域，数字平台对骑手的评分控制已经“从实体的机器、计算机设备升级为虚拟的软件和数据，平台背后的算法通过分析骑手数据并将数据结果反作用于骑手使劳动秩序成为可能”。[③] 这种算法的数字控制不仅削弱了骑手的反抗意愿，蚕食自主性发挥的空间，还使骑手潜移默化地参与对自身的管理过程，实现了自我规训，疯狂投入到“接单游戏”中完成越来越多的跑单数量。[④] 正如有研究认为，评分

---

① 蓝江：《数字异化与一般数据：数字资本主义批判序曲》，《山东社会科学》2017 年第 8 期。

② 虞青松：《算法行政：社会信用体系治理范式及其法治化》，《法学论坛》2020 年第 2 期。

③ 陈龙：《“数字控制”下的劳动秩序——外卖骑手的劳动控制研究》，《社会学研究》2020 年第 6 期。

④ 孙萍：《“算法逻辑”下的数字劳动：一项对平台经济下外卖送餐员的研究》，《思想战线》2019 年第 6 期。

制便利了公共权力和平台私有权力的扩张，不仅造成机构对个体的规训，也带来个体之间的相互规训和自我规训。[①]

智能传播时代，算法成为平台社会运行的基础设施，而算法的运行以大规模的数据为基础，数据化成为不可避免的发展趋势。数据化表面上能够给人带来不少便利，在使用平台软件和各种应用时，一定程度的数据让渡（个人信息等）可以获取平台提供的相应服务与利益，在特殊情境下甚至是必要的。但问题的关键在于，人们将数据隐私让渡给平台之后，便失去了对数据的控制权和自主权，被算法程序收集的数据成为平台控制用户的重要资源和谋利资本。更值得警惕的是，在很多场景下除了人们被动的数据化之外，仍然有不少个体为了让算法程序更加“懂”我，主动让渡更多的数据以便让算法提供更加符合自身需要的相关服务，但是“算法对人的算计越准，就意味着它对人的了解越深，因此，对人的监视与监控也可能越深”。[②] 随着算法获取个体越来越多的数据，个体逐渐成为“透明”的存在物，也意味着人之为人的主体性和尊严自由随之消解。人们沉浸在算法化、数据化带来满足的同时，也逐渐丧失了批判和反思能力，变得日益麻木和被动。

如果说平台借助个体数据对其控制是一种外部影响，那么数据主义意识形态本身便从根本上消解了人的内在价值和意义，引发强烈的人文危机。赫拉利在《未来简史》中提出了数据主义的两大原则：一是“数据主义者连接越来越多的媒介，产生和使用越来越多的信息，让数据流量最大化”；二是“把一切接到系统，就连不想连入的异端也不能例外”。[③] 在两条原则的指导下，数据主义力图将世间万物和人类一切实现数据化、算法化，“信息自由”成为最大的善。将人类所有行为、体验、思维都视为简单的数据模式，其结果便是人已不再被视为具有独特性与丰富个性的主体，而是被简单粗暴地进行量化、数据化、算法化的客体对象。在数据主义语境下，一个个差异化、独特化、鲜活的、具体的个体都被看作无差异的计算数字。人的存在价值和意义不再来源于“世俗的财富、地位等成功，也不来自于古典哲学倡导的内心安宁，更不来自于现代社会所提倡的独一无二的自我个性等，而是来自于数据的最大化”，[④]

---

① 胡凌：《数字社会权力的来源：评分、算法与规范的再生产》，《交大法学》2019 年第 1 期。

② 彭兰：《算法社会的“囚徒”风险》，《全球传媒学刊》2021 年第 1 期。

③ 尤瓦尔·赫拉利：《未来简史——从智人到智神》，林俊宏译，北京：中信出版集团，2017 年，第 345 页。

④ 陈昌凤、李凌：《算法人文主义：公众智能价值观与科技向善》，北京：新华出版社，2021 年，第 10 页。

因为“任何现象或者实体的价值在于对数据处理的贡献”。[①] 如果无法转变为数据，成为数据流的一部分，任何个体都将成为数据时代的“余数生命”，被数据化系统、算法平台所抛弃，失去存在的价值意义，从而面临强烈的主体性危机。

四、人文回归：技术哲学视域下的“人－技”关系审思

智能传播时代，数据主义思潮大行其道，工具理性不断扩张渗透，引发深刻的人文消解困境。在此背景下，重新呼唤工具理性与价值理性的平衡协调，重申人文主义传统的重要性迫在眉睫。但是本文认为，智能传播的新时代语境所呼唤的并非传统人文主义，这种古典人文主义甚至是造成当下数据主义思潮大行其道的一大根源。在经历中世纪漫长的神学权威统治后，文艺复兴与启蒙运动通过挖掘与发扬古希腊哲学以人为本传统（例如普罗泰戈拉斯的“人是万物的尺度”、苏格拉底“认识你自己”），摈弃神本主义，充分肯定了人类具有的主体性、独特性和创造性。伴随主体哲学的启蒙，“形成了以哲学为主导、以人为中心的主客体关系的知识范型”。[②] 不可否认的是，古典人文主义思想对于打破宗教神权统治、实现知识与理性的复兴、促进自然科学的发展具有重要价值和意义。但是，这种高扬人的主动性、能动性的思想逐渐演变成“唯人主义”：人成为宇宙的中心，可以不受任何其他因素的支配与约束，自由自主地运用理性采取行动。客观世界成为被认识和改造的外在对象，人通过对自然进行征服实现自身的主体性地位。例如古典人文主义者阿尔伯蒂便认为“人，只要拥有足够的胆量，是可以战胜命运的”。[③] 在此背景下，人文主义便走向自己的对立面，带来理性、技术对人的支配和奴役，陷入“主奴辩证法”的决定论困境，成为马克思主义语境下“异化”的典型表征：劳动不仅使人丧失了自己的产品，而且丧失了他作为类存在物的人的尊严和自由。智能算法、大数据作为人类发明创造的技术物，最终演变成对人的奴役、支配与控制。因此，面对传统人文主义的失范，有必要从技术哲学视角反思人的本质是什么、技术的本质是什么、人与技术的关系是什么等根本问题，为构建符合智能传播时代的算法技术价值观提供思想资源和学理依据。

回溯西方哲学史，技术在近代以前长期处于被忽略、轻视的地位。进入近代之

① 尤瓦尔·赫拉利：《未来简史——从智人到智神》，第333页。

② 易晓明：《技术人文：人文主义的旧邦新命》，《湘潭大学学报》2022年第1期。

③ 阿伦·布洛克：《西方人文主义传统》，董乐山译，北京：群言出版社，2012年，第25页。

后，笛卡尔“我思故我在”开启的主客体、身心二元论传统影响深远，人们普遍倾向于持有“技术工具论”，即把技术视为人所创造的，用来认识和改造世界的外在客体手段和工具。具体到智能算法领域，人类常被视为理所当然的主体，算法则被视为可以使用、支配的客体。作为客体的算法常被看作实现特定目的的工具，比如算法一定程度上提升了信息传播效率。[①] 但是，随着智能设备（如手机）和传感器与人的身体的关系越来越紧密，以及各种生物技术不断发展，“后人类”转向不断向传统人类的主导支配地位发起挑战。在此背景下，重新思考主体、客体、人与技术的关系问题具有重要意义。

荷兰哲学家保罗·维贝克在继承拉图尔的“行动者网络理论”和后现象学基础上，提出了“技术调节”理论。不同于传统工具论将技术视为一种被人类利用、操纵的客体，技术调节视角将人与技术物放在同等重要的主体位置来考量。同时，维贝克将人和技术置于一种动态的统一之中，即人与技术在紧密的互动中相互形塑、互构。因此，技术不仅仅是人类用来认识和改造世界的工具性、客体性存在，还是人性的一部分。[②] 技术是内在于人的存在。

反对技术工具论、摆脱主客体二元论的还有德国著名存在主义哲学家马丁·海德格尔。在他看来，技术的本质是一种“座架”，是“技术和围绕技术的一系列的制度和文化，构成一个绵延不断的整体，它在很大程度上已经嵌入到了人存在的前提”。[③] 技术与人不可分割，应与人的存在视为一体。在《技术的追问》一文中，他认为传统上将技术的本质视为“合目的的工具”与“人的行为”的观念虽然是“正确”的，但并非“真实”。把技术视为一种中性工具会遮蔽对技术本质的认识，造成对技术本质的“无知”。正如存在的本质并不是存在者一样，技术的本质也绝不是任何的技术因素。在此基础上，他进一步论述技术的本质是一种解蔽方式，“技术乃是在解蔽和无蔽状态的发生领域中，在无蔽即真理的发生领域中成其本质的”。技术作为一种解蔽方式是以存在的被遮蔽为前提的。也即是说，存在本身无法自明，必须通过技术才能去除遮蔽，在使真理得以凸显的过程中，存在者也得以存在。技术作为一种解蔽方

---

① 方师师：《算法如何重塑新闻业：现状、问题与规制》，《新闻与写作》2018年第9期。

② P. P. Verbeek, “Beyond Interaction: A Short Introduction to Mediation Theory,” *Interactions*, vol. 22, no. 3 (2015), pp. 26—31.

③ 蒋晓丽、贾瑞琪：《论人工智能时代技术与人的互构与互驯——基于海德格尔技术哲学观的考察》，《西南民族大学学报》2018年第4期。

式，“人通过从事技术而参与作为一种解蔽方式的缔造”。[①] 例如，通过飞机飞行现象，空气浮力这一存在得以解蔽，人同万有引力这一客观世界中的存在物发生了关联，从而可以更好地认识世界与自身。从这个意义上说，技术可以被视为一种人与外部世界连接的“中介”，将人同客观世界勾连起来，技术在解蔽的过程中使存在者得以存在。海德格尔通过反对人与技术的二元分割，将技术与人的存在视为一体。在他的语境下，技术不只是一种工具和手段的客体存在物，而是具备建构和塑造社会关系的力量，人也不仅仅是发号施令的主导者、支配者，而是与技术共生的有机体。因此，作为与人互为一体的技术本身就是“人”的、“人性”的。离开了技术，便无法理解人；离开了人，也同样无法理解技术。技术与人的这种互为一体就使得二者之间形成了共生相融关系，从而摆脱了传统主客二元对立的束缚，在更深刻、更复杂的意义上实现了相互塑造、相互建构。

法国哲学家贝尔纳·斯蒂格勒的技术“代具”论，同样主张技术是人的内在部分，技术本身就是人的存在方式。他认为人类天生是一个有“缺陷”的存在，由于自身的原始缺陷，从一开始就必须有一个作为“代具”的技术来补充，从而使自己的“存在”完善起来，弥补自身的原有缺陷。在《技术与时间：爱比米修斯的过失》一书里，斯蒂格勒通过普罗米修斯神话说明这一论点：普罗米修斯之所以为人类盗来火种，是因为其兄弟爱比米修斯在给所有物种分配一种能力时，忽略了人类，所以普罗米修斯只好从上天盗取了象征技术的神火，“和动物所获得的各种性能相对应，人的那一份就是技术，技术是代具性的，也就是说人的技术性能完全不是自然的。动物的性能属于一种天性，人没有性能，所以也就没有宿命。人必须不断地发明、实现和创造自己的性能”。由此可见，人类之所以不同于动物，其根本标志在于人不具有任何与生俱来的性能，是“缺陷”的存在，弥补缺陷就是人存在的第一要务。而神火则象征着人借以弥补或超越“缺陷”的工具或技术。因此，人因为“缺陷”而成为技术性、代具性的存在，没有技术便没有人。在此基础上，斯蒂格勒进一步论述道：“代具放在人的面前，这就是说：它在人之外，面对面地在外。然而，如果一个外在的东西构成了它所面对的存在本身，那么这个存在就是存在于自身之外。人类的存在就是在自身之外的存在。为了补救爱比米修斯的过失，普罗米修斯赠给人类的礼物或禀赋

---

① 马丁·海德格尔：《演讲与论文集》，孙周兴译，北京：生活·读书·新知三联书店，2005 年，第 12、17 页。

就是：置人在自身之外。”① “人在自身之外”存在也就意味着人在技术（代具）“之中”存在，技术（代具）作为外在于人的存在构成了人的“存在本身”。因此，人的本质就是一种技术性的存在。

与前文所述的保罗·维贝克“技术调节论”相类似，美国技术现象学家唐·伊德批判性地继承了胡塞尔、梅洛－庞蒂以及海德格尔等人的现象学思想，同时又将现象学脉络与美国实用主义融合，在此基础上发展形成自己的技术现象学体系，从“人－技”关系视角考察技术介入人们的日常生活世界之后人、技术与生活世界之间关系的变化。其通过关注经验中可以辨认出的身体与技术发生关系的方式及各种结构性特征，总结出人与技术的四种关系：具身关系、诠释关系、它异关系和背景关系。在唐·伊德看来，具身关系、诠释关系、它异关系构成了一个连续统，共同处于前景之中。在这个连续统的一端，是那些使技术接近准我的关系（具身关系），在连续统的另一端则是它异关系，处于两端之间的则是诠释关系，而背景关系则是与处于前景中的三种人与技术的关系相区别的、一般是作为技术环境的关系。② 笔者曾经分析过智能传播时代，人与算法技术之间所历经的“具身－诠释－它异”的关系交迭，当前数据主义思潮盛行，人们沦为算法技术及数据技术宰制下的“囚徒”，人与算法技术更多处于它异关系的状态。但是，它异关系并不是人与技术关系的终点。③ 本文认为，在向背景关系演变的过程中同样暗含着人文逻辑的回归。

在具身关系中，技术逐渐融入到自身的知觉－身体体验中，成为身体的一部分。此时的技术很大程度上与人融为一体，所谓的“具身”可以理解为技术具化为人的身体，扩大人的知觉，成为人感官的延伸。其一大特征便是透明性，“它们‘抽身而去’，即使完全没有被注意到，也很少被注意到”。④ 在人与技术的最初、原始状态，技术本身就与人融为一体，只是这种透明状态往往使得人们意识不到技术的存在。但是，进入到诠释关系之后，技术就不再如具身关系那样成为一种“抽身而去”的透明存在。此时的技术从原有与人融为一体的状态中脱离出来，直接成为人们知觉感知的焦点。不同于具身关系中个体“穿过”技术直接认知外部世界，诠释关系中的技术恰

---

① 贝尔纳·斯蒂格勒：《技术与时间：爱比米修斯的过失》，裴程译，江苏：译林出版社，2012 年，第 210 页。

② 唐·伊德：《技术与生活世界：从伊甸园到尘世》，韩连庆译，北京：北京大学出版社，2012 年，第 107 页。

③ 蒋晓丽、钟棣冰：《智能传播时代人与算法技术的关系交迭》，《新闻界》2022 年第 1 期。

④ 唐·伊德：《技术与生活世界：从伊甸园到尘世》，第 78 页。

恰成为个体直接知觉的对象与焦点，人们只能通过诠释技术呈现出的有关外部世界的文本来间接认识世界，此时人们已不能直接经验到外部世界，对于技术的依赖程度不断加深，同时自身的主体性也渐渐削弱。而在它异关系中，“技术不再只是人们达成目的的手段，而是行动者，它与人类互为主体”。① 此时人与技术不再是传统的主客体二元关系。技术已成为一种（准）它者，具备自主性和独立性，按照自身的逻辑规律不断向前演进。正如当前数据主义思潮主导下，数据技术和算法技术对人产生深刻的外部控制与内部消解，技术开始作为一种“准他者”对人们产生强烈的促逼，使得人类自身的主体性和能动性受到严峻的挑战和威胁。

基于唐·伊德的语境，它异关系并不是终点，人与技术会向着最终的理想即背景关系演进。不可否认，智能时代的到来是一个不可逆的发展趋势，智能算法、大数据技术终究会像人们生存其间的自然环境一样，深深植根于日常生活。在背景关系下，技术退居幕后转化为背景，人重新回到焦点位置，在技术的背景下认识、理解世界。技术再次与人融为一体，实现人技共生。背景关系某种程度上可以被视为具身关系的延伸，而在向背景关系过渡的过程中，仍然需要强调人的回归，重视人的主体性价值的发挥。

最后，对于智能传播时代呼唤人文回归，与批判数据主义思潮同样具有启发意义的还有马克思主义技术哲学思想。马克思的劳动实践理论在批判黑格尔“主奴辩证法”的基础上打破了传统主客体截然二分的思维，认为主奴辩证法单纯强调对立性，忽视统一性，必然会导致主客体走向自己的对立面。主体与客体相互转换、共同异化：主体沦为客体，客体反倒成了自为的存在。相反，马克思历史唯物主义表明，技术是人的社会存在方式，其“劳动”“生产”“实践”等都是一种广义的技术。正是运用工具、技能（即技术）的劳动，使自然性的人拥有了社会属性。人的劳动实践活动，“在将自然界改造成人类自己的作品和与精神相对应的物质现实的过程中，证明技术是人类劳动的本质，人通过技术展示和延续自己的本质力量”。② 也即是说，技术本身就是人类社会性存在的先决条件，也成为人与动物界之间相区别的根本属性。因此，作为人类生存的主要方式，技术与主体之间形成了更加融合统一的整体。

---

① 刘斌：《算法新闻的公共性建构研究——基于行动者网络理论的视角》，《人民论坛·学术前沿》2020 年第 1 期。

② 葛玉海、曹志平：《马克思和海德格尔的技术存在论思想对比》，《长沙理工大学学报》2021 年第 4 期。

通过对上述技术哲学思想的梳理，可以看到传统人文主义的主客体二元论思想并不适应新的时代背景与社会语境，甚至还是当前数据主义思潮大行其道的思想根基：数据技术、算法技术作为被人们使用的工具，可以给人类社会带来极大的便利和极高的效率，促使人们不断追求效率、便捷，甚至试图将一切数据化、算法化、模型化。但正如主奴辩证法所揭示，主客体二元论必然会导致技术对人的奴役，使人完全丧失主体性地位与价值。事实上，无论是斯蒂格勒的技术代具论，还是存在主义、技术现象学思想，都一再启示我们人与技术之间并不是简单的主客体二元对立或工具与目的关系，而是融为一体的共同存在。技术与人具有同构性，成为内在于人的主体性之中的存在方式。进一步而言，算法技术、数据技术作为人存在的重要维度，共有和分享了人的主体性，而正因为技术共有了人的主体性，所以体现和呈现人性，自然也成为任何技术应有的价值导向。这种“人－技”共生的新人文主义理应是智能算法技术价值转型的题中应有之义。

需要注意的是，尽管技术是内在于人的一种存在方式，但只是人存在的一个维度，数据、算法技术更多呈现的是理性化、抽象化的维度。但是人的存在维度是丰富多样的，还有很多感性的、具象化的维度。这也意味着，数据、算法模型的简化本质，“没有能囊括现实世界的所有复杂因素或者人类交流上的所有细微差别。有的信息不可避免被遗漏”。[①] 数据对人的反映是不完整的，而且并不是人的一切都可以被数据塑造，仍然有一些人的本质属性无法变成数据，或者不应该成为数据。[②]

虽然当前人们已经进入深度数据化阶段，算法技术全方位渗透到社会各个方面成为底层运作的基础设施，算法技术也不可避免成为智能时代人类生存的一种方式。但是承认算法技术不是手段、工具式的客体，而是作为人存在的重要维度，是对人存在的重要体现，并不意味着这种对人主体性的共有可以超越甚至取代人自身的存在。恰恰因为算法技术与人共生融合，作为人内在的存在方式，才更加需要体现人性，维护人之为人的主体性和独特尊严。在数据主义思潮盛行导致严重异化问题的当下，需要更加清醒地认识到人文主义的重要价值。具体来说，对于算法技术的研发设计和应用，不能仅仅看到其带来的效率与便捷，而忽视人与人性。人的视角与人的在场仍然是指导、规制算法技术研发、发展和使用的应然价值导向。

---

① 凯西·奥尼尔：《算法霸权：数学杀伤性武器的威胁》，马青玲译，北京：中信出版集团，2018年，第8页。

② 彭兰：《“数据化生存”：被量化、外化的人与人生》，《苏州大学学报》2022年第2期。

五、结 论

当前数据主义思潮大行其道以及智能算法引发的各种伦理问题，已经在世界范围内引起学界重视与讨论。在此背景下，本文首先回溯数据主义思潮的哲学渊源——毕达哥拉斯主义，认为其万事万物数据化、算法化的主张，从根本上对人类主体性、存在价值和意义带来深刻的人文危机，旨在呼唤“人文主义”的回归。但是，智能传播时代的“人文主义”并不等同于古典人文主义，这种起源于文艺复兴与启蒙运动时期的“唯人主义”更是造成当前智能时代人文危机的根源，其在强调人自身的独特性与主体性的同时，也暗含着一种“主客体二元”的思想内涵：外部世界成为被认识和改造的客体对象，人作为万事万物的唯一中心，通过征服外部世界实现自身的主体性地位，从而不可避免地陷入决定论的困境，最终造成客体对主体的奴役。

基于此，本文立足于技术哲学思想，通过反思人与技术的关系，为智能时代的算法技术确立价值导向。人与技术之间并不是简单的主客体二元对立或工具与目的关系，而是融为一体的共同存在。技术与人具有同构性，成为内在于人的主体性之中的存在方式。因此，本文提出基于“人－机”协同的新技术人文才是符合智能传播时代的价值旨归。这种新人文主义观念首先打破传统主客体二元论的思想桎梏，并不是将技术视为一种工具、手段的客体，而是人自身存在的必要维度。其次，因为技术本身是人必不可少的存在维度，所以其在共有和分享人的主体性的同时也必然要体现和呈现人性，维护人的主体性和独特尊严，二者成为融合共生的一体。在此价值导向下，不是将算法技术视为客体般的工具存在，更不是视之为洪水猛兽加以拒斥，而是在承认算法技术作为智能时代的基础设施和生活环境的同时，仍然强调人的视角与在场，并指导、规制算法技术的研发、发展和使用。

最后，本文仅是在学理层面提出“新技术人文”这一观念，未来的实践还存在很大的探索空间。如何践行新技术人文的价值观念，仍然取决于人类自身，需要在未来不断探索、反思、追问、体验和行动。

文学·语言学

重写文明史*

曹顺庆　刘诗诗**

摘　要：怎样建立中国话语及自主知识体系？学术界一直在奋力探索，然而效果却不甚明显，根本原因是没有找到恰当的抓手，无法做到“踏石有印，抓铁留痕”。话语是在言说中呈现的，或者说，话语最先是在对文明史（包括哲学史、文学史、艺术史、经济史、法律史、科技史等各学科史）的认知与言说、叙述和阐释中形成的。例如，中国的“春秋话语”，是孔子撰写《春秋》，从历史叙述和言说中建立起来的；同样，西方的话语权，也是从撰写世界文明史中确立的。无论是黑格尔《哲学史演讲录》对东方文明的贬低，还是雅斯贝尔斯的《历史的起源与目标》正式提出了“轴心时期”这一话语，都是在文明史的叙述和阐释中展开和形成的。然而，长期以来，“文明”概念的定义、文明观的全球输出以及文明史的书写话语权都牢牢掌握在西方学者手中，致使当下的（包括西方的和中国的）文明史书写存在严重的西方中心倾向，对东方文明，尤其是对中国文明的书写存在史实不符、歪曲贬低、盲目跟风、亦步亦趋等问题。针对这些问题提出“重写文明史”这一重大命题，是期望中国学者以文明史实为基础“重写文明史”，在重写文明史中对西方错误的文明观进行拨乱反正，对西方文明史和中国相关文明史研究中不实的书写进行有力的纠正和批判，对本土文明的世界文明级的贡献做到充分自信和自觉，在重写文明史中建设中国话语，并借助

---

* 基金项目：四川大学“创新2035先导计划—文明互鉴与全球治理研究”、国家社会科学基金重大项目“东方古代文艺理论重要范畴、话语体系研究与资料整理”（19ZDA289）

** 曹顺庆，四川大学文学与新闻学院教授；刘诗诗，四川大学文学与新闻学院博士研究生（成都610064）

文明史重写之势，推动各个学科史知识体系的重构与话语建设。“重写文明史”是一个号召，是从文明史话语叙述、话语言说、话语阐释这个根柢上面，着手建立中国话语的一条重要路径和一个重大举措，是推进文明互鉴的时代新课题。我们期待中国学者携手国际学者，团结全世界学术界，以实事求是的作风重写文明史，重新研究文明互鉴史实，并在言说与阐释中进一步确立各个学科具有中国自主知识体系的文明观，书写符合人类历史原貌的文明史，并进一步以文明史实阐释人类命运共同体，以文明史实洞鉴国际形势百变的全球治理格局，以中国话语揭示文明互鉴演进的客观规律。

关键词：文明史；话语言说；文明冲突；中国话语；文明互鉴

中国话语及自主知识体系的建构是历代学人孜孜以求的目标，而在人文社会科学研究的话语形成以及知识体系建构中，文明史的书写与文明观的确立是最根本的、最基础的，也是最重要的。话语是通过对文明史的言说、叙述和阐释形成的，具体包括哲学史、政治史、文学史、传播史、法律史、艺术史、科学技术史等各学科史，黑格尔的《哲学史讲演录》就是在对世界哲学的叙述与阐释中建立起他的话语体系。黑格尔对东方哲学，特别是中国和印度哲学完全不屑一顾。他甚至认为中国根本没有哲学，“我们在这里尚找不到哲学知识”。他在《哲学史讲演录》中说，“我们看到孔子和他的弟子们的谈话（按即《论语》——译者），里面所讲的是一种常识道德，这种常识道德我们在哪里都找得到，在哪一个民族里都找得到，可能还要好些，这是毫无出色之点的东西。孔子只是一个实际的世间智者，在他那里思辨的哲学是一点也没有的，……我们根据他的原著可以断言：为了保持孔子的名声，假使他的书从来不曾有过翻译，那倒是更好的事”。[①] 黑格尔这种对东方文明的贬低，形成了西方文明优越论的话语基础，在黑格尔看来，“真正的哲学是自西方开始”。

美国斯坦福大学教授弗朗西斯·福山（Francis Fukuyama）《历史的终结及最后之人》（“The End of History and the Last Man”，1989）一文所体现的西方文明优越论，就来自黑格尔。当下，为什么中国人文社会科学话语会缺失，这与文明史撰写密切相关。现有的西方学者撰写的“文明史”（包括各学科史），存在诸多缺失，甚至我们中国学者撰写的文明史，也存在诸多缺失，中国话语缺失、文明史实歪曲、写作盲

① 黑格尔：《哲学史讲演录》第一卷，贺麟、王太庆译，北京：商务印书馆，1983年，第119—120页。

目跟风等问题严重。“文明史”（包括各学科史）的书写不仅仅涉及不同文明观的交融与呈现，不同言说中话语的言说与表述，更是关乎文明史实与“文明自信”，是人文社会科学的根本性、本质性问题！如何解决这些问题？本文提出“重写文明史”这一重大命题，是期望中国学者以客观史实为基础“重写文明史”，在重写文明史中建设中国话语，在重写文明史中展开对西方错误文明观的拨乱反正，对西方文明史和中国相关文明史研究中不实的书写进行有力的纠正和批判，对本土文明的世界贡献做到充分自信和自觉。“重写文明史”是一个号召，是从文明史话语与言说这个根本来建立中国话语的一条重要路径和一个重大举措，是推进文明互鉴的时代新课题，我们期待中国学者携手国际学者，团结全世界学术界，以实事求是的作风重写文明史，重新研究文明互鉴史实，并在言说与阐释中进一步确立具有中国自主知识体系的文明观，书写符合人类历史原貌的文明史，并进一步以文明史带动各个学科的文明反思与话语建构，以文明史实洞鉴国际形势百变的全球治理格局，以中国话语揭示文明互鉴演进的客观规律，建设人类命运共同体。

一、重新探讨文明观

为什么要重新探讨文明观？因为现在的文明观基本上是西方的文明观，是西方假借“世界”之名，行西方中心之实的文明观。人类文明乃是人类历史和各个学科研究的核心问题，然而长期以来，“文明”概念的定义、文明观的全球输出以及文明史的书写都掌握在西方学者手中。

“文明”（Civilization）作为术语出现在19世纪30年代的法国，受到时任法国首相弗朗索瓦·基佐（François Guizot）的大力推行。[①] 基佐的文明观影响重大，他一方面提出了“欧洲文明”内部的一致性，一方面却处处洋溢着“法国优越感”，“我想，我们可以毫不夸张地说，法国是欧洲文明的中心和焦点”。他对于东方各文明极为蔑视，他毫不掩饰地认为希腊民族的进步远超东方各民族，“在大多数古代文明中是一种显著的单一性。这种单一性产生了各种不同的后果。有时候，例如在希腊，社会原则的单一性导致了一种惊人迅速的发展。从来没有一个民族的发展在如此短促的

① 1828—1830年基佐在索邦大学作主题为“欧洲文明”“法国文明”的讲座，其代表作《欧洲文明史》《法国文明史》即由此期间的讲稿汇集出版而成。

时期里带来如此辉煌的成果，……在别的地方，例如在埃及和印度，文明原则的单一性有一个不同的效果：社会陷入一种停滞状态。单一性带来了单调。国家并没有被毁灭，社会继续存在，但一动也不动，仿佛冻僵了”。[①] 而正是基佐的所谓“进步”文明史观影响了日本“启蒙之父”福泽谕吉（Fukuzawa Yukichi），他提出的“文明开化”论便源于基佐的文明进步论，认为“现代世界的文明情况要以欧洲各国和美国为最文明的国家，土耳其、中国、日本等亚洲国家为半开化的国家，而非洲和澳洲的国家算是野蛮的国家，……文明、半开化、野蛮这些说法是世界的通论，且为世界人民所公认”。[②]“文明进步论”的东传演化成了“文明等级论”，西方的“文明”与东方的“野蛮”，“开化”与“半开化”“不开化”逐渐形成某些人的共识。

可见，文明概念的缘起与流传都是以西方文明为中心，近百年来，西方文明成为人类高山仰止的巅峰与标杆，成为东方走出“野蛮”、开化国民的法宝。德国著名学者诺贝特·埃利亚斯（Norbert Elias）也直指“文明”概念源于西方的主动构建，认为当下世界所热议的文明表现的却是“西方国家的自我意识，……它包括了西方社会自认为在最近两三百年内所取得的一切成就，由于这些成就，他们超越了前人或同时代尚处于‘原始’阶段的人们”。这一概念无非是表现着“他们的技术水准，他们的礼仪规范，他们的科学知识和世界观的发展等等”。[③] 文明的标准深深印刻着西方文明“优越而高雅”的形象。

不仅基佐、黑格尔这些极端贬低东方文明的人，傲慢地宣扬西方文明优越论，即使那些表面上夸奖东方文明的人，骨子里也充溢着西方优越感，例如，被誉为“西方文明史之父”的伏尔泰就是如此。表面上看，伏尔泰堪称东方文明的“知音”，他极力称赞“东方是一切艺术的摇篮，东方给了西方以一切”，“世界上最古老的编年史是中国的编年史”，但是，他最后仍然以“线性-进化”史观毫不谦逊地引出希腊和罗马这两个民族多么有才智，即使“获得知识很晚，但却迅速使一切臻于完善”，[④] 而早有成就的中国、印度却停滞不前，这种以“东方”为“西方”之注脚、认为西方后来居上的智者优越心态昭然若揭。又如，美国阿莫斯·迪恩（Amos Dean）于

---

① 基佐：《欧洲文明史》，程洪逵等译，北京：商务印书馆，2005年，第3页。

② 福泽谕吉：《文明论概略》，北京编译社译，北京：商务印书馆，1992年，第9页。

③ 诺贝特·埃利亚斯：《文明的进程》第一卷，王佩莉译，北京：生活·读书·新知三联书店，1998年，第1页。

④ 伏尔泰：《风俗论》，梁守锵译，北京：商务印书馆，2000年，第231、220、248页。

1868—1869年推出了皇皇7卷本《文明史》(*The History of Civilization*)。第一卷共15章，首先论述亚洲文明（该卷论述了中亚高原、土耳其、塞族、匈奴、蒙古、鞑靼、迦勒底、亚述、巴比伦、玛代－波斯帝国、埃及、阿拉伯半岛、巴勒斯坦、腓尼基、叙利亚、小亚细亚等文明，却唯独缺失印度文明、中国文明，这是其重大缺失）。粗略一看，好像这是最重视亚洲文明的文明史著作，然而仔细读一读，就会发现，原来并不是因为作者重视亚洲文明，而是与19世纪西方有关东方文明的普遍认识有关。阿莫斯·迪恩意识到亚洲文明是人类历史上第一个伟大时代，然而却将亚洲文明视为人类的"幼年期"，并且重点论证了"那里的幼年期仍在继续"。[①]

西方学者有偏见，毕竟确有文明隔阂和差异，有偏见或许是必然的，对此我们可以根据文明史实拨乱反正。然而，更值得我们警惕的是，有些中国学者对中国文明的不熟悉和对西方文明的盲目崇拜，直接造成了中国文明的失语。钱理群教授指出："如今学人经历了文化的断裂，与中国传统文化联系先天不足，其传统文化修养与当年留学生无法相比，由于底气不足，在强势的西方文化面前就很容易丧失文化自信与自主性，成为一代人甚至几代学人的共同隐痛。"[②] 丧失中华文化主体身份和民族文化自信，不仅是民族文化精神的危机，也是文明存在的危机以及失去学术创新、学术独立能力的根本缘由。如今中国的人文学科从教育体制、知识生产到中国学术话语无不暴露出"病态"和"失语"的弊病。[③] 人文学科普遍运用各种各样的西方理论来阐释中国学术，以现象学、阐释学、解构主义、后现代主义、女性主义、后殖民主义、新历史主义等西方理论批评阐释中国学术的现象屡见不鲜。教师在课堂上不谈论西方理论反而显得跟不上时代的潮流，没有"与国际接轨"。相较于传统的经学、国学，不少人在心理、认知、情感上都更倾向于西方理论话语，对我们自身的理论和文化反而有一种难以消泯的隔阂与疏离感，形成更难以弥合的文化断裂。对于西方类似黑格尔这种文明的傲慢和偏见，我们自有清醒的学者。例如，对黑格尔这个带着西方文明优越感的典型"中国黑"，钱锺书先生曾提出严厉批评，在《管锥编》第一册第一篇《论易之三名》中，钱锺书先生如此写道："黑格尔尝鄙薄吾国语文，以为不宜思辩；又自夸德语能冥契道妙，举'奥伏赫变'(Aufheben)为例，以相反两意融会于一字

① Amos Dean, *The History of Civilization*, Vol. 1, New York: Joel Munsell, 1868, p. 4.

② 钱理群：《中国大学教育十二问——由北大教改引发的思考》，丁东编：《大学人文》第1辑，桂林：广西师范大学出版社，2004年，第12页。

③ 曹顺庆：《文论失语症与文化病态》，《文艺争鸣》1996年第2期。

(ein und dasselbe Wort für zwei entgegengesetzte Bestimmungen)，拉丁文中亦无义蕴深富尔许者。其不知汉语，不必责也；无知而掉以轻心，发为高论，又老师巨子之常态惯技，无足怪也；然而遂使东西海之名理同者如南北海之马牛风，则不得不为承学之士惜之。”① 不过，居然也有著名学者赞同黑格尔的这种文明偏见，认为中国没有哲学。例如，朱光潜就认为：中国没有悲剧，没有哲学。他在《悲剧心理学》指出“仅仅元代（即不到一百年的时间）就有五百多部剧作，但其中没有一部可以真正算得悲剧”。朱光潜进一步指出：为什么中国没有悲剧？因为中国没有哲学，“中国人也是一个最讲实际、最从世俗考虑问题的民族，……对他们来说，哲学就是伦理学，也仅仅是伦理学”。② 这种表述，与黑格尔的口气几乎一样。③ 叶维廉教授在《比较诗学》中指出，一些西方学者基于西方文明优越感，对中国文化与文字恣意抹黑，而我们中国学者，却完全认同西方学者的文明偏见：“一七八八年 William Warbuton 集中第三卷记载其对中文的意见，略谓中国人缺乏创造性，竟未曾将象形字简化为字母，言下之意，中国迹近野蛮。而顶顶大名的文学批评家撒姆尔·约翰生（Samuel Johnson）居然也说：‘他们竟然没有字母，他们没有铸造别的国家已经铸造的！’好像字母才是最高的境界似的！”叶维廉教授在《比较诗学》中还进一步指出，西方的偏见，直接影响了中国的学人：“年轻的傅斯年先生竟说中国象形字乃野蛮的古代的一种发明，有着根深蒂固的野蛮性，我们应该废止云云。”④ 傅斯年这个看法与西方人的偏见如出一辙！不仅仅傅斯年如此说，中国相当一批学者也持类似观点。例如，语言学家钱玄同认为，“废孔学，不可不先废汉文；欲驱除一般人之幼稚的野蛮的顽固的思想，尤不可不先废汉文”，“汉字的罪恶，如难识、难写、妨碍教育的普及、知识的传播”，“欲使中国不亡，欲使中国民族为二十世纪文明之民族，必须以废孔学，灭道教为根本之解决”。⑤ 瞿秋白认为，“要根本废除汉字，……汉字是十分困难的符号，聪明的人都至少要十年八年的死功夫，……要写真正的白话文，就一定要废除汉

① 钱锺书：《管锥编》，北京：中华书局，1979 年，第 1—2 页。

② 朱光潜：《悲剧心理学》，北京：人民文学出版社，1983 年，第 218、215 页。

③ 黑格尔：《哲学史讲演录》第一卷，第 119—120 页。

④ 叶维廉：《比较诗学》，台北：台湾东大图书公司，1983 年，第 27、28 页。

⑤ 钱玄同：《中国今后之文字问题附陈独秀答书及胡适跋语》，《新青年》第 4 卷第 4 号，1918 年 4 月 15 日。

字采用罗马字母”，[①]“汉字真正是世界上最龌龊最恶劣最混蛋的中世纪的茅坑！”[②]中国部分学者对西方文明偏见的亦步亦趋、跟风追随，不惜文明自戕，不惜贬低中华文明，是当今重写文明史最需要直面的问题，甚至是最难办的大难题！

认识并纠正中国学者对西方文明偏见的接纳与宣扬，是我们今天重写文明史更重要的一个任务。笔者近年来发表若干论文，指出中国现当代文学史与中国古代文学史的一个最根本的问题，就是盲目追随西方文明观，以西方理论话语为放之四海而皆准的东西，对中国文学史书写形成了一定程度的曲解和伤害。例如，中国现当代文学史，基本上不收现当代人创作的古体诗词，这是典型的文化不自信；又如，中国古代文学史，基本上是运用西方文论话语来阐释中国文学与中国文论，产生若干生硬“套用”问题；等等。[③]进入21世纪，“文明”再不是学术之议、理论之争，而成为国际关系专家高谈阔论之地。美国《国家利益》（*The National Interest*）季刊1989年夏季号刊登了著名的《历史的终结及最后之人》一文，福山在文中提出了著名的“历史终结论”。福山认为苏联的垮台，不仅标志着“冷战”的结束，更表明了西方文明的高明与先进，福山将西方的自由主义思想作为历史的终结，预言人类社会的发展将不会再出现更新的文明形态。福山的“历史终结论”，以“冷战”胜利者的姿态，论证了西方文明的“合理性”与“生命力”，并企图把它作为“普遍真理”“终极真理”强加给人类社会。

福山的“历史终结论”为“文明冲突论”埋下了伏笔。依笔者看来，哈佛大学著名政治学家亨廷顿（Samuel Phillips Huntington）所持“文明冲突论”应是西方21世纪最有代表性、最具影响力的文明观。[④]1993年，美国《外交事务》夏季号发表亨廷顿的文章——《文明的冲突？》（“The Clash of Civilizations?”），此文认为文明的冲突将左右全球政治，主导未来国际关系，下一次世界大战将是文明之战。之后，亨廷顿又在同年的《外交事务》上发表《不是文明是什么？》（“If Not Civilization，What

① 瞿秋白：《鬼门关以外的战争》，《乱弹及其他》，上海：霞社，1938年，第175—176页。

② 瞿秋白：《普通中国话的字眼的研究》，《乱弹及其他》，第223页。

③ 参见曹顺庆、翟鹿：《残缺的中国古代文学史》，《社会科学研究》2022年第3期；曹顺庆、高小珺：《揭开现当代文学史缺失的一角——再论旧体诗词应入中国现当代文学史》，《中国文化研究》2018年第2期。

④ 据谷歌学术数据统计，此篇文章目前引用量达44365次，已有几十种外译本，https：//scholar. google. com. hk/scholar? hl＝zh－TW&as _ sdt＝0%2C5&q＝Clash＋of＋Civilizations&oq＝，2022年8月30日。

?”），进一步阐述了“文明冲突论”。亨廷顿认为“冷战”结束后，世界冲突的根源，将主要是文化的而不是意识形态的和经济的。“全球政治的主要冲突将发生在不同文化的族群之间。文明的冲突将左右全球政治，文明之间的断层线将成为未来的战斗线。”亨廷顿书中言论处处体现了西方文明优越论。他称，“西方是而且在未来的若干年里仍将是最强大的文明”，“世界在某种意义上是一分为二的，主要的区分存在于迄今占统治地位的西方文明和其他文明之间，然而，其他文明之间没有任何共同之处。简言之，世界是划分为一个统一的西方和一个由许多部分组成的非西方”。亨廷顿还宣称，“在人类生存的大部分时期，文明之间的交往是间断的或根本不存在”。① 诸如“中国霸权”“文明冲突”等错误的言论伴随此篇文章的世界性影响传播到了世界各地。杜维明先生指责亨氏的文明冲突论，是“以西方为中心的论说方式，乃构建在两极分化的思考模式上，充分暴露出维护西方霸权的心态”，其论说的最大失误在于“把文化当作静态结构，从地缘政治的角度综览全球，把全球分成西方、日本、儒家、回教、印度教、拉丁美洲等几个体系”，而实际上，“文明基本上是一个动态的发展，像是长江大河一样，各大文明之间交互影响”。② 然而就如德国学者哈拉尔德·米勒所说，“‘文化的冲突’这一概念已经成为我们政治和报章语言中的常见特定词汇，这种状况着实令人担忧，……我们使用某些概念的频率越高，就越可能突然之间成为它的信徒；一个概念的传播越广，它使人盲从的危险系数就越大”。③ 虽然文明冲突论谬误百出，但并没有影响其成为西方国家进行文化扩张的理论依据。

无论是“文明冲突论”还是“历史终结论”都渊源有自，没有脱离概念缘起中“西方”与“非西方”的对立二分。两种观点在 21 世纪影响甚大，但局限于冷战思维，未能拓宽理论视野，盲目捆绑了文明之间的差异性、矛盾性与冲突性。文明之间显然具有差异性，然而差异性并非必然导致矛盾与冲突，也可以“和而不同”“和羹之美，在于合异”，文明可以互鉴互融，协调统和，达致和谐大同。中国古人认为，“万物并育而不相害，道并行而不相悖”。④ 西方文明观全然不顾文明发展的理论逻

---

① 塞缪尔·亨廷顿：《文明的冲突与世界秩序的重建》，周琪等译，北京：新华出版社，1998 年，第 8、18、5 页。

② 杜维明：《杜维明文集》第五卷，郭齐勇等编，武汉：武汉出版社，2002 年，第 474 页。

③ 哈拉尔德·米勒：《文明的共存——对塞缪尔·亨廷顿“文明冲突论”的批判》，郦红、那滨译，北京：新华出版社，2002 年，第 11—12 页。

④ 《礼记正义》卷五十三，阮元校刻：《十三经注疏》，上海：上海古籍出版社，2007 年，第 1634 页。

辑，妄自揣测，置“文明”于政治冲突与经济势力囹圄之地，是经不起历史检验的。在这个千年未有之大变局中，笔者认为，是时候真正站在人类文明史的高度、文明发展事实的基础、文明互鉴的学术角度、文明交流理论的视野来重写文明史，重新谈论文明观了！西方学者的文明观点影响了世界若干年，西方文明优越论、西方中心论成为今天的西方优先论的基本依据，所谓的“美国优先论”，实质上就是以西方文明高人一等的文明观为基础的。对此，东方学者、中国学者应该以文明发展的基本史实来正本清源，进而印证“文明的繁盛、人类的进步，离不开求同存异、开放包容，离不开文明交流、互学互鉴”，用文明互鉴史实，从根本上摒去西方文明的傲慢与偏见，倡导文明的互鉴共生，探讨世界文明的发展规律所具有的重要意义。

二、文明史书写存在的几大问题

西方学者于文明史书写有开山之功，欲以“世界性”的视野俯瞰人类文明的进程，但终究将文明史书写陷入了狭隘心理，陷入了西方文明优越论的窠臼，造成了诸多史实缺漏、歪曲、贬低的现象。不仅西方学者的文明史书写存在问题，我们东方学者和中国学者自身在接受这一西方文明观念的输入时，也存在亦步亦趋、自损自抑的毛病。

（一）文明发展史实不符——希腊非“源”文明

长期以来，西方学界一直以“两希文化”作为文化的源头，认为一切艺术来自希腊，西方文明史的开端常常以古希腊为首，形成了学术界“言必称希腊”的不正常现状。作为现代西方哲学奠基人之一的黑格尔便称，“一提到希腊这个名字，在有教养的欧洲人心中，尤其在我们德国人心中，自然会引起一种家园之感”。黑格尔甚至说，“在希腊生活的历史中，当我们进一步追溯时，以及有追溯之必要时，我们可以不必远溯到东方和埃及”。[①] 这种优越感已经损害了学术的严谨品格，令人觉得不可思议！对此，我们应当用文明发展的基本史实来正本清源，以文明互鉴规律，印证“文明的繁盛、人类的进步，离不开求同存异、开放包容，离不开文明交流、互学互鉴”。

众所周知，全世界有四大文明古国，都具有非常古老而辉煌的文明。人类今天所

① 黑格尔：《哲学史讲演录》第一卷，第157、158页。

拥有的很多哲学、科学、文字、文学艺术等方面的知识，都可以追溯到这些古老文明的贡献。四大文明古国最重要的文明特征，是都创造了自己独有的文字。苏美尔创造了楔形文字，是已知最古老的文字，在公元前 3400 年左右，楔形文字雏形产生，多为图像，公元前 3000 年左右，楔形文字系统成熟，字形简化抽象化。公元前 3000 年左右，古埃及出现了象形文字，即埃及文字，法老王那默尔的铠甲关节板上的文字是最早期象形刻记古埃及文字。印度的达罗毗荼（Dravidian）文字产生于公元前 2500 左右。中国的甲骨文，产生于公元前 1700 年左右。这是众所周知的文明事实。总体而言，四大文明古国都是文明独立产生地，有着清楚的文明产生、发展、延续的脉络。

然而，四大文明中没有古希腊文明！为什么古希腊不属于文明古国？难道令人高山仰止的古希腊文明，是黑格尔之流所蔑视的东方文明孕育出来的？这个文明事实西方人显然不太愿意谈。这也是我们必须重写文明史的一个重要原因。

根据学术界的研究证明，古希腊文明不是原生性文明，不是原创文明，而是吸收古苏美尔－古巴比伦、古埃及文明而形成的次生文明。显然，西方文明是东方文明孕育出来的！这是人类文明最早和最典型的文明互鉴例证。以文字为例，古希腊文字并非古希腊人原创，而是来源于亚洲腓尼基字母，而腓尼基字母又是从古苏美尔－古巴比伦楔形文字学习过来的，是腓尼基人在古苏美尔－古巴比伦楔形字基础上，将原来的几十个简单的象形字字母化而形成的，时间约在公元前 1500 年左右。公元前 8 世纪，古希腊人在学习腓尼基字母的基础上，加上元音发展成古希腊字母，并在此基础上形成了拉丁字母。古希腊字母和拉丁字母后来成为西方国家字母的基础，所以腓尼基字母是世界上的字母之母。另外，古希腊的青铜器来自古两河文明，古希腊的巨石建筑，是向古埃及学习的。从这些事实来看，西方文明本身就是向东方文明学习而形成的，是文明互鉴的成果。俗话说，“儿不嫌母丑”，古希腊文明本来就是东方文明的学生，何来傲慢之有！面对这个事实，黑格尔这个“无知而掉以轻心，发为高论”（钱锺书语），极其蔑视东方文明的大哲学家，也应无地自容。这个史实也充分昭示：不同的文明常常是相互借鉴、相互学习、相互促进的结果，从这个意义上来说，西方文明根本没有任何理由蔑视东方文明，也根本没有理由傲慢自大。

西方有没有学者认识到这个问题呢？当然有。公元前 5 世纪的古希腊作家、历史学家希罗多德把旅行中所闻所见的历史记录下来，著成《历史》（*Ἱστορίαι*）一书，该书成为西方文学史上第一部完整流传下来的散文作品，希罗多德也因此被尊称为“历史之父”。希罗多德在书中客观评述了东方文化对希腊的影响，他甚至认为东方是一切文化和智慧的源泉。他指出埃及的太阳历优于希腊历法，希腊的字母来自腓尼基，[①] 希腊人使用的日晷来源于巴比伦文明，希腊神话中的名字都是从埃及引进的，从法律到建筑无一不是希腊人向埃及人学习的成果。[②] 被称为欧洲最早的古代文明及希腊古典文明先驱的“米诺斯文明”也明显有埃及的影响，“种植橄榄的迹象第一次出现了，长角牛也被引进。黄金、象牙、彩陶、皂石制成的首饰和印章以及精美的石制花瓶，反映了来自埃及的影响，这种情况在早期青铜时代的第三阶段（公元前2100—前2000年）日益显著”。尤其是公元前1600—前1400年，克里特与埃及的交往从物质扩展为精神艺术层面，“埃及艺术常见的题材，也经常被克里特艺术家独出心裁地加以利用，例如壁画中的猴与猫、陶器图案中的纸草等”。[③] 1956年，美索不达米亚考古专家克雷默（Samuel Noah Kramer）出版了富有挑战性的著作：《历史始于苏美尔》（*History Begins at Sumer*）。该书总结了苏美尔民族27种开创性成就[④]——他们创造了世界上最早的法律、学校、哲学和多种文学体裁，包括《圣经》中的“诺亚”在苏美尔文化中已有原型。《吉尔伽美什史诗》中造船救世的情节与《圣经》如出一辙，史诗中众多情节在《荷马史诗》中也有承续。发掘美索不达米亚古城乌尔（Ur）的功臣伍莱（C. Leonard Woolley）也提出：“以对人类历史的影响来评判，苏美尔文化的地位将会更高。它属于人类最早的文化，它的出现照亮了处于原始、野蛮状态的世界。”[⑤] 由此观之，作为西方文化之“源”的希腊乃是东方古文明之“流”。然而多少文明史的书写将此忽视，非无心，实有意为之，黑格尔大约就是如此。

当然，世界不同文明也在不断地相互追赶，互相超越。古希腊虽然是在古埃及与古两河流域两大古原生文明影响下的一个次生文明，但是通过文明互鉴，古希腊文明后来居上，产生了赫拉克利特、德谟克利特、苏格拉底、柏拉图、亚里士多德等伟大的学者，与同时期中国的老子、孔子、墨子、庄子、孟子等先秦诸子以及古印度的佛

---

① 希罗多德：《历史》下册，王以铸译，北京：商务印书馆，2009年，第434—435页。原文为：“这些和卡得莫司一道来的腓尼基人定居在这个地方，他们把许多知识带给了希腊人，特别是我认为希腊人一直不知道的一套字母，……这些字母正是腓尼基人给带到希腊来的。”

② 希罗多德：《历史》下册，第221页。

③ N. G. L. 哈蒙德：《希腊史》，朱龙华译，北京：商务印书馆，2016年，第31、37页。

④ Samuel Noah Kramer, *History Begins at Sumer: Thirty-nine Firsts in Recorded History*, Philadelphia: University of Pennsylvania Press, 1981.

⑤ C. Leonard Woolley, *The Sumerians*, New York: W. W. Norton & Company, 1965, pp. 192—194.

陀共同形成人类伟大的文明轴心时期，形成了人类文明的黄金时代，也奠定了西方文明的重要基础。西方文明以后的发展，也是与文明互鉴密不可分的。

（二）文明互鉴史实缺失——阿拉伯唤醒西方

不仅希腊文明的起源是文明互鉴的成果，西方的文艺复兴亦是文明互鉴的结果。西方文明史中基本不提西欧学习阿拉伯文明的200年历史，这或许是因为他们不愿意透露他们引以为傲的伟大文艺复兴，其源头居然是东方的阿拉伯文明。研治阿拉伯文学的美国学者希提在其著作《阿拉伯通史》中指出："在8世纪中叶到13世纪初这一时期，说阿拉伯语的人民，是全世界文化和文明的火炬的主要举起者。古代科学和哲学的重新发现，修订增补，承先启后，这些工作，都要归功于他们，有了他们的努力，西欧的文艺复兴才有可能。"① 阿拉伯人保存了古希腊罗马众多珍贵文献，通过"翻译反哺"，促成了文艺复兴运动。之所以称阿拉伯文明唤醒西方，是因为如果没有阿拉伯的文明唤醒，欧洲的文艺复兴不可能产生，而如果没有文艺复兴运动，西方近现代的思想启蒙和科学文化发展乃至文明进步或许根本不会发生。

众所周知，欧洲中世纪被称为黑暗的世纪，昔日璀璨的古希腊罗马文化艺术黯然跌落神坛，近乎淹灭。但是此刻，却是横跨欧亚非三大洲的阿拉伯帝国的辉煌时期，是阿拉伯文化大为兴盛之时。阿拉伯虚心向古希腊罗马文化学习，甚至向中国大唐文化学习。穆罕默德发出"学问虽远在中国，亦当求之"的感叹。阿拔斯王朝（750—1258）时期更是出现了"百年翻译运动"的盛况，最为著名的便是哈利发麦蒙时期的"智慧宫"，全国学者齐聚巴格达，将柏拉图、亚里士多德等人的哲学著作，托勒密、欧几里得、阿基米德的天文、数学著作，盖伦、希波克拉底的医学著作尽数翻译为阿拉伯文。例如医学家盖伦的希腊文解剖学7册原本早已散佚，幸而翻译为阿拉伯文才得以流传。到了11世纪前后，阿拉伯文明对于希腊罗马时期人文、科学文献的保存再一次反哺西方。文明互鉴大大促进了西方文明的复兴。在西班牙的托莱多，曾被翻译为阿拉伯文的古希腊哲学、医学、数学等著作被译为拉丁文引入西欧。这场"二次翻译"直接影响了西欧文艺复兴运动的兴起。

中世纪时期，西欧视哲学为神学的婢女，但在阿拉伯文明中恰恰相反，"哲学受

---

① 希提：《阿拉伯通史》上册，马坚译，北京：商务印书馆，1979年，第664页。

到了阿拉伯人的眷爱抚养”。[①] 以亚里士多德为中心的古希腊哲学悉数被阿拉伯学者翻译保存。托莱多的学者不仅将这些哲学著作翻译成拉丁文，且将阿拉伯学者的注释也一并翻译。阿拉伯学者在翻译的同时，为了透彻理解哲人的深意，往往从自身文化出发对原著进行阐释，从而形成别于“原貌”的新理解。这个过程可以称之为希腊哲学的阿拉伯化，但是又有多少文明史著作注意到这个重要现象？现在颇受推崇的亚里士多德哲学中，到底有多少阿拉伯元素呢？这种文明互鉴案例太需要学者认真关注，这一段文明史太需要重写。

阿拉伯不仅是一间古希腊文明的“藏书阁”，其自身的文明传统亦光照了欧洲的人文、科学领域。希提认为，“意大利的诗歌、文学、音乐，在普罗旺斯和阿拉伯的影响下，开始欣欣向荣”，“穆斯林的几种天文学著作，先后译成拉丁语，传入欧洲，特别是西班牙，对于基督教欧洲天文学的发展，起了决定性的作用”。[②] 西方文学经典如《神曲》《十日谈》《坎特伯雷故事集》皆有《一千零一夜》的影子；白塔尼的天文著作传入西欧后被奉为“权威著作”，哥白尼也受到了阿拉伯学者的启发，他在《天体运行论》一书中多处引证白塔尼的著作和观点；阿拉伯人的数学也进一步奠定了文艺复兴时期欧洲大学的数学基础，阿尔-花剌子模（Al-Khwarizmi）以印度数学改革计算方式，成为世界“代数之父”，其著作《积分和方程计算法》长期为欧洲各大院校所用。今天人们所说的“阿拉伯数字”，实际上是印度人发明的数字，只不过是经过阿拉伯人传入欧洲。此外中国古代的四大发明亦是经阿拉伯帝国进入西欧，极大促进了欧洲文明的进步。这一系列的文明互鉴史实，理应载入未来的文明史编写当中。

（三）当代社会，文明互鉴依然是人类文明发展的主流和基本脉络

近代以来，西方文明功不可没，对全人类文明做出了巨大贡献。即便如此，在表面上西方文化一家独大的现象下，文明互鉴、文明交流依然是人类文明发展的主流和基本脉络。例如，当代西方哲学与文论，尤其是现象学、阐释学、解构主义，海德格尔、伽达默尔、德里达等等西方哲学与文论大家，在当下中国学术界受到追捧。不少人甚至认为，当代西方哲学与文论，就是西方文明的自成一家的独创，就是西方文明

① 黑格尔：《哲学史讲演录》第三卷，第 252 页。

② 希提：《阿拉伯通史》上册，第 733、445 页。

高于东方文明的标志。实际上，如此受人崇拜的当代西方哲学与文论，依然是文明互鉴、文明交流的结果。文明史实中相关例子不胜枚举，兹举笔者主研比较诗学领域一例——海德格尔思想中的中国元素以证之。[①] 海德格尔（Martin Heidegger）能有如此成就，与他对东方思想、中国哲学的借鉴与吸收密切相关。众所周知，海德格尔认为自己最重要的哲学贡献，是首先重新开启了（re-open）存在问题（the question of Being），是西方形而上学的最终克服者。然而，是什么东西导致了海德格尔认为自己首先重新开启了存在问题的？事实上，是东方思想，尤其是《老子》的有无相生的思想。海德格尔提出，存在者自身的存在不“是”——存在者。虚无是存在的特征，更明确地说，“存在：虚无：同一”。因此，对“存在的意义”的探寻同时也是对无的意义的探寻。但此种虚无既非绝对的空无（empty nothing），亦非无意义的无（nugatory nothing）。在海德格尔那里，“存在：虚无：同一”之无是“存在之无”（the Nothing of Being），无从属于存在。这明明就是汲取了《老子》有无共生（天下万物生于有，有生于无）、虚实相生的思想。华裔学者萧师毅在回忆与海德格尔的交往时谈到海德格尔与他合译《道德经》的经历，“我于 1946 年春天，在弗莱堡（Freiburg）的木材集市广场（Holzmarktplatz）与海德格尔的相会之中，得悉他对翻译老子《道德经》感到兴趣。当时，鉴于他只在夏天才有工作假期，他建议我们在该年夏天一同在他位于托特瑙堡（Todtnauberg）的小屋里，协力把《道德经》译成德文。我深信老子的思想，将有助于灾难性的世界大战之后的德国人——事实上，是整个西方世界——的反思，于是我欣然地答允了”，“我深深感受到这项工作在海德格尔身上，产生了重大的影响”。[②] 战后欧洲哲学陷入荒芜的危机之中，海德格尔在老庄哲学中寻觅了一条“存在”之路的新思，衍生了关于“存在”“无”“澄明”“道路与道说”等重要思想。

早期海德格尔从前辈胡塞尔的本质直观与时间意识中思考一种超出传统的主客体框架讨论存在问题的方式，但他发现胡塞尔的学说仍然受制于传统的主体观以至不能深入存在论的探讨，这时他所接触到的来自远东的道家哲学重新打开了他思考存在的开端，“所以，不少海德格尔的弟子和研究者认为他在 30 年代经历了一个剧烈的思想

---

① 参见曹顺庆、刘衍群：《比较诗学新路径：西方文论中的中国元素》，《浙江社会科学》2019 年第 1 期。

② 萧师毅：《海德格尔与我们〈道德经〉的翻译》，池耀兴译，《世界哲学》2002 年第 2 期。

‘转向’”。[①] 这是有事实根据的，1930 年海德格尔在不来梅（Bremen）做了题为《论真理的本性》的演讲，并在第二天的学术讨论中抛出了“一个人能否放置于他人的位置之上”这样一个关于“主体间性”的问题。海德格尔当即援引《庄子·秋水》中“庄子与惠施濠上观鱼”的典故，[②] 说明理解需要在语境/境域中形成，如果按照惠施的逻辑，主体间的交流便是不可能的，这在一方面也突出了“‘现象学境域本身的开显’（也就是‘人的实际生活经验本身的形式显示’）作为一切意义源头的地位”。[③]

这一转向之后，海德格尔开始借助“无”“空”“用”“道”等老庄思想来深思“艺术的本质”“诗和语言的存在论含义”“技术与道”“物与物性”等哲学新问题。其中 2000 年出版的《海德格尔全集》第 75 卷中有一篇写于 1943 年的文章，题为《诗人的独特性》，探讨荷尔德林诗作的思想意义，文中引用了《道德经》第 11 章论述“有无相生”观点的全文：“三十辐共一毂，当其无，有车之用。埏埴以为器，当其无，有器之用。凿户牖以为室，当其无，有室之用。故有之以为利，无之以为用。”德国著名学者君特·沃尔法特（Günter Wohlfart）对这一现象专门发文探讨。[④] 海德格尔自此后不断地将“存在”“用”与“无”关联起来，触发了其“无用之思”。例如 1945 年，海德格尔在给弟弟的书信中曾引用《庄子·杂篇·外物》庄子与惠子的论辩，此信件以《庄子，无用的必然性》命名，这是西方思想第一次在“无用”与“必然性”之间建立了如此的联系，即“无用之用”。这种对于“无”与“用”的联系触发了他对于“物性”的本质探讨，最为著名的便是《物》这篇文章。海德格尔在文章中称任何对象化“物”的行为都无法通向“物之物性”，壶之为壶，不是因为陶匠赋予它的形状，而是“壶的虚空，壶的这种虚无（Nichts），乃是壶作为有所容纳的器皿之所是”。[⑤] 这个空虚的容纳性便是海德格尔对于“以无为用”的思想转化，“有”与“无”共同构成存在，这就是海德格尔重新开启了存在问题的基本路径。对于海德格尔来说，走向物性便是走向存在，唯有让物成为物，唯有通达物性，才能实现“诗意的栖居”。物性自身的通达需要依赖思考，思考依赖语言表达，而这个语言所呼唤

---

① 张祥龙：《海德格尔传》，北京：商务印书馆，2007 年，第 227—228 页。

② Graham Parkes，ed.，*Heidegger and Asian Thought*，Honolulu：University of Hawaii，1987，p. 52.

③ 张祥龙：《海德格尔传》，第 228 页。

④ Guenter Wohlfart，“Heidegger and Laozi：Wu（Nothing）—on Chapter 11 of the Daodejing，” *Journal of Chinese Philosophy*，vol. 30，no. 1（2003），pp. 39—59.

⑤ 海德格尔：《演讲与论文集》，孙周兴译，上海：上海三联书店，2005 年，第 175、176 页。

的世界不再是此在的世界，而是“天”“地”“诸神”“必死者”四元聚集的世界，是一个诗性化了的世界。四元之间相互“镜映”“彼此互属”。这一四元观是对于“大约‘逝’，逝曰‘远’，远曰‘反’。故道大，天大，地大，人亦大。域中有四大，而人居其一焉。人法地，地法天，天法道，道法自然”① 的创造性发挥。海德格尔一生都在否定西方形而上学的传统，对于其所受制的主体性哲学表现出不满，而从中国老庄哲学中，他汲取到一种可以弥合主客体二元对立的哲学思想，“对于物泰然处之（Gelassenheit）”“向着神秘虚怀敞开（Offenheit）”等思想便是老庄哲学中最基本的“自然而然”。然而，如此重要的文明互鉴与思想交流，在西方学者的文论史乃至在中国学者的文论史书写中都避而不谈，岂不怪哉！

这虽然是个案，但具有普遍性，不少当代西方重要学者，都与东方文明有着文明互鉴的经历。海德格尔、叔本华、尼采、福柯、德里达、荣格等西方哲学与文论大家，都曾向中国、印度、阿拉伯、日本等东方思想文化及东方古代文论学习、汲取养分，在文明互鉴中实现学术创新。而在西方一些文学流派，如意象派、超验主义等及其代表人物的文学思想与创作中，我们也能看到东方的影响因子。从这个意义上说，从古代到中世纪乃至现当代，文明的主导是互鉴而不完全是隔绝与对立，更不全然是冲突。这也是笔者长期思考的问题。

令人不解的是，即便有若干文明互鉴史实摆在面前，却不入史笔，若干文明史不讲，学者们视若无睹，这是极为不正常的现象。文明交流互鉴的若干史实进不了文明史，究其原因仍在于话语权这个根本问题。目前中国学者乃至东方学者在国际上的学术话语皆处于“有理说不出，说了传不开”的窘境。想要打破这一窘境，逐步解决话语言说问题，我们便要从具体的文明史实入手，从文明互鉴问题的阐释中展开，在具体的阐释中体现出文明发展的全貌，同时，在论述中也展现我们言说的话语，从具体的论述中形成我们的话语。笔者认为，从“重写文明史”这一具体话语实践切入，从这一体认人类文明发展的核心问题入手，可以成为中国学者话语阐释和话语建构的最佳路径和开端！触类旁通，文明史的话语言说和话语建构必将逐渐蔓延至文学史、传播史、艺术史、哲学史、经济史、法律史、科技史、天文史等，从各个学科史实出发，来重写文明史、重写思想史、重写文学史、重写传播史、重写艺术史、重写哲学史、重写经济史、重写法律史、重写科技史、重写天文史，以客观的史实，阐释出自

---

① 老子：《老子》，饶尚宽译注，北京：中华书局，2016年，第66页。

己的观点，建构话语言说，我们的声音才能真正在世界上传开、传响、传深。以重写文明史打开话语建设之门，以文明史实的叙述传播中国声音，促进文明互鉴，铸就人类命运共同体意识，让世界回归和平共处之正轨，这才是当今中国学者的重要使命。

（四）文明书写歪曲贬低——种族主义优越论

“文明”一词被欧洲人发明之后，逐渐演变成文明阶级论，“文明－野蛮”的对立观造成了严重的偏见与贬低，西方以“文明”的姿态俯视着原始、野蛮的东方。“文明－野蛮”成为“西方－东方”的认知公式。黑格尔对于“东方”尤其是中国哲学、儒家思想的歪曲更是典型。他在《哲学史讲演录》中将“东方哲学”放在“导言”部分而将希腊哲学作为哲学史的开端，他称“首先要讲的是所谓东方哲学。然而东方哲学本不属于我们现在所讲的题材和范围之内；我们只是附带先提到它一下。我们所以要提到它，只是为了表明何以我们不多讲它”，[①] 轻蔑之情溢于言表。

这种偏见与轻蔑如果只停留在纸张与讨论层面倒也留有余地，不幸的是这种观念延伸到了人与人之间、种族与种族之间的迫害。阿蒂尔·德·戈比诺（Arthur de Gobineau）提出文明与环境无关，只与人种有关，世界上人种的等级按白—黄—黑依次排列，“所有文明都源自白种人，没有白种人的帮助，就不会诞生文明”。[②] 这一种族优越观念在一时间被狭隘的种族主义者和白人至上主义者奉为真理，美国的印第安人大屠杀便是这一错误文明观的悲惨印证。但是以人权与民主指摘他国的美国，绝不会在文明历史中坦诚呈现，在“民主”的美洲大地，生长于此的印第安人几乎惨遭屠族的命运。美国斯坦福大学人类学系印第安人学者艾嘉礼（Charles Ettner）在接受中国学者访谈时称，“在哥伦布航行到达美洲大陆的时候，北美洲有 300 个以上的土著部落。而现在呢，由于白人带来的疾病、战争和饥饿，大约有一半的美洲土著部落消失了”，“而且我还应当说，今天我们所见到的大量有关（印第安人）的历史材料依然充满了白人方面的、片面的解释或观点”。[③]

自美国建国以来，土著居民印第安人所拥有的土地、资源在多重政策下一点一点被掠夺。印第安人在政府推行的“保留地”制度下被逼至密西西比河以西地区，艾嘉礼指出“美国政府选择用来给予美洲土著居住、生活的地方通常是这样的一些地方：

---

① 黑格尔：《哲学史讲演录》第一卷，第 115 页。

② 布鲁斯·马兹利什：《文明及其内涵》，汪辉译，北京：商务印书馆，2017 年，第 67 页。

③ 蓝达居：《美国的美洲土著——美国印第安人学者谈美国印第安人》，《世界民族》1996 年第 3 期。

1. 白人不感兴趣的地方；2. 距离白人生活区较远的地方；3. 军队容易进行控制的地方。政府通常知道这些地方是自然资源比较缺乏的地方”。恶劣的生活环境、社会政策的打压以及种族冲突导致从15世纪末到20世纪初，生活在北美的印第安人人口从500万骤减到25万。但是为何美国文明史中不写、不谈、不议？一者树立“民主”“自由”“人权”之形象，二者历史的书写仍然掌握在白人手中，“院校当中的土著籍学者微乎其微，而对土著的历史观予以重视或考虑的白人学者也是微乎其微”。①

文明史的最终性质是历史事实，历史不是一个任人打扮的姑娘。文明史应以史为志，以史为鉴。文明史不仅要记录人类文明快速发展的重大进程，亦不能忽略这一进程中的众多“野蛮之举”，那些有意被忽略、被歪曲、被贬低的史实，更应在重写文明史的新话语中得到正名。

三、重写文明史的几条路径思考

建立人类命运共同体，以大智慧重写文明史！并进一步延伸到各个学科史的重写与话语建设。

人类历史已经进入新的变局中，面对屡发的国际冲突，我们必须对世界格局有更加深刻、更为主动、更有分量的认识和发声，从文明层面重写历史，建立人类命运共同体，即是话语重建的先导。那么，在具体的文明史书写和研究中，为什么写？怎么写？写什么？这都需要我们重点关注、重点讨论以及付诸实践，从具体的研究路径而言，我们可以从以下几个方面展开：

（一）掌握“文明史”的书写概况

文明史著作在近两个世纪中数量激增，但是对于文明史书写现状的整体性研究还未出现。前人栽树，后人乘凉。只有对如今世界范围内的文明史书写作全面的梳理，有全面的认识，才能取其精华，去其糟粕。从目前的统计来看已经出现了不同语种、不同文化语境的文明史书写，如*The History of Civilization*（Amos Dean，1869）、*The Story of Civilization*（Will Durant，Ariel Durant，1935）、*Histoire de la civilisation*（J. de Crozals，1887）、*Geschichte der Sintflut: auf den Spuren der*

① 蓝达居：《美国的美洲土著——美国印第安人学者谈美国印第安人》，《世界民族》1996年第3期。

frühen Zivilisation（Harald Haarmann，2003）、الحضارة تاريخ（سانيوبوس شارل，1908）、『国民の文明史』（中西輝政，2003）、『世界文明史：人類の誕生から産業革命まで』（下田淳，2017）、《中华文明史》（河北教育出版社，1989）、《世界文明史》（马克垚，2003），等等。[①] 这些文明史明显以不同的文明观念为立场述说世界文明或本土文明的发展，最终呈现的文明史亦是各具千秋。这里面存在很多问题值得探究，各文明史书写的目的、语境如何？获得世人认可的文明史有着怎样的书写模式、书写框架、书写思想和书写缺漏？编者对史料的把握以及对于史实的呈现有何特色？对不同文明史之间进行比较研究，可以得出哪些区别以往的结论？本土文明在他者的建构中呈现怎样的形象以及他者对于本土文明所忽略的史实与现象的放大具有何种借鉴意义？整体性的文明研究梳理将会使我们破解以往个案研究隐藏的短板，从而收获创新性成果。

纵横观之，这种梳理非常有必要：一方面在文明史书写这一领域达至一种“世界对话”的空间，任何话语在此空间中都不会“一家独大”；一方面必然带给本土书写以全面深刻的反思，形成最基本的“文明自信”，并由文明史书写延伸到各个学科史，纲举目张，建构文明互鉴的中国话语。

（二）透析“文明研究”之研究

在掌握世界文明史书写概况的同时，我们也需要关注历代学者对于文明的研究，即我们还要做文明研究之研究。这一研究方向其实就是不同学者对于文明的定义、文明概念的梳理乃至文明研究的二次研究。例如 1961 年德国学者乔治·迈克尔·普劳姆（Georg Michael Pflaum）的著作《“文明”概念的历史》（*Geschichte des Wortes “Zivilisation”*），美国学者布鲁斯·马兹利什（Bruce Mazlish）的著作《文明及其内涵》（*Civilization and Its Contents*，2004）皆追溯了“文明”这一概念在 18 世纪的起源及其在全球的演变。尤其是德国著名社会学家埃利亚斯在其名著《文明的进程》（*The Civilizing Process*，1939）中以日常生活的演变追溯中世纪欧洲以来的“文明表现”，因此声名大噪。但可惜的是他们笔下的“文明”概念仍局限在西方视野中，所谓的“文明”也仅仅是西方文明。

此外，对于世界文明发展的研究产生了诸多重要的概念，我们不仅要关注西方学者提出的影响重大的理论，在之后的文明史书写和研究中更要将中国学者、东方学者

---

① 具体的英美文明史书写情况，请参见本期刊登的杨清的论文《英美“世界文明史”编撰述评》。

提出的理论纳入考量范围和对话范畴。比如基佐的文明进步论、雅斯贝尔斯（Karl Jaspers）的“轴心时代”（Axial Age）、埃利亚斯的“文明互动论”、汤因比的“文明形态观”、福山的“历史终结论”、亨廷顿的“文明冲突论”、赛义德的“东方主义”、杜维明的“文明对话”、汤一介的“新轴心时代”以及“文明交往论”“文明互鉴论”，等等。对于这些大的理论问题，我们必须要勇敢对话，因为每一种概念都是基于一定的历史语境和文化传统提出的，何种是客观的，何种是主观的，何种是出于人类原则，何种是基于自我利益，各个理论具有的特色都需要得到逐一辨析。

（三）汲取“中国史观”，映照人类文明史

中国拥有世界上最早、最完善的编史传统，伏尔泰曾极力称赞“世界上最古老的编年史是中国的编年史，中国的这些编年史连贯不断，详尽无遗，撰述严谨”。[①] 文明史的编纂实可借鉴中国成熟完备的编史理念以及著史法式。首先对于修史之人有“史德”“史才”“史学”诸多标准，例如中国著史范畴中的“良史观”影响深远。孔子称良史“书法不隐”，[②] 褒贬不偏不倚，只在片言只字。后世修史皆以“良史”为则，以《春秋》为纲，班固以“文直事核”释之，刘勰更是随仲尼之言，称“奸慝惩戒，实良史之直笔，农夫见莠，其必锄也，……然史之为任，乃弥纶一代，负海内之责而赢是非之尤，……若任情失正，文其殆哉”。[③] 良史有社会之责而必须辨是非之实，元代史家揭傒斯在答“修史以何为本”时，也直言“用人之道，又当以心术为本也”，[④] 只有心术为正，才可以达到“慎辨于天人之际，尽其天而不益以人”[⑤] 的境界。此外，对于著史法式，以文学史而言，近代以来众人皆遵从西方文学史书写模式，却不知中国亦有文学史话语。《文心雕龙·序志》便总结出了一套完整的著史话语——“原始以表末，释名以章义，选文以定篇，敷理以举统”，《文心雕龙》上半部的文体论，本身便是现代意义上的分体文学史。又如《四库全书总目》往往以其文献学的工具书面目名世，众人却大大忽视了其具有的“文学史”意义。中国的史学成就知名于世界，悠久的史官文化与成熟的著史传统亟待学界的进一步挖掘与运用，如果

① 伏尔泰：《风俗论》，第 220 页。

② 《春秋左传正义》卷二十一，阮元校刻：《十三经注疏》，第 1867 页。

③ 杨明照：《增订文心雕龙校注（上）》，北京：中华书局，2012 年，第 207 页。

④ 宋濂：《元史第十四册·卷一百八十一·列传第六十八·揭傒斯》，北京：中华书局，1976 年，第 4186 页。

⑤ 章学诚：《文史通义》，刘公纯校订，上海：上海古籍出版社，1956 年，第 144 页。

能在文明史书写中融入中国史观、中国话语，相信世界文明史必将呈现别样的风采。

（四）文明史书写实践略谈

重写文明史的同时，首先要注意呈现文明史书写的多元化。不仅要清楚梳理文明的发展进程，更是要以“文明史”的书写为核心，书写“文明互鉴史”“文明比较史”等以往缺失的部分。“文明互鉴史”观照历史上因文明交往产生的特殊文化现象。历史的主流是文明交流与互鉴，文明之间并不是汤因比笔下各自生长的有机体由盛而衰，而是纵横错杂的交流网，你中有我，我中有你。文明之间的交流促成了异质文明的创新发展，中国的禅宗、欧洲的文艺复兴、中国的印刷术等便是典型的例子。“文明比较史”可以从两方面入手，一方面是实证关系史，如著名学者杨宪益先生曾提出，西方的十四行诗可能来自中国唐诗，从唐诗到波斯鲁拜体，再到十四行诗，存在着一个清晰的、自前向后的时间脉络；一方面是平行对话史，对于人类发展的共同主题，不同文明史的呈现都各不相同，这种差异性为平行比较对话提供了可能。

其次重视文明所蕴含的“世界性”，不偏狭于优越心理或本位至上主义，以往以西为主的世界史、世界文学史、世界哲学史、世界科技史等都需要在新的文明观下重新审视，重新书写。

此外重视文明所具有的“独特性”，西方考古学家以“文字、青铜器、城市和宗教礼仪建筑”四项物质标准衡量文明的起源与发达程度。文字居于首位，而中华文明之所以能够绵延不断的重要原因就是汉字的流传。像埃及的圣书体文字、两河流域的楔形文字、印度的印章文字、克里特文明的线形文字都因文明的衰落而中断，只有汉字保留了下来，近现代学者如钱玄同等人受西方学者影响而叫喊“废除汉字”，便是没有意识到汉字对于中华文明，对于世界文明具有的特殊性。

结　语

文明的多元与独特交相辉映、文明的交流和互鉴才是文明史的历史主流，才是人类发展主流所应当书写的模样。重写文明史是当今学者的一大时代课题，也是关切人类文明的一大课题，不同文明语境、不同学科史都有难以计数的问题等待我们去挖掘、清理、解剖。习近平总书记曾指出，“中华民族具有 5000 多年连绵不断的文明历史，创造了博大精深的中华文化，为人类文明进步做出了不可磨灭的贡献”。[①] 中华文明、东方文明在世界文明史中的书写不应寥寥几笔，为他人作“嫁衣”，作注脚！中华文明观也不应该在甚嚣尘上的冲突论、终结论中噤声，那些长期被忽视的、被歪曲的、被贬低的史实是时候在历史的回流中把握住言说的际遇，拨乱反正，澄明自身。“重写文明史”便是一次主动发声的际遇，中国学者应借此言说自身的文明观，书写自身的文明史，由此延伸到各个学科史，从文明这个根子上来突破，从各个学科来入手，建构文明新话语，献策于当下百变的文明治理格局。

① 习近平：《在第十二届全国人民代表大会第一次会议上的讲话》，《人民日报》2013 年 3 月 18 日，第 1 版。

清閟阁雅集的品格与倪瓒的诗学观*

左东岭**

摘　要：倪瓒的清閟阁雅集与顾瑛的玉山雅集显示出诸多不同特点，诸如不追求盛大场面与轰动效应，雅集成员多为性情相投的知己好友，雅集内容多为清赏山水景致与论诗品画，雅集目的乃是获取朋友间的情感慰藉与审美愉悦，这与顾瑛玉山雅集的追求场面豪华与感官快适形成鲜明区别。清閟阁雅集的这种特点，是倪瓒坚持其个人操守与高雅艺术品格所决定的。如此的操守品格也决定了其诗学观念的内涵，即融“性情之正”与“冲淡闲逸”于一体，从而展现出“逸品上”的独特诗学品位。

关键词：文人雅集；倪瓒人格；气节操守；诗学观念

目前学界研究倪瓒的成果已经相当丰富，尤其是在绘画艺术的研究上更显突出，尽管元代文人画是以黄公望、王蒙、倪瓒与吴镇作为代表人物，但倪瓒由于诗画兼擅的优势，因而受到了学界更多的关注。经过现代学术史上近百年的研究，学界已在诸多方面达成共识。诸如其儒释道互补的价值取向、清高孤傲的士人品格、吟咏性情之正的诗学观，以及幽深闲远的逸品追求等。但在文人雅集的研究上则相对有所忽略，学界往往将其与顾瑛的玉山雅集合而论之，作为文人雅集的一个补充性事例加以介绍。其实尽管倪瓒与顾瑛同为吴中著名文人并相互熟知，但无论是二人的处事原则还是性情志趣，都有诸多差异，从而导致其各自的所谓雅集颇多不同。如果忽视这些差

---

* 国家社会科学基金重大项目“易代之际文学思想研究”（14ZDB073）

** 左东岭，首都师范大学中国诗歌研究中心教授（北京　100089）

异，不仅会对二人的雅集性质本身造成误读，更重要的是还会影响到对倪瓒诗学观念的认知。

一、从倪瓒与顾瑛的性格异同谈起

根据周南老《元处士云林先生墓志铭》的记载，倪瓒"洪武甲寅（七年）十一月十一日甲子，以疾卒，享年七十有四"。[①] 则知其生卒年为公元 1302 至 1374 年。如果要论述倪瓒清閟阁雅集的特点，还需从与顾瑛玉山雅集的对比角度入手。其实，现存记载倪瓒生平的文字，最早的还是顾瑛《草堂雅集》，其小传曰："倪瓒，字元镇，毘陵人。酷好读书，尊师重友，操履修洁。诗趣淡雅如韦苏州，作小山水如高房山。自号经锄隐者，家有云林隐居。与予有葭莩之亲，累辱见招，归往而每不果。然多得其所作，故并刻云。"[②] 读此文字不免令人困惑，顾瑛与倪瓒有亲戚关系，而且很喜欢倪瓒的诗作，在《草堂雅集》中整整收了一卷倪瓒诗作。在顾瑛此书中，能够单独成卷的只有柯九思、杨维桢、郑元祐、张翥和倪瓒五人，由此可知倪瓒在其心中的分量。[③] 然而倪瓒虽"累辱见招"却"每不果"，即使至正八年那次规模盛大的玉山佳处聚会，吴中一带的名流几乎大都汇聚于此，可倪瓒依然缺席。由此便引起后世诸多猜测。有人曾归纳出顾、倪二人八个方面的相同之处，却"未见他们有直接来往，甚至未见有阿瑛到过清閟阁、云林访过玉山佳处的记载"，进而又对比二人之间的差异说："性格差异颇大。阿瑛风流豪爽，好铺张，甚至有'轻薄名'，于功名利禄亦用心。云林则内向孤僻，愤世嫉俗，淡功名，轻利禄。二人对待朝廷的态度也不同。云林一生不与官府共事，据传曾拒绝朝廷使者为顺帝邀作'飞楼'之谀词，并推奖郑所南不仕元廷之气节。阿瑛则相反，其子元臣任水军督府副都万户，自己也被封为武略将军、钱塘县男。另外，在光大祖业方面，阿瑛是成功的，云林则因不善经营而败家。"[④] 这些差异基本属实，尽管在某些史实上依然有详考的余地，比如倪云林不与官府共事的说法即稍显笼统。尽管倪瓒不与官府共事，但却与不少地方官员多有来

---

① 倪瓒：《清閟阁集》，江兴祐点校，杭州：西泠印社出版社，2010 年，第 378 页。

② 顾瑛辑、杨镰等整理：《草堂雅集》，北京：中华书局，2008 年，第 719 页。

③ 《草堂雅集》的成书过程及版本均极为复杂，就目前所看到的本子，其中收有倪瓒作于明洪武三年的《蘧庐诗》和洪武六年的《徐良夫耕渔轩》等诗作，而顾瑛早在洪武二年即已去世，可知这些诗作断非顾瑛所选。详情有待进一步辨析。

④ 黄苗子、郝家林编著：《倪瓒年谱》，北京：人民美术出版社，2009 年，第 222—223 页。

往，如浙江行省参政饶介、杭州太守谢节、嘉定同知张经、张士诚属官陈汝言等，不仅多有来往，甚至感情深厚。但倪瓒的交友是有原则的，即无论出仕还是隐逸，均需要具有儒者的端正操守、闲雅的审美气质、超然的山水情结、杰出的诗画才能，方有资格成为其朋友。他的交友原则亦是“义”与“艺”二端，而绝不与俗吏、庸人为交。这一点也的确与顾瑛形成明显的差异。在此基础上，可以进一步推进，考察由二人性格与政治态度的差异所导致的雅集方式之不同，并探讨元末文人生存方式与文学写作的另一种形态。

二、倪瓒之人格类型与清閟阁雅集的独特形态

从清閟阁雅集的基本形态看，大都属于倪瓒与三二友人之间的诗酒唱和与绘画品鉴，很少举行像顾瑛玉山雅集那样大型热闹的群集活动。今遍捡倪瓒及其友人别集，几乎很难发现有大型群集的聚会。张雨有《倪元镇玄文馆会饮》诗曰：“亲知贵浃密，屡此良燕会。堂陛自崇广，促食归卧内。说诗盛使气，屈折高李辈。更端辄笑谑，知节已霑醉。玲珑雨花乱，萧屑风竹碎。政使韩伯休，移床夜相对。”[①] 此乃对倪瓒早期玄文馆聚会的记载，但根据“促食归卧内”“移床夜相对”的表述，显然系少数密友之间的私宴，而不大可能是群聚。明人管时敏有《题云林先生小景》诗曰：“故家池馆锡山阿，门径宁容俗士过。清閟阁空诗社散，蛛丝窗户落花多。”诗后有跋语曰：“阁乃先生藏诗话之所，落花蛛网，先生诗会中题也。”[②] 此处所记颇显龃龉，前既言“门径宁容俗士过”，则自然非一般俗子所能造访，而后又言“清閟阁空诗社散”，似乎当时相当热闹。说清閟阁有“诗社”，此乃唯一证据，未见他人记载，或者是在比喻层面使用“诗社”以增加诗歌兴味，此可以存疑。至于“落花蛛网”的诗题，倒是可以找到证据。倪瓒有《蛛丝网落花》诗曰：“落花缀蛛网，蜀锦一规红。既映绮疏外，复照碧池中。含凄恋余景，散魄曳微风。昔人问荣秽，讵识本俱空。”另张雨亦有《蛛网落花》诗曰：“飞花堕锦茵，蛛网解留春。露垂霑更重，风破舞还频。不逐燕嘴泥，宁随马足尘。游丝复染惹，流浪何足瞋。”[③] 读二人之诗，均为五律，但非次韵，如果不是偶合，便是同题集咏，但到底尚有何人，规模多大，均已难以得知。

① 《张雨集》，吴迪点校，杭州：浙江人民美术出版社，2013 年，第 32 页。

② 倪瓒：《清閟阁集》，第 432 页。

③ 以上两诗参见倪瓒：《清閟阁集》，第 11 页；《张雨集》，第 149 页。

除此之外，再也难以找到清閟阁中的雅集场面。

倪瓒当然也参与过文人雅集，但往往是外出漫游或在他人家中宴集之时。如“己卯（至元五年）正月十八日，与申屠彦德游虎丘，得客字”。这显然是倪瓒到平江城中游玩与朋友相聚时所作，但除了申屠彦德之外，已不知还有何人参与。又如：“至正二十三年正月廿日，余与诸友集于贞松白雪轩。其地林石奇胜，窗牖明洁，且主人好文尚古，有文武材。款坐设肴醴，相与啸咏，以小谢‘云中辨江树’分韵各赋，得辨字。”① 按照分韵赋诗的惯例，参与此次雅集的起码应有五人，至于最终写成几首诗则不得而知。另外，绘于至正二十五年七月的《百尺梧桐轩图》中记载了倪瓒、周伯琦、张绅、宇文材、王蒙和马玉麟的题诗，据说图中所绘是张士诚之弟张士信府邸的景象，因而众人的诗中便难免有一些赞誉溢美的客套话。倪瓒的诗是：“绿野宴游官济济，习池清响珮珊珊。高桐初引流晨露，密竹通幽度碧湾。童冠咏归春服后，龟鱼潜跃夕波间。北窗应到羲皇上，石枕藤床卧看山。乙巳七月倪瓒。”② 除了首联描绘燕游场面之盛大外，其他内容则是写自然美景与抒悠闲之情的雅集常规套路。由上可知，尽管倪瓒在交游应酬中不得不随众从俗，写一些应景性的诗作，但在自己能够做主的清閟阁中，他就不再讲究这些俗套，而以交流情感、商榷艺术作为主要内容，其目的主要在于诗画的自我愉悦，而不像顾瑛那样，需要盛大场面以显示轰动效应，并郑重地刊刻汇集唱和诗文以求传世。

倪瓒友人张羽在《怀友诗二十三首》其四中是如此概括倪瓒的：“洒扫空斋住，浑忘应世情。身闲成道性，家散剩诗名。古器邀人玩，新图捡客呈。最怜山水兴，垂老失时平。”③ 张羽用“古器邀人玩，新图捡客呈”来描绘倪瓒的交游方式与内容的确精到。④ 能够被倪瓒邀请者，必然是懂得鉴赏古董的高雅之士；其所作图画，也必然是挑选志趣相投者来共同品赏。一句话，能够进入清閟阁者，必须入得倪高士法眼。包括他后来在松江一带所建的蜗牛庐，也是交情深厚、志趣相投的朋友才能有幸光临。比如他在清閟阁中与张雨相聚：“青苔网庭除，旷然无俗尘。依微樵径接，曲密农圃临。鸣禽已变夏，疏花尚驻春。坐对盈樽酒，欣从心所亲。”⑤ 所谓“旷然无

---

① 以上引文参见倪瓒：《清閟阁集》，第 14、19 页。

② 转引自傅熹年：《元人绘〈百尺梧桐选图〉研究》，《文物》1991 年第 4 期。

③ 《张羽集》，汤志波点校，杭州：浙江古籍出版社，2018 年，第 348 页。

④ 张羽似曾亲身享受过此种待遇，其有诗《题沈御史所藏元镇竹枝》（倪瓒：《清閟阁集》，第 426 页）曰：“忆昔尝登清閟堂，金黄宝鸭共焚香。绍京墨妙僧繇画，示我不啻千明珰。”

⑤ 倪瓒：《与张贞居云林堂宴集，分得春字》，《清閟阁集》，第 52 页。

俗尘”“欣从心所亲”，便是倪瓒式聚会，景要幽雅，人要情深，而且必须三二知己“坐对”。

倪瓒聚会的主要内容是诗画，如：“至正十四年二月廿五日雨，郯九成留宿高斋，篝灯为写春林远岫图，并次其韵四首。”像这样的记载，多次出现在倪瓒的别集及相关绘画作品中，他的诗与画往往是同时创作的，而且是在朋友的聚会中，或被邀或主动，即兴而作，水到渠成。以下所引是典型的倪赞式雅集：

> 至正十二年三月八日，冒风雨过九成荆溪舟中，刘德方郎官放舟烟渚，留宿谈诗。明日快晴，移舟绿水岸下，相与啸咏，仰睇南山，遥瞻飞云。夹岸桃柳相厕，如散绮霞，掇芳芹而荐洁，泻山瓢而乐志。九成出片纸，命画眼前景物。纸恶笔凡，固欲骋其逸思，大乏骐骥康庄也。欧阳公每云：“笔砚精良，人生一乐。”书画同理。余亦云焉。时舟中章炼师、岳隐者对弈，吴老生吹洞箫。
>
> 故人韶椽史，邀我宿溪船。把酒风雨至，论诗烟渚前。晨兴就清盥，思逸爱春天。复遇武陵守，共寻花满川。

从诗学的角度，当以文本创造为中心以衡量其作品的创新程度与艺术水准，并判定其在诗坛的地位；从人生的角度，则诗学仅为其生活方式之一种，谈论诗歌的过程，相与啸咏的快乐，“仰睇南山，遥瞻飞云”的遐想，观赏“夹岸桃柳相厕，如散绮霞”的欣喜，“掇芳芹而荐洁，泻山瓢而乐志”的自得自足，然后再挥笔作画，即兴吟诗，构成了当时江南吴中的文人生活场面。如果有美，这美就是生活本身。至于由此所产生的诗画，其实乃是其生活的呈现，本身并非为了供人欣赏或流传后世。愉悦自我才是其文艺观的核心。这才是真正的文人雅集，轻松自由，自足自得，充满了诗意与快乐。写诗绘画虽为其雅集主要内容，但不必然每次皆是如此。如：“至正乙巳（二十五年）三月廿四日，仲温高士与沈文举共载访余笠泽东渚之蜗牛庐中，相从过王明宅，煮茶留坐，遂以永日。吹笙、鼓琴于水光林影间。但恨吾子仪远在数十里外，不得同此集也。廿五日，仲温别余他之，漫成长句，以写余怀。”此次聚会并无饮酒助兴，但依然充满文人雅趣，“阶前沦茗香照色，坐上吹笙清不哗”。[①] 不照样体现了品茶、吹笙与鼓琴的高雅品格吗？而这依然是倪瓒之雅集方式。

如果说顾瑛玉山雅集追求的是轰动效应之“热闹”的话，那么倪瓒清閟阁雅集则

---

① 以上引文参见倪瓒：《清閟阁集》，第214、37、207页。

更讲究品味高雅之“清冷”。[①] 就其构成成员而论，玉山雅集人员驳杂繁富，清閟阁雅集单一纯粹。之所以造成此种差异，与二人的交友方式密切相关。倪瓒择友甚严，故而能够真正成为其挚友的人员十分有限。顾元庆《云林遗事》曾曰：“元镇交惟张伯雨、陆静远、虞胜伯及觉轩王氏父子、金坛张氏兄弟，吴城陈惟寅、惟允，周正道、陈叔方、周南老，其他非所知也。”[②] 此处的记载虽有明显漏洞，[③] 但也是在大量阅读相关材料的基础上所做出的概括，基本符合历史事实。有人曾统计过能够在文字上显示与云林交往者共171人，[④] 但能够与其成为知己者仅十余人而已。当然，顾元庆的标准还是过严了一些，和倪瓒可称好友者起码还应加上郑元祐、王蒙、黄公望、谢仲野、秦约、岳榆诸人。在倪瓒的这些友人中，陆静远、虞胜伯与其有亲戚关系，又性情相投，其他则主要是人品高尚加艺术水平高超。像王光大、张经、张纬、陈汝秩、陈汝言、周南老、陈植等，或为诗人，或为画家，而且在倪瓒眼中均为淡泊名利、向往隐逸的高士。比如他与陈惟寅的一次聚会：

> 十二月九日夜，与惟寅友契篝灯清话，而门外风号寒，霜月满地，窗户阒寂，树影凌乱。吾二人或语或默，寤寐千载，世间荣辱悠悠之话，不以污吾齿舌也。人言我迂谬，今固自若，素履本如此，岂以人言易吾操哉。惟寅言归，因赋诗并书此以赠，慎勿以示显贵者，必大笑以为谬语也。十三日瓒书于蜗牛庐中。岁壬寅。
>
> 陈君有古道，夜话赴幽期。翳翳灯吐焰，寥寥月入帷。冰澌醽酒味，霜气折琴丝。明日吴门道，寒汀独尔思。[⑤]

二人所谈，早已超出泛泛之交的言说层面，“或语或默，寤寐千载”，是人生志向

---

① 笔者曾撰有《玉山雅集与元末文人生存方式及诗学意义》（《文学遗产》2009年第3期）一文论及玉山雅集之特点，认为玉山雅集“之所以能够成为当时的文坛中心，则需要具备两个基本条件：一是充裕的家产作为物质基础，二是有一大批与之兴趣相近的文人群体。当时参加草堂聚会的文人约有50余人，几乎罗致了当时所有的东南文坛名流，其聚会内容则主要是饮酒听曲与唱和赋诗，其聚会目的则前期主要为行乐而后期为避难”。

② 倪瓒：《清閟阁集》，第369页。

③ 如将周正道与周南老视为二人，便是明显失误。倪瓒《与周正道》（《清閟阁集》，第320页）曰：“七月三日偶入城郭，获承教益，又辱馆遇之者兼旬。贤父子亲爱而骨肉之，可谓备至，仆将何以报称哉?”周南老《元处士云林先生墓志铭》（《清閟阁集》，第378页）曰：“余辱游于处士甚久，处士来吴，尝主余家。山肴野蔌，促席道古旧，间规其所偏，未尝愠见。”可知周正道即为周南老。

④ 黄苗子、郝家林编著：《倪瓒年谱》，附录，第149—150页。

⑤ 倪瓒：《赠陈惟寅 有跋》，《清閟阁集》，第80页。

的相同，知己心灵的相通，尤其是能够说出“人言我迂谬，今固自若，素履本如此，岂以人言易吾操哉”这样自信自傲的话，更是非知己莫属。之所以能够如此敞开心扉，是和他对陈惟寅的人品认识分不开的：“惟寅征君，古所谓独行士也。安贫志道，居吴市二十年盖若一日，真外混光尘，中分泾渭，而确乎不为外物移其守。余独深知其人，他人有不得而知之者也。赋诗翰墨，特其余事耳。”① 他对惟寅的信任，首先在其是“安贫志道”而“确乎不为外物移其守”的“独行”君子，至于赋诗翰墨已经不是那么重要了。既然“余独深知其人，他人有不得而知之者”，自然可以无话不说了。如此的朋友，如此的聚会，在热闹的玉山雅集中是很难达到此种程度的。

由上可知，倪瓒清閟阁雅集的主要特点是成员较少，规模有限，其参与条件是品格端正雅致，具有琴棋书画艺术趣好，其雅集内容或谈诗论画，或欣赏山水景致。其核心是必须具有儒者的操守、超然的情怀、高雅的情趣与诗画的才情。这些与玉山雅集的文人也有许多重合之处，比如超然情怀与诗画才情，乃是吴中隐逸文人几乎都有的素质。故而像郯韶、张雨、虞堪等人，可以同时成为玉山雅集与清閟阁雅集的主要参与者。然而，就倪瓒本人而言，他更为看重的是性情之高洁与情趣之闲雅，更向往一种坚持操守下冲淡闲逸的品格。这种品格不仅拉开了他与顾瑛之间的距离，导致了玉山雅集与清閟阁雅集的不同属性，更决定了倪瓒诗学理论的独特内涵。

三、倪瓒的撰序原则与其诗学观念

目前所能见到的倪瓒成型的诗学理论表述共有四篇序文：《拙逸斋诗稿序》《秋水轩诗序》《谢仲野诗序》与《海樵诗集小引》。以前学界根据这些文献所得出的学术结论也大同小异，其核心则在于“吟咏得性情之正”，对此一表述的理解，大多认为倪瓒受传统儒家诗教观念的影响，带有较强的儒家功利色彩。② 当然，几乎所有的倪瓒研究者也都会同时强调其诗歌作品幽深闲远的体貌特征。但如果就停留于此一认知层面，对于倪瓒诗学理论的把握显然还存在着比较大的余地。因为在儒家实用教化与幽

---

① 倪瓒：《书次韵惟寅高士姑苏钱塘怀古六诗跋》，《清閟阁集》，第 309 页。

② 楚墨《倪云林的诗学思想》（《倪云林研究》，上海：百家出版社，2002 年，第 182—183 页）中说：“他是以孔子‘兴、观、群、怨’，‘思无邪’说来看待诗歌，要求诗歌有社会教化作用。”又说：“诗文之于社会犹粟、谷之于世民，带有极大的功利性。”张洲《倪瓒诗画汇通研究》（广州：广东高等教育出版社，2014 年，第 232 页）中说：“他要求文学创作要坚持发乎情，止乎礼义，抒情言志的儒家诗学观。”

深闲远之间思想跨度甚大，倪瓒是如何将差异如此大的两极统合在自己的诗学观念中的，其构成原则是什么，又有何种现实背景等，均需仔细考量。研究倪瓒的诗学理论，需要在文献解读上把握两个基本原则：第一是每篇文献都是一个完整的文本，不能仅截取某一段落或核心语句而得出以偏概全的结论，而应该细致解读文本的行文结构与创作主旨，以弄清作者的真实意图；第二是这四篇并非各自孤立的存在，而是作者思想的系统表达，应该将其作为一个整体，找出它们内在的关联，理清作者的思路，以达到互证的效果。以前许多研究结论之所以存在种种偏颇，问题大多都出在这两个方面。

倪瓒诗序内在一致性之一，便是其特别重视与被序者的个人关系，他绝不会去为不相干的人作序，四篇被序诗文集的作者分别是周南老、陈惟允、谢仲野和秦约。周南老父子与倪瓒关系至为密切，他不仅在倪瓒死后为其撰写墓志铭，而且《清閟阁集》中诗歌唱和有十余首之多。从前文所引倪瓒在《与周正道》中说的话，由此可知其情感深厚之非一般。陈惟允更是倪瓒交往最多的陈、张二家之一，《清閟阁集》中与陈汝秩、陈汝言兄弟相唱和的诗作即有二十余首。谢仲野亦为倪瓒老友，其有《喜谢仲野见过》诗曰："阶下樱桃已著花，窗前野客独思家。故人携手踏江路，拄杖敲门惊梦华。藉草悲歌声激烈，停杯写竹影欹斜。新蒲细柳依依绿，西北浮云望眼遮。"[①] 由"故人携手"之言，即可推知二人交情之深厚。四人中惟有秦约未能留下与倪瓒唱和的作品，但秦约乃是顾瑛玉山雅集的常客，与瞿荣智、杨维桢、陈基等交往密切，尤其是与倪瓒的至交陈天民、顾定之亦有诗歌唱和，无疑是与倪瓒具有相近志趣的文人。秦约虽在元末任过崇德教授、明初任过溧阳教谕，但始终不乐仕进而隐居著文。偶桓有《秦文仲授溧阳教谕赋此赠别》诗曰："淮海秦征士，鬅鬙雪满颠。五年三拜诏，十日九朝天。自许偿诗债，谁能与酒钱。冷官归更好，不负旧清毡。"[②] 秦约尽管有"五年三拜诏，十日九朝天"的荣幸，但他并不留恋这些，所以宁可去做教谕之类的"冷官"，也要去偿还自己心有所爱的"诗债"，这完全符合倪瓒"不汲汲于富贵，不戚戚于贫贱"的高士品格与诗人的超然情怀。依照倪瓒同声相应、同气相求的交友原则，他的序文都是自己真实思想与情感的表达，较少违心的客套话与门面语，也就是说作序者与被序者在诗学观念上具有达成一致的高度可能性。

---

① 倪瓒：《清閟阁集》，第 158 页。

② 朱彝尊：《明诗综》，北京：中华书局，2007 年，第 927 页。

前人得出“吟咏得性情之正”与论诗强调儒家实用教化倾向的结论，其依据的主要文献便是倪瓒的《拙逸斋诗稿序》。下面全文征引以便作详细的文本分析：

> 诗必有谓，而不徒作吟咏。得乎性情之正，斯为善矣。然忌矜持，不勉而自中；不为沿袭剽盗之言，尤恶夫辞艰深而意浅近也。三百五篇之《诗》，删治出乎圣人之手。后人虽不闻金石丝竹咏歌之音，焕乎六义、四始之有成说，后人得以因辞以求志。至其《风》《雅》之变，发乎情，亦未尝不止乎礼义也。《诗》亡既久，变而为《骚》，为五言，为七言杂体，去古益以远矣。其于六义之旨，固在也。屈子之于《骚》，观其过于忠君、爱国之诚，其辞缱绻恻怛，有不能自已者，岂偶然哉！五言若陶靖节、韦苏州之冲淡和平，得性情之正。杜少陵之因事兴怀、忠义激烈，是皆得三百五篇之遗意者也。夫岂流连光景、岁锻月炼而为缛丽夸大之辞者所可比哉？周正道甫生当明时，侨寓吴下，求友从师，不惮千里。其学本之以忠信孝友，而滋之以《诗》《书》六义，其为文若诗，如丝麻粟谷之急于世用，不为镂冰刻楮之徒费一巧也。兵兴三十余年，生民之涂炭，士君子之流离痛苦，有不可胜言者。循致至正十五年丁酉，高邮张氏乃来居吴，人心惶惶，日以困悴。正道甫自壮至其老，遇事而兴感，因诗以纪事，得杂体诗凡若干首。不为缛丽之语，不费镂刻之工，词若浅易而寄兴深远。虽志浮识浅之士读之，莫不有恻怛、羞恶、是非之心，仁义油然而作也。夫子曰：“诗可以兴，可以观，可以群，可以怨。”又曰：“《诗》三百，一言以蔽之，曰思无邪。”若夫闻之者，善足以训，不善足以省。今之为诗虽异乎古之诗，言苟合义，闻者有以感发而兴起，与古人何间焉！岁癸丑（洪武六年）十一月廿五日撰。[①]

该文第一层为总论诗之性质，其要有二：一为“得乎性情之正”的抒情原则，二为“不勉而中”真实自然的表达原则。倪瓒认为此乃“六义之旨”，亦即儒家诗教传统，因而是理应遵守之诗学宗旨。第二层乃是对于诗歌传统中理想体貌之强调。屈子“辞缱绻恻怛，有不能自已者”，其原因在于其“过于忠君、爱国之诚”；杜甫“因事兴怀、忠义激烈”，也是三百五篇之遗意。唯有“五言若陶靖节、韦苏州之冲淡和平，得性情之正”。屈子、杜甫与陶潜三者中，皆可继迹诗教传统精神，然而倘若论性情之正则陶、韦为最佳。第三层为周正道“生当明时”之诗作，其特点在于“如丝麻粟

① 倪瓒：《清閟阁集》，第311—312页。

谷之急于世用，不为镂冰刻楮之徒费一巧也”，做到了正而有用，不雕刻矫饰。此乃强调儒家教化实用之诗学原则。第四层为周正道“兵兴以来”之诗歌创作，“不为缛丽之语，不费镂刻之工，词若浅易而寄兴深远”，合乎陶、韦之冲淡和平而得性情之正，其效果则为“读之，莫不有恻怛、羞恶、是非之心，仁义油然而作也”。最后是结语，引用孔子之兴观群怨与思无邪之言，以说明好诗应该有“闻之者有以感发而兴起”，以使读之者性情归之于“正”。这既是对周正道诗歌成就之表彰，也是倪瓒自我诗学观念之表达。在本文中，有两点易被前人所忽视：一是将“性情之正”区分为屈骚、杜甫与陶、韦两种类型，虽皆为性情之正，然以陶、韦为首选；二是周正道之诗歌创作可分为“明时”之“丝麻粟谷之急于世用”与“兵兴”之“词若浅易而寄兴深远”。其共同点都是不尚刻镂雕琢，其差异则是从反映现实到抒写“寄兴”。而“寄兴深远”恰恰是陶、韦冲淡深远之体貌，而这才是倪瓒心目中的“得性情之正”。

关于这一点，可以从《谢仲野诗序》中得到有力的旁证：“《诗》亡而为《骚》，至汉为五言。吟咏得性情之正者，其惟渊明乎？韦、柳冲淡萧散，皆得陶之旨趣。下此则王摩诘矣，何则？富丽穷苦之词易工，幽深闲远之语难造。至若李、杜、韩、苏，固已煊赫焜煌，出入古今，逾前而绝后，校其性情，有正始之遗风，则间然矣。延陵谢君仲野，乱世而有怡愉之色，隐居教授以乐其志。家无瓶粟，歌诗不为愁苦无聊之言。染翰吐词，必以陶、韦为准则。己酉（洪武二年）春，携所赋诗百首，示余于空谷无足音之地。余为讽咏永日，饭瓦釜之粥糜，曝茅檐之初日，怡然不知有甲兵之尘、形骸之类也。余疑仲野为有道者，非欤？其得于义熙者多矣。”[①] 此处将李、杜、韩、苏这些一流诗人与陶、韦、柳相比，认为陶诗之强于前者主要有二点：一为“吟咏得性情之正”，二为具萧散冲淡之旨趣。具体展现在谢仲野身上，则为“乱世而有怡愉之色”，“歌诗不为愁苦无聊之言”，其实就是符合幽深闲远的审美原则，故而言其“染翰吐词，必以陶、韦为准则”。他对李、杜、韩、苏所取得的诗歌创作成就并不否定，认为其“煊赫焜煌”之盛大体貌已达“逾前而绝后”之高度，然倘若在性情上以是否有“正始之遗风”为标准，则高下立判。那么，此种“得性情之正”的所谓“正始遗风”具体内涵为何？那就是“乱世而有怡愉之色”，“歌诗不为愁苦无聊之言”。说到底还是文人节操的坚守与超然胸怀的追求，而这也恰恰是陶渊明诗歌的主要特征。对此，其《海樵诗集小引》中讲得更为具体：“国朝赵、虞，既歌咏其太平

① 倪瓒：《清閟阁集》，第313页。

之盛，兵兴几四十年，鲜有不为悲忧困顿之辞者。秦君文仲则不然，处困而能乐，颠沛而能正，其一言一字皆任真而不乖其守。闻之者足以惧而劝，非其中所守全而有以乐，不能也。富贵而骄淫，贫贱而馁之，吾见累矣。与夫无病而呻吟，矫饰而无节，又诗人之大病，其人亦不足道也。秦君不汲汲于富贵，不戚戚于贫贱，孝友而忠信，外柔而中刚，非强以自全，又乌知其言之旨哉！诗以吟咏性情，渊明千载人也。当晋宋之间，讽咏其诗，宁见其困苦无聊耶?”① 本文之核心在于“任真而不乖其守”。“任真”指其真挚自然地表达自我情感，其要在于避免“无病而呻吟，矫饰而无节”的弊端；“不乖其守”指其坚守自我人格之节操，其要在于“不汲汲于富贵，不戚戚于贫贱，孝友而忠信，外柔而中刚”，表现在体貌上则是冲淡平和而又兼有比兴寄托。非常巧合的是，本文也将诗歌创作分为承平之时与“兵兴”之际两种境遇。像赵孟頫、虞集所处的元代繁盛之时，诗歌自然应“歌咏其太平之盛”，可是“兵兴几四十年”，依照文随时变的儒家变风变雅观念，自然会写出“悲忧困顿之辞”。可是秦约则不同，他“处困而能乐，颠沛而能正”，这便达到了陶潜“诗以吟咏性情”而不见其“困苦无聊”的超然境界。由此，可以得知倪瓒所言的“性情之正”的真实内涵：从人格上，能够处乱世而不易其操守，依然坚守住儒者孝友忠信的做人原则，不苟取富贵，不忧心贫贱，达到如颜回那般处陋巷不改其乐的高尚境界；从诗歌创作上，则能够真实自然地表达自我情感与精神境界，以冲淡深远之体貌，显超脱高尚之情操。这种“性情之正”的确依然是儒家精神的体现，但不是要获得教化实用的社会目的，而是讲究操守气节的自我修养之完善。唯其如此，也才能将“性情之正”与冲淡闲逸高度地融合在一起，构成倪瓒独特的诗学观念。

倪瓒称此种诗学境界为“有道”。从陶、韦以来直到元代，凡是能够坚守此“道”者，均可获得“不汲汲于富贵，不戚戚于贫贱”的冲淡闲远诗学高度。但如果深究，倪瓒所言之“道”实乃理学之高尚节操与超然境界。理解倪瓒的诗学观念，离不开元代诗学的整体背景。其《秋水轩诗序》将此一点已和盘托出：

> 或谓诗无补于学，是殆不然。风雅之音虽已久亡，而感发怨慕之情，比兴美刺之义，则无时而不在也。子朱子谓陶、韦冲淡之音，得吟咏性情之正，足为学之助矣。庐山陈君惟允好为歌诗，凡得若干首。读之悠然深远，有舒平和畅之气。虽触事感怀，不为迫切愤激之语。如风行波生，焕然成文，蓬然起于太空，

---

① 倪瓒：《清閟阁集》，第314页。

寂然而遂止，自成天籁之音，为可尚矣。若夫祖述摹拟，无病呻吟，视陈君不既远乎？苟穷源于《风》《雅》，取则于六义，情感于中，义见乎辞，诵之者可以兴起，则陶、韦、杜、韩岂他人哉！是犹有望于陈君也。甲辰岁（至正二十四年）七月序。[①]

本文有两点需要特别留意。一是所谓“学”并非普通意义上之学习、学问、学术之谓，而是指人格修养与气质熏陶，也就是“诵之者可以兴起”，由于诗歌的感发作用而使自我性情得到涵养，从而提升自身的境界节操。二是此种“不为迫切愤激之语”的悠然深远的冲淡和平体貌，源自“舒平和畅之气”，而此“气”乃与理学修为相关，所谓“子朱子谓陶、韦冲淡之音，得吟咏性情之正，足为学之助矣”。此一点相当重要，因为很少有人关注到倪瓒诗学思想与理学的关系，而本文足以证明这种关系。朱子对诗人认可者甚少，而独于陶公崇拜有加，曾撰《陶公醉石归去来馆》谓：“予生千载后，尚友千载前。每寻《高士传》，独叹渊明贤。”而他所赞叹陶渊明的几个方面，恰恰均与倪瓒相同。首先一点是陶诗境界之高远源自其气节之高尚。朱子有《向芗林文集后序》曰：“陶元亮自以晋世宰辅子孙，耻复屈身后代，自刘裕篡夺势成，遂不肯仕。虽其功名事业不少概见，而其高情逸想，播于声诗者，后世能言之士，皆自以为莫能及也。盖古之君子，其于天命民彝、君臣父子，大伦大法之所在，惓惓如此，是以大者既立，而后节概之高，语言之妙，乃有可得而言者。”此处所谓“节概”之内涵，便是对于“天命民彝、君臣父子，大伦大法之所在”之坚守。序中所称誉的向公之所以能“一觞一咏，悠然若无意于工拙，而其清逸闲旷之姿，魁奇跌宕之气，虽世之刻意于诗者，不能有以过也”，原因便在于“盖必有其本矣”。[②] 这也就是倪瓒所说的“吟咏得性情之正”。以性情论诗，以节操论诗，以品格论诗，以境界论诗，都是自理学产生以来，尤其是自朱子以来最为核心的观念，在此一点上，倪瓒无疑受到深刻的影响。然而，这些观念还只不过是理学诗学的基本内涵，显示不出其独特之处。另外一点才是朱子与倪瓒之间更为微妙的暗合，向芗林此集将陶渊明与屈原、杜甫作比而凸显其冲淡闲逸之诗风。而朱子《楚辞后语一则》云：“其辞义夷旷萧散，虽托楚声，而无其尤怨切蹙之病云。”[③] 亦将陶诗之“夷旷萧散”与楚辞之

---

① 倪瓒：《清閟阁集》，第 312 页。

② 以上所引两文，参见《朱子全书》，刘永翔、朱幼文点校，上海：上海古籍出版社、合肥：安徽教育出版社，2010 年，第 20 册，第 487 页；第 24 册，第 3662—3663 页。

③ 北京大学中文系编：《陶渊明研究资料汇编》，北京：中华书局，2004 年，第 76 页。

“尤怨切蹙”相对举，崇陶抑屈之意甚明。《朱子语类》则将陶潜、杜甫与韦应物之诗置于一起加以比较：

> 杜子美“暗飞萤自照”语只是巧，韦苏州云“寒雨暗深更，流萤度高阁”，此景色可想，但则是自在说了。因言：“《国史补》称韦‘为人高洁，鲜食寡欲。所至之处，扫地焚香，闭阁而坐。’其诗无一字做作，直是自在，其气象近道，意当爱之。”问：“比陶如何？”曰：“陶却是有力，但语健而意闲。隐者多是带性负气之人为之，陶欲有为而不能者也，又好名。韦则自在，其诗直有做不着处便倒塌了底。晋、宋间诗多闲淡，杜工部诗常忙了。陶云：‘身有余劳，心有常闲。’乃《礼记》‘身劳而心闲则为之也’。”①

在朱子看来，相对于陶诗，韦应物为人高洁，喜爱安静，所以作诗“无一字做作，直是自在”，似乎达到了闲适冲淡的境界，故言其“气象近道”，后人也多以陶、韦并称。但韦应物的自在乃不作为之自在，也就是以彻底放弃儒者之品格操守为前提的自在，如此一来，人品既然立不住，那么必然会“诗直有做不着处便倒塌了底”。杜甫忧国忧民而一饭不忘君，胸怀操守自然是没有问题的，但差异即在于“晋、宋间诗多闲淡，杜工部诗常忙了”。此处的“忙了”之意，从人格言是杜甫常究心于日常琐屑而无超然之胸襟，从创作言则是有意于工巧而苦心构想。陶潜之所以强于二人，是由于他本是“带性负气之人”，即有气节操守之人。而落实在人生现实，便是“欲有为而不能”的壮志难酬。有了如此的操守与志向，便有了“大本”，他的诗作的闲适就包含着劲健的力度，从而达到了“语健而意闲”的境界。在此，暂且不论朱子对屈原之楚骚与杜甫之诗圣的评价是否准确，而是意在考察他的论诗路径与标准对倪瓒诗学观念之影响。从倪瓒将自我孝义之气节操守作为其底色，将超然闲适作为其追求的诗学境界，以及视激烈愤懑、豪迈奔放之体貌为理想体貌之第二义，论诗务必以陶潜为旨归这些方面看，他的确是深受理学尤其是朱子之影响。

其实，倪瓒从不讳言其诗学思想与理学之关系。其有诗曰：“客居北渚静窥临，霜藻萧萧雪满簪。玉石在山聊混璞，金兰惟子久同心。每怀往事悲今事，莫弃分阴惜寸阴。自笑蜗庐无长物，窗前陶器与单衾。”本诗作于至正二十五年，表达了他安于贫穷而坚守节操的一贯品格，这无论是“玉石在山聊混璞”的自信，还是“窗前陶器

① 《朱子全书》，第18册，第4325页。

与单衾”的淡泊，均为吟咏性情之正的典型诗句。且诗后有跋语曰：“长至后十日，盖十一月十日也。获与德机、伯昂二高尚，公谨、伯究二贤良，共咏彝斋。有道先生见贻佳制绝叹，敦厚优柔，得唐人句法、宋诸老性情也。张高尚命即次韵奉和书纸尾，所谓以狗尾续貂，多见其不知量也，恕之幸甚。”① 此处所言“敦厚优柔，得唐人句法、宋诸老性情”，集中体现了倪瓒的诗歌审美观念，“敦厚优柔”乃和平冲淡之体貌，“唐人句法”乃托物兴怀之情景交融，“宋诸老性情”乃守正脱俗之涵养操守。总而言之，也就是以从容不迫而人格高尚之情操，构成其以唐人含蓄不尽之笔法吟咏宋人之高尚性情之体貌。这与戴良在《皇元风雅序》中所言之“其格调固拟诸汉唐，理趣固资诸宋氏”② 为同一理路，是元人理想的审美形态。其中的重要区别是：戴良所言为元代和平繁盛时期之诗歌特点，带有较为浓厚的台阁体诗学气息，而倪瓒则是易代之际文人身处乱世的可贵坚守，具有超然脱俗的山林色彩。

四、结　语

在元明之际的吴中文坛，活跃着一大批向往隐逸而崇尚诗画审美的文人，他们或以群体雅集，或以个体吟咏的不同方式，满足自我的审美需求与坚守人生的意义。倪瓒在此一群体中具有自己的鲜明个性，他既无意参加文人的盛大雅集去凑热闹，也难以独处山巅水涯去做隐逸诗人，他需要朋友，需要交流，需要相互的情感慰藉，需要相互的诗画欣赏。但朋友之间需要有共同的品格操守与兴趣爱好。他的这些人生追求与性情境界，不仅决定了清閟阁雅集的独特格调，也建构了他融“性情之正”与“冲淡闲逸”于一体的独特诗学观念，“性情之正”并非传统儒家厚人论成教化的社会功能与效用，而是气节操守的风骨与品格，“冲淡闲逸”并非空幻虚无之退隐沉沦，而是蔑视权贵、性情高傲而倾心山水审美之超然境界。这便是张雨所称道的所谓“逸品上”③ 的独特诗学品位。此种伟岸人格与审美品位，使之挺立于元明之际的文坛，并赢得后代诸多文人的赞誉与神往。

---

① 倪瓒：《答王彝斋》，《清閟阁集》，第 134 页。

② 《戴良集》，李军等点校，长春：吉林文史出版社，2009 年，第 325 页。

③ 张雨《琼林薛真人诔文》（韩进、朱春峰：《铁网珊瑚校证》，扬州：广陵书社，2012 年，第 454 页）：“至于翰墨跌宕，诗酒淋漓，白眼青天，傲睨一世，则未易以优劣论，又当在逸品上矣。”其实，倪瓒无论是就人品气节还是诗画创作，更符合张雨“逸品上”的标准。

金陵·秣陵·孝陵：地名入诗及其近古衍化*

蒲柏林　莫砺锋**

摘　要：地名是凝结着历史记忆且能激发语词联想的文化符号，典型如金陵有数十种别称，并且因其不同的语词特点、典故来源、称名性质构成复杂而庞大的表意系统。其中，“金陵”一称影响最大，“秣陵”因构词法相似而与之成为成对地名，受语言机制、历史情境、现实事件等多重因素作用，衍化出不同的意象偏好、题材选择与情感色彩。地名丰富化与金陵组诗规模化同步，文化内涵的累积使诗境更加饱满，但也因此陷入典故繁复、意象空洞的创作困境。明清时期，“孝陵”作为极具象征意味的新地标使怀古诗更具临场感，相似的词形使其得以部分继承“金陵”“秣陵”的表达传统而没有宋代以来金陵怀古诗肤廓之弊。作为人文学科重要的关键词类型，以地名为远读的切入口，还原背后的历史空间、诗人心态，对古代文学研究有重要意义。

关键词：地名入诗；金陵怀古；文化符号；地方书写；远读

地名是凝结着历史记忆且能激发语词联想的文化符号。诗人以异代地名入诗，往昔与当下、在场与缺席、想象与现实之间的关系交织成互文网，从而使诗境具体丰

* 教育部人文社会科学研究青年基金项目“古今文学演变视域中陆游作品的经典生成研究”(22YJC751003)、南京大学优秀博士研究生创新能力提升计划B项目“游：南宋士人心态与中兴诗学研究”(202201B015)

** 蒲柏林，南京大学文学院博士研究生；莫砺锋，南京大学文学院教授（南京　210023）

满。金陵（今治江苏省南京市）称名多达数十种，① 远超其他城市，各类官方及民间称呼、旧称与通名、褒名与贬名事实上已构成庞大的表意系统，不仅为唐代金陵咏史、怀古题材的创作盛况提供了语词基石，其不断增加的称名也适应了宋代以来大型地名组诗的发展。换言之，诗人如何巧用地名对地方书写有重要且深远的影响。目前，学界对于金陵诗词的研究甚多，但是围绕城市别称的考订与文化研究多属地名学范畴，讨论不同称名对于诗歌表达作用的成果多附着于相关研究乃至笺注、鉴赏读物中，尚缺乏系统化的论述。② 因此，本文拟从诗人对城名与景观名的运用入手，呈示其不同选择背后的诗歌原理、历史记忆与现实因素，并进一步讨论它的近古衍化与诗史发展、诗学研究的关系。

一、“金陵”的城市别称与语用分异

从语用的角度讲，金陵、秣陵、南京、建康、建业、江宁、白下、应天、集庆等城市别称绝非可以随意替换的同义词，它们因不同的命名缘由凝聚着不同的文化意蕴。入诗后，其应用范围与情感指向随之变化，遂成“大都市区复杂性最好的注脚”。③ 其中，“金陵”虽非宋代以后的官方城名，但因其起源最早、影响最大，也被作为通名使用，见诸正史记载、官方档案与时人口议。④ 程千帆先生指出，适当地使

---

① 据卢海鸣《南京历代名号》（南京：南京出版社，2016 年）中的统计，南京历代称名多达 70 余种。

② 目前关于金陵诗词的研究，多以李白、王安石等寓居金陵的诗歌名家为研究对象，揭示金陵地方特色，如赵丹琦《论李白金陵诗的帝都文化意蕴》（《求索》2009 年第 12 期）、陈珀如《王安石半山时期的空间书写》（《励耘学刊》2017 年第 2 期）；或以题材为对象，研究唐代以来金陵咏史、怀古诗的形式特征与情感内蕴，如耿波《金陵怀古诗中都市空间的产生》（《江苏社会科学》2006 年第 4 期）、高峰《论金陵怀古词的文学生成及表现》（《南京师大学报》2009 年第 5 期）。关于城市别称的考订与文化研究，则以胡阿祥《吾国与吾名：中国历代国号与古今名称研究》（南京：江苏人民出版社，2018 年）为代表。至于金陵诗词中关于地名运用及其表达效果的研究则显得零散，如魏中林鉴赏屈大均《秣陵》（《元明清诗鉴赏辞典》，上海：上海辞书出版社，2018 年，第 1083—1084 页）已点出此诗“历史意象与现实意象双重叠加”的特点，提示作者专用“秣陵”旧称“暗含着从历史纵深追寻起步”之意，但未作深究。

③ 段义孚：《恋地情结：环境感知、态度和价值研究》，志丞、刘苏译，北京：商务印书馆，2019 年，第 310 页。

④ 《明史》《清史稿》多以此名记载战争形势，清代内阁大库档案也不乏“金陵归顺，福王就擒，并陈南京名号当除”（顺治二年六月某日山西巡抚马国柱）、“皇上诣金陵”（乾隆十八年一月某日礼部）等纪录。《红楼梦》（北京：人民文学出版社，2008 年，上册，第 4、26 页）开篇声明“朝代年纪，地舆邦国却反失落无考”，“假语存”因言“去岁我到金陵地界”，可见小说作者亦将“金陵”视作通名。

用异代地名是“为了唤起人们对于历史的复杂的回忆”,[①] 聚焦别称使用之异正可揭橥其义。

讨论城市别称的难点在于所指对象的流动性。相比由标志性地方景观升格而来的“白门”“石头城”,[②] 以及源于明人对城市政治功能的认定、同名未必同地的“南京”,[③]“秣陵”的早期称名缘由一如“金陵”模糊不清,且甫一见诸史籍,便以城名的姿态出现。加之二者构词法相似,事实上属于成对地名,[④] 在漫长的使用过程中意义得以分化,因此颇具可比性。古人往往相信“金陵”因楚威王埋金镇王气而来,“秣陵”亦与之密切相关,《三国志》裴注云:

> 秣陵,楚武王所置,名为金陵。地势冈阜连石头,访问故老,云昔秦始皇东巡会稽经此县,望气者云金陵地形有王者都邑之气,故掘断连冈,改名秣陵。[⑤]

后世《太平寰宇记》等著作悉从此说,并以秦淮河为凿掘之迹。[⑥] 这些典实内化为近古诗人的地理知识,进而输出为诗,故曾极《金陵》诗曰“凿地破除函谷帝,埋金厌胜郢中王”,《秦淮》小序谓秦始皇“使朱衣凿山为渎,以断地脉”。[⑦]

称名来源的典故赋予城名或褒或贬的性质差异,直接决定了地名入诗的情感指向。在近古诗人眼中,“金陵”似贬实褒,“秣陵”是最重要的贬名。其他褒名如“建

---

① 程千帆:《论唐人边塞诗中地名的方位、距离及其类似问题》,《古诗考索》,上海:上海古籍出版社,1984 年,第 71 页。

② “白门”本是城门之名,该地植柳,故李白诗云“乌啼白门柳”(王琦注:《李太白全集》卷四《杨叛儿》,北京:中华书局,1977 年,第 225 页),与柳意象结合的传统一直延续到了清代。“石头城”本是临近秦淮河入江口的军事要塞,刘禹锡诗“山围故国周遭在,潮打空城寂寞回”(陶敏、陶红雨:《刘禹锡全集编年校注》卷六《金陵五题·石头城》,北京:中华书局,2019 年,第 671 页)即是写照。明清时此名已升格为城市代称,但诗人依然强调江潮意象及“虎踞”之喻,如钱谦益诗云:“惟有江豚吹白浪,夜来还抱石头城。”参见钱曾笺注:《牧斋有学集》卷八《棹歌十首为豫章刘远公题扁舟江上图》其六,钱仲联标校,上海:上海古籍出版社,1996 年,第 379 页。

③ 今天的成都、商丘、辽阳、北京和开封等地均曾被称为“南京”,杜甫诗“南京犀浦道”(仇兆鳌:《杜诗详注》卷九《梅雨》,北京:中华书局,1979 年,第 738 页)便指向安史之乱后作为陪都的成都。

④ 地名常常成对出现,以分立修饰性特征。参见 B. A. Жучкевич:《普通地名学(第一部分:地名学的基本规律)》,崔志升译,北京:高等教育出版社,1983 年,第 17 页。

⑤ 《三国志》卷五三,北京:中华书局,1982 年,第 1246 页。

⑥ 事实上,今人或力证“秣陵”实为褒称,参见胡阿祥:《吾国与吾名:中国历代国号与古今名称研究》第四章第四节“秦国号在后世的影响兼说秦置秣陵无贬义”;或认为“陵”只是古楚语词缀,与零陵、竟陵、江陵相同,参见蒋少华:《钟山历代称谓考》,《南京钟山文化研究》2011 年第 2 期;秦淮河也早已在民国时期被确证为天然河道,参见翁文灏:《中国东部中生代以来之地壳运动及火山活动》,《地质学报》1927 年第 1 期。

⑦ 曾极:《金陵百咏》,南京:南京出版社,2012 年,第 1、12 页。

康”“建业”“应天府”，均是孙吴、南朝、明朝都城名，入诗如烈火烹油，往往格调高扬。南宋苏泂所作“依旧风流好建康”，[①] 正是将当时的官方名称与褒义故名巧妙结合，以达到双关效果。山河破碎的明清之际，屈大均“江南岁岁添形势，料得天心在建康”、钱谦益“烟月扬州如梦寐，江山建业又清明”[②] 中地名本身蕴含的美好寓意也相当明显。“秣陵”“江宁”“归化”等贬称大都因新政权更名以镇王气。具体到“金陵”“秣陵”二称，情感指向带来的使用差异尤其表现在意象组合上。“金陵”多与宫、山、亭、台、丘、石头等坚固恒久的意象关联，而“秣陵”则与云、烟、雨、波、舟等缥缈流动的意象结合，这些意象均是褒贬称名所承载文化意涵的外化表现。

前者例如“金陵要奠南朝鼎，铁瓮须争北固关”，[③] 重在表现缺席的“昔盛”；后者如“衰草寒烟古渡头，渔人悲唱秣陵秋”，[④] 强调在场的“今衰”。“金陵”虽不乏与舟船、流水意象结合的用例，但往往是雄伟的楼船与汹涌的江潮，如“楼船直捣金陵潮”，“淮水遥通江上潮，金陵王气此中消”。[⑤] 而与“秣陵”关联的楼台土丘意象即如“秣陵多少伤心事，不独青楼旧酒家”，“秣陵城阙暮云封，估客帆樯落日逢”，“远望钟山一抹烟，秣陵遗址暮云边”，[⑥] 突显残尽衰颓、哀婉迷离之感。要之，“金陵”意象禀王气，多具宏伟规模；“秣陵”意象含暮气，伴以烟雨泊舟。入诗后，同样是感怀古今，“金陵”追忆繁华，“秣陵”伤怜残垣，正对应着金陵城的兴、废二面。

诗中同时用“金陵”“秣陵”者最可见二名语用分野，以明中叶诗人陈维裕的《送金少卿尊甫致南安太守归政》为例：

> 都门七月天气凉，榴花落尽杨叶黄。……君家金陵江上住，家世冠裳朝夕聚。蠹简牙签满几床，芝兰玉树当庭户。……遥波落木怆离情，明月白云引归

---

① 苏泂：《金陵杂兴》其九二，程章灿、成林点校，南京：南京出版社，2012 年，第 66 页。

② 陈永正：《屈大均诗词编年校笺》卷二《从京江至石头城作》，上海：上海古籍出版社，2014 年，第 175 页；钱曾笺注：《牧斋有学集》卷一《送李生还长干》，第 16 页。

③ 潘重规：《钱谦益投笔集校本》卷上《后秋兴八首》之二，台北：文史哲出版社，1973 年，第7—8 页。按：铁，潘校作钱，从底本。

④ 多隆阿：《桃花扇传奇题词》，金毓绂辑：《辽海丛书》集十《慧珠阁诗钞》，沈阳：辽沈书社，1985 年，第 3463 页 a。

⑤ 张百熙：《白帝城谒昭烈庙》、朱福田：《秦淮吊古》，徐世昌编：《晚晴簃诗汇》卷一六六、一九四，闻石点校，北京：中华书局，2018 年，第 7238、8927 页。

⑥ 光廷瑛：《旧院》，陈诗辑：《皖雅初集》卷七，孙文光点校，合肥：黄山书社，2017 年，第 279 页；朱彝尊：《秣陵》、李临驯：《重到金陵怃然有作》，徐世昌编：《晚晴簃诗汇》卷四四、一四二，第 1679、6210 页。

趣。凤皇山南白鹭洲，昔年别处今白头。秣陵风景常在目，却羡长江天际流。[①]

此诗首尾部分体现了这位明代普通诗人运用城市异代别名驱动诗意的努力。其开篇点明时令，进而铺陈金氏身世履历，诉惜别祝愿之情，“金陵”对应显赫的家世，用词可谓琳琅满目，“秣陵”则与落木流水、明月白云相伴，显得朦胧哀婉，寓离别之怆。同是长江，前者强调壮阔，后者凸显自在，首尾呼应，也标记了诗歌的情感走向。与之相似的还有张羽《长干行》、阮大铖《李孔凡以诗集见示赋答》等作，可见二名语用分野至少在明代已基本形成，并广泛运用于寄赠唱酬作品。

此外，地名入诗的差异还表现在题材与位置方面。官方名称与民间称呼、通名与故名的属性划分限制了题材选择：在公共领域诗歌中，交代职官籍贯、诗题系地不需要借由旧称实现陌生化，均需使用通名。因此，诗题用通名而正文用别称的情况并不罕见，如明初贝琼《送曹季材赴京师因寄刘子宪助教》一诗开篇点题云“跨马金陵去”，[②] 诗题用明初官方城名、首句用旧称的方式形成了当下与往昔的张力，旧称蕴含的历史记忆也成为诗意发生的背景。作为通名，“金陵”入诗题实指姓籍、方所的情况又远多于“秣陵”，在宋末宋无《送宗上人游金陵》《金陵送倪水西之江陵》、元人潘纯《送张仲举赴金陵郡学博》、明人魏时敏《送王生还金陵》、钟芳《庚午冬次金陵遇邢景阳北上》、欧大任《周选部入都闻吴山人卧病金陵念仆极至辄报此章》、清人王士禛《金陵道上》等作品中，“秣陵”或与秦淮秋月、迷蒙风雨共同标记时空背景，或与云树寒烟共塑哀婉意境，较之诗题中的“金陵”都承载了更丰富的意蕴。

总之，金陵的众多别称展现着不同的城市形象，兴衰荣辱，风云变幻。“江南佳丽地，金陵帝王州”[③] 之后，是“秣陵衰草国殇多”[④] 的沧桑。

二、“秣陵”意象的生成机制与效果历史

“金陵”“秣陵”的语用之别由历代诗人在创作实践中逐渐累积。六代兴废之后，

---

① 曹学佺编：《石仓十二代诗选》“明诗”次集卷二六《友竹集》，日本国立公文书馆藏明刊本，第5页。

② 《贝琼集》“诗集”卷七，杨叶点校，杭州：浙江古籍出版社，2019年，第536页。

③ 谢朓：《鼓吹曲》，《文选》卷二八，上海：上海古籍出版社，1986年，第1331页。

④ 谭献：《复堂诗》卷三《万松关》，《谭献集》，罗仲鼎、俞浣萍点校，杭州：浙江古籍出版社，2012年，第437页。

金陵怀古题材已是唐诗大宗，而同样作为故名的“秣陵”则较少使用且并未体现出明显的差别。唐人李群玉首先以“秣陵怀古”为题，但写法与其他金陵怀古诗无二。直至宋末，仇远《秣陵》二首皆从凿断连岗之典出发，其二末联云“此生不踏江东道，将谓金陵即秣陵”，[①] 明确赋予了两种称名不同的情感意蕴。文天祥“秣陵未改已无秦”、董师谦“王气元无了，何消凿秣陵”[②] 等诗亦用此典。换言之，二名语用分异由先天的语词特点与后天的历史境遇共同形塑，尚须以历时性眼光探索“秣陵”意象的生成机制，并梳理其效果历史。

地名本身的语词特征是“秣陵”意象生成的先天因素。除了固有的典故义涵对情感意蕴的引导，语词的声律特点与符码联想也会左右诗人的异代地名选择。就声律来说，“金”为平声，“秣”字仄声，因而在长期的创作实践中衍化出不同的意象组合偏好。早在唐宋时代，这一倾向已有表征，今借《全唐诗》《全宋诗》中“金陵”“秣陵”二词数量统计略作说明：[③]

《全唐诗》《全宋诗》中“金陵”“秣陵”数量统计表

<table>
<tr><td>句位</td><td colspan="2">句首</td><td colspan="3">句中</td><td colspan="2">句尾</td><td rowspan="3"></td></tr>
<tr><td>体裁</td><td>五言</td><td colspan="2">七言（六言附）</td><td>五言</td><td>七言</td><td>五言</td><td>七言</td></tr>
<tr><td>字位</td><td colspan="2">一、二</td><td colspan="2">三、四</td><td>五、六</td><td>四、五</td><td>六、七</td></tr>
<tr><td>金陵</td><td>19/39</td><td>19(1)/56</td><td>19/64</td><td>29/25</td><td>11/22</td><td>7/16</td><td>3/15</td><td>108/237</td></tr>
<tr><td>秣陵</td><td>2/1</td><td>7(1)/12</td><td>2/0</td><td>8/13</td><td>6/8</td><td>3/4</td><td>0/6</td><td>29/44</td></tr>
<tr><td>合计</td><td colspan="2">49/108</td><td>21/64</td><td colspan="2">54/68</td><td colspan="2">13/41</td><td>137/281</td></tr>
</table>

由上表可知，唐宋诗中的“金陵”“秣陵”极少出现在句尾，“金”“秣”二字通常不在节奏点上，可以“一三五不论”，称名选择受平仄因素影响并不大。当地名出现在句首，通常交代诗歌发生的情境，或与双音节词组成短语，尤以“金陵王气”为多。句中往往出现在五言句的第三、四字和七言句的五、六字，地名作定语与某一单音节名词组合成三字短语。如此一来，在近体诗中，“金陵”若接平声字，则易构成

① 杨镰主编：《全元诗》，北京：中华书局，2013年，第13册，第213页。

② 文天祥：《行宫》、董师谦：《钱塘怀古》，北京大学古文献研究所编：《全宋诗》，北京：北京大学出版社，1991—1998年，第43034、43465页。

③ 表中“/”前的具体数值据《全唐诗》统计，后据《全宋诗》。古诗文中存在以“金陵”指润州（今治江苏省镇江市）者，如李绅《宿瓜州》云“烟昏水郭津亭晚，回望金陵若动摇”（彭定求编：《全唐诗》卷四八二，北京：中华书局，1960年，第5487页），这类诗例极少，不影响结论，统计时未排除。

三平调，此乃大忌。因此，唐宋诗中的“金陵”常与酒、月、渚、路、客等字结合，多为仄声，而“秣陵”便能与春、烟、书等平声字组合，[①] 与近古诗歌的情况高度吻合。诗法如语言的魔方，潜在地影响了诗人的语词选择，并形塑诗歌表达传统。

就符码联想而言，“金”“秣”二字蕴含不同的情感色彩。“金”是色彩鲜明的形容词，易与富贵王气关联，省称“金城”及石头城等称名也关涉固若金汤之喻。至于“秣”字，从禾从末，与末、割等字同韵，所组词汇如“秣马”亦与战乱、远征、离别关联——在因声求义的训诂传统与意象批评法的解诗传统下，“秣陵”更易唤起人们对战争伤痛的记忆与废墟场域的联想，故较之“金陵”，破败感更甚一层，因而潜在影响了诗人的语感。

除了固有典故意涵和语言机制的影响，明清时期二名功能分化也是历史情境共同作用的结果，明清文人关于金陵城名的运用可归纳为三个阶段。明初之人极少以承载负面意涵的“秣陵”入诗，多用“金陵”强调它依旧是帝王洲，“金陵王气千年在”[②]一类的表述比比皆是，怀古题材也写得崇高壮美，试图站在新的历史起点悬置沉痛的历史记忆。明太祖以统一帝国君主的姿态定都于此，誓言要将新都形象与过往短命割据势力的旧都区分开来，其《阅江楼记》云：

> 非古之金陵，亦非六朝之建业，然居是方，而名安得而异乎![③]

特别是随着行政区划的扩大，江浦等地并入后，长江天堑成为金陵城中之江，[④]诗人多以此抒写豪迈之感。高启《登金陵雨花台望大江》正是此类诗作典范，其诗以登台所见壮丽景象写起，极写江山形胜，遂云“秦皇空此瘗黄金，佳气葱葱至今王”，进而转入史事沧桑的思考，心境郁塞，诗境苍茫，最后从“前三国，后六朝”的历史语境中回归现实，寓祝愿与隐忧于新朝：“我生幸逢圣人起南国，祸乱初平事休息。从今四海永为家，不用长江限南北。”[⑤] 这一怀古模式在明初颇具普遍性。贝琼《凤皇台怀古》、子楩《金陵行》、蓝智《凤凰台》等诗机轴亦同，“金陵”称名中的积极

---

① 古诗不避三平调，如李白古诗中多以“金陵城”作结，不受格律束缚，但这类情况并非主流。

② 朱梦炎：《舟次采石和聂原济韵》，曹学佺编：《石仓十二代诗选》“明诗初集”卷六八，第14页。

③ 朱元璋：《明太祖集》卷一四，胡士萼点校，合肥：黄山书社，1991年，第275页。

④ 费丝言在《谈判中的城市空间：城市化与晚明南京》（王兴亮译，杭州：浙江大学出版社，2021年，第85页）中指出，明代人通常使用文雅的“金陵”来称呼南京，它“不但包括城墙内的城市，而且还包括下辖地区（应天府，或者所谓的‘南京大都市区’）”。

⑤ 金檀辑注：《高青丘集》卷一一《登金陵雨花台望大江》，徐澄宇、沈北宗点校，上海：上海古籍出版社，1985年，第451页。

寓意随之被充分挖掘。

明成祖迁都北京后，金陵作为陪都仍具较高地位，但时人已目之为旧都，“秣陵旧都地”[①] 一类表述随之大增。从政治中心变为繁华都市，王气被消解，“秣陵”常被视作旧都与燕京对举，故有“秣陵城上望燕京”[②] 之言，李贽在焦竑落第后赋曰“秣陵人去帝京游，可是隋珠复暗投”，[③] 以“秣陵”表籍贯，亦与“帝京”形成张力。

明社既屋，“秣陵”成为屈大均、钱谦益等遗民的隐语表达，承载着他们的集体记忆。南明势力蜷缩至长江以南，金陵短暂地成为政治中心后迅速陷落，昔日繁华化作梦中泡影，亡天下的阴影横亘在文人心中挥之不去。以屈大均为例，其“金陵”诗如“凤鸟高飞何所止，金陵宫阙五云起”，“青山尽向金陵出，虎踞龙蟠为本朝”仍作豪语，但《秣陵》一诗直抒故国之思云“如何亡国恨，尽在大江东”，呈现了沉痛悲凉的情调。《秣陵春望有作》十六首、《秣陵感怀》二首乃至《念奴娇·秣陵吊古》等词作皆诉说“南国飘零事事非”，[④] 可谓字字泣血。在这些作品中，过半出现烟雨意象，“王气”化作“烟雨”飘零，意境便由雄浑转向凄婉。其他常用物象如流水、花草、斜阳，无不寓情于景。

作为咏叹南明兴亡的佳作，世人多以神韵说阐释王士禛《秦淮杂诗》独特的美学价值。若从地名运用的角度看，十四首诗的哀婉基调正由“秣陵”奠定，其一云：

> 年来肠断秣陵舟，梦绕秦淮水上楼。十日雨丝风片里，浓春烟景似残秋。[⑤]

全诗径写与秣陵称名来源直接相关的秦淮，多用舟、烟、风、雨、残秋等意象，幽深迷离而含蓄蕴藉，迥异于唐代以来厚重沉雄的金陵怀古诗。易代兴亡的“肠断”之感若隐若现，无怪乎时人“争写君侯断肠句”。[⑥]

遗民社会空间中的现象级作品也会间接丰富“秣陵”意蕴。吴伟业《秣陵春》传

---

① 陈第：《再送董崇相户部课绩》，钱谦益撰集：《列朝诗集》“丁集”卷一一，许逸民、林淑敏点校，北京：中华书局，2007年，第5132页。

② 谢榛：《江淮篇赠别董中丞叔化赴南都》，《谢榛全集》卷二，朱其铠等点校，济南：齐鲁书社，2000年，第58页。

③ 李贽：《焚书》卷六《山中得弱侯下第书》，北京：中华书局，2009年，第243页。

④ 以上引诗参见陈永正：《屈大均诗词编年校笺》卷二《客山阴赠二祁子》、卷八《浮江作》、卷二《秣陵》、卷四《秣陵感怀》，第214、794、176、481页。

⑤ 王士禛：《渔洋诗集》卷一〇，《王士禛全集》，济南：齐鲁书社，2007年，第298页。

⑥ 王士禛：《渔洋诗话》附录《带经堂诗抄小传》，《王士禛全集》，第5137页。

奇寓黍离之悲于南唐故事，无论是观演还是阅读，在清初至中叶极具传播效力。[①] 洪亮吉过吴氏故居云“同谷七歌才愈老，秣陵一曲泪俱流”，[②] 便以“秣陵”代指此曲。直到晚清，或题《红楼梦》诗云“一卷听秋新乐府，胜他祭酒秣陵春”，[③] 亦可证其影响持久。“秣陵”成为遗民心绪相连的空间标记，春秋则成为感伤情调发生的时间坐标，无不怅惘迷离，所指对象也超出了《秣陵春》本身。钱澄之寄吴伟业诗径以“秣陵烟树已全空，回首登临似梦中”开篇，乃记“别填词曲哭秋风”[④] 之事。其后孔尚任《桃花扇》“看一片秣陵春，烟水消魂，借着些笙歌裙屐醉斜曛”意境仿佛，名曲《哀江南》曰“猛抬头秣陵重到”，继而描绘的景象正是“残军留废垒，瘦马卧空壕；村郭萧条，城对着夕阳道”，[⑤] 之后柳敬亭登场，弹词一曲《秣陵秋》，更是痛挽南明。施闰章诗“秣陵遗老今摇落，壮岁高歌莫厌贫”[⑥] 更以此名定义群体身份。换言之，明清鼎革的惨痛记忆重构了秣陵意象，遗民为“秣陵”注入了个人心血，形成了独有的表达策略，从而有别于以“金陵”入诗的怀古模式。

明置秣陵关于秦淮之畔，[⑦] 以旧城名为新景观命名，诗人的视域与历史空间中的记忆、想象融合，进一步构筑了具备多层次意蕴的“秣陵”意境，多种题材的书写传统融汇于此。以胡应麟、吴敬梓诗为例：

> 玉河流水暮潺潺，行李西风出乱山。一路相思秋色里，孤云何处秣陵关。[⑧]
>
> 篴舆芳径草痕斑，明庶风来渗客颜。一带江城新雨后，杏花深处秣陵关。[⑨]

首先，二诗尾句机轴相似，然各有所袭：胡诗近承元人“何处孤云是汉关”，[⑩]

---

① 参见戴健：《论吴伟业的〈秣陵春〉传奇在清代的传播与接受》，《学术论坛》2016 年第 8 期。

② 洪亮吉：《沪渎消寒集》卷四《吴梅村祠题壁》，《洪亮吉集》，刘德权点校，北京：中华书局，2001 年，第 1296 页。

③ 徐兆玮：《黄车掌录》卷七，苏醒整理：《徐兆玮杂著七种》，南京：凤凰出版社，2014 年，第 279 页。

④ 钱澄之：《田间诗集》卷一七《寄吴梅村宫詹》，诸伟奇点校，合肥：黄山书社，1998 年，第 353 页。

⑤ 孔尚任：《桃花扇》卷上《拒媒》、卷下《余韵》，北京：商务印书馆，1959 年，第 79、198—199 页。

⑥ 施闰章：《施愚山集》“诗集”卷三七《酬顾与治从子友惺》，何庆善、杨应芹点校，合肥：黄山书社，2018 年，第 306 页。

⑦ 秣陵关在江宁东南，参见《明史》卷四〇《地理一》，北京：中华书局，1974 年，第 911 页。

⑧ 胡应麟：《少室山房集》卷七八《再别惟演十绝句》，上海：上海古籍出版社，1993 年，第 564 页。

⑨ 李汉秋、项东升：《吴敬梓集系年校注》卷三《秣陵关》，北京：中华书局，2011 年，第 228 页。

⑩ 郑元佑：《苏武牧羊图》，杨镰主编：《全元诗》，第 36 册，第 356 页。

首句也将唐僧灵一《与元居士青山潭饮茶》中的“青溪”换作“玉河”，以今易古；龚诗则点化毛奇龄“杏花深处是禅关”，[①] 以实化虚。此皆明人作诗惯用技巧，“春风先到秣陵关”[②] 等诗亦与玉门关等边塞题材的书写策略衔接。其次，二诗“行李”“相思”“客颜”等词均伤于羁旅送别，这源于秣陵关的建筑功能。晚明金陵流寓之风盛行，[③] 城关承载着离愁别恨，旅人由秦淮水路出入，舟船、流水意象则更加凸显。屈大均“双桨如飞吹不转，秣陵东至海陵东”[④] 以二“陵”旧称置换了诗题《同李子自扬州至泰州》中的二“州”，亦是取秣陵伤别之意。最后，二诗均以秋、雨为背景，以流水、西风、东风、乱山、孤云等意象烘托意境，一方面契合羁旅离别之情与关隘书写的传统，另一方面延续了“秣陵”既有的表达习惯，新景观非但没有分割秣陵意象，反使其意境更加饱满。

三、“孝陵”情结与诗歌创作困境的自赎

陆游评岑参“那知故园月，也到铁关西”与韦应物“宁知故园月，今夕在西楼”二诗“语意悉同，而豪迈闲澹之趣，居然自异”。[⑤] 其间差异的关键便在地名选择，“金陵”“秣陵”意境之别正与“铁关”“西楼”的语码联想、背景设置同理。不同的是，高度符号化的城名意义源于典故，进而融合集体记忆幻化为意象，最终抟成情境，实质上是文学想象的产物。金陵城的兴废史与数十种别称可谓将异代地名带来的复杂回忆发展到了极致，其结果是，在唐诗中便已高度成熟的金陵咏怀题材，自宋代以后，大型怀古组诗的出现反使其诗境走向典故较多、内容抽象和词汇、意象重复度较高的逼仄形态。[⑥] 何况唐宋时期金陵的历史遗产乏善可陈，宋人有关金陵的地方书写难脱唐人窠臼，即便如苏泂，在近代历史中寻求新的典故、寄寓现实关怀，[⑦] 但

---

① 毛奇龄：《西河集》卷一八一《朱法曹在镐张州守锡怿徐文学允哲招赴昙润师西林社集和允哲韵》，《景印文渊阁四库全书》第1321册，台北：台湾商务印书馆，1983年，第858页。

② 欧大任：《闻姚元白南还已过徐州》，孙蕡、欧大任等：《南园前五先生诗 南园后五先生诗》，梁守中、郑力民点校，广州：中山大学出版社，1990年，第341页。

③ 参见罗晓翔：《陪京首善：晚明南京的城市生活与都市性研究》，南京：凤凰出版社，2018年，第295—325页。

④ 陈永正：《屈大均诗词编年校笺》卷二，第149页。

⑤ 陆游：《老学庵笔记》卷三，李剑雄、刘德权点校，北京：中华书局，1979年，第32页。

⑥ 参见叶晔：《拐点在宋：从地志的文学化到文学的地志化》，《文学遗产》2013年第4期。

⑦ 田萌萌、康震《论苏泂金陵组诗创作之地域因缘》（《江海学刊》2020年第4期）中指出：“平淡无味的六朝咏史诗背后，隐藏着的是身在南宋建康的幕府士人对整个时代的忧虑。”

“白头官吏知年几，犹指屏风说孝宗”，“先祖曾经相哲宗”[①] 等诗蹈袭唐人借断片连接往昔与当下的叙说模式，指向的是中兴、元祐和新法，与金陵并无密切关联。换言之，原有金陵怀古题材中的景观名称被抽空了具体所指的特殊性，从而变成了飘浮的能指符号，名与实难以统一，诗歌变得机械僵化。

孝陵的营建为明清金陵怀古写作注入了活力。从语言机制讲，尽管此“陵”非彼“陵”，但“孝陵”与“金陵”“秣陵”词形相似，在实际创作中诗人可径以“孝陵”这一具体场所名替换“金陵”“秣陵”，从而加强情感浓度及明清易代的当下所指。前者如遗民彭孙贻诗曰“孝陵王气今有无，戎马骄嘶躏旧都”，[②] 钟山明孝陵为抽象的“金陵王气”提供了具体的意向场所。明代以后，“钟山王气”连用的情况也开始出现，张岱记时人之言以钟山上“浮浮冉冉，红紫间之”的云气为“龙蜕藏焉”的王气，[③] 但前代诗歌中从未有过如此具体化的表达。后者如钱谦益“禾黍陪京夕照边，驱车沾洒孝陵烟”、黄景仁“回看孝陵树，怀古使心哀”、屈大均“年年寒食日，望断孝陵云”[④] 等作，烟、树、云皆是常与“秣陵”关联的意象，“孝陵”入诗后，黍离之悲、故国之思和怀古愁绪由朦胧转向清晰。如果说“秣陵”是遗民社团高度抽象的隐喻，“孝陵”则成为遗民诗人有迹可循的精神灯塔。

作为地标景观，明清两代关于孝陵的书写策略大异其趣，存在由遥望到直寻、由肤廓到具体、由应制到咏怀的变化。明亡，作为皇家禁地的孝陵失之管理，[⑤] 乃有“盗陵木为薪者”，[⑥] 遗民趁此机会深入之前难得一见的皇家禁地，大大丰富了怀古诗料。明人通常只能远眺孝陵，胡俨“孝陵松柏茂，云际郁嵯峨”、黄淮“钟阜龙蟠第一山，孝陵遥在五云间”[⑦] 等作极力渲染其非凡的空间氛围。亲临者则多作应制诗，

---

① 苏泂：《金陵杂兴》其一五、一八四，第 51、83 页。

② 彭孙贻：《茗斋集》卷五《潜夫先生读先太仆围城手书题以长句感涕之余依韵次答》，《四部丛刊续编》集部影印海盐张氏涉园藏手稿本，第 28 页。

③ 张岱：《陶庵梦忆》卷一《钟山》，马兴荣点校，北京：中华书局，2007 年，第 11—12 页。

④ 钱曾笺注：《牧斋初学集》卷八《投宿崇明寺僧院有感二首》，第 414 页；黄景仁：《两当轩集》卷四《偕稚存登鸡鸣山》，李国章点校，上海：上海古籍出版社，1983 年，第 95 页；陈永正：《屈大均诗词编年校笺》卷二《寒食》，第 209 页。

⑤ 明律规定“凡擅入太庙门及山陵兆域门者，杖一百”，只允许特定人员在特定日期谒陵。参见申时行等修：《明会典》卷一六六《律历七》，北京：中华书局，1989 年，第 850 页。

⑥ 王焕镳：《明孝陵志》，周钰雯、王韦点校，南京：南京出版社，2006 年，第 89 页。

⑦ 胡俨：《颐庵文选》卷下《过南京三首》，《胡俨集》，汤志波、杨玉梅点校，上海：复旦大学出版社，2021 年，第 179 页；黄淮：《省愆集》卷下《乙未夏五月初三日夜梦侍朝因追想平日所见成绝句三十八首》，上海：上海古籍出版社，1991 年，第 471 页。

金幼孜《瑞应甘露诗》、陈琏《孝陵陪祭》、李昌祺《孝陵春日陪祀二首》等作抒情性较低，颂赞之词多而景观描述较少。而顾炎武曾七谒孝陵，直言“问君何事三千里，春谒长陵秋孝陵”,[①] 体现出“对意义之境的关心，对庄严性的耽嗜”。[②] 屈大均凡三谒，不仅以孝陵入诗，还撰有《孝陵恭谒记》，多种文体共同勾勒出凭吊故国之旅。王焕镳评清初孤忠遗老谒孝陵抒志士之悲，“百世之下，闻其风者，犹足以警顽钝，振骫骳焉”,[③] 诚为的论。尽管清代中后期的帝王加强了对孝陵的管理，但其旨在禁止樵牧，孝陵在文人心中已然是具有临场感的景观，“游人下马说前朝”[④] 的情形也成为新常态。

同时，诗人创作目的也悄然发生变化。对遗民而言，拜谒孝陵乃至其他旧迹不仅仅是为了抒兴废之感，更兼有存史之意，是一种学术性游览行为。顾炎武《孝陵图》诗序交代作图缘由为“实录、会典并无纪述”，又因先朝时为禁地而鲜少流传，“恐天下之人同此心而不获至者多也，故写而传之”。[⑤] 其友屈大均“留得孝陵图记在，教人涕泪哭遗忠”、钱澄之“孝陵图本在，一览一凄其”[⑥] 等诗也说明：即便不能谒陵，通过观看孝陵具体的图像、文字记述，也能获得临场感，具有摧人肺腑的感染力。

至于大型组诗，其旨意更因孝陵情结而着意于笔录信史。南宋曾极、苏泂等人的金陵百咏诗已初步流露出无意识的诗歌方志化倾向，以体量最大的《金陵杂兴》为例，在二百首诗中，作者尽可能用上了金陵、秣陵、建康、扬州、金城、冶城、石头城、白下城等城名，钟山、秦淮、栖霞、牛首、桃叶渡、玄武湖、鸡笼山等自然景观，并遥想业已缺席的人文景观，地名运用可谓灵活，呈现了方志应有的较为完整的城市历史图景。与之相比，清代的大型金陵组诗方志化色彩更加浓厚，由无意识转向明确的自觉意识，体现在自我陈述与编纂体例中。

清初余宾硕《金陵览古》自叙云“探奇揽胜，索隐穷幽，地各为诗，诗各为记，

---

① 顾炎武：《亭林诗集》卷三《重谒孝陵》，《顾亭林诗文集》，华忱之点校，北京：中华书局，1983年，第348页。

② 赵园：《制度·言论·心态——〈明清之际士大夫研究〉续编》，北京：北京大学出版社，2015年，第184页。

③ 王焕镳：《明孝陵志》，第34页。

④ 彭蕴章：《松风阁诗钞》卷一《明孝陵》，《清代诗文集汇编》第577册，上海：上海古籍出版社，2010年，第363页。

⑤ 顾炎武：《亭林诗集》卷二，《顾亭林诗文集》，第306页。

⑥ 陈永正：《屈大均诗词编年校笺》卷九《哭顾征君宁人》，第902页；钱澄之：《田间诗集》卷四《望钟山》，第83页。

次第汇成，凡六十首。后有考古者，按籍而稽，灿若指掌”,[①] 可知其旨意非但感慨兴亡而已。随着亡国情绪淡化，清代中期王友亮《金陵杂咏》、晚清汤濂《金陵百咏》等数以百计的大型金陵组诗，却依旧采取分景题咏且于题下小序考证舆地源流、存废情况的形式，此则与日益兴盛的旧都旅游热潮相关，这些组诗不啻金陵怀古游的导览手册。[②]

陈文述《秣陵集》的编纂体例更与方志无二。此集以三百余首名胜古迹题咏为主体，按年代先后编排，诗题如《覆舟山是宋武帝破桓玄处》《摄山栖霞寺是齐处士明僧绍故居》含考据之意，小序更是具言其事，还附有《金陵历代纪事年表》《金陵图考》。既是旨在详细考订故实之著，地名的准确运用就显得尤为重要，《吴大帝陵》中仅见的“秣陵”王气即呼应小序，谓孙权“徙治秣陵”，是切合典实的特例。又如二十八韵长诗《访南唐百尺楼遗址》以“忆昔彭奴起将家”领起昔盛之铺写，继而云“金陵城郭亲营建，秘计炉灰定九华。宫殿琳琅开建业，有司初作昇元格”，这里的“金陵”“建业”均以褒名入诗，一语双关；后写“转眼沧桑唤奈何”的“南朝千古伤心事”，则云“仓皇百口中原去，赵家天水知何处，山温水暖秣陵秋，回头望断楼前树”，以“秣陵”写今衰。《史墩是史阁部别业今为酒肆》其三云“女墙二月石城潮，白下啼乌梦不消。旧内落花孝陵树，酒人堕泪说前朝”,[③] 此处使用了“孝陵”，一是与其一开篇的“秣陵”避重，二是避免肤廓，“孝”字俨然成为点睛之笔。

金陵不啻一座由情绪和意象构成的城市，通过文本以它们程式化的意象而被知晓、被记住并成为值得追忆的地方,[④] 正如牟复礼说“过去是文字的过去，而不是石头的过去”,[⑤] 石头城南京亦是由语词而非石头构筑的城市。如果说唐人金陵咏怀诗擅长抓住在场与缺席、自然与人文之间的张力表现昔盛今衰，清人则不满足于此，誓将所见之景一一记录，广而告之，其结果必然使诗歌创作方志化，庞大的地名系统也构成组诗的筋骨。

---

① 余宾硕：《金陵览古》，上海：上海古籍出版社，1983 年，第 241 页。

② 关于明清时期《金陵图咏》等地方文献对“卧游”的强调及与消费文化的关系，费丝言已有较好讨论，参见费丝言：《谈判中的城市空间：城市化与晚明南京》，第 178—196 页。

③ 以上引诗参见陈文述：《秣陵集》卷一、六，管军波、欧阳摩一点校，南京：南京出版社，2009 年，第 63、193、194、259 页。

④ 参见宇文所安：《地：金陵怀古》，乐黛云、陈珏编选：《北美中国古典文学研究名家十年文选》，南京：江苏人民出版社，1996 年，第 138—140 页。

⑤ 牟复礼：《中国城市史一千年：苏州城的形态、时间和空间观念》，常建华主编：《中国城市社会史名篇精读》，上海：上海教育出版社，2020 年，第 153 页。

一方面，怀古诗歌的核心要素是临场感，城名让读者的思绪顿时指向作为整体的城市印象，而具体景观则是聚焦在某一视角下、在一定时刻、带有某些标志性特征的对象。“凭吊古迹作为一种超越时空限制的与历史的对话，可以为因朝代更替而受创的心灵寻求一个慰藉的场所”，① 孝陵无疑为诗人提供了具象化的怀思场域，增强了诗歌的咏怀品质。另一方面，意象密度应控制在合理的范围内，否则反复使用会造成意象枯窘、风格单调。② 如何平衡诗歌方志化倾向的双重影响也是近古诗人必然面临的难题。

结　语

前文试以金陵、秣陵、孝陵等地名为主干构建地名运用与诗史推衍的纵向系谱，其意义不局限于称名意义深掘、文人心态探求、历史语境还原，更兼具辅助实证研究的功能。确定地名意象的使用倾向在文化地层中的位置，对于诗作断代有重要的辅助作用，叶晔曾以“贺兰”意象为例对旧题岳飞《满江红》词的创作年代有所论述，可谓很好的示范。③ 现代学者对“风格考证”的适用性往往充满疑虑，建立地名入诗系谱，不啻借助地名学、语用学、符号学等相关学科将抽象的“观风望气”之法落实于具体结构形式因素的一种尝试。

除了纵向脉络的爬梳，地名别称也是横向的不同社会空间的聚合点。诗人灵活运用别称，实质上是在语词多声部的意义中进行选择的行为。反过来讲，不同异代地名的使用习惯可以标识创作主体不同的身份。以“江宁”为例，该称本贬名，清代诗人多以其表面的美好寓意反衬城市的悲怆氛围，而乾隆皇帝以“江宁”入诗，则如“惟我圣主巡江宁”，“大略已观民意悉，江宁发驾定明朝”④ 等，均由征服者的视角展开，一语双关，希望旧都宁定。⑤ 因此，地名入诗与社会身份也存在密切关联。

---

① 白谦慎：《傅山的世界：十七世纪中国书法的嬗变》，北京：生活·读书·新知三联书店，2015年，第220页。

② 参见莫砺锋：《论唐诗意象的密度》，《莫砺锋文集》卷二，南京：凤凰出版社，2019年，第162—167页。

③ 参见叶晔：《宁夏词学传统与词中“贺兰”意象的演变》，《文学遗产》2019年第3期。

④ 爱新觉罗·弘历：《观象台》《行春桥乘舟归苏州行宫即景杂咏八首》，《乾隆御制诗文全集》，北京：中国人民大学出版社，2013年，第8册，第333页；第4册，第562页。

⑤ 江南问题一直是清代前期君主的心腹之患，参见杨念群：《何处是“江南”：清朝正统观的确立与士林精神世界的变异》（增订版），北京：生活·读书·新知三联书店，2017年。

基于勾连异代时间与共时空间的特殊功能，地名也是文本内部与外部世界对话的介质。所谓介质，即本身不发挥作用但能缩合众多线索的媒介。当我们锁定一个地名，寻找其相关的对话性词语或文本时，我们便从空洞的能指符号走到了具体的感知，从词语走到了身体，而这一切的基础仍然是大量文本细读积累的对作家心态的认知、历史语境的把握。以钱谦益《投笔集》为例，其追和杜甫《秋兴八首》多达百余首的行为本身便是与古人对话。集中大量运用“金陵”“孝陵”“石城”“玄武湖”等地名标识具体的创作情境，不仅是以自己的情境与前代的杜甫及后代的读者对话，也是与同时代知音的对话；而“思”“翁”等韵脚字的使用，也往往承担了揭示诗人心态与自我形象的功能。明清之际的士人好作隐语，他们用各级地名构筑起一个自我放逐的空间，这种生活在别处、躲到情感修辞背后的陌异感事实上没有消解文本的开放性。以地名按图索骥，挖掘文本隐藏的意义记忆，不失为一种较好的解诗视角。

“带了镣铐的进军”：“且介亭杂文”的生成与艺术特征

张洁宇*

摘　要：鲁迅以“且介亭杂文”命名自己1934—1936年间的杂文，强调此间写作与“周围的情形”的密切关联。鲁迅用“且介亭”为题强调半租界的环境，不仅强调地理位置和文化环境上的杂糅与交叉，更强调资本市场与专制政府的合谋，尤其是其联手对革命文学进行的压制。在这样的压迫下，鲁迅的反抗也就具有了更明确的针对性和具体性。如何在“且介亭”中想方设法写出诗史般的杂文并使之与读者见面，如何“带着镣铐进军”，是鲁迅彼时最重要的任务。换句话说，“且介亭杂文”本身就是鲁迅在这一阶段反抗和突破文网的成果，它们既是“且介亭”处境的体现，也是这一处境的产物，因而独具一种特殊的历史意义与艺术特征。“且介亭杂文”一方面是“含胡”的，以迂回、智慧的斗争方式面对审查；另一方面，鲁迅在杂文和《故事新编》里都使用了借古论今的方式，取道历史而批判现实，这也成为其后期杂文的重要特征之一。

关键词：鲁迅；且介亭；后期杂文；艺术特征

一、1935年的最后三天

1935年的最后三天，鲁迅是忙碌而“高产”的。三天里，他选录了1934至1935年间发表的145篇杂文编为三集，分别题名《花边文学》《且介亭杂文》《且介亭杂文

* 张洁宇，中国人民大学文学院教授（北京　100872）

二集》，并为之撰写了三篇序言、一篇“附记”和一篇“后记”。岁末编集，是鲁迅坚持了多年的特殊习惯，而他“在一年尽头的深夜”[①] 所写的序跋也往往具有特别重要的意义。何况，这次编就的是他人生中最后三部杂文集，这五篇文字也因此成为最后的序跋，所以，在某种意义上说，这五篇序跋不只是写于“一年尽头的深夜”，而简直可以说是写于他“一生尽头的深夜”了。

这五篇序跋虽是为三部文集而作，但明显具有内在的连贯性，无论是主题还是情绪，都非常一致，指向对于言论钳制、文网禁压的揭露与反抗。在这几篇序跋中，鲁迅回顾自己 1934 至 1935 年间的写作与发表情况，还原了很多不为人知的真相。他愤怒、沉痛，有搏战的伤惫，更有顽强的坚持。他说：

> 一九三四年……那时可真厉害，这么说不可以，那么说又不成功，而且删掉的地方，还不许留下空隙，要接起来，使作者自己来负吞吞吐吐，不知所云的责任。在这种明诛暗杀之下，能够苟延残喘，和读者相见的，那么，非奴隶文章是什么呢？
>
> 我曾经和几个朋友闲谈。一个朋友说：现在的文章，是不会有骨气的了，譬如向一种日报上的副刊去投稿罢，副刊编辑先抽去几根骨头，总编辑又抽去几根骨头，检察官又抽去几根骨头，剩下来还有什么呢？我说：我是自己先抽去了几根骨头的，否则，连“剩下来”的也不剩。所以，那时发表出来的文字，有被抽四次的可能，——现在有些人不在拼命表彰文天祥方孝孺么，幸而他们是宋明人，如果活到现在，他们的言行是谁也无从知道的。
>
> 因此，除了官准的有骨气的文章之外，读者也只能看看没有骨气的文章。[②]
>
> 在今年，为了内心的冷静和外力的迫压，我几乎不谈国事了，偶尔触着的几篇，……也无一不被禁止。别的作者的遭遇，大约也是如此的罢，而天下太平，直到华北自治，才见有新闻记者恳求保护正当的舆论。我的不正当的舆论，却如国土一样，仍在日即于沦亡，但是我不想求保护，因为这代价，实在是太大了。[③]
>
> 这一本集子和《花边文学》，是我在去年一年中，在官民的明明暗暗，软软

---

① 鲁迅：《华盖集·题记》，《鲁迅全集》第 3 卷，北京：人民文学出版社，2005 年，第 3 页。

② 鲁迅：《花边文学·序言》，《鲁迅全集》第 5 卷，第 438 页。

③ 鲁迅：《且介亭杂文二集·序言》，《鲁迅全集》第 6 卷，第 225—226 页。

硬硬的围剿"杂文"的笔和刀下的结集，凡是写下来的，全在这里面。当然不敢说是诗史，其中有着时代的眉目，也决不是英雄们的八宝箱，一朝打开，便见光辉灿烂。我只在深夜的街头摆着一个地摊，所有的无非几个小钉，几个瓦碟，但也希望，并且相信有些人会从中寻出合于他的用处的东西。①

我们活在这样的地方，我们活在这样的时代。②

这些段落连缀在一起，非但不显割裂，反而有一种完整、互文的效果。可以想见，这几篇文字并非出于鲁迅一时的情绪，而是他积累了两年多的思绪在此时的一次爆发。在这些序跋中，他花费了大量笔墨详述上海出版界的状况，尤其是国民党中央宣传部如何与出版商联手，对进步文艺进行卑劣而残酷的"围剿"。作为进步文艺领袖的鲁迅，处于首当其冲的位置，对种种压迫与钳制的感触是最深切的。这些压迫与钳制给他的生活和写作造成了多方面的影响，令他或投稿不被接收，或文章被删削，或译著遭查禁，因而写作也难以畅所欲言。虽然他已有长期斗争的经验，但"搏战十年，筋力伤惫"，在1934年之后日益感到压迫的加重，到国民党中央党部成立"中央图书杂志审查委员会"，在"不断的禁，删，禁，删，第三个禁，删"之中，③ 他自感其言论和文章"却如国土一样，仍在日即于沦亡"。此外，在人际关系错综复杂的文坛上，鲁迅也常有"子弹从背后来"的孤寒与灰心，被迫"横站"于敌我阵营之间，但是最终，他总会收起"暂时的愤慨，结果大约还是这样的干下去"。因为他认定"一切情形，只有我一个人知道，不能传给社会，不是失了意义了么？也许还是照旧的在这里写些文章好一点罢"。④

所以，1934—1936年间的"且介亭杂文"系列，就是在这样的处境中坚持"干下去"的结果，鲁迅自己多次用"带了镣铐的进军"和"带着枷锁的跳舞"来形容自己的写作。他是在用写作本身来抵抗压迫、克服灰心，也以写作本身来为"这样的地方""这样的时代"来"立此存照"，留下"时代的眉目"。

之所以将《花边文学》在内的鲁迅最后三年的杂文统称为"且介亭杂文"系列，也是基于他本人的自觉。鲁迅以"且介亭"命名后两部文集，并在两篇序言的末尾处

---

① 鲁迅：《且介亭杂文·序言》，《鲁迅全集》第6卷，第3—4页。
② 鲁迅：《且介亭杂文·附记》，《鲁迅全集》第6卷，第221页。
③ 鲁迅：《且介亭杂文二集·后记》，《鲁迅全集》第6卷，第476页。
④ 鲁迅：《致萧三》，王世家、止庵编：《鲁迅著译编年全集》第16卷，北京：人民出版社，2009年，第23页。

都郑重标署了“记于上海之且介亭”的字样。从此，“且介亭”这样一个耐人寻味的名字就与鲁迅最后三年的杂文紧紧地联系在一起了。正如有研究者指出的，“‘且介亭’成为后期鲁迅的感觉结构中极为重要的组成部分。也是他首度跳脱过去着重文化涵义的一些关键词，如‘华盖’‘三闲二心’‘南腔北调’等，形成了某种带有社会空间感的表述”。[①] 的确，这样的“空间感”不仅是物质意义上的，更是社会意义上的。鲁迅用“且介亭”这个特殊的名字，指向了以他为代表的革命作家在1935年前后上海文坛上的一种特殊的历史境遇。他在序跋中明确地提醒他的读者与评论者：“我以为要论作家的作品，必须兼想到周围的情形。”“评论者倘不了解以上的大略，就不能批评近三年来的文坛。即使批评了，也很难中肯”。[②] 他特别强调“周围的情形”，强调这种“情形”与“作品”之间的密切关系，就是强调“且介亭”这个特殊阶段的处境及其对写作的影响。因此可以说，“且介亭杂文”标志了鲁迅杂文的最后一个重要阶段，而只有真正深入理解了“且介亭”的含义以及它所反映出来的鲁迅的处境，才能更好地认识和理解这个阶段的杂文的生成与风格特征。

二、“且介亭”的深意

“且介亭”算是鲁迅书斋的名字，但其实他对这个斋名总共也只用过五次。最早是在1935年11月的《孔另境编〈当代文人尺牍抄〉序》的结尾，后来又在1936年3月为白莽《孩儿塔》作序时用过一次，最后一次则是在他去世前三天的1936年10月16日，为曹靖华译《苏联作家七人集》而作的序中。此外，他只在1934年的两篇文章末尾使用过“卓面书斋”的斋名。也就是说，鲁迅其实本不像旧文人那样在意书斋的名称，但在1935年末，他突然集中使用和强调“且介亭”这个名字，显然是一种有感而发，是他对这个时期的处境产生了特别的感触，于是以此来对自己的现实处境与生活景况做出概括，并自觉用题名的方式，将之与自己的杂文写作关联起来。

鲁迅素喜拆字，尤其在不便直言的状况下，拆字法是他曲折表达的一种途径。“且介亭”是拆字的结果。按《鲁迅全集》注释，“当时作者住在上海北四川路，这个地区是‘越界筑路’（帝国主义者越出租界范围修筑马路）区域，即所谓‘半租界’。

---

① 张屏瑾：《摩登·革命——都市经验与先锋美学》，上海：同济大学出版社，2011年，第164页。

② 鲁迅：《且介亭杂文二集·后记》，《鲁迅全集》第6卷，第466、479页。

‘且介’即取‘租界’二字之各半”。[1] 这注释当然是权威、准确、符合鲁迅本意的，但它显然只是一种字面义，而鲁迅的文字往往是不限于字面义的，在“半租界”所指明的地理位置和文化环境之外，恐怕还深藏着某种鲁迅式的“密码”，透露出他对现实环境的深刻认识，也藏有决定其后期杂文面貌的特殊基因。在我看来，不深究“且介亭”的深意与真义，就无法真正认识和理解鲁迅晚期杂文的生成与艺术特征。

事实上，从1934年初开始，鲁迅就在文章与通信中越来越多地谈及上海出版业的苦况。1934年1月，他在给友人的信中说道，“现在的刊物是日见其坏了。……本来停刊就完了，而他们又不许书店停刊，其意是在利用出名之招牌，而暗中换以他们的作品。至于我们的作家，则到处被封锁，有些几于无以为生”，[2] “不准停刊，大约那办法是在利用旧招牌，而换其内容，所以第一着是检查，抽换”。这当然也正体现在他本人的遭遇中，他说，“去年在上海投稿时，被删而又删，有时竟像讲昏话”，[3] “到今年，我的一九二六年以后出版的译作，几乎全被国民党所禁止”。[4] 而平日里，“书籍被扣或信件被拆，这里也是日常茶饭事，谁也不以为怪”。[5]

在这样的情形下，报刊图书出版的整体状况可想而知。报纸“刊出颇难，观一切文艺栏，无不死样活气”，[6] 而出版界则“大不景气，稿子少人承收，即印也难索稿费”，[7] 所以鲁迅发出了“惜此地出版界日见凋苓，我又永受迫压，如居地下，无能为力”的慨叹。[8]

但是，也正如他后来所说的，“黑暗之极，无理可说，我自有生以来，第一次遇见。但我是还要反抗的”。[9] 鲁迅的反抗，就是在重重暗压下采取更为智慧的策略，坚持“搏战”。他的策略，一是改换笔名，二是在话题选择、表达方式等方面迂回突围，尽量与压迫者周旋，尽最大的可能发出声音。正如他在《准风月谈·前记》中所说，自1933年6月起，他的投稿“就用种种的笔名了，一面固然为了省事，一面也省得有人骂读者们不管文字，只看作者的署名。……现在就将当时所用的笔名，仍旧

---

① 注释9，见《且介亭杂文·序言》，《鲁迅全集》第6卷，第5页。
② 鲁迅：《致萧三》，王世家、止庵编：《鲁迅著译编年全集》第16卷，第23页。
③ 鲁迅：《致郑振铎》，王世家、止庵编：《鲁迅著译编年全集》第16卷，第16页。
④ 鲁迅：《自传》，王世家、止庵编：《鲁迅著译编年全集》第16卷，第137页。
⑤ 鲁迅：《致姚克》，王世家、止庵编：《鲁迅著译编年全集》第16卷，第31页。
⑥ 鲁迅：《致姚克》，王世家、止庵编：《鲁迅著译编年全集》第16卷，第59页。
⑦ 鲁迅：《致王志之》，王世家、止庵编：《鲁迅著译编年全集》第16卷，第153页。
⑧ 鲁迅：《致张慧》，王世家、止庵编：《鲁迅著译编年全集》第16卷，第104页。
⑨ 鲁迅：《致刘炜明》，王世家、止庵编：《鲁迅著译编年全集》第17卷，第318页。

留在每篇之下，算是负着应负的责任”。其实，他有意在编集时保留笔名在原篇之下的做法，除了“应负的责任”外，更重要的是在保存历史的面貌与真相，如实呈现作家们在文网迫压下的处境。他说：

> 集一部《围剿十年》，加以考证：一，作者的真姓名和变化史；二，其文章的策略和用意，……大约于后来的读者，也许不无益处。但恐怕也不多，因为自己或同时人，较知底细，所以容易了然，后人则未曾身历其境，即如隔鞋搔痒。譬如小孩子，未曾被火所灼，你若告诉他火灼是怎样的感觉，他到底莫名其妙。我有时也和外国人谈起，在中国不久的，大约不相信天地间会有这等事，他们以为是在听《天方夜谈》。所以应否编印，竟也未能决定。[①]

这当然仍是他要保存“时代的眉目”，为历史记下“我们活在这样的地方，我们活在这样的时代”的意思。“后来的读者”只有了解这种被“围剿”的苦境，才能真正理解其“真姓名和变化史”背后的由来，理解“其文章的策略和用意”，从而真正地认识那个时代的黑暗。虽然，《围剿十年》未能最终写出，但谁能说那一系列“且介亭杂文”不具有同样的意义呢?

至此，我们也更深刻地理解了“且介亭”的真义。所谓的“半租界”，不仅是在地理位置和文化环境上的兼顾与杂糅、容隙或交叉，更重要的是，它意味着一种资本市场与专制政府的合谋。这在 20 世纪 30 年代的中国，是极为特殊的存在。“租界”而又“半”，是鲁迅在帝国主义殖民历史之外，看到的上海洋场的特殊性，他深深体会到资本买办的势力与专制党政的高压的联手与共谋。这种“半×半×”的状况，不一定意味着将每种势力各自减半，反而可能是在联手中令双方的势力各自加强，造成更大的压迫。所以鲁迅也常感叹：“我总以为北平还不至于像上海的。”[②]

历史以其事实印证了鲁迅的观点。1934 年 6 月 6 日，国民党中央宣传委员会图书杂志审查委员会在上海设立，此中针对上海的“特殊关照”可见一斑。1935 年底，北平、天津、南京、上海等地新闻界请愿，要求“开放舆论”。北平、上海等地文化教育界随后也举行集会，发表宣言，提出“保障集会、结社、言论、出版的绝对自由”的要求。由此可以看到，国民党政府采取的是全面且日趋严酷的压制政策，而上海首当其冲，情况更为严峻。除了在上海设立审查委员会直接监控之外，由于资本力

---

① 鲁迅：《致杨霁云》，王世家、止庵编：《鲁迅著译编年全集》第 16 卷，第 160 页。

② 鲁迅：《致郑振铎》，王世家、止庵编：《鲁迅著译编年全集》第 16 卷，第 16 页。

量与反动文人的协助，几股势力的合流，对革命文学形成了更大更复杂的压制。就像鲁迅通过分析自己文章被删的情况，看出了“申报馆的总编辑删的”与“检查官删的”之间，“显着他们不同的心思”。[①] 他在1935年初给朋友的信中说：“上海出版界的情形，似与北平不同，北平印出的文章，有许多在这里是决不准用的；而且还有对书局的问题（就是个人对书局的感情），对人的问题，并不专在作品有无色采。……他们的嘴就是法律，无理可说。所以凡是较进步的期刊，较有骨气的编辑，都非常困苦。今年恐怕要更坏，一切刊物，除胡说八道的官办东西和帮闲凑趣的‘文学’杂志而外，较好都要压迫得奄奄无生气的。”[②] 因此，如鲁迅所说，一篇文章要遭到多次“抽骨”，“能和读者见面的”几乎已经“剩不下”什么了。

在写于1934年11月的《中国文坛上的鬼魅》中，鲁迅集中写到革命青年与革命文学的境遇，愤懑地指出了反革命政权与资本合流的问题。他说，除了政府“禁止刊物，杀戮作家”“压迫书店”之外，“中央宣传委员会也查禁了一大批书，……中国左翼作家的作品，自然大抵是被禁止的，而且又禁到译本”。“这真使出版家很为难，……为减少将来的出版的困难起见，官员和出版家还开了一个会议。在这会议上，有几个‘第三种人’因为要保护好的文学和出版家的资本，便以杂志编辑者的资格提议，请采用日本的办法，在付印之前，先将原稿审查，加以删改，以免别人也被左翼作家的作品所连累而禁止，或印出后始行禁止而使出版家受亏”。当然，这样的审查者绝非真正的文学家或革命者，所以他说，“今年七月，在上海就设立了书籍杂志检查处，许多‘文学家’的失业问题消失了，还有些改悔的革命作家们，反对文学和政治相关的‘第三种人’们，也都坐上了检查官的椅子”。“于是出版家的资本安全了，‘第三种人’的旗子不见了，……然而在实际上，文学界的阵线却更加分明了。蒙蔽是不能长久的，接着起来的又将是一场血腥的战斗”。[③] 不得不说鲁迅的目光是犀利深邃的，他所谓的“文学界的阵线却更加分明了”和“接着起来的又将是一场血腥的战斗”，都切中了文学界内部的分化和斗争问题。而对于革命文学与革命青年已遭迫害和必将反抗，他也做出了清楚的预判。

在这里，鲁迅充分认识和揭露了文坛反动力量的复杂性。尤其是那些“失业”文人或“改悔的革命作家”变身为审查官的事实，更激起了他对于投机、变节和帮凶的

① 鲁迅：《花边文学·序言》，《鲁迅全集》第5卷，第439页。

② 鲁迅：《致曹靖华》，王世家、止庵编：《鲁迅著译编年全集》第18卷，第10页。

③ 鲁迅：《中国文坛上的鬼魅》，《鲁迅全集》第6卷，第161—162页。

愤怒。他在与友人的通信中说："现在当局的做事，只有压迫，破坏，他们那里还想到将来。……上海所出刊物，凡有进步性的，也均被删削摧残，大抵办不［下］去。这种残酷的办法，一面固然出于当局的意志，一面也因检查官的报私仇，因为有些想做'文学家'而不成的人们，现在有许多是做了秘密的检查官了，他们恨不得将他们的敌手一网打尽。"① "上海也有原是作家出身的老版，但是比纯粹商人更刻薄，更凶"。② 也可以说，正是因为这些帮凶的存在，令"当局的意志"得到了更加切实有效甚至变本加厉的落实。

如此说来，鲁迅所谓的"且介亭"，不仅不是"两不管"的自由特区，反而意味着官与商——或曰政治与资本——联合起来的双重压迫。在这样的压迫下，鲁迅的反抗也就具有了更明确的针对性和具体性。他不仅保持了对于国民党右翼统治的高度批判，也反抗殖民主义和资本力量的压迫，同时展开对于知识分子内部投机分子和帮凶力量的揭露和批评。而且，在现实批判的同时，他也以历史批判的方法和眼光，将一切新变的恶力与"故鬼"般的历史幽灵结合在一起，深刻地揭示和批判了他们的反动本质。

三、"且介亭杂文"的艺术特征

就在写作"且介亭"序跋系列之前不久，鲁迅在《杂谈小品文》中谈到"杂文"与"小品文"的差别。他说："篇幅短并不是小品文的特征。……讲小道理，或没道理，而又不是长篇的，才可谓之小品。至于有骨力的文章，恐不如谓之'短文'，短当然不及长，寥寥几句，也说不尽森罗万象，然而它并不'小'。"③ 这是鲁迅对杂文精神的一次说明：它"有骨力"、真实、热情、严肃、重大，能"和读者一同杀出一条生存的血路"，深深地切入那个"不是死就是生"的"大时代"。④ 鲁迅用"骨力"概括了杂文的精神，指出了其与小品文之间的差异并非简单的趣味不同，而是原则和观念的分歧。

20 多天之后，鲁迅又写下了那段著名的关于杂文的认识：

---

① 鲁迅：《致刘炜明》，王世家、止庵编：《鲁迅著译编年全集》第 17 卷，第 206 页。

② 鲁迅：《致孟十还》，王世家、止庵编：《鲁迅著译编年全集》第 17 卷，第 213 页。

③ 鲁迅：《杂谈小品文》，《鲁迅全集》第 6 卷，第 431 页。

④ 鲁迅：《〈尘影〉题辞》，《鲁迅全集》第 3 卷，第 571 页。

其实“杂文”也不是现在的新货色，是“古已有之”的，凡有文章，倘若分类，都有类可归，如果编年，那就只按作成的年月，不管文体，各种都夹在一处，于是成了“杂”。分类有益于揣摩文章，编年有利于明白时势，倘要知人论世，是非看编年的文集不可的，现在新作的古人年谱的流行，即证明着已经有许多人省悟了此中的消息。况且现在是多么切迫的时候，作者的任务，是在对于有害的事物，立刻给以反响或抗争，是感应的神经，是攻守的手足。潜心于他的鸿篇巨制，为未来的文化设想，固然是很好的，但为现在抗争，却也正是为现在和未来的战斗的作者，因为失掉了现在，也就没有了未来。[①]

可以看出，对于强调“明白时势”“知人论世”的“诗史”式文学的鲁迅来说，杂文是多么重要。但是，在1935年前后的上海文坛，以“骨力”为本的杂文却时时面临被官商联手多次“抽去骨头”、变为“奴隶文章”的处境，因此，如何在“且介亭”中想方设法地写出诗史般的杂文并使之与读者见面，如何“带着枷锁跳舞”“带着镣铐进军”，是鲁迅彼时最重要也最急切的任务。换句话说，“且介亭杂文”本身就是鲁迅在这一阶段反抗和突破文网的成果，它们既是“且介亭”处境的体现，也是这一处境的产物，因而具有特殊的历史意义与艺术特征。

在《且介亭杂文二集·后记》中，鲁迅坦言：“凡是发表的，自然是含胡的居多。这是带着枷锁的跳舞。”[②] 这句话道出了他写作中的困难与奋争。“含胡”是一种被动和不得已，但也不失为一种主动的策略，是他在面对重重审查和删禁时采用的迂回、智慧的斗争方式。

以《漫谈“漫画”》《漫画而又漫画》为例。文章看似对“漫画”艺术的闲谈，甚至多是对外国漫画家及其作品的漫谈，但内中却处处都在联系文学——尤其是杂文——的写作问题。比如他说：“漫画的第一件紧要事是诚实，要确切的显示了事件或人物的姿态，也就是精神。”“漫画要使人一目了然，所以那最普通的方法是‘夸张’，但又不是胡闹”。[③] 这当然是一种漫画艺术论，但很显然，这些创作原则与同为讽刺艺术的杂文是高度一致的。鲁迅曾在之前的文章中说过：“‘讽刺’的生命是真实；不必是曾有的实事，但必须是会有的实情。”“一个作者，用了精炼的，或者简直有些夸

---

① 鲁迅：《且介亭杂文·序言》，《鲁迅全集》第6卷，第3页。

② 鲁迅：《且介亭杂文二集·后记》，《鲁迅全集》第6卷，第479页。

③ 鲁迅：《漫谈“漫画”》，《鲁迅全集》第6卷，第241页。

张的笔墨——但自然也必须是艺术的——写出或一群人的或一面的真实来”，这就是“讽刺”。[①] 也就是说，漫画与杂文作为讽刺艺术的不同形式，都是对于历史与现实真相的把握和呈现。从写作的最初，鲁迅就认定，作为“社会批判”与“文明批判”的杂文就是要打破“瞒”和“骗”，把一切虚饰与欺骗之下的真相揭出来给人看，这是鲁迅始终坚持的文学观念，也是他写作杂文的思想基础。而他所特别强调的杂文的“骨力”也正来自这里，“因为真实，所以也有力”。但与此同时，鲁迅也深深知道，“这种漫画，在中国是很难生存的”，就如同杂文一样。因为它们所揭示的正是官商都不愿承认或面对的真相。因此，鲁迅在文章里“含胡”地采用其他类似的方式代替了直接的揭露。他说：“欧洲先前，也并不两样。漫画虽然是暴露，讥刺，甚而至于是攻击的，但因为读者多是上等的雅人，所以漫画家的笔锋的所向，往往只在那些无拳无勇的无告者，用他们的可笑，衬出雅人们的完全和高尚来，以分得一枝雪茄的生意。”[②] 这里看似在写“欧洲先前”，但只要是略为有心或懂得鲁迅文风的读者，就很容易看出这里真正的所指正是当时中国的现实。这看起来“含胡”的迂回笔法，其实正是鲁迅“壕堑战”式的斗争策略。

与此类似的例子还有很多，有的迂回之路稍近，有的则更迢远。比如在《书的还魂和赶造》中，鲁迅对出版商进行了直接的批评：指出当时上海出版商热衷于粗制滥造大部头丛书，拼凑五花八门的“煌煌巨制”，盘剥读者的钞票却完全无救于“读者们的智识的饥荒”，“使读者化去不少的钱，实际上却不过得到一大堆废物，这恶影响之在读书界是很不小的”。[③] 文末，他掷地有声地写下了一句：“凡留心于文化的前进的人，对于这些书应该加以检讨！”此话一出，矛头就不限于针对出版商了，文章的批判空间和批判力度都得到了拓展，由此也让读者瞬间明白，鲁迅不仅是在批评这个具体的现象，更是在疾呼“文化的前进”，提醒人们注意上海官商勾结而形成的对于文化的压制。这些无良出版商的得意从反面说明了进步出版物的萎缩和进步作家与出版人的艰难。

“含胡”的另一重要方式就是历史批判，借古论今。这是鲁迅杂文一贯善用的方式，更是“且介亭”时期不得不采用的斗争策略之一。尤为突出的是，他在这个阶段更是特别喜欢借谈文字狱的历史来批判现实。

---

① 鲁迅：《什么是“讽刺”？——答文学社问》，《鲁迅全集》第6卷，第340页。

② 鲁迅：《漫谈“漫画”》，《鲁迅全集》第6卷，第242页。

③ 鲁迅：《书的还魂和赶造》，《鲁迅全集》第6卷，第239页。

事实上，鲁迅在1925年女师大风潮时期就已多次在文章和通信中提及文字狱的问题，当时显然也是有感而发。到了且介亭时期，类似的讨论就更加集中了，从日记可见，他自1932至1934年间获赠于友或自己购买的《清文字狱档》共8本，并多次在文中或信中提及，表现出专门研究的兴趣，当然，这仍是有感而发，很大程度上出于现实感受的刺激。

1934年底，他在《病后杂谈之余——关于“舒愤懑”》中写道：

> 但俞正燮的歌颂清朝功德，却不能不说是当然的事。他生于乾隆四十年，到他壮年以至晚年的时候，文字狱的血迹已经消失，满洲人的凶焰已经缓和，愚民政策早已集了大成，剩下的就只有“功德”了。那时的禁书，我想他都未必看见。现在不说别的，但看雍正乾隆两朝的对于中国人著作的手段，就足够令人惊心动魄。全毁，抽毁，剜去之类也且不说，最阴险的是删改了古书的内容。乾隆朝的纂修《四库全书》，是许多人颂为一代之盛业的，但他们却不但捣乱了古书的格式，还修改了古人的文章；不但藏之内廷，还颁之文风较盛之处，使天下士子阅读，永不会觉得我们中国的作者里面，也曾经有过很有些骨气的人。（这两句，奉官命改为“永远看不出底细来。”）①

此文通篇谈历史，从明清到民国，看似散漫不经，其实围绕的仍是精神奴役的问题。鲁迅在文中谈及文字狱，用了“血迹”“愚民”和“满清暗杀中国著作”等说法，流露出强烈的“愤懑”。这“愤懑”显然不仅指向历史，同时更指向不可明言的现实。那些“全毁、抽毁、剜去”的手段，古今是一样的；而无论是在清政府还是半租界，这种“愚民政策”对于中国作者的“骨气”的扼杀，也都一样的罪恶深重。更具讽刺意味的是，就是这篇文章，在审查中也被删多处，尤其是批判文字狱的部分，鲁迅有意在收集时将原文恢复，并以着重号示之，更让人对于古今文网之恶劣有了一目了然的认识，从而加深了对于现实的理解。

客观地说，“含胡”和迂回必然会对文章效果造成影响。事实上，“且介亭杂文”的确不如鲁迅早期杂文那样淋漓痛快、可读性强，正是他所谓“带着枷锁的跳舞”“带了镣铐的进军”的意思。但对鲁迅而言，“进军”是更重要的事，而“带了镣铐的进军”更让人看到历史的真相，更具有“诗史”的意义。因此，他在挣扎腾挪中坚持

---

① 鲁迅：《病后杂谈之余——关于“舒愤懑”》，《鲁迅全集》第6卷，第188页。

写下的这些文章，也不能单纯以文学性的标准去衡量，其“含胡”的姿态本身，正是“且介亭杂文”的重要特征，也是鲁迅为时代“立此存照”的方式之一。

取道历史而批判现实的策略，也为鲁迅的后期杂文开拓出一种新的可能。从这个角度说，完全可以将《故事新编》纳入，发现其与“且介亭杂文”之间的内在精神联系。鲁迅在1935年初写给萧军、萧红的信中说：“近来文字的压迫更严，短文也几乎无处发表了。看看去年所作的东西，又有了短评和杂论各一本，想在今年内印它出来，而新的文章，就不再做，这几年真也够吃力了。近几时我想看看古书，再来做点什么书，把那些坏种的祖坟刨一下。”① 这可以算作续写《故事新编》的动因之一了。几个月后，他果然连续写出了《理水》《采薇》《出关》《起死》，与另外四篇旧作汇集，于1936年1月出版了《故事新编》。与《补天》《奔月》等旧作相比，这四篇确实更“油滑”，更带有“刨坏种的祖坟”的意味。他将现实批判的巨笔伸向历史之中，延续了“对于根深蒂固的所谓旧文明施行袭击，令其动摇”的写作动机，穿透历史的烟尘，直指现实社会的种种因袭痼疾。对这样的现实投射，当时的批评家已敏锐地捕捉到了。茅盾称赞其“借古事的躯壳来激发现代人之所应憎恨与应爱，乃至将古代和现代错综交融”；② 另一评论者也谈道：“鲁迅先生十分无情地画出了许多丑恶的脸谱，然而又十分有情，有情地把这些脸谱配给了古人，不愿太伤现代人的尊严。”③ 其实，鲁迅把脸谱配给古人的做法并非出于“有情”或碍于情面，而是与他的杂文一样，用一种借古讽今的方式，在既犀利又“含胡”的效果中，策略地完成了他批判历史、直击现实的目的。

突破文体的限制，将鲁迅“且介亭”时期的写作进行整体观察即可发现，他策略地——同时也是艺术地——将现实批判进行一定程度的乔装改扮，真正做到了“带了镣铐的进军”。就像他曾称赞果戈理的那样：“奇特的是虽是讲着怪事情，用的却还是写实手法。”④ 鲁迅深谙这一手法，既真实又夸张，既遥远又近切。正如他翻译的立野信之的《果戈理私观》中所说的那样：“从果戈理学什么呢，单从他学些出众的讽刺的手法，是不够的。他的讽刺，是怎样的东西呢？最要紧的是用了懂得了这讽刺，体会了这讽刺的眼睛，来观察现代日本的这混浊了的社会情势，从中抓出真的讽刺底

---

① 鲁迅：《致萧军、萧红》，王世家、止庵编：《鲁迅著译编年全集》第18卷，第6页。

② 茅盾：《〈玄武门之变〉序》，《时事新报·每周文学》第22期，1936年2月18日。

③ 岑伯：《〈故事新编〉读后感》，《时事新报·每周文学》第22期，1936年2月18日。

④ 见“译后记”，果戈理：《鼻子》，王世家、止庵编：《鲁迅著译编年全集》第16卷，第323页。

东西来。”“果戈理所描写的各种的人物，也生存在现代的我们周围者，要而言之，是应该归功于他那伟大的作家底才能的，而且不消说，在我们，必须明白他的伟大。他的讽刺，嵌在现在的日本的生活上，也还是活着者，就因为它并非单单的奇拔和滑稽，而是参透了社会生活的现实，所以活着的缘故。在这里，可以看出果戈理之为社会的写实主义者的真价来。”这段话虽然针对的是日本社会生活的现实，但同样适用于中国的状况。正如文中所说，“讽刺文学的意义，却绝非消极，倒是十分积极的事，……而政治上也发扬了积极底的意义……”[①] 其实，鲁迅的“且介亭杂文”也同样是以其灵活策略的方式，发扬了政治上的积极意义。

诚然，“且介亭杂文”的艺术问题是复杂的，并非“含胡”一词可以完全概括。本文只是择其一端，借以观察鲁迅如何“带着枷锁跳舞”。这个观察的意义不仅在于归纳出一两个艺术特征，更重要的在于呈现他在且介亭时期的真实处境与写作状态，更深入地理解他所表现的“我们活在这样的地方，我们活在这样的时代”的真正含义。

---

① 立野信之：《果戈理私观》，鲁迅译，王世家、止庵编：《鲁迅著译编年全集》第16卷，第333页。

释家别集的编纂、刊刻与流播述论*

李舜臣**

摘　要：“别集”是按一定的体例将最能反映一个作者“辞章”“才情”而非“学问”“经术”的文献汇编在一起的书籍。从形态上看，释家别集与文人别集并无明显差别，同样是指汇编释子个人所撰且最能反映其辞章和才情的文献的书籍，集中体现了古代释子能诗善文的传统。然而，由于佛门每薄诗文为“小道”“外学”，“教外别传，不立文字”的宗旨犹如“紧箍咒”紧缚于释子头上，因此，诗文僧对待己作普遍持轻慢态度，常随得随弃，甚至主动焚毁。他们的诗文集多由门徒、法友、信众编纂而成，“编”“校”“改”“删”的现象颇为严重，在一定程度上呈现出创作和编纂的分离。释家别集主要由经坊、书肆刊刻，流传于丛林和文人圈，影响有限。不过，随着佛教广泛弘传，很多释家别集流播到边陲和异域，不断被传钞、刊刻。研讨释家别集的编纂、刊刻和流播，可以引发很多有趣的论题，特别是考察它们由“稿本”到“定本”的过程，对我们重新评估释子的总体诗文创作或有相当的价值和意义。

关键词：诗文集；释家别集；编纂；刊刻；流播

“释家别集”是指佛门释子所撰诗集、文集或词曲集，也是最能反映释子才情与辞章的书籍。释家别集始见于东晋，厥后历代皆有创制。据我们初步估算，自东晋迄清末，以稿本、钞本、刊本等形式面世的释家别集应在3000种以上，存世者约400

---

* 2020年国家社会科学基金重大招标项目“明清释家别集整理与研究”（20&ZD269）

** 李舜臣，江西师范大学文学院教授（南昌　330022）

余种，[①] 远超其他宗教徒所撰别集，集中体现了古代释子能诗擅文的传统。然而，自达摩东来单传心印，禅门确立了“不立文字，教外别传”之旨，诗文被认为是“小道”“外学”，各种经录、经藏亦罕收释家别集。这种观念深刻地影响着释子对待别集的态度，其命名、编纂、刊刻和流播亦出现了一些颇有意味的特征。学界对此关注甚少，笔者愿陈陋见，敬祈方家就正。

一、“别集”与“释家别集”

除早期《七录》《隋志》之外，传统书志一般罕及汉译佛经，释子的其他撰述分别著录在“史部・地理类”“子部・释家类”和“集部・别集类”。前两者主要收录释子所撰行纪、山志、经疏、论记、僧传、灯录、语录等文献，后者则与文人别集一起收录释家诗文集，义例甚明。不过，具体到某一种别集，情况又很复杂；[②] 况且“别集”本身之义亦较含混，故有必要对“别集”和“释家别集”略作辨析。

“别集”，即“人别为集”，[③] 通常被认为是指汇编一个作者的全部或部分诗文和词曲的书籍。例如，《辞海》称：“别集同总集相对，即汇录一人著作成为一书。多数别集以文艺性作品为其主要部分，但也包括论说、奏议、书信、语录等著作，内容相当广泛。”[④]《现代汉语词典》则界定为：“收录个人的作品而成的诗文集。”[⑤] 这两个定义共通的核心意思是“别集是一个作者的诗文集”，基本被学界公认，像张可礼《别集述论》（载《山东大学学报》2004 年第 6 期）、徐有富《先唐别集考述》（载《文学遗产》2003 年第 4 期）等皆取其义。[⑥] 然而，“别集”所收文献甚为庞杂，既有

---

① 因涉及文献过于庞杂，目前还无法精确统计出曾面世和现存释家别集的数量。我们主要依据古今书志、寺志、方志以及文人文集等文献，做出大致估算。

② 例如，郑樵《通志》卷六七将《寒山子诗》《王梵志诗》等释家诗集收于“释家颂赞类”；杨士奇《文渊阁书目》卷四则将《寒山诗》《筠溪牧潜集》等收于“佛书”类；王绍曾等《清史稿艺文志拾遗》则将众多释家别集归入“子部宗教类佛教之属”，均未收于“别集类”。

③ 马端临：《文献通考》卷二三〇《经籍五十》引《宋两朝艺文志》，北京：中华书局，1986 年，第 1835 页。

④ 《辞海》第一册，上海：上海辞书出版社，1979 年，第 420 页。

⑤ 《现代汉语词典》，北京：商务印书馆，1978 年，第 73 页。

⑥ 目前来看，学者讨论“别集”主要集中于其起源和分类，而较少关注它的内涵。例如，屈光《别集概念和〈四库全书〉别集的小类》（载《辽宁师范大学学报》2003 年第 1 期），亦认为权威辞书的界定“过于笼统”，建议从四部分类法和所著录图书的实际情况，将“别集”细分为全集、体裁集、选集、分期别集、原本别集、注评本别集、自编集、他编集、辑集等类别。

诗、赋、词、曲、散文等今日称为“文学”的文体，亦有论、说、策、序、跋、碑、铭、奏、议、书、表、启等实用文体，故四库馆臣称“四部之书，别集最杂”。[①] 另外，揆诸书志，并非仅“别集”中的书籍是“一个作者的作品集”，史部、子部（例如先秦诸子之书）很多都是“一人之文章集”。再者，目录学中“别集”的外延，亦非一成不变，像陈振孙《直斋书录解题》“楚辞”“别集”“诗集”“歌词”并列为四类，马端临《文献通考》“集部”分“赋诗”“别集”“诗集”“歌词”“章奏”等类别，似乎“别集”并不一定包涵“诗集”“歌词”等。总之，以辞书为代表的相关定义，显得比较笼统，有进一步申说的必要。

目录学中最早明确以“别集”类聚图书者，是梁朝阮孝绪的《七录》。是书虽佚，但其中的“文集录”分为“楚辞部”“别集部”“总集部”“杂文部”四类，对后世影响很大。《隋书·经籍志》“集部”即分“楚辞”“别集”“总集”，仅减去了“杂文部”。《隋志》称：

> 别集之名，盖汉东京之所创也。自灵均已降，属文之士众矣，然其志向不同，风流殊别。后之君子，欲观其体式，而见其心灵，故别聚焉，名之为集。辞人景慕，并自记载，以成书部。[②]

学者多据之考察别集出现的最早时间，但这段话其实较明确地界定了“别集”的内涵。《隋志》认为，“别集”是世人欲观作者的“体式”进而体察其“心灵”，故“特别”荟聚其文稿。所谓“体式”，在中国文论中大致指显现于外在的辞章、文体、风格；“心灵”，则指作者内在的个性、气质、精神。可见，“别集”在初创之时，被认为是最能体现一个作者的创作风格与才情气质的书籍，是人们渐趋浓厚的辨体意识和文学意识的直接反映。

值得注意的是，现存较早提及文人撰集的材料也大多比较强调文体。例如：

> （刘苍）明年正月薨，诏告中傅，封上苍自建武以来章奏及所作书、记、赋、颂、七言、别字、歌诗，并集览焉。[③]
>
> （班）昭年七十余卒，皇太后素服举哀，使者监护丧事。所著赋、颂、铭、诔、问、哀词、书、论、上疏、遗令，凡十六篇。子妇丁氏为撰集之，又作《大

---

① 永瑢等：《四库全书总目》卷一四八“集部叙录”，北京：中华书局，1995年，第1267页。

② 《隋书》卷三五《经籍四》，北京：中华书局，1974年，第1081页。

③ 《后汉书》卷四二《光武十王列传·东平宪王苍传》，北京：中华书局，1973年，第1441页。

家赞》焉。[①]

（曹植）遂发疾薨，时年四十一。……景初中，诏曰："……撰录植前后所著赋、颂、诗、铭、杂论凡百余篇，副藏内外。"[②]

六年春，（薛综）卒，凡所著诗、赋、难、论数万言，名曰《私载》。[③]

所述文体虽略显庞杂，但皆摒弃了汉代以来昌盛的传、笺、义疏、章句、训诂等解经体式。到了后世，这种辨体意识依旧比较鲜明。明人张溥《汉魏六朝百三家集叙》云："别集之外，诸家著书，非文体者，概不编入。"[④] 所谓"非文体"，是指包括"义疏""章句"在内的"经翼、史裁、子书、稗说"之作。[⑤] 可见，"别集"统归的文献有一定的标准，像义疏、经传、章句等反映撰者学问而非才情的文字，是不能容括进来的。从某种意义上说，"别集"与"经部类"书籍的分野，也就是中国古代关于"才情与学问""文人与学人""文苑与儒林"擘分意识在目录学中的反映。

在古代，"别集"之谓"别集"，还有另一层意思。王世贞《弇山堂别集自序》云："《弇山堂别集》者何？王子所自纂也。名之别集者何？内之无当于经术、政体，即雕虫之技亦弗与焉，故曰别集也。……是书行异日有裨于国史者十不能二，耆儒掌故取以考证十不能三，宾幕酒次以资谈谑参之十或可得四，其用如是而已。"[⑥] 王氏以"别集"称名，含有谦逊、自敛之意，却也透露出古人心目中的"别集"无关乎"经术""政体"等大业。宋人曾巩评价《王深甫文集》，也以为它"非世之别集而已也"，原因是"其破去百家传注推散缺不全之经，以明圣人之道于千载之后，所以振斯文于将坠，回学者于既溺，可谓道德之要言"，[⑦] 言外之意即"世之别集"非关"圣人之道""道德之言"。

---

① 《后汉书》卷八四《列女传·曹世叔妻传》，第 2792 页。

② 《三国志》卷一九《陈思王植传》，北京：中华书局，1964 年，第 576 页。

③ 《三国志》卷五三《薛综传》，第 1254 页。

④ 张溥：《汉魏六朝百三家集叙》，殷孟伦：《汉魏六朝百三家集题辞注》，北京：人民文学出版社，1963 年，第 314 页。

⑤ 杨晓斌：《逸集、别集辨析——兼谈〈颜延之逸集〉的性质与内容》，《图书馆杂志》2007 年第 4 期。

⑥ 王世贞：《弇山堂别集》卷首，魏连科点校，北京：中华书局，2006 年，第 4 页。按，王氏此书虽有"别集"之名而无"别集"之实。《四库全书》列之于史部"杂史部"，原因在于"其间如《史乘考误》，及《诸侯王百官表》《亲征》《命将》《谥法》《兵制》《市马》《中官》诸考，皆能辨析精覈"。馆臣未因书名，而依据其性质列入史部，是十分恰当的。

⑦ 《曾巩集》卷一二《王深甫文集序》，陈杏珍、晁继周点校，北京：中华书局，1988 年，第 196 页。

古人辑书又有“正集”与“别集”之分。此种分别，通常相当于前集、后集（续集）之义，意在区分裒辑之先后。但有些时候，其寓意亦含高下之别。康熙《御制古文渊鉴序》云：“朕留心典籍，因取古人之文，自春秋以迄于宋，择其辞义精纯，可以鼓吹六经者，汇为正集；即间有瑰丽之篇，要皆归于古雅，其绮章秀制，弗能尽载者，则列之别集。”① 此意味着“正集”关乎经术、义理之学，“别集”则重辞章、秀句。宋人吴箕更说：“前辈文集，惟集可存；其别集、遗文，俱当删削。不惟多有真赝之殊，而当时亦有不得已而作者，如《韩文别集》所载不可存者尤多，非有益于退之也。”② 此处“别集”的意思是“区分此集与彼集之别”，不全然等同目录学中的“别集”之意。

综上所析，若想准确、完整地定义“别集”，并非一件易事。只称“别集是一人诗文集”，明显过于疏阔。作为一种书籍的类型，“别集”无论是草创之初还是后来的发展流变，都与其所聚文献的内容和体式相关，是按一定的体例将最能反映一个作者“辞章”与“才情”而非“学问”和“经术”的文献汇编在一起的书籍。“别集”收入的文献既要考虑文体，更要兼顾内容，而这其实也是一个问题的两个方面，因为文体本身既有严格的形式规范，又与所传达的内容、情感密切相关，本身就是一种“有意味”的形式。

从形态上看，释家别集与通常文人别集并无明显差别，同样是汇编释子个人所撰且最能反映其辞章、才情文献的书籍。只不过因为撰者的特殊身份，其思想、情感、文体、语体等都带有鲜明佛教特色。而与其他佛教文献相比，释家别集的“边界”则比较分明，同样也具有“别聚成集”的意义。（1）释家别集一般不涉及释子所撰经论、经解、疏钞等反映释子佛学修养的文献。这类文献多入经藏，属内典文献，此犹如世俗书志将儒家经典及注疏文献归入经部。四库馆臣对于这类文献的甄别相当严格，甚至会删削原本收于释家别集的内典文献。例如，元释大圭《梦观集》原有二十四卷，但《四库全书》仅录五卷，缘由是其余诸卷多为“梦法、梦偈、梦事者，皆宗门语录，不当列之集中；其杂文亦多青词、疏引，不出释氏本色，皆无可取”。③（2）释家别集不含教史、宗系、僧传、山志、灯录等文献。此类文献属教史文献，大致相

---

① 康熙：《御制古文渊鉴序》，《景印文渊阁四库全书》第1417册，台北：台湾商务印书馆，1986年，第2页。

② 吴箕：《常谈》，《景印文渊阁四库全书》第864册，第256—257页。

③ 永瑢等：《四库全书总目》卷一六七“《梦观集》提要”，第1449—1450页。

当于世俗书志中的史部文献。（3）释家别集不包括禅宗语录以及僧侣所撰弘法、护法文献，像释契嵩《辅教篇》、释道衍《道余录》等，对应的是世俗书志中的“子部”文献。由此，汗牛充栋的佛教文献，大抵亦可用传统书志的“四部法”——经、史、子、集进行类分。

需要说明的是，因别集属个人文集，故释家别集亦不包括《唐僧弘秀集》《古今禅藻集》等释氏诗文总集。丛书中的小集，则另当别论。像《唐四僧诗》《九僧诗》等虽含有某种“专题”的意味，但实际亦是从诸家诗集中择取部分作品，故书志多列入“总集类”。而陈起书铺编刻的《江湖小集》《后集》，书志虽亦列入总集，但所收诸家诗集，刊行时日不一，且书前有个人小传、序跋，各集又有专名，像释斯植集称“采芝集”，释永颐集称“云泉诗集”，实与别集无异。另外，释子撰述题名中含“别集”“集”字样者一般皆属别集，但亦有特例。例如释遵式《天竺别集》，祝尚书《宋人别集叙录》、金程宇《和刻本中国古逸书丛刊》均收入“别集类”，但内中多为佛经序跋、目录及修行法式等文献，故《直斋书录解题》录之于“释家类”而非“别集类”，循名责实，是书的确不宜视作释家别集。又如，清释直在编、释机云续编《径石滴乳集》，虽称名为“集”，但所辑则为僧人传记，切不可望名生义。

古代很多僧人经常游离于僧俗两界，其身份很难遽然断定。像汤惠休、贾岛等人是“中道还俗”，澹归是“半路出家”，独庵道衍是“亦僧亦儒亦道”，更有屈大均“半路出家”继而又“归儒排佛”，情况甚为复杂。此犹如清人魏禧所云：“大僧有始于真，终于伪；有以伪始，以真终；又或始终皆伪，愈不失其真者。”[①] 这些作家能否称为释子，可能亦是见仁见智的问题。我们原则上根据其为僧时日的短长以及“《春秋》从人主之义”，酌定其身份，像贾岛、屈大均等虽有短暂为僧经历者，不当以佛门释子目之，他们的诗文集自然也就不属释家别集。

二、“不立文字”与释子对待自己诗文集的态度

释子诗文最早结集者，始于东晋的支遁和慧远。慧皎《高僧传》卷四云：“遁所著文翰集有十卷，盛行于世。”[②] 僧祐《出三藏记集》卷一五载慧远“所著论、序、

---

① 魏禧：《魏叔子文集》外编卷十《赠顿修上人序》，胡守仁、姚品文校点，北京：中华书局，2003年，第509页。

② 释慧皎：《高僧传》，汤用彤校注、汤一玄整理，北京：中华书局，1992年，第164页。

铭、赞、诗、书，集为十五卷五十余篇，并见重于世”，[①] 所列亦后世别集中常见的文体。因此，余嘉锡以支遁、慧远为释家文学的开山祖师：“支遁始有赞佛、咏怀诸诗，慧远遂撰念佛三昧之集。”[②]《隋书·经籍志》“集部·别集类”著录有16位释子的16种诗文集，除《支遁集》尚存明人辑本外，余皆散佚无存，其编纂过程无从具考。六朝时期，佛教初入中土，传译经典、钩玄解要乃佛门第一紧要之事，释子与玄学家虽每论及言意关系，但决然否定文字者并不多见，能诗擅文的释子每获时誉。例如，汤惠休有诗集二卷，风格绮靡清丽，与鲍照并称为“休鲍”；释洪偃有诗文集二十余卷，文采洒落，更善草、隶，“貌、义、诗、书号为‘四绝’，当时英杰皆推赏之”。[③]

自达摩东来，尤其南宗禅盛极之时，标举“单传心印”“不立文字”，意在显宗破执，不着文字之相。然偏执者以文字为害道之途，至有禅、教分作两家。明末紫柏真可《石门文字禅序》即指出：

> 夫自晋宋齐梁，学道者争以金屑翳眼。而初祖东来，应病投剂，直指人心，不立文字。后之承虚接响、不识药忌者，遂一切峻其垣，而筑文字于禅之外。由是分疆列界，剖判虚空，学禅者不务精义，学文字者不务了心。夫义不精，则心了而不光大；精义而不了心，则文字终不入神。[④]

“金屑翳眼”当出自云门文偃“金屑眼中翳，衣珠法上尘”诗偈，指禅者应破除思想上的蒙蔽，还原清净之心，并非仅针对文字而言。但在禅宗大盛的唐代，丛林不仅“禅道”与“文字”擘分离析，即僧人亦渐有“高僧”与“诗文僧”之分。一方面，诸宗高僧随机设巧，卷舒纵擒，棒喝交驰，各种顿悟法门，布在公案之中；另一方面，齐己、贯休等人则沿袭姚、贾“苦吟”诗风，旬锻季炼，穷讨冥搜，其才情、辞章见在诗文集中。《宋史·艺文志》“别集类”著录的唐代释家别集，皆出自中晚唐释子之手。[⑤] 因此宋人姚勉称：“汉僧译，晋僧讲，梁、魏至初唐，僧始禅，犹未诗。

---

① 释僧祐：《出三藏记集》，苏晋仁、萧錬子点校，北京：中华书局，1995年，第570页。

② 余嘉锡：《世说新语笺疏》，北京：中华书局，1983年，第265页。

③ 释道宣：《续高僧传》卷七，《大正新修大藏经》第50册，台北：台北财团法人佛陀教育基金会，1990年，第476页。

④ 周裕锴：《石门文字禅校注》，上海：上海古籍出版社，2021年，第1页。

⑤ 《宋史·艺文志》共收入释家别集50人53种，其中先唐2人3种，宋代14人15种，生活年代不可考者4人，而寒山诗集，则杂入文人别集中，著录为“僧道翘寒山拾得诗一卷”。参看冯国栋：《〈宋史·艺文志〉释氏别集、总集考》，《中华佛学研究》2006年第10期。

唐晚禅大盛，诗亦大盛。”[①] 标举“不立文字”的禅宗，出人意料地成了丛林尚诗风气的主要推力。

然而，“语言文字”与“禅道传释”之间固有的矛盾，终难弥合；诗与禅虽可互通，却不可齐同。纵观唐宋有关“禅道与文字”“禅与诗”的讨论，毋论偏执者，抑或折中者，皆以前者为本，后者为末，文字、诗歌始终落入“第二义”。赞宁《宋高僧传》以“杂科声德”统摄贯休、齐己、处默、栖白等诗文僧，且置于卷末闰余之位，即如实地反映了宋初佛门对“诗文僧”的定位。清释本黄对于此种定位解释说：

> 儒者谓“三不朽”之业：太上曰德，其次曰功，又其次曰言。盖有德者必有言，有言者不必有德，所以德为上，而言为又次也。吾佛法中亦有四种料简辨别沙门释子，所谓是沙门是释子者，尊莫尊乎道，美莫美乎德，故古来传高僧者，以“杂科声德”居最后。然则圆顶方袍之士，假使道、德俱无，而欲仅以文传，则其品之卑陋甚矣。[②]

释本黄用儒家的“三不朽”比照佛门的“道”“德”“文”，以彰明“文”之卑陋地位。可以说，在佛门的价值评判中，“诗僧”“诗文僧”从来都不是什么鲜丽的称号。《禅苑新规》卷三称：“禅月、齐己，止号诗僧；贾岛、惠休，流离俗宦，岂出家之本意也。”[③] 言外之意是说，“以诗鸣世”者道、德必亏。自古而还，释子的墓石上极少镌刻“诗僧”“诗文僧”等字样，表明僧人的“终焉之志”亦不在此。[④] 因此，释子纵然才情丰富且具有诸多吟诗的先天优势，但终究不能“放荡”于文字之表，“教外别传，不立文字”的宗趣始终像“紧箍咒”一般紧缚于他们头上。

因着此种观念的影响，释子对自己的作品普遍秉持漠不关心的态度，随得随弃、主动焚毁者，在在不少。寒山、拾得的诗偈，最初题于树木、石壁之上，若非徐灵府掇拾编葺，恐已散若云烟。释皎然早年亦曾“裒所著文火之”，其诗集《昼上人诗集》，系贞元九年（793）于頔分刺吴兴时奉集贤殿御书院之命采编而成。宋释智圆

---

① 姚勉：《雪坡舍人集》卷三七《赠俊上人诗序》，《景印文渊阁四库全书》第1184册，第255页。

② 释本黄：《余学集》卷首《自序》，康熙二十九年刻本。

③ 释宗赜：《重雕补注禅苑清规》卷三，《卍续藏经》第11册，台北：新文丰出版公司，1994年，第894页。

④ 所见唯有康熙年间释智朴碑石题为“清诗僧智朴之墓”，然此碑实为同治年间蓟州人李江过其墓地，伤而立之，非智朴之本志。

“皆以草稿投坏囊中，未尝写一净本。儿童辈旋充脂烛之费，故其逸者多矣”。[①] 类似事例，不胜枚举。这种随意处置、毁弃文稿的“轻慢”态度，在文人中亦颇为常见，像杜牧、贺铸、黄庭坚等都曾有类似之举。[②] 不过，这在文人或含谦虚、韬晦之意，或是接受某种新的文学观念之后而“悔其前作”。但对于释子而言，佛门为其预设的人生进境是“度己度人”，作为世谛文字的诗文只能是一种“余事”，甚至是一种“禁忌”。明末释袾宏拟定的《云栖共住规约》即规定：“无故数游人间、数还俗舍者，出院；习学应赴词章、笙管等杂艺者，出院；习学天文、地理、符水、炉火等外事者，出院。”[③] 因此，释子们在审视自己的诗文集时，很难不顾虑佛门的戒律及价值观念。例如，释大观的门人默子潜为其编成《物初剩语》后，大观训之曰：“吾宗素不尚此，毋重吾适。”[④] 释名一的《田衣诗钞》，门人坚请付梓，然名一说：“世法文字，了无根蒂，何敢望传?”[⑤] 正因为这种顾虑，很多释子经常婉拒他人为其董理诗文集。释绍嵩《江浙纪行集句诗》自序中云：

> 八月初九日，永上人来访，盘礴旬余。茶次，每炷香请曰：“师游江浙，集句谅多，可得闻乎?”予谢曰：“不敢。”永曰：“禅心，慧也；诗心，志也。慧之所之，禅之所形；志之所之，诗之所形。谈禅则禅，谈诗则诗，是皆游戏。师何愧乎?”予谢曰：“不敢。”力请至再至三，又至于四，遂发囊与其编录，得三百七十有六首，厘为七卷，题曰“江浙纪行”以遗之。[⑥]

绍嵩再三再四地谢绝，容或含谦逊之意，但永上人以“诗禅相通”论劝说，更表明他所顾虑的仍是禅道与文字的离合。当诗文集付梓之际，有的释子甚至会流露出忏悔之意。释寄禅《八指头陀诗集自序》说：“因将平生幻迹，学诗缘由，言于卷末，以示余学道无成，即以此自为忏悔，令大觉海中增一浮沤可也。”[⑦]

释家别集的书名，也很真实地体现了释子们的这种态度。除了通常以字号、斋

---

① 释智圆：《闲居编》卷首《自序》，金程宇：《和刻本中国古逸书丛刊》第47册，南京：凤凰出版社，2012年，第9—10页。

② 参看浅见洋二：《“焚弃”与“改定”——论宋代别集的编纂或定本的制定》，朱刚译，《中国韵文学刊》2007年第3期。

③ 释袾宏：《云栖法汇》上集《云栖共住规约别集》，《明版嘉兴大藏经》（下简称《嘉兴藏》）第33册，台北：新文丰出版公司，1987年，第162页。

④ 释大观：《物初剩语》卷首《自序》，金程宇：《和刻本中国古逸书丛刊》第53册，第3页。

⑤ 释名一：《田衣诗钞》卷首《自序》，乾隆三十年刻本。

⑥ 释绍嵩：《江浙纪行集句诗》卷首《自序》，《景印文渊阁四库全书》第1357册，第20页。

⑦ 释寄禅：《八指头陀诗集》卷首《自序》，光绪二十四年叶德辉续刻本。

名、堂号等命名之外，释家别集还有两种别具深意的命名方式。其一，多以“禅余”“禅暇”等冠名，如释见自《余闲集》、释本黄《余学集》、释隆琦《禅余歌》、释显清《禅余吟草》、释大涵《丹台雁黄布衲禅余草》、释净乐《禅余集》、释隐禅《禅余吟》，等等。所谓“禅余”“禅暇”，是说内中诗文皆参禅之余所得，此犹如文人称词为“诗余”，无关乎道德与事业，纯为余事而已。本黄《余学集》自序中即云：“《余学集》者，黄意重在求道而造乎道，修德进乎德，但以余力学文可也。”① 其二，取文字与禅道之关系命名。释惠洪的别集称名为“石门文字禅”，特标榜文字的作用，是对丛林判文字与禅道“严于水火”的忧虑和反拨，这在宗门中需要足够的勇力。而绝大多数释子采取的仍是“妥协”的姿态，比如，释大观的别集名为“物初剩语”，意为“多余累赘的言说”；释道璨的别集名“无文印”，“无文”既为其号，亦表明所秉持的仍是“不立文字”之旨；释篆玉的别集名“话堕集”，语出《云门录》，意为“自吐语自分堕负也”；释禅一别集名为“唾余集”，自轻之意更为明显。

不过，佛教“色空不异”“不落两边”的“中道”义，又提供了释子们解脱的“法门”。正如禅林为了著述立说，在“不立文字”的基础上又衍生出“不着文字，不离文字，而为道用”的观念，很多释子在自序诗文集时，也试图从理论上为吟诗作文寻得某种“合法性”。例如，释行昱《晴空阁集》自序中以为“诗非禅家正学”，但又说“禅中有诗”“诗中有禅”，若强分门户，则禅“何以名焉，何必状焉”，故他声称：“愿观是《晴空阁》者，不得作禅会，亦不得作诗会。”② 这种以“诗禅相通”论来为吟诗撰文立法的言说，最为普遍。又如，释德溥云：“由天竺国俗，木重文制，宫商体韵，以入管弦为善。经中偈颂，皆其式也。既事空王，遂习韵语；既习韵语，遂近诗句。”③ 其实，不仅经中偈颂尽为韵语，三藏十二部亦皆如如文字，释迦说法又何尝离文字？如此言说，意在表明吟诗撰文实为宗门的传统。再如，释篆玉《话堕集》自序云：

> 凡事有义三焉，空、假、中三。三原是一，一复成三，而话亦如之。故无话堕空，有话堕假。无话，心声蕴也，不曰空中有假；有话，心声申也，不曰假亦含空。空、假不二，中道斯立。非言不述，述仍堕乎空假也。④

---

① 释本黄：《余学集》卷首《自序》，康熙二十九年刻本。
② 释行昱：《晴空阁诗集》卷首《自序》，康熙五十一年六一堂刻本。
③ 释德溥：《腰雪堂诗集》卷首《自序》，康熙六年刻本。
④ 释篆玉：《话堕集》卷首《自序》，乾隆十三年刻本。

"空""假"不二,"有话"与"无话",亦是如此,既不执一端,亦不离一端,斯为"中道"。释篆玉采用"中道义"扫除人们对语言、文字"执障",洵为最高明的策略。凡此种种言说,从创作心理上说是一种补偿和调剂,从丛林制度上说则是为了吟诗作文"立法"。

尽管如此,诗文作为"小道""外学"的地位,在丛林并未得到根本改变,释家别集也从来没有大规模地被请入经藏殿堂。清释慧辂称:"和尚未尝无诗,未尝无文,此皆应世之艺,非救世之所急,故俱略之而不收。凡以礼乐之为礼乐,文章之为文章,皆是尼山之裔之任,非衲辈事。必以尘无可垢之理,事无可碍之心揭之,动用之中,而作自由之路,使十虚至此尽失其量,乃是后五百岁中杰出人头之大法王也。"①僧侣虽不废六艺、诗文,但既非宣教之急,亦非衲子本分事,此乃丛林对待释家别集的基本态度。

三、释家别集的编纂者及其编纂过程

释子创作出来的作品,最初一般是以草稿的形式在寺院中流传,有些比较重视的作者可能会有意识地加以整理和保存。例如,清代释纪荫擅吟诗,被王焕誉为"吴中诗僧之冠",所作《宙亭诗集》二十八卷是他与门人合编而成,以编年的形式,分"大中堂草""双松草堂稿""南洲倦笔""语鸥语""九莲阁草""藏云室集"等二十余种小集,各集前又冠以小序,明眼人一看便知是精心整理而成。又如,清释宗渭《芋香诗钞》四卷,亦自己荟萃成编,卷首摹有释宗渭的法像、王时敏《华亭船子图》、郑簠《芋香》,及吴伟业、宋琬、施闰章、曹尔堪、陈维崧等二十名贤题辞;书后又附录了尤侗、彭定求、潘耒、顾嗣立等人的酬答诗,并以小字双行注明各人的名号、爵里,图文并茂,尤见用心。

不过,这种自编文集的现象,在丛林总体轻视诗文的风气下并非主流;释家别集主要由作者门人及法友、信徒编纂而成。为更好地说明问题,我们以所经眼的345种释家别集为例,分时段考察它们的编纂者及占比情况,列"历代释家别集编纂者数据表"如下:

① 释慧辂:《鹤峰悟禅师语录序》,释济悟:《鹤峰禅师语录》卷首,《嘉兴藏》第38册,第558页。

历代释家别集编纂者数据表

编纂者	先唐	唐代	宋代	元代	明代	清代	合计	占比
作　者	0	0	3	0	7	21	31	8.99%
法子法孙	0	3	13	3	17	75	111	32.17%
法友信众	1	4	3	2	18	46	74	21.45%
不可确考者	0	0	6	12	20	91	129	37.39%
合　计	1	7	25	17	62	233	345	100%

关于本表，兹作如下说明。（1）因篇幅所限，无法一一罗列各集名称和考证依据，详情请酌拙著《历代释家别集叙录》（中华书局 2020 年）。（2）考定编纂者，主要依据该集卷端题署以及序跋文字。（3）同一书有不同版本者，以先出者判定其为编纂者。例如，释德清《憨山德清梦游集》，钱谦益编定的“虞山刊本”略早于释济航的“鼎湖山本”，为避免重复统计，故以钱谦益为编纂者。（4）以今存之本考定编纂者。例如，宋释行海诗集，曾有行海自编本，但已佚无存；今存《雪岑和尚续集》，乃林希逸选编本，则以林希逸为编纂者。（5）同一书有多个纂辑者，则以门人为先。例如，释元尹《博斋集》三卷，卷上为“门人淮海成理编”，卷中为“江南钱中枢秋水编”，卷下为“周光斗太微校”，为方便统计，以门人淮海成理编。据上表不难看出，除去 129 种不可确考者，释家别集的编纂者绝大多数是作者的法子、法孙，以及法友（包括同门师兄、居士文人）、信众（包括后世文人），作者自编的情况的确比较少见。

释家别集的卷端除署有书名、作者之外，一般还明确署有“门人某某编”“侍者某某校”等字样。例如，中国科学院图书馆藏康熙刻本《高云堂诗集》卷端题“华山臣僧晓青著”/“门人敏膺、道济编校”/“门人震兴、震源等编”/“法孙圣药道立募刻”。有的释家别集各卷的编纂者都不一样，像释澹归《遍行堂集》四十八卷及《续集》十六卷，凡编纂、校阅的门人有十余人，像是有一个专门的编纂小组。这种由门人编纂祖师诗文集的现象决非偶然，甚至可能还是制度上的要求。《百丈丛林清规证义记》卷六载：“记录：外则书记，内则记录。凡遇小参、上堂等事则传牌，出门则执杖请拂，方丈说法则写法语实贴，班首秉拂则写牌悬挂，一一皆其所执。故长老语录，多出其手也。此执以谨慎精细为要。”[①] “书记”“记录”属寺院“西序”之执事，

① 释怀海集编、释仪润证义：《百丈丛林清规证义记》卷六，《卍续藏经》第 111 册，第 722 页。

主管寺院文翰，记录长老上堂、小参之法语。这里虽未明确他们须承担诗文稿的编纂，但实际上很多门人会将它视作承续法脉的重要工作。雍正年间，释明鼎为乃师释超格《宝伦集》所撰的编后跋中就说："鼎忝属门墙，愧继芳躅，焉敢炫扬己见，庶不负父作子述之大典也。"①

由于释子普遍不爱惜自己的作品，散佚的情况自然非常严重，这给编纂工作造成了极大的困难。很多门人经年累日，上下搜讨，以求完帙。嘉庆年间，释了睿为其师释际醒编有《梦东禅师遗集》，在编后跋中释了睿曰：

> 讷堂老人（际醒）一生苦心为法真诚，诲人不倦。住广通时，著作法语、偈颂、题跋甚富。逮辍参后，一意西驰，从前所作，尽令焚之。乾隆五十四年冬，睿始亲炙座下。次岁解制，同学唤醒师欲旋梓里，临行遗余钞本语录一卷，题曰"碎瑚析檀"，内有山居诗偈等作。余甚爱而吟玩之，惜未暇问出何人手笔。壬子夏，老人迁住觉生，睿亦随往。一日，老人见之问曰："此录烧已数年，子安得有此？"睿述所由。老人曰："当时所焚如此者数本，此必唤醒多事私窃留者，仍命焚之。"睿始知为老人之稿本也。由是愈加珍秘，且私嘱同人，将各所记忆，或别有收藏者，求而时裒之。然希图完璧，不可得也。……丁卯，昶亭居士来山听讲，法喜怡神，深生感激，索所存语句，并坚请老人开示净土宗旨，及启信、发愿、立行、用心、修持等文，合前诗偈等篇，共为两卷。而老人复将宗门中语句删去大半，今所传者止此耳。②

释际醒的别集经历了"焚毁""钞录""私藏""辑录"的过程，若某个环节稍有差池，或许已不复存天壤。《梦东禅师遗集》的编纂尚在释际醒在世之时，而那些圆寂者的遗稿的编纂过程则更显艰辛。明末著名诗文僧释读彻的平生撰述皆未遑剞劂，殁后悉遭一炬，其诗集经法孙释行敏、友人陆汾、后学释正脉、释圆鼎等数代人的搜集、钞校，直到 1940 年王培孙始校印出完备之本。颇有意味的是，有的释子竭力搜辑保存其师的诗文，对自己的作品却毫不关心，编纂的任务则落到了门人头上。例如，释大观曾为乃师释居简编有《北磵和尚外集》一卷附《续集》一卷，可自己的作

① 释明鼎：《宝伦集跋》，释超格：《宝伦集》卷末，雍正十年刻本。

② 释了睿：《梦东禅师遗集跋》，释际醒：《梦东禅师遗集》卷首，《清代诗文集汇编》第 400 册，上海：上海古籍出版社，2010 年，第 133 页。

品“才一脱稿，拂不见踪迹”，[①] 其诗文集《物初剩语》是在门人默子潜的坚请之下才被允许编纂的。这给人的印象是：一方面作者对自己的诗文集漠不关心，另一方面当他们作为法子、法孙时，又为其师的诗文集苦心搜罗，竭力保藏，似乎“不立文字”的宗旨只适合于自身，而对别人则失去了规束。这在一定程度上反映了释家别集的创制呈现出创作和编纂的分离。

有的释子生前既无侍者，殁后亦无法嗣，其人其集的命运则更显寂寥。浙江省图书馆古籍特藏室藏有《鹿峰草》一卷，清钞本，作者、编纂者、钞写者的信息俱从无考实。又如，明末释宗乘，性耿介，好吟诗，年三十即示疾化去，平生追慕释明河，默默无闻，以至于释明河“竟不知其能诗”。其诗稿《载之诗存》因法友石林道源保存，并校付毛晋刊刻，幸而流传于世。徐波因此慨叹曰：“俯仰今昔，如此上人者世多有之，使无此数篇残墨，余亦竟失之矣。哀哉！”[②] 徐波的慨叹不无道理，在中国古代，很多诗文僧的作品因没有得到及时编纂整理，而永远消散于时空之中。

晋唐以来，文人禅悦之风，历朝不辍，很多文人因仰慕释子的德行、辞章，常主动承担他们诗文集的编纂工作。憨山德清的“白衣弟子”钱谦益，因德清著作“吴中未有全本”，乘龚鼎孳入粤之机，委其寻访德清遗稿，钱氏获后手自雠勘，改订行墨，勒成四十卷，并付汲古阁刊行。钱谦益又自称紫柏真可的“白衣私淑弟子”，以行世的真可诗文集多有阙疑，故“会萃诸本，取全集所未载者，排为四卷，名曰《紫柏别集》”。[③] 又如，杭世骏与释明中为莫逆交，托契尤深，援入“南屏诗社”。明中圆寂后有诗数卷，杭氏为芟薙其十之三四，编为《烎虚大师遗集》三卷。

释家别集的编纂，因文稿的质量参差不齐和编纂者个人意图，还不仅仅是单纯地荟萃草稿那么简单，“编”“校”“改”“删”自所难免。一般而言，由门人编纂的释家别集因尊师崇教改动相对较少，而由文人编纂者则涂乙比较严重。例如，《憨山德清梦游集》现存两种重要版本：其一即顺治十七年（1660）十一月由钱谦益编校在虞山付刻，简称“虞山本”；其二是同年秋德清的法孙释济航在广东鼎湖山刊行，简称“鼎湖本”。“鼎湖本”的底本乃德清稿本，而“虞山本”校对的底本则是德清稿本的转钞本，出自岭南乡试众举子之手。钱谦益称：“（‘虞山本’）经余勘校，间以管窥之

① 释大观：《物初剩语》卷首《自序》，金程宇：《和刻本中国古逸书丛刊》第53册，第3页。

② 徐波：《载之诗存序》，释宗乘：《载之诗存》卷首，明崇祯汲古阁刻本。

③ 钱谦益：《紫柏尊者别集序》，《钱牧斋全集》第5册，钱曾笺注、钱仲联标校，上海：上海古籍出版社，2003年，第873页。

见，撮略字句，移置段落者也。二本盖少异矣，而未尝不同。”[①] 但仔细比较，二本差异非常大，以“诗部”而言，“鼎湖本”共收诗 737 题 1093 首，而“虞山本”仅收 283 题 504 首，失收达 454 题 589 首。因“虞山本”校对的底本已经失传，无从考知这些失收诗歌究竟是钱谦益所删，还是岭南众举子漏钞所致。但这可能暗示一个事实，即文人在编纂释家别集时，删改的现象比较严重。

清释行悦《呆翁和尚诗集》的编纂过程同样出现了严重的删改现象。是书今存三种版本：一是国家图书馆藏康熙刻本，二是上海图书馆藏行悦原稿本，三是上海图书馆藏民国刊本。后两种版本都曾归叶恭绰所藏。叶氏对比两种版本后，在稿本书前撰有题识曰：

> 余曾收得翁之诗词刻本，与此互校，各有详略。彼本有戴鹰河本孝一序，畲仪曾一序，张圯一序。卷首又有邓孝威、周屺公之选定之标识，末有至北京诸诗，似是定本。然字白亦有与此本不同者。恭绰识。[②]

然细校二本，稿本不仅有大量圈点、校正之迹，与刊本的内容亦存在较大差别。举所附“诗余”而言，即有如下明显区别。（1）稿本词集前标有“禅异语”，刻本则无。（2）刊本词集前无序，稿本则有二序，撰者为黄云、默存。黄云序题为“金陵老人禅异语序”，默存序题为“禅异语序”，二序显是被编校者所删。（3）稿本收词 62 阕，刊本收 34 阕，刊本有而稿本无者 17 阕；去其重复者，两本共收行悦词 79 阕。可见，从稿本到刊本，编纂者作了大量改动，若稿本遗佚，则行悦很多作品可能失传。《全清词·顺康卷》即因未见稿本，而漏收了 45 首。当然，编纂者的删改有时亦有可取之处，像稿本中黄云序，末有朱笔批点“此序不佳，不可用”。今读是序，的确文理欠通，删之无妨。

释家别集的编纂方式以及对稿本的校改、删订，并非其独特的现象，在文人文集的编撰中也经常可见。不过，因为释子对己作普遍持漠然的态度，因此编纂的意义显得更为突出。兹体现在两方面：一是编纂者对文献的保存之功，若非编纂者的精心搜罗，今存释家别集的数量无疑更少，佚作更夥；二是编纂者的删改，从积极上说或可完善诗文集的质量，但也可能因为编纂者的审美偏好，删除了不少有价值的作品。这提醒我们在研究释家别集时，应充分重视因他者编纂而具有的“他性”，具备更为鲜

---

① 钱谦益：《岭南刻憨山大师梦游全集序》，《钱牧斋全集》第 5 册，第 872 页。

② 叶恭绰：《呆翁和尚诗集题识》，释行悦：《呆翁和尚诗集》卷首，清稿本。

明的版本校勘和作品辑佚的意识。

四、释家别集的刊刻与流播

宋代之前，书籍主要以写本的形式流传。写本形态书籍的存佚，一方面更受制于藏书的客观条件，另一方面则取决于该书的“畅销度”和作者的“知名度”。释家别集既非僧侣宣教所执之本，更不属官方意识形态的范畴，施于举子和普通信众的影响甚微，而更多地流布于丛林和居士文人圈，散佚的概率无疑更大。《隋志》著录的16种六朝释家别集，到《宋史·艺文志》仅存释慧远《庐山集》1种，这表明它们多数佚于唐宋时期。

唐末五代雕版印刷的出现，急剧地扩大了书籍出版的数量，对书籍的传播具有划时代之意义。释家别集同样受益于此。现存最早的释家别集雕印本是释贯休的《禅月集》。是书乃贯休圆寂后，由门人昙域“寻检稿草及暗记忆者约一千首”在后蜀雕版。[①] 此本虽不复存天壤，却是南宋释可璨覆刻本之底本，而毛晋汲古阁刻本则据释可璨本而补刻。正是如此类似于“接力赛”的递刊，古籍方可源远流长。

《禅月集》还是迄今所知中国最早的集部之书的刻本。天复三年（903），贯休依蜀主王建，为其宠信，享“国师”之名。后蜀毋昭裔力倡文治，雕版刻印业兴盛，“蜀本”蜚声天下，《禅月集》因此而成为“别集刊行之始”。[②] 但是，后世释家别集则未能像《禅月集》那般幸运，历代官修、官刻书籍不可数计，然释家别集殊为罕见，即便如“缁衣宰相”独庵道衍，朱明朝廷亦从未下诏董理、刻印其诗文集。所以，陈继儒叹曰：“昔人谓诗不在廊庙，不在山林，而在方外，信非虚语。昔于頔守吴兴，集贤殿御书院有命特征《皎然集》，頔遂采而编之，纳于延阁书府，此事岂可望今日？”[③] 释家别集的刊刻、流布，主要由丛林和民间合力完成，各种经坊、书肆是其刊刻的主要场所。

经坊最早出现在唐代，原以钞写佛经为主，雕版印刷术出现之后，钞、刻并行，

---

① 释昙域：《禅月集序》，胡大浚：《贯休歌诗系年笺注》，北京：中华书局，2011年，第1296页。

② 永瑢等：《四库全书总目》卷一五一“《禅月集》提要”（第1304页）称：“又书籍刊本始于唐末，然皆传布古书，未有特刻专集者。……则刊行专集，自是集（按：指《禅月集》）始，是亦可资考证也。”

③ 陈继儒：《秋潭老人黄叶庵诗稿序》，释智舷：《黄叶庵诗稿》卷首，《禅门逸书续编》第三册影据台湾“国立中央”图书馆藏本，台北：汉声出版社，1987年。

特别是北宋开宝四年（971）雕印《开宝藏》之后，各地经坊迅猛发展，至明清而臻鼎盛。历朝大藏像万寿藏、资福藏、碛砂藏、普宁藏、径山藏、频伽藏等，大多由经坊刊行。不过，经藏所收主要是大小乘经律论及贤圣传集，释家别集因属“外集”，一般不在其列。当然，所谓内、外之分，有时并非不可踰越，特别是明清时期，释家别集入藏的情况愈趋明显。检视入藏的释家别集，大抵有如下两种倾向：一是著名高僧的诗文集，文多诗少，且阐论佛教文字比重较大，像宋代福州东禅寺《等觉大藏》所刻释契嵩《镡津文集》，以及《嘉兴藏》所刻紫柏真可《紫柏老人集》、憨山德清《梦游集》、木陈道忞《布水台集》等；二是丛林中流传甚广的诗集及其后来的唱和集，如《嘉兴藏》所刻寒山、拾得、丰干著，楚石梵琦首和福慧野竹重和的《和天台三圣诗》，又如《嘉兴藏》所刻惠洪《石门文字禅》及释达夫集《石门文字禅》诗句而成的《集文字禅》。收入经藏的书籍往往具有崇高的地位，深为信众重视，存留甚佳，流传亦广。

经坊单刻的释家别集，其作者一般都与该经坊有密切的法缘。例如，淳熙十六年（1189）国清寺刊《三隐集》，是因为寒山、拾得、丰干为该寺僧人；淳祐八年（1248）西湖玛瑙寺刻释智圆《闲居编》，是因为释智圆曾任该寺住持；大德年间碛砂禅院刻释圆至《筠溪牧潜集》七卷，则是因为释圆至曾住锡碛砂禅院，并结识了刊刻者行魁上人；乾隆五年（1740）丹霞山别传寺刻释澹归《遍行堂集》，因澹归是该寺的开山祖师；康熙三十三年（1694）簷蔔楼刊释愿光《兰湖诗选》，因释愿光是簷蔔楼所在地法性禅院的住持；道光年间海幢经坊重刻释函昰的《瞎堂诗集》，因其弟子释今无曾住持海幢寺。经坊单刻与其有密切法缘的释子诗文集，对凝聚丛林诗派、发扬该寺尚诗重文的传统，具有较高的意义。当然，经坊也经常会“跨界”刊刻一些久负盛名的释家诗文集。光绪十一年（1885）海天精舍就刻有永明延寿、石屋清珙、楠堂益三人的《山居诗》，一是因为山居诗本身即是丛林诗歌的书写传统，再者此三僧又是写作山居诗的典范。

经坊刊刻释家别集单刻本，多数是出于弘法的考虑，并无商业目的。光绪元年古杭昭庆寺所刻释卍莲《净土证心集》，书末题有“此集共三万三千六百三十三字，除刻资外，印一千七百部敬送”。[①] 助刻佛教书籍，向来被认为是一种布施，功德无量，所以释家别集也大多由文人、信士捐资助刻而成。例如，南宋淳祐八年（1248）刊刻

① 释卍莲：《净土证心集》卷末“牌记”，光绪元年古杭昭庆寺刻本。

的释智圆《闲居编》，文士章夷齐即捐金二千缗；清代释元璟《完玉堂诗集》十卷的助刻者为张吟樵，释全拙《偶存轩稿》三卷由何鉽捐俸所刻，释元尹《博斋集》三卷由陈邦怀捐资刻行，释文峰《如山居未悟编》一卷由陶琯捐助刻行。若该集的刊刻是集众人之力，则书中往往会专列捐助芳名和金额。

释家别集施于普通民众的影响，既不如佛教经典，亦不如文人诗文集，其商业价值并不高，那种“纸贵洛阳”的盛况是很难看到的。不过，由于特定的时代风气和出版商的个人趣味，书坊也经常刊刻释家别集。据现存资料看，现存最早由书坊刊刻的释家别集，是国图藏释居简《北磵文集》十卷宋刻残本，其木记标明“崔尚书宅刊梓”。南宋著名的“陈解元宅书铺”，因坊主陈起广结方外僧道，先后刻有释斯植《采芝集》、释永颐《云栖诗集》和释亚愚《江浙纪行集句诗》。晚明出版业兴盛，丛林尚诗风气亦盛，书坊刊刻释家别集的现象更为常见。这其中，尤以毛晋汲古阁最为突出。毛晋晚思入道，广交丛林释子，不仅助刻了《嘉兴藏》及大量佛经，而且勠力于释家诗文的搜集和整理。在所刻齐己《白莲集》跋中，毛晋云：

> 丙寅春杪，再过云间康孟修东梵川，值藤花初放，缠络松杉，阒如入山谷，皆内父少年手植也，不胜人琴之感。既登阁礼佛，阁为紫柏尊者休夏之地，破窗风雨，散佚狼籍，……又搜得《白莲集》六卷，惜其未全，忽从架上堕一破簏，复得四卷。咄，咄，奇哉！余梦想十年，何意凭吊之余，忽从废纸堆中现出，岂内父有灵，遗余未曾有耶？①

毛晋孜孜搜求释家诗文的虔敬之心，于斯可见。据相关书志、题跋所载，毛晋刊刻的释家别集有《白莲集》《禅月集》《杼山集》（统称“唐三高僧诗”）、《二楞庵诗卷》《水田庵诗卷》《月明庵诗卷》（统称“华山三高僧诗”），以及《筠溪牧潜集》《道源遗诗》《载之诗存》《牧云和尚病游初草》《懒斋别集》等近20种，其中的一些释家别集传至今世，实赖毛晋之力也。

从书籍的性质而言，释家别集类似文人别集，但由于作者的特殊身份，往往又具有浓厚的宗教内涵。这种双重属性，对它的编纂、刊刻和传播都产生了重要的影响。释家别集大多流传于丛林和文人圈中，不过随着佛教的弘传，有的会流传到边陲乡野，甚至外邦异域。例如，王梵志诗以诙谐、鄙俚之语，惩恶扬善，摹写世情，化导

---

① 毛晋：《白莲集跋》，释齐己：《白莲集》卷末，《禅门逸书初编》第二册影据汲古阁刊本，台北：明文书局，1981年。

众生，深为民间百姓喜爱而远播于西北边陲，其诗集亦藏于敦煌石窟而流传下来。

唐宋以还，东亚诸国政治、文化、经济的交流日益频繁，很多僧人为了弘传佛法，远涉重洋，随身携带大量的图籍、书画、琴谱。其中，就包括不少僧人创作的诗文集，受到了彼邦信众的重视，不断被传钞、刊刻，甚至成了他们学习汉文的教科书。这些流播于域外的释家别集，有些在中土久佚弗存。例如，释智圆《闲居篇》今存最早版本乃日本元禄七年（1694）京都茨城方道刻本；释惠空《雪峰空和尚外集》国内仅国家图书馆藏有一部日本刊本；释行海《雪岑和尚续集》今存最早刻本为日本南北朝刊本；释宝昙《橘洲文集》唯一古本为日本元禄十一年织田重兵卫刊本；释居简《北磵诗集》仅日本成篑堂文库藏有宋版足本一部，宫内厅书陵部存宋本残本一部；释元肇《淮海挐音》二卷今仅存元禄八年神洛书林柳枝轩据宋本重刊本；释善珍《藏叟摘稿》仅日本国会图书馆藏有日本南北朝刊本及宽文十二年（1672）藤田六兵卫刊本；释大观《物初剩语》，今存最早版本为日本成篑堂文库、庆应义塾大学斯道文库所藏宋刊本；释梦真《籁鸣集》则仅尊经阁文库藏有孤本，等等。这些珍本秘籍，历代书志皆较少著录，诗歌选本亦罕登其诗，其价值不可估量。

明清时期，很多东渡僧人的诗文或在日本首次刊刻，或仅在日本传钞，中土则闻所未闻。例如，清初黄檗宗渡日高僧隐元隆琦、高泉性潡、木庵性瑫、即非如一的诗文集皆首刻于日本，日本学者平久保章先后整理了他们的遗著，出版了《新纂校订隐元全集》(1979)、《新纂校订木庵全集》(1992)、《新纂校订即非全集》(1993)、《新纂校订高泉全集》(2014)。著名艺文僧、高僧东皋心越《东皋全集》二卷，明治四十四年（1911）由东京一喝社首次排印出版；释寂传《萧鸣草》一卷，仅日本国立公文书馆藏有一种江户钞本。这些释家别集很长一段时间几乎消失在中国文学史版图之中。随着构建“文化共同体”的吁请渐趋强烈，这些遗珍逐渐“回流”，其价值已引起了很多学者的关注。许红霞《珍本宋集五种——日藏宋僧诗文集整理研究》、张伯伟等人整理的日本廓门贯彻《注石门文字禅》、金程宇《和刻本中国古逸刻丛刊》(含19种释家别集)、卞东波对日藏宋元释家别集的考录等，均从不同维度为释家别集的整理与研究提供了新的理念和视野。

五、结　语

释家别集在编纂、刊刻和流传过程中，出现的诸如“焚弃”“他者编纂”“删改”

"捐资助刻""域外传播"等现象，并非"此家独有"，也同样会出现在文人文集编刻、流传过程之中。不过，二者所表现出来的意味并不相同。浅见洋二研究宋代别集的定本编纂的过程表明，宋代文人虽亦经常"焚弃"自己的文稿，但他们的意图是"自觉地、有选择地保存"，从本质上说是重视己作的表现。[①] 然而，释子的"焚弃"文稿之举，却主要是宗门观念影响下的对自己诗文集的漠视。文人别集同样需要历经从"草稿"到"定本"的过程，但加工、润色的工作通常是由文人自己来完成的；而在释家别集，这些工作一般都付诸作者门人或文人，作者很少躬亲事之。另外，流播域外的文人别集一般先是盛传于中土，而很多不甚知名的释家别集流播海外，则主要因着弘扬佛教的机缘，这显然是与他们的身份密切相关。

研讨释家别集的编纂、刊刻和流播，可以引发更多有趣的论题。由于释家别集的"定本"大多经历他者的钞录、加工、润色，与作者的"草稿"相比，虽不至于"面目全非"，但无疑有所变化。譬如，寒山诗集，若果真是徐灵府掇拾于树上、石壁间，则可以想见其中必定存在大量的脱字、残句，可现存寒山诗脱字、残句的现象并不多见，那些"该脱而未脱"的文句究竟是何人所补？它们与寒山诗的原貌相比，究竟有多大的差距？黄宗羲曾如是评价憨山德清的文集："钱牧斋构憨山未刻之集，余翻不过数叶，粗厉噍叫之音，触目生憎，绝不似道人语，况于下此者乎？"[②] 所谓"钱牧斋所构憨山未刻之集"就是钱谦益所获岭南举子所钞德清的《梦游集》，应是较为接近德清稿本原貌的本子，可是我们今天所见顺治十七年钱谦益校刻的《梦游集》似乎很难得出类似于黄宗羲的"恶劣印象"，这当中肯定有钱谦益等人的"功劳"。明清时期，除了我们上文提及的释行悦《呆翁和尚诗集》之外，还存有数种释家别集的稿本，像释智舷《黄叶庵诗稿》、释律然《西庵草》、释智光《一芒鞋》、释本元《云声诗集》等，如果我们仔细研究这些稿本和刻本的差异，也许会重新评估释子的总体诗文创作水平。

---

① 参看浅见洋二著，朱刚译：《"焚弃"与"改定"——论宋代别集的编纂或定本的制定》，《中国韵文学刊》2007年第3期。

② 吴光主编：《黄宗羲全集》第19册，杭州：浙江古籍出版社，2012年，第59页。

日本因素影响的正负效应与中国新诗的主体超越*

罗振亚**

摘　要：中国新诗在每个时段的话语建构中，均有日本因素的介入、规约和影响，这种介入、规约和影响使中国新诗拥有令人企羡的“高起点”，而且在前行途中总能适时地遇见补充马力和营养的“加油站”，一路上个性尽显，即常以簇新、先锐的姿态出现，能在短时间内实现同世界诗歌潮流的接轨与融汇，宣显出喧腾纷繁的景观。然而，日本借镜对中国新诗也不乏负面效应，表现是中国新诗在吸收日本营养过程中功利性太强，浮躁气过重，常盲目“跟进”与仿效；“仰视”的接受态度和方式，遮蔽、扼制了主体意识，造成对日本因素一定程度的“误读”；过度倚重政治因素，常以感性压倒理性，以思想取代艺术。不过，因为有中国的民族精神、现实境况和艺术传统特质等因素压着阵脚，中国新诗在借鉴过程中总能保持独立个性与品格，对日本异质文化系统自觉消化，有所扬弃，以不同程度的“增殖”和“变异”，在“日化”的过程中实现了“化日”。这启示后来者新诗只有开放方可获得与全球诗歌对话的权利，但在开放过程中必须注意使异域的艺术经验中国化。

关键词：中国新诗；日本因素；正负效应；主体意识；艺术超越

任何一个国家、一个民族的文学，都是一脉浩然的流体，它不会一成不变，更不可能完全封闭，而大多是在与对内、对外的交流和对话中，一点一点地走向成熟的。

---

* 国家社会科学基金项目“中国新诗建构与日本影响因素关联研究”（15BZW136）

** 罗振亚，南开大学文学院教授（天津　300071）

尤其是随着世界的格局渐趋一体化，各国家、民族之间频繁互动和汇通，那种老死不相往来、鸡犬之声相闻的传统理想，只能化为遥不可及的神话。自从1840年的鸦片战争打开了一度闭锁的大门之后，中国和诸多天悬地隔的国度，很快就结为互通有无、彼此呼应的艺术近邻。学术界数十年的研究证明，留学欧美、俄国和日本的作家“鼎立三足”，共同支撑起了20世纪上半叶中国文学的半壁江山，乃历史上不争的事实。留学生文学成就之大，远远超出人们的意料和想象，而在几股力量“承外启内”的过程中，每股的特色和作用又姚黄魏紫，各臻其态，“留英美的诗人意在形式的改进，留法德的诗人偏向诗美的探求，留苏的诗人发挥了诗歌的社会功用，留日的诗人徘徊于诗的有用与审美效应之间”。[①] 这种不同区域留学诗人的特色差异划分大致是准确的，符合研究对象的实际。

那么，不同区域的因素对中国新诗产生过什么影响，具体到“日本”因素又是如何作用到中国新诗创作的？关于这个问题，如果说当时“中国文坛大半是日本留学生建筑成的”，“中国的新文艺是接受了日本洗礼的”[②] 论述，因观点发表的1928年中国现代文学还未及全面展开而显得有些绝对，也因作者郭沫若的当事人身份，而令人觉得存在“自我吹嘘”“以偏概全”之嫌；[③] 但是，当中国现代文学“尘埃落定”后再反观历史时，就会发现郭沫若的这一说法实际上暗合着一个判断：“从1894—1895年的中日甲午战争以后到1937年的芦沟桥事变开始以前一段时期，无论从哪一方面说，是日本文学影响中国文学的时代，……没有日本文学的影响，没有中国现代作家对日本文学的理解和接受，中国现代文学就不会有今天这样的辉煌。”[④] 的确，从“诗界革命”的酝酿，到发生期前期创造社的激情书写，再到“小诗”的生成、“纯诗”理论的探寻，以及红色普罗诗派的崛起、抗战诗歌的萌动等等，中国新诗在每个时段的话语建构中，均有日本因素的介入、规约和影响。然而，日本借镜对中国新诗也不乏负面效应，本文即对日本因素影响的正负效应，以及中国新诗的主体超越进行探讨。

① 李丹：《留学背景与中国新诗的域外生成》，《文学评论》2009年第5期。
② 郭沫若：《桌子的跳舞》，《创造月刊》第1卷第11期，1928年5月。
③ 贾植芳：《中国留日学生与中国现代文学》，《山西师大学报》1991年第4期。
④ 实藤惠秀：《日本和中国的文学交流》，《日本文学》1984年第2期。

一、中国新诗："高起点"与"加油站"

日本起自1868年的明治维新运动，从根本上改变了和邻邦中国长时间偏于稳定的关系结构，原本一直在学习中国，开始被中国学习。这一角色逆转带来了中国人的观念变化，文化的危机感逐渐萌生，许多人不得不重新打量、思考逐渐富强的日本，一些人开始顺应国家的政策前往日本留学。在1886年后的二十年里，留学者已达两千多人，从数量上远远超出留学地点相对集中的俄国与欧美，其中不少人因为热爱、孤寂以及受西方和日本文化的洗礼，从不同的领域走近文学，仅仅在中国现代文学的短暂时段内，就有鲁迅、周作人、李大钊、郭沫若、郁达夫、张资平、刘呐鸥、田汉、夏衍、欧阳予倩、冯乃超、胡风、郑伯奇、成仿吾、周扬、钱杏邨、穆木天、黄药眠等五十余位作家、诗人与理论家的身影闪现；甚至在一定程度上可以说，中国现代文学由始至终的每个关键的节点都有留日文学的伴随和支撑。而日本经验决定了留日文学和日本文学有着非常切近、直接的关系，如以李初梨等为中介的20世纪20年代后期的无产阶级文学，几乎是日本"普罗文学"在中国的翻版，铸成了中日无产阶级文学运动的高度"一体化"，就连革命文学论争中鲁迅和创造社成员在"中国会不会有无产阶级文学出现"问题上出现的"歧见"，也几乎和日本的片上伸与有岛武郎、菊池宽之间所展开的无产阶级文学"是否必须由无产阶级来做"的论争，在方式、过程与结果上如出一辙。日本、日本文学、日本因素这种深入骨髓的渗透和影响，使与日本因素发生关联的中国新诗非但拥有令人企羡的"高起点"，而且在前行途中，总能适时地遇见"加油站"，补充马力和营养，直取目标，一路上个性尽显。

一是本土思维和异域思维的碰撞，决定了中国新诗常以簇新、先锐的姿态出现，领时代的风气之先。处于传统诗意与现代诗意结合部的中国新诗，在其由传统向现代转换的酝酿期，就得到了日本外力的推助。在一系列探索积累的前提下，梁启超、黄遵宪等于19世纪末擎起"诗界革命"旗帜，他们的"吾手写吾口"观念和"新语句"的营造，对于古典诗歌来说不啻于石破天惊；尤其是"以文为诗"的做法，可谓已经接通了以胡适、郭沫若为代表的自由诗体路线。"诗界革命"的创新个性在后续与日本关联的新诗中得到了比较理想的延伸，并很快在创造社那里突起了一个高峰。"五四"文学革命甫一开始，郭沫若便以火山爆发似的饱满激情、狂飙突进的时代精神，以及形式上的绝端自主、绝端自由，从形、质两方面大胆创造，赋予了新诗许多迥异于传统的现代品质，开了一代新风。如果说留学日本的鲁迅和周作人在杂文、美文上开创了新的文体，郭沫若则以其诗集《女神》在新诗史上树起了一座丰碑，所以它出版虽然略迟于胡适的《尝试集》，却被称为中国现代文学史第一本真正意义的诗集。而由郭沫若领衔的创造社，更是以坚守诗歌抒发内心的自我、个性、情绪的定位，和诗歌之为诗歌的本体意识自觉，使其“新浪漫主义”追求独标一格，他和整个诗派共同为新诗带来了一个理想的开端和“高起点”。稍后受日本俳句影响生成的“小诗”尽管规模不大，但仍透着一股让中国读者耳目一新的气息，比如说那种对诗意纯粹性的寻找，以及“冥想”的理趣走向、淡泊纤细的审美风味等，对中国诗歌来讲都属于“异质”构成，既反拨了冗赘诗风，也增加了新诗美的种类，提升了新诗的思维层次。

与日本因素关联的新诗创作，多因作者敏感聪慧、受域外先进艺术的熏染而相对新锐，既和发生时流行、前卫的诗歌趣味方向相应和，有时又是在理论上为某种潮流、趋势鸣锣开道的“先锋”。如 20 世纪 20 年代中期，在法国的李金发将其具有现代主义趋向的《微雨》在国内出版，有人惊诧其新鲜，也有人批评其晦涩，毁誉参半，不免有些势单力孤；但次年，受辰野隆教授“激发”的穆木天，和王独清分别在《创造月刊》发表了探讨象征、暗示、“音画”、陌生化语言的“双响炮”《谭诗》与《再谭诗》，新诗才被导入“纯诗”的现代化之路，而现代主义诗歌的生长获得了理论支持后，才逐渐在中国成为一种常态，其中音乐美和画意美结合的“音画”创造，堪称戛然独创，为无数后来者青睐。再如 20 世纪 20 年代流行的普罗诗歌，对“政治的首位性”的强调，对“力”的美学崇尚和对大众化立场的肯认，凸显出了中国无产阶级诗歌的独特价值观念，有了太阳社、后期创造社的理论探路，普罗诗歌的红色内涵越来越清晰，而这又基本是福本和夫、藏原惟人等日本普罗文学理论家的影响所致。与日本因素关联的中国新诗创作或理论上的先锋性，同时也是实验性的代名词，革新色彩浓郁，从思想到艺术的诸方面有时可能不讨人喜欢，却很少重复他者，它们的创作主体“经常以激进的姿态和昂扬的态度投入到新文学运动中去，成为中国新文学的重要开拓者和创造者”，① 而它们的这种求新求变的品性正是能够在不同时期领潮和引人关注的根由。

二是把日本作为接受海外文学文化的“中转站”，进行艺术补给，在短时间内实现了同世界诗歌潮流的接轨与融汇。在日本生活过的中国作家和诗人情况复杂，成分

---

① 徐美燕：《“日本体验”与中国现代文学思潮》，北京：中国社会科学出版社，2012 年，第 245 页。

不一，有黄遵宪、鲁迅、周作人、郭沫若、冯乃超、郑伯奇、穆木天等为数不少的留学者，也有蒋光慈、胡风、钟敬文、梁宗岱、高长虹等一些短期居留者，还有冯乃超、刘呐鸥、陶晶孙等少数从小在日本生长者，只是不论哪种类型，都和日本发生过或深或浅、或长或短的生活与精神联系，日本都是他们的“体验源”之一，从这个“体验源”辐射出的思想、情感光束所织就的作品，即带有不可替代的认识价值。更为重要的是，日本是世界各国文学、文化的集散地，是联结着中国和海外文学的“中介”，很多中国作家、诗人均是在日本区域内接触、学习、汲纳乃至译介欧美和其他国家的文学作品、理论的，“日本桥”使他们“通过日本教育，掌握两种或三种外国语打开了直接通向欧美文学的大门”，“通过日本人的翻译和演出，接触并了解欧美文学，从而受到欧美文学的熏陶”，“通过日本人的解说或议论，吸取世界文学及其它知识”。[①] 比如鲁迅在其影响深远的《摩罗诗力说》中推介了雪莱、普希金、裴多菲、拜伦等浪漫主义诗人，该文从阅读材料、框架构思到形成文字，基本都在日本完成，也借鉴了日本学者木村鹰太郎、滨田佳澄等人的成果，所以写作路数与观点都有比较明显的日本化痕迹。郭沫若宽阔的文学视野也是借助日本中介建构起来的，1914 年赴日留学后的十年间，他先后和印度的泰戈尔、美国的惠特曼、德国的歌德结下诗缘，并袒露“在和安娜恋爱以后另外还有一位影响着我的诗人是德国的海涅”。[②] 正是受多位诗人共同滋养而垫高的艺术修为，才铸就了《女神》的风采，使他一在诗坛崛起就成了五四时代的“肖子”。而以郭沫若为代表的创造社，毫不夸张地说就是日本大正文化、教育、文学“合力”打造的结晶，它在日本创建，在日本的启迪下成长，自始至终都在吮吸日本浪漫主义文学、厨川白村的“苦闷”理论和日本的惠特曼热、泰戈尔热的养料。至于田汉、郑伯奇对厨川白村的思想追随，蒋光慈对藏原惟人新写实主义的看重，那种面对面的会晤和切磋早已经成为文坛佳话。

明治维新至 20 世纪 30 年代之前的日本，社会体制相对开放，文化环境比较宽松，能够保证个体之人的心性自由、思想和情绪的抒放，这种氛围是适合艺术创造的；同时，诸多留日诗人因为民族歧视、羁旅他乡和个人情感等多重缘故，不似留学英美学生那样对所置身的环境具有深深的“认同感”，而是形成了“身在东瀛，心系欧美”的特殊精神结构，比起日本文学文化他们更倾心于西方文学、俄国文学。与欧

① 参见王锦厚：《五四新文学与外国文学》，成都：四川大学出版社，1989 年，第 68—72 页。

② 郭沫若：《我的作诗的经过》，《质文》第 2 卷第 2 期，1936 年 11 月 10 日。

美文学、俄国文学通过日本中介的近距离、大面积遇合，一方面使与日本关联的新诗异常活跃，诗歌现象与潮流的更替周期短暂而频繁，所以对此最为了解的郑伯奇在总结中国新文学前十年时一语中的，指认由于从日本引入各种新思潮，“中国新文学的产生比日本相差还将近半个世纪”，但“短短十年间，中国文学的进展，我们可以看出西欧二百年中的历史在这里很快地反复了一番”。[①] 到抗战之前，中国新诗在短短的二十年里把日本的诗歌历史匆忙地走了一遭。另一方面，日本对留日诗人仿佛是艺术上理想的“加油站”，他们在那里能够接触、选择当时世界范围内最先进、最具探索性的艺术品阅读和鉴赏，在其中的长期浸淫自然使他们的眼界和艺术水准大不相同，再出手创作时品位也就随之提升了一大截，并在某些方面能够和世界诗歌趋同。如郭沫若有泰戈尔、惠特曼、歌德、海涅等人搭设的台阶，《女神》才能爆出强悍的音调，径直攀上浪漫主义的山峰；穆木天、王独清倡导“纯诗”时，提出色、音交错的“色的听觉”即“音画”主张，并且身体力行，其中王独清的《我从 Cafe 中出来》音色、律动、情调统一，文本的外观似醉汉摇晃轨迹复现，无伦次的语言则是流浪的心灵碎片载体，汉字与英文字母混搭，现代味十足，如果说艺术上各种“主义”存在的话，它一下子就跨越了现实主义、浪漫主义，进到现代主义的中心，令人刮目；普罗诗派直接以俄国、日本的无产阶级文学作为蓝本，并且不时与被借鉴者往还交流，所以发生不久就和全球范围内的“红色”文学潮流实现了同步共振，当然，缺点也是一致的了。

三是多借助群落的集束性生存方式出现，宣显出中国新诗喧腾纷繁的景观，也壮大了新诗的声威。一个时代的诗歌兴盛与否，既要看有无让读者叹服的拳头诗人和经典文本，也应该把有无代表性的诗歌流派或群落作为重要的衡量指标之一。与日本关联的中国新诗推送出了黄遵宪、鲁迅、郭沫若、冰心、穆木天、殷夫等许多优秀的歌唱者，在流派或群落维度上同样有不俗的表现。19、20 世纪之交，在“诗界革命”的旗帜下，聚集了黄遵宪、梁启超、蒋智由、丘逢甲、夏曾佑、谭嗣同等数员“大将”，他们从中国到日本，以思想启蒙与形式更新的双重努力，把诗“吟到中华以外天”，昭示了群体的力量优势。20 世纪 20 年代初成立的创造社，从动议结社到亮出招牌，再到转向国内发展，都是由郭沫若、成仿吾、郑伯奇、田汉等集体完成，他们凭借《创造》季刊、《创造周报》《创造月刊》等几块阵地，硬是把创造社办得和文学

---

① 郑伯奇：《〈小说三集〉导言》，《中国新文学大系》，上海：良友图书印刷公司，1935 年，第 2 页。

研究会一样，成为“五四”后雨后春笋般的文学社团中最具影响力的社团、浪漫主义诗歌的大本营，影响波及百年新诗。普罗诗派更是集创造社的郭沫若、成仿吾、冯乃超、穆木天和太阳社的蒋光慈、林伯修、楼适夷、森堡（任钧），以及“红色鼓动诗”的代表殷夫、中国诗歌会的蒲风和温流等众多诗人等几股成分，在诗中高扬革命性和大众化，探寻意识形态审美化的途径，最终为左联成立做了一定的理论与创作储备。至于后来的抗战诗歌和对日本形象的塑造，就更可视为民族群体抒情的产物了。

也许有人会说，诗歌乃高度个人化的精神作业，与日本关联诗歌的群落化倾向不是与诗歌的本质相悖吗？回答是否定的。与日本关联诗歌不是以“我”而是常以“我们”的声音或形象出现，有其必要的理由，在异国他乡让一位诗人完全独立为诗打拼难度过大，“抱团取暖”是可能存在的方式。流派或群落有时即是文学史的主潮、主脉，创造社、普罗诗歌在各自时代的流行，与对彼时诗歌风气的主宰和引导，是最好的明证；何况，群落化趋势也逼迫诗人走出纯粹的自我，和更多的读者、民众交流，无形中也在更广阔的氛围内扩大了新诗的人口和新诗自身的影响。

二、日本借镜：伤人的“双刃剑”亦自伤

日本借镜好似一柄利弊混凝的“双刃剑”，伤人的同时也会自伤，对中国新诗的建构功不可没，却也不乏负面的效应。早期“诗界革命”效仿的日本启蒙诗歌重在启蒙，在学习西方、诗体革新方面有一定的新气象，但精神向度的新质不多，语言表达离理想之境还有很大距离，“诗界革命”从中受到了“新意境”“新语句”的启示，只是倡导者新旧参半的过渡性“改良”的实质，导致革命不彻底，最终没能建构现代白话的新诗体，“这种革命的失败，自不消说”；[①] 后来的七月诗派综合接受了日本厨川白村、青野季吉、秋田雨雀等人的诗学理论，主观战斗气息浓郁，玉成了流派近于激越崇高的审美范式，可借鉴者的观点之间彼此并不完全协调，且它们中的不少地方和中国文艺以及现实实际情况相龃龉，甚至过分夸大了主观精神的力量，观念驳杂。从“诗界革命”至七月诗派之间，与日本因素相关联的一切中国新诗实践，均是深刻的明证。世界上的事物本没有尽善尽美者，日本文学思潮也不例外。明治维新以来，在

---

① 胡适：《五十年来中国之文学》，姜义华主编：《胡适学术文集·新文学运动》，北京：中华书局，1993年，第118页。

学习西方文学之路上，日本文学之路走得也并不那么从容，因匆忙而时有“消化不良”，误入过一些“岔路”和“弯路”，诗歌创作上令人耳熟能详的具有世界性影响的诗人十分鲜见。以之为榜样，“全盘吸收”，本身就隐含着一定风险，偶尔会菁芜不辨，甚至错把毒草当鲜花。何况，中国诗人在学习过程中有时又不得法，“拿来”经验的同时，教训和错误也被裹挟进来不少，“自伤”的尴尬自然就在所难免了。

首要问题是学习、吸收日本营养过程中，功利性太强，浮躁之气过重。很多诗人、批评家被建设中国新诗的企望蒙住了眼睛，甚至冲昏了头脑，只要看上去和自己目标的路径相一致的，连对方的面目和本质尚未及深入、细致地了解和掌握，就盲目“跟进”与仿效。这种借鉴有时既随意，又无序，结果正如当年作为后现代化国家的日本，在现代化过程中表现出无可摆脱的急躁性，“急功近利”地取道西方文学，匆匆忙忙地把写实主义、浪漫主义和现代主义先后操练一遍那样，中国新诗借镜日本，又“照葫芦画瓢”，依日本的做法再操练一遍。从“诗界革命”到创造社诗歌，再到“纯诗”和“小诗”，又到“普罗诗派”和“七月诗派”，在很短的时间里，居然有那么多的派别流转，这还不算那些影响小一些的诗派、社团和零散的诗人，一如跑马灯似的，流派、新人一茬一茬地来来去去，不停地更换，只是诗人们“刀枪剑戟斧钺钩叉”等十八般武艺纷纷操练过后，似乎样样来得，却哪一样都说不上精湛。这种群落频繁的变幻、更迭和命名，应该说是求新愿望和诗坛活力的表现，更可视为诗人们浮躁心态的严重外化。“跟进”的即时与盲目，使创作者来不及做艺术上的反刍和沉淀，从根本上讲是不利于艺术的相对稳定性和大诗人、经典文本产生的。像相对比较优秀的穆木天，不到十年之内就从创造社后期诗人，摇身一变成为象征诗派代表、“纯诗”倡导者，再晋升为“普罗诗派”的中坚。然而“纯诗”和“普罗诗歌”在内蕴与风格取向上是对立的，势若南北两极，几种诗歌之间的转换太过迅速，就会来不及将各种复杂的艺术因素“冷热调匀”，如此一来，想要推出绝对意义上的精品也就只能沦为空话和幻想了，但在与日本关联的诗人里，穆木天这样的还不在少数。所以近四十年的时间里，像名满天下的郭沫若或让各个群落心悦诚服的诗人、文本凤毛麟角，屈指可数，这恐怕也是借鉴日本诗歌的最大教训和遗憾。

同样是因为急功近利的浮躁，一些诗人向日本诗歌学习时，常常是一遇到有用的流派、诗人、文本因子，就直奔“目标”，非但忽视了路旁的“风景”，对方符合自己“目标”要求以外的很多优长都看不见，到头来对方最根本的涵养、品性也把握不住，只能掠得一些对象的皮毛，而无法触及甚或丢弃了对象内里的精髓。这种毛病在不少抒情群落那里都有存在。比如以冰心、宗白华为中心的“小诗”创作，对20世纪20年代中期的冗赘之风有消肿之功，在接续含蓄凝练的古典传统方面表现出色；可同时，很多“小诗”作者把所追随的俳句简单、浮表化，觉得“小诗”及俳句只要能够承载瞬间的情绪感悟、一时一地的景色，就万事大吉，却没有体会到俳句“以象写意”的精妙，特别是其中的禅意之美，以至于在创作时仅仅把“小诗”当体积概念，结果得了“小诗”的方便，却丢了“小诗”的含蓄，粗制滥造，甚至有些只是白话，而不是诗。至于说俳句那种“闲寂的精神”品质，更因“小诗”作者与宗教的隔膜、纷乱社会现实的长久牵拉，而无缘为诗人真正获得，只能蜕化为一点点不够纯粹的理趣表露出来而已，或者说已经在某种程度上偏离了俳句的趣味。再如，对几乎影响中国现代文学全程的厨川白村，不同时段的诗人是“各取所需”，所以他在中国的命运跌宕起伏，20世纪20年代初期是一扇了解日本和西方文学的窗口，中期以后因鲁迅的介入，厨川的地位陡升，后期至40年代他不断被反思和批判，80年代后重又升温；可惜，包括鲁迅在内的所有中国诗人，不论是胡风个人，还是创造社群落，都“窄化”了厨川白村，把他当作猛烈针砭日本国民性缺陷的“战士”，而没有察觉到“苦闷的象征”理论背后厨川白村生活中的“苦闷”。原因在于其妻子蝶子及他的学生山本修二等在编辑厨川遗著《苦闷的象征》时，诡秘地删除了他在日本无产阶级文学出现后的苦闷内容，其“真相”多年以后才被解密，中国诗人被遗著“误导”，判断也就随之出了“误差”。

其次是“仰视”的接受态度和方式，遮蔽、扼制了主体意识，造成对日本因素一定程度的“误读”。一个现象颇为复杂，鲁迅所遭遇的“幻灯片”事件，和郭沫若说的“读的是西洋书，受的是东洋气”，极容易让人产生留日诗人对日本缺乏向心力、骨子里蛰伏着强烈的“逃离”意念的印象。但另一方面，鲁迅的《藤野先生》又对日本人的“认真”十分敬重，周作人喜欢日本“清洁、有礼、洒脱”[①]的文化个性，郭沫若初到东瀛的家书陈述“此邦俗尚勤俭淡泊，清洁可风”，[②]对日本也无反感。也就是说，留日诗人和作家饱受民族歧视和侮辱，只是他们长时间与日本教育、文化、文学厮守，日久生情，对日本和日本文学不知不觉间滋生出一种深厚的认同感和信任感，在学习接受时自然也就不容易拉开距离，该有的审视被崇拜替代。正如有的学者

① 知堂（周作人）：《日本之再认识》，《中和月刊》第3卷第1期，1942年1月1日。

② 郭沫若：《樱花书简（之四）》，1914年2月，唐明中、黄高斌编注，成都：四川人民出版社，1981年，第11页。

指出，他们“是带着问题去请教日本文学的”，[①] 晚清“诗界革命”以及五四时期的创造社、革命文学中的普罗诗派无不如此。因之，田汉去拜望厨川白村、蒋光慈探访藏原惟人不仅顺理成章，还被当事者视为荣耀之事。这种仰视的“取经”接受姿态，无形中抬高、放大乃至神化了日本文学的某些方面和个人，导致请教者不可能再去深究对方的缺失和弊端。

如果说功利的急躁症养就了与日本关联的诗人感性表象、不问深浅的囫囵吞枣的毛病，那么过分谦卑的“顶礼膜拜”态度，就决定他们常常不辨对错地接受对方影响，不时发生“误读”，即便错误也照学不误。“误读”的例子随处可见，如创造社当年对日本浪漫主义文学的接受就不无“歪曲”之嫌。厨川白村提出了文学是生命表现的纯然说，而郭沫若沿袭了他的思路，却将观点推向了极端，认为属于“天才的自然流露”的文艺本身，“没有所谓目的”。[②] 应该说，郭沫若曾经拒绝过田汉、郑伯奇的建议，没和他们一起去东京拜访厨川白村，那时他不管出于什么心理，倒符合蔑视偶像和权威的性格，表现出了一种“骨气”。但无疑他还是因厨川白村在日本的理论领袖地位，而过分迷信了对方，厨川白村的“纯然”说的提出自有其日本特定的文化语境，也并非彻底否认文学的社会功用价值，而郭沫若的判断则显然太绝对化，在本质上“误读”了厨川白村，难怪后来进行了自我修订。再如普罗诗派对“新写实主义”的引入，就是将理论权威藏原惟人圭臬化的结果。20 世纪 20 年代中期日本的“新写实主义”对普罗诗派不无启迪，但其影响所带来的教训更多。由藏原惟人所创始的这一理论，其内涵与质地和传统现实主义理论确有不同，其间掺杂着许多反现实主义因素，以描写的“正确性”而非真实性、批评的社会价值而非艺术本质判定文学价值，虚化了 19 世纪以来的现实主义成就。这本来问题就很大，可中国普罗诗派的代表人物想不到，更不敢想藏原惟人的理论还会有错谬和裂隙，所以全盘吸收，太阳社的诸诗人还以之为“前卫”武器，讨伐张天翼小说只是“观照的东西”的旧写实主义倾向，反常地提出“直接的煽动的成分还应该加重，有搀入相当分量的标语和口号的必要”，[③] 结果反倒背离了现实主义实质，贻误了中国现实主义诗歌的前程。至于受福本主义的波及，青野季吉等日本无产阶级文学代表错误地强调“分离结合”和“理论

① 方长安：《中国近现代文学接受日本文学影响反思》，《福建论坛》2005 年第 10 期。

② 郭沫若：《文艺之社会使命》，《民国日报·觉悟》，1925 年 5 月 18 日。

③ 钱杏邨：《现代日本文艺的考察》，《阿英全集》第 1 卷，合肥：安徽教育出版社，2003 年，第 169 页。

斗争”，导致左翼文学队伍争强斗狠，分崩离析，损失惨重，而他们的理论和宗派情结却因李初梨、冯乃超以及郭沫若等人的思想“认同”，被如法炮制地援引到普罗诗歌运动中来，并且变本加厉，借助之党同伐异，排斥异己，非但像徐志摩这样的非无产阶级诗人遭殃，成了蒋光慈等普罗诗人不断攻击的对象，成了“假的唯美主义者”、落后反动的“革命的敌人”，[①] 甚至连徐志摩及其新月诗派相关的文学思潮也无端受到牵连，被“棍”“棒”相加。普罗诗派以一己的价值追求与话语模式否定意见不同者的思维模式可见一斑，它生生把日本左翼文学犯的错误在中国文坛又重复地犯了一遍，教训发人深省。

最后是过度倚重政治因素，常常以感性压倒理性，以思想取代艺术，陷入极端的误区。对留日学生的个性，学界基本达成了共识，认为“留日的中国知识分子所受军事主义、社会主义和民族主义的影响，较留学其他地方的学生所受的为多”，[②] 而“留日学生所倾心的革命文化与留学英美的学术文化构成了中国现代文学的主体格局”。[③] 明治维新改革运动说不上彻底，它使日本转入资本主义社会以后，军国主义的扩张思想相对比较严重，在这样一个空间里寻求英法等国家的民主自由是不现实的；而多数留日学生的生活本身并不富足，经费拮据；这些因素和故国的黑暗、社会使命感、民族的歧视聚合，注定使留日学生很难像留学英法的学生那般从容、优裕、稳定，能够潜心于文学形式本体的建构和打磨，而是带着浓厚的情绪色彩，思想激烈，在文学创作的价值取向上，也多偏重于革命和社会思想的探寻。同时，日本无产阶级文学运动内部“斗争”激烈，福本主义及其余波持续数年，也刺激、强化了与日本关联的中国诗歌的“政治”旨趣。受日本因素影响和诱发，中国新诗在 1937 年以前特定的时段里，多是政治标准第一，艺术标准相对被弱化或淡化。如“诗界革命”的代表人物梁启超、谭嗣同等人的出发点即存在问题，他们起初并没有把诗歌当回事，觉得那是容易造成“骄娇”二气、应该规避的“小道”，戊戌变法后才意识到诗歌的宣传效用，因之倡导“诗界革命”；但这也只是把诗歌当作“工具”而已，诗歌装载的政治哲学、启蒙任务一旦“宣传”出去，诗歌的全部意义即告完成。也就是说，他们考虑的是宣传而不是诗，在诗与宣传之间该牺牲的自然是诗，如此就不奇怪为什么这场运动过后，只遗下“革命”，而没有好诗进账了。再有，受日本左翼诗歌

---

① 蒋光慈：《现代中国文学与社会生活》，《太阳月刊》1 月号，1928 年 1 月 1 日。

② 周策纵：《五四运动史》，长沙：岳麓书社，1999 年，第 43 页。

③ 熊辉：《五四译诗与早期中国新诗》，北京：人民出版社，2010 年，第 107 页。

直接启发的普罗诗派，毫不避讳地把“榜样”的“政治首位性”当作标杆，高扬诗歌的宣传、鼓动性，至于诗歌的精神和形式永远是附属品，因为在李初梨、冯乃超等人看来，文学就是单纯的精神传声筒，标语化、口号化是一种常态，这样就以诗歌的教化功能彻底地碾压其艺术本质，所以提起普罗诗歌人们想到的只有论争及其文章，而不会是哪篇诗歌精品，在唯有文本才具说服力的艺术竞技场上，它留下的只能是教训。

同样是因为政治因素的规约，即便是相对纯粹一点的创造社诗歌、小诗和“纯诗”，到头来也由于中国国情、诗歌传统的力量介入，逐渐向“现实主义”归趋。创造社最初那么坚守个人的情绪和想象力，而随着社内主体成员回国，脱离了“大正”文化圈，也开始清算感伤主义的浪漫病，到 1928 年以后则彻底“转向”革命文学的建设，其初衷虽然值得圈点，但在主体完全融入社会“大我”的过程中遗失了“小我”，相对稔熟的创作方法适应不了新现实，思想上进的同时，艺术水准却下滑了。同样，“小诗”的流行曾给诗坛带来了不少灵性和活力，但 1924 年以后它对新的革命情绪与历史氛围已无力表现，于是一些“小诗”作者不再满足仅仅表现刹那的感兴和一时一地的景色，违反日本俳人的那种观照社会现实乃俳句自戕行为的观念，转而去经营“大诗”，从正面说这是诗对历史与现实的必要回应，但其结果也使一种特色十足的诗歌流派、品类从诗坛消退了。倚重政治因素，从某种意义上说，是中国新诗异于其他国家诗歌的一个优良传统，它助长了诗和现实、生活的大面积接合，以形象化的方式承担了社会良知和历史使命；可这种倚重也扼制了艺术和诗人个性的生长，削弱了诗坛声音、流派的多元绚烂，尤其是这一倾向达到极致之时，就可能酿成诗歌的悲剧。

三、主体超越：“日化”后的“化日”

有人认为创造社的评论和创作，“几乎是近于‘照抄’日本当时的文艺思潮和理论，但那仍然是生活在变革时期中国知识青年的苦恼和奋斗的足迹的反映。只要一读那些作品，就会分明地感到那是和日本文学具有明显的不同的风貌”。[①]“照抄”说肯

---

① 伊藤虎丸：《创造社和日本文学》，《鲁迅、创造社与日本文学》，孙猛等译，北京：北京大学出版社，2005 年，第 145 页。

定言过其实，创造社作品与日本文学“不同”确是实情；并且可以扩而广之，不止创造社，整个和日本因素关联的中国诗歌与日本文学均有本质上的区别。一方面，中国的民族精神、现实境况和艺术传统特质与日本有着明显差异，有这一因素压着阵脚，保证中国新诗在借鉴过程中总能保持独立个性与品格；另一方面，诗人们深知，借鉴不是亦步亦趋的被动模仿，所以面对日本异质文化系统时，能够自觉注意消化，有所扬弃，以不同程度的“增殖”和“变异”，进行创新性的背离与超越，在“日化”的过程中实现了“化日”。正因如此，即便日本因素具有那么严重的负面影响，与其相关联的中国新诗在几十年时间里，非但没有销声匿迹，反倒像将那些因素当成了“酵母”式的催化养料，使自身的生命力愈加健壮。

抗战爆发前的中国现实，不比日本那般相对和平与安静，文学与政治之间基本协调，不时出现唯美风尚与游戏精神，而是命运多舛、内忧外患交织，社会黑暗、自然灾害、连绵的战争将百姓拖入水深火热之中，国家与民族危机一直存在，文学和政治关系紧张。这种现实境况对于民族精神烙印深厚的中国诗人来说，既是制约，更是唤醒。骨子里流淌着传统血液的中国诗人，在儒道互补的文化结构中更重儒家思想，他们着眼现实，以入世为正格，忧患意识和理性精神显豁。诗歌虽然多从个体本位出发，貌似与排众数、任个人的西方文化一致，实则在心灵化的背后，有传统诗精神的内在制约，入世情怀多于出世奇思，救亡压倒启蒙。像林山讽刺日军“三光”政策的《蝗虫和皇军》，郭沫若将猩猩、狗与日本人类比的《巨炮之教训》等大量抗战诗歌，那种对日本侵略者阴谋与残暴的揭示，对国人仇恨与愤怒情绪的抒放，以及流贯诗中的忧患的人生担当和对芸芸众生的终极关怀，均是以家国为本的入世心理表现，是屈原以来“忧患之思”的动人闪耀。置身于这样的生存圈中，任何“象牙之塔”都难以抵挡现实风雨的侵袭，最终只能归于坍塌，20 世纪 20 年代诗坛的“纯诗”之梦，很快就被惊醒即是明证。惨淡的现实没给“纯诗”提供充分的生存土壤，穆木天、王独清和冯乃超等人也缺乏辰野隆、波德莱尔两位东西方精神导师的优裕从容，而多停驻于人事经验层面的中国诗论辐照，这使他们很难真正理解经常超越历史的抽象的“纯粹”观念。因此，王独清的《吊罗马》、穆木天的《旅心·献诗》、冯乃超的《苍黄的古月》等曾醉心于超验神思、呢喃于纯粹形式的“纯诗”，在他们低抑的人生感喟里已经不时闪动着几缕时代的苦闷光影，后来经过斗争的触动，“纯诗”倡导者纷纷诚服于社会功利，让象牙塔更多融进现实风云，如穆木天创作普罗诗歌，冯乃超宣传无产阶级文学，王独清也步入了革命生涯。即便是洪为法的《雪》、成仿吾的《海上吟》、裘柱常的《梦罢》等创造社诗歌的“感伤”，也非纯然的个人一己悲欢，而是时代培植的“公共情绪”，五四运动落潮后如果哪位青年诗人的歌唱没有蕴含、折射社会的“苦闷”，反倒是咄咄怪事。与日本关联的中国新诗中的现实关怀、伦理承担和民族精神显影，是传统诗歌精神的现代延伸，是其区别于其他民族、国家诗歌的重要“标志”，新诗凭借它才切入了时代与人类良知，使一首首发端于自我的作品，传达出了“非个人化”的声音，貌似独立却彼此应和，共同建构、恢复了时代的心灵历史，在某种程度上构成了整个中国新诗的主体流脉、筋骨和形象，如果抛离或削弱这种品质的分量，新诗将黯然失色。

艺术传统的隐性控制和支持，是与日本因素关联的中国诗歌稳健前行的“法宝”。中国新诗对日本诗歌与文化的接受不是孤立、单向的，而是一直和对古典诗歌乃至西方诗歌的汲纳同步，或者说它是对古典诗歌、日本文学两个参照系统的双向敞开，在二者的相互融汇中完成背离性探索。如“在体验情感的问题方面，中国人不像西方人那样常常把心灵放在首位，而是善于使情感在物中依托，或者说是进行主客浑然的心物感应与共振。这种情景交融、体物写志的赋的精神，是东方诗歌意境理论的精髓”。[①] 对于诗歌意境的传统法度精华，几乎所有与日本因素关联的中国诗人，都能心领神会，并在实践中以物象烘托情思，求言近旨远的蕴藉效果。“诗界革命”创作之领袖黄遵宪的《人境庐诗草》，之所以驰名海内外，即与其艺术之精湛密不可分。他除看重新语句、新意境，更念念不忘“旧风格”，寻求传统之妙。如其《夜泊》中“一行归雁影零丁，/相倚双凫睡未醒”、《夜起》中“正望鸡鸣天下白，/又惊鹅击海东青”等诗句，尽管被认为意象密度已经有所降低，对仗化程度也在逐渐减弱，但前两句省略意象间联系环节的跳跃，启用朦胧系统的信任读者参与文本编织，后两句整饬妥帖的严谨格式，仍然透着古典诗词夺人的神韵和魅力。而创造社的郭沫若在题材和意象选择上都呈现出浓郁的传统气息。他四五岁开始接触四书、五经，后又细读孔子、庄子，长时间的儒、道思想熏陶，使传统文化在他的灵魂中扎下了深根，《女神》的创作题材及其中很多意象即受到传统文化因子的滋养，如扬子江、黄河、屈原、天狗、女娲、牛郎、织女等意象分别来自中国地理、古代历史和神话传说，《凤凰涅槃》中的“凤凰”意象既来自古代天方国“不死鸟”菲尼克斯的传说，也蕴含荆楚文化中凤凰崇拜的成分。再如 20 世纪 20 年代“纯诗”的“音画”实验，意在借助形、音、

---

① 罗振亚：《与诗相约》，成都：四川文艺出版社，2017 年，第 4 页。

色的系统互动，敦促诗歌向绘画、音乐靠拢，在画意美、音乐性中收回诗歌的全部价值。穆木天的《苍白的钟声》用物的波动表现心的波动，王独清的《玫瑰花》音色感觉交错，结合动静效果，进入了“色的听觉”的高美境界。这些诗作虽然和瓦雷里、兰波等象征诗人的影响不无关联，但实际上更是向中国古典诗歌与音乐、绘画联姻道路的归依，接通的是王维的诗画一统、白居易《琵琶行》音节悦耳之追求。这种接通艺术传统的探索，能够唤起诗国读者稔熟的审美记忆，保证与日本因素关联的中国诗歌在接受影响过程中，能够逐渐摆脱模仿，立稳足跟，进入自主独立的民族化境地。

与日本因素关联的中国诗歌的最可取之处，是没有跟风式地照搬日本文学经验，而是暗合鲁迅的“拿来主义”理论精神，依照自身的需求对之进行必要的选择、取舍、扬弃，甚至“误读”和变异，而这一过程正是中国化的过程。在此意义上可以说，日本影响因素和中国新诗之间绝非“影响—接受”的线性关系模式那么简单，与日本因素乃至世界文学对话的企图，使中国新诗在某种程度上进入了创造的领域。如日本俳句与中国“小诗”的发生联系密切，但冰心、宗白华、周作人等的“小诗”就没有完全按俳句的路数走。先是周作人将俳句译介到中国时做了一番处理，并未恪守俳句十七个音数、五七五分行的规定，而是结合日语音节与人的呼吸特点，尽量启用双音节词，再加上语气助词“呀”“罢”“了”等，摆脱了俳句的季语、切字限制；继而，在创作中像应修人反诘人生的《一生》、汪静之思考爱情本质的《伊的眼》等大量诗歌，也突破了俳句不能观照现实的限制，没得到俳句“闲寂的精神”，却充满强烈的现实关怀，利弊各有。再有，胡风对厨川白村思想的接受也有一个主体介入后的改造、重塑过程。胡风推崇厨川的理论，但并不是不加辨析地对其唯马首是瞻，他认同厨川的苦闷、欲求乃文学生命力的前提的立论，却主张生活实践才是创作主体的主观精神来源，认为厨川“把创作的动力归到性的苦闷上面当然是唯心论的”，[1] 在他看来，“苦闷”由社会生活造成，兼有生物学、社会学性质，这样就把厨川以主体“情绪主观”为源泉的文学观转换成了主体从实际生活获得源泉的文学观，即把厨川的唯心思想颠倒、修正过来了。这种主观现实主义理论也是胡风的最大贡献。创造社对日本、西方的浪漫主义，普罗诗派对日本左翼诗学，也同样存在着一个中国化的处理环节。这些经历表明，借鉴任何外来文化、文学精华，主体都不该被动地等待和接受，而要主动出击，选择对方和本民族固有积淀相通的某一方面，而对其他方面可以

---

① 胡风：《略谈我与外国文学》，《中国比较文学》1985年第1期。

故意忽略不计，只有这样“明知故犯”地主观取舍，加以改造，为我所用，才能最终创造出自己的精品。

也许有人会说，如此强调中国新诗接受日本影响过程中的文化主体性，和认定中国新诗接受日本因素时存在着盲目崇拜、不加分析的弊端是不是自相矛盾呢？其实不然。一方面中国新诗强调接受异域营养的主体性，因为有深厚的传统压着阵脚，意识一直相对清醒，同时是其创造的内驱力使然，带有一定的理想成分，主体意识在一定程度上得到了实现；另一方面由于各种因素的限制、影响和牵拉，中国新诗在“化日”的环节上缺少经验，并不十分得法，很多时候预设的目标没有达到，客观效果不尽如人意，有时就落入了过度“借鉴”甚或模仿的窠臼。这种悖裂现象正是中国新诗接受日本影响的一体两面，说明它并不是完全可圈可点，当然它的不成熟也预示着它在不同时段被后来的诗人、流派超越的必然。并且，中国新诗对日本影响因素的接受提供了一个启示：在联系与交流意味着一切的时代，闭关自守是没有任何出路的，只有以开放的姿态，博采众家之长，方可获得与全球诗歌及文学对话的权利，但是在开放的过程中，必须时时注意提高消化力，使异域的艺术经验中国化。

哲学·宗教·艺术学

论自由与正义

——孔子自由观及其正义论基础*

黄玉顺**

摘　要：贡斯当关于古代人的自由与现代人的自由的区分，逻辑地蕴含着作为上位概念的普遍“自由”概念，其内涵是：个人的意志行为在正义的社会规范内不受他人干预。按照这个普遍概念，孔子具有自己的自由观念。这种观念不是境界论的自由观，而是人性论的自由观。“个人的意志行为不受他人干预”是这种自由观的主体性维度，即个体主体具有天然的自由意志；“正义的社会规范”（礼）是这种自由观的规范性维度，即它是以孔子的正义论为基础的。这就是说，自由的规范条件来自两条正义原则，即源于博爱精神（仁）的正当性原则和适应于特定时代基本生活方式的适宜性原则（义）。因此，孔子的自由观念具有两个层面：遵守规范是保守性的自由，而重建规范是建设性的自由。

关键词：孔子；自由观；正义

毫无疑问，“自由”与“正义”都是人类共同的价值观。不过，两者之间的关系如何，尚待揭示。本文将通过分析孔子的自由观及其正义论基础，呈现自由与正义的内在关系。

---

*　山东大学基本科研业务资助项目“儒家自由理论研究”（2020GN026）

**　黄玉顺，山东大学儒家文明协同创新中心特聘教授（济南　250100）

引论：普遍的“自由”概念

在讨论人类共同价值的时候，人们往往只着眼于“共时性”（synchronic）维度，如中国和西方的价值观念之间的共同性，而忽视了“历时性”（diachronic）维度，即古人和今人的价值观念之间的共同性。然而，邦雅曼·贡斯当（Benjamin Constant）讨论“古代人的自由”（the liberty of the ancients）与“现代人的自由”（the liberty of the moderns），[①] 就是一种历时性的眼光（尽管他的着眼点不是古今之间的共同性，而是差异性）。事实上，既然古代自由与现代自由都命名为“自由”，这就已经逻辑地蕴含着一个观念：存在着一种作为上位概念而涵盖古代自由与现代自由的普遍“自由”概念（尽管贡斯当本人并未对此加以揭示）。诚如学者所说：“自由是人类永恒的追求，它并不仅仅属于‘现代’。”[②] 显然，讨论孔子的自由观，所需要的正是这样一个普遍“自由”概念，因为孔子是古代人，不可能有现代的自由观念。只有在这种历时性考察之后，才能够进行恰当的共时性考察，即考察普遍“自由”概念之下的中西差异，进而揭示儒家对于自由的“现代性诉求的民族性表达”。[③]

（一）两类“自由”观念的辨析

在讨论中国古代的自由观时，人们常说孔子的“从心所欲不逾矩”、庄子的“逍遥”达到了“自由境界”；[④] 有学者说，“自由是修炼而成的”，是一种“功夫”。[⑤] 诸如此类的说法，可以称之为“境界论自由观”，即认为自由是一种精神境界，它需要经过修养或修炼才能够达到。例如，按照冯友兰先生的境界论，“自然境界”“功利境

---

① 邦雅曼·贡斯当：《古代人的自由与现代人的自由——贡斯当政治论文选》，阎克文等译，上海：上海人民出版社，2005 年，第 31、41 页。

② 李海超：《儒家自由观的新开展》，《当代儒学》第 12 辑，桂林：广西师范大学出版社，2017 年，第 225 页。

③ 参见黄玉顺：《“儒学”与“仁学”及“生活儒学”问题——与李幼蒸先生商榷》，《四川大学学报》2008 年第 1 期；《反应·对应·回应——现代儒家对“西学东渐”之态度》，《上海师范大学学报》2009 年第 5 期。

④ 参见谢扬举：《逍遥与自由——以西方概念阐释中国哲学的个案分析》，《哲学研究》2004 年第 2 期；朱承：《在规矩中自在——由“从心所欲不逾矩”看儒家自由观念》，《现代哲学》2008 年第 6 期；刘鹤丹：《自觉于规矩——由“从心所欲不逾矩”看孔子的自由观》，《孔子研究》2013 年第 5 期；邓联合：《“逍遥游”与自由》，《中国哲学史》2009 年第 2 期。

⑤ 倪培民：《修炼而成的自发性——以伯林为镜看儒家自由观》，《哲学分析》2021 年第 1 期。

界”“道德境界”都是不自由的，自由唯在于最高的“天地境界”；[①] 按照蒙培元先生的境界论，自然情感之“诚”和道德情感之“仁”都是不自由的，自由唯在于形而上的超越之“乐”；[②] 按照笔者的境界论，“自发境界”“自为境界”都是不自由的，自由唯在于“自如境界”。[③] 这样的“自由”观念将会导致严重的问题：

（1）这种境界论自由观，实为“自由的等级分配”观念，将导致否定普通人的自由权利，因为：不论道德境界还是知识境界，按照境界论自由观的逻辑，普通民众当然很难达到较高的境界，更达不到最高的境界，因此，他们理当不自由，或者说不配享有自由；唯有“君子”甚至“圣人”“至人”“神人”（《庄子·逍遥游》），才有享受自由的资格。

境界论自由观认为，唯有达到了“天人合一”的境界，才能获得真正的自由。这其实是混淆了两类不同的“自由”概念。一类是与“必然”相对的、认识论范畴的“自由”概念，主体所面对的是必然性，即所谓“天”。例如“人固有一死”，[④] 不存在“不死”的自由选项；纵然有时可以“制天命而用之”（《荀子·天论》），也不意味着可以自由地改变“天命”，所以孔子才“畏天命”（《论语·季氏》）。另一类则是与“奴役”“被控制”或“受干预”等相对的伦理学以及政治哲学范畴的“自由”概念，主体所面对的是“他者”（other）的意志。我们这里所要讨论的是后一类“自由”概念，“自由”意味着主体的意志行为不受他者的干预。这实际上就是伯林（Isaiah Berlin）所说的“消极自由”（negative liberty）。[⑤]

（2）境界论自由观还蕴含着另一种危险，即“自由的心态解释”，认为对自由的追求无需致力于改变外部的社会条件，只需努力改变自己的心理状态即可。例如，奴隶的自由不需要废除奴隶制，只需要奴隶们改变自己的心态。这显然是荒谬的。更有

---

① 冯友兰：《新原人》第三章“境界”，《三松堂全集》第四卷，郑州：河南人民出版社，2001 年，第 496—509 页。

② 蒙培元：《从孔子的境界说看儒学的基本精神》，《中国哲学史》1992 年第 1 期；《心灵与境界——朱熹哲学再探讨》，《中国社会科学院研究生院学报》1993 年第 1 期；《主体·心灵·境界——我的中国哲学研究》，《今日中国哲学》，南宁：广西人民出版社，1996 年，第 841—859 页；《心灵超越与境界》，北京：人民出版社，1998 年，第 21—24 页。

③ 黄玉顺：《爱与思——生活儒学的观念（增补本）》，成都：四川人民出版社，2017 年，第 167—186 页。

④ 《报任安书》，《汉书·司马迁传》，北京：中华书局，1962 年，第 2732 页。

⑤ 参见伯林：《自由论》，胡传胜译，北京：译林出版社，2003 年，第 189—195、200—201 页；马华灵：《被误读的与被误解的：中国语境中的伯林》，《天府新论》2017 年第 2 期。但孔子的自由观并不限于消极自由，也不等于柏林的“积极自由”（positive freedom）。

甚者，还有人对自由采取鄙夷的态度。这其实是鲁迅笔下的“阿Q精神”，伯林称之为“酸葡萄学说”（sour grapes）。[①] 显然，今天讨论自由价值观，作为一种“现代性诉求”，必须警惕境界论自由观。

为此，必须将“自由”与“境界”加以断然切割，即自由与境界无关。事实上，孔子的自由观并不等于境界论自由观。最显著的例证就是他讲的“匹夫不可夺志”，显然是在强调普通人的自由意志（关于“自由意志”，详下）。邢昺解释：“匹夫，谓庶人也”；尽管“庶人贱，但夫妇相匹配而已，故云‘匹夫’”，但“匹夫虽微，苟守其志，不可得而夺也”。[②] 普通民众当然谈不上有多么高的境界，但其自由意志是不可剥夺的。承认这种普遍存在的、不可能被夺去的自由意志，这就是“人性论自由观”，[③] 犹如孟子所说的“人之所不学而能者，其良能也”（《孟子·尽心上》）。所以，胡适曾引用孔子“匹夫不可夺志”这句话，以证明：孔子作为“中国思想界的先锋”，“也可以说是自由主义者”。[④] 当然，这里的“自由”只能被理解为涵盖古今的普遍“自由”概念。

（二）普遍的“自由”概念

本文尝试给出一个普遍的“自由”概念，这个概念蕴含着“正义”价值：“自由”指个人的意志行为在正义的社会规范内不受他人干预。这个定义包含两个不可或缺的基本方面：

（1）“个人的意志行为不受他人干预”。冯友兰先生就曾指出，“自由意志”的含义即意志“不受决定”或“不受限制”。[⑤] 这里包含三层含义。①自由的主体是“个人”（person）；或者说，我们将“自由”这个词语用于个人。当然，某种群体或集体的自由也是可以讨论的，因为他们也是某种主体；不过，我们讨论普遍“自由”概念

① 伯林：《自由论》，第189页。

② 《论语注疏·子罕》，阮元校刻：《十三经注疏》，北京：中华书局，1980年影印版，第2491页。

③ 郭萍：《儒家的自由观念及其人性论基础》，《国际儒学论丛》2016年第2期，北京：社会科学文献出版社，2016年，第73—86页；《超越与自由——儒家超越观念的自由人性意蕴》，《探索与争鸣》2021年第12期。

④ 胡适：《中国文化里的自由传统》，胡松平编著：《胡适之先生年谱长编初稿》第六册，台北：联经出版事业公司，1984年，第2080页。

⑤ 冯友兰：《新原人》，北京：生活·读书·新知三联书店，2007年，第199页。

的最终目的，毕竟是要关注现代人的自由，而这里作为社会基元的主体即是个体。[①] ②这里的“行为”包括思想行为，即思想自由。③不受他人干预，这既是西语“自由”（freedom）这个词语的基本语义，即“免于”（free from）；[②] 也是汉语“自由”的基本语义，即孔子所说的“由己”而不“由人”（《论语·颜渊》）。

（2）“在正义的社会规范内”。这里给出了两个层次的规定：①自由的前提条件是遵守“社会规范”（norms），包括道德、法律规范等。显然，真正的自由并非被庸俗化甚至被污名化的为所欲为，而是受社会规范约束的。这里似乎存在着一种直觉的印象：“个人的意志行为不受他人干预”与“遵守社会规范”相互矛盾。两者唯有在这种情况下没有冲突，那就是社会规范本身就是个人意志的一种实现，即个人要么参与制定、要么同意这种规范。但是，这里的“同意”亦非泛泛的“认同”。例如，宦官通常也都认同太监制度，但这并不意味着他是自由的。因此，“自由”概念的进一步规定是：②遵守社会规范的前提条件是这种社会规范本身是正义的（just），即这种规范是正当（公正、公平）并且适宜的。[③] 如果社会规范本身并不正义，那么遵守社会规范恰是不自由的表现。于是，我们就进入了“正义论”（the theory of justice）的论域，即正确的自由观必须以正义论为基础。

（三）“从心所欲不逾矩”与“自由”的概念

上文谈到，关于孔子的自由观，人们常引证他说的“从心所欲不逾矩”。这看起来很合理：“从心所欲”对应“个人的意志行为不受他人干预”；“不逾矩”对应“遵守社会规范”。但须注意，孔子这番话是境界论的表述，所以他才强调年龄：“吾十有五而志于学，三十而立，四十而不惑，五十而知天命，六十而耳顺，七十而从心所欲不逾矩。”（《论语·为政》）假如直到“七十而从心所欲不逾矩”才算是自由的，那么七十岁之前的孔子就是不自由的。圣人孔子尚且如此，何况常人！显然，这并非我们这里要讨论的人人享有的自由。所以，必须再次明确：“自由”并非境界概念，而是权利概念。

---

① 黄玉顺：《论儒学的现代性》，《社会科学研究》2016 年第 6 期；《论“儒家启蒙主义”》，《战略与管理》2017 年第 1 期，第 221—250 页；《论阳明心学与现代价值体系——关于儒家个体主义的一点思考》，《衡水学院学报》2017 年第 3 期。

② 参见黄玉顺、杨虎：《儒学与生活——黄玉顺教授访谈录》，《当代儒学》第 8 辑，桂林：广西师范大学出版社，2015 年，第 300—310 页。

③ 参见黄玉顺：《中国正义论纲要》，《四川大学学报》2009 年第 5 期。

但这并不是说“从心所欲不逾矩”对于“自由”问题的讨论毫无意义。刚才谈到“从心所欲”而又“不逾矩”与“个人的意志行为不受他人干预”而又“遵守社会规范”之间的对应关系，已然表明“从心所欲不逾矩”这个命题是有自由观意义的。但是，这种意义的揭示，首先必须去除境界的观念、年龄的条件。这就是说，如果要将“从心所欲不逾矩”理解为对“自由”观念的表述，那就不能说“七十而从心所欲不逾矩”，而应当说“人皆从心所欲而不逾矩”。在这个意义上，就可以说“‘从心所欲’之欲……不是为所欲为，而是自由意志”。[①]

不仅如此，正如上文所说，“不逾矩”或“遵守社会规范”是有前提的，即这种社会规范本身是正义的。这就表明：“自由”价值以“正义”价值为前提，必须先行讨论“正义”问题。

一、孔子自由观的正义论基础

罗尔斯说：“正义是社会制度的首要价值。”[②] 笔者曾指出：社会制度其实是社会规范的制度化，但并非所有社会规范都可以制度化，因此毋宁说，正义是社会规范的首要价值。[③] 那么，从正义为自由奠基的角度看，我们也可以说：正义是自由的首要价值。因为：自由作为不受他人干预的意志行为，乃是在社会规范内的行为；如果没有社会规范及其制度的正义，那就没有真正的自由。

那么，何谓“正义”？这里首先要区分“制度正义”与“行为正义”。人们的行为符合社会规范，这是“行为正义”范畴，如孔子说“非礼勿视，非礼勿听，非礼勿言，非礼勿动”（《论语·颜渊》）；其前提是这种社会规范本身符合更高的价值原则——正义原则，这是“制度正义”范畴，这才是正义论的课题。如孔子说“殷因于夏礼，所损益可知也；周因于殷礼，所损益可知也；其或继周者，虽百世可知也”（《论语·为政》），这就叫作“礼有损益”，即根据正义原则来改变不正义或不再适宜

---

① 蒙培元：《从孔子的境界说看儒学的基本精神》，《中国哲学史》1992 年第 1 期。

② 罗尔斯：《正义论》，何怀宏等译，北京：中国社会科学出版社，1988 年，第 3 页。

③ 参见黄玉顺：《作为基础伦理学的正义论——罗尔斯正义论批判》，《社会科学战线》2013 年第 8 期。

的社会规范。[①]

（一）孔子正义论的一般理论结构

孔子正义论是一个复杂、立体的理论系统，其最核心的理论结构就是“仁→义→礼”之间的奠基关系：根据博爱情感（仁）来确立正义原则（义），根据正义原则（义）来建构社会规范（礼）。

（1）仁：博爱情感。“博爱”是韩愈的用语“博爱之谓仁”，[②] 孔子谓之“泛爱”（《论语·学而》）。这里涉及儒家“仁爱”情感的两个方面：一是属于私域（private sphere）的“差等之爱”必然导致利益冲突，所以才需要建立规范（礼）；[③] 二是解决这种冲突的情感路径只能是超越“差等之爱”而走向属于“公域”（public sphere）的“一体之仁”，此即“博爱”（仁）。

（2）义：正义原则。博爱情感是普遍而抽象的；这种情感的落实或实现方式则是特殊而具体的，取决于不同时代的基本生活方式的特点。所以孔子强调“义以为上”（《论语·阳货》）、“无适也，无莫也，义之与比”（《论语·里仁》）。由此可以说明社会规范及其制度的历史变迁。

根据以上两点，孔子的思想蕴含着儒家的两条正义原则。①正当性原则。这是博爱情感的普遍性的体现，即唯有根据“一体之仁”的精神建立起来的社会规范才是正当的。故孟子说“义，人之正路也”（《孟子·离娄上》）。②适宜性原则。这是博爱情感的具体性的体现，即唯有根据特定历史时代的基本生活方式建构起来的社会规范才是适宜的。故《礼记·中庸》说，“义者，宜也”。两条正义原则的内涵，正是韩愈《原道》开宗明义的命题“博爱之谓仁，行而宜之之谓义”。[④] 这是“仁→义”的理论结构。

（3）礼：社会规范及其制度。孔子的正义论要求根据上述两条正义原则来进行社会规范建构及其制度安排：体现博爱精神的“礼”才是正当的；适应特定时代基本生

---

① 参见黄玉顺：《论“行为正义”与“制度正义”——儒家“正义”概念辨析》，《东岳论丛》2021年第4期；《中国正义论的形成——周孔孟荀的制度伦理学传统》，北京：东方出版社，2015年，第344、107—198页；《孔子的正义论》，《中国社会科学院研究生院学报》2010年第2期；《孟子正义论新解》，《人文杂志》2009年第5期。

② 韩愈：《原道》，马其昶：《韩昌黎文集校注》，上海：上海古籍出版社，1986年，第13页。

③ 参见黄玉顺：《荀子的社会正义理论》，《社会科学研究》2012年第3期。

④ 韩愈：《原道》，马其昶：《韩昌黎文集校注》，第13页。

活方式的“礼”才是适宜的。这是发展的观念、文明进步的观念，即孔子讲的“礼有损益”。

这种“义→礼”结构，就是孔子所说的“义以为质，礼以行之”（《论语・卫灵公》），即以“义”为实质性的价值原则，而以“礼”为这种原则的规范性的实行形式。这是古代文献常见的“礼义”表达的真切内涵，冯友兰先生曾指出：“礼之‘义’即礼之普通原理。”①《左传》也说：“义以出礼”“礼以行义”。②

上述“仁→义”结构与“义→礼”结构之综合，就是孔子正义论的核心结构“仁→义→礼”，故孔子说：“人而不仁，如礼何?”（《论语・八佾》）这就是孔子的“轴心突破”（The Axial Breakthrough），③ 即“以仁释礼”。④

（二）孔子正义论的自由价值效应

上述原理蕴含着自由观的正义论前提：遵守社会规范的前提是社会规范的正义；社会规范正义的前提是符合正义原则；确立正义原则的前提是具有博爱精神。

1. 自由与博爱精神（仁）。对“自由”的最庸俗的理解之一，是自私自利，对他人漠不关心。其实，这正是儒家所批评的“麻木不仁”，⑤ 缺乏“一体之仁”。⑥

西方启蒙时代的著名口号“自由・平等・博爱”，将“博爱”排列于“自由”之外、之后，极为不妥。事实上，真正的自由蕴含着博爱，博爱的情感是自由的前提：①自由的情感前提是“自爱”（the love for oneself），绝对不能设想不自爱而能够自由。儒家亦然，“自爱才是儒家仁爱的逻辑起点”。⑦ 在孔子那里，这就叫“为己之学”（《论语・宪问》）。荀子后来将“仁”分为三个等级，并将“自爱”列为最高等级（《荀子・子道》）。这就是说，“自爱”乃是“博爱”的前提，不能设想不自爱而能够博爱、能够自由。②自由的情感内涵是“他者之爱”（the love for others）。假如没有“他者之爱”，就不可能尊重他者的自由，最终就会在原则上否定自我的自由。总之，

---

① 冯友兰：《中国哲学史》，北京：中华书局，1961 年，第 414 页。

② 《左传》，阮元校刻：《十三经注疏》，第 1743、1829 页。

③ 余英时：《中国轴心突破及其历史进程》（代序），《论天人之际——中国古代思想起源试探》，台北：联经出版事业股份有限公司，2014 年，第 1 页。

④ 黄玉顺：《儒学反思：儒家・权力・超越》，《当代儒学》第 18 辑，成都：四川人民出版社，2020 年，第 3—10 页。

⑤ 黎靖德编：《朱子语类》卷二十五，王星贤点校，北京：中华书局，1986 年，第 604 页。

⑥ 王阳明：《大学问》，《王阳明全集》，杭州：浙江古籍出版社，2010 年，第 1014—1016 页。

⑦ 郭萍：《自由儒学的先声——张君劢自由观研究》，济南：齐鲁书社，2017 年，第 393 页。

博爱乃是自由的情感本源，或者说是自由的情感内涵；用儒家的话语讲，就是“无仁即无自由”。

（2）自由与正义原则（义）。既然自由源于由自爱而博爱的精神，那么，自由当然就意味着要遵从以博爱精神为内涵的正当性原则。用儒家的话语讲，就是“无义即无自由”。不能设想“不仁不义”的自由，因为“不仁不义”导致否定正义原则，进而导致否定自由的社会规范条件，最终导致否定自由本身。

（3）自由与社会规范（礼）。上文谈过，自由指在社会规范内的意志行为。因此，正义的社会规范是自由的必要条件，即自由的保障；假如没有正义的规范，那就是“丛林”，就只是“强力”（power）的自由，而不是每个人的自由。用儒家的话语讲，就是“无礼即无自由”。

关于这个问题，这段对话值得分析：“颜渊问仁。子曰：‘克己复礼为仁。一日克己复礼，天下归仁焉。为仁由己，而由人乎哉?’”（《论语·颜渊》）这里的前后两个“己”，即“克己”与“由己”，是同一个主体，看起来互相矛盾，其实并不冲突：“由己”正是说的“个人的意志行为不受他人干预”，即朱熹说的“其机之在我”“非他人所能预”；[①] 而“克己复礼”则正是说的“在正义的社会规范内”；两者之合，正是“自由”的真义。显然，这个“己”即自由主体：他一方面遵从自己的意志，即“由己”；另一方面遵从正义的社会规范，即“克己”。

二、孔子自由观的主体性维度

上文说过，普遍“自由”概念的一个基本方面是“个人的意志行为不受他人干预”或“从心所欲”。那么，这一点是如何体现于孔子的自由观之中的?

（一）孔子的自由主体观念

其实，“自由”与“主体性”，很难说哪一个是奠基性的、哪一个是被奠基的，因为自由总是主体的自由，主体总是自由的主体，“自由与主体的存在具有直接同一性”。[②] 但是，毕竟“主体”是实体概念，“自由”是属性概念，即主体是自由的实体

① 朱熹：《论语集注·颜渊》，《四书章句集注》，北京：中华书局，1983年，第132页。

② 郭萍：《“自由儒学”导论——面向自由问题本身的儒家哲学建构》，《孔子研究》2018年第1期。

基础。正如黑格尔所说，尽管“自由是意志的根本规定，正如重量是物体的根本规定一样”，“意志而没有自由，只是一句空话”，但是“自由只有作为意志，作为主体，才是现实的”。[①] 因此，应当首先讨论主体的观念。

关于“主体”（subject）与“主体性”（subjectivity）概念，尽管哲学家们并没有统一的理解与界定，但不难从中寻绎出一些共同的基本特征：

1. 心灵存在

主体性是一种心灵现象，其前提当然是心灵存在。蒙培元先生指出：中国哲学是“心灵哲学”，它“把人作为有理性、有情感、有意志的生命主体去对待”；[②] “以孔、孟为代表的道德主体论”“不仅讨论人的存在、价值和意义等根本性问题，而且讨论人的心灵、主体性、主体精神及其超越问题和形上问题”。[③] 确实如此，如上文讨论的“从心所欲不逾矩”，作为意志的“欲”附着于“心”，即意志隶属于心灵存在。

据《论语・宪问》载：“子击磬于卫。有荷蒉而过孔氏之门者，曰：‘有心哉！击磬乎！’既而曰：‘鄙哉！硁硁乎！莫己知也，斯己而已矣。深则厉，浅则揭。’子曰：‘果哉，末之难矣！’”朱熹注：“此荷蒉者，亦隐士也。圣人之心未尝忘天下，此人闻其磬声而知之”，“讥孔子人不知己而不止，不能适浅深之宜”；孔子“闻荷蒉之言，而难其果于忘世”。[④] 注意这里的“有心”：孔子有“入世”之心，而隐者有“忘世”之心，这是两种不同的主体性；而谓之“心”，即是心灵存在。

这种心灵主体性的实践运用，就是“用心”。孔子说：“饱食终日，无所用心，难矣哉！”（《论语・阳货》）所谓“用心”，就是发挥其既有的心灵主体性。朱熹解释：“心若有用，则心有所主。只看如今才读书，心便主于读书；才写字，心便主于写字；若是悠悠荡荡，未有不入于邪僻。”[⑤] “用心”是说“心有所主”，即心灵具有恒定的主体性。

所以，孔子称赞颜回：“回也，其心三月不违仁；其余，则日月至焉而已矣。”（《论语・雍也》）朱熹注：“三月，言其久。仁者，心之德。心不违仁者，无私欲而有

---

① 黑格尔：《法哲学原理》，范扬、张企泰译，北京：商务印书馆，1961 年，第 11—12 页。

② 蒙培元：《中国的心灵哲学与超越问题》，《学术论丛》1994 年第 1 期。

③ 蒙培元：《主体・心灵・境界——我的中国哲学研究》，当代哲学丛书编委会编：《今日中国哲学》，南宁：广西人民出版社，1996 年，第 841—859 页。

④ 朱熹：《论语集注・宪问》，《四书章句集注》，第 159 页。

⑤ 黎靖德编：《朱子语类》卷四十七，第 1191 页。

其德也。”[1] 所谓“有其德”，也是说心灵具有其主体性；而“三月不违”，则是说这种主体性的恒定性。

当然，孔子及儒家强调仁德或善性；但是，心灵的主体性并非只有仁德或善性。实际上，“主体性”是一个价值中性的或“前伦理的”概念：无论善恶，心灵主体的存在标志乃是自我意识。

2. 自我意识

主体意识的首要特征是“自我意识”（self-consciousness），即意识到自我存在的同一性与独立性。“同一性”（identity）实质上是个体自我的“身份识别”（identification），这是对自我的辨认与确认，即意识到自我与他者的区别。“独立性”（independence）并不是说个体与群体无关，而是说个体尽管是群体的一个成员，但绝非某个整体的一部分。个体与群体的关系，并非部分与整体的关系；前者如一棵树离开森林也可以存在，后者如一片叶子离开树就不能存活。

孔子具有强烈的自我独立意识。鲁昭公有违礼之事，孔子却称其“知礼”，于是陈司败批评孔子“相助匿非”，而孔子接受了这个批评，承认应当遵循一个原则：“君子不党。”（《论语·述而》）这个原则与孔子的另一个原则是相通的：“和而不同”，何晏解释为“君子心和，然其所见各异，故曰不同”（《论语·子路》）。“不党”并非“不群”，而是“群而不党”（《论语·卫灵公》），即虽然“和以处众”，但“无阿比之意”，而是“庄以持己”，[2] 坚持自我。不论“不党”还是“和而不同”，都是自我独立意识的体现。

尽管“不党”并非“不群”，但毕竟“物以群分”（《周易·系辞上传》），人亦如此。因此，对于不问世事的隐者，孔子说：“鸟兽不可与同群，吾非斯人之徒与而谁与？天下有道，丘不与易也。”意思是：“吾自当与此天下人同群”，而非“隐于山林是同群”（《论语·微子》）。这同样是自我独立意识的一种体现。

不仅对于隐者，对于古代“节行超逸”的“逸民贤者”，诸如“伯夷、叔齐、虞仲、夷逸、朱张、柳下惠、少连”，孔子也说，“我则异于是，无可无不可”，意为：“我之所行，则与此逸民异，亦不必进，亦不必退，唯义所在。”（《论语·微子》）这显然同样是鲜明的自我独立意识。这种自我独立意识，正如《礼记·儒行》所说：

---

① 朱熹：《论语集注·雍也》，《四书章句集注》，第 86 页。

② 朱熹：《论语集注·卫灵公》，《四书章句集注》，第 166 页。

"儒有……同弗与，异弗非也，其特立独行有如此者。"

3. 能动性

主体性的根本特征就是"能动性"(initiative)。汉语"能动"出自《孟子·离娄上》："至诚而不动者，未之有也；不诚，未有能动者也。"如何才能够"诚"呢？孟子说："反身而诚，乐莫大焉。"孙奭解释："能反己，思之以诚，不为物之丧己，是有得于内矣；有得于内，则为乐亦莫大焉。以其外物为乐，则所乐在物，不在于我，故为乐也小；以内为乐，则所乐在己，不在物，其为乐也大。"(《孟子·尽心上》)这就是说，能动性首先是返回内在的自我主体意识。

孔子说："不患人之不己知，患其不能也"(《论语·宪问》)；"君子病无能焉，不病人之不己知也"(《论语·卫灵公》)。这里的"能"不仅指"能力"，而且指能动性。如，弟子冉求说："非不说(悦)子之道，力不足也。"孔子批评道："力不足者，中道而废。今女(汝)画。"(《论语·雍也》)朱熹指出："力不足者，欲进而不能；画者，能进而不欲。谓之'画'者，如画地以自限也。"[①]"欲进而不能"是说有这样的能动性，却没有这样的能力；"能进而不欲"是说有这样的能力，却没有这样的能动性。孔子认为冉求属于后者，即自我"画地为牢"，这不是缺乏这种能力，而是缺乏主体自我的能动性。在孔子看来，人人都具有这样的能力："有能一日用其力于仁矣乎？我未见力不足者。"(《论语·里仁》)因此，孔子强调，要发挥主体自我的能动性："人能弘道，非道弘人。"(《论语·卫灵公》)朱熹解释："人心有觉，而道体无为，故人能大其道，道不能大其人也。"[②]这是充分肯定人的主体能动性。

4. 选择性

主体性的一个鲜明特征是"选择性"(selectivity)，即主体自我的"选择能力"(ability to choose)。许多哲学家都将选择性作为主体自由的标志，这是很有道理的。

孔子关于选择性的论述极多，兹举数例："麻冕，礼也；今也纯，俭。吾从众。拜下，礼也；今拜乎上，泰也。虽违众，吾从下。"(《论语·子罕》)"先进于礼乐，野人也；后进于礼乐，君子也。如用之，则吾从先进"(《论语·先进》)；"周监于二代，郁郁乎文哉！吾从周"(《论语·八佾》)；"富而可求也，虽执鞭之士，吾亦为之。如不可求，从吾所好"(《论语·述而》)；"夫子喟然叹曰：'吾与点也！'"(《论语·先

① 朱熹：《论语集注·雍也》，《四书章句集注》，第87页。

② 朱熹：《论语集注·卫灵公》，《四书章句集注》，第167页。

进》）等等。

孔子尤其注重政治价值的选择。他主张：如果政治缺乏正义，就应当选择离开，不予合作。例如："齐人归女乐，季桓子受之，三日不朝，孔子行。""齐景公待孔子，曰：'若季氏，则吾不能。以季、孟之间待之。'曰：'吾老矣，不能用也。'孔子行"（《论语·微子》）。"卫灵公问陈（阵）于孔子。孔子对曰：'俎豆之事，则尝闻之矣。军旅之事，未之学也。'明日遂行"（《论语·卫灵公》）。孔子的选择原则是："危邦不入，乱邦不居；天下有道则见，吾道则隐。"（《论语·泰伯》）"邦有道，则仕；邦无道，则可卷而怀之"（《论语·卫灵公》）。给人最深刻印象的是，由于对当时中原政治状况的失望，孔子甚至萌生了"移民"的想法，即"子欲居九夷"（《论语·子罕》）。他说："道不行，乘桴浮于海。"（《论语·公冶长》）孔子认为，不必怀恋乡土，他说："君子怀德，小人怀土。"总之，"君子之于天下也，无适也，无莫也，义之与比"，即"无择于富厚与穷薄者，但有义者则与相亲也"（《论语·理仁》），亦即以正义原则为选择的唯一标准。

（二）孔子的自由意志观念

人是否有自由意志，哲学家们并无定论。不过，假如没有自由意志，就谈不上自由；反之，要谈自由，那就必然预设自由意志的存在。这种"预设"（presupposition），[①] 影响最大的当属康德的观点，他将自由意志视为"实践理性"的一个"公设"（postulate）。[②] 孔子当然不具这样的"公设"观念，而有他自己的自由意志观念。

自由是主体的意志行为，主体的意志即自由意志。杜维明说："仁爱的'仁'是指个人的主体性，这类似于康德说的'自由意志'。""'三军可夺帅也，匹夫不可夺志也'，就是孔子主动自觉的'我欲仁斯仁至矣'"。[③] 这里"个人的主体性"与"自由意志"的关系，非常精准；但将"匹夫"之"志"直接等同于"我"之"欲仁"，值得商榷。且不说"我"是否"匹夫"，将自由意志观念归结为"仁"，既不确切，亦不充分：

---

① 布斯曼、于尔：《预设的概念》，黄玉顺译，黄玉顺：《儒教问题研究》，北京：人民出版社，2012年，第179—192页。

② 康德：《实践理性批判》，韩水法译，北京：商务印书馆，1999年，第136—153页。

③ 杜维明：《以精神人文主义应对全球伦理困境》，《精神文明导刊》2018年第1期。

（1）“仁”首先是一种情感，而非意志，正如“爱”是一种情感，而非意志。在“我欲仁”这个表述中，表征意志的不是“仁”，而是“欲”，即“志”。蒙培元先生曾在谈到孟子的“志”概念时指出：“志就是所谓道德论上的‘自由意志’。”[①] 这同样适用于孔子的“志”概念。

（2）固然可以说“欲仁”是自由意志的一种表现，却不能说自由意志就是“欲仁”。这里需要注意具体的语境：“仁远乎哉？我欲仁，斯仁至矣！”（《论语·述而》）孔子此刻是在讨论“仁”这个话题“仁远乎哉”，所以才讲“我欲仁”，“这个‘欲’，既是情感需要，也是自由意志”。[②] 这并不意味着排除“仁”之外的其他“欲”。

其实，按照普遍的“自由”概念，在正义的社会规范内的一切“欲”“志”均属自由意志；当然，这并不是为所欲为，而是社会规范之下的意欲，亦即孟子所说的“可欲”（《孟子·尽心下》），此“可”即是自由意志的规范条件，即“发乎情，合乎礼义”。[③] 固然，孔子重视“欲仁”的意志，但他并不排除其他的“志欲”，例如：“富而可求也，虽执鞭之士，吾亦为之。”（《论语·述而》）这里只有一个标准，即“可”。所以，所谓“子绝四：毋意，毋必，毋固，毋我”（《论语·子罕》），并不是否定自我的自由意志，而是强调自由意志的规范条件。

三、孔子自由观的规范性维度

上文说过，普遍“自由”概念的另一个方面是“遵守正义的社会规范”或“不逾矩”。那么，这一点是如何体现于孔子的自由观之中的呢？

作为伦理学及政治哲学的概念，“自由”并非“实证性”（empirical）概念，而是“规范性”（normative）概念，即人不是作为动物“是”什么，而是作为人“应当”（ought）怎样。[④] 真正的自由只能是规范性的自由。英语“规范”（norm）的语义，与汉语的“规矩”是相通的，孔子讲“从心所欲不逾矩”，孟子讲“不以规矩，不能成方员（圆）”，“继之以规矩准绳，以为方员平直”（《孟子·离娄上》），这里的“矩”或“规矩”指社会规范，也就是儒家所谓“礼”。

① 蒙培元：《理学范畴系统》，北京：人民出版社，1989年，第244页。
② 蒙培元：《从孔子的境界说看儒学的基本精神》，《中国哲学史》1992年第1期。
③ 《毛诗正义·周南·关雎·序》，阮元校刻：《十三经注疏》，第272页。
④ 刘松青：《什么是规范性？》，《中国社会科学报》2018年7月24日，第1版。

但应注意：单是“遵守社会规范”或“不逾矩”的提法，容易给人一种错误的印象，似乎不论怎样的规范，都应遵守。这不符合上文已讨论过的孔子自由观的正义论基础：遵守社会规范的前提，是这种社会规范本身是正义的。正义的规范是自由的前提，而不正义的规范则是对自由的侵害。为此，本文提出“保守性自由”（conservative freedom）与“建设性自由”（constructive freedom）的区分。这并非伯林的“消极自由”与“积极自由”的区分。[①] 所谓保守性自由是指“在正义的规范内”的自由；而建设性自由则指重建规范的自由，这种“建设”显然首先意味着“破坏”，即对不正当或不再适宜的规范的否定。孔子自由观的规范性维度当中的这两个层面，是与孔子的正义观相呼应的。

（一）孔子自由观的保守性层面

保守性自由当然是一种保守主义态度。这些年来，“保守主义”（conservatism）这个词语常被滥用，往往被泛泛地理解为保持传统，而不问是怎样的传统。最典型的是所谓“文化保守主义”。[②] 这与“保守主义”这个短语本身的复杂歧义有关。问题的关键在于保守什么，即保守什么样的规范。孔子主张保守的是正义的规范，即正当而适宜的规范，就此而论，可以说孔子是一个保守主义者。

1. 保守性自由的内涵：合礼的自由

本文所说的“保守”，其对象是正义的社会规范，即行为要合乎正当而适宜的“礼”，才是可欲的自由。这是孔子自由观的保守性维度的基本内涵。孔子在这方面的最典型的表述，就是上文已分析过的“克己复礼”：“非礼勿视，非礼勿听，非礼勿言，非礼勿动。”视听言动，一切意志行为，都要“合礼”，这就是自由的规范性。例如孝行，即对双亲的行为，应当“生，事之以礼；死，葬之以礼，祭之以礼”（《论语·为政》）。否则就是“无礼”“非礼”，导致“恭而无礼则劳，慎而无礼则葸，勇而无礼则乱，直而无礼则绞”（《论语·泰伯》）。

这是因为：礼，即社会规范，对于个人来说，是立身行事的条件，从而也是个人自由的条件，故孔子说“不患无位，患所以立”（《论语·里仁》），“不学礼，无以立”

---

① 伯林：《自由论》，第189—195、200—201页。

② 黄玉顺：《“文化保守主义”评议——与〈原道〉主编陈明之商榷》，《学术界》2004年第5期；《文化保守主义与现代新儒家》，《读书时报》2005年11月30日，第1版；《当前儒学复兴运动与现代新儒家——再评“文化保守主义”》，《学术界》2006年第5期。

(《论语·季氏》),“不知礼,无以立也”(《论语·尧曰》);对于社会来说,是群体秩序的保障,即人伦之道的保障,从而也是所有人的自由的保障,故孔子说“约之以礼,亦可以弗畔矣夫”(《论语·雍也》),否则“礼乐不兴则刑罚不中,刑罚不中则民无所错(措)手足”(《论语·子路》)。

孔子所谓“君子矜而不争”(《论语·卫灵公》),并非排斥一切竞争,而是排斥无礼、非规范性的恶性竞争。“君子无所争,必也射乎!揖让而升,下而饮,其争也君子”(《论语·八佾》)。“其争”应如射礼那样有礼的竞争。这就是说,有序的“自由竞争”是规范性的竞争。

保守的问题,在社会转型时期是最为凸显的。孔子所处的春秋战国时代就是如此,那是从“封建”的贵族时代转向“大一统”的帝制时代的转型时期。此时,孔子鲜明地表达了他的保守立场:“吾从周”(《论语·八佾》),即保守西周的封建规范,如“天下有道,则礼乐征伐自天子出”;因此,他批判现实的“天下无道,则礼乐征伐自诸侯出”(《论语·季氏》)。前者是封建的规范,后者则是通过诸侯争霸与兼并战争而走向“大一统”专制。这样一种体现自由意志的政治选择表明,作为保守主义者的孔子是2500年前的“先知”。

2. 保守性自由的根据:自由的恕道

上述“合礼的自由”,即规范性自由,有其更高的价值根据,即孔子的“道”。孔子自陈“吾道一以贯之”,曾子认为:“夫子之道,忠恕而已矣!”(《论语·里仁》)朱熹指出:“尽己之谓忠,推己之谓恕。”① 这是非常精当的解释:“忠”是对自己的态度;而“恕”才是对他者的态度,这才是自由问题。所以,曾子用两个字“忠恕”来概括孔子之“道”,而孔子本人则只有一个“恕”字:“子贡问曰:‘有一言而可以终身行之者乎?’子曰:‘其“恕”乎!己所不欲,勿施于人。’”(《论语·卫灵公》)这个“恕”,可译为“tolerance”,乃是自由的涵项。

所谓“恕”,即“推己及人”,其积极表述是“己欲立而立人,己欲达而达人”(《论语·雍也》),即“君子成人之美,不成人之恶”(《论语·颜渊》);其消极表述是“己所不欲,勿施于人”。在自由问题上,前者意味着“我欲自由,则应使他人自由”;后者意味着“我不欲他人侵犯我的自由,则我不应侵犯他人的自由”。所以孔子赞赏子贡的这个说法:“我不欲人之加诸我也,吾亦欲无加诸人。”(《论语·公冶长》)学

---

① 朱熹:《论语集注·里仁》,《四书章句集注》,第72页。

者认为这“类似于伯林的‘消极自由’的观念”,[①] 确乎其然。

当然，“己欲立而立人”，即“我欲自由，则应使他人自由”，这样的表达太过“积极”（positive）。因为：如果“人是生而自由的”，那就无须“使他人自由”“让他人自由”，而只需“承认”“尊重”他人的自由，否则就有人“自以为是其他一切人的主人”。[②] 但是，如果仅就自由的建设性维度而论，那么，这种积极性也是应当肯定的。

（二）孔子自由观的建设性层面

建设性自由的诉求是：如果社会规范不正当（根据正当性原则）或不再适宜（根据适宜性原则），那么，自由恰恰不是遵守规范，而是重建规范，即建构一种正当而适宜的规范。这里再次强调：这不同于伯林的“积极自由”。孔子所关注的是社会规范的重建，即“礼”的重建。孔子自由观的建设性层面表明，不能简单地说孔子就是一个保守主义者；毋宁说，孔子也是一个“革命者”。

因此，孔子曾将他所接触之人分为三个层次：“可与共学，未可与适道；可与适道，未可与立；可与立，未可与权。”（《论语·子罕》）朱熹指出：“可与共学，知所以求之也。可与适道，知所往也。可与立者，笃志固执而不变也。权，秤锤也，所以称物而知轻重者也。可与权，谓能权轻重，使合义也。”[③] 这里的“立”“权”“经”“义”等，都涉及“礼”即社会规范的正义问题。上文引孔子说“不知礼，无以立”，他还说“立于礼”（《论语·泰伯》），可见“立”是谈“礼”的问题。如果既有的礼并不正当，或不再适宜，则不可“固执而不变”，而应当“权轻重，使合义”，即孔子讲的“义以为质，礼以行之”（《论语·卫灵公》），也就是遵循儒家正义论的“义→礼”结构原理，否定旧的礼制，建构新的礼制。否则，既有的礼就成为自由的桎梏。

这就叫“先进于礼乐”。孔子说：“先进于礼乐，野人也；后进于礼乐，君子也。如用之，则吾从先进。”（《论语·先进》）朱熹引程子的话，比较合乎孔子的原意：“先进于礼乐，文质得宜，今反谓之质朴，而以为野人；后进于礼乐，文过其质，今反谓之彬彬，而以为君子。盖周末文胜，故时人之言如此，不自知其过于文也。”[④]

---

① 倪培民：《修炼而成的自发性——以伯林为镜看儒家自由观》，《哲学分析》2021 年第 1 期。

② 卢梭：《社会契约论》，李平沤译，北京：商务印书馆，2009 年，第 4 页。

③ 朱熹：《论语集注·子罕》，《四书章句集注》，第 116 页。

④ 朱熹：《论语集注·先进》，《四书章句集注》，第 123 页。

“文胜”或“过于文”是说既有的“礼”已经是“过犹不及”(《论语·先进》)。显然，孔子选择“吾从先进”，就是“吾从野人”，而所谓“野”即“质胜文则野”(《论语·雍也》)，意味着“义”先于“礼”，这正是孔子所说的“义以为质，礼以行之”(《论语·卫灵公》)，即以正义原则(义)为内涵，才能“文质得宜”，从而建构起新的、正义的社会规范(礼)，最终才能获得“在正义的社会规范内”的自由。

金元全真教政治认同的历史考察*

宋学立**

摘　要：政治认同问题是政教关系的重要一面。全真教政治认同的构建是在金元王朝政教生态语境中循序展开的，呈现出理论性（遵国法、尚王道的论说）与实践性（以教辅政的政治支持行为）、动态性与时代性相统一的特征。根据表现形式的不同，全真教政治认同的构建过程可以分为四个阶段，即敬而远之、古朴清修（1159—1183），尊王讲道、赢得信任（1184—1219），以汉接蒙、体道辅政（1220—1256），主动臣服、依附发展（1256—1368）。特别是大蒙古国时期，全真教变被动臣服为主动构建，推动了农耕文化与游牧文化有机结合的元代统一多民族国家政制建设。全真教政治认同的构建是长期以来中国大一统历史语境下佛道佐国扶命、崇尚王道传统的赓续。在金元少数民族政治语境下，全真教成为以忠孝思想为核心的中国传统政治文化基因的重要传承者。全真教的政治认同与金元统治者对它的认可是一个有机互动的过程。以“王律”统合“道律”是全真教成功发迹并取得长足发展的重要政治保障。

关键词：全真教；政治认同；政教关系

政治认同问题既关系到认同主体（个人、群体）的生存状态及其与认同客体（政治体系）的关系，又关乎认同客体的安危。中西方学界从多学科视角对“政治认同”

---

* 国家社会科学基金重大项目“中华思想通史”（20@ZH026）、国家社会科学基金青年项目“金元全真教宗教认同的建构研究”（14CZJ023）

** 宋学立，中国社会科学院古代史研究所副研究员（北京　100101）

做了不少探讨，并经历了心理情感说、实践说、心理与行为结合说等逐步深入的过程。有学者指出，“政治认同是社会成员对一定政治体系、政治运作的同向性或一致性、肯定性的情感、态度和相应的政治行为的总和”，是意识范畴和实践范畴、主观政治心理和现实政治行为的有机统一。① 本文认同此说。就道教而言，国内学界对全真教与金元统治者的关系、政治伦理、政治参与和抉择等有所论及。② 学者们继承了陈垣、姚从吾、钱穆等先生的学统，从全真教与国家社会的大视野探讨政教关系，注重“自上而下”的观察及“如何治理”的研究。和政治认同相比，西方学者对宗教认同更感兴趣，如2001年美国《中国宗教杂志》（*Journal of Chinese Religion*）集中刊发了五篇探讨全真教宗教认同的专文，立足全真教自我身份的形成发展，探讨其宗教特征，侧重“从无到有、从小到大”之考量，自身如何发展、有哪些宗教特征是关注的焦点。综上可见，目前学界鲜有从政治认同视角对全真教与国家的关系及其对教团发展的意义进行的历史性考察。以下，本文拟弥补之。

政之于教的管理、教之于政的认同，是政教关系一事之两面。不同于西方教权高于政权或政教合一的体制，中国“大一统”王朝体制之下，政权高于教权。道教戒律对遵从政治统治的规定，非全真教所创，传统使然。寇谦之《老君音诵诫经》载：“老君曰：‘吾汉安元年，以道授陵，立为系天师之位，佐国扶命。’”③《洞玄灵宝天尊说十戒经·次说十四持身之品》首言“与人君言则惠于国”。④《太上经戒》有“劝

---

① 方旭光：《政治认同的基础理论研究》，博士学位论文，复旦大学，2006年，第18—19页；胡建：《政治认同的理论解读：内涵、结构及功能》，《广西社会科学》2021年第12期。

② 如郑素春：《全真教与大蒙古国帝室》，台北：学生书局，1987年；张广保：《金元全真教史新研究》，香港：青松出版社，2008年，第307—430页；赵卫东：《金元全真道教史论》，济南：齐鲁书社，2010年，第127—149页；周郢：《蒙古汗廷与全真道关系新证——新发现的蒙古国圣旨（懿旨、令旨）摩崖考述》，《中国史研究》2013年第1期；李洪权：《金元之际全真教的政治参与和政治抉择》，《史学集刊》2013年第5期；周建强：《全真道伦理思想研究》，博士学位论文，兰州大学，2018年，第107—116页等。陈铭珪称“王重阳有宋之忠义”。见陈铭珪：《长春道教源流》卷一，严一萍编：《道教研究资料》第二辑，台北：艺文印书馆，2006年，第225页。陈垣称全真教“义不仕金”，为“汴宋遗民”。见陈垣：《南宋初河北新道教考》，北京：中华书局，1962年，目录，第3、4页。姚从吾认为，“王嚞、丘处机，不但是贤者避世，而且有反抗异族，保全汉族文化的积极行动”。见姚从吾：《金元全真教的民族思想与救世思想》，《东北史论丛》下册，台北：正中书局，1959年，第175页。三氏所言或与作者身份或与所处时代语境有关，现在看来，都未能从中华民族融合抟聚的整体史观看待全真政教关系问题，皆有夷夏说的身影。杨讷《早期全真道与方技的关系及其他》（《中华文史论丛》2010年第4期）批驳了上述观点。

③ 《道藏》第18册，北京：文物出版社、上海：上海书店、天津：天津古籍出版社，1988年，第210页。

④ 《道藏》第6册，第899页。

助国王父母，子民忠孝”[1] 之戒。在佛教传入中土早期，东晋释道安提出“不依国主，则法事难立”[2] 的命题。

全真教恪守国法、遵从政治统治，是对佛道尊王传统的延续继承。自创立之初，全真教就表现出对政治统治的高度认同感和归属感。金元全真教与宋金并立—南宋、金、大蒙古国鼎立—宋元对峙—元朝统一的历史相统一，其政治认同是在与金元王朝政教关系互动中展现出来的，呈现理论性（遵国法、尚王道的论说）与实践性（以教辅政的政治支持行为）相统一、不同历史阶段表现形式既有联系又有区别的特征。

一、敬而远之、古朴清修（1159—1183）

1159 年，王嚞甘河遇异，全真肇兴。关于创教早期的教风，《重阳立教十五论》有所揭示。茅庵草舍、三五道众合伴修行、重内行轻外功，是王嚞按照苦修教义对信徒提出的要求，也是创教之初清静教风的真实写照。

1170 年王嚞辞世，马钰掌教。立《十劝》，规范信徒生活。手书“祖庭心死”于祖庵，以表环堵苦修、倾心向道之心；主张学道务在养气，汩没名利将适得其反，以延续王嚞清苦教风。从当时政教生态看，金世宗大定二十二年（1182）“官中有牒发事”，马钰未拿到官发度牒而被遣返山东。丘处机因得到“州中官民同状保申”，才有机会留居关中。此时全真教尚未得到金朝统治者正式认可和充分信任，不过“苟全性命于乱世，不求闻达于诸侯”[3] 之一隐修会，主要在民间发展。王、马师徒没有机会觐见最高统治者、表达政治认同，唯有继承北宋以来民间环修传统，继续古朴清修。

不过，为了规范信众活动、发展教团，师徒已敏锐地意识到遵依国法、忠于君王的重要性。这一时期，他们的政治认同思想多通过诗文唱和的形式向信众宣讲。王嚞《赠侄》诗云：“一首新诗赠七哥，予言切记莫蹉跎。遵隆国法行思义，谨守军门护甲戈。”《吃酒赌钱》诗亦有类似忠孝之论：“饮酒莫教离孝顺，赌钱休要坏居家。道门好入时时重，王法须遵可可奢。”王嚞从持戒高度，提出修习五行之法，“第一先须持戒，清静忍辱，慈悲实善，断除十恶，行方便，救度一切众生”，还要“忠君王，孝

① 《道藏》第 18 册，第 225 页。

② 释慧皎：《高僧传》卷五，汤用彤校注，汤一玄整理，北京：中华书局，1992 年，第 178 页。

③ 陈垣：《南宋初河北新道教考》，第 2 页。

敬父母师资”。[①]《欲东行被友偷了引相留》亦有“会要修持遵国法”之论。王嚞文集中有多篇与地方官吏（如登州知府、京兆府学正来彦中、知县董德夫等）唱和的诗文，不仅不排斥而且乐于加强与地方当局的交往，以宣道妙。

马钰关于政治认同的表达也以诗文唱和居多，内容集中于遵依国法、天条方面。《十劝》首劝即“不得犯国法”。《戒捏怪》诗云：“遵国法、莫犯天条，称修仙活计。”《赠鄠县小杨仙》云：“谨遵依、国法天条，永不犯不犯。”《立誓状外戒》开篇言：“专烧誓状，谨发盟言，遵依国法为先。”《丹阳神光灿·示同流》：“常处常清常静，莫犯天条。”[②] 他曾应邀主持一些斋醮活动，但和王嚞一样，除要求信徒遵从国法之外，鲜有机会主动投依最高统治者。

二、尊王讲道、赢得信任（1184—1219）

1183 年马钰辞世。谭处端于 1184 年至 1185 年短暂掌教。其《述怀》诗云：“为官清正同修道，忠孝仁慈胜出家。行尽这般功德路，定将归去步云霞。”[③] 以儒家忠孝仁义、清正廉洁会通道家云霞修仙。如假以时日，其在掌教任上融通政教的作为未必无所成就。

伴随着教团日渐发展，全真教开始受到统治者重视。全真高道为寻求政治护持，也主动把握觐见机会，从理论和行动上积极构建政治认同。王处一是七真中被金廷召见的第一人，也是丘处机、刘处玄得见金主的引荐人。1187 年至 1203 年，他先后五次得到金世宗、章宗宣召。1187 年，世宗首次宣召，敕居燕京天长观。《云光集》卷二有《大定丁未十一月十三日初奉宣诏》诗。《七真年谱》记载，“帝问延生之理，师曰：‘惜精全神，修身之要。端拱无为，治天下之本。’上待以方外之礼”，意味着全真教的发展已经引起金统治者的注意，且在某种程度上显示全真教作为一个宗教派别已经被金统治者承认。[④] 1189 年，王处一奉诏为世宗主持黄箓醮。承安二年（1197）七月，又获章宗首次宣见，被问以《清净经》、北征事以及全真门户，一一对答，抵暮方归，深得赏赉。泰和元年（1201）、三年，两度奉诏在亳州太清宫主持普天大醮。

---

① 《道藏》第 25 册，第 743、742、798 页。

② 《道藏》第 25 册，第 434、607、603、623、631 页。

③ 《道藏》第 25 册，第 849 页。

④ 赵卫东：《金元全真道教史论》，第 281 页。

除了对答咨问、奉敕主醮外，玉阳子还积极利用诗文表达感念皇恩、圣主之意。1189年世宗辞世次日，抵燕，作诗哀悼："先帝升霞泣万方，洪恩厚德岂能忘。公卿不敢当今奏，却返云踪入故乡。"承安二年六月二十日，住燕京天长观，作诗云："诏赴天长，敕修堂宇，道弘一布归真。我师玄化，谭马并加恩。七朵金莲显异，清朝喜、优渥惟新。重宣至，车乘驷马，祝谢圣明君。皆成。诸法会，亲王宰职，里外忠臣。遇太平真乐，道德洪因。更望参玄众友，遵三教、千古同欣。齐回向，吾皇万寿，永永御枫宸。"觐见回到修真观后，作诗寄呈老母洎圣水道众，表达正教逢圣主的欣喜之情："昔遇明师开正教，今蒙圣帝助玄风。玉阳自此权行化，法众从兹好用功。稽首慈亲毋少虑，皇恩未许返乡中。"《朝元歌》云："感皇恩，明诏唤，两帝三宣功德案。紫衣师号朝圣明，万灵庆会都来窜。"两帝三宣，推测此诗作于1197年。《养浩吟》一方面盛赞时逢圣主，得以弘扬丹道大教；另一方面点出修持丹道可以"忠佐千秋岁，仰祝皇基万万春"。五次受宣，王处一道价日高，政治精英与之交游者甚众。《随朝众官员索》诗云："清时一气静乾坤，万寿无疆祝至尊。四海尽修无上道，普天俱报圣明恩。"《黄箓满散赠众醮首》《谢公主惠香》《诏赴太清宫普天醮作》《宁海太守屡尝书召以诗奉答》等均表达了祝延圣寿、报答皇恩之义。《赠内侍局司丞》以忠孝之心会通丹道修持，认为常怀忠孝之心，在丹道修炼时就会得到神明点拨："常行忠孝无私曲，应有神明指正宗。不觉脱离生死海，十方三界显家风。"在劝诫道众遵规守法方面，亦有"勿违国法莫欺心"之戒。[①]

1186年至1203年，刘处玄继任掌教。如尹志平所言，长生"无为有为相伴"。既有"心上无私常清静，做彻便是道人"，"出家不管家"等清静无为之论，又有"混俗心无俗"，"治政清通，为官忠孝。节欲身安，他年蓬岛"等有为之言。《仙乐集》开篇《天道罪福论》言"顺天条，则免过去罪"；卷三有"若犯天条，年灾月病"，"不犯天条，达理归正，真斋真戒，身心清静"；卷五曰"天条心不犯，归真道光升"。《赠道众》诗云："天条莫犯，国法遵依。"[②] 古人认为，"天条"即天地成型后天庭出现的亘古不变的定律法规。因其神圣性，教俗两界都要遵行。全真家主张，触犯天条会招致灾病，谨守天条不仅可以免过去罪，而且还是依道修行、达归正理的重要前提。按照中国古代"天人一体""法天行事"的宇宙观，守"天条"并非一种外在规

---

① 《道藏》第25册，第659、681、648、677、678、659、651、664页。

② 《道藏》第25册，第424、436、439、436、453、437页。

约，而是一种“顺天应人”的内在自省。全真道士将“国法”“天条”并称，提高了国法的神圣性，培育了信众遵规守法的原生性、自觉性。在全真宗师看来，遵守国法是第一位的，个人的修行在此大前提下才能开展。掌教十七载，长生真人有机会在融通政教、以实际行动构建教团政治认同方面有所作为。承安二年冬，奉诏赴阙，“帝问以至道，师曰：‘至道之要，寡嗜欲则身安，薄赋敛则国泰。’帝曰：‘先生，广成子之言乎！’”① 三年，“章宗闻其道价铿鍧，乃遣使者征之，鹤板蒲轮，接于紫宸，待如上宾，赐以琳宇，名曰修真。官僚士庶，络绎相仍，户外之屦，无时不盈”。②

大定二十八年（1188）二月，世宗召见丘处机。“请问至道。师以寡欲修身之要、保民治国之本对。上嘉纳之，蒙赐以巾冠袍系，敕馆于天长观”。③ 越十一日，奉旨主领万春节醮事。④《金史》称：“三月丁酉朔，万春节，宋、高丽、夏遣使来贺。御庆和殿受群臣朝，复宴于神龙殿，诸王、公主以次捧觞上寿。上欢甚，以本国音自度曲。”⑤ 全真高功主持世宗寿诞醮仪，既表达了全真领袖对圣主的臣礼，又昭示了金廷对全真教的认可器重。五月十八日，召见于长松岛。“讲论至道，圣情大悦。命居于官庵，又命塑纯阳、重阳、丹阳三师像于官庵正位”。⑥ 金宣宗贞祐二年（1214），丘处机居登州时，还曾协助金朝平定红袄军叛乱。⑦ 除了在行动上忠于金主、表达政治支持外，丘处机也以诗文表达政治认同。《进呈世宗皇帝》诗云：“九重天子人间贵，十极仙灵象外尊。试问一方终日守，何如万里即时奔。”次年，金世宗辞世，丘处机“虽道修方外，身处世间，重念皇恩，宁不有感”，制挽词哀悼：“哀诏从天降，悲风到陕来。黄河卷霜雪，白日翳尘埃。自念长松晚，天恩再诏回。金盘赐桃食，厚德实伤哀。”另有《中秋诗》十五首，诗引称“八月十日自昌乐县还潍州城北玉清观作”，具体作于何年待考。据《磻溪集》序，可知该书成于章宗泰和年间。由此《中

---

① 《道藏》第 3 册，第 385 页。

② 《道藏》第 19 册，第 734 页。

③ 陈垣编纂：《道家金石略》，陈智超、曾庆瑛校补，北京：文物出版社，1988 年，第 634 页。《终南山祖庭仙真内传》卷上称，丘处机赴阙之前拜别李灵阳。李真人谈道，“重阳谓汝必能大开玄教，今其时矣”。可见，李师叔对全真教归附金主以及随之带来的发展机遇抱有很大希望。

④ 《道藏》第 25 册，第 823 页。

⑤ 《金史》卷八《世宗本纪》，北京：中华书局，1975 年，第 200 页。

⑥ 《道藏》第 19 册，第 725 页。

⑦ 陈时可《长春真人本行碑》记载，“贞祐甲戌之秋，山东乱，驸马都尉仆散公将兵讨之，时登及宁海未服。公请师抚谕，所至皆投戈拜命，二州遂定”。《道藏》第 19 册，第 734 页。李道谦《全真第五代宗师长春演道主教真人内传》亦称，“贞祐间，师居登州。时宣宗幸汴，强梗蜂聚，互相鱼肉，师为抚谕，民乃得安。有司以闻，朝廷赐自然应化弘教大师号”。陈垣编纂：《道家金石略》，第 634 页。

秋诗》当为世宗或章宗所作。兹录两首，以观其对金主保民安命的赞颂："年年此际杀生多，造业弥天不奈何。幸谢吾皇严禁切，都教性命得安和"；"圣主登基万物安，仁风灭杀自朝端。邦君士庶皆修德，好放蟾光与众看"。[①]

明昌（1190—1196）初，章宗召见刘通微，咨问九还七返之事，默然子以"陛下居九五之位，四海生民之主，不必留意于此。但对以黄老清静无为、修身治国之要"。章宗大悦，先后敕居天长观、永寿道院，刘开堂讲道，三教九流请教者不绝如缕。[②]

需要指出的是，世宗、章宗时期，金廷对全真教既有征礼崇奉的一面，也有管控甚或打压的一面。如明昌元年（1190）十一月，章宗"以惑众乱民，禁罢全真及五行毗卢"；[③] 六年，"朝省罢无敕额庵院，悉没于官，祖庭亦在其数。自是门庭萧索，道侣散逸"，[④] 说明当时统治者对全真教的认识和态度随着时局的变化处在动态调整中。然而，章宗朝，王处一、刘处玄、刘通微等屡屡奉诏赴阙，并允许公开讲道，也证实了统治者不时的推崇。承安三年（1198），章宗召见长生后，敕赐五道观额，令立观度人。同年，王处一为祖庵请得灵虚观额。泰和七年（1207），章宗元妃李师儿向栖霞太虚观、圣水玉虚观施赐《道经》二藏。按，李师儿虽出身微贱，但深得章宗宠幸，明昌四年封为昭容，次年进封淑妃，后封元妃，"势位熏赫，与皇后侔矣"。[⑤] 可见，明昌禁罢之策并未施之持久。这与诸位全真宗师在思想和行动上积极表达对金朝统治的政治认同，进而赢得统治者的认可不无关系。

三、以汉接蒙、体道辅政（1220—1256）

泰和四年（1204），丘处机继刘长生掌教，一改此前朴实无为的教风，"存无为而行有为"，大起琳宫观宇，全真教成为金末一股不可忽视的社会力量。兴定四年（1220），丘处机率众西行觐见成吉思汗。自此，全真教的政治认同在历史进程方面经历了从宗金到宗蒙的转变，在实践形式上呈现以汉制接引蒙制、协助构建大蒙古国政制的特征。

---

① 《道藏》第25册，第818、823、821页。
② 《道藏》第19册，第518页。
③ 《金史》卷九《章宗本纪》，第216页。
④ 《道藏》第19册，第531页。
⑤ 《金史》卷六四《后妃传》，第1527—1528页。

（一）从宗金到宗蒙

1206年，蒙古势力兴起。北中国逐渐卷入金、宋、蒙乃至西夏的逐鹿之争。此前全真教的政治宗主只能有金或宋。从宗教地理角度讲，全真教诞生于金地，信众生于斯长于斯。历任全真领袖不可能带领信众叛金而南渡，否则只会给教团带来灭顶之灾。这是全真教宗金而不归宋的重要原因之一。据《七真年谱》，1216年至1219年，金宣宗、宋宁宗先后召请丘处机。当时莱州地区已经被宋人占领，丘处机有机会倒戈归宋。实则在拒绝宋人礼请之前，他已于兴定三年（1219）五月与成吉思汗近侍官刘仲禄接触，并很快于次年春应征西行。在北蒙、南宋、中金之间，全真教宗北而弃南，原因何在呢？

据《金史·宣宗本纪》，1216年至1219年，即金、宋、蒙三股力量争夺全真教宗主权的四年间，三朝政治军事实力对比一目了然。蒙古异军突起，由北向南，长驱直入，先后对大名府、中山府、彰德府、晋安府等地攻、徇、围、下，对金地造成重创。金人三面受敌，北有蒙古征服，西有党项袭扰，南有宋人争夺；同时还面临干旱、蝗灾以及红袄军、黑旗军袭扰等内忧。从宋金关系角度讲，1127年金取汴京，北宋灭亡，南宋偏安。面对金人紧逼，南宋统治集团曾多次试图通过议和的方式换取短暂和平。其中距离全真教宗蒙还是宗宋政治抉择最近的一次议和发生在1208年，“宋请改叔侄为伯侄，增岁币至三十万”。① 按，1164年金宋议和，协定双方为叔侄之国，宋正皇帝号，易岁贡为岁币。② 相比四十多年前，宋朝地位有降无升。再看1216年至1219年宋对金的态度：一方面俯首称臣，金重大活动如贞祐四年、兴定元年三月的长春节皆遣使朝贺；另一方面又不甘于金人欺占，兴定元年四月拒绝缴纳岁币，先后对颍州、泗州、海州、息州等地发起争夺战，但多为金人击败。面对内忧外患，兴定二年十二月，金廷派开封府治中吕子羽等使宋讲和。这主要是迫于蒙古压力采取的缓南救北之策。面对三股政治势力和时局发展，丘处机已经看透天道、天命所在，宗蒙是护教护生的不二之选。诚如其言，“西北天命所与，他日必当一往，生灵庶可相援”。③ 兴定四年三月，丘处机上陈情表：“伏闻皇帝天赐勇智，今古绝伦，道协威

---

① 《金史》卷六二《交聘表下》，第1480页。

② 《宋史》卷三三《孝宗本纪》，北京：中华书局，1985年，第629页。

③ 陈垣编纂：《道家金石略》，第634页。

灵，华夷率服。是故便欲投山窜海，不忍相违。且当冒雪冲霜，图其一见。”[①] 十二月，寓德兴府龙阳观，以诗寄燕京道友云：“去岁幸逢慈诏下，今春须合冒寒游。”[②] 对蒙古大汗的颂扬和认同之感表露无遗。

此外，蒙古人信仰万物有灵的萨满教，全真教主张天地间皆有神灵，二者在信仰层面存在着一定的契合性。又，宋室南渡后，与江南符箓派来往密切。[③] 丘处机不归宋，与此不无关系。

（二）以汉制接引蒙制、协助大蒙古国政制建设

蒙古人入主中原前，生活于大漠草原，以游牧为生。这是一种与农耕文化迥异的生产生活方式。和大道、太一道士以及汉地儒士相比，全真教最早与蒙古统治者发生接触。以往学界对蒙古南下过程中，全真教保民、挽救汉文化的作用关注较多。从统一多民族国家形成角度看，全真教以农耕文化政治传统接引游牧文化政治传统，在协助大蒙古国统治者加强对汉文化认识和汉地统治，最终形成蒙汉合璧的元代政制方面，发挥了不可否认的作用。对此，学界鲜有论之。这是全真教政治认同不同于惯常意义上的被动臣服性而彰显积极建构性的突出表现。这一点在大蒙古国时期尤为显著。全真高道主要从推行仁孝、布德施惠、好生爱民、举用贤良、宣播中原文化等维度，向蒙古统治者推广汉地教化，移风易俗。用尹志平的话讲，即“以斯道觉斯民”。[④]“雪山论道”是丘处机向成吉思汗进言修身治国之策的集中体现。《全真第五代宗师长春演道主教真人内传》有详细载录，主要可以概括为两方面：一是修身养命之道，以负阴抱阳及“尚阳”思想劝导大汗节欲保身；二是治国安民之理，包括止杀保民、布德推恩、依仁由义、广行孝道，[⑤] 重视山东、河北等中土汉地，选官抚治，量免赋役，以供国家之用。这即是长春真人高扬的“中国天垂经教”。姚燧《长春宫碑铭》将其概括为“敬天爱民以治国，慈俭清静以修身”。[⑥]

---

① 陶宗仪：《南村辍耕录》卷一〇，北京：中华书局，1959 年，第 121 页。

② 《道藏》第 34 册，第 483 页。

③ 卿希泰、詹石窗主编：《中国道教通史》第三卷，北京：人民出版社，2019 年，第 93—100 页。

④ 《道藏》第 19 册，第 742 页。

⑤ 陈时可《长春真人本行碑》：“他日又数论仁孝，皇帝以其实，嘉之。”姬志真《长春真人成道碑》：“每召就坐，即劝以少杀戮，减嗜欲，及慈孝之说，命史录之。”陈垣编纂：《道家金石略》，第 457、587 页。

⑥ 陈垣编纂：《道家金石略》，第 720 页。

1227年至1238年，尹志平继丘处机掌教。这十年是从金蒙对峙走向蒙古统一北中国的关键时期。1232年，太宗征金南还，“师（尹志平。笔者按）迎见于顺天，慰问甚厚，仍令皇后代赐香于长春宫，贶赉优渥”。[①] 尹志平利用宗教认同推动政治统一以及不同地区全真力量的政治归附，是金蒙易代之际全真教政治认同的一大时代特色。1220年前，全真教的宗教地理与世俗政治地理是重合的。雪山论道之后，全真教仍有共同的宗教认同，但金蒙对峙带来世俗政治地理的对峙，使全真教宗金与宗蒙在地域上出现时间差。山东、河北地区全真教在丘处机领导下率先投蒙，而陕右全真教与金廷一直保持联系。于善庆、周全阳、杨明真等祖庭高道都是在金亡以后才改而宗蒙。[②] 蒙古灭金、关中政局稍稍稳定，尹志平即着手以祖庭重阳宫为核心的秦晋道教重建。1236年尹志平抵达关中，“于榛莽中规度兆域，及宫观基址。终南太华等处诸观宇，废不能复，咸请主于师。时陕右甫定，遗民犹有保栅未下者，闻师至，相先归附，师为抚慰，皆按堵如故。继而被命于云中，令师选天下戒行精严之士，为国祈福，化人作善。时平遥之兴国观、崞之神清、前高之玉虚白云洞、定襄之重阳、沁之神霄、平阳之玄都，皆主于师。秋，帝命中书杨公召还燕，道经太行山间，群盗罗拜受教，悉为良民”。元太宗十三年（1241）正月二十五日，他主持王嚞会葬大典。道众云集，其间不稳定因素的潜在风险仍然存在，“物议恟恟不安，赖师道德素重（原文误作‘里’），镇伏邪炁，故得完其功”。清和真人继承丘处机教化抚民传统，在秦晋地区由金归蒙过程中，借助宗教力量和个人魅力，接续金人统治下的道教宫观薪火，引导民心归向，维护地方稳定，增进了教俗两界对新的统治秩序的归附和认同。无独有偶，金末蒙初，无欲观妙真人李守宁、栖真子李志明等一大批全真道士都有化导强梁、归附新政、救民保命、革除契丹人殉弊习之举。元太宗九年（1237）十二月六日，元好问撰《怀州清真观记》，文末高度肯定了全真教教化冥顽、辅助大蒙古国新政治秩序的作为：“今黄冠之人，十分天下之二，声势隆盛，鼓动海岳，虽凶暴鸷悍，甚愚无闻知之徒，久与俱化，衔锋茹毒，迟回顾盼，若有物掣之而不得逞。父不能诏其子，兄不能克其弟，礼义无以制其本，刑罚无以惩其末。所谓全真家者，乃能救之荡然大坏不收之后。杀心炽然如大火，聚力为扑灭之。”[③]

1255年，掌教李志常应诏觐见蒙哥，宪宗多次咨问治国保民之术，“公奏曰：

① 陈垣编纂：《道家金石略》，第568页。

② 以于善庆为例，直到1233年，他才北上燕京参礼长春宫。

③ 《道藏》第19册，第743、798页。

‘自古圣君有爱民之心，则才德之士必应诚而至。’因历举勋贤并用，可成国泰民安之效。上嘉纳之，命书诸册。自午未间入承顾问，及灯乃退”。除了掌教之外，其他高道也抓住觐见咨问之机，主动向最高统治者谏言治国理政之策。例如，元宪宗三年（1253）十月十七日，蒙哥诏提点王志坦，咨问养生长寿之道。王志坦提出，延生长寿之术乃修真之士“一己之务”，君主应该代天治民，兴大利，除大害，扫除弊政，与民更始，奉承天心。宪宗深以为然。①

以上修身治国之策，多提到“敬天”“顺天”的思想。如丘处机提出“止杀保民，乃合天心。顺天者，天必眷祐，降福我家。况民无常怀，惟德是怀，民无常归，惟仁是归”；又以“雷震天威”之说，建议大汗推行孝道。蒙古人信仰长生天，统治者均以“长生天”名义颁布诏旨。全真教以道教“敬天”思想会通游牧文化的“长生天”信仰，为以汉文化的教化思想接引游牧文化打开了一条“宇宙论”层面的“绿色通道”，也为全真教在构建政治认同中变被动为主动铺设了理论基石。

在向蒙古贵胄传播汉文化方面，李志常、冯志亨功不可没。李志常道行碑称，太宗元年（1229）七月，“见上于乾楼辇，时方诏通经之士教太子，公进易、诗、书、道德、孝经，且具陈大义。上嘉之”。② 孟攀麟《重修真常宫碑》提道，“师（指李志常）之朝于天阙也，岁以为常，因米粮果实，献儒家经史”。太宗五年，李志常承诏在燕京教授蒙古贵胄之子十八人。佐玄寂照大师冯志亨“于名家子弟中，选性行温恭者如其数，为伴读，令读孝经、语、孟、中庸、大学等书，庶几各人于口传心受之间，而万善固有之地日益开明，能知治国平天下之道，本自正心诚意始。是后日就月将，果皆克自树立，不惟俱获重用，复以才德见称于士人。又劝宣抚王公，改枢密院为宣圣庙，命弟子薛德琚修葺武庙而守祀之”。③

历代全真掌教、高道向蒙古统治者进言的以清静节欲、仁义忠孝为核心的儒道会通的治国保民之策，协助蒙古人开展的保命爱民、推行汉地教化、维护地方稳定和国家统一的实践之举，是全真教以农耕文化政治传统接引蒙古游牧文化政治传统，积极参与大蒙古国政制建设的具体体现。

---

① 《道藏》第19册，第746、713页。

② 《道藏》第19册，第745页。

③ 陈垣编纂：《道家金石略》，第574、521页。另见《窝阔台立国子学诏书碑》，王宗昱编：《金元全真教石刻新编》，北京：北京大学出版社，2005年，第97—98页。《元史》称：“太宗六年癸巳，以冯志常为国子学总教，命侍臣子弟十八人入学。”冯志常当系冯志亨之误。宋濂：《元史》卷八一《选举志》，北京：中华书局，1976年，第2029页。

四、主动臣服、依附发展（1256—1368）

伴随着成吉思汗对全真教的优渥，丘处机以降“建宫立观”立教思想和实践的开展，全真教迎来了发展史的一大黄金期。作为北中国一股强大的社会力量，全真教在政治、经济、社会生活等方面，对儒释二家甚至其他道派都产生了不小的影响。宪宗朝的佛道论争为入元以后全真教依附政治、曲折发展做了铺陈。1280 年元世祖主持佛道辩论，全真教再度败北。成宗朝以后全真教呈现末流贵盛和民间化发展特征，和大蒙古国时期不可同日而语。

1256 年李志常辞世，遗命张志敬袭教。中统三年（1262），忽必烈颁诏，特封光先体道诚明真人号。此后，一改前四汗时期掌教大宗师由教内自主产生的旧规，历任掌教需由元廷颁诏委任。全真教各级道官被纳入元代政制系统，在中央、地方政府领导下开展教务工作。元朝政府对全真教的管控加强。

金末、大蒙古国早期，最高统治者征召全真宗匠的情况时有发生。张志敬以降共有 11 位掌教，被宣召咨问者凤毛麟角。他们多通过攀附政治精英的方式，进入元朝官僚体制。王志坦出任掌教，与长期留居和林相关，更与以蒙哥为首的蒙古皇室的交往不无关系。祁志诚掌教与中统朝和丞相安童的结交、举荐有关。苗道一因驸马高唐王的引荐结识武宗进而权教。[①] 这既是全真掌教谋取个人和教团发展的表现，也是这一时期教团政治认同新的表现形式。

在教史书写中凸显政治认同成为这一阶段的突出特色。元代出现了多部由全真道士编撰的教史仙传，“以史弘道”成为全真广学的显著特色。[②] 大蒙古国时期问世的全真史传不多，较有代表性的如成书于 1241 年的《金莲正宗记》，个中鲜有政治认同的表述。世祖朝以后，凸显政治认同的全真史传不断涌现。按照表现形式，大体可分三类。一是在史传篇首载录封赠圣旨。如，李道谦《甘水仙源录》，成书于至元二十五年（1288），十卷，开篇序文之后录至元六年（1269）世祖敕封五祖七真诏书；之后分卷载录早期全真道士碑传及部分宫观碑刻、诗文。又如，刘天素、谢西蟾《金莲正宗仙源像传》，成书于元泰定帝三年（1326），不分卷，开篇录《元太祖成吉思皇帝

---

① 陈垣编纂：《道教金石略》，第 700、787 页。

② 宋学立：《早期全真教以史弘道的教史思想——以〈甘水仙源录〉〈终南山祖庭仙真内传〉〈七真年谱〉为中心》，赵卫东主编：《全真道研究》第五辑，济南：齐鲁书社，2016 年，第 106—127 页。

召丘神仙手诏》《元世祖皇帝褒封制词》《武宗皇帝加封制词》；之后，编录老子、五祖七真像传。这种篇章布局当是在《甘水仙源录》基础上的创新性发展。二是在仙传修订过程中增益崇道圣旨，表达教之于政的认同。以《七真仙传》为代表。该书初成于元太宗朝，世祖、成宗至明永乐朝递补增续。修订过程中，丘处机传记中出现了至元六年、至大三年敕封诏书。[①] 仙传中体现的对政治统治的认同与元廷对全真教的认可接纳形成良性互动。三是以政治宣召为主题，编写弘道史传。以史志经《玄风庆会图》为代表。该书成书于至元十一年（1274），大德九年（1305）、明宣德朝两度重刊。[②] “总集诸家纪传，起于栖霞分瑞，讫于白云掩柩，定为六十四题，题各立图，图各附以说文”。前有李道谦、宋渤等教俗名士所撰五篇序文。序文异口同声地盛赞长春真人万里应聘之举。赵孟頫甚至将成吉思汗与丘处机的会面比作轩辕与广成子、周文王与老子的问对，且将二者的关系表述为“君臣相得”。该书共五卷，后四卷已佚，仅从卷四目录“朝帝雪山、表谏赦叛”“三传至道、五复征旨”“问雷对孝、入谏畋猎”看，史志经无疑是想通过编撰史传的方式彰显丘处机领导的全真教团对元朝统治的认同。该书在“采海濒遗老之言，文集序传之说洎便宜刘仲禄家藏诏，举记《西游》《庆会录》所载”基础上编次而成。[③]《西游》即《长春真人西游记》，上下两卷。从谋篇布局上看，重在突出丘处机的弘道事迹，文末附太祖诏书、圣旨及官员请疏。这与大蒙古国早期政教关系融洽、全真教地位优越不无关系。当时佛道论争、政府对全真教的打压尚未发生，全真教以史传表达政治认同的需要尚未有世祖朝紧迫。

此外，在宫观刻立公文碑，与诉诸史传殊途同归，也是这一时期全真教表达政治认同的一大特征。据《道家金石略》《楼观台道教碑石》《重阳宫道教碑石》《金元全真教石刻新编》《元代白话碑集录（修订版）》等碑刻集的不完全统计，金元时期全真教在宫观刻立公文碑 57 通，录公文 78 篇。这些公文碑呈现如下特征：

第一，公文类型包括圣旨、懿旨、令旨、牒文、疏文、札付、榜约、公据等。颁布者包括皇帝、皇太后、皇后、妃子、宗王、中央和地方政府部门、全真教门管理机构等。内容以封赠教门领袖（以至元六年、至大三年封赠五祖七真十八大士最为典

---

① 秦国帅：《七真仙传与全真历史：以台湾大学图书馆藏〈七真仙传〉为中心的考察》，《世界宗教研究》2017 年第 3 期，第 107 页。

② 张方：《明代全真道的衰而复兴——以华北地区为中心的考察》，北京：中国社会科学出版社，2018 年，第 113—122 页。

③ 王卡、汪桂平主编：《三洞拾遗》第 16 册，合肥：黄山书社，2005 年，第 592、418 页。

型），授予教职、额号和教门管理权，以及护持宫观类的圣旨、令旨、懿旨最多。[①] 78篇公文中，有圣旨42篇、令旨16篇，成为公文的主体。此外，还有政府公据（如1238年凤翔总管府磻溪长春观四至公据、1245年宣差莱登州长官都帅给付神山洞地产公据）、疏文（如1238年登封县令马居仁敦请栖云真人乔志嵩住持嵩阳宫疏）、札付（如1336年玄门道教所恢复燕京大长春宫直接管领永乐纯阳宫旧例札付）。以上公文的共同特征是赋予全真教若干权益，亦有少量对全真教提出义务性要求。如1235年太宗下旨令全真教缴纳米粮。又如《蔚州飞泉观碑》刻至元十七年（1280）诏命道观吐退所占寺院圣旨，以及飞泉观退还所占寺院具结文书。[②] 扬长避短，是全真教公文碑刻立的基本原则，飞泉观刻此"辱教"碑，在全真宫观中鲜见，个中原因值得进一步探讨。

第二，时间上贯通金元，金代2篇，元代76篇，以1197年金尚书礼部赐昆嵛山玉虚观牒最早，1363年元顺帝授予杨德荣真人号并重阳宫住持圣旨最晚。以1256年为界，之前颁发公文24道，之后54道。从刻立时间看，57通公文碑中，有42通明确立于1256年之后，其中还有公文颁发于1256年之前，而于之后刻立者，如定宗元年（1246）平阳府路、河东南路等六部门请潘德冲住持永乐纯阳宫疏，于至元十一年（1274）与中统三年（1262）昌童大王追封潘德冲真人号令旨同刻一碑。又，1226年东平行尚书省严实疏请范圆曦主持上清宫，至元十一年世祖追赐范圆曦玄通普照惠和真人号，疏文、圣旨同刻一碑，故当刻于1274年或之后；剩余15通中有4通立于1250—1252年之间，其中《重阳延寿宫牒》1250年立石后，至治三年（1323）重刊，其他11通未标明刻立时间，不排除有立于1256年之后者。42篇圣旨中除1篇颁发年代不详，有太祖4篇、太宗2篇、世祖8篇、成宗2篇、武宗11篇、仁宗5篇、泰定帝1篇、文宗1篇、顺帝7篇，其中35篇颁发刻立于1256年之后。16篇令旨中有14篇颁发刻立于1256年之后。

第三，至元十七年（1280）佛道辩论，全真教继1258年之后遭受有元一代最为惨重的打压。然而，元廷通过公文对全真教的利用、管控与全真教刻立公文碑形成互动，继1256年之后迎来了金元全真教史上刻立公文碑的一个高峰期。57通碑刻中，有35通刻立于1280年及以后。《元史》载，至元十七年二月，诏谕焚毁《道藏》伪

---

① 节录圣旨、令旨、懿旨之牒文、公据，以牒文、公据计。

② 蔡美彪编著：《元代白话碑集录（修订版）》，北京：中国社会科学出版社，2017年，第75—79页。

妄经文及板。次年十月，焚毁《道德经》以外的全部《道藏》。[①] 世祖所发六道圣旨，有五道颁于同年二月之前。距此最近的一次，是当年正月授予李道谦陕西五路西蜀四川道教提点兼领重阳万寿宫事圣旨。又于同年十一月五日，颁旨护持李道谦领导的祖庭重阳宫，并赋予其与管民官一同处断教俗纷争的权力。两道圣旨貌似安西王忙哥剌此前三年颁给李道谦的两道令旨的翻版，[②] 实则是忽必烈收拢权力、限制忙哥剌势力之表现。于全真教而言，年初的焚经之策并未影响年末的封赠之举。至元二十八年（1291）二月世祖颁《崇祭祀》诏书，加封五岳四渎四海。其中加北岳安天大贞玄圣帝。[③]《加封北岳圣旨碑》于同年二月立石，碑末署"玄门掌教大宗师辅元履道玄逸真人张志仙篆额立石"。[④] 可见，终世祖执政之末，忽必烈对全真教仍坚持崇奉与利用并举的国策。1282 年，秦王阿难答颁护持户县东岳庙令旨。1294 年，哈鲁罕大王颁护持昆嵛山神清宫令旨。此又可佐证焚经打压全真之策未出大都之判断。成宗朝起，统治者对全真教的礼重护持逐渐增强。这与以张志仙为代表的全真道众逐步走出焚经阴影，积极参与元朝政治密切相关。同时，教团抓住时机，通过刻立公文碑表达政治忠诚，如至元六年世祖加封五祖七真圣旨，于大德六年（1302）在秦州玉泉观立石。成宗至顺帝颁发的 27 篇护教圣旨先后于这一时期在全真宫观中刻立。其中刻武宗圣旨 11 篇，另有 1 篇是以太子身份颁发的护持苗道一住持霍岳庙令旨。武宗对全真教的崇奉和利用，可见一斑。元末诸帝中，以顺帝颁旨最多，就中不难体味最高统治者试图借助神道力量襄助式微国祚之意。

这些公文碑在全真宫观中的刻立（有的是一文在多地宫观刻立，如至大诏书在祖庭重阳宫、秦州玉泉观、山西永乐宫、山东掖县、陕西耀州等地皆有刻立，节录圣旨略有出入），于全真教团而言，一是为了彰显各地宫观对政令的接受和重视，表达政治忠诚；二是借此证明自身合法性，自高身价，推动教团发展。对此，掌教大宗师孙德彧《褒封五祖七真制辞》有所揭示："钦惟圣元建国以来，事天治民，动与道合。

---

① 《元史》卷一一《世祖本纪》，第 222、234 页。《圣旨焚毁诸路伪道藏经之碑》："（至元十八年）十月壬子集百官于悯忠寺，尽焚《道藏》伪经杂书，遣使诸路，俾遵行之。"释祥迈：《至元辨伪录》卷五，北京图书馆古籍出版编辑组：《北京图书馆古籍珍本丛刊》，北京：书目文献出版社，1998 年，第 77 册，第 529 页。

② 刘兆鹤、王西平编著：《重阳宫道教碑石》，西安：三秦出版社，1998 年，第 97—98 页。

③ 《元典章》圣政卷二《典章三》，陈高华等点校，天津：天津古籍出版社、北京：中华书局，2011 年，第 108 页。

④ 陈垣编纂：《道家金石略》，第 670 页。

神宗圣祖，为善孳孳。至于垂裕后昆，既昌而炽。施及武宗皇帝，乃神乃文，英迈盖世，不以万几为劳，尤尚玄元之教。方龙飞之二年，加封五祖帝君、七真真君，玄门诸师，均受恩宠。玉字纶音，曲尽□嘉之实，真令草木泉石，渊□流光而照耀今昔也。臣忝居簪褐之长，敢不缮录诰词，□诸翠琰，庶与幽人羽士，时获讽咏天章，沾沐圣泽，上以祝无疆之休，下以赞升平之化，诚至乐也，诚至愿也。”[①] 于元廷而言，一方面体现了统治者对全真教的护持认可，另一方面也是将其纳入政治统治的表现。

依附政治，在教史书写中表达尊王思想，宫观中书写刊刻政令公文，是全真教经历佛道之争以后积极表达政治认同的时代特色。

除了实践层面的认同外，入元以后，南北二宗渐趋融合。相关代表人物接续创教早期忠孝修道行道思想，融摄儒家忠恕仁义理论，进一步从教义思想上巩固政治认同。李道纯《忠恕而已》诗云：“责人之心惟责己，恕己之心惟恕人。忠恕两全方达道，克终克始不违仁。”[②] 陈致虚主张“道不轻传”，传道之前“宜先审其忠孝、正直、善恶、贤愚。大道非正人君子，非素所好善者，端不可与”。[③] 同时，全真戒律建设不断完善，一改早期劝而无罚的戒风，以“王律”统合“道律”。《全真清规·教主重阳帝君责罚榜》[④] 开列十种不守清规的惩处措施，首条规定“犯国法遣出”：其他污迹败行尚可留在道门且有改过机会，犯国法者径被逐出道门，并接受世俗法律的惩处。全真教对违犯国法的重视程度和惩处力度不断加强。

此外，各阶段全真教的政治认同还有一些共通性的特征，在向最高统治者臣服同时又踊跃向地方统治者归附，并积极承担国家仪典。特别是入元以后，多位全真掌教承担了祀礼岳渎的国家祭祀职能。为国焚修方面，诸全真碑刻异口同声地表达了修道为国为民祈福的宏愿。如姬志真《大元国宝峰观记》（撰于 1266 年）明确点出栖云真人王志瑾－李守迁一系对元朝统治的认同：“仅以辰香夕灯，朝参暮礼，祝皇上万安之祚，祈官民百禄之祥，所以报本尊师，安身养命，应世之理也。”至元九年（1272）立石的《创建云峰观记》《创建清真庵记》二碑亦有“每遇朔旦，谨集道流，焚香诵经，祝赞当今皇帝圣寿万岁，文武官僚长居禄位，愿成胜事”之举。至正二年

① 刘兆鹤、王西平编著：《重阳宫道教碑石》，第 124 页。

② 《道藏》第 23 册，第 760 页。

③ 《道藏》第 24 册，第 4 页。

④ “帝君”之号系至大三年所封，《责罚榜》当为元代中后期之作。

(1342）刻立的《大元嵩山崇福宫创建三清殿记》亦有类似之论。[①] 报本尊师、安身养命，祝延国祚、国泰民祥，全真教将道门修持与忠君为民的宏愿有机融合。这些斋醮、祭祀“仪式都是定期重复的，以此来调动情感、强化记忆、规范行为、塑造习惯，进而将对现有权力关系的遵从提升到心理上的政治认同高度，使人们认可、适应和习惯这种权力关系安排，并承认其体现的价值理念”。[②]

结 语

综合考察全真教政治认同的理论实践和金元统治者对全真教的优渥管领，可以看出全真教的传承发展是在政教双向认同的语境下展开的。教之于政的认同、政之于教的认可是一个有机互动的过程。诚如元翰林侍读学士正议大夫兼国子祭酒陈楚望所言，“为教者思宠遇之优渥，而归美报上之念，亦与国家相为无穷”。[③] 前者有归附、寻求政治护佑、佐国护民的宏愿，后者有借之稳固统治、教化民众的需求。胡其德梳理了1244至1304年可汗令道士做法事情况，指出至元十三年（1276）以前，奉可汗之命作醮者以全真派为主。[④] 实则，早在金末，丘、刘、王、马等就曾应不同层级统治者之邀，住持道宫，主持祈禳斋醮。如，大定二十年（1180），马钰应长安僚庶之请祈雨；二十四年五月，刘处玄应登州太守之请，主醮祈雨；二十六年冬，京兆统军夹谷公请丘处机居祖庭，载扬玄化。又如，大安元年（1209），应孛术鲁参政之请，王处一驻居北京（今辽宁锦州）华阳观；丘处机东归燕京，宣差相公劄八传旨，令“门人恒为朕诵经祝寿”；[⑤] 1246年，宣差平阳府路都达鲁花赤等六部门疏请冲和真人潘德冲住持永乐纯阳宫，为国焚修、祝延圣寿。1277年安西王令旨，1280年势都儿大王令旨也均有类似要求：“倾心报国，精意告天，朝夕诵持，殷勤进道，无负我朝敬天崇道之心，祖师立教度人之意。”“依时告天与皇帝、皇后、太子、大王子子孙孙根底祝延圣寿者”。[⑥] 与个人进道相比，统治者看重的是全真教的倾心报国。说明统合宗教力量，以宗教仪式维系精神秩序，表达对元朝统治的认可臣服，祝延国祚，也

---

① 陈垣编纂：《道家金石略》，第609、604、605、803页。

② 杨雪冬：《重构政治仪式增强政治认同》，《探索与争鸣》2018年第2期。

③ 《道藏》第19册，第780页。

④ 胡其德：《蒙元帝国初期的政教关系》，台北：花木兰文化出版社，2009年，第121—123页。

⑤ 《道藏》第34册，第496页。

⑥ 陈垣编纂：《道家金石略》，第619、631页。

是统治者的政治需要。

全真教在很大程度上落实了统治者的政治诉求，历朝护教公文碑即是统治者认可全真教的表现。至大三年（1310）加赠尹志平清和妙用广化崇教大真人圣旨开篇云："昔贤有言，尽忠于君，致孝于亲，归诚于天，敷惠于下，有才以济其用，有学以裕于人，秩可列于仙阶，道可弘于当世。"[①] 忠君、孝亲、诚于天、惠于下，既是对尹志平道行的高度肯定，也间接体现了对其领导的全真教团的认可。政治认同的持续性理论论说与政治支持实践活动为金元全真教发展提供了良好的政教环境。

全真教构建政治认同的过程并非一帆风顺，特别是宪宗、世祖朝的几次佛道论争导致教团遭受打压。同时，教内亦有污迹败行者，如金末的乌古论先生。[②] 长春西行归来之后，教门大开。一些民众为保命谋生混迹教门，个中犯戒违法者并不鲜见。辛愿对全真教中的败迹劣行做出了相对公允的品评："（全真教）异于畔岸以为高，黠滑以为通，诡诞以为了，惊聋眩瞽，盗取声利，抗颜自得，而不知愧耻者远甚。间有去此而即彼者，皆自其人之无良，非道之有不善也。"[③] 肯定了全真教及其思想实践的高妙出众，同时认识到其间德行低下者和玄妙高尚的全真大道是两回事。包括宗教在内的任何社会组织中，污名败迹者不乏其人。但这些都发生在"尊王"的大前提下，上述劣行不足以消解全真教团从整体上对金元政治的臣服认同。佛道论争全真败北，世祖朝打压声势浩大。但从实际执行情况来看，陈垣等前贤早已做出"雷声大雨点小"的客观评价。[④] 说明全真教的壮大并没有否定自身的政治认同，更未达到危及元朝统治的程度，否则就不是简单的打压，而会是彻底取缔。元朝诸帝中，忽必烈颁发的护教圣旨数量仅次于武宗，居第二位，很大程度上反映了入主中原后的这位元朝初祖对全真教采取的是认可和管控双管齐下的政策。

超越以往的正统、异族二分说，从中华民族形成发展的整体观视角，审视金元时期的政教关系，才能正确认识全真教的政治认同问题及其对统一多民族国家建设的积极贡献。金元时期，全真教经历了从无到有，从"隐修"到高调发展，从初期不被信任到被尊崇、遭受间断性打压再到常态化发展的过程。全真教政治认同的构建是在金

① 陈垣编纂：《道家金石略》，第 730—731 页。

② 《金史》卷一一九《乌古论镐传》，第 2602—2603 页。

③ 《道藏》第 19 册，第 803 页。辛愿，字敬之，福昌人，号溪南诗老。传见《金史》卷一二七。

④ 陈垣：《南宋初河北新道教考》，第 59—65 页。不过，全真教的膨胀在一定程度上对自身构建的政治认同造成了一定的威胁。

元两朝政教生态语境中循序展开的，呈现集理论性与实践性于一体，动态性与时代性相结合，不同阶段表现形式有联系也有区别等特征。值得称道的是，全真教以汉制接引蒙制，在一定程度上推动了农耕文化与游牧文化有机结合的元代统一多民族国家政制建设。和被动臣服相比，全真教以汉文化、中原教化使者的身份，在大蒙古国政制、文化建设过程中表现出主动认同、积极建构的一面。

全真教政治认同的构建是对长期以来中国大一统历史语境下佛道佐国扶命、崇尚王道传统的赓续。创教早期和元统一北中国之后，全真教对金元两朝的政治认同非限于一宫一观、一地一宗，整个教团都在政权大于教权的大前提下开展宗教活动。金亡之际，全真教不同地区、不同宗系存在着从宗金向宗蒙转变的问题，此与其时政治地理和宗教地理的区隔、元朝统一中国的历史进程有关。文化认同是政治认同的基础，文化不认同，政治认同难一致。在国家的政治体制中，认同在本质上表现为个体成员基于共同文化对国家政治体系和文化制度的认可和赞同。① 以丘处机为代表的全真领袖们向金元统治者宣布的“天垂经教”及其贯通两代的以教辅政的政治支持行为，实则是全真教对中国传统遵依国法、忠于王道的政治思想和文化在金元时代的践行和具体展开。在金元少数民族政治语境下，全真教成为以忠孝思想为代表的中国传统政治文化基因的重要传承者。这与众多全真道士的儒家出身密切相关。教祖王嚞“始于业儒，其卒成道，凡接人初机，必先使读《孝经》《道德经》，又教之以孝谨纯一。及其立说，多引六经为证据”，收徒演法，皆以“明正心诚意、少私寡欲之理”。马钰“世业儒……祖觉，字萃叟，以孝行称……昆季五人，以仁、义、礼、智、信命之，故号五常马氏”。② 全阳子周草窗“幼而敏锐，习于程朱事业，持己以方正，为德先孝友，主乎忠信，立其敬义，可谓君子矣”。③ 上文谈到的，谭处端、刘处玄、王处一诸君以忠孝会通修行，丘处机谏言成吉思汗以仁德怀民、推行孝道的思想，皆是全真教融通儒道的具体体现。

---

① 詹小美、王仕民：《文化认同视域下的政治认同》，《中国社会科学》2013 年第 9 期。

② 《道藏》第 19 册，第 725、726、728 页。

③ 《道藏》第 24 册，第 47 页。

客体化意向之综合充实的现象学特征*

李朝东**

摘　要：意识行为可以区分为客体化行为和非客体化行为。认识一个对象就是充实一个含义意向，一个意向得到充实，就是这个含义意向与直观达到了一致或相合。客体化行为是通过行为意向和含义充实之间的充实综合而得以统一的。客体化行为可区分为直观行为与符号行为，前者不是表述性行为，后者则是；符号行为虽然有别于直观行为，但可以某种方式合而为一从而构成相即性认识行为。不同的意向特征总是与充实相合的特征密切相关，就客体化行为而言，含义意向的充实与直观行为的充实更具有“同一个”的特征，即任何一个通过直观意向而完成的对一个符号意向的充实都具有认同综合的特征；每个意指行为把握到的同一性或非同一性就是每个意指在一个认识中得到“证实”或“反驳”。认识都是直观行为与符号行为相即的复合行为，即充实统一的行为。无语词认识具有独特的动词认识和行为充实特征，是一个意指性表述的联想，表述的单纯含义组元还处于潜能状态，没有化为现时性的语词表述，无语词认识就是含义意向的充实，只是这里的含义意向在现象学上已经摆脱了从属于它们的符号内容。

关键词：客体化行为；直观行为；符号行为；意向；充实；综合；表象；无语词认识

* 国家社会科学基金后期资助项目“胡塞尔意识现象学研究”（19FZXB045）

** 李朝东，西北师范大学哲学学院教授（兰州　730070）

现象学认为，“充实”（Erfüllung）是与“意向”（Intention）相对的概念，认识一个对象就是充实一个含义意向；与充实相对的是“失实”（Enttäuschung）。狭义而言，一个意向得到充实，就是这个含义意向与直观达到了一致或相合，或者说被展示的内容（质料）与展示性的内容（充盈）相符合；与之相反的情况是失实，即充盈与质料不相一致，一个意向的失实是以反驳或争执的方式进行的。广义的充实既包括狭义的充实，也包括失实。广义的充实与“证实”（Bestätigung）有关，指通过直观而对意向的证实：被证实为现实和合理的为狭义的充实，被证实为不现实、不合理的为失实。充实和失实都是一种特殊的综合形式，区别在于，充实是一种认同的综合，失实是一种区别的综合。本文主要讨论客体化意向中广义充实概念综合区分的现象学本质特征。

一、意向性与意识行为的类型

胡塞尔对意识行为的思考受布伦塔诺的直接影响。在《从经验立场出发的心理学》中，布伦塔诺专门用一章论述“心理现象和物理现象的区别”，列举了心理现象区别于物理现象的六个性质。在第四个性质否定把“广延”和“空间位置”作为区分的标准后，第五个性质提出了“意向性”作为心理现象的肯定性划分标准，“每一心理现象都被一种东西所标识，中世纪经院哲学家称这种东西为关于一个对象的意向的（即心理的）内存在”。[①] 心理现象只有在内意识中被知觉，而物理现象只有通过外感知才能通达，“内知觉不但是唯一具有直接明证性的感知种类；而且……严格的意义上而言，内知觉实际上是唯一的知觉。……外感知根本就不是知觉。所以，我们有理由把心理现象称作是唯一可能被知觉——就这个词的严格意义而言——的现象”。[②]

---

① 布伦塔诺：《从经验立场出发的心理学》，郝亿春译，北京：商务印书馆，2017 年，第 105—106 页。德布尔认为，布伦塔诺“要寻找的是一种赖以把心理现象与物理现象区别开来的标准，而他找到的是‘对于某对象的指向性’这个性质。意识指向的对象不必是一个物理客体，它也可能正是一种活动”。实际上，后来胡塞尔等哲学家就是把“意向中存在”改造成“意向性”概念来使用的。德布尔：《胡塞尔思想的发展》，李和译，北京：生活·读书·新知三联书店，1995 年，第 11 页。

② 布伦塔诺：《从经验立场出发的心理学》，第 109 页。本书中译者在此处注①中指出：“由此看来，布伦塔诺将同一个词‘Wahrnehmung’用在‘内’与‘外’时其含义显然存在着根本差别。为显示这一差别，当‘Wahrnehmung’意指‘内知觉’时译为‘知觉’，而当它意指‘外感知’时译为‘感知’。”胡塞尔《外感知与内感知。物理现象与心理现象》一文指出：“外感知是对外在事物、它们的性质和状况、它们的变化和相互作用的感知。……人们所说的被内部地（innerlich）感知到的东西主要是一些‘精神体验’，如思维、感觉、意愿”等，或者说，“心理现象是内感知的现象，物理现象是外感知的现象。”胡塞尔：《逻辑研究》第二卷第二部分，倪梁康译，上海：上海译文出版社，1999 年，第 229 页。

布伦塔诺认为，“心理现象”这个术语不仅适用于表象，而且适用于基于表象的所有现象，“这里的‘表象’并非意指被表象的，而是指表象行为。这种表象行为不仅构成判断行为的基础，而且构成欲求以及每种其他心理行为的基础”。在他看来，人们对心理现象的认识只涉及三种意识样式，即表象、判断、情感。[①] 布伦塔诺对胡塞尔的影响是毋庸置疑的，在胡塞尔的现象学中，“意识”（Bewußtsein）成为最核心的概念，“意识生活”（Bewußtseinsleben）是现象学哲学的出发点，是所有现实意义之基础，作为哲学家的胡塞尔工作的目标之一就是“对我们赖以意识对象的全部‘意识样式’（Bewußtseinsmodi）进行透彻的分析”。[②]

胡塞尔较早是在《算术哲学》（1891）和《基本逻辑的心理学研究》（1894）中对意向行为类型进行研究的。胡塞尔坚持布伦塔诺对物理现象的关系（初级关系）和心理现象的关系的划分，认为初级关系是表象的对象，关系以及由关系所结合起来的语词，都是相同的表象内容的组成部分，只有反思活动才能使心理关系得以成立，并使这个心理关系成为表象的对象，才能在更高的层面上探讨与这个关系相关联的语词；心理关系以“想象”“判断”“意愿”“情绪”等各种心理活动为基础，对象由于被纳入这些心理活动之中，才具有了各类关系。因而，要理解对象之间的关系，必须反思这些活动，在反思中才能感知这些关系的存在，并且只有“心理关系”才能解释数的本质。

胡塞尔于1893年完成的一篇题为《直观与代现，意向与充实》的小论文，可被看作他对意向与充实问题的最早思考。他首先把“表象”区分为作为直观的表象和作为代现的表象。就作为直观的表象而言，胡塞尔把直观区分为狭义的直观和广义的直观，前者是一个瞬间的内在内容和第一性内容，后者是一个统一的持续察觉的内容，如对一首旋律的一小段在某一瞬间或片刻的直观中把握（瞬间直观）与对一首旋律的音型在逐次展开的序列中持续地把握（持续直观）。胡塞尔也将持续直观视为“整体直观”，它将各个面向的诸直观所提供的互不相属的东西囊括在自身之内，如此，“将一个‘对象一般’，一个客观统一带入直观，意味着从各个成分——对象的统一要归功于这些成分的思维综合——的观念统一出发，连续地将这些成分（部分或特征）在

---

① 布伦塔诺：《从经验立场出发的心理学》，第95、235页。布伦塔诺划分的三种意识样式，后来在胡塞尔的现象学中，表象和判断构成客体化行为，情感等构成非客体化行为。

② 德布尔：《胡塞尔思想的发展》，第123页。

一种满足我们兴趣的完全性中带入直观”。[①] 就作为代现的表象而言，胡塞尔主要区分了“符号意义上的代现”和“概念意义上的代现”，并初步探究了符号和概念与被指称者之间的关系，“如果一个符号在场，并发挥作用，那么……被指称者可能会被再造出来；而如果被指称者在场，那么兴趣和察觉就会以独特的方式从符号转向被指称者。符号就是要追求得到充实，追求缺失的相关项”。不过，受心理主义的影响，胡塞尔此时把意向和充实的关系还看作一种“表达理解”，如，儿童在成长过程中必须学会辨识语词含义和句法形式的含义，某些外在因素可以让儿童理解一个以典型的方式所形成的表达，这种理解一旦形成，在儿童身上就会建立起一种倾向，使他能够猜中其他场合出现的相同的表达。如，儿童学会了辨识“玫瑰花”这个语词的含义以及“玫瑰花是红的”这个句法形式的含义，当真实地看见玫瑰花，他就能理解“玫瑰花”和“玫瑰花是红的”的含义。就此而言，胡塞尔在此时还把直观内容和概念对象之间的关系看作一种由心理联结而形成的符号关系，尚未发现符号关系的意向本质，还没有明确论证符号意识对意向对象的主动构成及赋义行为。

如果布伦塔诺对胡塞尔最主要的影响是后者接受了“意向性”概念，《算术哲学》把“意向中的存在”（即“意向性”）看作是心理现象区别于物理现象的最本质的特征，那么弗雷格对胡塞尔的影响则是“意向对象”（Noema）的提出，它在《观念》等著作中成为先验现象学分析的核心概念。弗雷格在 1891 年 5 月 4 日致胡塞尔的信中区别了“意义”和“意谓”，认为符号有时表示自身，有时则表示内容，当“=”（如“同一个”）符号把 A 和 B 两个符号联系起来时，就产生意谓问题；后又在《论意义与意谓》（1892）一文中详细阐述了这个思想。弗雷格区别符号、符号的意义和符号的意谓三者，对胡塞尔把意向对象与行为对象区分开来有重要的影响。由于弗雷格的批评以及在进一步的研究中所遇到的理论难题，胡塞尔放弃了之前所依赖的心理学基础，并在《纯粹逻辑学导论》（1900）中对心理主义进行了系统而深刻的批判。《逻辑研究》第二卷（1901）通过对逻辑和意识行为基本概念的透彻分析，试图完成“从认识论澄清逻辑观念、概念和规律的重大任务”。[②]

《逻辑研究》从整体上可以区分为第一到第五研究的静态意向分析和第六研究的动态意向分析。静态意向分析阐述各种意识行为之间的奠基关系以及“含义”与“直

---

① E. Husserl, *Aufsätze und Rezensionen 1890/1910*, edited by Bernhart Rang, Hague: Martinus Nijhoff Publishers, 1979, ss. 274, 288.

② 胡塞尔：《逻辑研究》第二卷第一部分，倪梁康译，上海：上海译文出版社，1998 年，第 4 页。

观”、“充盈”与“质料”，即“被给予者”（Gegebenes）与“被意指者”（Gemeintes）之间的静态相合关系；在动态意向分析中，“胡塞尔总体上转向对‘意指’与‘充实’之间的‘动态’相合关系研究，这个关系也就意味着‘意义给予’与‘直观充实’之间的关系”。①

胡塞尔在第五研究中根据意向行为的本质规定区分了不同的意识行为类型。意向行为的本质是质性和质料的统一体，“只要我们现在（正如我们将要听到的那样）必须将质性和质料看作是一个行为的完全本质性的并因此而永远不可或缺的组成部分，那么合适的做法便是将这两者的统一（它只构成完整行为的一个部分）标示为行为的‘意向本质’”。“质性”（Qualität）即意识行为的“行为特征”，是把不同的意识行为区别开来的“内部的规定性”；“质料”（Materie）即“行为的内容”，是把相同的意识行为区别开来的东西。质性和质料的区别就是“行为的一般特征与行为的‘内容’之间的区别，前者随情况的不同而将行为标识为单纯表象的或判断的、感受的、欲求的等等行为，后者将行为标识为对这个被表象之物的表象，对这个被判断之物的判断等等”。② 乌尔利希·梅勒（Ullrich Melle）认为：“对于胡塞尔而言，质性和质料乃是两个彼此相互支撑的抽象性因素，它们一同构成了行为的意向性本质。……质料不仅规定好了‘行为意指着哪一个对象性’，而且还规定好了‘自在的行为本身把哪些标记、关系和范畴形式分配给对象性’。那么，质性的行为因素要去规定的则是：行为以何种方式同由质料（在其诸规定的情形中）给出的对象性联系在一起。”③

根据意向性的内涵，意识行为作为总属可以区分为客体化行为和非客体化行为。胡塞尔在《逻辑研究》时期明确把意向性区分为“意向意指对象”与“意向构造对象”两个方面，认为客体化行为是包括表象、判断在内的“逻辑－认识”的理智行为，它不仅意向地指向对象，而且还意向地构造对象；④ 非客体化行为则是情感、评价、意愿等“价值－实践论”的活动，它们不具有构造客体对象的能力，只是通过前者指向对象而不能直接构造对象。或者说，客体化行为是意识活动对其对象或客体的

---

① 倪梁康：《现象学的动态意向分析及其问题》，《江苏社会科学》2004 年第 1 期。

② 胡塞尔：《逻辑研究》第二卷第一部分，第 452、477 页。

③ 梅勒：《客体化行为与非客体化行为》，师廷雄译，《中国现象学与哲学评论》第二十九辑，上海：译文出版社，2021 年，第 326—327 页。

④ “构造”（Konstition）是一个现象学的核心概念，指在意识（意向活动）与对象（意向相关项）的意向性关系中，通过意识行为的多样性而“建构起”对象性的同一性。在本文中，“构造”一词的主要意义是“使对象被给予意识”。

原初构造的意识行为；非客体化行为则是不能自身构造其对象或客体的意识行为，它只有奠基于客体化行为基础之上并由客体化行为为其提供客体或对象，“任何一个意向体验或者是一个客体化行为，或者以这样一个行为为‘基础’”。[①] 就此而言，胡塞尔也把客体化行为称为“第一性的意向”，非客体化行为称为“第二性的意向”。

胡塞尔进一步在客体化行为这个属内做出了如下区分：“1. 通过质性区分而得出对设定性行为……与不设定行为”的区别，“2. 通过质料而得出称谓行为与陈述行为的区别”。[②] 即，客体化行为从质性方面可区分为设定行为和不设定行为，从质料方面可区分为称谓行为和陈述行为。“设定的”（setzend）这个形容词的名词是“设定”（Setzung），在现象学中“设定”概念与“立场”（Position）、“执态”（Stellungnahme）、“信仰”（Glaube）可等义使用，是指一个意识行为在进行时是否带有对意识对象的存在信仰，而不是指对对象是否存在的设定；存在或不存在都是存在设定，“设定并不是一个质性上与‘不存在’相对立的存在特征。……在‘存在’与‘不存在’之间的区别是意向质料的区别”。[③] 与“设定”相对应的是“不设定”（Nichtsetzung），不设定行为是对对象是否存在这个问题不执态、保持中立的行为。胡塞尔也称设定行为为“基质行为”（Substrat-Akt）或“未变异行为”（unmodifizierter-Akt），称不设定行为为“质性上变异了的行为”（qualitative modifizierter-Akt）。

客体化行为从质料方面区分为称谓行为和陈述行为（论题行为），基本上与“表象”和“判断”这一对概念同义。“称谓”与名称有关，“论题”与陈述有关，所以，这两种意识行为也称“命名”（Nennen）与“陈述”（Aussagen）。称谓行为是对“事物”（Sache）的对象化，如对“桌子”“蓝天”的看（表象）；论题行为是对“事态”（Sachverhalt）[④] 的对象化，如对“桌子是四条腿的”“天是蓝的”的察觉（判断）。从语言学角度看，用来表达称谓行为或表象的是“语词”，而用来表达论题行为或判断的是“语句”。称谓行为与论题行为或表象与判断共同构成客体化行为，它们的意向性特征是不仅指向对象，而且具有构造对象的能力。其中，表象行为构造的是事物对象，判断行为构造的是事态对象。

---

① 胡塞尔：《逻辑研究》第二卷第一部分，第 552 页。

② 胡塞尔：《逻辑研究》第二卷第一部分，第 541 页。

③ 胡塞尔：《逻辑研究》第二卷第二部分，第 126 页。

④ 现象学认为，事物即被给予之物、直观之物，是在自身显现中被感性直接把握的对象，也包含在哲学探究中那些自身被给予方式展示出来的实际问题；事态则是对象的状态或对象之间的联系，即“实事的状态”。

二、含义意向与含义充实

胡塞尔在前五个研究中着重阐述了“被给予者”与“被意指者”之间的静态相合关系，在第六研究中则转向对“意指”与“充实”、“意义给予”与“直观充实”之间的动态相合关系研究。此外，胡塞尔在第五研究中还提出了另一种客体化行为类型的划分——直观行为和符号行为。如果说客体化行为中称谓和判断行为是含义意指行为，那么，客体化行为还包括一种隶属于它的直观充实行为。就此而言，第五研究中符号行为与直观行为的静态区分，在第六研究中就成为“意指行为”与“充实行为”的动态相合。或者说，第五研究中符号行为与直观行为的划分是第六研究中意指与充实动态综合分析的起点，并把关注的重点从意向本质转移到认识本质。需要指出的是，不论是静态分析还是动态分析，都是“描述”的分析，而暂时还没有专门“顾及那些发生的（genetisch）联系”。①

“含义意向”（Bedeutungsintention）与“含义充实”（Bedeutungserfüllung）是一对对应概念，胡塞尔在第一研究中指出，“符号”具有“物理因素”（书写、语音等感性材料）和“意指”（含义）两个构成要素，因而可以区分为“指示性符号”（指号）和“有含义的符号”（符号）。区分“符号”与“表述”（Ausdruck）的关键在于是否有含义。有含义的符号才是表述，一个符号只有在行使意指功能，具有含义时，才是在进行表述。含义意向的功能就是通过与物理-感性显现符号的结合而进行的含义赋予（含义意指）并使之成为在意义上被激活的符号，简言之，含义意向就是与符号的物理因素结合并使之意指某个对象。一个表述意指一个含义，因而每个表述都与一个对象之物发生关系，只有在“直观”中表述“所意指”的“对象之物”才会得以现时化和现实化。因此，直观与表述的关系虽然是非本质的，但直观却与表述处于一种逻辑上基本性的关系之中，即直观使表述的含义意向得到充实。这种直观使含义意向得到充实的行为就是含义充实。含义意向和含义充实也可称为“意指行为”（intendierender Akt）与“充实行为”（erfüllender Akt），简称“意指”与“充实”。

“意指”（Bedeuten）意味着对某物凸显出来的感性材料的朝向、统摄并赋予意

① 胡塞尔：《逻辑研究》第二卷第一部分，第435页。

义，与“含义赋予”“意义给予”等概念基本同义，[①] 表明意识朝向一堆感觉材料并赋予它们统一的意义，从而使对象能够对应意识。当然，意指主要是对某物的“朝向”或“指向”，它可以在直观中被充实，也可以只是空泛的。只有当意指得到充实，被意指的对象才会作为被给予的对象而构造出自身。在狭义上，“充实”是一个与“失实”相对应的概念，是一个意向与直观达到了相合或一致，被展示的内容（质料）与展示性的内容（充盈[②]）相符合；失实指直观与含义意指“不一致”，前者与后者“发生争执”。充实和失实都是一种综合，如果说充实的综合是一种“认同”，那么失实的综合就是一种“区分”。狭义充实和失实共同构成广义的充实，而与意指相对应。意指是意义给予或朝向某物，充实则是在越来越丰富的感性材料中通过直观而对此意向的证实，或者说，一个意向是通过直观而得到证实的，既可以被证实为现实的、合理的（充实），也可以被证实为不现实、不合理的（失实）。总之，含义意指行为是通过称谓或判断而指向某个对象或对象性，而含义充实行为是对某个意指的充实。

需要说明的是，意指和充实不是相互独立的行为，而是同一个行为的两个相互包容的方面，它们之间的“相合性”关系的动态综合分析构成第六研究的主题。

认识就是直观行为和符号行为之“充实统一”的行为，还须通过意指（含义意向）和充实（直观充实）这一对概念来加以说明。胡塞尔认为，单纯的意指或单纯的直观都不是认识，只是一种认同或辨认行为。真正的认识是在意指（意义给予）与直观（意义在直观中的充实）的动态统一中产生的，意味着含义意向以充实的方式与直观达成了一致，或者说，在直观中展示的内容与在行为中被意指的对象达成一致。这表明一个认识行为必然会涉及两个或以上的行为，即直观行为和符号行为。我们总是看见一本书（直观行为），然后我们说“这是一本书”（符号行为）。反之亦然，可以先有符号行为，后有直观行为。但是，意指行为和充实行为并不是两个相互独立的行

---

① 就此而言，“意指的”（bedeutende）与“符号性的”（signifikativ）、“符号的”（signitiv）是基本同义的，符号行为也就是含义意向行为或意指行为。胡塞尔更偏好使用“符号行为”（Signifikation/signitiver Akt），并认为意指行为不是一个好的用法；“符号的”在术语上提供了一个与“直观性”概念的合适的对立，在这个意义上，“符号的”与“象征的”（symbolisch）基本同义。

② “充盈”（Fülle）是一个与质性、质料相平行的概念，指直观行为所具有的“感性材料”（Sinnesdaten）。由于感知和想象构成直观行为属，感性材料可以进一步划分为“感觉材料”（Empfindung）和“想象材料”（Phantasma），前者是感知行为的内容，后者是想象行为的内容。与“充盈”相对立的是“空泛”（Leere），即一个不具有充盈的意识行为是一个“空泛的意向”。胡塞尔认为，质性和质料并不能构成完整的客体化行为，只有当质性、质料与充盈结合在一起时，一个客体化行为才能成立，“每一个具体完整的客体化行为都具有三个组成部分：质性、质料和代现性内容”。胡塞尔：《逻辑研究》第二卷第二部分，第 88 页。

为，而是同一个认识行为的两个方面；如果我们把“认识”浓缩为一个行为，这个认识行为中就包含直观与符号（充实和意指）两个成分。正是在这个意义上，胡塞尔也把充实定义为“直观化”（Veranschaulichung），直观化意味着使一个对象被直观地构成，也就是一个空泛的意向含义在直观中得到意向充实。

这里还须对“表象”（Vorstellung）做一个说明。在第五研究中，胡塞尔分析了表象的13个内涵，其中前4个内涵是：“1. 表象作为行为质料。2. 表象作为‘单纯表象’，作为某种‘存在信仰’（Belief）形式的质性变异。3. 表象作为称谓行为，例如作为一个陈述行为的主语表象。4. 表象作为客体化行为。”由此可见，表象的本质定义为“行为质料”，是一种能够赋予质料（给予意义）的客体化行为。表象有广义狭义之分，广义的表象指整个客体化行为（称谓行为+论题行为），狭义的表象仅指客体化行为中的称谓行为。“为了坚持对现在这两个‘表象’概念的区分，我们（并不另外做出最终的术语建议）在涉及较为狭窄的表象概念时说‘称谓行为’，在涉及较为宽泛的表象概念时则说‘客体化行为’”。[①] 胡塞尔还将狭义的表象行为区分为“直观表象”（包括感知表象、回忆表象、想象表象、图像表象等）和“符号表象”。在直观表象中，一个对象可以感知的方式被意指，也可以想象的方式被意指，即在表象中总会有一个对象呈现出来，这个对象或者是被表象的对象本身，或者是它的图像；符号表象则是借助于语言、文字等符号进行命名并给出“名称”的意识行为。就是否具有本己的感性材料来进行立义活动而言，直观表象因为具有本己的感性材料也被称作“本真表象”，符号表象因为不具有本己的感性材料而被称作“非本真表象”。[②] 另外，直观行为与符号行为的区别还在于，前者不是表述性行为，后者则是。表述性的符号行为必须具有一个直观的感性之物的支点，却并不因此具有一个直观的内容；符号行为和直观行为可以某种方式合而为一（相即性认识行为），但符号行为在种类上完全有别于直观行为。[③]

广义的充实是与意向相对的概念，就全部意识行为而言，可以划分出三种意向，即直观意向、符号意向（二者属于客体化行为意向）及愿望意向（属于非客体化行为

---

① 胡塞尔：《逻辑研究》第二卷第一部分，第563—564、539页。

② “表象”概念的界定以及关于“本真表象”与“非本真表象”的区分，不仅在传统哲学和心理学中充满争议，而且胡塞尔在哲学活动的不同时期对之的理解也有很大的变化。

③ 意识行为的具体样式要比此表述复杂得多。直观行为是由感知和想象构成的，直观行为又与非直观行为（记号、图像、象征等）共同构成表象行为，表象行为又与判断行为构成客体化行为，客体化行为与非客体化行为构成意识行为的总属。

意向）。胡塞尔指出："与所有意向相符合的是充实（或者是它们的否定性对立面：失实），它们是一种特殊的过渡体验，这些体验本身也被描述为行为，并且可以说，它们使各个意指着的行为在一个相关的行为中达到其目的。只要后一种行为充实了意向，它就叫作充实行为，但只是借助于充实的综合行为，即在充实活动意义上的充实的综合行为，它才叫作充实行为。这个过渡体验并不始终具有同一个特征。"① 可见，从动态现象学的角度看，认识的综合充实活动有如下行为特征：

首先，广义的充实是一种可以被描述的过渡性体验，它使各个意指行为能够在其中达到其目的。如：

我希望见到彼得。　　（愿望意向）

我看见了彼得的画像。（图像符号意向）

我看见了彼得。　　　（直观意向）

"我看见了彼得"。　　（符号意向）

我希望见到彼得。这是一个愿望，这个愿望的意向需要在直观中得到充实（我真的看见彼得了），或者在图像中得到充实（我看见了彼得的画像）；如果没有我看见彼得（直观）或看见彼得的画像这些过渡体验，"我希望见到彼得"这个愿望意向就不会被充实，这个意指行为就不会在看见彼得本人或他的画像这些过渡体验中达到其目的，因为一个未被充实的意向就是一个空泛的意指。直观或图像使愿望得到充实，就主体而言是认识统一，就对象而言是一种认同的统一。

其次，每个过渡体验都具有认识统一的特征，但并不始终具有同一个特征。就是说，每一个过渡性体验在充实过程中可能是充实，也可能是失实。综合行为是认同（或争执）的统一。我希望今天在园林里散步时能见到彼得（愿望意向或意指），结果我在园林中散步时真的遇见了彼得（直观充实行为），直观与愿望达到了认同的综合统一；如果我遇见的是黛富妮而不是彼得，愿望意指与直观就没有达到认同的综合统一，看见黛富妮这个直观行为就不是充实活动意义上的充实综合行为，而是失实综合行为。

再次，认识综合统一借助交织的行为而产生于一些群组之中，这些群组允许认同的统一并为这种统一奠定基础。这里存在一个合规律性和补充的合规律性。合规律

① 胡塞尔：《逻辑研究》第二卷第二部分，第48页。

性："愿望的质性奠基于一个表象之中，亦即奠基于一个客体化行为之中。"补充的合规律性："这个愿望的充实也是被奠基的（fundiert），即奠基在一个行为之中，这个行为认同地包容着那个奠基性的（fundierend）表象：愿望意向只有通过以下方式才能得到充实满足，即：为它奠基的那个对被愿望之物的单纯表象转变为共形的（konform）认之为真（Fürwahrnehmung）。"[①]

三、符号意向与直观意向的充实特征

以愿望意向的充实为例，客体化行为与非客体化行为是不同质的行为，所以，非客体化行为的愿望意向的充实或奠基于一个符号性的表象，或奠基于一个直观认识的行为。如果奠基于一个直观认识行为，如"我希望见到彼得"的愿望意向在"我看见了彼得"这个直观认识行为中得到了充实，这个直观行为不会穷尽愿望充实，而只是为愿望充实奠基；如果奠基于符号性的表象，如"我希望见到彼得"的愿望意向在"我看见了彼得的画像"这个图像符号表象中得到充实，那么充实或认同就会通过一个"共形"的直观行为来充实符号行为的相合特征。

愿望意向在直观认识行为中得到充实与在符号行为中得到充实是有差别的，虽然画像中的彼得与感知到的彼得作为"被愿望之物"具有"共形"，但在直观中的充实是"认同"，在符号行为中的充实则是"认之为真"。在这里，不是愿望被认之为真所取代，而是愿望与直观在认同的相合特征中被综合为一了，在这种综合中构造起了"确实如此"的状态。当然也不排除这种可能：这个确实如此的状态是一个被误认为的表象之物或"不相即的"（inadäquat）表象之物。这种情况在科学研究中时常发生，在实验和观察中被充实的某个科学愿望意向开始会被误认为确实如此，但进一步的研究会发现并非如此，即实验和观察结果与科学愿望意向并不相即。就是说，科学研究及其发现的本质就是交织的行为群组中的相即－认同（充实）或不相即－争执（失实）。

由此看来，不同的意向特征总是与充实相合的特征密切相关，如愿望意向的特征总是与它在直观行为中或是在符号行为中得到充实综合有关。并且，就客体化行为而言，含义意向的充实与直观行为的充实更具有"同一个"的特征，即"任何一个通过

---

① 胡塞尔：《逻辑研究》第二卷第二部分，第49页。

直观意向而完成的对一个符号意向的充实都具有认同综合的特征”。由此可以得出结论：所有客体化行为意向的本质特征是“它们的充实统一具有认同统一的特征，并且有可能具有较为狭窄的认识统一特征”。于是，胡塞尔给出了客体化行为的三个定义：“它们的充实综合具有认同的特征，而它们的失实综合因此也就具有区分的特征；……它们在现象学上可以作为一个可能的认同综合或区分的成分来起作用；……它们可以具有一个可能的认识功能，无论是作为意指的行为，还是作为充实的行为或失实的行为。”[①] 认同或区分的综合行为都从属于这类行为，每个意指行为把握到的同一性或非同一性，实际上就是每个意指在一个认识中得到“证实”或“反驳”。其中，在证实的认同中把握到的同一性或非同一性就是“被相即地感知到”。

胡塞尔认为，认同与认识既有联系又有区别。在宽泛的意义上，任何一个现实的认同都是一个认识。但在狭窄的意义上，认同与认识又有区别：认同只是标示认识统一起源于客体化行为，即只有客体化行为才能以意义给予的方式起作用，非客体化行为永远不能；而认识则标示对认识目的的逼近和达及。因此，并不是任何一个现实的认同都是一个认识。

至此，胡塞尔得出结论：全部的意识行为可划分为客体化行为和非客体化行为；含义意向的行为与含义充实的行为、相合的行为与直观的行为都属于客体化行为；只有客体化行为能以意义给予的方式起作用，其他意识行为如非客体化行为永远不能。

“意义给予的”（bedeutungsverleihend）与“含义赋予的”（bedeutungsgebend）是同义概念，是对“立义的”“意指的”“统摄的”等概念的说明，意义给予的行为就是意指的行为或立义，表明意识朝向感觉材料并赋予它们一个统一的意义。只有客体化行为才能以意义给予的方式起作用，即只有直观行为和符号行为才是意指或立义行为，才能赋予感觉材料一个统一的意义，就是“附着在语词上的符号意向借助于这样一些感知或想象而获得充实，这些感知或想象朝向作为对象的表述行为”。[②] 符号意向总是通过语词表达，直观行为由感知和想象构成，所以，符号意向借助直观得到充实也意味着借助感知和想象得到充实；某个意识行为具有含义功能并因此得到表述，意味着其在与某些对象的符号联系或直观联系行为中构造了自身。

意向的“属”特征与充实综合的“属”特征密切相关，因而客体化的意向（直观

---

① 胡塞尔：《逻辑研究》第二卷第二部分，第50、51页。

② 胡塞尔：《逻辑研究》第二卷第二部分，第51页。

意向与符号意向）特征也必须通过充实综合的特征来澄清，就是说，我们需要进一步通过“充实特征”来考察“符号意向”与“直观意向”的区别。这个描述性考察是从如下观点出发的：符号意向总具有一个直观（表述的感性之物）的支点，却并不因此而具有一个直观的感性内容；它们在某种方式上与直观行为合而为一，但从种类上却完全有别于直观行为。

胡塞尔首先通过符号与图像的比较，考察符号意向与直观意向的区别。符号与图像的区别在于：符号在内容上与被标识之物无关，既可以标识与它同类的东西，也可以标识与它异类的东西；图像则与想象一样，需要通过“相似性”与事实相联系，如果缺乏与事实的联系就谈不上图像，某个物体可以在我们的想象中以一种与我们所感知到的一模一样的方式显现，或者说，它有时会被感知，有时会被想象。区别在于，在感知中对象是作为“现在”被给予的，在想象中对象则不是作为“现在”被给予，而是“好像”在那里。因此，想象表象要求具有一种新的立义特征——图像化，或者说，图像意识意味着一个物体以再现的方式通过“一个内在的图像呈现出来”。[①] 然而，不仅图像与被标识物具有相似性，符号也可以与被标识物具有相似性。这表明：“一个符号意向的特殊本质就在于，在它那里，意指行为的对象和充实行为的对象（例如在两者现实统一之中的名称与被指称之物）相互间‘没有关系’。”[②] 就是说，虽然“相似性”并不构成图像与符号意向的本质区别，但相似性对图像意向的充实具有特殊的本质性，而对符号意向的充实不一定具有特殊的本质性，从而表现出这两种意向充实在特征上的差异性：在图像意向中，对象是在图像中显现出来的并使图像意向得以充实；而在符号意向中，对象不一定通过图像显现出来，用来指称的符号（名称）与被指称之物可能没有关系。

人们通常认为图像与符号之间的这种充实关系也适合感知和想象之间的充实关系，“想象是通过图像相似性的特有综合而得到充实，感知是通过实事的同一性综合而得到充实，实事通过‘自身’得到证实，因为它从各个方面展示自身，但在此同时却始终是同一个实事”。而对象自身通过感知被给予是个“伪称”，感知“伪称自己不再是单纯的意向，而毋宁说是一个能够为其他行为提供充实，但自身不再需要充实的

① E. Husserl, *Phantasie*, *Bildbewusstsein*, *Erinnerung*. *Zur Phänomenologie der anschaulichen Vergegenwärtigungen*. *Texteausdem Nachlass* (*1898 — 1925*), edited by Eduard Marbach, Boston: Kluwer Academic Publishers, 1980, s. 17.

② 胡塞尔：《逻辑研究》第二卷第二部分，第53、54页。

行为”。[①] 并且，“外感知（Wahrnehmung）是一种持久的伪称，即伪称自己能做一些按其本质（Wesen）来说无法做到的事情”。[②] 实际上，在外感知中对象只是从“正面”显现出来而已，并没有完整地作为它本身所是而真正被给予。如我观看（外感知）一座房子，我看见了这座房子的正面，虽然房子的背面和内部等组成部分也一同被意指（共现），但这些背面和内部只是象征性地被暗示，而根本不属于感知的直观内涵。如果感知像它伪称的那样是对对象的真实的和真正的自身展示，那么对每一个对象就只会有唯一的一个感知。实际上，对同一个对象具有无限多的、内容上不同的感知可能性。

感知是由多重意向构成的，在一个感知中，既包括感知的意向，也包括想象的意向和符号的意向。我在感知这座房子时，可以直观到它的正面和某个侧面，等等；我也可以用语言符号来表述这座房子的外感知特征及其结构。在由感知、想象和符号构成的这个“感知”总体行为中，“这座房子”作为对象以直观或映射的方式被给予我们，胡塞尔把这种感知称为“相即的”（adäquat）感知，相即感知使对象与感知处于充实联系中，并在最严格和最本真的意义上给予对象本身。但即使如此，感知以部分感知、部分想象和部分符号的方式意指对象，感知与对象的充实综合也只是局部的相合，“即意指行为的纯粹感知内涵与充实行为的纯粹感知内涵局部相合”。[③]

同时，这种充实综合也具有完全相合的特征。我的感知不是一次完成的：在一个感知中，对象的这个面显现；在另一个感知中，对象的另一个面显现；对象也可以时而近、时而远地显现。虽然每次感知中的显现各异，但始终是同一个对象“在此”，在现象学上表现为“连续的充实流或认同流”，在感知中我当下拥有的和在总的充实流中被意指的都是这个对象，其中的每个感知都是一个充实和不充实意向的混合体：与充实意向相一致的是单个感知中作为此对象的映射而被给予的东西；与不充实的意向相一致的是这个对象的尚未被给予的东西，即在新的感知中将会成为充实的体现的东西。如，我先感知这座房子的正面，再依次感知房子的侧面、背面、地面、屋顶、结构、摆设等，在感知中形成了一个连续的认同流或充实流。我的感知就在这个认同流或充实流中意指“这座房子”这个对象，其中每个感知都是一个充实和不充实意向

---

① 胡塞尔：《逻辑研究》第二卷第二部分，第 54、55 页。

② E. Husserl, *Analysenzur passive Sythesis: Aus Vorlesungs-und Forschungsmanuskripten 1918/26*, edited by Margot Fleiischer, Hague: Martinus Nijhoff, 1968, s. 3.

③ 胡塞尔：《逻辑研究》第二卷第二部分，第 56 页。

的混合体。我在感知房子正面时（充实意向，已经被给予的、体现的东西）却没有感知到它的其他方面和内部结构（不充实意向，尚未给予的东西），但我能依次感知房子的其他方面，原来尚未被给予的东西成为被给予的东西，尚未充实的意向得到了充实，这个认同流或充实流最终将这个房子各个面和内部结构的自身显现认同为同一个对象的自身显现，从而使充实综合具有了完全相合的特征。比较而言，想象也具有杂多性，它也是从不同的面来“映像”（abbilden）同一个对象，就此而言，杂多的感知之综合与杂多的想象之综合相类似；不同在于，在杂多想象中同一个对象是图像地得到展示，在杂多感知中同一个对象始终是自身得到展示。想象行为可以通过想象关系得到充实，也可以通过相应的感知得到充实。前者是从图像过渡到图像，后者是从图像过渡到实事，二者的充实综合特征是不同的。如，我想象着彼得这个人，这个想象意向既可以通过彼得的图像得到充实综合，也可以通过我见到彼得这个人而得到充实综合。

以上分析表明，感知与想象虽有差异，但具有相属性，即共属于直观行为（感知和想象构成直观行为），并与符号行为相对立：符号与被标识物“相互间没有关系”，而感知、想象与实事本身则存在相属性。当然，无论是感知和想象的充实综合，还是符号的充实综合，每一个充实都是一种认同，“意向处处都与为它提供充盈的行为达到相合，就是说，在意向中被意指的对象与在充实行为中被意指的对象是同一个”。[①]

四、无语词的认识及其充实特征

迄今为止，我们都把符号行为和符号意向看成是同义词，它们都是意指行为，即“表述中的意义给予要素”，或者说，我们把符号行为或符号意向看成是一种语言表述行为，在语言（符号）表述中含义被给予我们，即语言符号具有含义赋予功能。我们由此得出结论：认识都是直观行为与符号行为相即的复合行为，即充实统一的行为。那么，无语词的认识是否可能呢？

在讨论这个问题之前，我们需要对“现时性”概念做一个考察。“现时性”（Aktualität）最早出现在托马斯·阿奎那的存在学说中，起源于亚里士多德哲学关于“显在”（energeia）与“潜能”（dynamis）的划分。在阿奎那的哲学中，现时性基本

① 胡塞尔：《逻辑研究》第二卷第二部分，第57页。

与“现实性”（Wirklichkeit）同义。在胡塞尔现象学中，“意向分析就是对现时性和潜能性的揭示，对象正是在这些现时性和潜能性中作为意义统一而构造起自身”。[①]

胡塞尔赋予了现时性更多内涵。首先，现时性与感知行为相关，现时性一方面意味着事物直接的、自身的被给予方式，与“印象”（Impression）同义，它是“当下的”，而非“被当下化的”；另一方面“现时性”又与“设定”概念基本同义，“每一个现时的认同，或者说，每一个现时的认同或区分都是一个设定的行为”。[②] 其次，现时性是一个与“潜能性”（Potentialität）、“非现时性”（Inaktualität）对应的概念。如果潜能性意味着意识方式的可能性、潜隐性，那么现时性就意味着意识方式的明确性和彰显性。如我们在对一所房屋的感知中现时被给予的是这所房屋的正面，其他的方面只是被共现出来，但这个共现的部分始终是潜能的，它随时可以被“现时化”（Aktualiserung），即从潜能向现时转化。

至此，关于“无语词的认识是否可能”的问题，胡塞尔认为：“对此问题的回答应当是肯定的。这些无语词认识的情况完全具有动词认识的特征，而与此同时，语词在其意义-符号内容方面还根本未被现时化。”如，我当下直观到（看见）一个物件，我将它认作是 Schraubenzieher（螺丝刀），但语词还没有出现，或者我根本想不起 Schraubenzieher 这个语词。那么，在没有出现 Schraubenzieher 这个语词的情况下，我们能不能有关于被认作是 Schraubenzieher 这个“物件”的认识呢？胡塞尔说：“从发生上说，通过当下的直观而在心境上（dispositionnell）引起一个朝向这个意指性表述的联想；但这个表述的单纯含义组元没有被现时化，它们现在在相反的方向上回射到引发性的直观之中并且是带着已充实的意向特征流渡到直观之中。这些无语词认识的情况因而无非就是含义意向的充实，只是这里的含义意向在现象学上已经摆脱了其他从属于它们的符号内容。”[③] 由此可知：

（1）无语词的认识是可能的，它具有独特的行为充实特征。

（2）无语词的认识是一个意指性表述的联想，是我当下直观到某一物件（如螺丝刀）时，在心境上引起的一个朝向意指性表述的联想。

（3）这个表述的单纯含义组元还处于潜能状态，没有现时化为现时性的语词表述。胡塞尔指出，语言表述可以现象学地划分为“物理表述现象、意义给予的行为和

---

① 倪梁康：《胡塞尔现象学概念通释》，北京：商务印书馆，2016 年，第 28 页。

② 胡塞尔：《逻辑研究》第二卷第二部分，第 120 页。

③ 胡塞尔：《逻辑研究》第二卷第二部分，第 58 页。

意义充实的行为"[①] 三个要素或含义组元，而任何一个符号都必须通过感性的方式显现出来，然后才能行使符号的功能。就是说，语词作为符号，可以是被说出的一组语音符号，也可以是写在纸上的语词符号，声音和文字都是语言符号的"物理表述现象"。如果我看见了一个像螺丝刀的物件，但我有可能想不起用 Schraubenzieher 的声音或文字等表述出来，这个物理表述的声音或文字尚处于非现时性的潜能状态，还没有现时化为语词表达；但我看见了这个螺丝刀，并在心境上引起了一个朝向意指性表述的联想。

（4）无语词的认识作为一个意指性表述的联想又带着已充实的意向特征流渡到直观之中。虽然我没有用 Schraubenzieher 的声音或文字（物理表述现象）把这个物件表述出来，但当下直观在心境中引起的意指性联想通过"意义给予的行为"和"意义充实的行为"又使我的已经充实的意向特征在相反的方向上回射或流渡到直观之中，即我虽然没有说出或写出 Schraubenzieher 语词，但充实意向使我知道这是一个螺丝刀。

（5）无语词认识就是含义意向的充实，只是这里的含义意向在现象学上已经摆脱了从属于它们的符号内容。"内容"（Inhalt）是一个与功能相对应的概念，胡塞尔在第五研究中把内容划分为"作为体验的内容"和"作为对象的内容"，前者也称为"主观意义上的内容"（主观内容），后者也称为"客观意义上的内容"（客观内容）。客观内容也称"行为内容"，与之相对应的是"行为特征"。把具有相同"行为特征"的意识行为区别开来的就是"行为内容"。胡塞尔也把"行为内容"称为意识行为的"质料"或"立义意义"。"行为内容"还可划分为：①意指的意义或含义一般；②充实的意义；③对象。主观内容则指"现象学的自我的实项构成物"或"感性质料"。从客观内容和主观内容统一的角度看，"内容"概念有三种意义：①在立义或统摄之前，感觉材料是意识所具有的必须被立义的"内容"；②在立义过程中，意义或质料是意识赋予感觉材料的"内容"；③在立义完成之后，作为意识活动之结果而对立于意识的对象就是"内容"。在现象学中，"表述"就是"有含义的符号"，这意味着符号概念比表述概念含义更宽泛，既有有含义的符号，也有无含义的符号；另一方面，表述又比符号范围更宽泛，表述与符号在传诉或"告知"的话语中才会交织在一起，而在孤独的心灵活动即无语词认识中，表述则可以在独立于符号的情况下发挥含义的

① 胡塞尔：《逻辑研究》第二卷第一部分，第 39 页。

作用。这表明，并非所有的表述都与符号有关。

另外，从“表述”与“符号”“含义”的关系看，“表述”有两个要素：①表述的物理方面（表述显现），它与真正意义上的“符号”有关；②某些表述相联结的心理体验（含义意向和含义充实），它与“含义”有关，并使表述成为关于某物的表述。这两要素之间的关系就是“符号”与“含义”的关系、“标识”（符号 Zeichen）与“被标识者”（符号所标志之物 Bezeichnetes）的关系，而表述则意味着一个“在符号和符号所标志之物之间的体验统一中的描述性因素”。所以，无语词认识也经过了含义意向的充实，只是摆脱了从属于语词符号的含义内容。胡塞尔指出，思想序列中有一大部分是通过直观图像的流动或通过本己的联想交织而被引发的，而不是束缚在从属于它们的语词上。这表明，无语词认识是一种词语图像而非词语符号，它引导来的是象征性思想，但不是与这些思想相符合的直观。虽然无语词的认识是可能的，但由于无语词认识的特征，即“含义意向”是在想象图像而非现时直观的基础上构造自身的，它没有将被意指对象的想象图像与语音和文字联系起来，所以，“无数不相即的表述以这种或那种方式得以成立，它们并不以素朴的方式符合于现时存在的第一性直观以及真实地建立在这些直观上的综合构形，而是远远地超出如此被给予的东西”。如果说有语词的符号认识是在现时的直观基础上构造出自己的对象，那么，无语词的认识则是在语词图像或想象图像的基础上构造出自己的对象。由于符号意向既可以在含义功能内也可以在含义功能外出现，使得许多符号意向与表述不具有任何联系，却在本质上与含义意向属于同一种类，于是出现许多“不相即”的表述，“虚假的、甚至悖谬的认识存在着，而且还大量地存在着。但‘实际上’它们并不是认识——即不是有逻辑价值的、完善的认识，不是确切意义上的认识”。[①]

结　论

德尔默·莫兰指出：“正是在撰写第六研究时他第一次完全理解他自己所发现的现象学领域的性质。……在这里他根据充分性或充实性发展了对于真理的一种现象学的论述：这就是，他以感知及其充实的关系为模型论述了思想与客体的关系。”[②] 胡

① 胡塞尔：《逻辑研究》第二卷第二部分，第 59 页。

② Dermot Moran, *Introduction to Phenomenology*, London: Routledge Press, 2000, p. 119.

塞尔从布伦塔诺那里继承了意向性概念，并将其规定为一切意识行为或意向体验都是关于某物的意识，从《算术哲学》到《逻辑研究》，胡塞尔在意向性分析中将意识行为区分为客体化行为和非客体化行为，进而将客体化行为区分为直观行为和符号行为，在第六研究中对客体化意向之综合充实进行了严谨细致的分析。真正的认识是指称与直观在现象学上的动态统一，探究“意向和充实”的关系为“思想（或概念）与一致性直观”这对概念的构成奠定了基础。正是在此基础上，胡塞尔对困扰近现代哲学的范畴直观和范畴充实这个认识论的重大问题做出了突破性的理论阐释。

作为神图的戏画

——四川省泸定县岚安乡将军庙戏楼哪吒壁画探赜*

何光涛**

摘　要：四川泸定县岚安乡将军庙戏楼上的两幅清代哪吒壁画，是迄今为止笔者在四川地区发现的唯一现存的古代哪吒壁画。该壁画是在戏楼竣工的当年由前来兼唱踩台戏和庆坛戏的戏班所绘，其内容和造型与唐宋以来广泛雕绘在石窟、建筑和各种图谱中的同质化哪吒图像不同。壁画在故事内容上杂取博采，描绘的是“花戏”中哪吒奉如来法旨降妖伏魔的故事场景；在人物造型上多源异构，既借鉴了神谱、密典和小说中的人物形象，也融入了画师对“花戏”中人物的非程式装扮的观察思考；在宗教功能上具有镇台驱邪、赐福祛祸的作用，这与哪吒在佛道两界的职司和民间坛场的地位有关。壁画外在“表象”为戏画形式，而内在“观念”则为神图的宗教属性。对其加以个案分析，可为学术界研究古代民间图像提供启发和借鉴。

关键词：神庙；戏楼；哪吒壁画；神图；戏画

哪吒原是密教经典中记载的北方毗沙门天王之子，主要身份是护法神，主要职责是为天王捧塔和护持佛法。① 但密典只笼统介绍了其身份和职责，未详细记载其具体

---

* 国家社会科学基金艺术学项目“清代四川地区移民会馆戏曲史料的搜集整理与研究”（19BB027）

** 何光涛，四川师范大学影视与传媒学院教授、巴蜀文化研究中心研究员（成都　610068）

① 关于哪吒与毗沙门天王的关系，密典中有父子和祖孙关系两说，前者如“毗沙门天王，生那罗鸠婆”（《佛所行赞》）、“令第三子那吒捧塔随天王”（《毗沙门仪轨》）和“即拥遣第三子那吒捧行莫离其侧”（《北方毗沙门天王随军护法真言》）；后者如“我是北方天王吠室罗摩那罗阇第三王子其第二之孙”（《北方毗沙门天王随军护法仪轨》）等。在禅宗典籍、小说戏曲和民间传说中，大多认为哪吒为毗沙门天王（或中国本土化改造后的托塔天王李靖）之三子，即“哪吒三太子”。本文取二者为父子关系一说。关于哪吒的主要职责，据《毗沙门仪轨》《北方毗沙门天王随军护法仪轨》《北方毗沙门天王随军护法真言》等，一是跟随毗沙门天王守护国土时，为天王捧奉供有释迦牟尼佛像的宝塔；二是未跟随天王时，护持佛法、守护佛徒和王公百姓。以上四处引文分别见《大正新修大藏经》（以下简称《大正藏》），台北：台湾新文丰出版公司影印，1983 年，第 4 册第 3 页、第 21 册第 228 页、第 21 册第 225 页、第 21 册第 224 页。

事迹。唐代毗沙门信仰兴盛，随着与毗沙门天王有关的密典的译介，石窟和寺院中塑像壁画的描绘以及俗讲变文的宣讲，哪吒遂被中国大众所熟知。后来在禅宗、道教和民间宗教的影响下，他又被改造成具有中国宗教色彩的神话人物。在元明清三代，他被不同主题的戏曲小说频繁书写，被民间各种宗教仪式活动反复唱赞，他的故事越来越丰富，性格越来越鲜明，其地位和影响也远超密典中所依附的毗沙门天王。不仅如此，各地祭祀他的神庙也大量修建，很多建筑上亦雕绘有其各种图像，他成为中国民间信仰中家喻户晓的神明。

学术界对哪吒身份来源、故事演变及其在戏曲小说中的形象嬗变等多有研究，但对与他有关的各种图像则关注较少。① 为数不多的图像研究主要聚焦于唐宋石窟和寺院中的雕塑壁画，而这些图像因受密典的影响，② 哪吒大多作为武将形象侍立在毗沙门天王之侧，头戴盔帽，身披甲胄，手握槊、戟或剑，整体造型趋于同质化。除了这些早期图像，在哪吒本土化形象定型的明清，以哪吒为主角且具有一定故事情节的图像被广泛雕绘在神庙、牌坊等建筑上以及各种民俗图册和宗教神谱中。但这些图像又因深受小说《封神演义》的影响，③ 也普遍呈现另一种同质化，即哪吒身为童子，头绾双髻，腰系混天绫，光腿赤脚，脚踏风火轮，手持乾坤圈或火尖枪，表现的内容也多为小说中“打龙王”或“战石矶”的经典故事。

笔者近十年来致力于四川地区戏曲文物的考察和研究，足迹遍布全省绝大多数城镇和乡村，考察了大量古建筑、塔坊墓碑和代表性石窟，在泸定县岚安乡将军庙的戏

---

① 学术界对哪吒图像的研究较薄弱，目前为止尚无相关专著，仅有一些宗教、美术类著作零星提及。相关论文也较少，专论文章仅有陈清香《哪吒图像源流考》、郑阿财《佛教经典中的哪吒形象》和陈益源《嘉义县寺庙彩绘中的哪吒故事及其身影》三篇论文，且前两篇都只侧重于唐宋石窟和寺院中的雕塑壁画，后一篇也仅局限于一个县的寺庙中的哪吒图像，并且这些图像的内容全为《封神演义》中的故事。（三篇论文均见“国立中山大学”清代学术研究中心、新营太子宫管理员会主编：《第一届哪吒学术研讨会论文集》，台北：台湾新文丰出版公司，2003 年）研究戏曲小说中哪吒形象的论文比较多，但所论“形象”主要侧重于文本中哪吒的性格和故事，与图像关系不大。

② 如《北方毗沙门天王随军护法真言》：“于白毡上画一毗沙门神，……何护吾法，即拥遣第三子那吒捧行莫离其侧。”《毗沙门仪轨》：“昔防援国界，奉佛教敕，令第三子那吒捧塔随天王。……天王第三子那吒太子，捧塔常随天王。”《摩诃吠室啰末那野提婆喝啰阇陀罗尼仪轨》：“……其天王面作可畏，猛形怒眼满开，其右边画五太子及两部夜叉罗刹眷属。”《哞迦陀野仪轨》：“先中主毗沙门天身，……又座下五太子有，各将军体钾胄被，手各持弓箭并有。”《大正藏》第 21 册，第 225、228、219、235 页。

③ 元杂剧《二郎神醉射锁魔镜》、元末明初杂剧《西游记》、明杂剧《猛烈那吒三变化》、明神谱《三教源流搜神大全》以及明小说《西游记》《封神演义》《南游记》等都是书写哪吒的重要文本，但这些文本只有《封神演义》写了风火轮和乾坤圈，而风火轮和乾坤圈是明清哪吒图像最显著的重要标志。因此，本文认为明清哪吒图像受小说《封神演义》的影响最大。

楼上，意外发现一处与上述两类同质化图像不同的哪吒壁画。这处壁画共两幅，内容相关联，描绘的是哪吒奉如来法旨降伏四个妖魔的故事场景。它们在故事内容和人物造型上综合戏曲、小说、密典和神谱，不拘一端，多源异构；既是描绘戏曲中故事场景的戏画，也是镇台驱邪、赐福祛祸的神图。它们是研究哪吒图像、戏画、神图以及地方宗教民俗的珍贵文物资料，但遗憾的是保护状况较差，学术界也几无关注。为引起文保部门的重视，方便学术界的研究，笔者对其故事内容、人物造型及宗教功能予以探赜。

一、穿插的“花戏”：哪吒壁画的故事内容

将军庙位于四川省甘孜藏族自治州泸定县岚安乡昂州村的深山中，修建于清代，[①] 坐西向东，由戏楼、正殿和厢房组成，整体呈四合院布局。戏楼为山门戏楼，单檐歇山顶，穿斗木结构；分上下两层，上层为戏台，下层为通道。戏台通面阔三间 8.20 米，其中明间面阔 4.20 米；通进深两间 7.38 米，其中前间进深 4.10 米。台中以板壁做成的隔断将戏台分隔成前后台，隔断两侧有上下场门。明间隔断向后台凹进 1.32 米，使后台呈“凹”字形（图 1）。三间隔断的正面和两次间的前间山墙板壁内侧，原彩绘有 11 幅壁画，现仅存 6 幅，分别是明间隔断的《福禄寿三星》，左次间隔断下部的《张果老倒骑驴》和上部的两幅哪吒图，左次间的前间山墙板壁内侧的《钟馗捉鬼》和《西游记》（图 2）。其余 5 幅在十多年前因板壁损坏而现已不存，关于它们的内容，笔者在 2020 年 10 月考察该庙时得知，右次间隔断的下部是一幅《南北斗对弈》、上部是两幅已不知名称和具体内容的降妖伏魔图，右次间的前间山墙板壁内侧也是一幅《钟馗捉鬼》和一幅《西游记》。

据当地老人介绍，[②] 这些壁画是在光绪二十八年（1902）戏楼竣工时，由前来兼

① 现将军庙正殿脊檩底部墨书题记“民国三十七年冬月十五日修建”，戏楼檐柱和金柱之间的抬担底部墨书题记“光绪二拾捌年岁次孟秋月望八日立”。1938 年任乃强考察该庙后，在《岩州散记》一文中写道：“有大钟，嘉庆七年五月十五日铸。‘永护边隅’匾，道光二十八年立。联，同治八年挂。磬，光绪某年铸。”任乃强：《民国川边游踪之〈泸定考察记〉》，北京：中国藏学出版社，2009 年，第 105 页。据此可知将军庙至少建于嘉庆七年（1802）前，现正殿应为 1948 年培修或重建。而据当地人介绍，戏楼则是修建于光绪二十八年（1902）的原始建筑。

② 2020 年 10 月 21 日笔者实地采访将军庙的守庙人李仲秀（女，汉族，1947 年生）、余占彬（男，藏族，1969 年生）以及当地其他老人。笔者问及何以知之，均言前人所传。

唱踩台戏和庆坛戏的某外地戏班所绘，除《福禄寿三星》《张果老倒骑驴》《南北斗对弈》外，其余各幅的内容均与戏班演出的剧目有关，但戏班的信息、壁画所涉及的剧目现已不详。两幅哪吒壁画左右并排（左为南面，右为北面），左边一幅长宽分别为 0.965 米和 0.363 米，右边一幅长宽分别为 1.163 米和 0.363 米（图 3、图 4）。关于它们的故事内容，老人们说："画得很清楚，就是如来喊哪吒去捉妖魔。"这两幅壁画粗看的确一目了然，但细看不免令人生疑，如：如来身旁的阿难和迦叶在故事中的作用是什么？四个妖魔是谁，他们为何被设计成两男两女？他们究竟所犯何事而遭降伏？他们跪地抱拳求饶，最终结局如何？笔者遍查文献，发现该壁画故事内容与明代杂剧《猛烈那吒三变化》① 和小说《西游记》有关。

图 1　将军庙戏楼正面②

图 2　戏楼现存壁画

图 3　哪吒壁画（右幅）

① "哪吒"为今天通用写法，而该剧和本文所引的其他一些古典文献大多写成"那吒"。本文在引文中均保持原貌用"那吒"，而在引文之外的行文中用"哪吒"。

图4　哪吒壁画（左幅）

（一）故事结构和场景出自杂剧《猛烈那吒三变化》

《猛烈那吒三变化》为四折杂剧，以正末扮哪吒，剧述哪吒奉如来法旨降伏焰魔山五鬼王和夜叉山四魔女。在我国现存的古代哪吒戏中，此剧是唯一以哪吒作为护法神并奉如来法旨降妖伏魔的戏曲作品。今存脉望馆抄本，王季烈将其刊入《孤本元明杂剧》，《古本戏曲丛刊》四集据脉望馆抄本影印，《也是园书目》《今乐考证》《曲录》等戏曲文献著录此目，但均未题作者。据此剧第四折最后一支曲子《清江引》中“愿大明享升平万万年”[①] 一句，仅知作者为明朝人。

此剧第一折写如来正给阿难和迦叶讲论佛法时，负责巡视三界的护法天神前来禀事。如来命迦叶带天神进殿，得知焰魔山五个鬼王“聚集妖魔作警，扰害众生”，还与夜叉山四个魔女“争斗地方，好生害物”，而“诸天鬼神，莫能禁治”。[②] 如来命阿难宣护持佛法的善胜童子哪吒进殿，令他前去降伏，但不可伤其性命。第二折写哪吒变成两头四臂，在护法天神的带引下前往焰魔山降伏五鬼王。其间，五鬼王齐施魔法，异鳞鬼吐毒雾，八角狮头鬼呼风雨，百眼金睛鬼聚野兽，无边大力鬼弄飞砂，铁头蓝天鬼放火纵风。哪吒用如来所赐的金光护住自身，并使鬼王的魔法失效，最终逼其跪地乞降。第三折写哪吒变成三头六臂，带领五鬼王前往夜叉山降伏四魔女。四魔女为天魔女、地魔女、运魔女和色魔女，善于刮神风、变化和潜藏。哪吒与之对阵，先张口吸尽魔女所吹的神风，再用如来传授的秘法召来神将围困助擒。魔女走投无

① 《猛烈那吒三变化》，王季烈辑：《孤本元明杂剧》第4册，北京：中国戏剧出版社，1958年，该剧第10页a。

② 《猛烈那吒三变化》，该剧第1页b。

路，变成顽石藏于山岩乱石之中。哪吒用天眼识破其变化，大喝一声使其现出原形，逼其跪地求降。第四折写阿难和迦叶激赞哪吒，如来令五鬼王和四魔女弃恶从善并且皈依佛教。

两幅壁画与该剧在故事结构和场景安排方面都非常吻合。第一幅壁画描绘的是哪吒在佛殿接受降妖法旨。如来端坐莲台之上，弟子阿难和迦叶合掌侍立于台前两侧，他们均转头目送哪吒离去。而哪吒掮着兵器往佛殿右侧走去，右脚高抬，脸却侧向左边的佛祖及其弟子，似因情况紧急不便久留而边听边走。佛殿是神圣之地，禀事者和执事者均不能非宣即进，因此壁画中阿难和迦叶并非虚设，其作用可能是带禀事者进殿报事，或宣哪吒进殿听令。由此可见，第一幅壁画与该剧第一折的故事结构和场景安排极其相似。第二幅壁画描绘的是哪吒降伏妖魔之事。壁画的右边哪吒飞腾在空中，左手高举武器做出欲打之势，右手做出表示愿意满足跪拜者祈愿的“与愿印”；壁画的左边两个男妖和两个女妖现出原形，面向哪吒跪地合掌求饶。无论是哪吒采用旨在收服而非打死的降妖方式，还是妖魔的性别设置和跪地求饶的情节安排，这幅壁画和该剧第二、三折的故事结构和场景设置也都非常相似。虽然壁画未绘出四个妖魔的结局，但我们也有理由推测他们最终都皈依了佛教。

现存与哪吒有关的佛典神谱、戏曲小说以及民间宗教仪式活动唱赞本，除该杂剧外，尚无任何文献与这两幅壁画的故事结构和场景如此相似。甚至可以说，若将这两幅壁画作为该杂剧的插图，亦无违和之处。因此，在没有新材料出现的情况下，笔者认为，这两幅壁画的故事结构和场景当出自《猛烈那吒三变化》。王季烈评论该剧：“曲文尚为通顺，而无古拙之气，排场极为热闹。末以愿大明万万年作结，或是内廷供奉之作也。”① 若王氏推测属实，则该剧可能在明亡之后由宫廷散入民间，又在清初“湖广填四川”的大移民背景下从外地传入四川地区。②

（二）妖魔原型出自小说《西游记》

虽然两幅壁画与《猛烈那吒三变化》在故事结构和场景安排方面都非常相似，但

① 王季烈：《提要》（《那吒三变》），王季烈辑：《孤本元明杂剧》第1册，“提要”，第50页a。

② 明末清初，四川地区因张献忠屠蜀、吴三桂之乱等各种战争以及饥荒、瘟疫、虎患等灾害，人口锐减。从康熙十年至乾隆年间，清廷在四川地区推行大规模移民行动，来自湖北、湖南、陕西、福建、广东、江西等十多个省的移民有一百多万人，史称“湖广填四川”。在此过程中很多剧种传入四川，川剧中昆、高、胡、弹四种声腔都是从外省传入的，并且大量剧目也随之传入。

并不代表二者的故事内容就一定相同。四个妖魔是考察这两幅壁画具体故事内容的核心人物，两男妖是白鹿精和白兔精，两女妖为蝎子精和蜘蛛精。而《猛烈那吒三变化》中五个男鬼虽为“野怪山妖”，似为成精的野兽所变，但据其名号和施展的魔法看，其原形不大可能是鹿精和兔精；四魔女原为“侍从九天玄女”的仙女，后偷盗玄女的隐遁术来到夜叉山为非作歹，也绝非蝎子精和蜘蛛精。[①] 既然妖魔类型不同，故事内容必然也不一样。在现存与哪吒有关的其他文献中，也都没有哪吒降伏这四种妖魔的记载。但是，在小说《西游记》中有这两幅壁画中四种妖魔的原形，分别是车迟国和比丘国的白鹿精、天竺国的玉兔精、琵琶洞的蝎子精以及盘丝洞的蜘蛛精。那么，壁画中四个妖魔的原型是否出自小说《西游记》呢？

笔者在将军庙考察时，听到一些老人把现存的这两幅哪吒图、《钟馗捉鬼》和《西游记》图，以及原位于右次间隔断上部和前间山墙板壁内侧的四幅壁画都统称为《西游记》故事。笔者问其原因，他们表示不清楚，只说前人都这么讲。笔者在“第三次全国文物普查”关于将军庙的普查登记表上也查到相同记录：“后部壁板上有彩绘图案，其中有文、武官、寿星，八仙人物和《西游记》故事等 8 幅。”[②] 泸定县政协文史委于 2003 年编印的《泸定文史资料选辑》也有类似记载：“戏台后部壁板彩绘人物图案，中为文官、武官、寿星，左为张果老倒骑驴，右为南北斗对弈图。左右上方为《西游记》故事八幅。”[③] 这些情况说明，当初戏班把这 8 幅壁画所涉及的剧目均纳入“西游戏”中演出，画中主要人物与“西游戏”的正戏有一定联系。

其实在民间宗教仪式活动中演出大型连台戏时，戏班经常在正戏的演出中穿插一些与正戏剧情无关但场面热闹的戏作为“花戏”。如川剧老艺人李树成抄本《川剧四十八本目连〈连台戏场次〉》所记录的四川某地戏班搬演的“目连戏”剧目，[④] 其中就穿插了与“目连戏”正戏剧情无关的 97 出“西游戏”，并且在这些“西游戏”中又穿插了与“西游戏”正戏剧情无关的一出《上坟得瓜》和两出《钟馗嫁妹》。正戏一般根据成熟的小说或戏曲编排，剧情比较固定。穿插戏虽然与正戏的固定剧情无关，

---

① 《猛烈那吒三变化》，该剧第 5 页 a、6 页 b。

② 《第三次全国文物普查不可移动文物登记表・岚安乡将军庙》，2020 年 10 月 21 日泸定县文物管理局提供。

③ 政协泸定县文史资料工作委员会内部编印：《名胜古迹简介（续）・将军庙》，《泸定文史资料选辑》，2003 年，第 382 页。原文错将“对弈”写成“对奕”，本文径改。

④ 参见李树成抄本：《川剧四十八本目连〈连台戏场次〉》，重庆市川剧研究所内部编印：《四川目连戏资料论文集》，1990 年，第 243—266 页。

但在人物、主题或风格上仍有千丝万缕的联系。如小说《西游记》虽然写了刘全入地府献瓜，但并未写瓜从何来，而李树成抄本中的穿插戏《上坟得瓜》就以小说中的人物刘全为主角，敷演出他上坟时获得南瓜的故事来。又如钟馗并非小说《西游记》中的人物，但在一些民间传说中他被唐太宗封为“伏魔大帝”，于是一些关于钟馗的穿插戏就以唐太宗这个人物为中介与《西游戏》联系起来。因此很多“西游戏”正戏中就穿插有唐太宗游地府被冤鬼纠缠时钟馗前来救驾的情节，有的甚至将清初传奇《天下乐》中钟馗嫁妹的剧情也移植进“西游戏”的正戏中作为穿插戏。虽然李树成抄本并未记录该“西游戏”中穿插有“哪吒戏”，但因哪吒本为小说《西游记》中的重要人物，若某些戏班将“哪吒戏”穿插在“西游戏”正戏中也是很自然的事，如江苏六合洪山香火神会上所演的“西游戏”正戏《袁天罡算卦》（内容与《西游记》第 5 回基本相同），其中就穿插有玉帝命哪吒前往如来处借雨以解救长安干旱的戏。[①]

综上，因两幅壁画中四个妖魔的原形与小说《西游记》中白鹿精、玉兔精、蝎子精和蜘蛛精相同，又因哪吒也为小说《西游记》中降妖伏魔的“三坛海会大神”“前部先锋”和“三天护教”神灵，且两幅壁画所涉及的剧目也被称为《西游记》故事，故可确定壁画中四个妖魔的原型出自小说《西游记》。但小说《西游记》中几个妖魔都与哪吒无关，壁画中他们又如何与哪吒发生联系呢？笔者认为，小说《西游记》中很多妖魔除与唐僧师徒发生的“当下故事”外，还有未被写出的“前传”或“后传”，而在“前传”或“后传”中均可与哪吒发生联系。如无底洞老鼠精的“前传”就与哪吒有关，在第 83 回哪吒回忆老鼠精的来历时说：“那女儿原是个妖精，三百年前成怪，在灵山偷食了如来的香花宝烛，如来差我父子天兵将他拿住。”又如在第 61 回《三调芭蕉扇》中牛魔王被打败后，小说仅以“过往神祇四散，天王、太子牵牛径归佛地回缴”[②] 一句作结；但清代一些民间宗教仪式剧又写了他的“后传”，写他被天兵拿住后锁在南天门外的铁柜中受刑，后来又被哪吒和杨戬打破铁柜放出，下凡在兵州之地打家劫道。[③]

穿插戏多为条纲戏，由戏班中掌阳教的师傅负责“牵条”，往往并不严格按照人

---

① 参见朱恒夫、黄文虎搜集编校：《江淮神书·六合香火戏（二）》，朱恒夫主编：《中国傩戏剧本集成》第 2 卷，上海：上海大学出版社，2016 年，第 28—30 页。

② 吴承恩：《西游记》，北京：中华书局，2014 年，第 1056、796 页。

③ 如贵州息烽县流长乡长杆子村阳戏坛仪式戏《桃山救母》，参见吴电雷、陈玉平编校：《贵州阳戏》，朱恒夫主编：《中国傩戏剧本集成》第 10 卷，第 75—76 页。

们耳熟能详的小说、戏曲或民间传说来演，而是把一些内容“东一点西一点，不成章片”地连缀在一起“花花塔塔地演”,[1] 只要“‘扯拢’就是，观众也不追究”。[2] 因此，两幅壁画涉及的剧目作为穿插戏，其故事内容或许是戏班为小说《西游记》四个妖魔编撰的“前传”或“后传”。当然，因相关文献的缺乏和民间记忆的遗漏，要完全弄清其具体故事内容，尚待新材料的出现。

二、多源异构：哪吒壁画中的人物造型

两幅哪吒壁画属于戏画，但其中的人物造型与传统戏曲中人物的程式装扮不甚相同，而是更多地借鉴神谱、密典或小说中的人物形象，并融入画师对穿插戏中人物的非程式装扮的观察思考。两幅壁画中的人物可分三组，一是如来及其弟子，二是两次出现的哪吒，三是四个妖魔。三组人物的造型风格各异，在细节上多有不同。

（一）如来及其弟子

在如来十大弟子中，阿难和迦叶最著名。在一些石窟和寺院中，常在如来佛像两侧塑有他们的立像，并在其四周塑有数量不等的菩萨罗汉、金刚力士等立像。但这里的壁画仅绘有他们三者，且阿难和迦叶立于佛祖莲台之前两侧。这种三者一组且两弟子站位不同的造型并不多见。据笔者查阅各种文献，发现壁画中佛祖及弟子整体造型基本仿自明代神谱《三教源流搜神大全》中的“释氏源流”图像。[3] 与神谱相比，阿难和迦叶的造型基本未变，但如来的神态、穿戴、手势和背光却多有不同。神谱中如来面相丰圆，眉眼平直；身穿双领下垂袈裟，袈裟下裾垂在莲座上形成裳悬座形；双臂笼在袈裟之中，右手作拈花状，左手下垂抚左腿；身后具圆形头光和背光，头光叠在背光之上（图 5）。而壁画中如来为八字眉，三角眼，眼神斜视右方；身穿无袖无

---

① 王跃：《四川部分地区目连戏调查》，重庆市川剧研究所内部编印：《四川目连戏资料论文集》，1990 年，第 197 页。

② 王跃：《川剧的四十八本目连戏》，重庆市川剧研究所内部编印：《四川目连戏资料论文集》，第 38 页。

③ 参见《绘图三教源流搜神大全（外二种）》，上海：上海古籍出版社，1990 年，第 9 页。该本系清宣统元年叶德辉借缪荃孙所藏明刻本覆刻而成。叶德辉《重刊绘图三教源流搜神大全序》谓覆刻本“于字之显然讹缪者，悉依文义校改，图像则一再细勘，无累黍之失”。（《绘图三教源流搜神大全（外二种）》第 4 页）因缪氏所藏明本已佚，故本文以叶氏覆刻本为明本之依据。

扣的破烂短褂，腰系红色短裙，下穿宽大长裤；双臂和胸脯均袒露在外，双手结禅定印于腹前；扇形背光，边缘饰夸张的火焰纹。壁画一改传统观念中如来之雍穆庄严、慈祥悲悯的大佛尊容，而为滑稽放诞、轻率粗鄙的俗僧形象（图 6）。

图 5 “释氏源流”图

图 6 壁画局部（如来及其弟子）

我们在雕塑和绘画中极少看到这种侮慢佛祖的图像，但在戏曲小说中则经常看到相关记载。自唐代伊始，就有嘲弄包括如来在内的佛教人物的各种表演出现，如《唐阙史》记载的唐代优人李可及表演的滑稽戏《三教论衡》：“可及乃儒服险巾，褒衣博带，摄齐以升崇座，自称三教论衡。其隅坐者问曰：‘既言博通三教，释迦如来是何人？’对曰：‘是妇人。’问者惊曰：‘何也？’对曰：‘《金刚经》云：“敷座而坐。”或非妇人，何烦夫坐然后儿坐也？’”[①] 后来宋杂剧中有《门子打三教爨》《三教安公子》《三教闹著棋》《打三教庵宇》《普天乐打三教》《满皇州打三教》等，金院本有《集贤宾打三教》《三教》等，元代南戏《白兔记》中有描写民间伎艺的“打和鼓乔妆三教”。[②] “三教”指儒、道、释人物，“打”“乔妆”都为搬演之义。这些剧目的具体故事现虽不详，但应有嘲弄如来者。明清一些小说也有嘲弄如来的内容，如《西游记》

① 高彦休：《唐阙史》，《唐五代笔记小说大观》下册，上海：上海古籍出版社，2000 年，第 1350—1351 页。

② 《白兔记》，毛晋编：《六十种曲》第 11 册，北京：中华书局，1958 年，第 7 页。

中阿难和迦叶向唐僧索要人事，如来不但不制止，反而说“经不可以轻传，亦不可以空取”，并举例佛徒曾为舍卫国赵长者家诵经索要三斗三升麦粒黄金作为报酬，还大言不惭：“他们忒卖贱了，教后代儿孙没钱使用。”[①]《南游记》载独火大王本为灵鹫山后洞中的鬼王，原本将灵鹫山借如来住一年，但如来要赖，两次涂改借契，一直住到一千年。独火大王“本当共他大闹一场，他佛法大，难以问他取，只得随他”，[②]后被如来弟子妙吉祥烧死。

壁画中如来呈现滑稽放诞、轻率粗鄙的俗僧形象，可能与上述原因有关。壁画所涉剧目为穿插戏，旨在热闹和搞笑，所以在肯定他命哪吒降妖伏魔之功的同时，也通过演员的插科打诨或不影响整体剧情的插曲对他的自私、无赖甚至粗鄙等缺点进行嘲谑。

（二）两次出现的哪吒

自哪吒随着密教经典的汉译传入中国后，他的各种图像大致可分为两种类型，一是唐宋石窟和寺院中的雕塑壁画，二是明清神庙、牌坊和各种图谱中的图像。本文在引言部分分析过，这两类图像因内容和造型都太过固定，以至于都呈现同质化倾向；并且因哪吒的宗教身份不同（前者为佛教护法神，后者为阐教神仙），[③]其身形容貌、服饰装扮和所持武器等造型基本彼此分明，很少混用。但是，两幅壁画中的哪吒虽是佛教护法神，造型却不拘同佛教中的武将形象。壁画中哪吒身为年轻童子，面颊饱满，眼神机灵，头绾双髻，双髻上各插一个鸟翼样式的发饰；他袒胸露乳，光腿赤脚，四肢丰满白嫩，右手腕和两脚踝各戴一镯子；他披四合如意式大云肩，腰束绣有图纹的裙衫，下穿宽大的短红裤，云肩所缀的两条飘带和腰间系裙衫的巾带随风飘动。而武器方面，在第一幅中他右肩扛着一根长棒，棒上挑着一个圆形武器（图 7）；但在第二幅中棒已不见，仅左手高举圆形武器对着妖魔做欲打之势（图 8）。从整体上看，以上造型基本源自小说《封神演义》中哪吒的形象，但因壁画中的哪吒为佛教护法神，而非《封神演义》中的阐教人物，因此在区别宗教身份的武器上加以灵活改

---

① 吴承恩：《西游记》，第 1232 页。

② 余象斗：《南游记》，余象斗等：《四游记》，上海：上海古籍出版社，1956 年，第 56 页。

③ 学术界普遍认为《封神演义》中的“阐教”即道教，如：陈辽《道教和〈封神演义〉》（《吉林大学社会科学学报》1987 年第 5 期），胡文辉《〈封神演义〉的阐教和截教考》（《学术研究》1990 年第 2 期），刘彦彦《〈封神演义〉道教文化与文学阐释》（西安：西安交通大学出版社，2016 年，第 76 页）等。但笔者认为，“阐教”毕竟为小说中虚构的宗教，和现实中的道教并不完全相同，因此本文分而论之。

变，一是“复古”选择了密教经典中哪吒使用的棍棒，二是“新创”了一个四不像的圆形武器。

图7　第一幅壁画中的哪吒

图8　第二幅壁画中的哪吒

（1）棍棒。在与哪吒有关的戏曲、小说和各种图像中，哪吒使用的武器虽多种多样，但均无棍棒。而在一些大众所不太熟悉的密教经典中，则有他使用棍棒降妖伏魔的记载，如《北方毗沙门天王随军护法仪轨》记载他对如来说：“我护持佛法，……若为比丘、比丘尼、优婆塞、优婆夷起不善心及杀害心者，亦以金刚棒打其头。”[①]《天王念诵法》亦云：“次十一面尊现那吒童子，左手持宝棒，右手与愿印。”[②]虽然我们难以确知“金刚棒”“宝棒”等的具体形状，但可以肯定都为棍棒类武器。由此可知，壁画中哪吒使用的棍棒并非凭空杜撰。另外，在第二幅中未画出该棒的原因，笔者推测，可能是在壁画所涉及的剧情中哪吒威猛神勇，无须太多的兵器。而在杂剧《猛烈那吒三变化》中，也确曾写他“不动兵刃戈甲”[③]就降伏了五鬼四魔。

（2）圆形武器。该圆形武器究竟为何物，令人费解。它既像乾坤圈，又像照妖镜，还像铙钹，但细看又都不像。若是乾坤圈，内圈为何如此之小？若是照妖镜，镜面中间为何有个圈？若是铙钹，中间凹进去的部位为何画得如此平面化？笔者为此请教过多位研究小说戏曲、宗教民俗的专家，他们都表示难以确定。笔者认为，它存在三种可能性。第一，可能是乾坤圈，只是画得不太规则。在金陵德聚堂刊本《新刻钟

① 《北方毗沙门天王随军护法仪轨》，不空译，《大正藏》第21册，第224—225页。

② 《天王念诵法》，《大正藏》第89册（《图像集》第4册卷五），第352页。

③ 《猛烈那吒三变化》，该剧第9页b。

伯敬先生批评封神演义》的插图中就有几幅画得很不规则（图 9），[①] 与壁画中的乾坤圈有些相似。第二，也可能是铙钹，不过画得比较随意。铙钹是宗教活动中的重要法器，具有降妖伏魔和祈福纳吉的功能。如《西游记》第 65 回黄眉怪从弥勒佛那里偷来的金铙，不但声音洪亮，而且可将人“限三昼夜化为脓血”。因这两幅壁画所涉剧目属“西游戏”，它可能便是小说中这个法力无限的“佛门之器”。[②] 第三，还可能是戏班艺人杜撰的一种四不像武器。因为壁画涉及的剧目是旨在热闹、搞笑的穿插戏，故而虚构一个四不像的武器，以增加故事的传奇性和观众的新奇感。笔者认为第三种可能性比较大。

图 9 《新刻钟伯敬先生批评封神演义》插图

另外，哪吒的服饰造型也与传统哪吒戏中的不同。在元明戏曲中哪吒一般都披铠甲穿战袍，如《二郎神醉射锁魔镜》其穿戴为“锁子甲战袄”；[③] 在清代以后的戏曲中则穿象征他莲花化身的特制莲衣，如清宫大戏《封神天榜》中的“采莲衣氅”[④] 和其他地方戏中的“哪吒衣”，这种莲衣主要包括莲花瓣样式的莲花甲和绣有吉祥图案的侉衣。壁画中的云肩、裙衫和短红裤与它们均不相同，当是民间戏班随意改创。但

---

① 《新刻钟伯敬先生批评封神演义》，金陵德聚堂刊本，第 15 册（第 74 回）第 18 页 a、第 18 册（第 88 回）第 65 页 b。该刊本藏于美国哈佛大学汉和图书馆，共 20 册，封面从左到右分三列印有“封神演义”“全像商周传”和“金陵德聚堂梓”，目录前有褚人获于康熙三十四年在“四雪草堂”作的序。

② 吴承恩：《西游记》，第 837、839 页。

③ 《二郎神醉射锁魔镜》，隋树森编：《元曲选外编》第 3 册，北京：中华书局，1959 年，第 966 页。

④ 《封神天榜》，《古本戏曲丛刊》九集，北京：中华书局，1964 年，第 4 本第 40 页 a。

也正是这些改创，才丰富了哪吒的外在形象。

（三）四个妖魔

壁画中白兔精所变的妖怪为男性，该性别设计值得特别关注。众多的文献和民间传说大多认为凡间之兔为母兔，只有月宫中的玉兔为公兔，凡间之兔望月而孕。西晋张华云：“兔舐毫望月而孕，口中吐子，旧有此说，余自所见也。”[①] 北宋陈师道亦云：“世兔皆雌，惟月兔雄尔，故望月而孕。”[②] 假如壁画中的白兔精为凡间之兔精，那么他所变化的妖怪当为女妖；但他所变化的却为男妖，说明他可能为月宫之兔精。壁画中妖怪头戴如意云纹样式的古怪冠帽，应是特意暗示其原形为仙云缭绕的月宫玉兔精，因此将其画成男妖（图 10 左）。小说《西游记》中天竺国假公主的原形也为月宫玉兔精，作者亦将其写成男妖，如孙悟空第一次和玉兔精交战时，玉兔精“见事不谐，挣脱了手，解剥了衣裳；捽捽头，摇落了首饰，跑到御花园土地庙里，取出一条碓嘴样的短棍”。这种反常行为连皇宫妃子都觉奇怪，忙向皇后汇报：“这是公主穿的，戴的，今都丢下，精着身子，与那和尚在天上争打。”[③] 明代李卓吾明了《西游记》中的玉兔精本是雄性，下界后才变成女妖模样，故在评点《西游记》时戏谑道：“向说天下兔儿俱雌，只有月宫玉兔为雄，故兔向月宫一拜，便能受孕生育，今亦变公主，抛绣球，招驸马，想是南风大作耳。”[④] “南风”即“男风”，男同性恋风气之意。壁画中兔精所变的妖魔为男性，暗合《西游记》对玉兔精所变的假公主的描写，由此可见清代一些民间戏曲是将玉兔精所变的妖怪视为男妖的。另外，这幅图像也是佐证月宫玉兔为雄性的不可多得的珍贵文物资料。

壁画中白鹿精所变的男妖头戴双翅冠，双翅直立，形如大臣上朝时所执的狭长玉笏，且双翅边沿均饰有较长的齿纹（图 10 右）。这种奇怪的帽冠既形似白鹿“丫丫叉叉”[⑤] 的双角，又暗示妖魔在人间骗取的高贵身份。据此装扮，也可推知其原型极可能是《西游记》第 44—46 回中在车迟国被封为“国师兄长先生”的鹿力大仙（白毛

① 张华撰，范宁校证：《博物志校证》，北京：中华书局，1980 年，第 45 页。

② 陈师道：《后山谈丛》卷五，杨亿、陈师道：《杨文公谈苑 后山谈丛》，上海：上海古籍出版社，2012 年，第 145 页。

③ 吴承恩：《西游记》，第 1187 页。

④ 《李卓吾先生批评西游记》第 95 回回末总批，《明清善本小说丛刊初编》第五辑《西游记专辑·李卓吾先生批评西游记卷》第 12 册，台北：天一出版社，1984 年，第 95 回第 13 页 b。

⑤ 吴承恩：《西游记》，第 534 页。

角鹿精所变），或者第 78—79 回中在比丘国被封为“国丈”的道人（南极寿星的坐骑白鹿所变）。

与男妖造型不同，壁画中两个女妖的造型最大特色是不露脸，这或许是画师隐晦地警示世人要提防女妖善于隐藏其“毒”和“缠”的本性。蝎子精所变化的女妖背向而跪，身穿红色绢裙。蝎子尾巴上的倒勾画得很长，通体红色（图 11 右）。蝎子颜色有多种，四川民间普遍认为红色蝎子毒性最强。小说《西游记》第 53—55 回中西梁女国毒敌山琵琶洞的女妖为蝎子所变，善用毒尾扎人，不但扎伤如来，还扎伤孙悟空和猪八戒，甚至让观音也感到恐惧，最后被昴日星官打死。李卓吾评论《西游记》中蝎子精云：“人言蝎子毒，我道妇人更毒。或问何也，曰：若是蝎子毒似妇人，他不来假妇人名色矣。”① 蜘蛛精所变化的女妖亦背向而跪，云鬓蓬松，翠袖低垂；原形蜘蛛足长体大，腹部隐隐有蛛丝垂下（图 11 左）。《西游记》第 72—73 回中盘丝洞七个女妖为蜘蛛所变，善用蛛丝缠人，不但蒙骗了唐僧，也让猪八戒吃尽苦头，最后被孙悟空打死。清代刘一明评蜘蛛精云：“盘丝者，邪辞淫辞，穿凿圣道，如丝之盘缠牵扯而不能解脱。然闺丹门户，不一而足，皆是在女子皮囊上作活计，俱谓之女妖可也。”②

图 10　第二幅壁画中两男妖及其原形

图 11　第二幅壁画中两女妖及其原形

---

① 《李卓吾先生批评西游记》第 55 回回末总批，《明清善本小说丛刊初编》第五辑《西游记专辑 · 李卓吾先生批评西游记卷》第 7 册，第 55 回第 15 页 a。

② 刘一明：《西游原旨》第 72 回评语，《明清善本小说丛刊初编》第五辑《西游记专辑 · 西游原旨》第 9 册，第 72 回第 11 页 b。

三、正神的庇护：哪吒壁画的宗教功能

如前所述，将军庙戏楼的壁画是在戏楼竣工当年，由前来兼唱踩台戏和庆坛戏的戏班所绘。关于新建的戏楼，民间有一些神秘的传说，如，“凡是盖了顶的固定戏台，都是恶鬼妖魔盘踞栖息之地，如果演戏吵醒了它们，必然会出来遗害地方。所以就要‘破台’，赶走野鬼，才能放心演戏和看戏”，[①] 又如，“凡是台口朝西的‘白虎台’，也必须‘破台’，然后才能演出”，[②] 等等。破台即唱踩台戏。戏班唱踩台戏，先请灵官、钟馗等道教神仙或观音、韦陀等佛教菩萨前来镇台驱邪、清吉地方，后演跳灵官、跳钟馗、跳煞神等仪式剧或《群仙会》《黄金窖》等喜庆吉祥戏，“借此与神灵沟通，为戏班或受众禳灾驱邪、祈福纳吉”。[③] 关于庆坛戏，主要是由做法事的坛班为民家在堂屋或院坝中，或者由戏班为乡村在临时搭建的戏台或神庙戏楼中，举行旨在请神祀神、还愿祈福、驱邪镇魔等的宗教演剧活动。无论是踩台戏还是庆坛戏，除了进行相关法事和演剧活动，还要在坛场或戏楼悬挂各种神灵图像或具有故事情节的案子。这些神图必不可少，它们“在坛场中有驱疫逐魔、赐福祛祸的巨大作用”。[④]

将军庙戏楼新建完工，且台口朝西，必然要演踩台戏。加之，岚安乡昂州村地处深山，过去百姓崇尚迷信，每年农历九月十一日至十六日都要举行祭祀当地保护神银甲将军和白马大王的庆坛活动。《民国泸定县图志》载：“人民迷信鬼神，凡深山险峻之处必为神仙所居之地，单有一种巫教假此垒室，广布谣言，云山神附体能断人吉凶祸福，通告人民约期会神，名曰打道场。”[⑤] 于是，光绪二十八年在新建戏楼上同时演出踩台戏和庆坛戏，从戏楼壁画可以看出当年的演剧规模比较盛大。在戏楼 11 幅壁画中，《福禄寿三星》《张果老倒骑驴》和《南北斗对弈》是旨在祈愿多福、添禄、增寿等的吉祥图案，其余 8 幅均是旨在镇台驱邪和清吉地方的降妖伏魔图。它们虽是绘在戏楼上的固定图像，且大多是描绘戏曲中故事场景的戏画，但因画中人物都是神道中人，且表现的故事内容都与驱邪或赐福有关，所以也具有上述神图的宗教功能。

---

① 曾石龙主编：《粤剧大辞典》，广州：广州出版社，2008 年，第 449 页。

② 万建中：《中国禁忌史》，武汉：武汉大学出版社，2016 年，第 339 页。

③ 宋希芝：《戏曲行业民俗研究》，济南：山东人民出版社，2015 年，第 149 页。

④ 严福昌主编：《四川傩戏志》，成都：四川文艺出版社，2004 年，第 309 页。

⑤ 刘赞廷编：《民国泸定县图志》，《中国地方志集成·四川府县志辑》第 67 册，成都：巴蜀书社，1992 年，第 467—468 页。

事实上，在当地老百姓心目中，它们的确也被当成神图对待。笔者在对它们拍照和测量时，寺庙管理人员就虔诚告知，这些壁画中的神灵和正殿中供奉的银甲将军和白马大王一样，也是“菩萨”，也很“灵验”，也“在这里保佑我们”，并且反复提醒笔者在他们面前不要乱说话，也不要乱摸。

在8幅降妖伏魔图像中，只有哪吒图像以一组两幅、左右并排的“连环组图”形式出现，并且所绘位置也高于其余各幅。究其原因，可能与哪吒同时在佛道两界的职司以及在民间坛场的地位有关。在密典中，哪吒除了在跟随毗沙门天王守护国土时为其捧奉宝塔，还有护持佛法、守护佛徒和王公百姓等重要职责。《北方毗沙门天王随军护法仪轨》载：

> 尔时那吒太子，手捧戟，以恶眼见四方。……白佛言：“我护持佛法，欲摄缚恶人或起不善之心。我昼夜守护国王、大臣及百官僚，相与杀害打陵，如是之辈者，我等那吒以金刚杖刺其眼及其心。若为比丘、比丘尼、优婆塞、优婆夷起不善心及杀害心者，亦以金刚棒打其头。”……白佛言：“世尊，我为未来诸不善众生，降伏摄缚皆悉灭散故，亦护持国界故，说自心暴恶真言，唯愿世尊听许我说。”佛言：“善哉！善哉！那吒天王，汝为降伏一切国王、大臣、百僚杀凌者，亦法佛相违者，为降伏故恣汝意说真言。”[①]

哪吒“以恶眼见四方”，降伏妖魔鬼怪和凡间坏人。如来称他为“天王”，并准许他“为降伏故恣汝意说真言”。在其他佛典中，他还被称为“鬼神王”“大鬼王”或“药叉大将”，[②] 这些称谓并非说他就是鬼怪，而是赞美他是“能驱鬼神”[③] 的大王或大将。《北方毗沙门天王随军护法仪轨》还记载了民众供奉其图像、念诵其真言以求庇护的相关仪轨：

> 若行者受持此咒者，先须画像，于彩色中并不得和胶，于白毡上画一毗沙门神。其孙那吒天神七宝庄严，左手令执口齿，右手诧腰上，令执三戟矟。其神足下作一药叉女住趺坐，并作青黑色少赤加。若诵此咒时，就好地勿使有秽恶，种种花烧香供养。行者上下衣服并须一清，一厕行时当护身。黑月十五夜起首，对

---

① 《北方毗沙门天王随军护法仪轨》，第224—225页。

② “鬼神王”如见《吽迦陀野仪轨》（《大正藏》21册，第234页），“大鬼王”如见《地藏菩萨本愿经》（《大正藏》13册，第784页），“药叉大将”如见《不空罥索神变真言经》（《大正藏》20册，第286页）。

③ 《首楞严经》，般剌密帝译，惟则辑注，哈尔滨：黑龙江人民出版社，1994年，第142页。

像前诵咒满三十万遍讫，然后取香泥供养尊像。[1]

在白毡上彩绘他的神像，满足了祭拜者“见像如见神”的民俗宗教心理。哪吒一现身，即有“光明炽盛具大威力”，可令“大地震动，睹者皆怖”。[2] 供奉他的神像，除了可以震慑妖魔鬼怪，还可以求得世俗财富，“依法柏木护摩，一切珍财自来”，“六畜生依法柏木护摩，一切六畜自来”。[3]

哪吒被改造成中国本土神话人物后，其降妖伏魔的职司不但未被改变，反而得到了强化。如在元杂剧《二郎神醉射锁魔镜》中，他因降伏十大魔君、四大魔女等众多妖魔鬼怪，被玉帝选用并加封为“八百八十一万天兵降妖大元帅”，“手下有副元帅野马贯支茄，首将是药师大圣”。[4] 在明代改编本《二郎神射锁魔镜》中，他更是“剿灭了天上天下的妖邪”，并统领天兵“镇压着天上天下的妖魔”。[5] 在元末明初杂剧《西游记》中，他被玉帝封为“八百亿万统鬼兵都元帅”，他也自诩为“九重天阙总元戎，十万魔王都领袖”，并且轻松打败了“众魔君中占第一”“曾教三界费精神”的孙悟空和“惊得阿难皱眉，唬得伽叶伤悲”的鬼子母。[6] 成书和刊刻于明永乐至隆庆年间的神谱《三教源流搜神大全》，融汇哪吒在佛典中的本事和在道教神仙系统中的改造，并增补“坊估所杂窜”[7] 的多种传说，记曰：哪吒本为玉帝手下的大罗仙，“因世间多魔王”，被玉帝安排下凡投胎成为托塔天王李靖之子；他出生不久就大闹东海杀死九龙，又打死身为“诸魔之领袖”的石矶娘娘及其儿子，为不牵连父亲，他割肉剔骨还父而死；如来“以其能降魔故”而用荷菱、荷叶和藕使其复生，并授以法轮密旨。莲花化身之后的哪吒神通广大，降魔无数，同时被如来和玉帝加封重要的职位：

故诸魔若牛魔王、狮子魔王、大象魔王、马头魔王、吞世界魔王、鬼子母魔王、九头魔王、多利魔王、番天魔王、五百夜叉、七十二火鸦，尽为所降，以至于击赤猴、降孽龙。盖魔有尽而帅之灵通广大、变化无穷，故灵山会上以为“通天太师威灵显赫大将军”，玉帝即封为“三十六员第一总领使天帅之领袖”，永镇

---

① 《北方毗沙门天王随军护法仪轨》，第 225 页。

② 《佛说最上秘密那拏天经》卷上，法贤译，《大正藏》第 21 册，第 358 页。

③ 《北方毗沙门天王随军护法仪轨》，第 225 页。

④ 《二郎神醉射锁魔镜》，第 961 页。

⑤ 《二郎神射锁魔镜》，《古本戏曲丛刊》四集，北京：商务印书馆，1958 年，该剧 5 页 b、6 页 a。

⑥ 杨景贤：《西游记》，隋树森编：《元曲选外编》第 3 册，北京：中华书局，1959 年，第 654、659、654、664 页。

⑦ 《绘图三教源流搜神大全（外二种）》，第 4 页。

天门也。[①]

《三教源流搜神大全》在明代广泛流行，是“后代有关哪吒小说、戏曲的主要张本”。[②]《西游记》第83回详细介绍了哪吒的出生经历，与《三教源流搜神大全》的内容基本相同，所不同者主要是明确了哪吒在莲花化身之后降伏妖魔的数量为“九十六洞”。[③] 小说虽未写明九十六洞妖魔的名目，但这个具体数目使得哪吒降妖伏魔的本领更加真实可信。另外，小说写天庭第一次征讨花果山时，哪吒被玉帝封为“三坛海会大神”，这个封号与民间坛场对他的供奉有关。民间坛场供奉神灵的桌案可按上中下或左中右的形式摆放，从而分为上中下三坛或左中右三坛。中坛往往供奉比较重要的神灵，即“大神大将当中坐，小神小将两边分”。[④]“海会”在这里指众多神灵被供奉在一起。他被封为“三坛海会大神”，其级别可能为“‘中坛元帅’之晋升”，[⑤]即升为“上坛大神”。这可能也是两幅哪吒壁画所绘的位置高于其余各幅的原因之一。《封神演义》中哪吒的出生经历和闹东海、打石矶等故事虽然也是根据《三教源流搜神大全》中相关内容加工而成，但其宗教派别却被改成虚构的阐教，其神界身份亦被改为阐教掌门元始天尊的徒孙、乾元山金光洞太乙真人的徒弟，道号灵珠。他转世成为李靖之子，七岁时又在师父帮助下莲花化身，后成为姜子牙的前部先锋，为扶周灭纣立下汗马功劳。在小说中他威猛神勇，打死打伤众多旁门左道术士和妖魔鬼怪，姜子牙奖谕他“协助英雄，赤心辅国”，周武王赞美他和李靖、杨戬等“戡祸乱于永清，辟宇宙而再朗；其有功于社稷生民，真无涯际。虽家禋户祀，尚不足以报其劳”。[⑥]

因佛典、神谱、戏曲小说和各种图像的广泛影响，哪吒成为民间信仰中善于降妖伏魔、救苦施福的重要神灵。举凡佛坛、道坛或各种巫坛为某民家或某乡场，举行的旨在冲傩还愿、超度亡魂、解魔招魂、斩妖驱邪、赐福添吉等各种法事仪式演剧活动，他都是被礼请、供奉和唱赞的重要神灵。该类演剧活动必挂神像、摆神案、设神架和贴神符，有的坛场所悬挂的哪吒图像有一定的故事情节，如湖南瑶族地区师公做

---

① 《绘图三教源流搜神大全（外二种）》，第330—331页。

② 郑阿财：《佛教经典中的哪吒形象》，“国立中山大学”清代学术研究中心、新营太子宫管理员会主编：《第一届哪吒学术研讨会论文集》，第533页。

③ 吴承恩：《西游记》，第1056页。

④ 曹琳搜集编校：《江淮神书·南通僮子戏》，朱恒夫主编：《中国傩戏剧本集成》第5卷，第395页。

⑤ 李天飞：《西游记校注》“三坛海会大神”条，北京：中华书局，2014年，第57页。

⑥ 许仲琳：《封神演义》，北京：中华书局，2013年，第310、684页。

道场或演出仪式剧时悬挂的哪吒吊傷图，很多都绘有哪吒大战石矶的内容。[①] 有的坛场因请圣太多，遍及三教神祇和民间俗神，因此悬挂各类“总真图”。有些“总真图”中绘有哪吒，如原四川梁平县（现重庆市梁平区）“火居道士”坛班在做法事或演出仪式剧时所悬挂的“虚皇坛总真图”，共六层53位神祇，其中哪吒位居第三层的观音菩萨之侧。据掌坛师孙化常介绍，该图“时间约在三百年以上”。[②]

综上可以看出，哪吒无论是在佛道二界和《封神演义》所虚构的阐教中，还是在民间各种宗教仪式活动中，都具有高强的降妖伏魔本领、高贵的出身和尊贵的封号。戏楼其他壁画中的孙悟空和钟馗，虽然降妖伏魔的本领也很高强，但身份和封号却稍逊于哪吒。孙悟空原为花果山妖猴，在保护唐僧取经的路上降妖伏魔属于戴罪立功，后来虽被如来封为“斗战胜佛”，但也影响不大，他在民间主要是以神通广大的“喜仙”[③] 形象而存在。钟馗的出生更为低微，他原为终南山凡人，因相貌丑陋应试落选，当场愤撞殿阶而死。唐玄宗在梦中被鬼魂缠扰，他捉鬼而食之。玄宗梦醒之后命吴道子将梦中钟馗捉鬼的情景绘成一画，悬于宫门以避邪镇妖。后来他遂被民间称为“赐福镇宅圣君”或“伏魔大帝”。在民间很少有祭祀二者的神庙，在坛场也没有给予如“中坛元帅”或“上坛大神”之类的尊称。因此，戏楼哪吒图像所涉及的剧目虽为“西游戏”中的穿插戏，但哪吒这个人物形象在民间宗教仪式活动中的重要性远高于孙悟空和钟馗，这也是唯有哪吒图像以“连环组图”的形式出现并且所绘位置高于其余各幅的主要原因。

四、余论：表象与观念

密典《佛所行赞》云：“毗沙门天王，生那罗鸠婆。一切诸天众，皆悉大欢喜。”[④] 诚如斯言，哪吒作为护持佛法、守护佛徒和王公百姓的守护神，深受天神的喜爱。在经过中国本土化改造后，他又因莲花化身的不死之身和纯真顽皮、神勇叛逆、嫉恶如仇的性格，受到民众的广泛爱戴。但无论对他的出生履历、外在形象和内

---

① 参见杨壹：《湖湘瑶族吊傷画初探》，《大众文艺》2018年第19期；陈清香：《哪吒图像源流考》，“国立中山大学”清代学术研究中心、新营太子宫管理员会主编：《第一届哪吒学术研讨会论文集》，第115页。

② 严福昌主编：《四川傩戏志》，第313页。

③ 吴承恩：《西游记》，第848页。

④ 《佛所行赞》，昙无识译，《大正藏》第4册，第3页。

在性格如何改造，他在民众心目中始终主要是镇魔驱邪、庇护大众的守护神形象。单就古建筑上的图像而言，据笔者在四川的实地考察和广泛的文献查阅，民居建筑上很少雕绘有他的图像，[①] 而神庙建筑上则雕绘得较多，且主要雕绘于神庙的山门戏楼，如四川地区神庙建筑上现存的七处哪吒图像就有五处雕绘在戏楼上（另两处也雕绘在与戏楼正对的正殿屋脊或驼峰上）。[②] 这是因为，在民间传说中，民居建筑很少有鬼神聚集的说法，而戏楼为妖魔盘踞之地的说法则广泛存在，甚至在今天人们对古戏楼也存在极强的畏惧心理。[③] 在科学不发达的古代，尤其是在社会不靖的年代，民众需要用这些图像威慑鬼神和恶人，从而达到安慰心灵的目的。它们不仅是美化戏楼的装饰图案，更是民众心目中的宗教神图。

但雕绘在神庙戏楼上的哪吒图像，因神庙所处的地理位置、图像雕绘的具体部位以及图像内容的不同，所蕴含的宗教功能也不尽相同。如自贡市自流井区滨江路的王爷庙修建在釜溪河边，戏楼左右戗脊上都雕塑有一个造型相同的“哪吒打龙王”像，它们具有“降伏孽龙水怪，使其不要兴风作浪”[④] 的功能；而凉山州西昌市琅环镇琅环村的禹王宫和南充阆中市水观镇禹王街的正乙宫，都地处通衢要道，易遭幽冥世界的鬼神邪祟或现实世界的土匪恶霸之侵扰，因此戏楼檐柱的两根斜撑上都雕刻有一组“哪吒打龙王”和“武松打虎”像，它们共同具有“打死一切胆敢闯入宫内的孽龙恶虎、妖魔鬼怪和土匪恶霸”[⑤] 的功能。屋脊和斜撑都是建筑上位置比较高的部件，雕刻其上的图像具有瞭望远方、监视来者和保卫整个神庙的作用。很显然，它们与将军庙戏楼内部的哪吒彩绘相比，镇台驱魔的宗教功能较弱，而守护神庙和保佑民众平安

---

① 截至目前笔者在四川地区仅发现两处民居建筑上雕绘有哪吒图像，一处是雅安市芦山县飞仙关镇凤禾村甘溪组乐会忠老宅上厅大门余塞板上雕刻的《哪吒大战石矶娘娘》，另一处是广元市苍溪县白驿镇康庄村二社彭家大院柱础上雕刻的《哪吒大战孙悟空》。

② 截至目前笔者在四川地区共发现五处神庙戏楼上雕绘有哪吒图像，分别是甘孜州泸定县岚安乡昂州村将军庙戏楼上彩绘的《哪吒降四魔》，凉山州西昌市琅环镇琅环村禹王宫戏楼斜撑雕刻的《哪吒打龙王》，南充阆中市水观镇禹王街正乙宫戏楼斜撑雕刻的《哪吒打龙王》，自贡市自流井区滨江路王爷庙戏楼戗脊上雕塑的《哪吒打龙王》和自贡市沿滩区永安镇兴隆街天后宫戏楼斜撑上雕刻的《哪吒大战石矶》；共发现两处神庙正殿上雕绘有哪吒图像，分别是成都市青羊区陕西街陕西会馆正殿戗脊上雕塑的《哪吒打龙王》和遂宁市船山区嘉禾街道天上宫正殿驼峰上雕刻的《哪吒打龙王》。

③ 据各种文献记载和笔者的广泛田野调查，今天很多地区依然认为古戏楼（甚至新建戏楼）上盘踞着鬼神邪祟，弥漫着“阴煞之气”。笔者在四川一些古戏楼内拍照和测量时，有些看热闹的村民都不敢跟着进入戏楼，担心沾惹上“不干净”的东西。

④ 2020 年 4 月 2 日采访自贡市自流井区滨江路王爷庙管理人员。

⑤ 2020 年 11 月 2 日采访现居住在凉山州西昌市琅环镇琅环村禹王宫内的户主胡崇炳先生，2019 年 8 月 15 日采访南充阆中市水观镇禹王街正乙宫管理员涂绪勇先生。

的世俗功能较强。

据文献记载和民间口述史，四川很多古戏楼上都曾雕绘有各种哪吒图像，其中也不乏精美的壁画。但因各种战争、自然灾害或保护不善等原因，古戏楼多被毁坏殆尽；而壁画又因天气潮湿容易褪色，所存更是无几。将军庙戏楼上的两幅哪吒壁画，是笔者迄今为止在四川地区发现的唯一现存的古代哪吒壁画，[①] 具有珍贵的文物价值。更为重要的是，它们既是描绘戏中故事场景的戏画，也是镇台驱邪、赐福祛祸的神图，因此又具有戏曲学、宗教民俗学等多种学术价值。它们虽为唯一现存的古代哪吒壁画，却如“灵珠”一样散发出璀璨而深邃的光芒，与其他类型的哪吒图像一起烛照了过去民众对鬼神邪祟的畏惧心理，以及展现了克服这种畏惧心理的艺术思维方式。笔者之所以不惜笔墨探赜它们的故事内容、人物造型和宗教功能，除了旨在弄清楚它们的本来面目，也希望借此为学界研究某类民间图像提供一些启发和借鉴。

我们分析民间图像，不能仅仅根据图像的造型和故事内容就随意给它贴上一个看似准确实则浅泛的名称标签了事，如一见到哪吒打龙王的图像就简单地称之为“哪吒闹海”，[②] 一见到孙悟空大战牛魔王的图像就轻率称其为“三调芭蕉扇”。[③] 我们还需要全面地结合它们的造型、故事内容、所处位置以及所蕴藏的宗教民俗功能和反映的民众心态，对它们进行深入的个案分析和类型概括。鲁道夫·阿恩海姆（Rudolf Arnheim）云：“艺术品的视觉形式并不是任意的，它并不是一种由形状和色彩组成的纯形式，而是某一观念的准确解释者。”[④] 克利福德·格尔茨（Clifford Geertz）亦

---

① 乐山市五通桥区冠英镇荣丰村八社陈家祠堂上厅左次间的墙壁上现存《李靖射肉球》和《李靖剑劈哪吒》两幅哪吒壁画，绵阳市盐亭县岐伯镇青山村一社猫儿洞内的墙壁上亦存有一幅《哪吒大战龙王太子》壁画，据当地百姓介绍和笔者仔细辨识，它们均绘于20世纪六七十年代，故不在本文讨论之列。

② “哪吒闹海”的内容过于宽泛，不及“哪吒打龙王”切实。且前者重在“闹”，有惹是生非之意，主要表现哪吒的顽皮；后者重在“打”，有主动出击之意，主要表现哪吒庇护民众的神勇。很多论著都不具体问题具体分析，如对自贡市自流井区滨江路王爷庙戗脊上的哪吒图像，《四川省志·文物志》和《巴蜀梨园掌故》等书都将其名为“哪吒闹海”。参见《四川省志·文物志》下册，成都：四川人民出版社，1999年，第358页；蒋维明、唐剑青：《巴蜀梨园掌故》，成都：成都时代出版社，2012年，第100页。

③ “三调芭蕉扇”的故事被广泛雕绘在各种建筑上，但有些图像不宜名为“三调芭蕉扇”。如西昌市泸山光福寺大雄殿明间左右斜撑上雕刻的“孙悟空降伏牛魔王”和“猪八戒降伏玉面公主”两幅图像，寺庙僧人和管理员都误以为猪八戒降伏的是铁扇公主，并称它们为“三调芭蕉扇”。其实在各种“三调芭蕉扇”故事图像中，牛魔王都和铁扇公主联袂出现，绝少和玉面公主一起出现。光福寺斜撑之所以如此雕刻，是对玉面公主靠家私和美色勾引牛魔王，破坏别人家庭的一种谴责；也是对牛魔王贪财好色，不但导致自己和妻子天各一方，而且还引来祸事致使玉面公主死于非命的一种嘲讽。切忌贪恋财色是佛门的重要戒律，此处雕刻意在提醒世人远离财色之欲。因此，不宜将它们名为“三调芭蕉扇”，而最好名为“牛魔王与玉面公主”。其他类似的例子还较多，此不赘举。

④ 鲁道夫·阿恩海姆：《艺术与视知觉》，滕守尧译，成都：四川人民出版社，2019年，第490页。

云："不是越过个体进行概括，而是在个案中进行概括。"① 通过对某单体图像的表象分析，探析生成该图像的"某一观念"，并借此总结某类图像的创作规律和思想艺术特征，才是图像分析的正确路径。当然，因文献的阙载、民间记忆的遗漏以及古今宗教民俗观念的隔膜，很多图像的造型、内容以及背后的"某一观念"都难以准确识别。对此，《四川民间戏曲雕刻选》的编者无不感叹道："能否读懂这些所谓'哑巴戏'，一度成为检测演员水平高低和阅历深浅的试金石。"② 其实，何止演员，研究者也面临这种检测。我们不能忽视一个令人沮丧的客观现实，即有些图像在没有被"读"之前就已被毁坏，还有些图像被"浅读"或"误读"，导致其价值被严重低估或淹没，这些现象令人叹息。

① 克利福德·格尔茨：《文化的解释》，韩莉译，南京：译林出版社，2008年，第29页。
② 梁旭仲、张在德主编：《四川民间戏曲雕刻选》，成都：巴蜀书社，2002年，第2页。

“意义”的建构

——儒家乌托邦的特点及其在传统中国的政治功能

张星久*

摘　要：儒家乌托邦经历了两个形态的演变。“文本中的乌托邦”类似西方的蓝图—偶像崇拜式乌托邦，“语境中的乌托邦”则逐渐淡化了社会蓝图规划以及弥赛亚式偶像崇拜的经验内容，消解了转向社会运动的可行性，抽象化为近似布洛赫式的超验乌托邦，从而在现实政治之上构建了一个相对独立的意义世界，为质疑、反思现实政治提供了一定的空间，并在一定程度上重塑了王朝国家的属性，使之在“私天下”之外有了一定公共性、自主性以及自我调节机制。考察儒家乌托邦的这种历史演变轨迹及其政治功能，或许有助于拿捏政治理想主义与现实主义之间的最佳平衡点，提升人类的政治智慧。

关键词：儒家乌托邦；蓝图乌托邦；意义世界；政治功能；传统中国

一、儒家乌托邦研究中的问题与方法

有关儒家乌托邦思想的问题，学术界已多有讨论。现有的研究主要涉及两个方面的内容：一是侧重于对儒家乌托邦思想的内涵、特点做知识性梳理，而很少涉及它对传统政治的影响；二是侧重讨论儒家乌托邦思想在近、现代中国的影响。后者由于主要是在反思近现代激进、空想社会改造运动的语境下展开的，其问题意识的形成路

---

* 张星久，武汉大学政治与公共管理学院、弘毅学堂教授（武汉　430072）

径，决定其对儒家乌托邦思想在近现代影响问题上的看法基本是负面的。[①] 当然，也有个别论著从儒家乌托邦对现代民主政治可能发挥的积极影响这一角度，肯定其价值。[②] 但无论出于反思还是阐释其积极价值的目的，这些研究都只是站在现代乃至未来的角度去看待儒家乌托邦思想。笔者认为，儒家乌托邦思想既然可以对现代乃至未来产生影响，就不可能不对当时的政治生活产生影响；从而，“儒家乌托邦思想的影响”这一问题就不能仅仅局限于近现代乃至未来中国，还应该被“带回”古代中国的历史中。换言之，既有的研究虽然着眼于儒家乌托邦思想对近现代乃至未来中国的影响，却也启发我们从“现代的视角”转向“历史的视角”，关注其在中国传统政治体系、政治生活中所发挥的实际功能和影响。

而要全面理解儒家乌托邦思想在传统中国的政治功能和影响，首先需要弄清其类型和属性。已有研究尽管涉及儒家乌托邦的基本内涵及特征，但因其重点是讨论其对近代历史的影响，所以不可能全面深入地展开，而只能首先将西方思想传统中的乌托邦思想化约为一种类型，将其基本上等同于波普和哈耶克等所理解的、导致激进社会运动的乌托邦主义；然后再把中国思想传统中的儒家乌托邦与西方的这种导致激进社会运动的乌托邦等量齐观，进而分析儒家乌托邦与中国近代以来激进主义思潮和运动的关系。这样的处理当然无法顾及中西乌托邦在各自思想传统中的历史演变，以及它们之间的差别。而按照学术界比较一致的看法，西方的乌托邦思想至少存在早期与现代之分。稍加对比就不难发现：儒家乌托邦显然不像以莫尔《乌托邦》、康帕内拉《太阳城》为代表的西方早期乌托邦思想，仅仅停留于文本中的想象，被封闭、静止地孤悬于历史进程之外，它本身就是作为“经济之学”的儒家思想的重要组成部分，深深地影响士大夫的修、齐、治、平活动，进而以他们为基本载体，深深地渗透进传统中国的政治制度和政治过程。可以说，儒家乌托邦自产生之日起就是和现实政治紧密地纠缠、交织在一起的，对现实政治而言，它是随时“在场”的。这一基本事实，要求我们从观念和行动、早期文本形态和政治实践（过程）形态两个维度，去把握儒家乌托邦思想的内涵。同时，由于儒家乌托邦思想作为以家庭、家族关系为核心的宗

---

① 参见林毓生：《反思儒家传统与乌托邦主义》，https：//www.aisixiang.com/data/75159.html，2023年6月8日；墨子刻：《乌托邦主义与孔子思想的精神价值》，《华东师范大学学报》2000年第2期；金观涛、刘青峰：《毛泽东思想和儒学》，《中国文化的乌托邦精神》，台北：风云时代出版股份有限公司，2006年，第37—58页；萧功秦：《儒家乌托邦传统与近代中国的激进主义》，《文史哲》2016年第1期。

② 胡伟希：《作为政治哲学的儒家社会乌托邦——兼对〈礼记·礼运〉的分析》，《哲学研究》2007年第7期。

法农业文明时代的产物，与西方启蒙时代以后、作为工业文明时代产物的西方近现代乌托邦思想之间，存在很大区别，因此，我们有必要在比较的视野下，把儒家乌托邦放在中西文化传统中的乌托邦谱系中，结合其历史的演变情况，深入具体地进行类型学的考察，探寻在整个乌托邦思想“家族”中，儒家乌托邦属于什么类型，是以何种独特的方式具体影响中国传统政治生活的。

正如斯金纳（B. F. Skinner）等的历史语境主义方法所倡导的，一种观念、符号的具体意义是在语境中、在其具体的运用中生成的。讨论儒家乌托邦思想对传统中国政治的价值和意义，需要充分考虑其具体的特殊的语境。进一步说，讨论儒家乌托邦思想对传统中国政治的意义，和讨论它的现代意义所依托的知识类型是不同的。后者主要是对该思想所蕴含的、可能有益于中国“现代性”成长的积极因素加以阐发，更多的是基于理论阐释、推演而形成的“应然逻辑”。而讨论儒家乌托邦思想对传统中国政治的影响，则是借助一定的观察和归纳，对已经发生的事实尽可能真实地揭示，更多的是基于归纳、观察而形成的“已然逻辑”。借此，笔者将儒家乌托邦区分为“经典文本中的乌托邦”和“语境中的乌托邦”，以便在具体的历史语境下理解儒家乌托邦的政治功能。

提到儒家乌托邦对于中国传统政治的影响，很容易联想到“消极影响”和“积极影响”两方面。已有研究大多偏重于从反思的角度、从否定的意义上讨论儒家乌托邦思想对近现代以来中国的影响，很容易让人推测其在古代中国历史上的影响也是消极和负面的，而忽视其可能已产生的积极影响。本文当然也会涉及儒家乌托邦思想的消极影响，但更会关注儒家乌托邦对传统政治的积极影响。笔者认为，这不仅有助于拓宽对儒家乌托邦思想的研究空间，更可能进一步丰富、深化对中国传统政治的认识。如，中国传统政治中对“公”和“正义”的某种兼顾，对王朝国家的“家天下”“私天下”的一定超越，以及基于政治至善论形成的自我反思、自我调节机制，建立在相对独立的“意义世界”上的官僚自主性，等等，[①] 都可能与儒家乌托邦精神有关。通过这一研究能够更好地理解以君主为核心的传统政治体系为什么会在中国历史上被持续选择，从而表现出很强的韧性；更容易突破对中国君主专制政体的刻板化、简单化认识。

基于以上原因，本文希望在已有研究基础上进行一些延伸性思考，尝试回答以下

---

① 张星久：《中国古代官僚制度的自主性分析》，《政治学研究》1997 年第 4 期。

问题：在整个乌托邦思想谱系中，作为农业文明时代的儒家乌托邦思想，属于哪种类型，有何特点？儒家乌托邦思想对于中国传统国家意味着什么，发挥了什么样的政治功能？

二、从经典文本到历史语境的“儒家乌托邦”

由于乌托邦思想源远流长、形态繁多，学术界尽管对其主要内涵已有大体一致的看法，如认为它代表着对现状的彻底否定，对人性和人的能力高度乐观，追求财产公有、平等和仁慈而绝对的权威等，[①] 但在如何对之进行类型划分方面却见仁见智，莫衷一是。[②] 在这方面，美国当代学者拉塞尔·雅各比（Russell Jacoby）提出的一种分类方法值得关注。他把西方乌托邦思想划分为“蓝图派的乌托邦”和“反偶像崇拜（反蓝图设计）的乌托邦”两大类型。根据他的粗略界定和描述，蓝图派乌托邦的特征，一是主张偶像崇拜，认为存在某种弥赛亚式的救世主，相信人类在其引导下可以建成完美的理想社会；二是对这种社会提出了详细规划和蓝图设计，“以英寸和分钟来规划未来”，人们的作息时间、着装，甚至纽扣的排列都被详细规定；三是相信找到了通往完美社会的道路，乐观地认为“蓝图是切实可行的”。而反偶像崇拜（反蓝图设计）的乌托邦只是一种对美好社会的想象，拒绝描绘这种社会的蓝图，也反对把某个具体的人或具体的规划当成神圣的偶像和真理加以崇拜。雅各比推崇的德国哲学家恩斯特·布洛赫（Ernst Bloch）所提倡的乌托邦精神即属此类。在他看来，只有蓝图派乌托邦才有“拥护某种极权主义”的可能，反偶像崇拜（反蓝图设计）的乌托邦则代表一种人类无限开放的想象力和创造力，恰是当今时代需要拯救和捍卫的宝贵精神；将 20 世纪的纳粹主义、极权主义的出现不加区别地归咎于乌托邦主义，“可能是一个极大的误解”。[③]

雅各比的分类对于深入认识乌托邦的不同类型与功能，矫正战后反乌托邦主义思

① 邓正来主编：《布莱克维尔政治学百科全书》，北京：中国政法大学出版社，1992 年，第 784—785 页；安德鲁·海伍德：《政治的常识》，李智译，北京：中国人民大学出版社，2014 年，第 344—347 页。

② 张玉波、罗照玉：《乌托邦概念的多重图式》，《理论探讨》2014 年第 1 期；雷蒙德·乔司：《乌托邦思想的多样性及其政治哲学意蕴》，朱渝阳译，《学习与探索》2017 年第 4 期。

③ 拉塞尔·雅各比：《不完美的图像——反乌托邦时代的乌托邦思想》，姚建彬译，北京：新星出版社，2007 年，第 1、19、44、108 页。

潮的偏差，无疑具有重要意义。但这种分类似乎还需要补充一个前提条件，即首先必须是有关“现世”而非“世外”的乌托邦构想。世外的构想如莫尔所描述的乌托邦，只存于某个世外孤岛，不进入现实的历史进程，尽管有相当详细的蓝图设计，也不能归于雅克比的乌托邦类型。可见只有在承认“现世性”这一前提下，雅各比的两种乌托邦分类才成立。明确了这一前提，我们就可以使用雅各比的分类方法，将各种乌托邦分为蓝图派乌托邦和反偶像崇拜（反蓝图设计）的乌托邦，进而简明扼要地概括出各种乌托邦之间最基本的区别（是否具有详细的蓝图设计），并以此为参照，认识儒家乌托邦的类型及属性。综观儒家经典文本，结合当代学者对出土竹简的研究可以看出，早期儒家关于理想政治的模式有“帝道”与“王道”之分。将这种理想模式投射于历史进程，儒家认为，唐虞（尧舜）时代实行的是“天下为公”的禅让制，“利天下而弗利”，达到了“仁之至”或天下大同，是人类最理想的社会，代表帝道或“大道之行”；夏商周三代则实行“天下为家”的传子制或“世及”之法，因为这三代之王能以礼义、仁爱治国，因此属于王道之治或小康。随着社会环境的变化，儒家开始逐渐淡化帝道与王道、唐虞之道与夏商周圣王之道的分别。[①] 特别是孟子明确提出，舜和周文王虽然相隔上千年，也只是“前圣”“后圣”之别，其治国之道其实“若合符节”（《孟子·离娄下》），是根本一致的。孟子更引孔子的话说，“唐虞禅，夏后、殷、周继，其义一也”（《孟子·万章上》），认为唐虞虽然实行禅让制，夏商周实行世袭之法，其治天下之“义”却是根本一致的。综观孔孟思想的整体，唐虞、三代列圣相守之“义”就是以“仁民爱物”为核心的王道，唐虞二帝之“道”与夏商周三王之“道”就此融为一种王道。后世儒者也常将尧舜二帝与三代圣王并列为王道的代表。[②] 这样，如尧舜及夏商周三代圣王那样实行“王道”之治的时代，就逐渐凝聚为儒家关于完美政治形态的构想，并随着儒家思想在汉代取得独尊地位之后，日渐成为传统士大夫关于理想社会形态的集体意象。所谓“唐虞三代号极治”的诗句，便是这种集体意象的反映。[③] 这种圣王乌托邦，包含以下几方面的基本内容：

第一，有二帝三王那样的圣王式救世主。他“至圣至明”，人神合体，具有沟通

① 李存山：《反思经史关系：从“启攻益”说起》，《中国社会科学》2003 年第 3 期。

② 如朱熹就认为：“愚谓王道即尧、舜、禹、汤、文、武、周公、孔、孟相传之道。”黄宗羲：《宋元学案》卷 3《高平学案》，北京：中华书局，1986 年，第 169 页。

③ 洪咨夔：《次韵临安赵丞读绍运图》，《洪咨夔集》上册，杭州：浙江古籍出版社，2018 年，第 151 页。

天人、“参赞天地之化育”的能力，如西方思想史上的弥赛亚，能把人类引向天堂，实现最完美的圣王之治。

第二，圣王乌托邦的基本原则是公平、正义、仁爱、以德服人等“王道”信条。如《礼记·礼运》的“天下为公”；《尚书·洪范》所谓“无偏无党，王道荡荡；无党无偏，王道平平；无反无侧，王道正直”；《孟子》反复强调的“仁民爱物”“仁政”等。

第三，有较详细的社会蓝图设计。如采取空想社会主义性质的井田制，以实现“老吾老以及人之老，幼吾幼以及人之幼”（《孟子·梁惠王上》）。封建制（分封制）、学校制和井田制三者也被视为王道之治的蓝图内容：“为政不法三代，终苟道也。然欲法三代宜何如哉？井田、封建、学校，皆斟酌复之，则无一民一物不得其所，是之为王道。”[①]

换言之，圣王乌托邦既渊源于“真实”的唐虞三代，寄望于未来的历史进程，也是可见于现实的“在场的”乌托邦，现实社会与理想“天堂”之间并不存在基督教式的“双国”鸿沟。这种乌托邦相信存在一种代表真理、至善的圣王式的救世主，具有迷信弥赛亚式救世主的偶像崇拜倾向，也有一定的社会蓝图设计与构想，和雅各比意义上的西方蓝图派乌托邦是大体相似的。

但是儒家圣王乌托邦与西方蓝图派乌托邦又有很大不同。相比之下，后者对社会组织和社会生活规划设计得更加具体、详细、完美：既有实现美好目标的手段和力量，又有完美的社会生产生活方式，甚至关于成员应如何思想、应有怎样的情感世界，都被事无巨细地加以规定；而儒家乌托邦对此描述很少，其社会图景是模糊笼统的，特别在汉代儒家取得“独尊”地位以后，儒家乌托邦经历各种历史语境下的不断阐释，其理想“蓝图”更是“草色遥看近却无”，其“偶像”图景更加模糊黯淡。

首先在儒家的圣王叙事中，圣王几乎只存在于上古记忆，秦汉以后经历了一个圣王淡出、历史衰退的过程。原则上，儒家相信三代可复，二帝三王式的圣王可重现人世，如孟子期望“五百年必有王者兴”（《孟子·公孙丑下》），后世士大夫也表达过“致君尧舜上”和“回向三代”的愿望。[②] 然而，由于儒家所构想的圣王太完美，以

---

① 《颜元集》上册，北京：中华书局，1987年，第103页。

② 如杜甫《奉赠韦左丞丈二十二韵》中的著名诗句：“致君尧舜上，再使风俗淳”（《全唐诗》卷216，郑州：中州古籍出版社，2008年，第1034页）；余英时：《朱熹的历史世界》上册，北京：生活·读书·新知三联书店，2004年，第一章，第184—198页。

至于秦汉以后就没有哪位君王符合标准。如在朱熹的眼中，把持天下的君主其实“贤于盗贼不远”；[①] 明清之际的儒者甚至认为，自秦以来“凡为帝王者皆贼也”，或是“豪强光棍”“老奸巨猾”占据了君位。[②] 这样，秦汉以后就成为一部“圣王不作”、衰退堕落的历史，“圣王”作为弥赛亚式救世主的俗世肉身便被剥离，仅作为反衬现实缺陷的完美象征，作为对现实的“永恒不满”和对未来的“希望”之精神存在。

其次在社会蓝图设计方面，儒家乌托邦中的井田制、封建制等也只有大体轮廓，并没有具体的内容与细节。王莽代汉时曾推行“王田制”，算是有些井田制的精神，但也只是昙花一现。南宋时期李椿年、朱熹等倡导土地经界法，虽然也以孟子“仁政必自经界始”（《孟子·滕文公上》）的思想为依据，但只是在承认土地私人占有的前提下，通过查出隐田漏税，使赋税相对公平、政府税收更有保障，和井田制的精神已相去甚远。封建制虽在后世如西汉、西晋、明朝等不同程度地实行，但总体上还是作为郡县制的补充而存在的。这些王朝部分地实行分封制，主要是因为开国者担心其子弟“无尺土之封”，一旦局势有变，会使皇家陷入孤立无援的境地，而与“王制”“王道”无关。与此同时，思想领域内围绕“封建”展开的争论也经久不息。大儒朱熹虽然承认“封建”乃是“圣王之制，公天下之法”，但也觉得“在今日恐难下手”，否则就会“别生弊病”；明清之际的顾炎武也认为“封建”虽然出于上古圣人“以公心待天下之人”，却不能照搬于今日，只能“寓封建之意于郡县之中”；王夫之则和唐代柳宗元《封建论》中的观点一样，认为封建之害大过郡县之害，郡县制是“天假其私而行其大公”，代表了“大公”的精神。[③] 这样，“封建制”究竟有什么具体内容，乃至它到底是否能成其为“王制”，都是存在争议的问题；对于后世的儒家来说，充其量也只是表达其道德理想主义、强调其对私天下之“秦制”不满的武器。[④]

总之，进入秦汉以后的历史语境，儒家乌托邦中的社会蓝图构想、弥赛亚式偶像崇拜等经验内容便逐渐散失，沉淀为一种布洛赫式的、表达“尚未”状态的超验乌托

---

① “贤于盗贼不远”是陈傅良对朱熹观点的概括，见《陈亮集（增订本）》卷29《与陈君举》附陈傅良《致陈同甫书》，邓广铭点校，石家庄：河北教育出版社，2003年，第311页。

② 唐甄：《潜书》下篇下《室语》，北京：中华书局，1965年，第196页；《大义觉迷录》转录曾静《知新录》，北京：中国城市出版社，1999年，第106页。

③ 《朱子语类》第7册，北京：中华书局，1988年，第2680页；顾炎武：《顾亭林诗文集》卷1《郡县论》，北京：中华书局，1959年，第12页；王夫之：《读通鉴论》上册，北京：中华书局，1975年，第2页。

④ 张星久：《国家结构形式问题上的一种道德理想主义表达——论中国帝制时代“封建论”的思想逻辑与发生背景》，《政治学研究》2008年第5期。

邦精神，主要表达和寄托的是儒家的一些基本原则如公平、正义、仁爱等，以及由此产生的对现实的“不满”和对完美社会的向往。

儒家乌托邦为什么会发生这种蜕变，以至于没有在历史上转化为大规模的改造社会运动？对于这个问题，有的学者从儒家思想中精英主义、历史退化论以及忠孝伦理等具体层面进行了分析；[①] 笔者认为，更根本、更深层的原因在于乌托邦自身的空想性和不可“兑现”属性。从逻辑上说，乌托邦之所以成为乌托邦，就在于它代表着人类对“无限完美”社会的永不止息的追求，从而使它和现实之间永远存在“错位”：相对乌托邦的而言，一切现实的东西都是有限、有缺陷的。这样，乌托邦在根本上就是不可能直接转化为现实的，一旦被强行“实现”，势必走向“乌托邦之死”。从实践上说，由于乌托邦社会意味着绝对完美，乌托邦的实现需要至圣至明、全知全能的弥赛亚式人物，而在“属人”的现实世界中却永远找不到这样的“人”。一旦有谁强行将乌托邦的完美蓝图付诸实践，就意味着要对现实中的一切不完美性展开大对决、大革命。而传统中国又是以家庭为基本生产生活单位的，家族血缘关系是社会关系的基础，甚至父子相传的皇位继承制度也是沿用了宗法家庭关系的“亲亲”之法。如果无视这一基本事实，硬要实施儒家乌托邦的“天下为公”“老吾老以及人之老”原则，采取皇位禅让制和类似井田制之类的土地公有制，势必要彻底翻转现存社会的一切秩序，颠覆人们的基本生活方式和常识，其最终结局注定会像王莽的复古改制运动那样，因严重“脱离实际”而走向破灭。

从理论层面上看，儒家思想中某些观念间的内在紧张、矛盾，也是导致儒家乌托邦构想逐渐蜕变为某种抽象理念的重要原因。

首先是儒家圣王崇拜意识与其人性幽暗意识之间的矛盾。[②] 虽然在理想层面或终极意义上，儒家预设了一种全知全能的救世主式的圣王，表达了对人性的可臻完善性、对人“率性知天”的理性能力的极度乐观和自信；但是一涉及现实中的人性，却又感叹“人之所以异于禽兽者几希”（《孟子·离娄下》），并发出“人心惟危，道心惟微”（《尚书·大禹谟》）的警示，认为人性极易陷溺、堕落，甚至认为现实中“天理之胜人欲甚难”，而“人欲之胜天理却甚易”，[③] 表达了对人性中与生俱来的阴暗面和

---

① 金观涛、刘青峰：《中国文化的乌托邦精神》，第 37—58 页。

② 关于中国传统文化中的幽暗意识，参见张灏：《超越意识与幽暗意识——儒家内圣外王思想之再认与反省》，《张灏自选集》，上海：上海教育出版社，2002 年，第 25—56 页。

③ 《朱子语类》第 4 册，第 1417 页。

社会中根深蒂固的黑暗势力的正视和警觉意识。这样，儒家一方面在德性和理性方面对少数圣人绝对信任乃至迷信，一方面又对现实中人的德性和理性持怀疑、悲观态度，这种深刻的矛盾自然使它无法像建立在科学主义、建构理性主义基础上的西方蓝图派乌托邦那样，做到理论上的自洽和理性上的自负，进而形成强烈的行动驱动力。

其次是儒家以"大公至正"为核心的价值观与其以家庭之"私"为基础的伦理观之间的矛盾。一方面，儒家追求具有普遍意义的"天下为公"、公平正义等"大公至正"价值理想；另一方面，儒家又特别强调家庭、家族伦理，表现出重视家庭、家族之"私"的特殊价值取向。在强调"大复仇"的"春秋之义"中，家族亲情甚至可以压倒国家所代表的整体价值，孔子也主张路遇杀父仇人，应"不反兵而斗"，认可绕过国家法律而自行复仇（《礼记·檀弓上》）。而被儒家视为"王制"组成部分的封建制，其实也是周代宗法关系的产物，因而柳宗元在《封建论》中讥为"私其力于己也，私其卫其子孙也"。[①] 所以儒家在"家"和"国"、家庭伦理和"公天下"之间，在"爱亲"和"爱人""老吾老以及人之老"之间，始终存在自相矛盾之处。这种理论逻辑的不自洽，也很难使儒家乌托邦构想产生强大的理论征服力和实践驱动力。

儒家乌托邦思想面临的上述种种境况，似乎再次证明了布洛赫、雅戈尔等所揭示的一个道理：只有当乌托邦守住"尚未"的状态，停留于非蓝图设计的超验层面，只有在"不满"与"希望"的精神层面，它才能免于被经验"证伪"，保持永恒的魅力和生命力；而一旦无视完美构想和现实世界之间的鸿沟，强行把它照搬到"现实"，就难逃被"证伪"、被否定的宿命，面临"乌托邦之死"的结局。

三、"超验"的儒家乌托邦与政治的"意义世界"

以上的讨论表明，虽然儒家经典中，乌托邦构想的原型基本上类似于西方蓝图式的乌托邦，但在秦汉以后的历史语境下，它被逐渐抽象化为一种超验乌托邦。那么，这种超验的或精神层面的乌托邦，对于中国传统政治究竟产生了什么样的影响呢？让我们从建构"意义世界"的角度回答这一问题。

我们知道，哲学领域中关于"意义"或"意义世界"的讨论，主要关注人和人的世界的本质、人和人的社会的终极价值，以及人的社会"应当"是什么等问题，大体

---

① 《柳宗元集》卷3，北京：中华书局，1979年，第74页。

涉及人和社会存在的根基、价值、终极理想和目标等方面。[①] 而当人去思考政治的“意义”时，也就进入了政治的意义世界。政治的意义世界，涉及政治的本质、终极目标，以及人的价值、意义等问题，从而最终涉及政治社会存在的正当性（合法性），个人在政治中存在的理由或意义或人在政治乃至社会意义上的“生与死”的问题。因此，控制与建构意义世界，把社会成员塑造成“合格”的“政治人”，使之按照执政者的需要去认识政治问题和从事政治活动，向来就是政治过程的应有之义和重大课题。

而在古代中国，政治的“意义世界”主要涉及国家和君主存在的目的、根据是什么；作为社会成员的被统治者（臣民）在政治上是否具有独立的价值；评价政治良恶的根本标准是“公”“正”等抽象的正义、公平观念，还是现实的王朝国家及其君主的利益；政治的理想状态是“王道”，还是现实中君主们的“江山永固”；等等。而在儒家思想获得独尊地位的情况下，这种政治的“意义世界”主要是通过儒家的经典话语系统来表达的，并集中体现于儒家的乌托邦精神中。而为了塑造符合需要的被统治者，历代统治者也会千方百计地控制人们的意义世界，努力掌控“意义”的定义权与阐释权。特别是明清时代，统治者对思想文化方面的控制，对儒家思想的改造、重释达到了前所未有的程度。[②] 然而由于儒家经典和儒家思想体系早在专制国家形成之前就已成型，特别是自汉代确立了儒家独尊地位之后，历经两千多年历史，儒家思想通过学校教育、科举考试已然渗透社会生活的方方面面，成为历代王朝统治合法性建构的主要精神资源，君主个人之力根本不可能改变这一文化传统，消除一个民族的整体记忆。如，朱元璋下令节选的《孟子节文》在其死后很快就湮灭无闻；清代康、雍、乾等皇帝至少在表面上还是得承认二帝三王、孔子等“先圣”的权威，承认儒家“道统”仍为真理所系，而不能推倒这些权威而自封为中华“圣人”或教主，不能离开儒家经典话语而自创“道统”、另外发明一套“真理”。所以，总体上看，传统中国的意义世界主要还是来源于儒家，特别是源于其中的乌托邦思想，并通过儒家士大夫的不断阐释和实践加以支撑和延续。

正是通过抽去蓝图设计内容，儒家乌托邦在现实政治体制之外构建了一个相对独立的意义世界，为质疑、反思和改善现实政治提供了一定的空间和可能性。

---

① 杨国荣：《论意义世界》，《中国社会科学》2009 年第 9 期。

② 刘泽华主编：《中国政治思想史（隋唐宋元明清卷）》，杭州：浙江人民出版社，1996 年，第 677—679 页；高翔：《康雍乾三帝统治思想研究》，北京：中国人民大学出版社，1995 年，第 164—166 页。

首先，通过这种意义世界，儒家乌托邦在现实的王朝国家及其君主之上树立了一种完美政治的典范，悬置了一套终极的政治规范和价值判断标准，如为民、为公等原则，有助于造就批评、反思乃至质疑现实政治的思想空间，促使传统政治体系形成一定的超越性和自我调适能力。

正如布洛赫所指出的，乌托邦对于现实具有终极意义上的不满。承认一个完美无缺的圣王政治形态曾经“在世”，曾经出现于三皇五帝时代，无异于公开宣布，现实的君主专制政治是具有先天性缺陷的，从而将其永远置于一种可质疑、可批评的境地。正是在这一前提下，中国历代君主专制政体尚能保存一定的对君主进行批评、谏诤的空间与制度安排。如，很多朝代都设立了谏官（言官）系统，专门负责“对上”批评朝廷和君主的过失，而且大多数王朝也都崇尚为臣者直言极谏、为君者虚怀纳谏的政治伦理。最典型的是，宋太祖还立下了不杀“上书言事人”的誓碑，开创了宋代不轻罪言者的传统。通观古代中国的政治舞台，高举尧舜等圣王政治原则而犯颜直谏、“敢与天子争是非”者的确代有其人，甚至在某些时期，批评谏诤之举几乎蔚然成风。如，在唐代，唐太宗有一次同大臣讨论问题，因讲话太多、语气“强辩”，竟遭谏官刘洎批评，太宗则检讨自己因为有“轻物骄人之心”才会说话“烦多”，表示一定“虚怀以改”；德宗想在自己的称呼前增加尊号，竟遭大臣陆贽批评，说艰难之时本应“引咎降名、深自尅责”，而皇帝这样做是“矜能纳谄”。[①] 又如，在宋代，大臣和皇帝争论时，竟拽住皇帝的衣服不让离开，最终迫使皇帝收回成命；甚至言官为抗议用人不当，还撕破了皇帝的衣服。[②] 更为重要的是，儒家乌托邦思想中的基本观念、话语系统，直接成为质疑、批判秦汉以后“天下为家”的君主专制政体的理论依据。正是基于“天下为公”“立君为民”等原则，西汉儒者提出“天下乃皇天之天下”“天下乃天下之天下，非一人之天下”，甚至要求皇帝按照“五帝官天下”的原则，主动让位于贤者；[③] 宋代朱熹提出，秦汉以后帝王至多也是假仁借义行其私，先王之道

① 谢保成：《贞观政要集校》卷6《慎言语》，北京：中华书局，2003年，第337—338页；陆贽：《重论尊号状》，《陆宣公翰苑集》卷13，四部丛刊本，第15页。

② 如寇准一次和太宗“语不合，帝怒起，准辄引帝衣，令帝复坐，事决乃退”（《宋史》卷281《寇准传》，《二十五史》，上海：上海古籍出版社，1986年，第1070页）；御史中丞王拱辰反对仁宗任命夏竦为枢密使，仁宗起身将要离去，“拱辰前引裾，乃纳其说”（《宋史》卷318《王拱辰传》，《二十五史》，第1168页）；言官陈禾因反对徽宗崇信童贯等人，争执中陈禾竟撕下了徽宗衣裾（《宋史》卷363《陈禾传》，《二十五史》，第1281页）。

③ 《汉书》卷72《鲍宣传》、卷85《谷永传》、卷77《盖宽饶传》，《二十五史》，第286、321、301页。

"未尝一日得行天地之间";明清之际的黄宗羲则说君主专制是"非法之法",夺取天下的君主都是"屠毒天下之肝脑,离散天下之子女",实为"天下之大害"。[①] 这些对现实政治秩序永不衰竭的、终极性的问题意识,提醒人们看到现实政治在根本上是不完美、不合乎先祖的理想的。尽管历代统治者都曾想方设法遮蔽、模糊这种问题意识,但是正如上述事例所表明的那样,它们已经伴随着儒家思想的传承而积淀为深厚的文化传统记忆。在大多数情况下,君主们即使为了获得起码的统治正当性,让人看起来更像期待中的"好皇帝",至少表面上也要接受儒家乌托邦的这些原则的检验与评判,而在一定程度上承认现实政治的缺陷与不完善,容忍批评和质疑,从而使得传统政治有了一定的自我审视和自我反思的能力。

其次,儒家乌托邦也在一定程度上重塑了王朝国家的属性与价值目标,使之超越"家天下"的私家属性而具有某种"公共性"或"公"的价值取向。所谓中国古代王朝国家的属性问题,主要涉及国家究竟属于谁的问题,比如是"天下为家"即国家属于君主及其家族私产,还是"立君为民""天下为公",强调国家"公"的属性。如,刘邦在取得天下后曾非常得意地对父亲说,当年"大人以臣无赖,不治产业,不如仲力,今某之业所就孰与仲多",就是把"天下"当作他所置办的最大"产业";李渊在决心接受李世民的起兵建议时,也说"今日破家亡躯亦由汝,化家为国亦由汝",把夺取政权视为扩大家产、化家为国之举。[②] 但在儒家经典中还存在另一种"公天下"的表达。随着儒家取得"独尊"地位,儒家圣王思想中的"公共"话语也逐渐融入对王朝国家属性的认识与表达之中。而由于儒家的"独尊"是通过学校教育、官员考试录用、国家的治国理念与施政过程等体制化的渠道具体实现的,通过这些体制化的渠道,儒家"天下为公""立君为民""王道无私"等观念,自然也会随之融入当时的政治体制和过程。在这种对国家观念的重新定义过程中,儒家学者和官僚士大夫的作用尤为突出。由于他们在很大程度上掌握阐释儒家经典的"符号权力",可以很方便地利用儒家经典和"圣王"之口宣扬这类"为公"的观念,强调上天"立君为民",君主、国家存在的根本目的是彰显"王道无私",谋求百姓福祉,而不是满足君主及其

① 《朱子全书》卷36《答陈同甫》,上海:上海古籍出版社,2002年,第1583页;黄宗羲:《明夷待访录》之《原君》《原法》,段志强译注,北京:中华书局,2011年,第24、8页。

② 《汉书》卷1下《高帝纪》,《二十五史》,1986年,第10—11页;《资治通鉴》卷183,北京:中华书局,1995年,第5730—5731页。

家族的私利。[①] 同时，为突出国家政权“公”的属性，他们还从“公位”“公道”的角度去界定君主制政体下的各种政治角色的规范。比如，他们发挥孟子“天子一位也”的观念，强调君主只是国家职位系统中的“一位”或一个“公位”，故不能“肆于民上以自尊”“厚取于民以自奉”，或干脆认为“不私公位曰帝”。[②] 在对宰相角色的规范界定方面，也强调“扶公道者，宰相之责”，或“宰相者，持心如水，以义理为权衡”等。[③] 正是通过对上述儒家原则的持续阐释与宣扬，他们在政治话语系统中注入了某种“公”和“民本”之类的观念，甚至在一定程度上凝聚为政治制度的“设计原理”，君主们为了统治合法化的需要，至少在表面上也不得不予以接受。如，朱元璋曾把全国十三布政司当作所拥有的十三笼蜜蜂，把自己视为养蜂取蜜之人，显然是把天下视为私产，但在正式诏告天下时却不得不表示，“天生民而立之君者，奉天而安养斯民者也”。[④] 清康雍乾等最为专权的君主，在公开的场合中也会违心声称“天生蒸民而立之君，非特予以崇高富贵之具而已，因将副教养之责，使四海九州无一夫不获其所”，表示要“以仁民爱物为心”“大公至正为道”“至公无私”，不得“逞私欲而背天理”。[⑤] 这都说明，君主们至少在形式上与儒家共享了“为公”“为民”的观念，从而“公天下”的公共性就成为王朝国家公开表达的价值观。除了以上途径之外，通过儒家化的官员们直接的政治行动，竭力抵制皇帝在权力运用方面的私人化、非制度化倾向，也是对王朝国家的属性进行重新塑造的又一渠道和方式。比如：当皇帝试图超越法律、对臣民进行任意赏罚时，官员们往往会以君主应“三尺之法，与天

---

① 胡发贵：《“天下为天下人之天下”——中国民主观念的滥觞》，《东南大学学报》2009 年第 5 期；张星久：《帝制中国的两种基本“公”“私”观及其制度表现——一个从制度回溯观念的尝试》，《武汉大学学报》2006 年第 6 期。

② 黄汝成：《日知录集释》卷 7《周室班爵禄》，长沙：岳麓书社，1994 年，第 257—258 页；王夫之：《读通鉴论》卷 20，北京：中华书局，1996 年，第 601 页。

③ 文天祥：《御试策》，黄宗羲：《宋元学案》卷 88，北京：中华书局，1986 年，第 2957 页；《明史》卷 128《刘基传》，《二十五史》，第 391 页。

④ 谢肇淛：《五杂俎》卷 6《人部》二，潘膺祉如韦馆刻本，明万历四十四年，第 92 页；佚名：《皇明诏令》卷 1《初元大赦天下诏》，明刻增修本，第 15 页。

⑤ 康熙：《圣祖仁皇帝御制文集》卷 19《日讲书经解义序》，《景印文渊阁四库全书》第 1298 册，台北：台湾商务印书馆，1986 年，第 186 页；雍正：《世宗宪皇帝御制文集》卷 9《执中成宪御论》，《景印文渊阁四库全书》第 1300 册，第 89 页；乾隆：《御制文集》二集卷 2《经筵御论》，《景印文渊阁四库全书》第 1301 册，第 301—302 页。

下共之”这类理由加以劝阻；[①] 当皇帝绕开已有的决策程序，用所直接下达“御笔”“内批”“内降”等批示的方式贯彻个人意志时，官员们通常也会以破坏“有司之常守”“有伤国体”等理由而“阻抑不行”。[②] 当然，由于古代中国政治制度赋予了君主“乾纲独断”、不受正式法律制度约束的权力，很多情况下官员们抵制君主的行为会失败，但也确实有成功的事例。如，宋仁宗在位前期，常以“内降”赐予亲信“近习”官职与特权，就不断遭到韩琦、欧阳修等大臣的批评和“百司执奏”，认为是“蠹坏纪纲，为害至深”，仁宗只得公开下诏杜绝“内降”，表示应将政事“付之共议，令宰相行之，台谏言之”。[③] 有时皇帝的意见虽一时占上风，但可能是臣下有条件妥协的结果。如，唐中宗经常绕过中书、门下特降“墨敕”任命官职，这固然是皇帝意志凌驾于制度之上的表现，但其任命文书要用墨笔书、以“斜封”的方式下达，以便区别于通过正常程序、以朱笔诏书任命的官员，其所任命的官员被称为“斜封官”，以至于“君子耻之”，颇遭人轻蔑。[④] 又如，明神宗以特旨直接任命张位为内阁大学士，吏部尚书陆光祖认为违反了制度，说“辅臣当廷推，不当内降”，神宗表示“后不为例”，而陆光祖本人后来也“循故事”由廷推入阁。[⑤] 还有一种情况是，某个皇帝的一时“违制”行为最终又得到纠正，如宋徽宗时期根据“御笔”批示办理的案件，到南宋高宗时期就因其“坏正法”而“悉厘之”。[⑥] 当然，上面的事例也可以反过来说明：这种权力运行的制度化、公共化也是相对的，在一定条件下又可以被皇帝的“任性”所打破，从而形成从权力制度化、公共化到个性化、私人化的循环。但官员们对君权个性化、私人化的抵制和矫正，还是在一定程度上促进了制度化因素的成长，进而使王朝国家逐渐增添了在形式上凌驾于社会之上的“公共性”。

最后，这种主要由儒家乌托邦所支撑的意义世界，也在一定程度上塑造了传统士

---

① 如《旧唐书·李素立传》（《二十五史》，第577页）载：“时有犯法不至死者，高祖特命杀之，素立谏曰：‘三尺之法，与天下共之，法一动摇，则人无所措手足。陛下甫创鸿业，遐荒尚阻，奈何辇毂之下，便弃刑书？臣忝法司，不敢奉旨。’高祖从之。”

② 如宋徽宗“比降特旨”而受到三省“阻抑不行”，斥责有关部门是“以有司之常守，格人主之威福”（《宋史》卷200《刑法》二，《二十五史》，第632页）；明熹宗绕开内阁直接以“中旨”罢免吏部尚书赵南星、左都御史高攀龙，大臣韩爌、朱国桢认为，这样“中旨径宣，不复到阁”的做法，是“大骇听闻，有伤国体”的行为（《明史》卷128《韩爌传》，《二十五史》，第672页）。

③ 林駉：《古今源流至论·别集》卷3《内降》，上海：上海古籍出版社，1992年，第540—541页。

④ 《新唐书》卷45《选举志》，《二十五史》，第130页；张鷟：《朝野佥载》，上海：商务印书馆，1936年，丛书集成初编本，第4—5页。

⑤ 《明史》卷224《陆光祖传》，《二十五史》，第631页。

⑥ 《宋史》卷200《刑法》二，《二十五史》，第632页。

大夫的人格独立性和官僚组织的自主性。

提到传统士大夫，人们很容易想到他们面对君权时所表现出的人格依附性。这种依附性人格的形成原因固然不止一端，但从根本上还是因为以君主为代表的王朝国家在很大程度上控制了对其政治的、从而也是生命“意义”的配置权与裁断权。不可否认，传统国家控制着诸如声誉、荣华富贵、社会成就、功名利禄等“价值权威性分配”的主要权力，从而也在很大程度上控制了社会与政治生活中“意义”的供给权和裁判权。特别是清朝，统治者直接宣称自己就是道统、政统的合一，就是文化传统的唯一代表。[①] 所以对于有些士大夫来说，失去了王朝国家对“意义”的承认，不仅意味着失去了功名利禄，更意味着被生于斯长于斯的文化故国彻底放逐，是政治、文化意义上的终极毁灭和“社会死亡”。正是因为这种对“终极死亡”的恐惧，一些人在思想和行动上只能以君主的是非为是非。但是我们确实又看到，面对皇帝及其所掌控的强大国家政权，仍有不少官员、士大夫敢于担当道义，坚守理想。如，明朝以肆意诛杀官员、用刑残暴而著称，但依然有不少人敢于上折廷争，不屈不挠地批评抗议君主的各种失德无道。如南京御史蒋钦，三次上书反对武宗重用刘瑾而三受杖刑，虽“血肉淋漓”，明知必死无疑，还要坚持第四次上书；理学家魏良弼因多次就时政提出批评而“累遭廷杖，肤尽而骨不续”，却“言之愈激”；[②] 海瑞备好棺材“骂皇帝”更是人尽皆知。此外，还有黄宗羲、顾炎武等，一方面在清军南下、明朝大势已去的情况下，自发地举家族之力予以反抗，入清以后又绝不与新王朝合作，似乎在为明朝“守节”；另一方面却对包括明朝在内的一切君主专制政治提出了最激烈、深刻的批判。黄宗羲尤其基于对明朝政治的深刻体验，痛陈君主是“天下大害”，并明言“有明无善治”。[③] 这正如顾炎武“亡国”“亡天下”之辨中所揭示的，他们在终极意义上并不在意一姓王朝的兴亡，在精神上并不依傍于任何具体的王朝国家，而是心系文化的存亡，认为这才是涉及是否“亡天下”，事关每个士大夫安身立命、“匹夫有责”的大问题。这些人能有如此惊世骇俗的言行，显然是因为在他们的精神世界中有一种超越王朝国家之上的更大的力量与意义源头，这个源头就来自儒家的王道信仰。对于这类士大夫来说，王道集天道、人道于一体，是宇宙大生命的根本体现，也是人作为精

---

① 黄进兴：《优入圣域：权力、信仰与正当性》，北京：中华书局，2010 年，第 77—82 页。

② 《明史》卷 188《蒋钦传》，《二十五史》，第 524—525 页；黄宗羲：《明儒学案》卷 19《太常魏水洲先生良弼》，北京：中华书局，1985 年，第 463 页。

③ 黄宗羲：《明夷待访录》，段志强译注，北京：中华书局，2011 年，第 8、27 页。

神主体的生命之源；而通过每个个体的“弘道”实践就能与这种宇宙大生命融为一体，获得最神圣、崇高和永恒的生命意义感。为了献身这种神圣的“意义”而失去王朝国家的承认，乃至付出生命代价，是“舍生取义”，是生命的升华与更高意义上的重生。正是这种终极的意义感，才使他们面临君主及其国家政权的压力时，能够战胜终极的死亡恐惧与毁灭感，焕发出强大的生命能量，表现出“道尊于势”的独立人格。带着这种“意义感”出仕为官，自然就会强化官僚组织的自主性。耐人寻味的是，顾炎武、黄宗羲这些冒死反清且激烈抨击君主专制的人士，在入清以后又拒绝合作出仕，仍然得到士大夫的尊敬，二人甚至先后被准予进入乡贤祠，纳入官方的圣贤祭祀体制。①

总之，正是**儒家乌托邦这种超验化的转型**，在秦汉以后中国人的精神世界中构建起了一个超越王朝国家的政治意义世界，并由儒家士大夫的政治实践，使王朝国家形成了某种反思、质疑眼光和自我调节的力量，在一定程度上突破了“家天下”狭隘性，为公共性、自主性的发育成长提供了一定的空间。

当然从理论形态上看，儒家乌托邦毕竟是一种“在世”的、具有救世主偶像崇拜倾向的乌托邦，在理想之国和现实之国之间并未有明确的区分，这就容易使人逾越二者的界限，把理想甚至想象当现实；同时，儒家乌托邦也容易导致对某些圣王人格和救世主的渴望与崇拜。当这些问题遇到适合的社会条件与土壤时，确实有可能导致各种追求绝对完美社会的浪漫、激进运动，以及个人崇拜、臣属型政治文化的盛行，这当然是值得警惕和进一步反思的。

结束语

儒家乌托邦经历了从经典“文本”到“历史语境”两个形态的演变。“文本中的乌托邦”大致接近于西方传统中的蓝图－偶像崇拜式乌托邦，在历经各种复杂历史语境不断洗练、重释之后，演变成为“语境中的乌托邦”，而逐渐淡化其具体的社会蓝图规划以及弥赛亚式圣王崇拜等内容，消解了转向社会运动可行性，抽象化为接近布洛赫式的非蓝图式－超验乌托邦，从而在现实政治之上构建了一个相对独立的意义世

① 段志强：《顾祠——顾炎武与晚清政治人格的重塑》，上海：复旦大学出版社，2015 年，第 36、221 页。

界，树立了完美政治的典范以及终极的政治价值目标，为质疑、反思现实政治提供了一定的空间，并使王朝国家一定程度上突破了“私天下”属性，具有了更多的公共性、自主性和自我调节机制。考察儒家乌托邦的这种历史演变轨迹及其政治功能，从更普遍的意义上看，它实际上涉及人类政治生活中的一个十分重大的难题：我们应如何处理政治中的理想（想象）与现实的关系？或者说，在人类不可避免地面临各种现实条件件牵累的情况下，如何安顿我们心底那不可遏止的对美好、神圣、崇高事物的追求之心，如何满足我们对生命的辉煌壮美、生命的永恒价值的渴望？特别是，在充满利益冲突的政治世界中，应如何呵护人类对美好的、文明的政治生活的希望和想象，彰显人的尊严和文明的价值？历史的经验教训反复告诉我们，一个社会如果没有乌托邦精神所带来的无尽想象、形而上的不满以及对现实的不断反思，只是活在当下、满足现状，就会丧失希望甚至绝望，进而窒息进步与升华的活力；反过来，如果误把想象当现实，把理想当成可以直接付诸实践的社会改造方案，用浪漫的、搞艺术的方法处理政治问题，过度地激情燃烧，则很容易头脑发热甚至发疯，无视客观规律甚至违背生活常识，使人类陷入巨大灾难。或许，拿捏政治理想主义与现实主义之间的最佳平衡点，才是人类政治智慧的最高要求，也是人类政治思维与实践中的永恒课题。

历史学

“啯匪”和“会匪”：哥老会起源的新思考

王　笛*

摘　要：在中国秘密社会研究中，学者几乎都认为哥老会是由啯噜演化而来。但是从啯噜到哥老会的演变轨迹，很难建立起逻辑的和有说服力的联系。在清朝的档案中，啯噜和哥老会的区分是非常清楚的，啯噜被称为“啯匪”，从乾隆初期便已经存在；哥老会被称为“会匪”，在同治以后才开始流行。把两者联系在一起的学者，应该说都是有一定的史料根据的，这些史料主要来自清代官方或者官员对啯噜和哥老会的描述，但是几乎都是只言片语。如此就认为哥老会来自啯噜，在相当程度上其实是接受了清官方的一种对边缘人群的话语表达。而那些表达不一定建立在事实的基础上，其在很大程度上是歧视、愤恨、污蔑的结果，或者就是为镇压这些反叛者寻找理由。由于对哥老会的镇压无力，而且这个组织还有扩大的趋势，因此污名化或许是一种策略，或者是利用道听途说的信息进行的武断的推测。

关键词：啯噜；哥老会；流民；李调元；严如熤

在中国秘密社会研究中，学者几乎都认为哥老会是由啯噜演化而来。[①] 当我开始追溯袍哥起源的时候，也是以过去研究者的这个结论作为起点的。也就是说，我是在过去学者的结论的基础上，起初就把啯噜作为哥老会起源来进行写作的。然而，当我

---

* 王笛，澳门大学历史系教授（澳门　999078）

① 关于持啯噜是哥老会前身观点的代表性研究，参见黄芝冈：《明矿徒与清会党——四川哥老会考证》，《历史教学》1951 年第 3 期；蔡少卿：《中国近代会党史研究》，北京：中华书局，1987 年，第203—219 页；秦宝琦：《中国洪门史》，福州：福建人民出版社，2012 年，第 253—261 页。

把关于啯噜的各种档案和公私记录梳理了一遍后，却无法认同过去的这种结论。因为从啯噜到哥老会的演变轨迹，很难建立起逻辑的和有说服力的联系。于是我开始怀疑啯噜是哥老会前身的这个思路，经过进一步的解读和分析各种资料，我不得不得出啯噜和哥老会两者之间并没有直接传承关系的结论。

在清朝的档案中，啯噜和哥老会的区分是非常清楚的，啯噜被称为“啯匪”，从乾隆初期便已经存在了；哥老会被称为“会匪”，在同治以后才开始流行。把两者联系在一起的学者，应该说都是有一定的史料根据的，这些史料主要来自清代官方或者官员对啯噜和哥老会的描述，但是几乎都是只言片语。如此就认为哥老会来自啯噜，在相当程度上其实是接受了清官方的一种对边缘人群的话语表达。而那些表达不一定建立在事实的基础上，其在很大程度上是歧视、愤恨、污蔑的结果，或者就是为镇压这些反叛者寻找理由。由于对哥老会的镇压无力，而且这个组织还有扩大的趋势，因此污名化或许是一种策略，或者是利用道听途说的信息进行的武断的推测。

其实要寻找哥老会的来源，最重要的还是要从他们自己的文献中去寻找证据，哪怕这些证据中掺杂了诸多的传说和神话，但是他们自己的描述从系统性上以及资料的详细程度上来说，至少比清政府及其官员对他们的描述更直接、更有可信度。如果我们抛开他们对自己历史的描述，哪怕那种表达是“传统的发明”或者“想象的共同体”，仍然要比去相信他们的敌人的话语好得多，更不用说他们的敌人的定义只是只言片语了。

要弄清楚啯噜和哥老会的区别，那我们就必须对啯噜进行一个详细的考察，因此本文利用现有的各种资料，不厌其烦地对啯噜兴起的地理和社会环境以及他们的活动轨迹进行尽量系统详细的梳理。通过这个梳理，我们便能够看出啯噜和哥老会实质的不同。这篇文章的中心放在啯噜上，而不是哥老会。关于哥老会的组织起源，我另外有论文专门叙述。① 在这篇论文中，我试图展示啯噜这个组织的全貌，提供一个啯噜的本来面目，为厘清啯噜和哥老会的关系提供一个参照系。我们将会看到这两个组织，用我们常说的“不可同日而语”来叙述，是非常恰当的。

---

① 参见王笛：《袍哥的精神和组织起源——卫大法师“汉留四书”的解读》，《安徽史学》2023 年第3 期；《“开山令”：袍哥起源的传说、神话和历史》，《清华大学学报》待刊。

一、啯噜的来历

关于啯噜在四川的出现，从乾隆早期官私便都有记载。个人对啯噜比较详细的观察和讨论，大概是邱仰文《论蜀啯噜状》和《再论啯噜状》。对于邱仰文，李调元有一个简单的介绍："公讳仰文，号省斋，滋阳人，雍正癸丑进士，曾官南充知县。"雍正癸丑即雍正十一年（1733）。邱还著有《硕松堂集》，里面包括了上述两篇讨论啯噜的文章，都收在了贺长龄所辑《皇朝经世文编》的《兵政六·保甲下》。虽然不清楚这两篇文章写作的具体日期，但是根据邱中进士的时间，大概可以猜测他活动于雍正和乾隆前期，这给我们提供了那个时期啯噜的发展情况。

邱仰文的《论蜀啯噜状》称："啯噜，良民之蠹贼也，婚姻之牍繁而廉耻丧，田界之讼积而任恤衰，此皆急宜清理者。而稂莠不除，嘉禾不生，非先治啯噜，则更化无由。"把治理啯噜作为当时诸种社会问题中最紧迫的事情，把婚姻、廉耻、田产官司等各种问题都放在后面了。啯噜是怎么兴起的呢？邱认为："查啯噜种类最伙，大约始乎赌博，卒乎窃劫。"就是说他们开始于赌博，赌博就有输赢，输了就去抢劫。然后就有了各种犯罪活动，如"酗酒打降，勒索酒食，奸拐幼童，甚而杀人放火"。啯噜有两种，一是"红钱"，自称或互称"红钱弟兄"。那些由于犯法被"刺面"者，则"红钱不入"，而加入"黑钱"。

邱还说，啯噜之所以发展到如今的情状，"而害皆起于窝"，就是窝赌。"啯噜赌博，店家抽头是也"。但是也有"不得不窝者"，特别是那些"荒山孤店，畸零一二家，啯噜成群，力不能拒"。有的场镇由于地方偏僻，官府难以控制，结果造成啯噜聚集，"凶横盘踞，隐忍停留，莫敢究诘是也"；也有碍情面者，过去参加过啯噜，现在已经不在啯噜里面混了，而且已经有了家产，但是从前同伙来了，要聚赌，抹不开情面，所以给啯噜提供了方便。虽然"种类不一"，但是"均为地方害"。①

的确，清地方官拿获的啯噜成员随身都带有赌博工具。根据乾隆四十六年（1781）七月二十九日湖广总督舒常和湖北巡抚郑大进的奏折，七月二十一日，"营兵协同县役在该县五眼泉地方拿获啯匪彭家桂一名"。据他招供，他是四川奉节县人，

---

① 以上引文参见邱仰文：《论蜀啯噜状》，贺长龄辑：《皇朝经世文编》卷75《兵政六·保甲下》，沈云龙主编：《近代中国史料丛刊》第74辑，台北：文海出版社，1966年，第2686—2688页。

卖酒为生，“本年三月初二日，在垫江小马溪地方始入啯伙”，共有四十一人，有头目二名，即陈升、罗恒，都来自四川忠州，其余伙党有黄大年、黄大富、王升、王连、汪连、匡贵、冯贵、陈因、刘中名、何大年十名，但是不知他们来自何处。此外尚有二十八人，皆不知其姓名。他们曾于三月十二日“随同抢劫过梁山马家堰场一处，又于四月初二日抢劫过高峰山场一处，复闻官兵捕捉，头人陈升、罗恒商议，欲往川北躲避，遂大家逃散”。当局从该犯行李内“搜出布衫、马褂、骰子、压宝钱文等赃物，当将人赃一并交宜都县收审”。[①]

后来邱仰文又写了《再论啯噜状》，按照邱的定义：“伏以啯噜者，匪类之总名也。”也就是说，只要是土匪，那么都属于“啯噜”。[②] 据民国《宣汉县志》称：“初四川有啯匪，而无教匪。啯匪者，金川之役，官兵溃于木果□（原字不清），其逃卒之无归者，与失业夫役，无赖悍民，散匿川东北，剽掠为生。及官捕急，则以白莲教为逋逃薮。又湖北襄阳败贼，陕楚籍居三之二，多窜入川，故一旦揭竿起战，斗如素习。”[③] 这与邱仰文的说法不同，似乎是把啯噜的发展与大小金川之役联系在一起，战后大量兵卒和夫役没有生计，所以在川东、川北靠抢劫为生。当官方追捕他们的时候，其便加入了白莲教。

邱仰文认为，这些早期啯噜其实都来自外省，不过“来自黔粤，十无一二”，主要是来自湖北，即“率楚省流寓为多”。其实他们在原籍的时候，“皆良民也”。清初四川“草昧人稀，移来即可占耕，俗名插业”。但是承平日久，百余年来，人口越来越密集，也没有多少土地可供开垦了，即“民居密比，几于土满”。结果大量人口来到四川，成为流民，即“流来如故，无业可栖，一经失所，同乡同类，相聚为匪，势所必至”。因为大量的人没有生计，就难免出现这样的团伙。[④]

关于四川啯噜，乾隆初便出现在地方大员的奏折中。如乾隆八年六月初六日，四

---

① 刘子扬、张莉编：《清廷查办秘密社会案》第9册，北京：线装书局，2006年，第1167—1168页。

② 邱仰文：《再论啯噜状》，贺长龄辑：《皇朝经世文编》卷75《兵政六·保甲下》，沈云龙主编：《近代中国史料丛刊》第74辑，第2688—2690页。雍正朝湖广总督迈柱奏折中说，贵州有一种“鹘捞子”，按照发音即啯噜子，起源于川黔汉族对外来抢掳的少数民族的称谓，其活动特点是“多人”抢掠，具有群体性与流动性。参见常建华：《清代“啯噜”的初兴与语义新考》，《四川大学学报》2019年第3期。

③ 民国《宣汉县志》卷十《武备·历代兵事》，1931年石印本，第9页。

④ 邱仰文：《论蜀啯噜状》，贺长龄辑：《皇朝经世文编》卷75《兵政六·保甲下》，沈云龙主编：《近代中国史料丛刊》第74辑，第2686—2688页。

川按察使姜顺龙奏请“饬严禁啯噜与聚众”，便说：“川省系五方杂处之地，外来之流棍颇多”，但是以“啯噜子”危害最大。报告称他们是“棍徒”，来自云南、贵州、陕西、湖北等省，“少则三五成群，多则数十余众，率皆年力精壮，亡命无赖”，从事抢夺、奸淫、赌博、酗酒等活动，“小民被其害者，皆忍气吞声，莫敢与较”。姜顺龙说，啯噜子“均系不法流民”，如果他们“聚而不散”，就会成为“地方隐忧”。所以令各所属境内，“严行查察，驱逐出境，不许容留，致成党羽”。如果遇到有“生事扰民者”，则“加倍重处”，使他们“势孤而不敢逞凶”。[①]

乾隆八年十月四川巡抚纪山上奏，报告川省数年来有湖广、江西、陕西、广东等省外来“无业之人，学习拳棒，并能符水架刑”。他们还“勾引本省不肖奸棍，三五成群，身佩凶刀，肆行乡镇，号曰啯噜子。奸淫劫掠，无所不为”。他们喜欢聚集在州县交界处所，“出没各有记认，羽党日多”。甚至胆敢与官府对抗，如果“捕役乡保或一禀报查拿，必致遭其惨毒，为害实甚”。官府到处张贴告示，答应“自首减罪”，以达到解散其党羽的目的。那些自首的人，都必须把“同类姓名”写出来，除了“记档存案”外，还方便以后“相机查拿究处”。纪山说，“此等啯噜，凶恶异常”，所以对首领必须严惩，一旦“拿获到案，即照光棍例治罪，或枷杖立毙，以其罪名揭示乡镇集场”。而其他胁从之人，则“照律饬审”。如果是“外来流棍”，就“递回原籍，永远不许出境”；如果是“本省奸民”，便责令乡保管束，定期“点名稽查”。[②]

乾隆九年十月初六日，山西监察御史柴潮生上奏，继续说着同样的问题：“四川一省，人稀地广，近年以来，四方流民多入川觅食，始则力田就佃，无异土居；后则累百盈千，浸成游手。其中有等黠强悍者，俨然为流民渠帅，土语号为啯噜，其下流民听其指使，凡为啯噜者，又各联声，势相应援。”称流民参加了啯噜，“强乞强买，凌压平民”。近些年来，他们“横暴愈甚”，有攫取财物者，有奸污妇女者，有杀人致死者，等等。奏折说：“啯噜皆有勇力技艺，党羽复众，地方官惟恃民壮捕役，可以指纵擒拿，而彼处人役至少，本已不敌，又偶一被获，其党即为报仇，以此人皆束手听其恣肆，乡村小民受其荼毒，莫可谁何？”[③]

---

① 刘子扬、张莉编：《清廷查办秘密社会案》第1册，第428页。

② 《四川巡抚纪山奏》，乾隆八年十月己卯，《清高宗纯皇帝实录》卷二〇三。

③ 刘子扬、张莉编：《清廷查办秘密社会案》第1册，第428—429页。

二、邱仰文的治理法

对于啯噜的治理，邱仰文说要从社会的最基本做起，第一，“里甲清严”，这样啯噜就没有藏身之地。但是“欲清里甲，非先选保牌不可”。四川流动人口非常多，哪怕是有田产的人，也是来去无定，“尚移此去彼”。目前就是那些“朝东暮西之人”，充当“甲役”，在保甲系统中做事儿的人，难免“有名无实，焉能收效”。所以遴选保正牌头，“必选老干有田业妻室者充之”。选择正确的人去承担地方事务，即“得人任事”，那么就应该是“久住其地”的人。这就要实施门牌的严格监管，“各户门牌，谕令移去者缴除；新增者注册，此为第一要着”。就是说，离开的人就必须从册上去除，而新来的人立刻登记在册。

第二，“必严约束”。就是在执行过程中，必须要严格规则。“事无专责，彼此观望，有事则推诿卸罪”，而有人负责，才可以把事情做好。一旦确定责任人以后，就要“分日稽查，以专责成”。比如说，一个场共有几保，一个保共几牌，共计保牌若干人，每日应某保某牌值日，都要清楚，“发以印簿，行以朱签，俾轮流分查，某值日则签簿俱传，至某保甲家，有无窝匪，一一登注明白，立时举首，自甲而乙，周而复始”。而且一切的巡查，都不要依靠纳税户，即“不累及花名”，“既不繁苛，亦不扰民”。在大的场镇，一人值日显然不够，“耳目难周”，可以分为上、中、下，分界负责，“责任专而约束严矣”。

第三，“必勤巡视”。当官的人要经常到下面去巡查，依靠捕役是不行的，因为他们“职微”，无法“弹压”。如果有实权的官吏，“身任地方，必躬必亲”，特别是那些大场，或者离县城最远，或者与他县界连之处，都是“啯噜最易出没往来”的地方。知县除因事巡查外，每月还应该“减装轻骑，亲临其地”。

第四，要明“赏罚”，因为“空言无补”。如果某场某甲有“窝匪”，那么就必须问责“保牌”“邻右”，而且还要“尽力根究，连坐不贷”。如果发现啯噜，而某场某甲保牌不举报，“别经察出，或花户举首，必立提严处更置”。如果几个月都地方安宁，则要发“慰劳奖藉，极口称道，亲给花红，以激励之，俾无后懈”。

第五，要斩草除根。凡是啯噜有可能逗留的地方，都要抽掉他们的基础。那些荒山孤店，非往来大道，“既无益于行旅，徒有害地方”，要当即“毁其坊巢”。那些开厂的，做生意的，如果接待过啯噜，可以“宽其既往”，但是要令他们“另寻生业，拔尽根株”。啯噜成群结队横行的酒肆、迫协良民的地方，各个县场镇，各户要准备“大棍”一根，上面还要大书“专打拒捕啯噜匪类”八个大字，“立于门首，俾鸣锣为号，齐力擒解”。拿获以后，不得殴打，即“既就拘执，不得攒殴”。这样，哪怕啯噜不是“闻风远遁”，他们“停留犯案，则差稀矣”，也就是会越来越少。

邱的这篇文章写于何时并不清楚，但是肯定在乾隆六年之后，因为他提到“伏查乾隆六年，粤民有给照入川之例，可否比照楚民入川，并行给照”，也就是说乾隆六年的时候，朝廷准许广东的人民按照准许的配额入川开垦，那么湖北人是否可以按照这个办法入川呢？来川创业之后，“已成土著，及有亲族依托已久，实为良民，并有资财贸易者，一概不必查究”。但是，楚民入川，“无生理，或单身，或结伴，无论投亲、就业，俱呈明本地该管州县，取具族邻甘结，知照所住地方，注明人数及投托亲族姓名居址，给照准行至川”。也就是说，已经在四川定居下来的移民，已经有了家业，那么就可称为“良民”，不需要查究他们的来历。而新从湖北陆路入川的移民，就要在当地登记，还要签署保证书（“甘结”）。他们所到地方，都要“验照”，相符者，则给予“地牌”，也就是可以开垦的地，“编入烟册”。如果是无照入川，沿途各汛营、州县，要“一体查察，即行递回”。如果有人在四川犯事，“除据情罪，分别问拟”，先查明是否有许可，然后遣送回籍。最后，邱总结了控制啯噜的一整套方案，就是：“清甲清窝，绝其喙息。庶来踪去路，两下查拿，啯噜之名，归于乌有。而教之廉耻，人伦可正；导之任恤，疆理自清，民风渐归淳厚矣。”①

邱仰文在《再论啯噜状》中，强调了保甲对肃清啯噜的重要性：“保甲者，治世之纲维也。保甲立，则啯噜清；啯噜清，则保甲肃。”他回忆自己在陕西定远任职时，奉行“保甲九则”：选保牌、严约束、信赏罚、勤巡视、清场镇、察胥役等。对于“土著奸民，外来流棍”，要以“保牌捕役为先务”，要“洞悉民弊”。提出“探其源而治之”的办法，不能扬汤止沸，而是要“灶底抽薪”，才是“省力”的办法。川省“五方杂糅，外来无籍流匪，大都必有土著奸民为之窝”。所谓土著，其实不过是“外来流寓之久者，利其攫掠资财，合伙盘踞，出没为害”。

要清理保甲（“清甲”），就是要“清窝而已”，也就是清理赌窝。所谓“清窝”之法，就是要“悬以赏格”，“确访严拿，净其巢穴”。为官者要“尽力根究”，如果是当

---

① 以上引文参见邱仰文：《论蜀啯噜状》，贺长龄辑：《皇朝经世文编》卷75《兵政六·保甲下》，沈云龙主编：《近代中国史料丛刊》第74辑，第2686—2688页。

地人，就要严加管束；如果是流民，便立即“递还”。而且要一处处清理，即“拿一处则清一处，拿数处则清数处”。啯噜经常聚集在“人烟辐辏、民居比密之区”，窝留者往往也在这些地方。另外，县与县的边界亦是他们的藏匿之所。地方官对于每一县场镇几处，哪里是边界，哪里最易“藏奸”，哪个场客店极多，哪个店尚属清白，等等，都需要清楚和熟悉。

他还指出，按道理说，捕役最清楚“啯噜之情状，路径出入，藏匿寄顿者”，但是为什么“用捕役以治之，又百无一效”？因为啯噜于此县犯案，便逃到彼县，而且他们与捕役“声息相通，因缘为奸”。所以选择捕役，“必择有田业、有妻室人，明白强干老练者”，选充快班和壮班。他最后指出：“总之，清甲为清匪之源，清窝为清甲之根，窝线既清，则保牌戒严、劝惩益为有力。”①

当时，官员也提出了各种不同的办法。乾隆九年，山西监察御史柴潮生提出了一个很有意思的建议，就是要让流民有生计，这样才能真正解决问题：“凡地方有啯噜害民者，令地方官设法安顿，或给予荒地开垦，或转移执事，各听自变，编入保甲，严加管辖，务使分地散处，勿令其结连一处，则土著流民皆可相安，蜀地亦消隐忧矣。”② 这个不是简单的只是解决啯噜的问题，而是要解决社会问题。

三、李调元的啯噜三书

乾嘉时期的著名戏曲理论家、诗人李调元，也留下了一些关于啯噜的记载。乾隆末年，住在绵州（绵阳）的李调元，就啯噜的问题给绵州知州严作明先后写了三封信，即《与严署州论蜀啯噜第一书》《与严署州论蜀啯噜第二书》和《与严署州论蜀啯噜第三书》。李调元历任翰林编修、广东学政，因弹劾永平知府，得罪了和珅，被流放新疆伊犁效力，流放途中被召还，发回原籍，削职为民，居家著述。李调元在《第一书》中，首先便引述了邱仰文所说“稂莠不除，嘉禾不生”，他十分同意邱仰文的看法，“诚哉是言也”。他还重复了邱对啯噜的描述（显然后面严如熤也采用了这个说法）：啯噜和赌博有关，“盖啯噜种类甚多，大约始乎赌博，终于窃劫”。按照李在第一书中的说法，啯噜的恶行还包括：“酗酒打降，勒索酒食，奸拐幼童，杀人放火，

---

① 以上引文参见邱仰文：《再论啯噜状》，贺长龄辑：《皇朝经世文编》卷75《兵政六 • 保甲下》，沈云龙主编：《近代中国史料丛刊》第74辑，第2688—2690页。

② 刘子扬、张莉编：《清廷查办秘密社会案》第1册，第428—429页。

或同伙自杀”，这些人称为“红钱”；还有“掏摸为生，掐包剪绺，犯法刺面”，称为“黑钱”。他们都带着武器，“皆带刀持棍，其短刀者曰线鸡尾，长者曰黄鳝尾，皆以形似而名，相争则鞘刀于棍，即为长矛，此啯噜情状也”。

李调元说这个团伙的危害，起源于窝赌，也基本上是邱仰文的原话，即“其害者皆起于窝”，窝赌者是为了利润，如啯噜赌博，“店家抽头是也”；也有“不敢不窝者”，因为在“荒山孤店，力不能拒”；要不就是在场镇，却“心力不齐”；或者就是啯噜势力太大，“若辈结队太多，凶横盘踞，隐忍留停者，是也”；还有“碍于情面”而窝者，如过去为啯噜，现在生活稳定了，并不再参与啯噜活动，但是如果从前的同伙来家，“牵引聚赌，既有挟制，复关颜面，不便却逐”；或者就是“因缘奸拐，若辈年幼者，名曰小兄弟，斗杀相争，皆由此起”。所有这些种类，“皆为地方害”。[①]

李调元提出了治理啯噜的具体办法，就是要以里甲为基础，第一要选对的人，也就是要“先清里甲”，其实就是地方社区的治理和控制。这样啯噜便“驻足无所”。那么谁来进行地方社区的治理呢？那就是“必先选保牌”，就是健全保甲制度。因为“川省五方糅杂，流寓无产者多”，那就要动员相应的人力来对付这些流民，请这些人员应该有相对的稳定性，所以“保正牌头，必选老干有田业、妻室者充之，谕令各户，门牌移去者缴除，新来者注册，此为第一要着”，也就是说，如果里甲组织得严密，就不会有啯噜之祸，啯噜就没有藏身的地方。但是必须要选好牌头和保正。许多人是无产者，到处流荡，没有恒产，甚至没有家室。如果这些人充当里甲的差役，就是有名无实。所以选择保甲人员，必须首先要有地产，必须有家室，还要认真登记。

第二是必须要认真管理，要确立“值日稽查”的办法。例如一个乡场，要弄清楚有几个保，每个保有几个牌，总计共有牌保多少，每日由哪个保、哪个牌值日，“付以印簿朱戳”，保甲牌轮流分查，“某甲保家，有无窝藏，登注明白，立时举发”。这样周而复始，不会增加纳税户负担，即“不累花户，但责保牌，月度一缴一换，则责任专而约束严矣”。

第三是必须“勤巡视”。官员要亲自进行巡视，如果派遣差役下乡，则“徒多差扰”，而且差役职小，也没有权威，所以“弹压为难”。李调元还给了几个例子：张捕厅至夏家湾，“为贼匪驱回”；周汛司至郭家沟，被“贼匪打轿”。因此，有实权的官

① 李调元：《与严署州论蜀啯噜第一书》，《童山文集》，《丛书集成》初编本，上海：商务印书馆，1936 年，第 129 页。

员要“躬亲巡视”，特别是那些大的乡场，或离县远，或在县的边界，“啯噜最易出没往来”之处，除“带役查巡”外，还要经常“减装轻骑，亲临其地”。

第四要明“赏罚”。如果发现有窝赌，就要“尽力根究”。如果发现任何保甲“徇隐”，一旦经过举报，便要“严责更置”。如果协助“拿获啯噜到官”，则官要“亲给红花以鼓励之”。还要断了“贼匪”的后路，“毁其坊巢”，谕令那些有可能成为啯噜藏身地点的人家“别寻生业”。鉴于啯噜经常“结队横行”，则应该在各县的场镇，每家每户准备大棍，上面要书“专打拒捕啯噜匪类”八个大字，“立于门首，以鸣锣为号，齐力擒解”。但是对于已经抓捕的啯噜，“不得攒殴”。

这四条基本上都是模仿上节提到的邱仰文的办法。李调元预言，如果上述各种措施得当，“啯噜必闻而远遁”，那些与啯噜有瓜葛的人，也会“自顾其身家而不为矣”。当然，要让乡民“皆有耻而无犯”，是一个长期的过程，“非一朝一夕之故”。他还给知州严作明戴了一顶高帽子，说“明公自到任以来，日惕息于驱匪”，但是近来以江万明、江万志兄弟为首的“啯匪”，仍然横行于南村、河村“两坝”。为什么“匪卒不能驱”呢？所以亟需改变办法，方能有效。①

不久他又写了《第二书》，他说《第一书》提到的江万明、江万志“已经殴毙，阖州称快”，但是仍然“有株根未尽者”，那就是夏家聚、陈单枪，他们进入他李家的“醒园”，居然在白天抢劫衣物，他已命家丁擒获，送交官府。他自己被啯噜祸害的亲身经历，让他感觉到地方官吏和役卒的不作为。窝户是啯噜的“总头”，而捕役则是啯噜的“护身”。因此，“窝匪不去，则啯匪难除；而捕役不清，则啯噜难尽”。而窝与役其实有千丝万缕的联系，所以李提出，“故清窝之法，尤必先清捕役”。总是里外有人，啯噜才可以为非作歹，也就是“远贼必有近脚，坐地亦可分赃”。他举例说廖老四“乃啯噜之头目也”，藏在里甲宋士义的家，而且已经“下甲百三十人呈报在案”，但是下甲的捕役王燮“又从而为之隐分肥”，既然有好处，所以根本对此事不加理睬，“所谓根株之未尽也”。其实，地方上人们都知道啯噜的“情状路径，藏匿寄顿”，更不要说捕役了，“知之为最悉”。但是为什么用捕役来治啯噜，“又百无一效”呢？因为啯噜其实与捕役有勾结，犯案后逃到另一个县，“各捕声息相通”，他们狼狈为奸，结果却是“终日捕盗，而盗不息”，因此只有“慎选差役”。

那么怎样“慎选”呢？其实就是李调元在《第一书》里已经提出过的，他现在重

① 以上引文参见李调元：《与严署州论蜀啯噜第一书》，《童山文集》，第130页。

新强调：凡是当差役的人，必须是有田产、有妻室的人，而且还是“明白强干老练者”。这里的“差役”，就是指“捕役”（或者称“捕快”），也称为衙役，其职责就是缉捕犯案人员。而“快壮各班”，不加以“捕役”的名号，以本地居民充当。所谓“快壮各班”，就是指县衙门的三班中的“快班”和“壮班”（外加“皂班”，又叫“皂隶”，在衙门里做守卫）。快班又称为快手，负责日常传讯、巡逻等，因此要选择健壮的百姓做杂役。李调元建议，捕役要密切注意“某场、某店、多窝、或暂留、或久住”，对于这一切都要了解。捕役要“蹑其踪，而防其弊”，随时“指名查拿，一有疏脱，惟捕役是问”。其行动还必须快，就是“雷动风行，出其不意”。只有这样，才能使“里甲保牌，相济为功”。人不必多，但是效率要高。①

后来，李调元又写了《第三书》，主要讲了一个故事。说是他最近“偶阅邱粟海《柴村集》”，对里面的一个故事有感而发。邱粟海即邱志广，字粟海，顺治时期曾担任长清县的训导，也就是县里负责教育事务的小官。这个故事是讲“以鼠捕鼠”，说有人非常恼火家里多鼠，而家里的猫根本不抓鼠，便想了一个办法，取雄鼠若干饲养，等非常肥大而壮的时候，又关起来，不给它们喂食。“急则相食，兽之性也”，也就是说，强壮的老鼠饿急了，一放出来就吃自己弱小的同类，“弱者皆肉之矣”。然后按照同样的办法，反复折腾，“强与肥相捕，而尤强者出”，也就是说，当弱一点的老鼠被吃完以后，强的老鼠被特强的老鼠吃掉，最后只剩下最强的那只老鼠。“此鼠何以独存”呢？是因为其“黠而健”，就是又聪明，又强壮，所以能“食鼠以自肥也”。由于“习与性成，亦自忘其为鼠矣”，就是说它已经失掉了“鼠性”，“其行鼠也，其性猫也，性似猫，此鼠于是乎可用矣，用以捕鼠，群鼠以为鼠也，宁知其柔而害物，同类相残也哉”。也就是说，其他的老鼠还以为它是鼠，比较少地防备它，所以这只大老鼠能够把周边的同类全部消灭掉。

主人自从有了此鼠之后，“群鼠避之，各携其子女以逃，永夜安眠，无窥屋翻盆之苦，无穿墉耗米之忧，鼠诚主人功臣也哉”。这个故事还有一个有趣的结尾：久而久之，鼠与主人便像宠物猫与人一样亲密，“行坐追随，近狸奴”。一日，鼠卧于主人之旁，有访客来，见如此硕大的老鼠，大惊，“捶而杀之”。主人十分伤感，“葬之隐处，聚土为邱，亦帷盖之义也”。李调元总结道，这是“以小人攻小人之术也”。开始，要让他们自己互相残杀，“不相杀，无以拔其尤”，就是说最好的选不出来；然后

---

① 以上引文参见李调元：《严署州论蜀啯噜第二书》，李调元：《童山文集》，第131—132页。

让这些优选的互相撕咬吞噬，“不相食，无以除其害”。其实，从其信中最后一句话，可以看出他实际上是在讥讽所谓“以贼治贼”的做法：“以鼠捕鼠，终不若以猫捕鼠为正也。然则以贼治贼，又何如以官治贼哉？居官者当以猫鼠同眠可鉴也。”也就是说官方不能和贼混在一起，如同猫鼠同眠，是十分荒唐的。①

那么为什么李调元三次上书严知州，谈控制啯噜的问题？赖安海的《李调元“万卷楼焚”考述》给我们提供了更多的背景。乾隆五十一年十一月，李调元家的万卷楼落成，他家的“醒园”紧临夏家湾、廖家沟，是啯噜活动频繁的地方，在第一书中所提到的南村、河村两坝也有以江万明、江万志兄弟为头目的啯噜横行。这时的李调元已经归乡绵州两年多了，过去坚持不与地方官交往，这时也不得不向绵州知州严作明上书，阐明解决啯噜问题的策略。严作明派军打死江万明、江万志后，对李调元所提出的其他建议并不采纳。后因啯噜陈单枪白天窜入醒园行劫，李调元命家丁将其擒获送官，于是写了第二书。在第二书中，他指出啯噜廖老四藏在宋士义家，这个宋士义便是后来焚烧万卷楼的元凶之一。

四川早年因平定金川叛乱（1766—1776），各县设军需局，按田派夫马，以供军用。金川平定后，朝廷明令停收，李调元也拒交战争的加派税赋。严作明见李调元有事相求，亲往醒园催李调元完税，并威胁如果拒交，将依法惩处。但是李调元不予理会，又递《与严署州论啯噜第三书》，以小说“以鼠捕鼠”来讽刺“以贼治贼”的荒谬。就这样，李调元与严作明的矛盾进一步加深，严作明暗中令窝藏啯噜廖老四的里长宋士义兄弟，盗去李调元所骑的骡子及衣被。李调元命长子至成都报告四川总督李世杰，按察司将宋氏兄弟抓至省城，年末严作明被革职。这一年是李调元归乡后最为困难的一年，与啯噜结仇，与地方官结怨。

乾隆五十五年，陆鼎任知州。上任不久，即催李调元完税，适遇四川总督孙补山调任两江总督，孙为李调元会试同年。六月孙补山过绵州，知州陆鼎派李调元当里长催夫马钱，遭李调元拒绝，陆乃拘其长孙作为报复，李调元遂亲自当差。孙补山见故人李调元躬立于驿道旁，当即下轿问候。李调元据实相告。孙补山闻说大怒，训斥陆鼎：“李调元身为大员，又现有职（乾隆将他革职之后，又复其官，归乡后食俸绵州），尚充编氓，令当里长出差钱当夫乎？予将来不做总督回家，其亦不免乎？”显然，陆鼎违背了朝廷对有功名士绅和退休官员不服劳役的惯例，孙补山对此非常愤

① 以上引文参见李调元：《严署州论蜀啯噜第三书》，李调元：《童山文集》，第132—133页。

怒，责令陆鼎为李调元除去徭役，陆鼎当天用自己的轿舆，连夜送李调元回家。

嘉庆五年（1800）四月，白莲教攻绵州，建成14年的万卷楼被焚。李调元写道："蜀中教匪之多，其来有二：一、啯匪处分甚严，官吏率多诲盗，不敢明正典刑，皆暗中处死，贼遂谓官怕啯匪，故反；二、按粮派民，叠加无已，以至民无论贫富皆辛苦，终年不能足食，故从贼反者众，今日之土贼，即将来之教匪，愚所以窃为寒心也。"李调元的这两个说法不一定能充分地解释当时混乱，但是他是身受啯噜之害的退休官员，他这样说一定有相当的道理。这种说法似乎暗示，不少啯噜（"土贼"）参加了白莲教，即所谓"今日之土贼，即将来之教匪"。①

李调元还写有《啯噜曲并序》：啯噜本音"国鲁"，"蜀人呼赌钱者，通曰啯噜"。也就是说，在四川，过去称赌博的人为啯噜。他们外出的时候常带刀，短刀叫"线鸡尾"，长刀叫"黄鳝尾"，皆是根据其形状得名。啯噜内部又分为红黑两类，白天活动者称"红钱"，如"剪绺割包"之类，类似于小偷小摸；夜里活动者称"黑钱"，如"穿墙凿壁"之类，类似于强盗。他们"或三五成群，或百千成党"。如果他们人少的时候，则"劫夺孤旅"，就是抢夺单身旅客；人多势众的时候，则胆敢"抗拒官兵"。李调元说他们是四川危害最大的团伙，即"蜀中为害，莫此为甚"，还咬牙切齿地说，"非斩草除根，久必蔓延"。他赞扬一位治理啯噜非常有成效的官员："公名廷桂，汉军，自公制蜀，此辈敛迹，及去，无不望公再来也。"这里说的"廷桂"，即黄廷桂，他在雍正年间任四川提督。按照李调元的说法，黄廷桂在四川的时候，由于治理有方，啯噜便销声匿迹了。②

有趣的是，李调元还留下了一首《啯噜曲》："黄鳝长，线鸡短，青天白日兵戈满。黑钱去，红钱来，山桥野店鸡犬哀。杀人不偿命，皆冒古名姓。夜来假面劫乡民，平明县堂充保正。刀为益州剑为阁，天胡不将此辈戮？安得再来关内侯，尽使带牛兼佩犊。"③ 如果我们读了李调元的序，应该对这首曲的基本内容不难理解。黄鳝、线鸡是他们使用的长短武器，在大白天他们也敢抢劫。他们内部也分黑钱和红钱两种，只是行动的时间和方式不同。他们经常在活动的时候假冒姓名，所以来去无踪。甚至他们还胆敢冒充保正，鱼目混珠。益州、剑阁都是四川的地名，四川是他们的活动范围。

---

① 赖安海：《李调元"万卷楼焚"考述》，四川省民俗学会、罗江县人民政府编：《李调元研究》，成都：巴蜀书社，2007年，第335—344页。

② 李调元：《童山诗集》卷1，《丛书集成》初编本，上海：商务印书馆，1930年，第6页。

③ 李调元：《童山诗集》卷1，第7页。

四、严如熤笔下的“啯匪”泛滥地

在李调元之后，关于啯噜的情况叙述得比较多的地方官应该是严如熤。严生活在乾嘉道时期，湖南人，留心经世，对于地理、风土等特别关注。他当过洵阳县知县（嘉庆六年）、汉中知府（嘉庆十五年）、陕西按察使（道光三年）等，对于治理川、陕、鄂三省交界地区有长期的经验。这个地方也是白莲教活动的中心。他所著《三省山内风土杂识》一书，包含许多啯噜生存环境及其活动的信息。此书成于嘉庆时期，道光时，增辑为《三省边防备览》，当初是为治理这个地区而服务的，但是今天为我们了解这个地区提供了珍贵的调查资料。①

严如熤可以说是有清一代对川陕鄂三省交界的地理和社会环境最了解、考察最深的官员。按照他的描述，在三省交界地方，道路经常是“高峻险巇”“鸟道羊肠”，甚至就是放一树干于山崖的石头之间，“稍不戒，则人马均堕”。栈道的情况好一些，“地虽险而路宽也”。山内有一条河流叫菩提河，计八百八十里，与四川的太平、巴州、通江、南江接界，“内有星子山老林”约二百余里。大巴山在定远境内有四百余里。②

陕西定远厅在汉中府东南，汉中之西，“地方辽阔，周围二千余里”。嘉庆八年，将山内地方分设“抚民同知厅”，厅是在偏远地方的县级机构，其目的是加强治理。定远厅距陕西西乡县二百九十里，至四川太平厅二百四十里。定远地区“山大林深”，但是其地势往往是“过一高山即有一田坪”，也就是山和谷地相间。星子山之东为楮河厅，西为九军三坝，南为渔肚坝、平落、盐场，西南为仁村、黎坝，均有“水田宜稻”。就是说这些山间河谷地带，也是产稻谷的好地方。而九军坝“产稻最美”，谷粒比其他地方更大。渔肚坝、楮河、平落、盐场，“周围各数十里，俗称万石平落五千盐场”。各乡虽然产谷，但是“距厅治远，阻隔大山，转运为难”。厅治周围只有水田数百亩，“故仍有粮食之虞”，也就是说厅治的粮食供应不足。③

陕西平利北连安康，东界是洵阳，东南接“湖北之二竹”，即竹溪和竹山；西南

---

① 关于严如熤的有关研究，参见蓝勇：《严如熤及其经世文献的价值》，《清史研究》1996年第4期；鲁西奇、罗杜芳：《道咸经世派的先驱——严如熤》，《武汉大学学报》2002年第6期。

② 严如熤：《三省山内风土杂识》，陕西通志馆印，1935年，第2、5页。

③ 严如熤：《三省山内风土杂识》，第5—6页。

与四川的太平、大宁交界。镇坪的“一隅”深入川楚之中，距县治三百六十里。查看地图，镇坪实际上就在川楚的交界。由于地势太险，道路太曲折，所以称为“鸟道”，按照严如熤的描写，是“一线盘折危岩峭壁之间”。鸡心岭扼四川夔府、大宁之路，通往四川太平厅（即后来的万源）的城口，“处处老林”，特别是化龙山“尤为幽峻，匪徒出没无常”，故设“巡检专司稽防”。沿途的八卦庙、孟石岭、散子坪等处“亦为要隘”。①

由四川的边境城口往东南行，经由黄墩、旗杆山、汪家坝、桃花垭过大团城、小团城，至红池坝、老木园、宝塔，分路往夔府之大宁、奉节，皆是“鸟道羊肠，崎岖不易行”之路，地势险要，沿途都是老林，“枝柯丛杂刺眼挂衣”，就是身体健壮者也行走困难。“贼匪潜藏其中，我军无由得见，贼从林内下视则纤细俱知”，因此易守难攻，“贼匪”一旦藏于其中，便犹如石沉大海，难觅踪迹。大团城的四面“陡峭如壁”，也皆是老林，方圆二百多里；小团城的情况也差不多，无非是小一些而已。里面藏了不少的“贼匪”。他们“伏匿其中，砍树辟地，结棚住居，其出入路径蟠折，林中均有暗记”，就是说他们已经把这个地方作为他们的基地，还修建了棚屋，便于长期驻扎。如果粮食断缺，则出外“分伏山径，掳劫行商”；要不就是“掠近村居民，搬运归巢”。他们的生活，已经非常有节奏，闲暇的时候“则演习枪棍”。这些边远地带，深山老林，“水土劣恶”，大军也不能久驻，本地的“营汛兵单，不敢深入”。无非是等候机会，乘他们外出抢劫的时候，趁机逮捕，即严如熤所说，“伺其出劫设法捕擒”。②

由城口往北至两扇门，是通往陕西的兴安（即安康）之路，“高山夹峙”，道路犹如一线天，非常险峻，是川陕之间的必经之路，即严如熤所说的“中间危径一线，为川陕必受之险”。由城口往东北，经黄墩、后坪，至一碗泉、中心石；往南通往夔府的大宁、奉节；往北过偏岩子至陕西平利县的平溪；往东北过蚂蟥坝，至陕西平利县的镇坪；往东过徐家坝、焦子垭，通往湖北竹山县的巴豆园、丰溪。这些地区“山势极其峻削，均象形得名”。三省边境要道，严说是“一夫荷戈，武士千群无所用之”，虽然有点夸张，但是可见其险。另外，徐家坝的鹳心岭“亦为要隘”。③

四川夔州府（奉节是府城）往东，通往湖北巴东；往南通往湖北恩施；往北到陕

① 严如熤：《三省山内风土杂识》，第10—11页。

② 严如熤：《三省山内风土杂识》，第14页。

③ 严如熤：《三省山内风土杂识》，第14页。

西平利；往西是往川省新宁（即开江）的必经之路，“形势险阻，为川东门户”。长江横贯，巫山、奉节、云阳、万县、开县、大宁各县均在江北，“崇山峻岭，密地千里”。这些地区，土地并不肥沃，但是“山民遇有溪泉之处，便开垦成田，故到处均有稻谷，价值较陕省为贱”。这些地方地广人稀，“棚民杂处，稽防为难”。府城至成都一千七百里，而巫山与大宁则相距二千里，“边隅有警声息难通”。通江的竹峪关与陕西定远厅之九元关只相距六十里。川陕客民携货贸易者，往往取道于此。这里高山“多青杠树林，蒙密幽深”，不时有“匪徒伏道攫取货物”。关庙为川北陕安“两道会哨弹压之处”。由于“贼匪”出没其间，所以“行旅稀少”。于是在竹峪关“筑堡一座”，派驻了守备营，安全了许多，“则路途无阻矣”。①

大巴山脉，旁支分为十二岭，又叫小巫山，地势非常险峻。往西与广元接壤，两河口、哨风楼一路通汉中之青石关、昭化，经城墙岩、七眼洞，一路至铁炉坝。四川巴州（巴中）“地极辽阔，周围约千余里”。巴江可通舟楫，平梁山四周“石壁如城”。宋朝末年在此建立州治，平原地带的“水田亦为肥美”，但是山多田少。近太平、定远一带“崇山峻岭，尚多未开老林”。经由陕西之宁羌州，逾朝天岭进广元县界，则为百丈关、望云关、七盘关、锯山关、剑门关，“均极崎岖，所谓蜀道之难，难于上青天者”。川北、川东风土“与汉南相近”，就是说与陕西南部非常接近。自明以来，“荆襄流民即聚此数郡之间”，但是明末遭张献忠“杀戮之惨，遗民所存无几”。进入清之后，由于没有大规模的战争，“民多外省搬入”，特别是来自湖广的人，所以才有了“湖广填四川”的说法。由于地处边境，便于迁徙移动，在这个区域，“醇者烧荒垦田，渐以富饶；黠者邀结朋党，稽防少疏，便成事端”。②

湖北与四川边界，是湖北的竹溪和竹山两县。竹溪往西由红石河至竹叶关，通陕西平利县之曹家坝、八卦庙一带，再由唐家坪经丰溪、老爷顶、巴豆园，通往四川大宁之萧家坡、徐家坝。“沿途密林深菁，最为幽险”。竹山往南，由官渡过白河口，至红坪，西折向家坡、马鬃岭、三层岭、老爷顶，由红坪西南折过顺水坪、长岭坝、阴条岭，至乌云顶与四川夔州府之黄草坪、汎兵大昌营。由红坪南行过高桥河至相思岭、陈家坡，又东折过麻线坪、下古坪、国公坪，至百里荒。“此数百里中，老林深菁”，与陕西之化龙山、四川之大小团城山势相连，“向本无路，搜捕零匪，开成小

① 严如熤：《三省山内风土杂识》，第15—16页。

② 严如熤：《三省山内风土杂识》，第17页。

径，均极危险”。就是说这个地区原来没有道路，由于官军搜捕盗匪，才形成了小路。①

宜昌府，往东去当阳，往南是宜都，往北去南漳，往西经过巴东进入四川巫山，“扼巴蜀之咽喉，附荆襄之脊背，枕山环江，地险流激最为形胜”。宜昌距省城武昌一千一百余里。宜昌府城在大江北岸，靠着长江的城墙修得非常牢固，即“依山阻水，雉堞连云，号称巩固”。府所辖东湖、归州、兴山、巴东、长乐，均在江北的鹤峰、长阳二州县。而江南则与施南接界，为“土官宣慰司旧地”，在改土归流后，江北数州县接连四川之夔府和本省之郢阳，这个区域“山大林深”，是流民积聚之地，“故贼匪往来窜伏其间”。②

巴东濒临长江，由四川之夔府沿江东下至巴东县，便进入湖北。县内有巴山，又名金字山，因为“形如金字”。县治无城墙，所以“贼匪滋事之时，县治至被焚毁”。巴东被视为“荆楚第一层门户”。从巴东乘船往西，便是“川楚之相连”的地方，也就进入了三峡，入西陵界，“一百里山水纡曲，林木高茂，哀猿之声岩谷响应，行人闻之莫不怀土”。归州（即秭归）之空舲峡，“绝岸峭立，为飞乌所不能栖”。这一路数百里“均皆天险”。因此有这样的说法，来自南方的蛮人不能够再往北，而北方的流匪则很难进入到长江以南，这即是“故自来蛮祸不能逾江北，而流匪之患亦鲜至江南者”。③

湖北与四川相连接者还有兴山县，在巴东府北一百二十里，“在江北山内崇山峻岭，接连四川诸山道路，诘曲扳跻为难”。所谓“诘曲”，即弯弯曲曲。金人刘迎写了《败车行》：“前车行，后车逐，车声夜随山诘曲，前车失手落高崖，车轮直下声如雷。”所谓“扳跻”，是“攀登”的意思。道路弯曲，刘迎的诗更是给人提供了一个道路艰难的画面，甚至听到了车落入山崖所发出的巨响声。由兴山县往西北，由伍家坪、堆子场、南阳河，可至“百里荒，古木丛篁，川楚极边”。由巴东的罗坪、罗溪场，北过麻线坪，亦通相思岭，西由火峰、翻界岭、下泡池，通往四川的观音岩、八石坪，至大昌营。④

这么复杂的自然地理状况，交通的困难，为各种犯罪团伙、反国家的异端以及无

---

① 严如熤：《三省山内风土杂识》，第 20 页。
② 严如熤：《三省山内风土杂识》，第 20 页。
③ 严如熤：《三省山内风土杂识》，第 21 页。
④ 严如熤：《三省山内风土杂识》，第 21 页。

法生存的游民，提供了一个理想的藏匿之地。清政府对这些地区的控制虽然在加强，但却力不从心，那些边缘人群在崇山峻岭建立了自己的根据地，与清政府进行周旋乃至武装的对抗。

五、流民入山成群结伙

老林是人迹罕到的地方，“未辟之先，狐狸所居，豺狼所嗥，而虎祸尤多”。由于土著人少，所以大量土地都没有被利用，也就是“所种者不一二”。于是招外省客民来这里垦荒，“纳课数金，辄指地一块，立约给其垦种，客民亦不能尽种”。如果自己种不了那么多地，则可以“转招客佃”。但是时间长了以后，原来的租客已经不知道传了多少代，一家可能分为了数家，这样，租佃关系变得复杂起来。也就是严如熤所说的：“积数十年有至七八转者，一户分作数十户。”而承租土地的人，也只认把地租给他的人，甚至连谁是地主都不知道了。这也就是“客租只认招主，并不知地主为谁”，有的时候地主都无可奈何，只好去打官司。“间有控讼到案，则中间七八转之招主各受佃户顶银，往往积至数百金，断地归原主，则客民以青山开成熟地费有工本，而顶银当止据转给，中间贫富不齐，原主无力代赔，则亦听其限年再耕而已”，就是说虽然打了官司，地判回给了地主，但是由于其中所牵涉的人太多，而且还有土地投入的计算等，地主无法给土地使用者经济补偿，最后也只好让租客继续耕种土地。①

流民入山，北则取道西安、凤翔，东则取道商州、郧阳，西南则取道重庆、夔府、宜昌，往往是“扶老携幼，千百为群，到处络绎不绝”，情境十分壮观。他们不走大路，沿途也不住客栈，“夜在沿途之祠庙、岩屋，或密林之中住宿，取石支锅拾柴做饭”。到了目的地以后，便“写地开垦，伐木支椽，上覆茅草仅蔽风雨，借杂粮数石作种，数年有收典当山地，方渐次筑土屋数板，否则仍徙他处，故统谓之棚民”。短短的几句话，概括了流民在这里发展的历程。到了之后先是租地，然后支起一个草棚，暂避风雨，粮食也得依靠借贷，当然只能吃粗粮。数年有了相当的基础之后，才开始修筑土屋，要不就另找地方开垦。②

在深山老林开荒种地，是一个非常浩大和艰苦的工程。严如熤介绍了“开山之

---

① 严如熤：《三省山内风土杂识》，第 27 页。

② 严如熤：《三省山内风土杂识》，第 27 页。

法”：一般要“数十人通力合作，树巅缚长絚，下缒千钧巨石，就根斧锯并施，树既放倒，本干听其霉坏，砍旁干作薪，叶枝晒干纵火焚之成灰，故其地肥美不须加粪往往种一收百”。在惊异于人类改造自然、谋求生存的能力之余，我们也看到了那些原始森林、巨木被毁坏的过程。巨树被砍倒，因为太大，也无法分解和运输，无法派做其他的用场，只好让树干在那里腐烂，将能够锯下的树枝和树叶一起烧掉。这种开发形式，有点像亚马逊原始森林的土著。原始森林里的土壤的确很肥沃，再加上大量烧掉的树木，草木灰又是植物非常好的营养来源，往往能达到“种一收百”的效果。①

山内秋收以“粟谷”为大宗，所谓粟谷就是小米，由于其获利不及“包（苞）谷”，也就是玉米，所以玉米传进这个地区以后，逐渐扩大种植，到了嘉庆时期，这里已经是“遍山漫谷皆包谷矣”。玉米是高产作物，特别适于在山区的旱地种植，难以置信的是在那个时候，玉米便可以长到“高至丈许”，每一株常二三包。山民说“大米不耐饥，而包米能果腹”，也就是说玉米虽然口感没有大米好，但是作为粮食则更能耐饥。他们怎么个吃法呢？一般是“蒸饭作馍，酿酒饲猪”，人的食物和猪的饲料都来自玉米，可以“与大麦之用相当”。那么玉米就成了这个地方丰收还是歉收的一个主要指标，即所谓“故夏收视麦秋成，视包谷以其厚薄定岁丰歉”。②

山民所产一般仅够生存，甚至“盐布零星杂用”，也“不能不借资商贾”。哪怕要去卖粮换钱，则“负粮贸易道路辽远”。所以只好利用土产的粮食“喂畜猪只多者至数十头”，然后把这些猪做成腊肉或咸肉到山外出卖，用以换钱做日常的开销，即所说的“腌作脯转卖以资日用”。当然，山民在开荒之外，还有铁厂、木厂、纸厂、木耳厂等，作为“山内营生之计”。这些厂雇佣的劳动力“多者恒数百人”，少者也有数十人，可见规模都不小。在这个地区，“丛竹生山中，遍岭漫谷，最为茂密”，提供了造纸的最好的原料。用竹做纸，成本不高，“获利颇易”。所以山里面，“处处皆有纸厂”。当时山中的竹疯长，说是“丛竹之为患更烈”，由于竹常青，也不能采取烧荒的办法，所以竹厂的砍伐，“非惟利民，亦可除害”。③

从巴东往西北过河坝，至琴乐坪，过黄草坪，通往四川大宁县的大宁厂，这一带“数百里中多未辟老林”，过去荆（州）襄（樊）流民“蔓延川东者，必先集聚于此，以次转徙而西”，所以“贼匪之窜逸川楚者多取径于此道”。由于这条道“路极险峻，

---

① 严如熤：《三省山内风土杂识》，第 27 页。

② 严如熤：《三省山内风土杂识》，第 28 页。

③ 严如熤：《三省山内风土杂识》，第 28—29 页。

林木阴翳”，所以官军追捕跋涉“动经旬月”，效率非常低。陕西兴安及四川之保宁、夔府，湖北之郧阳、宜昌，各郡县的赋税都不重，最多不过三四千两，小县不过数百数十两。这是因为清初定赋的时候，这里“多系未辟老林，故率从轻科”。在招募人开垦地的时候，基本上没有什么土著，都是外来的移民，即所谓“承赋而土著之民无多”。而且所承担的赋税“不过几钱几分，领地辄广数里，至离县窎远者，一纸执照之内，跨山逾岭常数十里矣”，就是说不过几钱几分的赋税，就可以拥有数里乃至数十里的山地。因此相应的，在这里租地也是非常便宜的。[①]

川陕边境，“土著之民十无一二”，湖广客籍大约占一半，安徽、河南、江西各省加一起约占三四成，也就是“五方杂处”。这造成了此地的习俗散漫，“无族姓之联缀，无礼教之防维”，人们“呼朋招类，动称盟兄”。在自由劳动、自由流动的情况下，人们更喜欢结盟，称兄道弟，“往来住宿，内外无分”。所以“奸拐之事”难免经常发生。来这里山区开山种土多是良民，山内很少有村落，不过在所种之地“架棚筑屋，零星散处”，人们彼此相离比较远，那些称为“地邻”者，往往都是“岭谷隔绝”，如果有“匪徒窃劫，难资守望之力，孤掌难鸣，不敢与匪徒为难也”。[②]

陕省入川的道路，是由宁羌到广元的栈道，蜀汉刘备取汉中，大军由广元葭萌关出，后西乡成为张飞的封邑。定远的扯旗溪、拴马领各处“尚有桓侯遗迹”。南之麻柳坝、茅坝关与川省太平厅城口一带毗连，“山深林大，川匪出没，往往伏莽攫人”，对行商来说是一个危险的地方。安康和紫阳，与四川之太平厅交界，“密地数百里，崇山峻岭，沟汊分歧”，有滔河、岚河、大道河等。沿溪两岸有“零星水田”。由于安康地当“川陕奥区，匪徒出没”，故“控制为难”。平利县城（今属于安康）过去在兴安郡城南九十里，“城址逼仄，四面大山俯临”。平利所辖高山之中，“间有平原水田”，如曾家坝、狮子坝、风口坝等处，各有水田数百顷，与白土关均称“产谷之乡”。[③]

在山内，有“教匪之煽惑山民，称持咒念经可免劫杀，立登仙佛”。这里所谓的“教匪”，应该就是指白莲教。而“愚民无知，共相崇信，故入教者多”。严如熤还描述了白莲教吸引教徒的一些方法，说他们“其实别无伎俩，所云驱鬼役神，剪纸撒豆之术，特好者神奇其说，荒诞之辞耳”。但是这荒诞说法，蛊惑了许多人与官兵对抗，

① 严如熤：《三省山内风土杂识》，第22页。
② 严如熤：《三省山内风土杂识》，第29页。
③ 严如熤：《三省山内风土杂识》，第8—10页。

即吸引了“各处痞徒之附从者”。在所谓的“教匪”的内部，有各种称呼，如“老掌柜”“少掌柜”，“妄称掌教元帅”者是教主，而“妄号领兵元帅”者，则是“痞徒之出力格斗者”。[①]

那些“匪徒”聚在一起，经常是由于赌博。因为“山内地虽荒凉，而赌局绝大，往往数百两千两为输赢之注”。有些人就因此破产，“无钱以偿，流而为盗”。这些人的赌博也有特定的形式，用的是自造的工具，称为“宝盒弹钱”，而不是一般赌博用的“马吊”（麻将的前身）或者是纸牌。很多人由于赌博破产而变成了盗贼，所以说要清理盗贼的源头，就必须要禁止赌博，即“禁赌博即为清盗之源”。[②]

严如熤对于赌博的形式，有仔细的描述：赌博的地方称为“领帐房”。用青布数十匹缝大帐房，其实也就是用布做的帐篷，里面桌椅俱备。如果民间有红白喜事，他们便去与主人联系好，把帐棚撑起来，“号曰款客”。参加喜事或者丧事的朋友、亲戚，“坐其帐中，即入赌局”。如果那些家中稍有资产者，便会被“百计诱骗”，要不就是“用酒灌醉”。被灌醉以后，糊里糊涂地同意让人代赌，结果所输之数巨大，“任强抢牛马，逼买田产，无所不至”。此类领帐房者，一般与“匪”都有联系，而且还与“胥役兵丁多相勾结”，甚至在衙门也有他们的耳目，结果“官府设法擒拿，非声东击西鲜不透漏脱逃也”。[③]

“匪徒”内部也有各种称呼，如有“红钱客”“黑钱客”之分，按照前引邱仰文的定义，其实就是啯噜。黑钱客“为鬼为蜮，换包设骗，行躁诡秘，多以术愚人”，就是说以行骗为业；而红钱客则是以抢劫为生，他们“作会结党，持刀执枪，白日市尘，地方绅耆保正无敢过问”。兵役如果抓获了“伙犯”，“匪徒”会中途拦截抢夺，名曰“打炮火”。严认为，这个地方的地方官要“兼通方略”，如果官员“过于拘谨，不能除害，则良民不能安靖”，就是说官员对于打击“匪徒”不能太保守，要有进取措施，才能保持地方安定。由于山内是一个不安全的地方，哪怕官吏，更不用说士民，凡“行走数十里，无不携有军器以防贼匪”。那些“贼人”使用的武器，包括暗藏的利刀，其“质小而锐，名曰黄缮（鳝）尾”，估计其外形像黄鳝的尾巴。所以严如熤提醒，“遇追捕紧急挺持格斗”，必须要有“利器”，否则就会“为彼戕害”。[④]

---

① 严如熤：《三省山内风土杂识》，第 30 页。

② 严如熤：《三省山内风土杂识》，第 30 页。

③ 严如熤：《三省山内风土杂识》，第 31 页。

④ 严如熤：《三省山内风土杂识》，第 31 页。

六、老林的开发

要使这个地区趋于稳定，就在于开发和利用，才不至于使其变成一个难以治理的地区。康熙年间，川陕总督鄂海招募客民于各边远州县开荒种山，那些地方设有“招徕馆”，又令州县选报“绅士耆民”充当“乡正”。地方官“实力奉行，风俗丕变，盗贼稀少”。严如熤称要实行“善政”，才可以“化民成俗”。他主张以“抚”字为先，“心劳催科”则会造成“政拙”，如果不与民休息的话，就难以得民心，所以“仁吏之用心”就特别重要。山内税赋征收应该从轻，虽然山民应完钱粮多是几分几厘，但是距州县往往数百里，至县城又不能立即上库，路程往返耽误时间甚多，所以山民经常不能自己交完税赋，而依靠“差役地棍”，因为他们可以于开征之时，“代为完纳”，名曰“截粮官”。次年则向花户“催索陈欠”。花户并不知其已代缴，害怕官方追税，“到官任其鱼肉”，于是任由这些“差役地棍”去算本利、索路费，结果“非数金不得矣”。所以严如熤建议官府派人下乡征收，可以分期下乡，“就近完纳”。征银不满一钱者，准以铜钱完纳，这就是征税中的“抚”字了。①

严如熤还建议改善山内的条件。那里土质是石间杂泥土，所以几乎都可以用来种植，这是山内有利之处。然而这种土质也有不利之处，就是修道路非常困难。铺上浮泥后，经烈日曝晒，“则坚如石块，锄锹难施”。但是下大雨时，则巨石随大水冲下，堆积一处。山中石头多，但是不稳固，久雨之后，便时时崩坠，所以修寨堡时，往往“下木桩于石穴之间，方得坚固”。②

山内气候与外面也不同，南山、大巴山、团城积雪至初夏才融化，至八九月间便又霏霏下雪了。十月以后已经是土结成冰，坚滑难行。如果要爬山，则用锄挖出脚磴，铺上树枝而上。所以搜捕“匪徒”的军队，到冬天便“不能得力也”。定远、太平、镇坪、城口各处，山大林深，常多阴雨，即使是晴天也有朦朦浓雾，按照严的描述，似乎有瘴气，“感触之者辄生膨胀疟痢之疾”。盛夏的时候，经常下冰雹，“小如弹丸，大或盈拳”，将苞谷杂粮打倒，人畜也得急避。不过，下雹的地区不大，长有至数十里，宽不过数里。粮食非成熟之时，下雹过后，山农将作物扶起来，“尚可吐

① 严如熤：《三省山内风土杂识》，第 38 页。

② 严如熤：《三省山内风土杂识》，第 39 页。

穗结实也”。[①]

山内有铁铜铅等各矿，而且产铁矿之地甚多，外面来的客民“就地炉冶”，可以养活许多无业之人。而且炼炉靠近老林，可以“砍伐以供薪木之用”，久而久之，大片的林地被开垦出来。春天把树枝树叶烧了，就可以用来肥田，解决了许多棚民的生计问题，即“老林渐开，肥以春烧，可种之土愈广，棚民亦收耕作之利矣”。山内还盛产木耳，将青杠木砍伐，让其在地上慢慢腐烂，便可渐生木耳，可以采收三年，然后“新蓄之青杠木”又可以采收了，这样循环往复。还有其他许多山货，皆可以经营获利。[②]

严如熤还提出“开屯田”和“设堡卒”两项建议。他说山内“兴利除害”，需要政府认真对待，实施得当，就可以达到长治久安；如果有失误，就会造成社会动乱。目前各省“生齿繁盛浸，有人满之虞”，这样就会有更多的“无业穷民”，则“势难禁其入山开垦”。对于地方官这样的“守土者”，就必须“善为抚驭，广其资生之路”。所以官府要积极行动起来，在南山、大巴山、化龙山、城口、大小团城等处，“募商开厂，斫伐老林”。而且木料的运输也不用担心，放到江里，顺江水而下“直达三江五湖”（这种利用江水运输木材的形式，其实到了20世纪的70年代，仍然是岷江上游运出木材的主要形式之一）。用现在的话来说，就是要发展地方经济，给人们的生计找到出路。这样既可以给国家减轻负担，也能让贫民维持稳定的生活，也就是“既可裕国课而济民用”。其实老林的土地是非常肥沃的，可以养活很多人，所以严如熤说：“老林既开垦荒耕种，尽皆腴地，于此数十里中，添设州县，可养活无数生灵。”他估计，老林就是二十年也开发不完，“开垦地则岁岁有收，此百年之大利也”。而且这些老林开发以后，人口增加，管理更严密，盗贼则很难藏身，这样，“老林既开各山之真面目皆出，无蔀蔽以增其险。奸徒不能藏匿，则又利兴而害自除矣”。[③]

在开发老林的起初，还必须克服一些困难。首先是“民客庞杂，难以盘查弹压”；其次是由于交通的不便，“地势之难行”，人力没有办法运送大的木材，即“连抱之材讵人力所能运”，那么就只能依靠水势。但是山中的流水往往并不畅通，“沟渠往往有乱岩拥塞，步步阻滞”。商民即便是愿出资开厂，然而疏通水流，确实难以承担。而且在林木砍伐以后，如果山洪暴发，随流而下，那么木材就会到处流散，必然亏本。

① 严如熤：《三省山内风土杂识》，第40页。
② 严如熤：《三省山内风土杂识》，第40页。
③ 严如熤：《三省山内风土杂识》，第35页。

要开发山区，首先就要考虑运输的问题。[①]

严如熤提出了一些具体的解决办法。如水流间的岩石可设法以锤凿，“山高者水自大，巨木亦可放下”。像洵阳、镇安、孝义各老林，十数年来砍伐，木材直下老河口；以巴山而言，近西乡的东北二面，山水都注入汉江，木材亦放之至汉水；西乡西南二面，山水流入巴江，则木材可放至巴水。那么怎样区分所属呢？严建议在木头上做出标识，“巴山之木为厂客所伐者，均令刻字作号”。到汉水的，则顺流下至兴安、郧阳；到巴水的，则下至夔府、宜昌，“均准捞救收赎”。而于夔府、宜昌、兴安、郧阳“设关稽查”。目前孝义、镇郧的“木客遇水漂失者甚多”，不过在百棵树里面边，“能留二三十株”，即可以获利。这些都是“木质大而价重”，多为松柏、花梨，都是上等的木材，“美材可作器具，不止房屋板片之用也”。但是关键在于，官府要提供启动资金，疏通水流，“筹出数千金，试为疏导”。“山脉水道”开通之后，就可以募商开林，“一处有利，则他处自皆放行”，就是说可以起到一个连带的效果。等到“大利既兴，民聚虽多，足以养活官府”之时，这个地区自然就稳定了。[②]

七、三省边界的啯噜

地处川陕边境的太平厅，原来设县，后来由于军事上的重要性，升为直隶厅。太平厅“所管地极辽阔，周遭一千七八百里，近厅之数十里，官渡湾一带平原水田为产谷乡，余则多未开老林”。厅所辖城口，距厅三百七十里，“四面高山峻岭，中间一线溪流”。这一带“极其幽深，俗称八百里城口”，所以为“啯匪”“教匪”提供了“往往伏匿”的地方。[③]

保宁府“长材深菁，动辄数百里”，成为“啯教各匪，易于伏匿”的好地方，因此“防检不可少疏”。这里所说的保宁府，就是阆中，为古巴子国，距成都六百二十里，为川北重镇。往东去太平，往西去梓橦，往南去西充，往北经广元去陕西宁羌，“栈道千里”。剑阁为四川的北门，“水流湍激，山势嵯峨，故一路号称天险”。从保宁府往东北四百里为通江县，与陕西定远厅接界；往北三百里为南江县，与陕西宁羌褒城、南郑接界。通江和南江两县“均无城郭，县治毁于贼”，但是这个地区有不少

① 严如熤：《三省山内风土杂识》，第35页。

② 严如熤：《三省山内风土杂识》，第36页。

③ 严如熤：《三省山内风土杂识》，第14页。

"大石寨"，这些寨子"倚山阻水，环绕十数里，天险可守"。在这些大石寨中，"百姓屯聚其间"。甚至也有官员驻扎，以便于就近管理，即严如熤所称的"官弁即侨居其间就近抚驭"。严的描述很生动真实，他说"蜀山陡起陡落，山麓稍平，有溪泉浇溉，便成水田"，所以通江和南江也产稻谷。严把山区的自然景观，描述得准确到位。[①]

这些流民和啯噜藏在山里，就像有了根据地一样，可以长期生存，政府和军队对他们也无可奈何。所以严如熤才说："清野之策可行之山外，而不能行于山内。"也就是说，在大山之内实施所谓"坚壁清野"的策略是行不通的，因为他们可供利用的资源很多，可以自给自足。在溪河的两岸，早麦三月已有成熟，低山的麦子五月熟，高山的麦子则六七月始熟。苞谷种在平原山沟者，六月底可以摘食，低山八九月熟，高山在十月熟。在高山的地方，甚至干脆就不收割苞谷，让其在大自然中，"包谷既熟其穗倒垂，经历霜雪则粒更坚实"。由于山民无仓库收贮粮食，往往只好"旋摘旋食"。当遇到雨水多、发生涝灾的时候，那里的乡民就依靠高山的作物；如果是发生旱灾，就依靠低山的收成，即所谓的"岁潦则望高山之收岁，旱则资低山之熟"。[②]

严如熤还揭示了啯噜逼迫乡民入伙的办法。这些"贼匪"如果在山中遇到年轻人，则把他们抓去，"反缚，令负粮跟走"，逼迫他们"惘惘行山谷中十余日"。由于去乡已远，也不知道到了何处，他们已经没有了其他的选择，然后啯噜"渐释其缚，逼令刺杀所掳之人，以坚其心，不则谓无用转杀之矣"，就是说逼迫他们去杀人，要不就杀了他们，这样他们才能死心塌地地跟着啯噜干事。严还透露，啯噜喜欢"掳十数岁小孩，教以击刺"，就是从小训练他们打打杀杀。年纪稍大者，"号曰毛牯锥"；年纪再小者，"号曰马娃子"。因为他们"幼小无知"，以"杀人放火为顽戏，便捷轻锐如锥如马，故以为名"。[③]

在山里，也有交易集市，所以"山民贸易定期赴场"。也有的集市"开于无人烟之处"，被称为"荒场"，其实那些地方主要是交易山货。有时候正在交易的过程中，如果有"啯匪猝至"，管事的"场头"恐怕被抢劫，于是就各家收钱，交给"啯匪"以避祸。所以严如熤说，"场头恐其劫掠，敛钱相赠，所全者多未可遽以通盗绳也"，也就是说，不能把这个送钱给"啯匪"的人，以"通盗"的罪名来处罚。[④] 严如熤在

① 严如熤：《三省山内风土杂识》，第 16 页。
② 严如熤：《三省山内风土杂识》，第 28 页。
③ 严如熤：《三省山内风土杂识》，第 30 页。
④ 严如熤：《三省山内风土杂识》，第 30 页。

谈到这个地区的抢劫集团的时候，有时用“匪徒”，有时用“啯匪”，甚至“匪徒”也有红钱和黑钱的区别，更有毛牯锥、马娃子等名目。

在山内的“各色痞徒”，也会去城市“闲游”，应该是去城市作案，统称为“闲打浪”。这些人在军队招募的时候，也会进去“充乡勇营”，所挣得的银钱“随手花消”。如果遇“啯匪”，则加入其中，“相从劫掠”；但是遇兵役追捕的时候，他们则站在兵役一边，“相帮搜捕”。真是身份多变，左右逢源，可以参与任何一方面。这个倒是透露了他们成为啯噜的一个途径，即：闲浪的人—乡勇—闲浪—啯噜—乡勇—流贼……他们这些人，“不事生业，总非善良”，也就是说没有固定的生计，“闲打浪既久，便成啯匪”。在严如熤看来，所谓“啯匪”，实际上就是白莲教和地方土匪，即“啯匪之聚即为教匪、流贼”。所以首先应该消灭无业游民，也就斩断其来源，“则盗贼自弭矣”。①

山中还有许多猎户，平时“专驱除虎狼”，他们都持有火枪。另外，各厂为了“防啯匪劫掠”，都备有“标客”和“拳勇”，都是有武功之人，称技击可以一当十。各州县也组织“民壮”与兵役“一体操演”。山内地方辽阔，虽然有汛兵，但是“偶有盗贼，文武措手无策”，也没有足够军力进行搜捕，“以致浸酿事端”。因此，严建议，根据山内县的大小，大县设一百四五十名，小县至少一百名，组织民壮“勤加操练”，每名每年口粮开支银十二两。②

八、坚壁清野

为了维持三省边界地区的安全和稳定，清政府也派了驻军镇守。定远设厅治，边防由定远负责，西乡游击营驻扎。诸要隘需要“时防山寇躏入”，也就是要“御贼当在门墙之外”。严守定远，则西乡“自可固圉也”，否则龙池坝、马家坝、箭杆山各险，“贼”可以到处“窜越”。因为定远十分贫瘠，所以“割西乡隶之”，这样厅县的事务办理起来便要容易一些。厅东北九十里的江口，为“南山扼要之区”，厅西的黑河一带，上接凤县，下通褒城、沔阳，西与甘肃毗连，“密林深谷，绵亘数百里，极为幽险，最宜防范”。黑河为凤县和沔阳管辖，设有铁炉川守备营。褒城的马道，相

---

① 严如熤：《三省山内风土杂识》，第 32 页。

② 严如熤：《三省山内风土杂识》，第 34 页。

传为萧何追韩信处。由于是交通要道，所以驿站重要，依靠驿站聚集起来的人口，比县治还要多。留坝厅境“绝少水田”，但还是吸引了“川楚棚民转徙开垦”，这里的“土著十无一二”。由于人口复杂，流民为多，“五方杂处，易生事端”。①

为了加强三省边境的防御，清政府新派驻兵，即增加了“营汛”（或称“汛营”，凡驻扎在县及县以下地区的即为汛兵），“用资弹压”。新汛营的兵丁，许多“系降匪乡勇充当”。当被政府围剿之后，“伙党赴营投诚”。地方在招募乡勇、兵役的时候，也经常以那些“无籍可归者”为对象，因为担心他们在社会上游荡，“恐滋事端”，便把他们“收入营伍”。但是这些人“本非善良，杀人放火习惯成性”，所以进入军队以后，根本就不能“安守营规”。但是在军队里，比他们过去的境况要好多了，“口粮优厚，打仗有赏，杀贼有获，饮酒食肉，日日醉饱”。严如熤提出“边地兵饷有宜变通者”。在白莲教暴乱发生之前，山内的粮食非常便宜，也就是严所说的“绝贱”，大米每石价值不到白银一两。以后山内“连岁荒旱”，大米一石价常在三两以上，苞谷一石也要二两多。粮食涨价后，老兵由于“在营日久，或薄有田产，或兼营生理”，家底稍微殷实一点，尚可“勉强支持”；而新兵则于饷银之外，没有其他经济来源，“生计更难”。所以严提出各营每人按月发给米三斗，以及一定的盐菜，让兵役有基本的生活保障。②

根据严的说法，新兵“为山内患”，是因为兵有定额，在军事行动结束裁撤乡勇之后，一般应该“递送回籍”。但是他们所注籍贯“本非真实”，到籍后“并无亲族收留”，仍然到处流窜。有的则因为“在外日久无颜回里”，又中途逃回山里，企图再进入乡勇营。结果造成“已撤乡勇逗留山内者”越来越多，他们无事时则“为闲打浪”，游荡“村寨墟场”。所以严指出，山内防范之策，以安抚流民“为第一要务”。流民在山里“开山作厂”，有了生计，各安其业，这样“奸徒亦不能以煽惑”。哪怕万一有人蠢蠢欲动，但是“好乱之奸民终不敌良民之多也”，也成不了大事。另外，山内的差役多由“客民”充当，差役是引起问题的源头，因为他们“遇棚民有事，敲骨吸髓，弁兵亦多附和为奸”。由于地方偏僻，山民“受其凌虐”却没有地方申冤。③

山内还有包揽诉讼的问题，“闾阎受累，实由于此”。严认为，四川和湖北的“民情”本来就“好事”，也就是不安稳，喜欢惹事，“加以光棍包揽教唆，鼠牙雀角便成

① 严如熤：《三省山内风土杂识》，第5—6页

② 严如熤：《三省山内风土杂识》，第32页。

③ 严如熤：《三省山内风土杂识》，第33页。

讼端，差役手奉一票便为奇货可居”。哪怕是非常小的纠纷（也就是所谓“鼠牙雀角”）也可能引起诉讼，那些差役则滥用职权，用传票来获利，往往“将所唤之人羁押，中途客店店主串通一气，彼此分肥”。①

保甲本来是防备盗贼的制度，而在山内的各州县，则只可行之于城市，而不能行于村落。因为“棚民本无定居”，甚至一年内“迁徙数处”。甲长保正相距数里乃至数十里，根本不可能随时稽查。外省的流民入山以后，“多寄宿林岩”。所谓客店者，也不过是“贸易山货之小贩”而已。各县的边境距离县城达数百里，如果客店必须报告所住之客，每个月核对，也是十分繁复，照例造报，“仆仆道途，不胜其苦矣”。②

四川东、北各州县，靠近陕西者，距成都往往二千又几百里，而湖北的郧阳，距省府武昌则“更迢遥”，所以治理很难兼顾，如太平县的城口、洋县的华阳、安康县之砖坪（即岚皋）、平利县的镇坪，都是这种状况，下面所管辖的乡镇离县治都十分遥远。严如熤说，“坚壁清野均制寇良策”，但是地域太广，地势太复杂，所以“山内之野难清”。不过“坚壁”不失为“确有成效”的办法。当时官府中主张要发展“寨堡”，山民尽倚险结寨，平原之中亦挖壕作堡，牲畜粮米尽皆收藏其中。探有贼信，民归寨堡，凭险拒守。贼至无人可裹，无粮可掠，贼势自衰矣。寨堡之设是为了“固足保民”，这对于“剿贼”大有好处。因为那些“贼匪”在山谷中奔窜，官兵“尽力穷追”，但是相距也“总隔一二日程”，因为前面没有人“阻截”。如果修筑了“寨堡”，加上团练，就不怕他们“据险以拒”，大兵及时跟击，“鲜不获大胜者”。严如熤赞赏山民“质朴、劲勇、耐劳、习险”，这是平原地区的老百姓所不能相比的。如果在山内训练团练，则“贼匪畏之”。③

但是，当“贼匪滋事”的时候，官府中有人建议，由于这些雇佣的工人有可能“被贼裹诱”，所以应该“严行驱散”他们。但是严如熤认为，这不是一个好办法，因为“凡开厂之商，必有赀本足以养活厂内之人，必有力量足以驱使厂内之人工作”。其实这些开厂的老板，更关心本地区的安全，所以“侦探贼踪，往往较官府为真”。另外，一般开厂的地方，都是选择那些“险峻可守之处”，他们还“结寨屯积粮食”，有能力维持稳定和自保。如果不准开厂，“则工作之人无资以生”，反而会增加“十万无业流民”，这些人“难保其不附从为乱”。所以严如熤建议是不作为，其实这种不作

① 严如熤：《三省山内风土杂识》，第 37 页。

② 严如熤：《三省山内风土杂识》，第 34 页。

③ 严如熤：《三省山内风土杂识》，第 41—42 页。

为是非常好的作为，严如熤比那些激进的官员更懂得地方治理，即所谓“只当听其经营不可扰也”，这个“不可扰”就阐释了一个非常好的治理理念。①

严如熤提到“古人”的“平贼方略”是：“征调不如招募，招募不如团练。”但是严认为，应该两者兼顾，“相兼而行，则战守有资矣”。团练虽然属于民间自卫组织，但是“亦须官府激励，少为赀助”。如果地方有事，官员“量为调剂”，便可以“固境保民”。另外，供运能力也十分重要，各交通要道、各寨都要“预为储备”，当官兵临境之际，“必贼匪滋扰之时”，那么就需要设法供运，“防贼匪拦抢”。而那些担任供运之人，就尤当仔细斟酌，严如熤认为，“用家丁不如用差役，而用差役不如用绅士”。这是因为“家丁入山，行李先自累坠，路径不熟，闻贼胆怯，往往粮运不到，浮开运脚使费”。也就是说使用了家丁，钱花费了，但结果却不妙；差役要好一些，他们“路径熟悉，兼恐误差责惩”，但是如果没有人约束他们，确实“亦难得力”；绅士则不同，他们居住“寨堡之中，其心急欲官兵杀贼地方宁静，事虽公，而切己，办理较实心也”。所以地方官要依靠“绅士耆民”，先给他们发运营银两，物质转运及时，“决不敢误”。在这个问题上，要“官民一气”，因为两者是“休戚相关”。②

关于组织团练，过去总认为是劳民伤财的事情，严如熤却并不同意这样的看法。当“贼匪”到处发展的时候，山内的州县不可能“处处用兵防守”。团练虽然“不足以当大贼”，但是防备小股的盗贼确实有用，即“声势既张，则小队贼匪亦不敢轻有窥伺”。因为“贼匪”在行动之前，必然先进行探视，如果发现无备，就会“乘虚而入”。但是地方有了团练，情况则大不一样。“团练既成，每月操练两次，不过费两日工夫，其余二十八日尽可力作”。也就是说，磨刀不误砍柴工，并不需要花费多少的时间和精力，但是收效却十分明显，否则，如果没有团练，“则贼匪日日滋扰，地方光棍加以恐吓，百姓日藏山洞不敢耕种，其废时荒业为何如”。③

严如熤还具体讲述了在山内训练“团练之法”，各寨“寨勇”设寨长、寨副、大旗、小旗，以次分管。寨长必须“寨民公保”，若干个寨一起，要选一个能人充当“寨总”。当然，一定是选绅士中“有才干、为众所服者”。在靠近边境要隘之处，各寨要轮流派人“设卡守之”。当百姓分散耕种之时，为了防备“匪之突至”，各卡要派人于高山眺望，发现有“贼踪”，则放一炮示警，而“耕作之人尽皆收捡农具”；如果

---

① 严如熤：《三省山内风土杂识》，第 29 页。
② 严如熤：《三省山内风土杂识》，第 37 页。
③ 严如熤：《三省山内风土杂识》，第 36 页。

发现“贼向此路”来，则放二炮，人畜皆归寨堡内；如果“贼”已经接近，则放三炮，寨总领导各寨“尽整器械，集壮丁堵御”。另外发警报还要接力，就像烽火台一样，“前卡信炮既放，后卡闻声接放，顷刻之时数百里间咸知警备”。如果发生失误，如“贼至不放炮”，或者“非贼至放炮”，寨总要查出“禀官严惩”。①

他甚至对侦探也有提及，如果情报没有探明，就会误事。有的探卒敷衍公事，“往往于中途逗留数日，回则糊涂捏报”。所以各州县要准备“木戳”，也就是印章，一个侦探进入本境者，他的“探票”要得到“寨总戳记”。也就是说，一个侦探进入山区，还必须持一张“探票”，也就是执行公务的凭据。如果需要去邻省邻县，其所到的县，还需要“于票内加用印信，以杜道听途说之弊”。如果票内无戳记、印信的话，就“必加重惩”。②

严如熤甚至还考虑到了武器的问题。林中所产老毛竹，节密而坚柔有劲。“贼匪”把毛竹砍作长一丈七八尺，作为矛杆，前面加一个矛头，便是非常厉害的矛枪。他们在对抗官兵时，“千矛攒刺”，短兵相接时很难接近，而且“前矛甫开，后矛已至”，一排接一排。在他们力量不敌官军的时候，则拔出矛头，弃杆轻装逃遁，“形同猿猱窜至他处”。到了新地方，又砍竹作杆，再做成矛枪。由于在密林之中，官军的火枪、弓箭也不是很有效，于是也用长矛，“彼此刺击”。所以时人说：“两鼠斗穴，将勇者胜信哉!”③ 在平原上，弓箭和火枪能射很远，十分得力，所以“贼匪”深知扬长避短，不肯轻易离开老林。嘉庆三年的盩厔之役，白莲教首领齐王氏“率贼匪数万人出山攻扑”，④ 前去镇压的清军血战不敌，“贼用马队直踏而前”。在关键时刻，山西千总崔雯率领“藤牌军二百名跳跃出迎”，结果敌方“马惊窜自相践踏”，这样才挽救了战局，营兵“鼓操继之，贼匪始退”。次日清军马队至，一皆当百，“贼死伤大半，逃遁入山，自是不敢轻窥”，所以平原“剿贼之师，弓矢、枪矛、藤牌均宜分队练习，不可偏废也”。⑤

---

① 严如熤：《三省山内风土杂识》，第 44 页。
② 严如熤：《三省山内风土杂识》，第 44 页。
③ 严如熤：《三省山内风土杂识》，第 45 页。
④ 据严如熤主修《嘉庆汉中府志》卷 32《拾遗》，则有“十余万人”。
⑤ 严如熤：《三省山内风土杂识》，第 45 页。

九、啯噜的消弭

乾隆之后，档案中关于啯噜的记载明显减少。嘉庆十年，四川总督勒保奏查办啯噜事，仍然是老调重弹："川省五方杂处，游手最多，往往结党成群，流荡滋事，日久即成啯匪。"根据蓬溪、射洪两县禀报，有"匪徒"李猴子等，"结盟拜把，纠夺人犯，纠众行窃"，各属先后拿获李猴子、李大武等三十一人，并有范老三、罗老四自行投首，"一并押解来省"。据审讯得到的口供，李猴子即"李良德等"，说明他用了若干化名。勒保称他"素行游荡，均非善类"，常在李应喜家中来往。嘉庆九年十一月二十日，李猴子和李应喜等闲谈，"起意结拜兄弟"，这样可以"有事彼此帮助，以免被人欺压"。李应喜等应允。最值得注意的是这个奏折提到了"结拜兄弟"。

口供称，李猴子逼令范老三、罗老四一同结拜，范老三等"无奈允从"，与王小二等共十三人在柳树沱地方"沾香拜把"。因李猴子为人强横，众人即让李猴子居首，但是"并无歃血焚表情事"。这些人的名字，似乎暗示了他们在结拜中的位置：王小二、范老三、罗老四、李小五、苏小六、赵老八、王老九等。十一月二十四日，即结盟后第四天，王老九、李小五二人在柳树沱场"行窃"，刚好有差役在那里巡查，即将二人拿获。李猴子"因同伙被擒，起意夺回"，得到赵老八等支持。于是李猴子、苏小六等各拿凶器，乘将李小五等押解之时，"即追赶上前夺犯"，解差吴珊等不能抵御众人，李小五等被其夺去，但是"并未伤人"。在过去关于啯噜的事件中，多是官兵一来就逃散，而这个案子，头目不惜抢夺被捕弟兄。勒保奏称，李猴子各依"发司差人捕获罪人，聚至十人中途打夺，为首者斩监候律"。[①]

档案中关于啯噜的记录越来越少。道光二十二年（1842），浙江道监察御史朱监奏称："川省啯匪虏人勒赎，并乡民众抗官。四川田地膏腴，……称地方无事，妄冀苟安一时，以此乡民各不聊生，多人入城躲避，亦有联结数十百家，聚为一团，互相保护。汉州等处，各聚八十团，推生员黄来璧为团长，制备枪械，以资堵御。达县则推冉姓为长，巴州则推苟姓为长，贼匪稍知畏避，而团内良莠不齐，亦有妄为非法者，团长倚峙人众，私相庇护，抗拒官长，不许传讯。且有以睚眦小怨，即捏指为匪

① 刘子扬、张莉编：《清廷查办秘密社会案》第1册，第444—445页。

徒，而擅加凌虐者。”① 按照这个奏折的说法，“川省啯匪”在嘉庆年间白莲教叛乱时，“趁机裹挟，所到村镇，焚掠一空，至用兵十余年，糜饷数百万，地方始克平静”，其所形容的这个规模，怀疑是把白莲教的叛乱加在了啯噜的头上。到了道光年间，“党羽纵横，日甚一日”。如道光二十二年彭县一案，“闻有文武生员及差役人等，俱各与贼相通，虽拿获百余人，而为首系魏元宝，迄今实未获案”。朱监要求下旨饬四川总督，“凡啯匪盘踞地方，令该管员弁密相知会，不分畛域，四面堵拿。获案之日分别首从，立置重典，不得以驱逐出境，暂时相安，即为了事”。②

这个奏折透露了如下重要信息：其一，为了抵抗啯噜，乡民大规模地组织在一起，甚至数十家、数百家，“互相保护”；其二，乡民称自己的自卫组织为“团”，其头目也已经有了明确的名字，叫“团长”；其三，乡民有了明确的自我保护的意识，而且为了保护自己的成员，不惜对抗国家权力，即“倚峙人众，私相庇护，抗拒官长，不许传讯”；其四，这种社会组织不仅仅包括民众，而且还包括了“文武生员及差役人等”，其成员已经多元化。根据这些信息，我想到了哥老会，如果来做一个大胆的推论的话，这些乡邻组织起来对抗啯噜的“团”，倒很可能就是哥老会的早期形态，是一种守望相助的组织，这和后来哥老会的发展、性质也是相吻合的。

在道光时期，啯噜从过去多发生在川省与他省的边界地带，似乎逐渐进入四川的内部，甚至成都平原。道光二十六年十月二十二日，四川总督宝兴上奏，“查川省啯匪，大为民害，缉匪实为要务”，称四川“先后拿获大股匪犯”，包括崇庆州等处及仁寿、合江、垫江、邻水等县，“强掠、轮奸、杀人各匪，并获抢夺滇省丝客案内匪犯等一百数十名，均经分别提解来省审办”，此外还有崇庆县等处“匪犯”杨老五等案四十五名。十月初，又“风闻”成都府属之金堂县、简州等处，“复有匪徒纪四帽顶等聚众滋扰，兵役掩拿则恃众抗拒”。在威远县，有“匪徒”拒捕之案，当即派城守营捕拿，但“该匪等已奔至汉州，沿途裹挟，已有数百人，驻扎合磐场，经汉州于十月初六日五鼓赴彼三面兜击，匪势猖獗，官兵众寡不敌”。“匪徒”有二百余人占据觉华寺，后大量官兵到达，当时杀死五十余人，生擒七人，夺得大炮、排枪、长矛等件，“余匪四散逃遁”，头目“纪四帽顶”等皆被抓获。③

同治元年（1862），署四川布政使刘蓉在致郭嵩焘的信中说道：“蜀省生齿至繁，

---

① 刘子扬、张莉编：《清廷查办秘密社会案》第 1 册，第 445—446 页。

② 刘子扬、张莉编：《清廷查办秘密社会案》第 1 册，第 445—446 页。

③ 刘子扬、张莉编：《清廷查办秘密社会案》第 1 册，第 446—447 页。

无业游民殆近百万，其稍驯者，则趋井厂、充桡夫以营衣食；桀骜犷悍之流，则当私枭，为啯匪，如所谓‘闲亡’、‘帽顶’、‘哥老会’、‘千字行’之属，不下一二十万人。”[①] 刘蓉在另外一个场合又说：“哥老会其源盖发于蜀，根株最深，蔓延最广，盖青莲教之余孽，所谓红钱会者，其头目曰帽顶，总头目曰大帽顶，其最大者曰坐堂老帽。设有管事人员，各立名目，不可胜纪。入其会者给予牌符，转相煽诱，其能招聚百人者为百人头领，招千人者为千人头领，招万人者为万人头领，各立某山堂字号以区别之，如龙虎山忠义堂之类，自分支派，不相混淆，闻今且遮于天下妄分五旗，籍两湖、江西者为白旗，籍两粤闽浙者为黑旗，籍皖吴河南者为蓝旗，籍云贵、陕甘者为红旗，籍独四川者，为黄旗，尊其教之所自出也。”[②] 刘蓉的这个叙述，反复被有关研究者引用，其逻辑是，既然清官员刘蓉都说啯噜头目叫帽顶，哥老会首领也有叫帽顶的，所以传承关系就是铁板钉钉的了。但是刘蓉的两段话本身就是互相矛盾的。他先是把“啯匪”与“闲亡”“帽顶”“哥老会”“千字行”都拉扯到一起，后来又说，哥老会又是从“红钱会”和“青莲会”而来。刘蓉在把哥老会与这些地方土匪组织拉扯到在一起的时候，实际是道听途说，没有经过仔细的考察。但是我们后来的研究者，却把他的这种道听途说、随意的甚至可以说是随心所欲的记录，作为了啯噜是哥老会前身的最重要的依据。

值得一提的是，严如熤说到了啯噜的“拜把”活动：“啯匪之在山内者，较教匪为劲悍”，他们往往隐藏于“未辟老林”之中。所谓的“未辟老林”，实际上就是我们今天所说的“原始森林”，他们在原始森林里“斫木架棚”，“操习技艺，各有徒长”。他们形成了一定的群体，所谓“什伯为群”，十个、几十个到百人的群体，“拜把之后不许擅散，有散去者辄追杀之”，就是不能退出，否则就不免有杀身之祸。[③] 这种拜把活动，后来成为许多学者认为啯噜是哥老会来源的重要依据。但是根据啯噜的各种文献，虽然提到了结盟的问题，但是结盟在其活动中间所扮演的角色，和后来的哥老会是完全不同的。

在光绪六年四川总督丁宝桢的奏报中，也强调了啯噜“烧会结盟”的行为：“川省啯匪烧会结盟之风，甲及各省，年来严督各属，力行保甲，随时联合查拿，获办极多，稍微敛迹。”但是这年三月，营山县属柏林场，有外来“匪徒”一二十人，持有

① 刘蓉：《复郭筠仙观察书》，《养晦堂文·诗集》卷6，光绪丁丑思贤讲舍本，第18页。

② 刘蓉：《养晦堂文·诗集》卷8，第28页。

③ 严如熤：《三省山内风土杂识》，第30页。

军械，混入场内，经团民捕拿，“该匪胆敢拒捕，伤毙团民”。后该县拿获“杨大帽盖”，他带有枪械，因为店主不允留宿，“即持刀砍杀，将店主戳死，并开枪拒伤团丁十余人逃走”。该县还拿获蒲登柯等七名，经审讯，称李麻子“拜会充勇，趁机抢劫”。这里所谓“拜会充勇”应该是讲的两件事情，即结盟（“拜会”）和冒充乡勇（“充勇”）抢劫。太和镇拿获赵定国，系甘肃人，“搜出招勇印信三颗”，即交蓬溪县审办。[①] 这个奏报透露了另外一个词汇“烧会”，以及四川“结盟之风，甲及各省”，也就是“结盟”成为“会”，还有“拜会”活动，其实就是入会的仪式，甚至有了“印信”。结拜、结盟在中国历史上的边缘人群中——包括政治的、宗教的、犯罪的，是非常普遍的行为，但是这却成为后来学者论证啯噜向哥老会过渡的主要依据。

十、哥老会是啯噜演化而来的吗？

对于哥老会起源于啯噜的论著很多，这里我集中讨论蔡少卿先生的观点，他是中国秘密社会研究的权威，具有相当的代表性，而且蔡先生提出这个观点比较早，后来的许多研究受他的影响很大。蔡少卿先生认为“哥老会发源于乾隆初年四川的啯噜会”，但是到嘉庆、道光年间，“由于南方天地会势力的北移，与川楚一带的白莲教啯噜党势力相会合”，它们之间经过相互渗透、相互融合，“才形成了哥老会的组织名目”。同治、光绪年间，随着湘军等军伍的遣撤和破产劳动者无业游民队伍的激增，哥老会勃然而兴。哥老会不是啯噜组织的简单重现，或名称的变异，而是“以啯噜为胚型”，吸收、融合了天地会、白莲教的某些特点，“在半殖民地中国的特定社会条件下迅速发展起来的一种无业游民组织”。蔡先生进一步论证从啯噜发展到哥老会的过程：就组织形态来说，哥老会与啯噜有许多相同或相似之处，两者都是异姓相约为兄弟、结盟拜把的组织；啯噜有红钱、黑钱两种，哥老会也有红帮、黑帮之分；啯噜头目曰帽顶，总头目曰大帽顶，最大者曰坐堂老帽，哥老会也有类似称呼。[②]

尽管蔡少卿先生认为哥老会来源于啯噜，但是同时他也看到了哥老会受到其他如天地会秘密社会组织甚至白莲教等的影响。也就是说，哥老会的形成有多种因素，但是它来源的主体仍然是啯噜。蔡先生把啯噜和哥老会的组织形态和活动进行比较，包

---

① 刘子扬、张莉编：《清廷查办秘密社会案》第1册，第447—448页。

② 蔡少卿：《中国近代会党史研究》，第205—207页。

括抢劫等，如他引用“天下第一伤心人”的《哥老会说》，“其党每于山隘及江湖港边泊船所在，谋劫客商，多遭惨害”。抢劫活动本来就是边缘人群的普遍行为，既不能说是啯噜，也不能说是哥老会的独有行为。但是作为一个政治团体，哥老会的抢劫是例外，而对啯噜来说，抢劫却是一个常态。

其实根据蔡先生的分析，啯噜和哥老会之间的不同也是很明显的。如啯噜一般不设“堂口”，而哥老会的组织系统，多设山堂香水；另外，哥老会内的开山仪式、会规条例以及暗号隐语等，都是啯噜所没有的；哥老会在组织和信仰等方面都具有天地会的特点。我认为，这些因素才是辨别它们关系的关键。所以蔡先生的结论，“啯噜出现在先，哥老会出现在后。显然，后者是从前者演变而来的”，[①] 就和他所举出的两者重大的不同相冲突。

我同意蔡先生所说的哥老会与天地会、白莲教、湘军裁撤、社会矛盾加剧、游民增多等各种社会综合因素的关联，但是蔡先生所说的主要观点哥老会发源于“乾隆初年四川的啯噜会”，我认为是证据不足的。乾隆及以后时期的啯噜，说到底就是土匪的同义词，它根本就不是一种严格意义上的组织，而是一群乌合之众，也就是邱仰文所定义的“伏以啯噜者，匪类之总名也”；也如李调元所称“啯噜，良民之蠹贼也”。在乾隆时期的四川，只要是土匪，那么就叫“啯噜”。正如四川总督福康安给乾隆皇帝所建议的：“啯匪字样本无意义，若留此名色，转难示儆，请于条例改为川省匪徒。恶名既已永除，匪迹自无蹈袭。”[②] 按照福康安的说法，“啯噜”其实就是土匪的意思，就该还其本来的面目，通称为“川省匪徒”。今天我们不会把土匪作为一种严格意义的社会组织来看待，而简单地认为是抢劫团伙，或者是一种行当，是一种落草为寇的选择。他们从来没有像哥老会那样有自己严格的行为规范、内部规章、政治诉求等成熟的组织要素。

我认为哥老会来源于啯噜缺乏依据，但是并不否认一些啯噜加入了哥老会。哥老会本身的成员就是非常庞杂的，三教九流、各种社会背景的人都会加入哥老会的组织之中，但是我们不能就此认为，这个组织就是他们过去所属的团伙演化过来的。例如，资料中也频繁提到许多啯噜加入了白莲教，但我们不会说啯噜是白莲教的前身；哥老会的黑话中有不少的词语借鉴于屠夫这个行业，但是我们不会据此就说哥老会的

---

① 蔡少卿：《中国近代会党史研究》，第206—207页。

② 刘子扬、张莉编：《清廷查办秘密社会案》第1册，第443页。

前身是屠宰业组织，主要成员是过去的杀猪匠；等等。其实同样的逻辑不仅是针对哥老会的起源，也可以用在对其他秘密社会组织起源的研究上。它们的成员可能来自各个行业，甚至各个阶层、各个地区等，无论这些成员过去有什么背景，他们的背景并不重新定性所参加的那个新组织。相反，他们成为那个组织的新的成员，被那个组织定性。例如，一百个曾经的湘军士兵加入了哥老会，那么他们就是哥老会成员，我们绝不会说湘军是哥老会的前身。我想这个逻辑完全适合于讨论啯噜和哥老会的关系。另外，现今能够读到的官方文献，关于哥老会与啯噜关系的依据多是只言片语，并没有任何完整的叙事和细节以及逻辑的连接。而那些在档案中有详细记录的案例，却没有一项可以支持哥老会演变自啯噜的这个观点。[①]

最后我还想说明一点：本文中所使用的关于啯噜的资料，几乎都来自官方和官员的描述，完全没有啯噜自己的记录。他们的实际情况究竟如何，今天已经完全听不到他们的声音。所以，他们到底是国家权力的反抗者，或者是更复杂的结盟的团体，还是打家劫舍的土匪，完全是由官方来定义的。当我们今天利用官方的记录来对啯噜进行描述的时候，一定要记住这个先天的缺陷。作为历史的研究者，不能简单地接受清官方的话语或者话语霸权。因此，清朝官员对当时的边缘人群和秘密社会组织的一些污名化的说法，我们需要特别的注意，意识到这只是代表了官方对这个山区边缘人群的描述。同样，当官方和官员把哥老会等同于啯噜的时候，我们需要持更大的警惕。相对啯噜而言，哥老会完全不同，他们能够留下大量的对自己历史的描述，哪怕其中真真假假、假假真真，传说、神话和历史糅合在一起，但是至少我们今天还能听见他们的声音。正是因为有了这些声音，我们才能够把哥老会与啯噜的界限清晰地划分出来。

① 关于啯噜的另外一个重要的发展阶段是在乾隆四十六年，我写了一篇长文《消失在崇山峻岭：1781年川鄂湘山区啯噜及清廷的围剿》（《华中师范大学学报》2023年第5期），更全面地对啯噜及其活动进行了描述和讨论。

三星堆遗址发现年代新考*

霍　巍　谌海霞**

摘　要：近年来举世闻名的四川省广汉三星堆遗址一系列重大的考古新发现引起了海内外的高度关注。但是，关于三星堆遗址最早的发现年代，却一直没有定论。对此，以往常见 1931 年和 1929 年两说，近年来又有 1927 年的推论。根据四川大学博物馆（前华西协合大学博物馆）收藏的第一手档案资料——葛维汉《汉州发掘日记》英文手稿，同时结合既往的研究史，可以对这个问题给出一个明确的意见，即广汉三星堆月亮湾遗址最早发现于 1927 年。

关键词：三星堆遗址；广汉月亮湾；商周考古；古蜀文明

举世闻名的四川省广汉三星堆遗址，在 20 世纪以来因一系列重大的考古发现而引起海内外高度的关注。但是，这个著名的考古遗址是何时被发现的，长期以来却一直有不同的说法。按照许宏先生在《三星堆之惑》一书中对此的梳理，“最流行的是 1929 年和 1931 年说，此外还有 1927 年说，一般不为人提及。关于首次发掘的时间，也有 1932 年、1933 年和 1934 年三种不同的说法”。① 近年来许杰先生也曾在其研究论文中提到三星堆遗址最早发现的年代问题，② 引发了学术界的困惑与热烈讨论。本文根据四川大学博物馆（前华西协合大学博物馆）收藏的档案资料，结合既往的学术

---

* 四川大学“‘创新 2035’先导计划·文明互鉴与全球治理研究”

** 霍巍，四川大学历史文化学院教授；谌海霞，四川大学博物馆馆员（成都　610064）

① 许宏：《三星堆之惑》，苏州：苏州大学出版社，2022 年，第 3 页。

② 许杰：《四川广汉月亮湾出土玉石器探析》，《四川文物》2006 年第 5 期。

研究史，对这一问题展开进一步的讨论。

一、几种不同说法的根据和可能的信息来源

（一）1929 年说

在各种说法当中，最为流行和最具权威性的说法，似为 1929 年说。1979 年《四川大学学报》和《文物》杂志几乎同时刊登了由冯汉骥、童恩正先生署名的《记广汉出土的玉石器》一文，其中写道：

> 四川省广汉县所出玉石器，迄今已经有半个多世纪的历史了。1929 年，该地中兴乡（现名中兴公社）的农民燕某曾在宅旁沟渠底部发现玉石器一坑，当即引起了人们的注意。1933 年冬，前华西博物馆葛维汉等人曾在此进行发掘。解放以后，四川的各考古机构亦先后在其地作过数次调查，证明这里是一范围很广的古代遗址。……关于 1929 年发现玉石器的实况，据传当燕家挖掘堰沟将文物暴露出来以后，随即将其掩盖，待夜深始将其搬运回家，其数目不下三、四百件，其中有玉圭、玉璋、玉琮、玉斧、“石璧”等。①

由于冯汉骥先生和童恩正先生都是西南考古的著名学者，他们在文中所提出的 1929 年发现广汉中兴村月亮湾遗址（后来统称为广汉三星堆遗址）的这一时间点，自然很少有人置疑，影响面最广，持续也最久远，多年来似成定说。

童恩正先生 1976 年 10 月 25 日给编辑同志的信中说：“这篇稿子是我根据冯汉骥老师 16 年前记下的部分材料写成的，写成以后，冯老师即重病入院，无法再审阅修改，所以如有错误之处，当由我个人负责。”② 由此可见，1929 年的提法是童恩正先生根据冯汉骥先生 1960 年的材料写成的。至于冯汉骥先生的这个说法是基于何种信息来源，在其文中没有具体透露。但冯、童二人当年曾带领四川大学考古专业师生在广汉三星堆遗址进行过考古调查和试掘，据作者自述：“解放前后，笔者曾数次向燕

---

① 冯汉骥、童恩正：《记广汉出土的玉石器》，《四川大学学报》1979 年第 1 期、《文物》1979 年第 2 期。

② 童恩正：《记广汉出土玉石器》手稿，档号 P12595，四川大学博物馆藏。

家当时在场的人询问，但由于事隔已久，而且时值深夜，人多手杂，已不能道其详了。”[①] 由此可知，关于三星堆月亮湾玉石器坑发现于1929年的说法，有可能系冯氏向燕家人询问而来，只是由于“人多手杂”，甚至人多口也杂，多人转述之后，已经难道其详。

（二）1931年说

1931年说似最早见于华西协合大学副馆长林名均先生在1942年发表的《广汉古代遗物之发现及其发掘》一文。[②] 60年代初四川大学历史系考古教研室撰写的调查简报、试掘报告都采用这一说法。[③] 此说也被三星堆遗址在1986年新发现两个祭祀坑时的发掘报告所采用：“1931年，遗址北部的真武村农民燕道诚在其宅旁掏沟车水溉田时，挖出玉石器300余件，不久流散于世。……在月亮湾、真武宫一带，自1931年以来，屡有零散或集中的玉石器出土。”[④]

首创1931年说的林名均先生在其1942年的文章中描述相关经过如下：

> 民国二十年春，因溪底淤塞，溉田不便，燕氏乃将水车干，施以淘浚，忽于溪底发现璧形石圈数十，大小不等，叠置如笋，横卧泥中（此系事后随戴谦和先生赴遗址考察之摄影员晋君闻诸燕师爷之子转告于我者，据云燕氏以事关风水，记忆甚确，与葛氏报告中所言之排列方法不同）。疑其下藏有金珠宝物，乃待至深夜，始率众匆匆前往掘取，除获完整之石璧若干外，复拾得古代圭、璧、琮、玉圈、石珠各若干。然颇不知重视，夸示乡邻，馈赠戚友，璧及玉圈数十，遂致分散无遗，圭琮石珠等物，亦大部散落损毁，至不能集中加以研究，诚可惜也。时英人董宜笃牧师（Rev. V. H. Donnithore）正布道于该县城内，闻知其事，以此有关历史文化之古物，不可任其散佚，乃告于驻军旅长陶宗伯氏，复函邀华

---

① 冯汉骥：《记广汉出土的玉石器》，《冯汉骥考古学论文集》，北京：文物出版社，1985年，第11页。

② 林名均：《广汉古代遗物之发现及其发掘》，《说文月刊》（渝版）第3卷第7期，1942年，第93—100页。

③ 四川大学历史系考古教研组：《广汉中兴公社古遗址调查简报》，《文物》1961年第11期；四川省博物馆、四川大学历史系考古教研组：《广汉中兴公社试掘简报》未刊稿，档号P8476，四川大学博物馆藏。

④ 四川省文物考古研究所编：《三星堆祭祀坑》，北京：文物出版社，1999年，第9、15页。

西大学博物馆戴谦和教授（Prof. Daniel S. Dye）同往视察。[①]

民国二十年即1931年，从文章中可知，其信息并非本人调查所获，而是由“随戴谦和先生赴遗址考察之摄影员晋君闻诸燕师爷之子转告于我者”。因此许杰先生指出：“林氏本人在当年并未介入此事，但参与了1934年的发掘清理（时任华西协大博物馆副馆长）。所述应来自晋氏的转告和葛文的介绍。但细究他的文字可知1931年说是不可能成立的。”许杰还对此进一步推测道：“假定燕家挖出玉石器是在1931年春，而董氏听说此事是在该年初春，那末两者相距时间必定很短，因为挖出器物是在董氏获悉之前。董氏和林氏都提到燕家把器物分赠各家，林氏特别指出‘夸示乡邻，馈赠戚友，璧及玉圈数十，遂致分散无遗，圭琮石珠等物，亦大部散落损毁，至不能集中加以研究，诚可惜也……’，在这么短的时间内，应该不可能达到分散无遗或大部散落损毁的状态。因此可以推断，很可能林氏误读了董宜笃的原话，将两事混为一谈，结果把月亮湾玉石器发现的年代误定为1931年。”[②]

1934年，时任华西协合大学博物馆馆长的葛维汉先生（David C. Graham）对燕家发现玉石器的沟底以及周围地区进行了清理发掘，发掘报告在当年发表。报告首先转述董宜笃亲言其所了解的月亮湾发现的经过：

> 那是在1931年初春，我第一次听流言说是离此地不远曾挖出若干石牙璋和石璧。听说是一位农夫在挖一水洞时碰上若干件这些器物，并一直在把它们送给妇女、苦力和各种人……于是我与陶上校（现为将军）说，敦促他查询此事并尽力保存这些器物……他答应去查询，如有可能，并会带其中若干石器给我看。几天后，他又来访，带来五件石器，就是现在在博物馆的那五件……我获准短期保存它们，次日我搭乘公共汽车赴成都把它们交给戴谦和保管……之后于六月，我们去太平场对器物出土遗址进行考察、照相。团队由陶上校、他的六名警卫兵、戴先生、我本人和大学博物馆摄影师晋先生组成。[③]

---

① 林名均：《广汉古代遗物之发现及其发掘》，《说文月刊》（渝版）第3卷第7期，1942年，第93—94页。

② 许杰：《四川广汉月亮湾出土玉石器探析》，《四川文物》2006年第5期。

③ David C. Graham, “A Preliminary Report of the Hanchow Excavation,” *Journal of the West China Border Research Society*, vol. 6 (1933—1934), pp. 114—131. 该杂志即《华西边疆研究学会杂志》。该文有中译本收录于李绍明、周蜀蓉选编：《葛维汉民族学考古学论著》，成都：巴蜀书社，2004年，第176—198页。此处译文参见许杰：《四川广汉月亮湾出土玉石器探析》，《四川文物》2006年第5期。

许杰先生认为："这段文字很可能是 1931 年说的源头，因为粗读董氏原文第一句话，很容易理解为董氏获悉此事与燕家挖出器物时间相隔不久。但董氏所言其实只是明确指出他听说此事是在 1931 年初春，并没有器物是在之前不久挖出的意思。"[①] 许杰先生将上述文字理解为 1931 说的源头有一定道理。从葛维汉文中讲到的情况来看，在 1931 年 6 月，董宜笃和当地驻军的"陶上校"，以及戴谦和、时任华西协合大学的摄影师"晋先生"一行去广汉太平场对遗址进行了实地考察，这里所说的太平场，也就是其他文字中出现的广汉中兴场，即今天三星堆遗址核心区域内的月亮湾玉石器坑所在地点。

综合分析上述两种最为主要的说法，即 1929 年和 1931 年，其信息的来源大多为他人转述，这当中涉及华西协合大学林名均、戴谦和、随戴谦和赴遗址考察之摄影员晋君、传教士董宜笃诸人。林名均的信息来源系转自他人之口，并非亲闻燕氏家人所言，所以其可信度最低；而戴谦和、董宜笃、葛维汉以及摄影师晋氏应是亲自到现场拜访过燕氏家人的，他们证言的可信度应当最高。那么，这些当事人又曾遗留给我们一些什么样的信息呢？

二、关于 1927 年发现三星堆的信息

虽然在既往的著述中，如同许宏所言，1927 年发现三星堆遗址的说法一般很少有人提及，但并不等于这个说法毫无依据。首先，让我们来看看戴谦和先生留给我们的信息。

1931 年，时任教于华西大学的地质学家戴谦和先生率先发表了对月亮湾出土的玉石器的研究成果。[②] 戴氏在文中并没有直接指出发现的年份，但有如下的描述：

> 1931 年，一位进步官员把若干石器带给汉州的董宜笃［许注：汉州即广汉，董氏为一传教士］，后者又把它们带给笔者。之后我们三人一起去发现地点访问，对发现器物作了照相、研究和测量。该官员把那些器物呈送给华西协和大学博物馆……那是大约四年前，一位进步农夫想放入一架牛拉水车，他在明代水沟下深

① 许杰：《四川广汉月亮湾出土玉石器探析》，《四川文物》2006 年第 5 期。

② Daniel S. Dye, "Some Ancient Circles, Squares, Angles and Curves in Earth and in Stone in Szechwan China," *Journal of the West China Border Research Society*, vol. 4 (1930—1931), pp. 97—105.

挖到古代地层，在此发现了大型砂岩石壁，并有石质更为坚硬的凿、斧和牙璋……找到这些器物的农夫是一睿智异常的老绅士，一位旧学的学者。假如他不是如此一位人物，那末这些器物可能永远不会来到任何教育机构。[①]

许杰据此认为："戴文发表于1931年，而据文中描述他又是在同年见到月亮湾出土器物并考查出土地点。那末文中指称的'四年前'必定是1927年，这是笔者所知月亮湾发现诸说中年份最早的。戴文是有关月亮湾发现的第一篇学术文章，与发现的时间最接近，戴氏的说法自然值得重视。"[②] 笔者赞同许杰1927年的推论，不仅仅是因为戴文是发表的第一篇关于月亮湾发掘的学术文章，论文发表的时间与发现月亮湾遗址的时间相距最近，而且戴氏是亲自采访过燕家人士、并最早获得可信程度最高的信息者其中之一。

那么，另一位极为重要的当事人、时任华西协合大学博物馆馆长，也是1934年广汉月亮湾遗址首次考古发掘的主持者葛维汉又给我们留下了什么重要的信息呢？

经过多年来对四川大学博物馆馆藏旧档案的整理与研究工作，我们从中发现了对于解开三星堆最初考古发掘之谜极为重要的线索——葛维汉当年所记的工作日记《汉州发掘日记》（图1、图2）。葛维汉在日记中首先记载了1931年英国传教士董宜笃闻讯前往广汉月亮湾燕家院子探寻出土情况的相关事宜：

1931年春，中国四川汉州（即今广汉）的英国圣公会传教士董宜笃牧师听闻在太平场附近发现玉璧和玉刀的消息。他随后说服戴谦和教授和第二十八军的陶将军与他一起去现场勘察并拍照，晋先生作为摄影师随行。[③]

从上述日记来看，1931年春，董宜笃可能是第一次听闻月亮湾燕家院子发现玉石器的消息，从而亲自前往现场，与他同行的有戴谦和教授、当地驻军旅长陶宗伯以及摄影师晋先生。很清楚，1931年并非是燕家院子首次发现三星堆器物的年代，而是玉石器坑发现之后消息首次被透露到外界并最早见诸记载的年代。

---

① Daniel S. Dye, "Some Ancient Circles, Squares, Angles and Curves in Earth and in Stone in Szechwan, China," *Journal of the West China Border Research Society*, vol. 4 (1930—1931), pp. 97—105. 译文参见许杰：《四川广汉月亮湾出土玉石器探析》，《四川文物》2006年第5期。

② 许杰：《四川广汉月亮湾出土玉石器探析》，《四川文物》2006年第5期。

③ 葛维汉：《汉州发掘日记》，蒋庆华校译，第1页，档号P5551，四川大学博物馆藏。

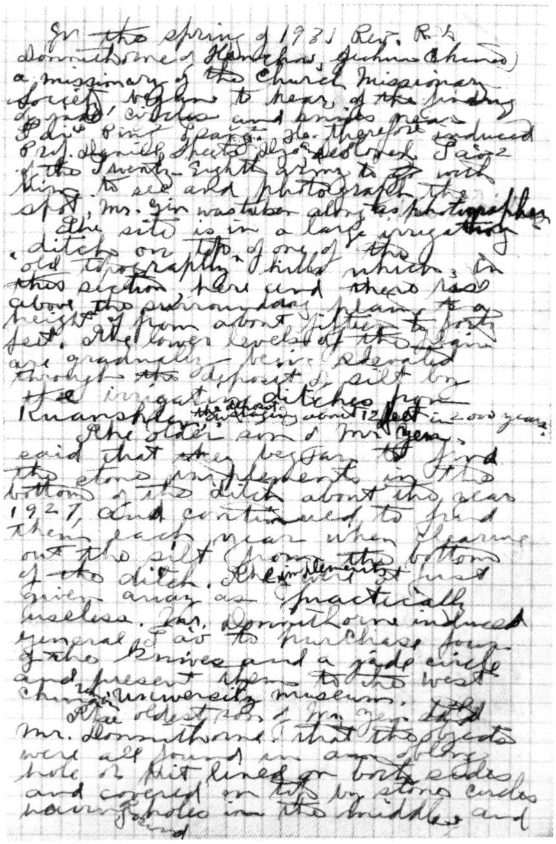
In the spring of 1931 Rev. R. L. Donnithorne of Hanchow, Szechwan, China, a missionary of the Church Missionary Society, began to hear of the finding of jade circles and knives near T'ai4 P'ing2 Ch'ang. He therefore induced Maj. General Tao of the Twenty-Eighth Army to go with him to see and photograph the spot. Mr. Gin was taken along as photographer.
The site is in a large irrigating ditch on top of one of the old topography hills which, in this section, here and there rise above the surrounding plain to a height of from about fifteen to forty feet. The lower levels of the region are gradually being elevated through the deposit of silt by the irrigation ditches from Kuanshien, the amount being about 12 feet in 2000 years.
The older son of Mr. Yen said that they began to find the stone implements in the bottom of the ditch about the year 1927, and continued to find them each year when clearing out the silt from the bottom of the ditch. The implements at first were given away as practically useless. Mr. Donnithorne induced General Tao to purchase four of the knives and a jade circle and present them to the West China Union University Museum.
The oldest son of Mr. Yen told Mr. Donnithorne that the objects were all found in an oblong hole or pit lined on both sides and covered on top by stone circles having holes in the middle and

图 1　四川大学博物馆藏旧档中的葛维汉日记《汉州发掘日记》正文页

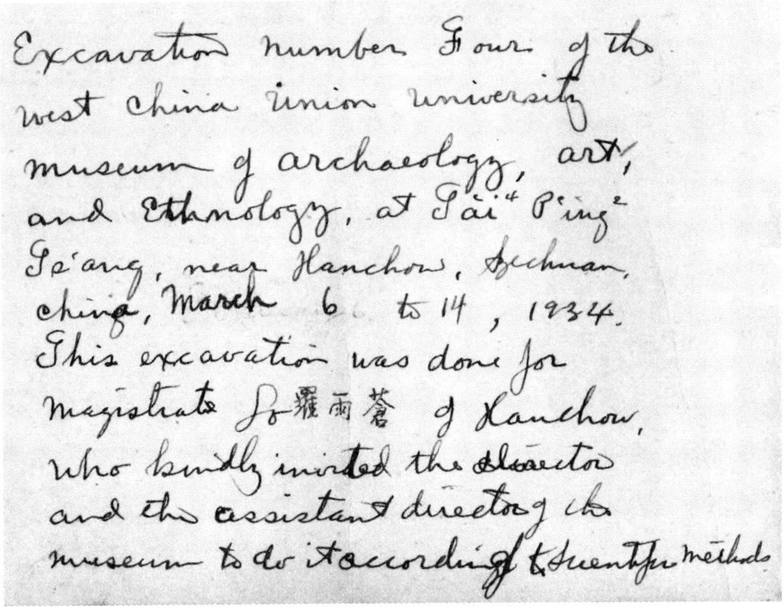
Excavation number Four of the West China Union University Museum of Archaeology, Art, and Ethnology, at T'ai4 P'ing2 Ts'ang, near Hanchow, Szechwan, China, March 6 to 14, 1934.
This excavation was done for Magistrate Lo 羅雨蒼 of Hanchow, who kindly invited the director and the assistant director of the museum to do it according to scientific methods

图 2　四川大学博物馆藏旧档中的葛维汉日记《汉州发掘日记》扉页

葛维汉还记载了有关遗址发现的极其重要的情况：

发现地点位于一座古老山丘顶部的一条大型灌渠中，该山丘较其周边平原高 15 至 40 英尺不等。该处以前亦为平坦的低地，历经 2000 年由灌渠从灌县带下的泥沙堆积，逐渐变成了约 12 英尺高的山丘。

据燕道诚的次子所述，他们大约是从 1927 年开始在灌渠底部发现石器的，其后每年清理渠底的淤泥时陆续都有发现。这些石器起初被当成无用之物送人。董宜笃先生劝说陶将军购买了 4 把玉刀和 1 块玉璧，并将其赠给华西大学博物馆。①

通过这段日记可知，当时是由燕氏家族中燕道诚的次子向董宜笃、陶宗伯——后来也可能包括葛维汉本人——介绍了当时发现石器的情况，信息来源可靠，可信度也最高。按照燕道诚的次子的说法，他们是在“1927 年开始在灌渠底部发现石器的，其后每年清理渠底的淤泥时陆续都有发现”。如果真实情况如其所述，那么燕家院子出土的玉石器就有可能并非是一次性发现的，而是以 1927 年为起点，在 1931 年之前这几年间陆续都有过发现。无论如何，1927 年是月亮湾最早发现玉石器的年代，董宜笃、戴谦和以及葛维汉等人也都持此论，因此应当值得肯定。

从葛维汉的日记中，我们还了解到由他组织的对月亮湾遗址进行首次考古工作的若干重要情况。例如，他这样回忆了发掘工作的过程：

1933 年秋，葛维汉致函董宜笃先生，希望获得关于博物馆玉器的更多信息。于是，葛维汉逐渐制定了一个计划，欲前往汉州在发现玉器的地点进行发掘。

3 月 1 日，葛维汉前往汉州，为发掘工作做最后的安排。在此之前，业已获得四川省政府的正式批准和四川省教育厅的首肯。他惊奇地发现，就在当天罗县令已经开始在这个非常重要的地方进行挖掘了。但罗县令很快命令他的手下停止了挖掘，并承诺只要葛维汉愿意回来并接管发掘工作，他会耐心等待。

葛维汉先生的妻子当时正病重住院，他不得不先对该遗址采取保护措施使其免遭破坏。当医生保证葛维汉太太已脱离危险后，葛维汉先生将两个孩子留在加拿大学校寄宿，随后于 1934 年 3 月 5 日前往汉州，并于次日（星期二）抵达现场。当天下午就在地面立桩进行了打围。接着测量了每个立桩处的地面高度，然

① 葛维汉：《汉州发掘日记》，第 1 页。

后工作……[①]

在日记本的扉页中，葛维汉还总结性地写道：

> 1934年3月6日至14日，在中国四川汉州附近的太平场，华西协合大学考古艺术和民族学博物馆进行了第四号发掘。受汉州县令罗雨苍的诚挚邀请，博物馆的馆长和副馆长按照科学方法进行了此次发掘。[②]

根据葛维汉的工作日记，我们可以将当时整个事件的过程做出一个简要的梳理：

（1）1931年，董宜笃、陶宗伯、戴谦和等人已经获得了关于四川省广汉三星堆遗址（即本文所称的月亮湾遗址）发现玉石器的消息，并赴现场进行了采访，核查了事实。其中最为重要的一点，是通过燕家人的口述得知，1927年，他们在挖掘水渠时已经开始发现坑中的玉石器。

（2）1932年秋，葛维汉受哈佛燕京学社委派来蓉履职，担任华西协合大学博物馆馆长。在整理藏品的过程中，汉州太平场（即广汉三星堆）出土的古物引起了他的注意。他随即与当时在华的英国传教士董宜笃牧师书信联系，问其可否继续代为征集汉州古物，后逐渐发展成为考古发掘计划。[③]

（3）1933年11月17日，董笃宜牧师致信葛维汉教授，商讨农历新年之前要一起去汉州进行实地考察。[④] 从葛氏日记记载可知，他也曾亲临月亮湾玉石器出土地点进行了实地考察。

（4）1934年3月1日，广汉县时任国民政府县长罗雨苍曾“抢先”开始“发掘”，但被葛维汉及时劝阻而停止。3月6日至14日，葛维汉率队进入三星堆月亮湾遗址，采用“科学方法”进行了首次三星堆考古发掘。3月19日，罗雨苍县长代表政府将全部发掘出土器物捐赠给华西协合大学博物馆，葛维汉代表学校接受捐赠，并感谢县长和当地人民，承诺华西协合大学博物馆将为华西人民永久保存这些古物而努力。[⑤]

---

① 葛维汉：《汉州发掘日记》，第3—4页。

② 葛维汉：《汉州发掘日记》，“扉页”。

③ 葛维汉于1931—1932年先后在美国芝加哥大学、哈佛大学进修文化人类学、田野考古学。1932年秋，他以学者身份再次回到中国，担任华西协合大学博物馆馆长，他希望在四川开展考古教学和田野考古工作，三星堆月亮湾遗址的考古发掘成为他所主持的多项考古工作之一。

④ 《广汉传教士董宜笃给葛维汉的信》，1933年11月17日，档号2010—276，四川大学博物馆藏。

⑤ 葛维汉：《汉州发掘日记》，第59页。

三、结　论

综合上述分析，本文认为：

（1）举世闻名的四川广汉三星堆遗址的发现年代，以现存于世的四川大学博物馆旧档案为主要依据和线索，同时综合上述学者的研究工作，可以确定为 1927 年。既往研究中所提出的 1929 年、1931 年等说法，虽影响甚大、流布甚广，但因缺乏文献依据，多系辗转传闻，基于史实，建议应予修改，今后统一采用三星堆遗址最早发现于 1927 年之说。

（2）由华西协合大学博物馆前辈学者葛维汉等人开始的三星堆考古科学发掘工作的确切年代，应确定为 1934 年，距今已将近 90 年。如本文的结论能够为学术界所认同和接受，则 2024 年将迎来三星堆考古 90 周年庆典，这是在西方考古学传入中国之后，在中国西南地区进行的早期科学考古实践之一，并为随后三星堆遗址一系列重大考古的发现取得了宝贵的早期经验，积累了初步的科学研究资料，其首创性意义十分重大。

（3）三星堆考古是几代考古学者不懈努力取得的历史性成就。在我们纪念三星堆考古近一个世纪以来伟大贡献之时，应当加强三星堆考古若干基本问题和重大问题的深入研究，同时客观、科学地认识前人工作的价值和意义，吸取其经验与教训，站在新时代的高度去擘画三星堆考古与古蜀文明研究的宏伟蓝图。这将为我们遵循习近平总书记的重要指示精神，探寻中华文明多源一体格局的演进路径，担负起新的文化使命，努力建设中华民族现代文明，提供更为坚实、科学的资料，从而更好地去推进学术研究、社会宣传、文物利用等各方面的工作。

法权会议期间美国的法界认知与对华外交*

杨天宏　何　玉**

摘　要：法权会议是美国主导的近代国际联合对华立法、司法调查。美国在法权会议期间的对华外交呈现出尊重中国“主权完整”与维持“必要之恶”并行的特点。在制定与践行该外交政策的过程中，美国法界认知与政府决策密切互动。20 世纪 20 年代前期，对于在华治外法权问题，美国法界主流舆论与政府认知相互影响。在法权会议筹备阶段，美国政府迎合法界共识并任用以法界代表司注恩为核心的代表团筹划组织架构与会议流程。法权会议开幕后，按照凯洛格对司注恩的训令，美国对华外交在内部张力凸显后得以重新调适。在报告书起草阶段，美国政府继续宏观把控进程。为保障和协调列强在华利益，司注恩主导完成《调查法权委员会报告书》。最终维持“必要之恶”的现实需要压倒尊重“主权完整”的政策表达。

关键词：法权会议；美国政府；对华外交；美国法界；司注恩

1926 年在北京召开的法权会议①在近代中外关系史上非常重要，对近代中国法律制度变革具有里程碑意义。这次会议由各国法界人士和外交官参与，旨在调查在华领事裁判权现行办法及中国立法、司法改良状况，以便向相关国家政府提出建议，最终

---

*　国家社会科学基金重大招标项目“中国国会会议史”（19ZDA210）

**　杨天宏，四川大学历史文化学院教授；何玉，四川大学历史文化学院博士研究生（成都　610064）

①　中文文献通常将 1926 年在北京召集的“调查法权委员会”（The Commission on Extraterritoriality in China）会议称为“法权会议”。与其他国际会议不同，法权会议不具备谈判、订约职能，仅有调查、建议之责。

以渐进或者其他方法撤废其在华领事裁判权。[1]

法权会议源于1921年华盛顿会议（下文简称“华会”）期间中国代表团提交的撤废各国在华领事裁判权的议案。1921年12月10日在美国斡旋下，远东委员会会议通过《关于在中国之领事裁判权议决案》，强调以中国司法制度遵照西方标准进行改良，达到足够维护外国人人身和财产安全的程度作为撤废治外法权[2]的前提，并规定由相关各国派代表组织调查法权委员会，呈交调查报告和建议。后因中国政局不稳、金法郎案及临城劫车案后美国对召集委员会多方推脱，会期数次延宕。后来法权会议终于1926年1月在北京召开，并于是年9月完成《调查法权委员会报告书》。

由于涉及华会决议案之贯彻，美国法界与政府密切互动，使得美国在法权会议相关问题上扮演了关键角色。美国政府在法权会议上的立场反映了美国以及华会参与国的根本利益，既有坚持华会强调的尊重中国“主权完整”的一面，也有基于自身利益而表现出的伤害中国利益、被美国政治家轻描淡写表述为“必要之恶”（necessary evil）的一面。学术界既有研究通常强调美国在法权会议期间的“正面”作用，而忽略其客观存在的负面作用与影响。从研究方法上看，既有研究也存在缺陷。由于法权会议的议题涉及国际法和中国国内法，单纯从国际政治立场解读美国及相关国家的对华立场，难得要领。事实表明，在是否废除在华治外法权的共识及在法权会议中贯彻美国对华政策的问题上，美国主流法界（法学界和司法界）与美国政府认知在多层面存在积极的互动。遗憾的是，国内学界既有研究多从史学维度，偏重从中方立场论述

① 王铁崖编：《华盛顿会议关于在中国之领事裁判权议决案》，《中外旧约章汇编》第三册，上海：上海财经大学出版社，2019年，第189—190页。

② 近代西方的“治外法权”概念（Extraterritoriality、Exterritoriality、Extraterritorial Right、Extrality）由外交豁免权（Diplomatic Immunity）与领事裁判权（Consular Jurisdiction）两种性质有别的域外司法管辖权组合而成。“治外法权”及Extraterritoriality等词的当代意涵——“域外管辖”，二者实质均为域外管辖行为，不适用所在国法。参见屈文生：《从治外法权到域外规治——以管辖理论为视角》，《中国社会科学》2021年第4期；万立、屈文生：《近代英国对华域外法体系研究》，《中外法学》2021年第5期。在近代中国，列强在华治外法权（或更多学者采用的“领事裁判权”）实践溢出司法管辖权范围，还涉及行政管理等方面的特权。1919年后，“治外法权”概念更为侧重强调外国在华享有不平等的“领事裁判权”意涵，成为“帝国主义的象征符号、革命的理由和反帝爱国运动的政治动员工具”。参见黄兴涛：《强者的特权与弱者的话语：“治外法权”概念在近代中国的传播与运用》，《近代史研究》2019年第6期。遵照“治外法权”在本文研究对象所处历史时期的惯常用法，本文不区分使用“治外法权”与“领事裁判权”概念，统一以“治外法权”一词涵盖后者。

法权会议的背景、经过、性质及作用,[①] 虽间接述及法权会议期间美国维护其国家利益的政治运作,[②] 却忽视从法学视角尤其是美国法界主流与政府认知互动的角度探讨法权会议。由于视角狭窄，史料搜寻也主要限于国内，缺乏美国方面一手史料的支撑。

本文拟以美国法界主流期刊及美国外交档案为主，参以其他相关文献，立足法权会议前后美国法界与政府认知的互动，对美国在坚持华会所强调的尊重中国“主权完整”的同时，在废除治外法权问题上维持“必要之恶”的对华政策，略作分析探讨。

一、法政互动与美国政府法权会议原则框架的确立

“治外法权”虽以西方强权政治为前提，中外法律制度差异亦为重要存在原因。从晚清沈家本修律开始，中国逐渐走上法律近代化[③]之路，两者差异开始缩小。但近二十年的改革成果究竟如何，取消治外法权的条件是否成熟，各国在华施行的被习惯称为“治外法权”的“领事裁判权”应如何撤废，美国法界人士的认知与中国民族主义者的感受之间仍有较大距离。经检索 HeinOnline 数据库,[④] 笔者发现 20 世纪 20 年

① 侧重从中方立场论述法会的重要成果有杨天宏《北洋外交与“治外法权”的撤废——基于法权会议所作的历时考察》(《近代史研究》2005 年第 3 期)、张洪武《民族主义与领事裁判权——以法权会议为个案分析》(硕士学位论文，四川师范大学，2002 年)、张玲玉《制作主权：法权会议与近代法学话语实践》(硕士学位论文，华中科技大学，2009 年)、李启成《治外法权与中国司法近代化之关系——调查法权委员会个案研究》(《现代法学》2006 年第 4 期)等。

② 有文章研究英日在法权会议中的活动，间接略及美国政治运作，如曹大臣《试析 1926 年法权调查活动中的日本因素》(《民国研究》2010 年第 2 期)、张丽《英国与 1926 年法权调查会议》(《湖北社会科学》2019 年第 3 期)。吴文浩《民国时期的治外法权交涉 (1913—1931)》(博士学位论文，北京大学，2019 年)则从外交史视角述及美国在法权会议中的相关政策与活动。

③ 广义的法律近代化囊括广泛，以立法、司法近代化为主，辅以法律教育、法律研究和法律知识传播等设施的近代化。20 世纪上半期的法律近代化，主要表现为近代法律形态的西方化，及以中国化为内在要求和运动方向对西方文明的融会和吸收。法权会议之前，以“与各西国律例改同一律”，中国法律与审判方法“皆臻妥善”为撤废条件，中国法律近代化更为偏重立法、司法领域的西化。参见李贵连：《中国法律近代化简论》,《比较法研究》1991 年第 2 期；张晋藩：《“变”与“不变”：20 世纪上半期中国法律近代化转型的趋向问题》,《史学月刊》2004 年第 7 期；黄源盛：《法律继受与近代中国法》，台北：犁斋社，2007 年，第 55 页。

④ HeinOnline 数据库子库“Law Journal Library”共收录美国 1920 年至 1925 年间发行的 98 种法学期刊和部分关涉法学的期刊。笔者在该库输入“Chinese/China”“Extraterritoriality/Extrality/Exterritoriality/Extraterritorial Right”等关键词，共检索得到此时段刊发的 30 篇文章。其中，《美国国际法杂志》(*American Journal of International Law*) 14 篇，《美国律师协会杂志》(*American Bar Association Journal*) 及《美国律师协会年度报告》(*Annual Report of the American Bar Association*) 5 篇，刊载相对集中，且更注重从法学角度探讨在华治外法权。

代前期美国两大主流法学杂志——《美国律师协会杂志》[①] 和《美国国际法杂志》[②]集中刊载多篇关于在华治外法权的文章，反映出美国法界关注在华治外法权问题，并已形成中国法律近代化成绩有限，在华治外法权虽弊端重重却只能渐进撤废的主流认知。

美国自建国以来便有"法律立国"的传统，法界人士在美国社会中发挥着重要作用。第二次工业革命以来，"美国的主要事业"是"商业"，法律职业逐渐从"以社会为服务对象的独立职业"演变成商业社会的"附属物"。[③] 华会召开前，面对中国要求撤废外国在华治外法权的呼吁，《美国律师协会杂志》从维护在华商业利益的立场，发文反对立即撤废。1920 年 4 月在汉口执业的美国律师协会成员拉尔夫·A. 弗罗斯特（Ralph A. Frost）在《治外法权是否已失效》一文中，认为中国的现状远不足以使治外法权丧失效用，那种宣扬治外法权已失效的舆论是"对事实的故意歪曲"；立即撤销治外法权，会导致美国在华商业崩溃，"直接结果几乎是日本接管中国"。[④]

鉴于华会前夕美国政府与法界日益关注中国，1921 年 4 月《美国律师协会杂志》刊发《京津泰晤士报》总编、英国人伍德海（H. G. W. Woodhead）的《治外法权》、美国律师协会成员兼东吴法学院教师梅华铨（Hua-Chuen Mei）的《中国的紧迫问题》、上海基督教大学同学联合会会长林幼诚（E. S. Ling）的《中国的自杀因素》三篇文章，向美国法界介绍中国的"真实情况"。文章或显或隐，均批评中国法律近代化水平低下，反对直接撤废治外法权。

---

① 《美国律师协会杂志》由美国律师协会于 1915 年创办，主要刊载讨论法律问题的文章，以及立法、司法动态和涉及律师协会或一般法律业务的信息等。美国律师协会成立于 1878 年，会员规模庞大，1925 年 8 月共登记注册 23450 名会员。协会主席为知名律师、法官或政府官员，包括凯洛格（Frank B. Kellogg，1912 年）、鲁特（Elihu Root，1915 年）、休斯（Charles Evans Hughes，1924 年）等。参见"Report of the Standing Committee on Membership Reports of Sections," *Annual Report of the American Bar Association*, vol. 48 (1925), p. 465；余先予主编：《国际法律大辞典》，长沙：湖南出版社，1995 年，第 31 页。

② 《美国国际法杂志》1907 年由美国国际法学会创办。美国国际法学会作为全国性学术团体，兼为美国政府制定关涉国际法的外交政策提供专业咨询，其宗旨为"促进国际法研究，推动在法律和正义的基础上建立国际关系"。自 1906 年创建至 20 世纪 20 年代中期，学会主席分别为鲁特、休斯。《美国国际法杂志》作为学会期刊，主要刊登国际法领域的论文、评论、司法判决及对美国国际法实践的报道。参见"Constitution of the American Society of International Law," *American Society of International Law Proceedings*, vol. 18 (1924), p. 7；余先予主编：《国际法律大辞典》，第 28 页。

③ 伯纳德·施瓦茨：《美国法律史》，王军等译，北京：法律出版社，2007 年，第 152 页。

④ Ralph A. Frost, "Has Extraterritoriality Outlived Its Usefulness," *American Bar Association Journal*, vol. 6, no. 2 (1920), pp. 224—237.

伍海德认为中国“可能在名义上建立了一个精细和优良的司法制度”，但外国人“都会对其应在刑事和民事案件中服从中国司法的建议感到沮丧”。为保证平稳撤废治外法权，他建议中国分三步进行：首先，外国法官使用经条约各国认可的中国法律审理外国案件，由中国法官旁听；其次，外国和中国的法官依照中国法律，以同等的权力共同审理这类案件；最终，中国法官主持审理此类案件，但须由外国法官担任陪审员。[①] 换言之，中外协同处置涉外司法诉讼是必不可少的过渡取径。

与伍德海一样，梅华铨认为不宜立即撤废在华治外法权，但他更细致地分析了中国法律体系的“缺陷”，认为中国至今仍在照搬作为时髦舶来品的外国法律体系；司法与行政缠结，司法尚未独立，缺乏合格的法律人才担任新式法院法官。因而，梅华铨认为，“虽然没人能说治外法权让中国受益，但现在撤销可能弊大于利”。与其他人看重外部因素不同，梅氏作为美籍华人，较为看重中国民众的力量，将治外法权的废除“寄托在一种觉醒的、强有力的公众舆论上”。[②]

与前两位作者相比，林幼诚更为关注中国国内的政治与社会环境。他认为“民国”名不副实，中国“正处于与其说来自外部，不如说是来自内部的危险之中”。[③] 出于对中国命运的担忧，他呼吁依靠基督徒无私、奉献和服务的精神，从改造个人入手，进而服务和建设社区、政府、国家。其文虽未直接谈论治外法权，但中国困境在内不在外的论断却暗示中国近代化成效不足，列强施加的治外法权并非造成中国困境的主因。

三篇文章的作者身份各异，其文章为美国主流法律刊物接纳发表，亦能反映《美国律师协会杂志》反对立即撤废在华治外法权的鲜明态度与探索最终撤废路径的适度关切。此时正值华会前夕，多数法界人士对大洋彼岸的中国知之甚少，美国主流法学杂志选择立场分明且带有显著倾向性的文本讨论在华治外法权问题，虽然所论在一定程度上符合事实，但仍带有建构法界群体认知，形塑法界主流舆论的意涵。

自第一次世界大战开始，美国政府在外交决策中比其他国家更关注公众舆论与外

---

① H. G. W. Woodhead, “Extraterritoriality,” *American Bar Association Journal*, vol. 7, no. 4 (1921), pp. 176—177.

② Hua-Chuen Mei, “Some Pressing Problems in China,” *American Bar Association Journal*, vol. 7, no. 4 (1921), pp. 179—182.

③ E. S. Ling, “Suicidal Factors at Work in China,” *American Bar Association Journal*, vol. 7, no. 4 (1921), pp. 177—179.

交政策的关系问题，[①] 并注重任命法界人士参与处理国家事务，因而华会前法界关于在华治外法权的舆论，自然成为美国政府认知的参考因素。1921 年 7 月，时任美国国务院远东司司长的马慕瑞（John V. A. MacMurray）表态：中国在立法、司法及人才培养领域的发展，不足以“使我们有理由放弃治外法权制度”；“我们很可能只能同情地考虑中国对于任何适当加快改革进程的手段的建议”。[②] 但为调整远东国际格局和形塑新的国际秩序，美国决定在维持国际合作和门户开放原则的基础上，适当尊重中国作为主权国家的地位。

1921 年 12 月，在美国律师协会和美国国际法协会核心成员等法律顾问的协助下，[③] 华会决议案确定将中国司法改良作为撤废治外法权的前提，并派遣调查法权委员会来华考察，以激励中国建立高效、稳定的政府，完全享有国际法保障的权利和自由。[④] 在美国政府建立国际自由主义新秩序的要求下，[⑤] 华会后美国法界主流的关注重心发生转变：在延续中国立法、司法改革成效不足以保证列强立即撤废在华治外法权的认知前提外，法界更注重立足于美国政府尊重中国“主权完整”[⑥] 的对华政策，为即将成行的调查法权委员会拟定渐进撤废方案，以最大限度地维护美国在华利益。

1922 年 1 月《美国国际法杂志》刊登不久将担任国务院律师（Solicitor for the Department of State）的查尔斯·切尼·海德（Charles Cheney Hyde）的《限制军备会议关于中国治外法权的决议》和宾夕法尼亚大学政治学讲师本杰·H. 威廉姆斯（Benj. H. Williams）的《保护在华美国公民：治外法权》两篇文章。海德认为，中国国土广袤，某些地区“在保护外国人生命财产安全免受无知或过失造成的不公上仍然存在许多困难”。因而在司法改革实验期结束前，放弃治外法权“可能是灾难性的”。他建议撤废治外法权应遵循“地理渐进方案”，率先“在公认最有利于移交成功

① 周琪主编：《美国外交决策过程》，北京：中国社会科学出版社，2011 年，第 359—364 页。

② Memorandum by the Chief of the Division of Far Eastern Affairs, Department of State (MacMurray), July 20, 1921, U. S. Department of State, *Papers Relating to the Foreign Relations of the United States* (*FRUS*), 1921, Vol. I, Washington: U. S. Government Printing Office, 1941, p. 508.

③ Charles E. Hughes et al., "Conference on the Limitation of Armament," *The American Journal of International Law*, vol. 16, no. 2 (1922), pp. 159—233.

④ "Notes," *American Journal of International Law*, vol. 16, no. 3 (1922), p. 440.

⑤ 针对中国撤废治外法权的要求，美国政府根据国际自由主义秩序设定的撤废前提是中国“在自己家里建立秩序”(put her own house in order)，即形成一套完备的英美模式的法律体系。参见王立新：《华盛顿体系与中国国民革命：二十年代中美关系新探》，《历史研究》2001 年第 2 期。

⑥ 王铁崖编：《九国间关于中国事件应适用各原则及政策之条约》，《中外旧约章汇编》第三册，第 206—208 页。

的地区”恢复中国法庭的司法管辖权；或在管辖范围方面，采取先民后刑，区分刑罪轻重的实验性渐进方法。为避免司法不公，他提出可借鉴美国在暹罗的撤废经验，在实验期内允许相关国家的官员向中国法院申请处理未决案件。[①]

不过基于国际法，美国法学界也意识到治外法权对中国主权的侵害和实施中所存在的诸多问题。本杰·H. 威廉姆斯认为根据西方国际法体系，一个国家的法院对其领土范围内所有罪行拥有完整的管辖权。因而，以“领事裁判权”为主要表现形式的列强在华治外法权存在根本缺陷。但是，对列强提出的撤废治外法权的前提条件——中国法律制度及司法改革的成效，本杰· H. 威廉姆斯仍予以肯定。而且考虑到外国人“似乎非常乐意继续处于治外法权的制度下”，加之“司法制度所涉及的考虑要比成文法规所表达的外在形式更为深刻”，他认为对地方缺乏控制力的中国政府未能充分实施法律改革，因而，他暗示不能立即撤废，而能否最终撤废治外法权，“举证责任在中国”。[②] 换言之，中国只有继续改革司法，同时加强中央政府对地方的控制，建立和普及西方法律体系，才能让列强遵守承诺放弃治外法权。

1924 年 10 月《美国国际法杂志》又刊发了三篇文章，分别为前驻华领事官员田夏礼（Charles Denby）的《在华治外法权》、加利福尼亚大学政治学系教师马如荣（N. Wing Mah）的《在华外国司法管辖权》以及哥伦比亚特区律师协会成员兼该刊编辑威廉·C. 丹尼斯的（William C. Dennis）《在华治外法权》，就此问题继续展开讨论。

田夏礼和马如荣的文章分别从美国和中国的视角看待在华治外法权，对在华治外法权起因及其历史的看法迥异，但也有很多相似之处。首先，两位作者都默认在华治外法权妨碍中国主权完整，主张理论上应撤废治外法权，而且可用保护各方权利和使中外受益的方式进行。其次，两人都对中国立法和司法改革成效持怀疑态度。再次，鉴于中国改革成绩与西方标准的差距，他们都认为应渐进撤废治外法权，且不能设定具体期限，因为撤废治外法权的必要前提是建立一个兼具理论和实践，对中外均公平、开明的司法系统。在具体操作上，田夏礼提议中国“需要制定建立在外国司法实

---

① Charles Cheney Hyde, “The Resolution of the Conference on Limitation of Armament Respecting Extraterritorial Rights in China,” *The American Journal of International Law*, vol. 16, no. 1 (1922), pp. 70—74.

② Benj. H. Williams, “The Protection of American Citizens in China: Extraterritoriality,” *The American Journal of International Law*, vol. 16, no. 1 (1922), pp. 43—58.

践基础上的法典，涵盖任何国籍的外国诉讼当事人的需要，然后由法院系统来执行这一法典，并与外国司法专家合作培训法官”。[①] 与田夏礼相较，马如荣对渐进撤废方法的建议更为详细。此外，他强调，与建设性司法改革同样迫切的还有重建中央政府的权力，以在政治稳定的状态下维护和尊重法律的至高地位。[②]

与田夏礼和马如荣侧重中国司法改良不同，威廉·C. 丹尼斯更倾向于采用中外配合的渐进撤废方式。他分析道，华会后中国与列强围绕撤废治外法权的争论陷入僵局，均将撤废治外法权的主动权归于对方。在如何撤废治外法权问题上，丹尼斯认为除了制定和颁布让人满意的法典外，还应包括：由中国向华盛顿会议指派的调查法权委员会提交法典，由委员会审查其法律制度是否适应外国人在华生活和贸易的需要；“一旦条约国审查中国的新法典并表示满意，即在每一个条约法院（treaty court）迅速将其付诸实施”。他还认为，外国人在华适用同样的中国法律，将有助于化解僵局并最终逐步撤废治外法权。[③]

通过梳理20世纪20年代前期美国两大主流法学杂志的相关文章，可知在法权会议召开前，美国法界主流舆论对在华治外法权已形成初步共识：（1）中国法律近代化有一定成绩，但总体水平不尽如人意，司法体系弊端重重；（2）治外法权虽可保护美国在华利益，但因其固有缺陷尤其是华会后所强调的对中国主权的损害，必须被废除；（3）不能立即无条件撤废治外法权，而应在保护外国在华利益的前提下，以渐进方式逐步废除。[④] 20世纪20年代前期，美国国内其他群体，如宗教界、商界人士，也分别针对在华治外法权发声。其中宗教界秉承基督福音精神，多主张无条件撤废领

---

① Charles Denby, “Extraterritoriality in China,” *The American Journal of International Law*, vol. 18, no. 4 (1924), pp. 667—675.

② N. Wing Mah, “Foreign Jurisdiction in China,” *The American Journal of International Law*, vol. 18, no. 4 (1924), pp. 676—695.

③ William C. Dennis, “Extraterritoriality in China,” *The American Journal of International Law*, vol. 18, no. 4 (1924), pp. 781—786.

④ 美国法界所论治外法权弊害、撤废路径与中国法界判断基本相同。关于撤废路径，中国法界认为收回治外法权的关键“不在学理，而在于事实”，侧重遵循条约，仿效西方推进立法、司法改革，完成政治统一。但具体到渐进撤销方案，此时中国法界侧重在日暹成案基础上加以变通；五卅后，中国逐渐采纳土耳其经验。参见《东方杂志》社编：《领事裁判权》，上海：商务印书馆，1923年，第21—32、43—45、65—66、70—73页；郝立舆：《领事裁判权问题》，上海：商务印书馆，1925年，第69—73、93—100、105—112页；黄秩庸：《领事裁判权讨论大纲》，上海：青年协会书局，1925年，第57—59页；吴文浩：《跨国史视野下中国废除治外法权的历程（1919—1931）》，《近代史研究》2020年第2期。

事裁判权；而商界为维护不平等条约下的商业利益，多鼓吹采取对华强硬政策。[①] 同期，西方在华侨民亦表达出多元意见，部分人士设计出以任用外国法官为核心的渐进撤废方案。[②] 作为关切在华治外法权的诸多外国群体之一，美国法界主流基于其专业判断与维护美国商业利益的需求，提出更为丰富多元的渐进撤废方式，以调整与中国的外交关系，更符合美国建立国际新秩序的需要。

总之，20 世纪 20 年代前期，美国法界主流借助其特殊社会地位及部分法界精英与政府外交决策的密切联系，[③] 与美国政府就如何认知与处理在华治外法权问题保持着双向互动。华会召开前，美国法界主流从维护在华利益的立场出发，反对立即撤废在华治外法权，其鲜明论述和对最终撤废途径的适度关切在一定程度上影响了美国政府的相关认知。华会期间，美国政府任用法界精英参与构建美国所主导的国际新秩序。华会后，随着美国政府对华新政策的出台，国际法领域主流舆论的重心发生转变：以延续法界既有认知为前提，法界更注重在尊重中国“主权完整”的基础上制定渐进撤废的具体方案，为政府外交决策提供专业建议。自此美国法界与美国政府双方均在不同程度上体认，应对在华治外法权问题，需在尊重中国“主权完整”的原则框架内维护美国在华利益。[④]

二、法权会议筹备阶段兼顾华美利益的政策炮制

法权会议的筹备、召开是美国处理在华治外法权问题之外交政策的实践。对该项政策的分析，需要考察在美国法界与政府认知互动基础上美国对法权会议原则、组织架构、流程的设置。

五卅运动后，当沪案交涉正紧张进行之时，北京政府外交部向外国公使团提出照会，正式就中外条约展开交涉。与南方激进的“废约”主张不同，北京政府主张相对

---

① Wesley R. Fishel, *The End of Extraterritoriality in China*, Oakland: University of California Press, 1974, pp. 90—108; “The Secretary of State to the Minister in China (Schurman),” March 15, 1924, *FRUS*, 1924, Vol. I, pp. 594—601.

② 吴文浩：《西方侨民对放弃在华治外法权的意见（1919—1926）》，《民国档案》2021 年第 4 期。

③ 国际法领域内，法界精英与政府外交决策的联系尤为紧密。参见 Speech of Mr. Charles Cheney Hyde, *Proceedings of the American Branch of the International Law Association*, vol. 1 (1922), pp. 36—41; Charles Evans Hughes, “The Development of International Law,” *American Society of International Law Proceedings*, vol. 19 (1925), pp. 1—13.

④ Fishel, *The End of Extraterritoriality in China*, pp. 77—78.

温和、改良性质的“修约”，但对于治外法权，北京政府明显是谋求“废除”。[①] 面对中国民族主义运动高涨及北京政府欲因而用之的立场，为缓和局势，有关各国紧密协商，最终以美国国务院7月23日草稿为基础，吸纳了英、日等国的修改意见而敲定复照文本。其中对法权会议终极目标的表述，则直接采用美稿原文。[②] 1925年9月4日，英美比法意日荷葡八国正式复照北京政府，承诺遵照华会决议案担负相应责任，处理治外法权问题。9月15日，美国国务院致函华会决议案签署国及加入国，建议调查法权委员会于1925年12月18日在北京开会。[③] 为确保会议按照美国的意愿进行，美国政府作为法权会议实际召集者，会前参考吸纳美国法界共识，预设原则，并任用法界代表人士，筹划委员会组织结构和会议议程。

（一）美国政府吸纳法界共识，预设法权会议政策原则

1925年9月2日，美国国务卿凯洛格（Frank B. Kellogg）在美国律师协会年会上发表演讲，公开向美国法界阐明美国“尊重中国之主权及领土完整”“履行在华会席上所拟对华之义务与允许事件”等对华友好政策。凯洛格表示，中国在新建法律设施、改良司法、培养法官方面已有若干进步，一俟中国法律与行政及司法制度足以保护在华外国人生命财产，美国政府愿意撤废治外法权。然而，凯洛格又强调：“不幸的是，中国时局未能达到进行中国期望事宜的地步，致使上述各事未能实行。”此外，五卅后民族主义浪潮造成美国人生命财产损失，中国政府须根据文明国家的法律及条约义务处置善后，但中国欠缺“一个能够履行这些条约义务的强有力的政府”。[④]《美国国际法杂志》旋即表态赞同。[⑤] 不难看出，凯洛格演讲契合了前述美国法界主流舆论的相关论调，向美国法界重申自华会后美国政府尊重中国“主权完整”的对华政

---

① “在当时特定的历史条件下，国内各派政治力量对不平等条约所持的不同主张，以及看似径庭的政治行为，在外交实践中往往可以形成良性的互动关系”。参见杨天宏：《北洋外交与“治外法权”的撤废——基于法权会议所作的历时考察》，《近代史研究》2005年第3期。

② 张丽：《接受还是拒绝？——列强对北京政府修约照会的反应》，《史学月刊》2013年第8期。

③ 《葛洛决邀各国赞同于十二月十八日召集司法调查委员会于北京》，1925年9月11日，北洋政府外交部档案03—34—008—01—009，台北中研院近代史研究所档案馆藏。

④ Statement Issued to the Press by the Department of State，August 31，1925，Speech of the Honorable Frank B. Kellogg，Secretary of State，before the Annual Meeting of the American Bar Association，Detroit，Michigan，September 2，1925，*FRUS*，1925，Vol. I，pp. 823—830.

⑤ “Editorial Comment，” *American Journal of International Law*，vol. 19，no. 4（1925），pp. 749—753.

策，同时又暗示了美国政府反对直接撤废治外法权的立场。

体现在制定和实施对华政策上，凯洛格的两位重要智囊——国务院远东事务司司长詹森（Nelson T. Johnson）与美国公使马慕瑞的作用至为关键。两者均表示尊重华会决议案精神，但面对华会决议案对中外责任的差异设定，两人的关注点各不相同。詹森认为享有治外法权的国家须遵循承诺，并适当对华“宽大处理”。① 他直接影响了凯洛格支持中国收回主权的相对温和、宽容的政策表达。② 马慕瑞作为美国对华政策的具体实施者，更强调中方须首先严格履行义务，反对直接撤废治外法权，表现出维护美国在华利益强硬的一面。③ 显而易见，在法权会议开幕前，美国对华政策的核心决策层中明确存在尊重中国主权完整与维护列强在华利益并重的政策趋向。

试图两面兼顾是近代美国对华外交政策的重要特征，但在法权会议情境下被赋予新的内涵。④ 法权会议涉及维系华盛顿体系，也因应了中国废除领事裁判权的政治诉求。五卅后中国激进民族主义高涨，治外法权成为最能激起中国人关注的敏感“政治话题”。中国舆论普遍倾向从主权视角来看待外国在华治外法权问题，而不愿从法律角度接受撤废治外法权必须与中国司法改良状况挂钩的华会决议案。⑤ 对此，凯洛格坦陈，在不久的将来，列强必须放弃治外法权：“有理由相信，像中国这样的大国不会长期允许外国控制其内政。”撤废治外法权“将比其他任何行动都更能缓解中国的排外情绪”。⑥ 为示好中国，获取更多在华利益，美国政府非常重视法权会议的筹备

---

① “Russell D. Buhite, Nelson Johnson and American Policy toward China, 1925—1928,” *Pacific Historical Review*, vol. 35, no. 4 (Nov., 1966), pp. 451—465.

② Memorandum by the Chief of the Division of Far Eastern Affairs (Johnson), *FRUS*, 1925, Vol. I, pp. 768—769; The Acting Secretary of State to the Charge in China (Mayer), July 6, 1925, *FRUS*, 1925, Vol. I, p. 774; The Secretary of State to the British Chargé (Chilton), July 23, 1925, *FRUS*, 1925, Vol. I, pp. 793—797.

③ The Minister in China (MacMurray) to the Secretary of State, July 28, 1925, *FRUS*, 1925, Vol. I, pp. 799—802.

④ 从近代中美关系的演进脉络来看，美国对华外交一直存在兼顾维系中美“特殊关系”，及遵从“国家理性”、拓展美国在华利益的两面性。此特性可上溯至19世纪60年代的“合作政策”以及19世纪末20世纪初的门户开放政策，且在不同历史时期表现各异。参见崔志海：《美国与晚清中国（1894—1911）》，北京：社会科学文献出版社，2022年，第1—17页。

⑤ U. S. Department of State, Preliminary Suggestion with Respect to Extraterritoriality Investigation, *Records of the Department of State Relating to Political Relations between China and Other States, 1910—1929 (PRCOS)*, microform, Reel 10, Washington: National Archives, 1960, pp. 463—465.

⑥ The Secretary of State to the Minister in China (MacMurray), September 12, 1925, *FRUS*, 1925, Vol. I, pp. 849—850.

工作，并预设了应对原则，即在华会决议案范围内[①]适当对华让步，兼顾尊重中国“主权完整”与维护美国在华利益的外交政策。

但法权会议情势复杂，美国政府预设的原则一开始就面临严重考验，试图两面兼顾的对华政策暗藏危机。一方面，维系华盛顿体系需要美国在对华问题上与其他列强保持一致，以“渐进”手段修改中外条约关系。而各国在华利益错综复杂，在治外法权问题上殊难达成一致意见。过度强调尊重中国“主权完整”，容易招致列强内部矛盾，动摇美国主导建立的华盛顿体系。再者，由于美国法界在20年代前期已形成夸大中国司法缺陷的舆论倾向，美国政府担心在丧失条约特权庇护后，中国政局及司法现状不能确保外国人在华生命财产的安全。另一方面，若以维护美国在华利益为核心目标和解释工具，尊重中国“主权完整”的承诺则易沦为一纸空文，不仅有违美国长期以来所塑造的对华“友好”形象，损害美国在华贸易与投资利益，且会再次触发中国民族主义情绪，引发新一轮排外浪潮。因此，美国代表团必须在严格把控会议主导权的基础上，协调与兼顾多方利益。

（二）以法界代表为核心的美国代表团安排会议组织架构与议程

会议召开前，美国政府委任美国律师协会成员、伊利诺伊州及芝加哥市律师协会前主席、大商人兼柯立芝总统与凯洛格的私人好友司注恩（Silas H. Strawn）担任美国委员及委员会主席，[②] 长期任职驻华领事官员及公审公廨陪审官的博金式（M. F. Perkins）、雅克博（J. E. Jacobs）充任美国代表团技术顾问。凯洛格指令司注恩依据华会决议案确定委员会的工作性质与范围。[③] 自此，美国法界代表人物司注恩在陪审经验丰富的驻华外交官员协助下，安排会议组织架构与议程。

---

① 北京政府多次提出扩充委员会权限的请求，美国政府均以须遵照华会第五决议案和9月4日照会文本，或扩充权限的程序烦琐、需时过久为由予以拒绝。参见《调查司法委员会事》，1925年9月10日，北洋政府外交部档案03—34—008—01—007；《法权委员会事》，1925年9月15日，北洋政府外交部档案03—34—008—01—012；《法权会议事》，1926年2月2日，北洋政府外交部档案03—34—008—04—001；《法权会议中国提案美委员可接受但美政府不允给美委员全权》，1926年2月27日，北洋政府外交部档案03—34—008—04—004；《关于司法调查委员会各委员之全权问题》，1926年3月3日，北洋政府外交部档案03—34—008—04—005。

② “Chicago Man Appointed Tariff Delegate,” *The China Weekly Review*, 1925, Jun. 6, p. 1; Fishel, *The End of Extraterritoriality in China*, p. 109. 1927年司注恩当选为美国律师协会主席，参见“Our New President: Silas H. Strawn,” *American Bar Association Journal*, vol. 13, no. 9 (1927), pp. 497—498.

③ The Secretary of State to Mr. Silas Strawn, September 10, 1925, *FRUS*, 1925, Vol. I, p. 886.

会前北京政府与列国就主席席位多次争持，中方主张根据属地主义，应由中国委员担当主席一职。对此，包括美国在内的其他成员国坚决反对，以法权会议为美国根据华会决议案召集，故应由美国委员担任主席；且法权会议性质为调查委员会而非国际会议，职权有限，故不能援用主席属之地主之国际会议惯例。① 1925 年 12 月 22 日，马慕瑞致信司注恩，强调中国并非决议缔约国，只是通过一项承诺配合委员会工作的附加决议而加入委员会，故马慕瑞和其他参会国大使均反对中国委员担任主席。② 12 月 23 日博金式向司注恩建议，为避免因拒绝中国委员担任主席造成中国舆论过激，必须对外重申会议性质。③ 北京政府外交部与公使团多次接洽无果。后经日本大使调停，委员会商订于实际主席之外，增设名誉主席一名，由中国派员担任。④

解决主席职位归属后，分会主席席位的问题被提上日程。为协调大国利益，确保大国一致，分会主席亦由美国代表团划定职权并分配席位。此事经历若干曲折，数度调整。雅克博提议设置“调查在华治外法权现行实践”“调查中国法律”分会，合并“调查中国司法制度”“调查司法行政方法”分会，新增“建议分会”，并细化分会职责。由于需协调美英日法四国的特殊利益和诉求，维持“大国一致”原则，美国代表团立足于大国政治的现实需要确定分会主席人选。司注恩与雅克博议定由法国委员屠森（G. Toussaint）、英国委员特纳（Skinner Turner）、美国委员司注恩、日本委员日置益（Hioki Eki）分别担任四分会主席。⑤ 如此，四大国的国际地位与特殊利益在会议组织架构中便能切实平衡和彰显。

不过，为持续塑造对华友好的形象，美国代表团在设置开幕式流程时适当对华让步。法权会议开幕之前，外交使团对中国参会颇有留难，部分国家主张中国委员不得参会，并提议会议地点设于东交民巷使馆区内。⑥ 英国使馆方面亦有中国战事不靖，拟延期召开法权会议的主张。⑦ 经多方协调，各国同意中国参会，却又由欧登科（Willem Jacob Oudendijk）以八国代表的名义故意曲解华会决议案文本，试图在委员

---

① 《法权会议开幕前之形势》，《申报》1926 年 1 月 18 日，第 2 张第 6 版。

② MacMurray to Strawn, *PRCOS*, Reel 10, pp. 456—457.

③ Perkins to Strawn, *PRCOS*, Reel 10, p. 473.

④ 「法権會議開會運営方ニ關スル予備會議内容報告ノ件」（1926 年 1 月 12 日）、『日本外交文書』、大正 15 年第 22 冊下巻、875—877 頁。

⑤ Committee of the Extraterritoriality Commission, *PRCOS*, Reel 10, pp. 466—472.

⑥ 其目的之一为避免选举中国委员担任主席。参见 Extraterritoriality Commission, 19th Dec., 1925, *British Foreign Office Files* (FO) 371/10955, London: The National Archives, pp. 141—143.

⑦ 《调查法权会二次会议》，《申报》1926 年 1 月 20 日，第 3 张第 9 版。

会组建程序上将中国的地位与权利边缘化。12 月 23 日上午，王宠惠在司法部与美国使馆汉文参赞裴克（Willys R. Peck）会谈，强烈抗议欧登科照会，强调中方无论从技术还是情感角度均不能接受该程序。王宠惠甚至表态，如果各国坚持上述程序，“中国政府可能无法参会”，且必然引起中国公众的怀疑与抵制。12 月 31 日，王宠惠与美国使馆参赞梅耶（Ferdinand L. Mayer）会谈开幕式程序。在谈判中，王宠惠利用公众舆论和专业知识来争取国家权利。① 最终，美国代表团作出适当让步，同意调整开幕式程序设置，向政界要员、社会名流及媒体代表发放准入证，更改会议地点，增设中国秘书处，以适度保证中方正当权益和特殊诉求的实现。

要之，法权会议召开前，美国政府参考或借用美国法界共识，制定关于法权会议的政策原则，即在华会决议案的规范之内适当对华让步，兼顾尊重中国“主权完整”与维护美国在华利益。为践行上述原则，以法界代表人物司注恩为核心的美国代表团，依据政府指令，在设置法权会议组织机构与会议流程中力占主导，极力协调大国利益，维持大国一致，并在无关紧要的细节中适当照顾中方诉求，持续塑造对华友好形象。至此，美国对华外交由政府核心决策层正式确立，并在会议筹备阶段付诸实施。

然而，法权会议正式开幕后，随着议程深入及中国时局变化，试图两面兼顾的对华政策的内部张力日益凸显。美国逐渐转向更为强硬的保留治外法权以维护其在华利益及特权的一面。

三、法权状况调查阶段的政策张力与实践协调

1926 年 1 月 11 日，调查法权委员会在外交部开茶会，正式议定开幕式程序并重申委员会仅为调查性质而无谈判缔约之权。② 次日，法权会议在北京居仁堂开幕。③ 法权会议开幕后，司注恩主持会议，并及时向凯洛格详细汇报会议进程，确保会议按照美国政府意旨进行，力求在形式上尊重中国“主权完整”，在实质上维系旧有治外

① Memorandum, *PRCOS*, Reel 10, pp. 481—485, 487—493.

② 《法权调查会行开幕式》，《申报》1926 年 1 月 13 日，第 2 张第 5 版。

③ 因京津附近战事造成四国委员旅途受阻及中外围绕主席人选和委员会权限争持不下，法权会议延迟至 1926 年 1 月 12 日开幕。参见 The Minister in China (MacMurray) to the Secretary of State, January 11, 1926, *FRUS*, 1926, Vol. I, pp. 967—968; American Commissioner on Extraterritorial Jurisdiction in China, Peking, China, January 21, 1926, *PRCOS*, Reel 6, pp. 862—864。

法权的条约体系框架。

（一）审查中国法典

1月14日晚，中国委员王宠惠将已译成英法两国文字之法律条文十余种，包括新刑律、商律、民事诉讼条例、刑事诉讼条例等，分送各国代表审阅。1月15日，司注恩向王宠惠质询中国宪法与法律基础的问题，王宠惠难以作答。在司注恩提议下，会后委员会开始审查《暂行新刑律》和《刑事诉讼条例》，将审查范围限于法律条文及其起源，重点发掘不符合外国委员法律观念的特征，并安排外国委员围绕中国法律的宪法渊源问题继续向王宠惠提问。[①] 1月16日，司注恩接受中国媒体采访，表示中国"各种法律尚称完备，其编纂亦甚有条理"，"惟现时最宜注意者，即该项法律之如何施行是也"，"余深望中国军事早日结束，俾能成立一稳固之中央政府，使各种法律见诸实行"。[②]

司注恩这一观点与美国远东律师协会的见解高度一致。该协会向司注恩报告称中国法律的主要问题在管理、实施而非条文，认为中国缺乏稳定的政府和公平公正的司法机关来执行已颁布的法律，因而反对撤废治外法权。[③] 1月26日委员会讨论《暂行新刑律》和《刑事诉讼条例》。会上，鉴于王宠惠未能解释清楚中国刑法的宪法基础，司注恩表述的意见与美国律师协会近乎一致："中国法律虽编印良好，但缺乏宪法基础，也没有公认的宪法。"[④]

2月5日委员会重点讨论《商标法》和商法。时逢法院职员罢工索薪，北京司法系统趋于瘫痪。司注恩观察到"政府无力支付雇员工资的情况延伸到除了军方之外的所有部门"。2月19日委员会讨论民事实体法、《民事诉讼条例》、大理院判例、《法律适用条例》（适用外国法律）。包括司注恩在内的各国委员对于民法中最重要的物权、亲族、继承等编仅有草案颇为不满。2月26日，司注恩召集日本、英国、法国、

---

① Third Meeting of Commission on Extraterritoriality, Friday, January 15, 1926, *PRCOS*, Reel 6, pp. 899—918.

② 《法权会议第三次开会》，《申报》1926年1月25日，第2张第6版。

③ Report of Committee of the Far Eastern American Bar Association Appointed by Its Present at the Request of the American Commissioner on Extraterritorial Jurisdiction in China, for the Purpose of Investigating the New Codes and Laws of China, *PRCOS*, Reel 10, pp. 524—528.

④ American Commissioner on Extraterritorial Jurisdiction in China, Peking, China, February 5, 1926, *PRCOS*, Reel 7, pp. 67—69.

荷兰四国委员组成非正式核心小组。核心小组讨论后认为，由总统而非国会直接颁布法律的程序导致中国法律的合法性基础存疑，并质疑中国法院执行法律的效力。[①] 同日，委员会讨论《戒严法》《修正国籍法》《森林法》《矿业条例》、民法典草案等。

此时，国内民意仍多主张无条件收回司法主权，以为政府交涉之后盾。[②] 囿于舆论，中方试图继续与美国政府交涉撤废"治外法权"程序，但司注恩和马慕瑞向凯洛格建议予以拒绝："鉴于这里存在的革命状况和缺乏能够强制推行法律的政府，目前反对修改条约的意见是一致的。中国的要求是荒谬的"；[③] "中国人坚持要求立即废除现行条约赋予几个大国的治外法权似乎为时过早"。[④]

3 月 5 日委员会讨论《著作权法》、自治条例、混合案件审判程序。会上王宠惠依然无法答复中国法律是否具有宪法基础，以及北京政府为何频繁宣布戒严，外方委员对此极为不满。[⑤] 3 月 15 日会议主要讨论与中华民国司法行政相关的所有法律、条例和规则，以及有关监狱和囚犯的规则。3 月 23 日，王宠惠答复关于中国司法和监狱系统的问题。以司注恩为首的各国委员最关注的是，中国将如何逐步用新式法院取代县知事兼理司法，以及解决军权干预司法等问题。[⑥]

截至 3 月，委员会主要审查了宪法、民刑相关法律及条例、商事法令及其他法令。在审查法典阶段，司注恩与对华态度强硬的马慕瑞保持密切联系，并依据切身观察和美国在华法界意见，作出了中国法律近代化成绩并未达到西方标准的判断。相对于 20 世纪 20 年代前期美国法界的宽泛论述，司注恩对中国立法与司法的固有缺陷掘罗颇丰：中国法典虽编制良好，但缺乏宪法及法律合法性基础，颁布、修改法律无永久固定程序，法律法规不健全，军人干涉司法、县知事兼理司法现象大量存在。其

---

① Extraterritorial Commission to China，February 27，1926，*PRCOS*，Reel 7，p. 46.

② 法权自主促成会、全国省议会联合会、法权自主协进会等团体，先后向司法、外交部长及王宠惠表达其关于法权会议的激进诉求。参见《法界消息》，《法律评论》1926 年 1 月 24 日，第 9—10 页；《法界消息》，《法律评论》1926 年 2 月 7 日，第 9—10 页；《法界消息》，《法律评论》1926 年 2 月 28 日，第 9—11 页。

③ The Minister in China (MacMurray) to the Secretary of State，February 27，1926，*FRUS*，1926，Vol. I，p. 968.

④ American Commissioner on Extraterritorial Jurisdiction in China，Peking，March 1，1926，*PRCOS*，Reel 7，pp. 177—180.

⑤ Verbatim Report of the Eighth Meeting of the Commission on Extraterritoriality in China，*PRCOS*，Reel 7，pp. 272—302.

⑥ Verbatim Notes of the Tenth Meeting of Commission on Extraterritoriality，March 23，1926，*PRCOS*，Reel 7，pp. 363—379.

中，缺乏有效宪法与法律制定、公布程序混乱尤为其致命缺陷。时值段祺瑞执掌北京政府，中央实力孱弱，政令不出北京。司注恩益加确认中国缺乏稳固有力的中央政府来贯彻司法公正，不能有效保障外国在华利益，因而不能遽尔撤废治外法权。对此，美国国务院并未表示反对。

此时，相对于美国政府预设的两面兼顾的外交政策原则，司注恩更为关注保障美国在华利益。但为顾及北京政府态度及中国公众舆论，同时维护所标榜的尊重中国“主权完整”的对华政策，在初步完成法律文本审定之后，司注恩主张组织实地调查，以便切实了解中国司法的实际状况。

（二）实地调查中国司法与外国在华治外法权实施情形

从 2 月开始，司注恩陆续主持讨论离京调查事宜。因战事导致交通受阻，及广东国民政府号召直接撤废治外法权，通令拒绝接待委员会到粤调查，实地调查范围最终被确定为在外国人相对集中的长江中下游、沿海及东北地区重要条约口岸参观中外司法机关（法院、监狱、看守所），审查中国司法行政并了解外国在华治外法权实施情形。4 月 1 日委员会决议，每位委员在旅行中可自由考察及单独撰写报告，返京后交由委员会综合裁决。[①]

中外委员争论的焦点为调查外国在华治外法权的范围。3 月 23 日王宠惠提交备忘录，请求委员会调查治外法权损害中国主权的 8 项内容。除特纳依据所奉训令，认为外国租界与治外法权相关之外，[②] 其他外方委员均认为第 8 项“特殊区域”（包括租界、租借地、北京使馆界、铁路附属地）属于政治或外交事务，而非司法调查范畴。[③] 3 月 27 日，司注恩召集核心小组会，议决维持对王宠惠的强硬态度。4 月 26 日王宠惠提交补充备忘录，认为治外法权兼具政治、司法性质，请求委员会将第 8 项纳入调查范围。[④] 最终委员会同意接受备忘录并将其转交给各国政府，但包括司注恩

---

① American Commissioner on Extraterritorial Jurisdiction in China, Peking, April 5, 1926, *PRCOS*, Reel 7, pp. 361—362.

② Extraterritoriality Commission, 25th March 1926, *FO* 371/11646, p. 161.

③ Verbatim Notes of the Eleventh Meeting of Commission on Extraterritoriality, March 26, 1926, *PRCOS*, Reel 7, pp. 380—397; The Minister in China (MacMurray) to the Secretary of State, March 25, 1926, *FRUS*, 1926, Vol. I, pp. 970—971.

④ Additional Memorandum of the Chinese Commissioner on the Present Practice of Extraterritorial Jurisdiction in China, April 26, 1926, *PRCOS*, Reel 7, pp. 503—510.

在内的多数委员仍坚持认为调查“特殊区域”超出委员会工作范围。[①]

作为美国法律界人士，司注恩此举无疑已与美国政府所坚持的形式上尊重中国“主权完整”的对华政策相抵牾，存在刺激中国公众舆论，推动北京政府转向亲苏的潜在风险。这彰显了美国法界代表人物立足近代西方法学智识结构的“傲慢”态度与最大限度地维护美国在华利益的现实需要，难免与美国政府自华会以来所塑造的“对华友好”形象发生冲突。美国政府预设的兼顾尊重中国“主权完整”与维护在华利益的内在矛盾在实践层面内部张力凸显。为此，凯洛格特别指令司注恩“不能妨碍中国委员提出任何意见，或向委员会提交资料”。[②]

三一八惨案后，执政府措置失当，成为“试验中国司法独立之大好机会，于收回治外法权大有关系”。[③] 且因战事频仍，政局不宁，调查旅行并不能顺利进行。日置益主张暂停委员会工作，遭到司注恩、特纳反对。[④] 4月16日，司注恩召集核心小组会讨论是否放弃旅行而直接开始准备撰写报告。因英日法意见不一，小组会决定提前撰写报告。[⑤] 司注恩建议在旅行之前，利用主张中国司法改革不足以保证撤废治外法权的美国各驻华领事报告替代实地调查结论。同日，司注恩向凯洛格报告称委员会将拒绝撤废治外法权。[⑥] 在司注恩看来，“各地领事所作的非常全面的报告，所提供的情况和我们访问这些地方的情况一样准确”。[⑦]

在雅克博、博金式协助下，司注恩很快准备好报告草稿和建议草案。[⑧] 对提前准备报告，司注恩辩称虽为时似早，但报告内容“不会因为旅行而有太大的改变”。[⑨]

---

① The American Commissioner on Extraterritorial Jurisdiction in China (Strawn) to the Secretary of State, April 30, 1926, *FRUS*, 1926, Vol. I, pp. 976—977.

② The Secretary of State to the Minister in China (MacMurray), March 25, 1926, *FRUS*, 1926, Vol. I, p. 791.

③ 《法权会议与北京惨案》，《时事新报》（上海）1926年4月2日，第3版第1张。

④ Extraterritoriality Commission, 12th Apr. 1926, *FO* 371/11646, p. 184.

⑤ 「治外法権委員會會議ノ現狀報告ノ件」（1926年4月21日）、『日本外交文書』、大正15年第2冊下巻、914—917頁。

⑥ American Commissioner on Extraterritorial Jurisdiction in China, Peking, April 16, 1926, *PRCOS*, Reel 7, pp. 438—445.

⑦ The American Commissioner on Extraterritorial Jurisdiction in China (Strawn) to the Secretary of State, April 16, 1926, *FRUS*, 1926, Vol. I, pp. 971—976.

⑧ The American Commissioner on Extraterritorial Jurisdiction in China (Strawn) to the Secretary of State, May 11, 1926, *FRUS*, 1926, Vol. I, pp. 977—978.

⑨ Verbatim Report of the 17th Meeting of the Commission on Extraterritorial Jurisdiction in China, May 5, 1926, *PRCOS*, Reel 7, pp. 519—530.

对此，凯洛格并未直接反对，但他告诫司注恩必须确保美国在华利益，希望司注恩“诚实地判断中国局势”。[①] 凯洛格默许司注恩以领事报告取代实地调查结论，显然违背了尊重中国“主权完整”的对华政策，且不符合华会决议案精神。而他对维护美国在华利益的强调，则直接体现出对内部张力凸显后的对华外交的重新调适，表明美国政府与法界精英均已明确认同维护在华利益的现实需要可以超越尊重中国“主权完整”的政策表达。不过，迫于多方压力，司注恩又于 4 月 22 日同意，无论北京政局如何都将尽快开展实地调查。[②]

5 月中旬以后，中国国内时局稍定。司注恩因关税会议缘故不能离京，指派雅克博参与旅行调查。旅行分会以屠森为主席，于 5 月 10 日至 6 月 16 日前往 13 个外国人较集中的条约口岸城市，考察中国司法机关、外国法院、混合法院、中外监狱及看守所。但北京政府以县知事兼理司法及警察审判机关不在调查范围，婉拒委员参观。因旅途仓促，旅行团参观多走马观花，并未深入考察中国司法实践。[③] 在旅行中，特纳对中国建设新式法庭、改良监狱以及司法行政的努力多有肯定。[④] 日方秘书守屋和郎（W. Moriya）也如实记载了中国司法建设的良窳。[⑤] 不过，与旅行团报告书公开表示对中国新式司法机关的满意及对地方政府的感激不同，一些旅行团成员私下对各地粉饰铺张迎接调查的行为颇为反感。由于调查前多国委员已开始准备报告，这场依靠治外法权庇护方能顺利成行的旅程强化了部分外方委员的既有态度。在重点考察无治外法权庇护的俄人在哈尔滨的生存状况后，旅行团更坚定了反对立即撤废治外法权的意见。[⑥]

在法权会议进程中，法界代表人物司注恩深入考察中国立法情形，通过雅克博间接了解中国司法现状，参考在华美国法律团体意见，并与一贯秉持对华强硬态度的马慕瑞保持密切联系，日益表现出侧重维护美国在华利益，相对忽视尊重中国“主权完整”的倾向。这直接造成美国政府认知与美国法界代表的观念发生矛盾，美国政府预

---

① The Secretary of State to the Minister in China (MacMurray), June 11, 1926, *FRUS*, 1926, Vol. I, p. 978.

② The American Commissioner on Extraterritorial Jurisdiction in China (Strawn) to the Secretary of State, April 30, 1926, *FRUS*, 1926, Vol. I, pp. 976—977.

③ American Consulate, Tsingtao, China, June 9, 1926, *PRCOS*, Reel 7, pp. 549—550.

④ Sir Skinner Turner to Sir Austen Chamberlain, September 22, 1926, *FO* 371/11647, p. 47.

⑤ 「治外法権委員會委員ノ実地視察旅行ニ關スル報告書寫送付ノ件（一～九）」(1926 年 5 月 21 日、6 月 3 日、6 月 28 日)、『日本外交文書』、大正 15 年第 2 冊下巻、924—950 頁。

⑥ Fishel, *The End of Extraterritoriality in China*, pp. 117—120.

设的对华外交政策内部张力凸显。为此，凯洛格特意指令司注恩，意图纠偏。但由于中国时局混乱、战事频仍，凯洛格最终默许了司注恩一定程度上偏离尊重中国“主权完整”的行为。在美国法界与美国政府认知的互动中，对华外交政策在内部张力凸显后得以重新调适：美国法界代表与政府均认同须在形式上尊重中国“主权完整”，在实质上维护美国在华利益；两者出现矛盾冲突时，维护在华利益的现实需要可以超越尊重中国“主权完整”的政策表达。

不过，鉴于实地调查方式决定了各国委员可根据国家利益择取事实，形成差异性认知，因而重新调适后的对华外交政策还面临委员会内部矛盾的挑战。司注恩还须在起草报告阶段，尽力权衡各方利益，在保障美国核心利益的前提下适度照顾其他国家的需求。

四、法政两界妥协与法权会议报告书起草

《调查法权委员会报告书》的出笼是法权会议的最终成果。在报告书起草过程中，美国的作用依然至关重要，其间也体现了美国法界与政府认知的互动。随着议程深入与中国时局变化，美国维持“必要之恶”的现实需要日渐压倒尊重“主权完整”的政策表达。

在委员会正式起草报告之前，美国代表团拒绝了中方撤废计划并提前起草报告书提纲与“建议”草案。3 月 10 日，北京政府司法部外籍法律专家宝道（Georges Padoux)、爱斯嘉拉（Jean Escarra）向司注恩递交一份体现北京政府诉求的备忘录，提议建立特殊的法庭体系以渐进撤废治外法权。[1] 该计划遭到雅克博反对。[2] 4 月司注恩在雅克博、博金式协助下，参考领事报告，部分采纳宝道、爱斯嘉拉方案，拟出报告书提纲与“建议”草案。[3] 在接到司注恩汇报后，凯洛格指示司注恩应自行判断报告书细节，但“作为放弃治外法权的先决条件，我不希望你建议任何你认为在放弃

① Memorandum on the Plan of Messers, Padoux and Escarra for the Abolition of Extraterritoriality, *PRCOS*, Reel 13, pp. 205—216.

② Memorandum of Interview with Messers, Padoux and Escarra on the Abolition of Extraterritoriality, *PRCOS*, Reel 13, pp. 217—222.

③ American Commissioner on Extraterritorial Jurisdiction in China, Peking, April 16, 1926, *PRCOS*, Reel 7, pp. 438—445.

治外法权之前，对保护美国利益不是绝对必要的中国要求”。[①]

遵照华会决议案精神和“大国一致”原则，6 月 22 日美英法荷日五国委员组成起草委员会（雅克博代表司注恩参与），负责撰写最终报告。王宠惠被排斥在五国起草委员会之外。起草报告对各国调整对华关系，维护在华利益至为关键，因而委员会对采取何种方式撰写报告发生激烈争论。日置益不满美英把持会议，坚持由各国自主编写报告。[②] 屠森与葡萄牙委员附和日置益的提议。最终司注恩被迫让步，同意在完成一份共同报告后，若部分委员有保留意见可单独提出报告。[③]

关于报告书前三部分内容，起草委员会意见基本一致，其分歧主要集中在便于列强适度对华“权宜”[④] 的“建议”案。“建议”案作为博弈焦点，历经美英日中等国多方磋磨。

鉴于起草委员会内部矛盾重重，以及为体现尊重中国作为主权国家参与起草报告的权利，司注恩联合特纳、王宠惠二人起草“建议”草案，以“协助”起草委员会工作。7 月草案虽名为美英中三方共同起草，但实为美国代表团一手包办，以 4 月草案为底本并吸纳英中意见稍作修改而成。[⑤] 在美国政府的宏观把控下，司注恩尤为在意渐进撤废方案必须保障列强在华利益。7 月 9 日，王宠惠交给司注恩一份由宝道和爱斯嘉拉起草的中方“建议”草案，提议以中方完善法律体系为渐进撤废的条件。[⑥] 司注恩不满中方草案缺乏外国人应免于被《戒严法》管辖和军事当局没收财产的条款。[⑦] 7 月 27 日，王宠惠试图修改 7 月草案中司法独立作为撤废条件以及外人税收不得用于军事等内容，遭到司注恩坚决反对：“我们所有的保障措施”是维护外方利益

---

① The Secretary of State to the Minister in China (MacMurray), June 11, 1926, *FRUS*, 1926, Vol. I, p. 978.

② 日置益观察到多数外方委员对起草报告书态度冷漠，仅等待英美最终裁决。参见「第二十回會議ニ於テ委員會報告案作成形式ニツキ討議ノ件」(1926 年 6 月 24 日)、『日本外交文書』、大正 15 年第 2 冊下巻、934—935 頁。

③ Verbatim Report of Eighteenth Meeting of the Commission on Extraterritoriality, June 22, 1926, *PRCOS*, Reel 7, pp. 579—597.

④ 美国代表团早已确定必须在司法调查中严格区分“事实”与“权宜”，即“让关于调查事实的报告基于事实”，“让权宜之计的问题在权宜基础上得到处理”。参见 Preliminary Suggestion with Respect to Extraterritoriality Investigation, *PRCOS*, Reel 10, pp. 463—465.

⑤ Draft of Recommendations by the Commission on Extraterritorial Jurisdiction in China, Revised Draft of Recommendation, *PRCOS*, Reel 13, pp. 165—171.

⑥ Strawn to Skinner, July 12, 1926, *PRCOS*, Reel 13, pp. 266—269.

⑦ Strawn to Skinner, July 14, 1926, *PRCOS*, Reel 13, p. 270.

的必要条件，毫无讨价还价的余地。[①] 然而，因不满司注恩有意越权包办，特纳最终拒绝修改，并警告应耐心等待起草委员会完成工作。[②]

为提升其在列强联合对华事务中的话语权，保障在华特殊利益，日本也早已制定“建议”草案。[③] 经过反复交涉，8 月美日中“建议”案在体现日方利益诉求[④]的同时，适度满足了中方愿望。在 7 月草案的基础上，8 月美日中案增加了撤废治外法权后，中国向外人开放内地的内容；规划了更为详细的司法改革方案，作为撤废前的过渡办法；建议在主要法律生效后，治外法权国即根据“地理位置逐省或以任何其他渐进方式”撤废治外法权；改 7 月草案中“不得观审”为继续保留观审权；取消 7 月草案中外人所缴税收不得用于军事和异地等“保障措施”。[⑤] 之后，英日两国委员继续围绕地域撤废方案、开放内地等问题艰难交涉。特纳更赞同 7 月美英中草案，认为逐省撤销等措施不切实际，坚决反对将其纳入最终案。[⑥]

报告书起草工作多番反复，进展缓慢，司注恩愈发烦躁，急于回国料理商务。[⑦] 他的厌倦和失望情绪影响了他忠实履行华会决议案，也导致“他对最后的会议程序几乎没有兴趣”。[⑧] 随着北伐战争的推进，北京政府实力锐减，益加无力履行条约义务，并将外交重心置于重组关税委员会而非法权会议，以此纾解财政危机。在咨询司注恩后，8 月 14 日马慕瑞向凯洛格提议公开否认北京政府的合法性，并停止与其进行任

---

① Strawn to Skinner, July 30, 1926, *PRCOS*, Reel 13, pp. 271—272.

② Skinner to Strawn, July 31, 1926, *PRCOS*, Reel 13, pp. 277—279.

③ 「報告案ニハ異存ナキ旨並ビニ勧告案ハ修正ノ上提出アリタキ件」(1926 年 6 月 24 日)、『日本外交文書』、大正 15 年第 2 冊下巻、934 頁；曹大臣：《试析 1926 年法权调查活动中的日本因素》，《民国研究》2010 年第 2 期。

④ 「治外法権委員會ニ対スル我ガ政府ノ一般方針」(1925 年 12 月 15 日)、「治外法権委員會ノ任务ニ対スル我ガノ意向」(1925 年 12 月 15 日)、「治外法権委員會ニ対スル我ガ方針ニ従イ尽力アリタキ旨訓令ノ件」(1926 年 1 月 19 日)、『日本外交文書』、大正 15 年第 2 冊下巻、871—872、872、882—885 頁。

⑤ 「報告案ニツキ日米中三國間ニ意見ノ一致ヲ見タル旨報告ノ件」(1926 年 8 月 9 日)、『日本外交文書』、大正 15 年第 2 冊下巻、951—957 頁。

⑥ 「治外法権ノ漸進的撤廃、内地開放ノ問題ニ対スル英国委員ノ意向ニツキ報告ノ件」(1926 年 9 月 8 日)、『日本外交文書』、大正 15 年第 2 冊下巻、962—963 頁；Sir Skinner Turner to Sir Austen Chamberlain, September 22, 1926, *FO* 371/11647, p. 49.

⑦ American Commissioner on Extraterritoriality Jurisdiction in China, Peking, July 10, 1926, *PRCOS*, Reel 7, pp. 543—545.

⑧ Sir R. Macleay to Sir Austen Chamberlain, October 4, 1926, *FO* 371/11647, p. 61.

何外交谈判。丹麦、英国、荷兰使馆以及法权会议日本代表团也持类似观点。[①] 这表明美国法界代表司注恩与驻华大使马慕瑞，以及诸多其他列强从维护在华利益出发，已经对承载中国主权的象征——北京政府丧失耐性，准备抛弃华会尊重中国“主权完整”的承诺。8月24日，凯洛格回复马慕瑞，表示相信马慕瑞和司注恩的判断。但顾及美国对华会决议案的责任，以及担忧带头放弃法权会议并公开通报中国缺乏合法政府会招致中国人民的敌意，并为其他国家放弃法权会议提供借口，凯洛格驳回了马慕瑞的建议。[②] 凯洛格的训令虽然避免了司注恩与马慕瑞为维护美国利益而彻底放弃尊重中国“主权完整”政策，但事实表明美国对华外交政策的内在冲突已然遭遇来自法界代表与对华政策核心决策层内部的强烈反抗。而其他列强的类似主张更是增加了美国政府尊重中国“主权完整”政策在法权会议中的执行难度。

尽管委员会内部有意中止撰写报告，但因凯洛格坚决履行华会承诺，及日方已制定报告书、“建议”草案，[③] 英方也已确定了以有限让步换取和保全更大利益的政策方针，[④] 报告书起草工作赓续前行。草案告成后，交由全体委员会讨论。自9月13日起，委员围绕报告书要点、字句反复讨论，逐一修正。此时司注恩已预定9月16日晚启程归国，急于尽快完成修正与签字。最终委员会于9月16日一致签署报告书。报告书由四部分组成，分别为“治外法权实行之现状”“中国之法律司法及监狱”“中国施行法律之情形”和“建议”。其中，“建议”内容为中国普通人民司法事项须归法院掌管且不受行政、民政及军政机关干涉；中国接受委员会建议继续改良现有法律、司法与监狱之制度；当各项建议实行至相当程度以前，如主要部分业经实行，关系各国可应中国政府请求渐进撤废治外法权；治外法权未撤销以前，关系各国应改良现行治外法权之制度与习惯。

对北京政府的希望濒于破灭，及司注恩后期的消极应对，促使美国代表团为化解委员会内部争端、尽快达成大国一致，放弃了4月、7月、8月草案中详尽明确的司法改良方案，接受以“分区”“部分”方式撤废的模糊表述。“建议”案最终以整合各

① The Minister in China (MacMurray) to the Secretary of State, August 14, 1926, *FRUS*, 1926, Vol. I, pp. 671—681.

② The Secretary of State to the Minister in China (MacMurray), *FRUS*, 1926, Vol. I, p. 682.

③ 《大总统令》，《政府公报》第229期，1926年7月25日，第127页。

④ 为给英国政府提供决策依据，特纳向张伯伦呈递了一份秘密报告，内容为基本信任中国现代司法制度，肯定中国改良司法制度的努力，并提出某些较具开放性的建议。秘密报告的文本与委员会报告书差异较大。参见张丽：《英国与1926年法权调查会议》，《湖北社会科学》2019年第3期。

国意见的“交集”形式赅括呈现。当然，在法权会议中考虑列强共同的在华利益，符合华会后美国构建比较温和的国际自由主义秩序的需求。于此，尊重中国“主权完整”的外交政策，在报告书中进一步让位于美国对华政策的现实需要与极力维持的大国一致原则。

不过虽有妥协让步，但美国代表团仍然把控着报告书起草工作。4 月、7 月草案与 9 月最终“建议”案的逻辑结构和主体内容大致相同。三份“建议”案均主张不能立即撤废治外法权，并列举中国与治外法权国各自应履行的义务。其中对中外双方责任规范的表述保持了高度延续性。三份“建议”案的结构与内容大体一致，体现出以司注恩为核心的美国代表团对报告起草过程的严密把控，系具备法律专业技能的成员相关主张的具体体现。

与已有研究大抵认为《调查法权委员会报告书》是委员会审查法典、实地调查后得出的即时结论不同，通过细致的文本梳理可知，《报告书》不仅体现了美国政府利益诉求，更延续了 20 年代前期美国法界对在华治外法权问题的基本判断：

其一，《报告书》第一编“治外法权实行之现状”第五章“意见”，明确表达在华治外法权仅为“临时办法”，事实上承认治外法权的存在侵犯中国司法主权，理应被撤废。这与 20 年代前期美国法律界人士尤其是本杰·H. 威廉姆斯对治外法权性质的认知一致，即治外法权破坏了中国政府管辖本国领土范围内罪行的司法主权，不能体现尊重“主权完整”的现代国际法理念。此外，关于在华治外法权的弊端，《报告书》条文与 20 年代前期美国法界指涉内容基本重合。《报告书》将“弊端”总结为：外国在华法庭众多，适用法律状况复杂、不确定、不统一，且审理程序烦琐；除英美外，其他有约各国仅在华设有领事法庭。领事法庭主要集中于条约口岸，领事官“有时缺乏法律及司法训练又以行政与司法职务性质不免冲突”，且存在因距离遥远而赴诉及上诉不便之弊。[①] 本杰·H. 威廉姆斯、马如荣同样强调治外法权制度存在根本缺陷，即驻外领事兼理司法职能容易导致司法不公，外国在华法庭的数量与地域分布不敷使用，被告主义导致法院重复建设、法律适用不一、诉讼程序烦琐等。

其二，《报告书》第二编“中国之法律、司法及监狱制度”及第三编“中国施行法律之情形”肯定了晚清以来中国法律近代化的成绩，但更为强调中国立法、司法体系远未达到西式标准，为延续治外法权提供了依据。《报告书》认为近代中国司法制

① 法律评论社编：《调查法权委员会报告书》，《法律评论》第 182 期增刊，1926 年，第 25—29 页。

度及法律制度虽模仿欧陆模式，但历经多次变更，遂使司法与行政之界限及初审管辖与第二审管辖之界限渐欠清晰。其中，最严重的问题即行政权、军权干预司法，司法不独立和司法状况混乱。[①]《报告书》对中国法律近代化得失的点评延续了 20 年代前期美国法界的基本立场。如梅华铨观察到，中国法律在“几乎一字不差地模仿一个二手的外国体系”，[②] 但事实上行政与司法并未彻底两分。对于中国政局混乱、南北对立所导致的地方实力派越权立法，国家司法体系不统一等问题，本杰·H. 威廉姆斯也表达出对中国司法制度实施的忧虑。

其三，在《报告书》第四编“建议”部分，委员会针对中国司法状况提出多条改进意见，并申明“上述各项建议实行至相当程度以前，如主要部分业经实行，关系各国应中国政府之请求可商议渐进撤销治外法权之办法或分区或部分或以其他方法可由双方协定”。[③] 作为“全报告书中最有关系之结论”，[④] “建议”案提议以“渐进”即“分区”“部分”方式撤废治外法权。[⑤] 所谓“分区”即按地域，“部分”即按法律类别，均在 20 年代前期美国法界对渐进撤销治外法权方案的探讨中有所体现，如查尔斯·切尼·海德提议的“地理渐进方案”或“法律类别渐进方案”。马如荣与田夏礼同样主张渐进撤废治外法权，但更强调撤废前提是建立一个兼具理论和实践，对中外均公平、开明的司法系统。二人的观点在《报告书》建议中国确保司法独立，继续改良现有法律、司法、监狱制度的条文中得以存续。

不仅如此，美国法界在撤废治外法权问题上具有的从根本上维护美国国家利益的一面，在《报告书》之外也有体现。10 月 27 日，司注恩在芝加哥商会发表演讲，言辞激烈地为保留治外法权辩护，抨击中国问题的根源不是来自外部的“帝国主义”“不平等条约”的侵害，或者治外法权、关税主权的缺失，而是在于内部军阀专权、政局混乱。与司注恩过从甚密的马慕瑞在治外法权问题上也持相似观点。早在 9 月 15 日，马慕瑞在美国俱乐部举办的晚宴上看似中立地声称期待中国完全收回司法主

---

① 法律评论社编：《调查法权委员会报告书》，《法律评论》第 182 期增刊，1926 年，第 137、203—222 页。

② Mei, “Some Pressing Problems in China,” p. 180.

③ 法律评论社编：《调查法权委员会报告书》，《法律评论》第 182 期增刊，1926 年，第 192 页。

④ 《外部公表法权会议报告》，《申报》1926 年 12 月 2 日，第 2 张第 7 版。

⑤ 法律评论社编：《调查法权委员会报告书》，《法律评论》第 182 期增刊，1926 年，第 191—192 页。

权，但当下治外法权作为“必要之恶”必须继续保留。[①] 换言之，马慕瑞承认治外法权的弊端，但更为强调为维护美国在华利益而不得不继续维系在华治外法权。总之，无论是相对偏激抑或看似中立，司注恩和马慕瑞均尽力粉饰其对尊重中国“主权完整”政策的背离，宣扬继续维持治外法权的合理性。如此一来，维持“必要之恶”的现实需要最终彻底压倒尊重“主权完整”的政策表达，使美国立场偏离华会召开后美国法界探讨渐进撤废方案的积极态度，更接近于华会召开前激烈反对撤废治外法权的法界舆论。

美国坚决维持“必要之恶”对保障和扩大其在华商业利益意义重大。[②] 据美国驻华领事报告，在县知事兼理司法的广阔地域内，中美商业纠纷尤其是债权、物权纠纷频发。依照惯例，多数中美公司、私人间争端的解决有赖于美国领事官员向中国地方官员与法院施压。仅有少数案件进入法庭审判，且领事官员有权旁听审判过程甚至作为陪审员参与审判。[③]

总之，在起草《调查法权委员会报告书》阶段，美国政府对华外交的天平进一步倾斜。凯洛格反复向司注恩强调维护美国在华利益的必要性，表明了对华外交在实践中的重心所在。北伐战争爆发后，司注恩和马慕瑞对北京政府保护列强在华利益的能力与愿望丧失信心，不愿继续履行尊重中国“主权完整”的承诺，使得试图两面兼顾的对华外交遭到法界代表与政府内部的双重阻力。而其他国家的相似态度更是直接迫使美国代表团在“建议”案中妥协让步，尊重中国“主权完整”的外交政策进一步让位于美国在华盛顿体系下的“大国一致”原则。最终，美国维持“必要之恶”的现实需要彻底压倒尊重中国“主权完整”的政策表达。

五、结　语

法权会议是近代中国规模最大的列强联合对华司法调查，会议自始至终起主导作

---

① “MacMurray Opposes Intervention, Supports Extrality,” *The China Weekly Review*, Sep. 25, 1926, p. 92.

② 美国在华利益的核心为商业利益。1925 年田夏礼曾告诉詹森，美国应当对废除治外法权极端谨慎，因为这会牺牲美国标准石油公司和大来洋行（美国在华最大的货运公司）的巨大利益。参见 Russell D. Buhite, “Nelson Johnson and American Policy toward China, 1925—1928,” *Pacific Historical Review*, vol. 35, no. 4 (1966), pp. 451—465.

③ Judicial Procedure in China, *PRCOS*, Reel 10, pp. 382—401.

用的都是美国。在法权会议前后，美国对华外交政策体现出标榜尊重“主权完整”与维持“必要之恶”并存的特点，而美国法界与美国政府认知的互动明显参与其间。20世纪20年代前期，关于在华治外法权问题，美国国内主流法界舆论作为西方诸多意见之一，与政府认知双向互动。双方均在不同程度上意识到，应对在华治外法权问题，需在尊重中国“主权完整”的原则框架下维护美国在华利益。在法权会议筹备阶段，美国政府适当迎合法界共识，预设应对原则，并任用以法界代表为核心的代表团筹划组织架构与会议流程。法权会议开幕后，法界代表主持会议流程，在是否坚持形式上尊重中国“主权完整”问题上与政府认知发生冲突。凯洛格下达训令意图纠偏。在报告书起草阶段，美国政府继续把控宏观进程。为保障美国利益、协调列强冲突，法界代表舍弃司法改良方案，主导完成一份“最低限度”的报告书。最终美国维持“必要之恶”的现实需要压倒尊重“主权完整”的政策表达。

尊重中国“主权完整”与维持“必要之恶”是美国自华会以来坚持的对华政策。在长期宣传的对华友好政策里，美国承诺若中国政局稳定，司法体系符合西方标准，自可放弃在华治外法权。但美国法界主流与政府对华政策核心决策层实则另有共识：若中国现状不能满足其庇护在华利益的需要，美国则坚决维系治外法权体系，继续保留“必要之恶”。两者看似相互冲突，实则并不矛盾，其背后的深层次诉求均为最大限度维护美国国家利益。

美国高调宣传尊重中国“主权完整”与维持在华“门户开放”政策密切相关，并在1922年《九国公约》中以国际协定的形式正式上升为华盛顿体系下的美国对华政治许诺。在华盛顿体系下，各国承诺以国际合作替代国际竞争，实现门户开放原则的国际化，这为美国提供了遏制日本在华扩张的条约依据，有利于维护远东和平。此外，美国积极将自身塑造为中国的“特殊朋友”，[①] 有助于扩大美国在华影响力，增进其商业与传教利益，也促使中国更为认同美国为中国设计的自由主义道路。可见，相对于公开宣传的尊重中国“主权完整”的友好政策，隐而不彰甚至刻意柔化的保障及扩大在华利益才是美国政府对华政策的重心所在。五卅运动后，为安抚中国民族主义情绪，防范苏联对华政治宣传，美国主张适当对华让步，继续塑造尊重中国“主权

---

① The Minister in China (Schurman) to the Secretary of State, December 3, 1921, *FRUS*, 1921, Vol. I, p. 322.

完整”的良好形象。[①] 同时，由于美国历史上有着争取民族独立、主权完整的艰辛历程，在美国国内舆论中天然存在同情中国要求的倾向。[②] 因而，在捭阖国际政治、提升在华利益的现实考量以及应对国内舆论的压力下，美国政府同英日等国进行艰难协调，努力在适度退让与维护既有权利之间寻找平衡点，极力维护内部团结，一致对华。[③] 最终以美国为首的列强决定依照华会决议案召集调查法权委员会，制定渐进撤废治外法权的方案，在外交实践中落实尊重中国“主权完整”的政策。

不过，美国与其他西方国家的在华利益既有差别，又有共通之处。首先，条约体系是一个集成体系，囊括诸多环环相扣的在华特权，涉及众多国家利益。维持“必要之恶”，实际上也是维系既有国际条约体系。美国在法权会议召开之前，就已确定继续维系现有条约体系框架，然后根据现实需要适当“权变”的渐进撤废方针。其次，作为华盛顿体系的主导者，美国还必须考虑在远东和太平洋问题上确保大国一致和国际合作原则。会前英日法等国对美国“过于温和与自由”的态度表示不满，[④] 会中各国围绕利益分歧争执不休，迫使美国必须对其他各国作出适当让步，难以实现其相对温和的政策初衷。再次，法权会议召开正值段祺瑞执政府垮台及北伐战争推进之际，战祸连绵，政局混乱。而中国法律近代化效用确有诸多不足，立法虽卓有成效，但司法、监狱等方面的建设尚未达到西方标准。这为列强拒绝继续与北京政府谈判撤废治外法权，决意维系“必要之恶”，提供了可以利用的佐证。[⑤]

外交政策显露的表层矛盾冲突，对中美关系和国际政治格局也带来深远影响。美国继续维持“必要之恶”，激起中国激进民族主义者的反感。为缓和中国舆论，重塑对华友好形象，1927 年 1 月凯洛格发表关于美国对华政策的声明，重申了自辛亥革命以来的对华友好政策，暗示愿与能代表全中国的南方革命政府继续谈判修约。[⑥] 这

---

① The Secretary of State to the British Chargé (Chilton), July 13, 1925, *FRUS*, 1925, Vol. I, pp. 780—783.

② Preliminary Report of the Conference on American Relations with China, *PRCOS*, Reel 1, pp. 442—451.

③ 张丽：《接受还是拒绝？——列强对北京政府修约照会的反应》，《史学月刊》2013 年第 8 期。

④ The Secretary of State to the Minister in China (MacMurray), August 7, 1925, *FRUS*, 1925, Vol. I, pp. 816—817.

⑤ The Minister in China (MacMurray) to the Secretary of State, August 14, 1926, *FRUS*, 1926, Vol. I, pp. 671—680.

⑥ The Secretary of State to the Chargé in China (Mayer), January 25, 1927, *FRUS*, 1927, Vol. II, pp. 350—353.

为南京国民政府时期紧密的美中关系奠定了基础。在国际政治格局层面，政策内部的矛盾冲突虽暂时有利于美国维系华盛顿体系，但随着各国利益分野，美国与其他列强在对华政策上开始出现重大分歧。法权会议结束后不久，英国、日本分别调整并公布对华政策，迅速破坏了美国极力维持的大国一致和国际合作原则。

尊重“主权完整”与维持“必要之恶”，实为在追求国家利益最大化目标下的微妙平衡，但仍揭示出晚清以来中国追求法律近代化的悖论。首先，法权会议的主要任务为考察中国法律、司法制度及司法行政程序是否符合西方标准，但根据国际法史的相关研究，彼时并没有稳定的西方标准来确认东方国家能否进入“国际法共同体”；“标准”话语的存在，实为西方国家为维系治外法权而提供的“公平对待和定期管理的表象”。[①] 实质上，西方关于治外法权的任何让步都取决于东方国家的综合国力，及基于利益交换的外交谈判与妥协。[②] 其次，追逐西方“标准”的隐含预设是西方法律体系及观念是超越的、普世的，但彼时西方法律并非一个浑然天成的整体。不同国家、地区的法律体系是在特定时空条件下逐渐形成的。清末改订新律之后的中国近代法律法源不一，实际上是在中华法系基础上参照吸纳欧美、日本不同的法律，而逐渐形成自身的法律体系，有独特的法律建构环境和司法条件。在这种情况下，判断近代中国法律改革成效的标准应为是否能适应并推动中国的发展，而非片面追求与西方法律的吻合。

---

① Martti Koskenniemi, *The Gentle Civilizer of Nations: The Rise and Fall of International Law 1870 — 1960*, Cambridge: Cambridge University Press, 2001, pp. 132—136.

② 在 1927 年美国国际法学会年会上，休斯主持讨论中止不平等条约问题。前国务院远东司司长普特尼（Albert H. Putney）提请与会者注意：“废除不平等条约是外交性质的，而非法律性质。废除任何权利都应源于变化的条件和不公正，而不仅仅是条约规定的不平等。”参见 Howard LeRoy, “Annual Meeting of American Society of International Law,” *American Bar Association Journal*, vol. 13, no. 6 (1927), p. 342. 不过，在 20 世纪 20 年代，法律（尤其是国际法）与政治、外交并非截然两分。参见 Charles G. Fenwick and Edwin M. Borchard, “The Distinction between Legal and Political Questions,” *Proceedings of the American Society of International Law at Its Annual Meeting (1921 — 1969)*, vol. 18 (1924), pp. 50—57.

失语者与替罪羊：南宋“公吏世界”隐含的悖论*

廖　寅**

摘　要：在公吏位势最为低谷的南宋时期，“公吏世界”说反而甚嚣尘上，历史书写与历史事实之间巨大反差的背后，必然存在诸多隐讳的悖论。“公吏世界”几乎是“公吏作恶”的代名词。公吏“恶象”的形成，首先是因为公吏是官府善政的失语者，基于儒家人性论，公吏先天就不可能出现在善政书写中。不仅如此，公吏还是官府恶政的替罪羊。南宋州县官违法征税是常态，却不愿坦然承担违法恶名，遂将恶名转嫁公吏，反复宣称公吏是违法征税的最大受益者。同时，公吏还是官户豪横的替罪羊。官户非法攫取了社会大部分财富，但士大夫的书写却极力强化本为帮凶的公吏的关键角色，反而极力淡化官户的豪横形象。在塑造“公吏世界”的过程中，士大夫成功地让公吏成为了社会负面的关注焦点和社会矛盾的缓冲阀。

关键词：南宋；“公吏世界”；善政；恶政；失语者；替罪羊

元代理学家吴澄（1249—1333）言：“先汉之初，任文吏，宰相往往由吏起。吏贵重，故吏亦自贵重。……其后重者浸浸以贱，逮宋之季极矣。国朝用吏，颇类先汉。”① 吏与官相对，古代通行的称呼是胥吏，宋代特有的称呼则为公吏。② 就古代公

* 国家社会科学基金一般项目“地域视野下宋代社会权威生成机制与社会治理研究”（21BZS052）

** 廖寅，河北大学宋史研究中心教授（保定　071002）

① 吴澄：《吴文正集》卷24《赠何仲德序》，《景印文渊阁四库全书》第1197册，台北：台湾商务印书馆，1986年，第256页。

② 参见廖寅：《宋代的公吏与“公吏世界”新论》，《史学月刊》2021年第12期。

吏群体的位势而言，西汉与元是两大高峰，而南宋明显处于低谷，即“逮宋之季极矣”。然而，非常反常的是，无论是在公吏位势极高的西汉、元朝，还是在公吏位势相对较高的北宋，从来没有“公吏世界”说，反而是在公吏位势极低的南宋，“公吏世界”说甚嚣尘上，甚至喊出了“本朝之天下，乃吏胥之天下”。[①] 如何理解此种反常？对于南宋“公吏世界”，学界多是顺着字面意思阐释，突出州县权力格局“吏强官弱”的特点，[②] 新近《宋代的公吏与“公吏世界”新论》一文，以知识考古的方式，揭示出所谓“公吏世界”，不过是士大夫阶层刻意塑造的结果，目的是要彻底解构“公吏世界”、重构“士人世界”。[③] 限于主题和篇幅，该文对于南宋“公吏世界”塑造背后隐含的诸多悖论未能深掘，因此，本文继续沿着知识考古的道路，深掘“公吏世界”背后存在的悖论。

一、官府善政的失语者——基于人性的悖论

何谓善政？古人所说的善政，指的是儒家德政理想及其实践。《尚书》曰：“德惟善政，政在养民。……正德、利用、厚生，惟和。”孔颖达疏曰：“正德以率下，利用以阜财，厚生以养民，三者和，所谓善政。”[④] “德惟善政”与孔子所说的“为政以德”意思相近，皆是说“德者，政之始”，“政以德然后善”。[⑤] 儒家理想中的德政付诸实践，即是朝廷考课中的“善最”之政。在宋代，州县政考课遵循“四善三最”的标准。“以四善、三最考守令：德义有闻、清谨明著、公平可称、恪勤匪懈为四善；狱讼无冤、催科不扰为治事之最，农桑垦殖、水利兴修为劝课之最，屏除奸盗、人获安处、振恤困穷、不致流移为抚养之最”。[⑥] “四善”可简化为“仁（德义）、廉（清

---

① 《精选皇宋策学绳尺》卷10《社仓贡士庄》，国家图书馆藏清抄本，第9页。

② 参见赵忠祥：《试析宋代的吏强官弱》，《西北师大学报》2000年第2期；张正印：《宋代司法中的“吏强官弱”现象及其影响》，《法学评论》2007年第5期；廖峻：《宋代“公人世界”中的官吏共生与制衡》，《法学杂志》2010年第3期；张本顺：《“吏强官弱，浸以成风”：宋代奇特司法现象的内在机理解读》，《法制与社会发展》2013年第5期。另外，关于宋代胥吏整体研究状况，可参祖慧：《宋代吏制研究述评》，包伟民主编：《宋代制度史研究百年：1900—2000》，北京：商务印书馆，2004年；刁培俊：《20世纪宋朝职役制度研究的回顾与展望》，《宋史研究通讯》2004年第1期；甄一蕴：《宋代胥吏研究综述》，《中国史研究动态》2016年第1期。

③ 廖寅：《宋代的公吏与“公吏世界”新论》，《史学月刊》2021年第12期。

④ 孔颖达：《尚书正义》卷4《大禹谟》，上海：上海古籍出版社，2007年，第126页。

⑤ 陈祥道：《论语全解》卷1《为政》，《景印文渊阁四库全书》第196册，第71页。

⑥ 《宋史》卷163《职官三》，北京：中华书局，1985年，第3839页。

明)、公（公平)、勤（恪勤)”四字，说的是“正德”；“三最”说的是“利用”“厚生”。四善（正德）是“为政之纲领”，是善政的本源和先决条件；三最“乃其条目”，是具体的治民举措。[①]

善政以正德为开端，以治民为归宿，因此，善政的推行主要集中在与民众直接打交道的州县层面。元人何槐孙做抚州宜黄县令时，曾著《善政指南》一书，可惜已经失传。不过，早在宋代，州县善政指南性书籍就已经层出不穷，在“公吏世界”说盛行的南宋晚期，存留至今的就有两部。一部为《州县提纲》，托名北宋名臣陈襄，实际作者当为某位州县官员。另一部为《昼帘绪论》，胡太初著，乃胡太初伴随父亲胡余潜治县时“所亲见、所习闻者”。[②]“提纲”“绪论”与“指南”意思非常接近，《州县提纲》《昼帘绪论》实际就是州县善政指南。

善政指南的书写逻辑与《尚书》“善政”论以及朝廷“善最”考课法基本一致，皆是先写主政者的“四善（正德)”品质，次写“三最（利用、厚生)”的具体展开。《州县提纲》共四卷，首卷明显侧重于“正德”，比如开头六条“洁己”“平心”“专勤”“奉职循理”“节用养廉”“勿求虚誉”，无不在说四善。因为正德（四善）是善政的本源，后人评价《州县提纲》首卷“尤为推本之论”，[③]“可为司牧之指南”。[④]《昼帘绪论》分篇不分卷，首篇为《尽己》，其中说到“涖官之要，曰廉与勤”，而廉、勤之要莫若“清心”“平心”，[⑤]明显说的也是“四善（正德)”。所以，四库馆臣说《昼帘绪论》大旨，“以洁己、清心、爱民、勤政为急务”，“亦《州县提纲》之类也”。[⑥]

首卷、首篇之后，两书接下来的内容皆是条列“三最（利用、厚生)”如何具体展开。此处需要对“利用”“厚生”的涵义稍作一番补充说明。或许是受“德惟善政，政在养民”字面意思的影响，传统上，多从“民”的角度阐释“利用”“厚生”，将其理解为物尽其用，使人民生活富裕。[⑦]然而，从孔颖达的疏解来看，此种解释在逻辑上颇为蹩脚。“三者和”，“和”包涵对立统一的意思，物尽其用与人民生活富裕之间

---

① 真德秀：《政经·劝谕事件于后》，《景印文渊阁四库全书》第706册，第467页。

② 胡太初：《昼帘绪论序》，《宋代官箴书五种》，闫建飞等点校，北京：中华书局，2019年，第159页。

③ 周中孚：《郑堂读书记》卷28《州县提纲》提要，黄曙辉、印晓峰标校，上海：上海书店出版社，2009年，第457页。

④ 永瑢等：《四库全书总目》卷79《州县提纲》提要，北京：中华书局，1965年，第686页。

⑤ 胡太初：《昼帘绪论·尽己》，《宋代官箴书五种》，第161—162页。

⑥ 永瑢等：《四库全书总目》卷79《昼帘绪论》提要，第687页。

⑦ 《汉语大词典》《辞源》《辞海》等著名辞书皆作如此解释。

显然不是对立统一的关系。“三者和”，应该指德治（正德以率下）、裕国（利用以阜财）、裕民（厚生以养民）三者之间达到最佳平衡（和）状态。德治是总体精神，“和”是裕国与裕民对立统一的结果。孟子曰：“善政得民财。”说的就是裕国，即“赋役举，而财聚于一家”。[①]《州县提纲》《昼帘绪论》后续条目基本都是在围绕裕国与裕民反复陈说。裕国主要围绕如何合理、有效地征派赋税、差役而展开，核心是赋税（钱谷）；裕民则主要围绕如何使人民远罪（“爱民之要，尤先于使民远罪”[②]）、安业而展开，核心是刑狱诉讼（刑名）。

不过，本文关注的焦点并非善政的内涵，而是谁在善政，即善政的主体。从宋代州县政务运行来看，行政大致可分为决策、执行和监督三个环节。州县官规模太小，只能占据决策、监督环节，而公吏则占据着执行环节。比如县政，“一县之务，领持大概者，官也；办集一切者，吏也”。[③] 宋代州县行政的监督环节常常流于形式，姑且不论。在决策与执行之间，正确的决策固然重要，但有效的执行更为关键。执行是决策转化成现实的必然途径，执行的有效与否，关乎决策的最终成败。“善政，不严而治，民怀其惠者”。[④] 真正的善政必须得到民众的认同。州县官虽然号称亲民官，但他们与民众之间只有偶然的、临时性的接触。真正站在行政第一线，与民众经常保持接触的是决策执行者——公吏。“要了解一个政府官僚机构，就必须理解它的第一线职员如何学会工作。……因为正是他们的努力决定了机构的客户（就是民众）是否满意”。[⑤] 与传统认识决然相反的是，民众对官府的善政认同，不是主要来自与极少数州县官的接触，而是来自与广大公吏群体的日常交往。因此，从正常的逻辑来说，善政的主体包括官员，但更应该包括“官民交接之枢纽”[⑥] 的公吏。

然而，在古代所有的善政书写中，善政的主体皆只有官员，绝无公吏。比如《州县提纲》《昼帘绪论》，两书没有任何关于公吏正面价值的记载。在善政的形成过程中，公吏的作用绝不亚于官员，但公吏却成了善政绝对的失语者。这种书写模式的形

---

① 焦循：《孟子正义》卷26《尽心》，沈文倬点校，北京：中华书局，1987年，第897页。

② 胡太初：《昼帘绪论·临民》，《宋代官箴书五种》，第164页。

③ 《王恽全集汇校》卷46《吏解》，杨亮、钟彦飞点校，北京：中华书局，2013年，第2185页。

④ 徐元瑞：《吏学指南·政事》，杨讷点校，杭州：浙江古籍出版社，1988年，第29页。

⑤ 詹姆斯·Q. 威尔逊：《官僚机构：政府机构的作为及其原因》，孙艳等译，北京：生活·读书·新知三联书店，2006年，第46—47页。

⑥ 袁枚：《小仓山房诗文集·文集》卷18《答门生王礼圻问作令书》，周本淳标校，上海：上海古籍出版社，1988年，第1523页。

成源自古代士大夫关于人性的悖论。“必根源于德，方是善政，只是外面做事，有不本于德者，未足言善政也”。[①] 善政的先决条件是正德，谁是有德者呢？“君子有德”，“小人无德”；[②] “正人君子进则善政行、天下安，小人邪党进则善政不行、天下危”。[③] 在士大夫眼中，官员可以是君子、有德者，也可以是小人、无德者，但公吏不一样，公吏统统为小人，是无德者。陈襄曰：“欲视听不惑，莫若远小人，某伏见州县胥吏，小人之尤也。”[④] “小人之尤”，意思是胥吏乃小人中的小人。庞籍曰：“夫官吏之体，奉公束手以为要；胥吏之性，舞文规利以为资。官吏不严则胥史（吏）纵，胥史（吏）纵则法令坏，法令坏则民受弊，此必然之理也。”[⑤] 马端临曰：“与郡守、县令共治其民者，则皆凶恶贪饕、舞文悖理之胥吏。”[⑥] 诸人皆言公吏本性非善，所谓“吏胥如虎狼，秉性在吞噬”。[⑦] 因为本性非善，公吏非但不是善政的主体，还是善政的主要破坏者，所以，“不束吏，虽善政不能行”。[⑧] 要实现善政，就必须防范公吏作恶。《州县提纲》《昼帘绪论》“于防奸厘弊之道，抉摘最明”，[⑨] 所有关于公吏的书写，不是在说公吏作恶，就是在说如何防范公吏作恶。因为善政的主体只有官员，所以，古代书写善政的专书，往往统名为“官箴书”。

但是，士大夫关于公吏本性的定位绝对是站不住脚的。虽然官员受教育的程度高于公吏，但从人性说，官员与公吏并无高下之分。士大夫掌握绝对话语权，名声上远远好于公吏，但好名声的背后却隐藏着相似的人性。“尚名好贪”[⑩] 是对宋朝士大夫精准的归纳，好贪的不是少数，而是多数，所谓“廉吏十一，贪吏十九”。[⑪] 作为

---

① 袁燮：《絜斋家塾书钞》卷2，《景印文渊阁四库全书》第57册，第665页。

② 郭雍：《郭氏传家易说》卷5，北京：中华书局，1985年，第183页。

③ 李焘：《续资治通鉴长编》卷364，元祐元年正月庚戌，北京：中华书局，2004年，第8717页。

④ 陈襄：《古灵先生文集》卷7《与福建运使安度支书》，《宋集珍本丛刊》第8册，北京：线装书局，2004年，第707页。

⑤ 庞籍：《上仁宗答诏论时政》，赵汝愚编：《宋朝诸臣奏议》卷146，上海：上海古籍出版社，1999年，第1666页。

⑥ 马端临：《文献通考》卷39《选举考十二》，北京：中华书局，2011年，第1132页。

⑦ 沈德潜：《归愚诗钞余集》卷8《吏胥》，《续修四库全书》第1424册，上海：上海古籍出版社，2002年，第509页。

⑧ 李心传：《建炎以来系年要录》卷107，绍兴六年十二月乙巳，胡坤点校，北京：中华书局，2013年，第2012页。

⑨ 永瑢等：《四库全书总目》卷79《州县提纲》提要，第687页。

⑩ 张端义：《贵耳集》卷下，李保民校点，上海：上海古籍出版社，2012年，第132页。

⑪ 李新：《跨鳌集》卷19《上皇帝万言书》，《景印文渊阁四库全书》第1124册，第555页。引文中的“吏”，指的是官员。

"理性经济人",[1] 每个人都是自利的，都会追求自身利益最大化，无论对于官，还是对于吏，皆是如此。在人性上，官员不会比公吏更君子，更有德，公吏也不会比官员更小人，更无德。古代的官员相当于今天处级以上公务员，公吏则相当于今天处级以下公务员。我们今天绝不会形成处级以上为君子、处级以下为小人的认识，因为这种区分在人性上是完全不成立的。按照士大夫的人性论，公吏天然不是善政的主体，但按照今天科学的人性论，公吏必然是善政的主体，公吏从善政中被抹去，是绝对的失语。[2]

元代著名学者王恽说吏与官"习不相远"，吏"持心近鄙"，"非吏之性也，势也"。迫使公吏近鄙的"势"主要有二：一是公吏是政务的直接执行者，所谓"办集一切者，吏也"，官员将"簿书期会"之责全部强加给公吏，"轻则窘折困辱，重则榜责退黜"，公吏只能接受，没有任何选择的权利；二是官员没有真正认清官与吏之间的关系，官员的决策是源，公吏的执行是流，流（吏）之浊是因为源（官）不澄，如果官员"清心省事""简而不扰"，根本不会有苛政。官员非但认识不清源流关系，反而对公吏产生莫名的偏见，"昧于自信，闻其名则憎，见其人则易，意复少忤，至忿嫉訾毁，不以礼貌相接"。[3] 按照王恽的逻辑，官员和公吏是内在一体的，都可能是善政的主体，也都可能是恶政的主体。可惜，如此开明、独到的见解，或许只有在公吏地位最为高涨的元朝才有。

二、官府恶政的替罪羊——基于国家赋税合法性的悖论[4]

公吏行政绝对有善的一面，但在善政书写中，公吏善的一面被完全抹去。因为我们无法看到公吏善的一面，公吏形象已经被严重扭曲。然而，还有更糟糕的事。官员行政有善的一面，亦有恶的一面。官员善的一面会大书特书，而恶的一面往往会百般隐讳。实在无法隐讳，则习惯性地归之于公吏，使公吏成为恶政的替罪羊。此种转嫁恶名的现象非常普遍，难以尽述，兹仅从国家赋税的角度略作窥探。

---

① "理性经济人"假设是西方古典经济学的重要前提。

② 本文强调公吏是善政的主体，是说公吏跟官员一样，有善的一面，也有恶的一面，并不是要否定公吏作恶的面相。

③ 《王恽全集汇校》卷46《吏解》，第2185页。

④ 关于宋代赋税问题，曾我部静雄、汪圣铎、包伟民、黄纯艳等学者已经做过专门研究，本文的重点在于分析前人较少注意的赋税征收过程中公吏代官府受罪的现象。

南宋虽然是北宋的延续，但在国家赋税征收上，南、北宋却有非常大的差异。从征税合法性来说，在北宋合法是常态，违法是变态，南宋则完全反过来，违法是常态，合法反而成为变态。北宋财政运转总体良好，合法赋税基本能满足国家需要，违法征收虽然存在，但不具有普遍性。南宋财政运转长期处在恶劣状态，合法赋税远远无法满足国家需要，违法征收普遍、长期存在。南、北宋的差异，归根结底是由赋税征收数量决定的。关于宋代赋税征收数量的变迁，《建炎以来朝野杂记》"国初至绍熙天下岁收数"条有总体的描述：

> 国朝混一之初，天下岁入缗钱千六百余万，太宗皇帝以为极盛，两倍唐室矣。天禧之末，所入又增至二千六百五十余万缗。嘉祐间，又增至三千六百八十余万缗。其后月增岁广，至熙、丰间，合苗、役、易、税等钱，所入乃至六千余万。元祐之初，除其苛急，岁入尚四千八百余万。渡江之初，东南岁入不满千万，逮淳熙末，遂增六千五百三十余万焉。今东南岁入之数，独上供钱二百万缗，此祖宗正赋也；其六百六十余万缗，号经制，……七百八十余万缗，号总制，……四百余万缗，号月桩钱，……自经制以下钱，皆增赋也。合茶、盐、酒、算、坑冶、榷货、籴本、和买之入，又四千四百九十余万缗，宜民力之困矣。①

现今所见北宋赋税岁入最高纪录为神宗熙、丰时期的六千余万缗。这一数值在南宋高宗绍兴末年就得以恢复了。②《建炎以来朝野杂记》所说孝宗淳熙末增至六千五百三十余万，仅仅指的是东南地区，如果包括四川，数量达到了八千余万缗。③ 然而，八千余万并非南宋岁入的极限。宁宗开禧元年，魏了翁在答馆职策中说道："中兴以来，以十六路百七十郡之地，不能当天下全盛之半，岁入乃增至六千五百余万，而经制、月桩等钱二千万不预焉，两浙之岁输缗钱千二百万、四川之盐钱九百五十余万又不预焉。"④ 魏了翁所言合计，多达一万零六百五十万缗。理宗淳祐五年，魏了翁侄子高斯得在《轮对奏札》中更是说道："闻之主计之臣，岁入之数不过一万二千

---

① 李心传：《建炎以来朝野杂记·甲集》卷14，徐规点校，北京：中华书局，2000年，第289页。

② 李心传：《建炎以来系年要录》卷193，绍兴三十一年十月癸丑，第3759页。

③ 《叶适集·外稿》卷15《上殿劄子》，刘公纯等点校，北京：中华书局，2010年，第834页。

④ 魏了翁：《重校鹤山先生大全文集》卷21《答馆职策一道》，《宋集珍本丛刊》第76册，第787—788页。

余万。”[①]

如果结合版图面积和人口，南宋赋税的规模更显恐怖。从有效国土面积即宋人所说的“省地”来看，南宋大概只有北宋的一半，即魏了翁所说“不能当天下全盛之半”。就人口而论，根据吴松弟的研究，北宋元丰六年（1083）总户数为17211713户，大观三年（1109）为20882258户，宣和六年（1124）约为2186万户；南宋绍兴三十二年（1162）为11139854户，淳熙十六年（1189）为12907438户，达到南宋最高值。[②] 很显然，南宋的人口远远少于北宋神宗以后的人口，大概只相当于徽宗时期人口的五六成。排除高宗朝中前期经济处在艰难复苏过程外，到高宗朝后期，赋税征收数量已逐渐与北宋高峰期持平，孝宗以后，更是逐渐大幅超过北宋高峰期。以一半的国土面积、五六成的人口，承担远远超过北宋高峰期的赋税规模，其恐怖程度可以想见。

如此恐怖的赋税征收任务，州县官何以完成？宋代赋税征收实行“祖额”制，合法征收的名目和数量是相对固定的。南宋在北宋基础上新增的赋税，多数都是不合法的。如月桩钱，“无非凿空横取于民”，[③]“其间名色类多违法”。[④] 如版帐钱，“率皆无名，凿空取办”。[⑤] 如经、总制钱，“非出于凿空横取，则无以足其数”。[⑥]“凿空横取”“凿空取办”一类用语，南宋之前根本不存在，南宋以后亦很少见用，唯有南宋时期，广见于官员章奏、言谈之中。州县官在养民与合法完成征税任务之间，完全没有两全其美的可能。“财赋取办于此，既不容阙供，而又不可扰吾民也。然财不阙供，民必受弊，事之必然”。[⑦] 当时州县官根本不可能合法地完成征税任务。“其事无名，其取无义”，“上下皆明知其不义，独困于无策而莫之敢蠲”。[⑧]“计无所出，则非法妄取”，“殆不可以遍举，亦不能遍知，无非违法”，“亦别无他策尔”。[⑨] 因为根本不可能合法地完成征税任务，各级官府之间转嫁恶名成为常态。“户部督州郡，不问额之虚实；

① 高斯得：《耻堂存稿》卷1，北京：中华书局，1985年，第17页。

② 吴松弟：《中国人口史》第三卷，上海：复旦大学出版社，2000年，第348、352、353、354页。

③ 章如愚：《山堂考索·后集》卷63《财用·月桩》，北京：中华书局，1992年，第857页。

④ 马端临：《文献通考》卷19《征榷考六》，第551页。

⑤ 《俞文豹集·吹剑四录》，尚佐文、邱旭平点校，杭州：浙江古籍出版社，2016年，第126页。

⑥ 陈宓：《复斋先生龙图陈公文集》卷7《策问三》，《宋集珍本丛刊》第73册，第452页。

⑦ 陈造：《江湖长翁集》卷28《宽州县劄子》，《景印文渊阁四库全书》第1166册，第361页。

⑧ 《叶适集·外稿》卷11《折帛》《和买》，第777—778页。

⑨ 马端临：《文献通考》卷19《征榷考六》，第552—553页。

州郡督县道，不问力之有无。县道无所分责，凡可凿空掠剩，贼民而害农，无所不用”。[①] “部刺史违法而赋于州，州违法而赋于县”。[②] “上焉有监司守倅，始则驱之冒法以办事，末则寘之深文以自解”。[③] 在官场生态链中，县官最难为，因为县级以上官员皆可拿下级官员垫背，而县官则垫无所垫。“有名之财州专之，无名之须县任之”，“自早至暮”，“惟违法以取钱物”。[④]

当违法征税成为常态，官员之间无论怎样转嫁恶名，都会严重影响官员群体的整体形象。因此，对于官员群体来说，最好的办法是将必然之恶名转嫁给官员之外的公职群体——公吏。谎称公吏是违法征税最大受益者乃官员转嫁恶名的常规套路。刘宰论常赋之外征税：“官收其一，吏没其十。”[⑤] 胡宏论科敛：“官得其一，吏隐其九。”[⑥] 陆九渊论科敛：“吏胥贪鄙，旁公侵渔”，“官未得一二，而私获八九”。[⑦] 王师愈论科敷：“官得其一，吏取其十。”[⑧] 唐辉论额外商税：“官得其一，公吏取其十。”[⑨] 黄然论额外商税：“利归公家无几，而为吏窃取大半。”[⑩]《群书会元截江网》论和籴：“阳为输官，实则资吏。”[⑪] 朱熹论经、总制钱：“官得其一，吏已得其二三。”[⑫]《宋史》论月桩、版帐钱：“大率官取其十，吏渔其百。”[⑬] 李道传言多收耗米：“上不在官，下不在民，专为胥吏、皂隶肥家之资。”[⑭] 陈淳言鬻盐：“官府得四分之一有缩，胥家得四分之三有赢。”[⑮] 朝廷从违法征税中所得多达数千万贯，但在刘宰等人的说辞中，公吏才是违法征税最大受益者，其所得远远超过官府。这如何可能？完全不可能。如

---

① 范成大：《应诏上皇帝书》，张伟、何忠礼主编：《黄震全集·黄氏日抄》卷 67《读文集九·范石湖文》，杭州：浙江大学出版社，2013 年，第 2000 页。

② 胡寅：《致堂读史管见》卷 1，《续修四库全书》第 448 册，第 412 页。

③ 王师愈：《论作邑之难》，《历代名臣奏议》卷 145，上海：上海古籍出版社，1989 年，第 1905 页。

④ 王炎：《双溪类稿》卷 20，《景印文渊阁四库全书》第 1155 册，第 655—656 页。

⑤ 刘宰：《漫塘集》卷 18《泰兴县劝农文》，《景印文渊阁四库全书》第 1170 册，第 514 页。

⑥ 《胡宏集·上光尧皇帝书》，吴仁华点校，北京：中华书局，1987 年，第 96 页。

⑦ 《陆九渊集》卷 4《书·与赵宰》，钟哲点校，北京：中华书局，1980 年，第 55 页。

⑧ 王师愈：《论潭州贴雇纲船之弊》，《历代名臣奏议》卷 261，第 3417 页。

⑨ 李心传：《建炎以来系年要录》卷 87，绍兴五年三月丁丑，第 1660 页。

⑩ 李心传：《建炎以来系年要录》卷 163，绍兴二十二年二月庚辰，第 3092 页。

⑪ 《群书会元截江网》卷 7《和籴》，《景印文渊阁四库全书》第 934 册，第 100 页。

⑫ 《朱熹集》卷 24《与钟户部论亏欠经总制钱书》，郭齐、尹波点校，成都：四川教育出版社，1996 年，第 1008 页。

⑬ 《宋史》卷 200《刑法二》，第 4997 页。

⑭ 《永乐大典方志辑佚·续宣城志·嘉定诸仓斛斗》，马蓉等点校，北京：中华书局，2004 年，第 1025 页。

⑮ 陈淳：《北溪先生大全文集》卷 44《上庄大卿论鬻盐》，《宋集珍本丛刊》第 70 册，第 257 页。

果公吏是违法征税最大受益者，朝廷数千万贯的违法征税任务何以完成？如果公吏是违法征税最大受益者，则必将造就大批巨富之吏。但事实上，公吏整体上仅能勉强维持社会中产地位而已。

违法征税，官府所得绝对是大头，[①] 公吏究竟能得到多少呢？公吏违法所得分两种情况：一是不合法但合乎情理，二是既不合法也不合乎情理。《宋代的公吏与“公吏世界”新论》一文论证了公吏岗位主要契合社会中产阶层的期望值，公吏岗位的收入应该能够维持社会中产的水准。[②] 如果有足以维持社会中产水准的法定俸禄，公吏也可以作君子，即“人人皆有爱惜己身之意”。[③] 但是，州县绝大部分公吏是没有法定俸禄的，“惟以受赇为生”，[④] “悉藉赃以为衣食”。[⑤] 公吏维持社会中产再生产所得收入，虽然不合法，但是合乎情理。杨时即曰：“彼为吏于此，盖欲以活父母妻子，故为之。今也养之不过，虽有刑戮在前，宁免其受赇乎？”杨时认为公吏月收入六至十贯是合情合理的，高于十贯是“妄费”，低于六贯，则无法满足公吏家庭正常的再生产，势必受赇。[⑥] 月收入六至十贯大概就是宋代社会中产的标准。如果公吏违法所得超过维持社会中产再生产，则既不合法，也不合乎情理。

需要说明的是，公吏违法所得并不皆属公吏所有，其中大部分实为代州县官受赇。当时州县官的很多日常开销皆出自公吏违法所得。“私家色色勒吏出备”，[⑦] “凡百非泛用度，率多敷配吏人，相习成风，视为常事”。[⑧] 比如，“县官日用，则欲其买办灯烛柴薪之属；县官生辰，则欲其置备星香图彩之类”，“诛求科罚，何可胜纪”，“欲吏之不受赂，断无可行之策”。[⑨] 官员毫无节制的索取才是公吏受赇最主要的原因。迫使公吏代己受赇，通过转嫁机制，官员们可以合法地吃喝玩乐，“衔杯嗜酒，吹竹弹丝，图享宦游之乐”，而公吏们则背负“曲法受赂”[⑩] 的骂名。很显然，公吏或许非法所得甚多，但真正能落到自己手中的少之又少。黄震说：“凡官司之钱，无

---

① 当然，赋税到了官府之后，一部分可能会被官员贪污掉。

② 廖寅：《宋代的公吏与“公吏世界”新论》，《史学月刊》2021年第12期。

③ 胡太初：《昼帘绪论·御吏》，《宋代官箴书五种》，第171页。

④ 马端临：《文献通考》卷12《职役考一》，第351页。

⑤ 《州县提纲》卷1《责吏须自反》，《宋代官箴书五种》，第103页。

⑥ 《杨时集》卷12《语录三·余杭所闻》，林海权校理，北京：中华书局，2018年，第342页。

⑦ 《州县提纲》卷1《责吏须自反》，《宋代官箴书五种》，第103页。

⑧ 真德秀：《西山先生真文忠公文集》卷12《奏乞将知太平州当涂县谢汤中罢斥主簿王长民镌降状》，《宋集珍本丛刊》第76册，第2页。

⑨ 胡太初：《昼帘绪论·御吏》，《宋代官箴书五种》，第171—172页。

⑩ 胡太初：《昼帘绪论·尽己》，《宋代官箴书五种》，第161—162页。

一不出于民。明取于民者，是为科敷，其害犹小；不明取于民而取之吏者，是为椎剥，其害极大。”因为后者是典型的分赃行为，“安有为官反与日日分赃”?[①] 但殊不知，明取于民，官员将承担恶名，而取之于吏，则公吏将承担恶名。

按照士大夫的“甩锅”逻辑，公吏是违法征税的最大受益者，热衷于违法征税，“日夜相与撼其长官以科率事”,[②] 理应是恶政之名的主要承担者。陆九渊曰：“今日为民之蠹者吏也，民之困穷甚矣，而吏日以横”，“虽下邑贱胥，然为蠹日久，凡邑之苛征横敛，类以供其贿谢囊橐”。[③] 叶适曰：“簿书期会，一切惟胥吏之听。而吏人根固窟穴，权势熏炙。”[④] 所以，百姓怨恨恶政，应该主要恨公吏，而不是官员。比如和籴，“民皆怨于和籴”，但“和籴之数乃一岁支用之不可省者”，官府如何缓解民怨?其方式就是颠倒黑白的申谕：“今吾室庐已鬻矣，则吏之第宅，雕文而饰镂也，夫何安?民之骨肉已离矣，则吏之妻子衣锦而食肉也，夫何忍?朝廷日有皇皇不给之忧，吾民日有流离死亡之叹，而吏居其间，乃欲享和籴之利，其可乎?”[⑤] 经过无耻的转嫁，公吏成了恶政民怨之源。“吏以官为市，民与吏为仇”。[⑥] 士大夫让公吏在前台张牙舞爪，背负恶名，而自己则躲在后台，名利双收。吕希哲曰：“名誉不可以已也，但不可饰行以取名，曲意以避谤。……若使人受其谤而己取其誉，尤非君子、长者之用心也。”[⑦] 宋代士大夫竭尽所能使吏受其谤而己取其誉，是典型的“饰行以取名，曲意以避谤”。不过，因为这类行为是群体性的，士大夫阶层整体陷入无意识之中。

恶政的受害者不仅仅是普通百姓，士大夫家庭也会牵涉其中。当士大夫家庭成为恶政的受害者，绝少有士大夫直接指责州县官员，他们往往会充分发挥语言艺术，以全力指责公吏的方式替官员开脱，让官员完全不好意思辩驳，从而达到维护自身利益的目的。比如官户常赋之外的科配问题，当时的法律存在明显的自相矛盾之处。早在北宋时期，官户明确具有科配优免权，“凡有科敷，例各减免，悉与编户不同”。[⑧] 但

---

① 张伟、何忠礼主编：《黄震全集·黄氏日抄》卷74《榜放县吏日纳白撰钱申乞省罢添倅厅状》，第2142页。

② 《朱熹集》卷24《与钟户部论亏欠经总制钱书》，第1008页。

③ 《陆九渊集》卷7《与陈倅二》，第99页。

④ 《叶适集·外稿》卷14《吏胥》，第808页。

⑤ 《郡书会元截江网》卷7《和籴》，《景印文渊阁四库全书》第934册，第101页。

⑥ 魏了翁：《重校鹤山先生大全文集》卷46《华亭县重修学记》，《宋集珍本丛刊》第77册，第192页。

⑦ 吕希哲：《吕氏杂记》卷上，《全宋笔记》第17册，夏广兴整理，郑州：大象出版社，2019年，第306页。

⑧ 《宋会要辑稿》食货六之一，刘琳等校点，上海：上海古籍出版社，2014年，第6087页。

是，南宋初期，国家财政极度困难，朝廷不得不下令官户科配“并同编户，一例均敷”。为了安抚官户，诏令同时强调，等将来局势好转，“却依旧制行”。[①] 可是，朝廷再也没有下过回归旧制的诏令。南宋时期，常赋之外的科配是征税的大头，官户占据了社会大部分财富，官府主观上自然是想科配官户。但官户绝不会轻易就范，他们会公开抵制。衡州名士廖行之有别业在耒阳县下属三乡，他公开写信给耒阳知县，说自己应纳常赋“率先县官之程”，但对于常赋之外的科配，他则百般推脱道：

> 是殆违律加赋，县不应被此不美之声。此殆奸胥污吏志于得贿，妄以非欠之人嫁恶于邑，以暴其若无所私者。至其行赂自免，往往掩护不言。大抵公赋夺于冥冥之中，巧为营误，虽使神明之政坠其计而弗暇察。……执事慈祥岂弟，吾君所寄以字民者也，彼胥黩货为务，乌知损执事体国爱民之意！[②]

“违律加赋”，百分之百出自知县的命令，廖行之公开抵制，但又不能直接指责知县，遂大肆玩弄文字技巧，一方面吹捧知县“慈祥岂弟”“体国爱民”，另一方面将“违律加赋”完全归罪于公吏，是“奸胥污吏志于得贿”“黩货为务”的结果。此番说辞，知县没有任何辩驳的余地，应该只能听任廖行之逃避科配了。

三、官户豪横的替罪羊——基于社会财富分配合理性的悖论[③]

社会财富分配过程一般分为两个层次，即初次分配与二次分配。初次分配是市场行为，主要遵循效率原则；二次分配是政府行为，主要遵循公平原则。前述国家赋税即属于二次分配的范畴，此处所论社会财富分配合理性，既不是初次分配，也不是基于公平原则的二次分配，而是政府行为衍生出的逆公平二次分配。

清人常说：“今之天下有大弊三：吏也，例也，利也。实则吏执例以牟利耳。”[④]“执例以牟利”，“惟于胥吏则为大利之所在”。[⑤] 宋代士大夫指责公吏，亦不出此窠

① 《庆元条法事类》卷48《赋役门二·科敷》，戴建国点校，《中国珍稀法律典籍续编》第1册，哈尔滨：黑龙江人民出版社，2002年，第668页。

② 廖行之：《省斋集》卷6《寄耒阳宰书》，《景印文渊阁四库全书》第1167册，第352页。

③ 关于宋代官户的财富状况和豪横面相，王曾瑜、梁庚尧等先生已经作过研究，本文的重点在于分析前人较少注意的社会财富分配过程中公吏代官户受罪的现象。

④ 成本璞：《九经今义》卷27《通论》，《四库未收书辑刊》第4辑第10册，北京：北京出版社，2000年，第512页。

⑤ 冯桂芬：《校邠庐抗议·省则例议》，上海：上海书店出版社，2002年，第15页。

曰，他们对于“公吏世界”之渲染，焦点之一就是公吏“执例以牟利”。宋代的法律体系有两大系统：一是相对固定的法，如律、令、敕；二是时常变动的例。汤鹏举曰：“法者，天下之所通用。例之所传，乃老奸宿赃秘而藏之，以舞文弄法、贪饕贿赂而已。”[①] 龚茂良曰：“法本无弊，例实败之。法者，公天下而为之者也；例者，因人而立以坏天下之公者也。”[②] 叶适曰：“国家以法为本，以例为要。……不得不举而归之吏。”[③] 更有官员天真地认为，行法不行例，则吏弊会自然消除，即：“所行者皆法也，非例也，彼为吏者，虽欲任情以出入，弄智而重轻，有不可得，奸弊自然寝消。”[④]

在士大夫眼中，例似乎主要对公吏有利，是公吏破法谋利的武器，真的如此吗？公吏远比官员熟悉例条，的确可以凭借技能优势谋取不当利益。但是，例的存在，最得利的绝对是官户，公吏不过是在执行例的过程中谋求一点儿蝇头小利而已。首先，例之所以产生，主要就是为了满足某些官户的特殊需要。许应龙《论法例劄子》明确说道：“乃若例者，或出于一时之特恩，或出于一时之权宜，有徇亲故而开是例者，有迫于势要而创是例者，揆之于法，大相抵牾。”[⑤] 无论是出于特恩、徇亲故，还是迫于势要，其受益主体皆是官户。其次，先例一旦开创，就会不断有人效仿、援引，即“援例者众，若例一开，不可复闭”，[⑥] 但有资格效仿、援引者主要是官户。陈襄曰：“非理侥求，因成体例，攀援引用，寖不可革。”[⑦] 周必大曰：“每开一例则转折攀援，无有穷已。”[⑧] 陈宓曰：“此一例字，坏了许多贤士大夫。”[⑨] 很显然，能够“转折攀援”者，主要是官户。因此，相对于官户因“例”所得，公吏所得不过是一些“好处费”而已。《州县提纲》说：“夫富者不为吏，而为吏者皆贫。”[⑩]《昼帘绪论》

---

① 李心传：《建炎以来系年要录》卷174，绍兴二十六年九月戊辰，第3338页。

② 《宋史》卷158《选举四》，第3715页。

③ 《叶适集·外稿》卷15《上殿劄子》，第834—835页。

④ 《宋会要辑稿》刑法一之五六，第8268页。

⑤ 许应龙：《东涧集》卷7，《宋集珍本丛刊》第73册，第225页。

⑥ 《宋会要辑稿》后妃二之一一，第283页。

⑦ 陈襄：《古灵先生文集》卷18《乞止绝权贵非次陈乞恩例劄子》，《宋集珍本丛刊》第8册，第792页。

⑧ 周必大：《周必大全集》卷99《缴李观郑孝礼转官词头状》，王蓉贵、白井顺点校，成都：四川大学出版社，2017年，第895页。

⑨ 陈懋仁：《泉南杂志》卷下，《四库全书存目丛书》史部第247册，济南：齐鲁书社，1996年，第857页。

⑩ 《州县提纲》卷1《责吏须自反》，《宋代官箴书五种》，第103页。

说："稍有赀产者又孰肯为吏哉?"[①] 两书成书于南宋晚期，就公吏阶层总体"贫困者"[②] 形象来看，公吏阶层能够捞取的"好处费"，自始至终非常有限。

无论是官府，还是官户、公吏，逐利都是第一位的。社会各团体、各阶层逐利交织在一起，就衍生出了社会财富分配的问题。在宋代的社会财富二次分配中，公吏扮演着卑微而又十分重要的角色。卑微是说公吏地位低下，在社会财富二次分配中所得甚微。重要是说官府、官户虽然在社会财富二次分配中所得甚丰，但官府、官户超常瓜分社会财富，皆离不开公吏之手。"吏执□□□，高下其手，惟贿是视"，[③] "吏缘为奸，隐匿诡寄"，[④] "若非乡司导之，则不能为；非乡司庇之，亦不能久"。[⑤] 这些都是在说公吏是社会财富逆公平再分配的关键。官府超常掠夺社会财富已见前述，兹再看官户如何借助公吏之手超常攫取社会财富。

先来看以土地为代表的宋代社会财富分配的总体趋势。乾兴元年（1022），上封事者言："有诸般侥幸，影占户门，其户田土稍多，便作佃户名字，若不禁止，则天下田畴半为形势所占。"上封事者所言"形势"包括了官户和衙前、将吏等高级吏户。[⑥] 上封者的语气为假设，但假设与实际不能悬殊。当时官户和高级吏户实际占田或许在四成左右，而官户实际占田或许在三成左右。绍兴二年（1132），右司谏方孟卿言："今郡县之间，官户田居其半。"官户占田已明确占全国的一半。但官户田产多数游离于国家管控之外，反映在地籍上，则"占田过数者极少"。[⑦] 南宋官户田产脱离地籍的情况非常严重，"至有岁收千亩之家，官中收二三顷者；有岁收千斛之家，官无名籍者"，[⑧] "豪右之家田连阡陌，而资产之数什不二三"。[⑨] 因为田产隐落而不承担赋役，土地向官户集中的趋势日趋明显。比如嘉兴府崇德县，"民田之存已无

---

① 胡太初：《昼帘绪论·御吏》，《宋代官箴书五种》，第 171 页。

② 士大夫眼中的公吏"贫困"，是相对于官户而言，从整个社会来看，公吏至少属于社会中产。

③ 杜范：《清献集》卷 8《便民五事奏劄》，《景印文渊阁四库全书》第 1175 册，第 676 页。

④ 袁甫：《蒙斋集》卷 14《华亭县修复经界记》，北京：中华书局，1985 年，第 201 页。

⑤ 《宋会要辑稿》食货七〇之七六，第 8146 页。

⑥ 李焘：《续资治通鉴长编》卷 98，乾兴元年二月庚子，第 2269—2270 页。北宋前期，公吏岗位价值很高，很多一、二等上户皆投身公吏。

⑦ 李心传：《建炎以来系年要录》卷 51，绍兴二年正月丁巳，第 1052 页。

⑧ 《宋会要辑稿》食货六一之一〇，第 7438 页。

⑨ 陈宓：《复斋先生龙图陈公文集》卷 7《策问三》，《宋集珍本丛刊》第 73 册，第 451 页。

几”。[①] 再比如抚州崇仁县颖秀乡，“省簿立户，并有官称，无一编民”。[②] 咸淳四年(1268)，右正言刘黻言：“今州县之不可为，大率生于版籍之不明，赋税走失，……州县之赋额，十不存六七。”[③] 州县赋额亏减，归根结底是因为田产脱离了国家地籍。赋额十不存六七，意味着有大致相近比例的田产脱离了国家地籍。尽管宋人多以“形势之家”“豪右之家”一类泛泛用语描述隐落田产的主体，但从隐落田产的能力来看，隐落主体绝大部分当属官户。如果加上官户没有脱离地籍的田产，到南宋晚期，官户田产当占全国的七成左右。著名历史学家张荫麟有着相似的估算：“官户田在南宋已占郡县之半；至南宋末，更当远逾于此”，仅两浙及江南东、西三路，“集中于彼等手之田地已有四千五百万亩”。[④]

南宋晚期官户占据社会大部分财富，不仅仅是一种估算，而且是当时人的一种共识。章如愚曰：“天下财赋，不在朝廷，不在百姓，而在士大夫之箱箧。”[⑤] 孙梦观曰：“财用之在天下者，昔非丰，而今非啬也。今日之国用竭矣，民力困矣，财用果安在耶？亦在于士大夫之家而已。”[⑥] 连理宗皇帝都说：“国与民俱匮，而士大夫家益肥，间有号清流，而居之污浊尤甚，朕何赖焉！”[⑦]

官户阶层的巨额财富，主要不是凭借市场渠道合法获得，而是通过各种违法手段攫取而来。官户非法攫取财富，不论是小人，还是表面上的君子，概莫能外，“贪风煽炽，彼此相夸”。[⑧] 表面上的君子有过之而无不及，即“间有自号清流，而居之污浊尤甚”。宋代士大夫“尚名好贪”，表面上道貌岸然，但在逐利的不择手段上，往往无出其右者。

然而，官户非法攫取社会财富，离不开公吏群体的协助。公吏的协助主要表现在三个方面。(1) 隐落田产。公吏多来自本州本县，对本州本县的情况自然非常熟悉。“吏胥之于乡里，其贫富厚薄，或能瞒官，不能瞒吏，自一金至百金、千金之家，吏

---

① 陆垵：《崇福田记》，单庆修、徐硕纂：《至元嘉禾志》卷 26，上海：上海古籍出版社，2010 年，第 274 页。

② 范应铃：《限田论官品》，《名公书判清明集》卷 3，北京：中华书局，1987 年，第 88 页。

③ 刘黻：《论经界自实疏》，《蒙川先生遗稿・补遗》，《宋集珍本丛刊》第 86 册，第 573 页。

④ 张荫麟：《南宋亡国史补》，《宋史论丛》，北京：北京师范大学出版社，2020 年，第 80 页。

⑤ 章如愚：《山堂考索・续集》卷 37《官制门・县令》，第 1133 页。

⑥ 孙梦观：《雪窗集》卷 2《高宗皇帝诏籍记赃吏姓名》，《景印文渊阁四库全书》第 1181 册，第 83 页。

⑦ 《宋史全文》卷 35，宝祐四年十一月癸丑，汪圣铎点校，北京：中华书局，2016 年，第 2854 页。

⑧ 孙梦观：《雪窗集》卷 2《高宗皇帝诏籍记赃吏姓名》，《景印文渊阁四库全书》第 1181 册，第 83 页。

皆若烛照”。[①] 因此，官户想隐落田产，离不开公吏的掩护、配合。前述“至有岁收千亩之家，官中收二三顷者；有岁收千斛之家，官无名籍者”，陈述者的前提是“兼并隐寄之家与乡村保正、乡司通同作弊，隐落官物”。[②] 专管财政的户部侍郎韩彦古也说：“县乡之胥吏”，“多寡任情，轻重无制，隐落窜易，其弊如麻”。[③] 毫无疑问，胥吏协助隐落的田产，绝大多数当属官户。(2) 逃避赋税。官户在籍田产，亦会百般逃避赋税，但又逃不过洞悉一切之公吏的眼睛。要达此目的，自然也离不开公吏的掩护、配合。比如拖延纳税，“多方计嘱司吏”，“迁延不输”，“更拖一二年，便望赦恩蠲放”。[④] 再比如谎报信息，“重赂乡胥，或指为坍江逃阁，或诡寄外县名籍，虽田连阡陌，输税即少，役且不及”。[⑤] (3) 侵夺公私财产。公产，比如官田，“形势之家买诱胥吏，并以职田为官田请买，……一旦尽变而为豪民之田”。[⑥] 私产即百姓产业，“豪家欲并小民产业，必捏造公事以胁取之”，但捏造公事必须有公吏的配合。比如饶州王枢府家侵夺平民徐云二产业，即是县吏邓荣“舞文妄覆”。[⑦]

公吏协助官户非法攫取社会财富，有主动者，有被动者，但无论是主动还是被动，公吏都只是帮凶而已。在与官户联合作弊的过程中，公吏毕竟会得到好处，所以主动协助官户的公吏会大有人在，这也是古今之人的通常认识。但是，很多情况下，公吏其实是被动的。

首先，摄于州县官权威，不得不如此。“寄居大姓，豪夺武断”，州县官依法惩治，“其怨必深”，“小则兴谤，大则摇撼”。[⑧] “寄居大姓”即官户。州县官为巴结寄居大姓，有时不惜牺牲公利以讨好之，遂让公吏协同作弊。绍熙元年（1190），臣僚言：“比年以来，士大夫寓居多以外邑为便，县官甫下车则先诏（访）问权要声援，往往循习谄媚，互相交结。其为权要声援者，因县官之见知，遂假此以恐吓齐民，或以私忿未决，债息未偿，辄将小民拘送县狱。县官方承奉之不暇，乃俾老胥猾吏锻炼

① 洪亮吉：《卷施阁集·文甲集》卷1《吏胥篇》，《续修四库全书》第1467册，第240页。

② 《宋会要辑稿》食货六一之一〇，第7438页。

③ 章如愚：《山堂考索·后集》卷53《赋税·田赋》，第803页。

④ 陈淳：《北溪先生大全文集》卷46《上傅寺丞论学粮》，《宋集珍本丛刊》第70册，第266页。

⑤ 杜范：《清献集》卷8《便民五事奏劄》，《景印文渊阁四库全书》第1175册，第676页。

⑥ 黄榦：《勉斋先生黄文肃公文集》卷30《新淦申临江军及诸司乞申朝廷给下卖过职田钱就人户取回》，《宋集珍本丛刊》第68册，第59页。

⑦ 辛更儒：《刘克庄集笺校》卷192《书判·饶州州院申徐云二自刎身死事》，北京：中华书局，2011年，第7520—7521页。

⑧ 倪思：《经钼堂杂志》卷3《守令》，长沙：岳麓书社，2005年，第74页。

追考。"①"俾老胥猾吏"，一个"俾"字表明"老胥猾吏"是受县官指使，被动而为。宝祐六年（1258），吴潜在《奏按象山宰不放民间房钱》中说："闻县道多有与大家、上户为伍，……本县乡里屋主皆系寄居官户者，……为象山之官吏与寄寓缙绅非王臣乎？而奉旨蠲放房赁，大家、上户视之如无，县道官吏知有大家、上户而不知有君上。"② 从吴潜整个弹劾状来看，"大家""上户"就是寄居官户。其实，州县官纵容公吏协助官户作弊，除了畏惮、巴结之外，还有共情的因素。"居官居家本一理"，"见任官每每称寄居官之可恶，寄居官亦多谈见任官之不韪"。③ 州县官的家庭在其家乡其实在做着和治下官户相似的事情，只是空间有别而已。

其次，摄于官户权威，不得不如此。如果州县官都畏惮官户，那么，公吏更是难以与官户抗衡，他们之间的权威存在着绝对的势差。有汪相如者，官衔为迪功郎、县尉，属于最低层次的官员，但其"居乡之日"，却能"把持县吏，协之至死；械系于狱，久之始脱"，④ 可见官户与公吏势差之大。在当时的伦理秩序中，州县官与寄居官地位相仿，属于主人的层级，而官府的公吏则与官户的幹人地位相仿，属于仆人的层级，所以，幹人常常被称为"家吏"。因为地位相仿，公吏谢役之后，常常转作官户幹人。朝廷为此还曾专门下诏："诸曾经编配及罢役、见役吏人辄充官民户幹人者，徒贰年，许人告。"⑤ 因为在权威上存在着绝对的势差，公吏很多时候不得不协助官户作弊。"胥吏惟上户之听"，"上户多是衣冠读书赴举仕族"，"形势之家隐瞒，胥吏相为庇匿"。⑥

需要特别说明的是，公吏协同官户作弊，士大夫一面将本为帮凶的公吏书写为作弊的关键角色，一面又百般隐讳官户身份。他们的书写，很少用"官户""品官之家"等直接指向本阶层的词汇，而是以"豪族""豪强""豪右""豪民""大姓""大家""上户""形势户""形势之家"等笼统性的词汇代替。比如陆游说"吏与豪民为市，户籍惟出乡有秩手"，⑦ 就是典型的为官户而讳的技巧性书写。"豪民"很笼统，但

---

① 《宋会要辑稿》刑法五之四三、四四，第 8527 页。

② 吴潜：《许国公奏议》卷 4，《续修四库全书》第 475 册，第 187 页。

③ 袁采：《袁氏世范》卷 2，刘云军校注，北京：商务印书馆，2017 年，第 90 页。

④ 真德秀：《西山先生真文忠公文集》卷 12《申将宁国府南陵县尉汪相如罢职事》，《宋集珍本丛刊》第 76 册，第 14 页。从行文逻辑来看，汪相如把持的县吏不止一个。

⑤ 《庆元条法事类》卷 80《杂犯 · 职制敕》，《中国珍稀法律典籍续编》第 1 册，第 925 页。

⑥ 梅应发、刘锡：《开庆四明续志》卷 7《行移始末》，《宋元方志丛刊》第 6 册，北京：中华书局，1990 年，第 6000、6004 页。

⑦ 《陆游集 · 渭南文集》卷 39《吏部郎中苏君墓志铭》，北京：中华书局，1976 年，第 2369 页。

"乡有秩"却是有实指的。"秩"的意思之一是官员的俸禄，"乡有秩"指的是乡居官员，清人陆心源所编《宋史翼》遂直接改为"吏与豪民为市，户籍惟出乡宦手"。[①]再比如韩元吉说"寄居豪强例不肯输折帛钱，胁持官吏，只纳本色"，[②] 只纳本色的寄居豪强，必是官户无疑。这样的书写模式，无疑会极大地强化公吏"恶"的形象，同时又极大地淡化官户"豪横"的形象。在这种书写模式下，公吏事实上成为官户豪横的替罪羊。

四、结　语

在士大夫的书写中，南宋地方政治生态一个突出的变局在于"公吏世界"的凸起。可是，从整个中国古代公吏群体的位势来看，南宋明显是一个低谷时期。历史书写与历史事实之间存在着巨大的反差，背后必然存在诸多隐讳的悖论。

"公吏世界"看似风光，其实是彻头彻尾的贬义，几乎是"公吏作恶"的代名词。公吏"恶象"的形成，首先是因为公吏是官府善政的失语者，其"善象"面被士大夫从善政书写中彻底地抹去。士大夫如此书写，主要是基于儒家人性论。"德惟善政"，在儒家理念中，正德是善政的先决条件，而公吏则是"小人之尤"者，先天就不可能出现在善政书写中。

不管是善政，还是恶政，总体而言，官与吏是统一体，而非对立体。士大夫将吏塑造成官的对立体，目的有二：一是官员独享善政之名；二是让吏成为恶政之名的主要承担者，从而掩饰官员恶的一面。就拿最核心的赋税征收来说，南宋合法税收远远无法满足国家财政需要，违法征税成为常态。大多数官员明知违法之源在于官府，但却不愿坦然承担违法恶名，遂将违法恶名转嫁公吏，反复宣称公吏是违法征税的最大受益者。在违法征税过程中，公吏实际所得非常有限，总体上仅能维持社会中产地位而已。很显然，公吏成了官府恶政的替罪羊，如果公吏是最大受益者，州县官根本不可能完成庞大的违法征税任务。

南宋财富分配存在两大显著趋向：一是以违法征税的形式流向朝廷，规模空前；

---

① 陆心源：《宋史翼》卷 4《苏嘉附苏玭传》，吴伯雄点校，杭州：浙江古籍出版社，2016 年，第 84 页。

② 韩元吉：《南涧甲乙稿》卷 9《荐张竑周垧状》，刘云军点校，北京：中国社会科学出版社，2022 年，第 167 页。

二是以非法攫取的形式流向官户，规模同样空前。官户非法攫取离不开公吏的掩护与配合。但公吏只是帮凶而已，他们在协助官户作弊的过程中所得甚微。然而，士大夫在书写的时候，却极力强化公吏的关键角色，同时又极力淡化官户身份及其豪横形象。这样的书写，显然是想让公吏成为官户豪横的替罪羊。

总之，作为“官民交接之枢纽”和第一线行政工作者，公吏既是善政要素的汇集点，也是恶政矛盾的交织点。凭借绝对话语权，士大夫可以轻易地抹去公吏的善政面相；借助以偏概全的逻辑，士大夫又可以让公吏成为官府恶政和官户豪横的替罪羊。在塑造“公吏世界”的过程中，士大夫成功地让公吏成为了社会负面的关注焦点和社会矛盾的缓冲阀。一方面，州县官维持了良好形象，可以继续扮演“父母官”[①] 的角色；另一方面，作为地方社会主导力量的官府与官户，彼此之间在财富分配领域隐藏着尖锐的矛盾，但双方都将矛盾的焦点转移到了公吏身上，让公吏成为他们共同的替罪羊，从而使得彼此之间的矛盾始终隐而未发，基本维持住了和谐的局面。

---

① “父母官”的称呼首见于宋代。

天主教修会传教中心在西属美洲殖民地开拓中的作用*

韩　琦**

摘　要：在15世纪末和16世纪初，西班牙国王从罗马教皇处获得了保教权，西班牙成为事实上的政教合一的国家。西班牙对美洲的征服和殖民是剑与十字架同行的，天主教会发挥了极其重要的作用，而天主教修会更是充当了先锋。与在俗教会不同，修会传教的对象更多是农村地区的印第安人。在完成了对西属美洲中心地带定居印第安人的传教工作之后，修会的传教工作又转向了西属美洲的边疆地区。在新西班牙的北方地区和南美洲的拉普拉塔地区，都分布着大量的修会传教中心。修会传教中心在边疆地区发挥了多种功能，在文化上传播天主教信仰和欧洲文明，在军事上防御外国人和敌对印第安部落的侵扰并加强内部纪律管理，在经济上从事生产和贸易，在政治上为建立新的社区和行政单位打下基础。尽管修会传教中心对印第安人的剥削及其带来的疫病导致印第安人的大量死亡，激起印第安人的反抗乃至起义，其对印第安人的宗教皈依和文明传播的目标也未完全实现，但修会传教中心的确与西班牙国家一起塑造了一个与军事、政治边界平行的精神文化边疆，修会传教中心是西班牙殖民主义不可或缺的重要组成部分。

关键词：西班牙美洲；教职人员推荐权；委托监护制；修会；传教中心；归化区

---

* 教育部人文社会科学重点研究基地重大课题“独立以来拉美主要国家的社会转型研究”(19JJD770007)

** 韩琦，南开大学世界近现代史研究中心教授（天津　300071）

西班牙对美洲的征服是剑与十字架一起前行的，即军事征服与精神征服同步进行，前者以征服权力、领土和财富为目的，后者旨在赢得土著居民对基督教的信仰。在精神征服的过程中，天主教修会（Order）[①] 发挥了先锋作用，特别是在殖民地的边疆地区，[②] 天主教修会建立的传教中心（Mission）[③] 通过对所在地区印第安人实施宗教皈依和文明教化，促进了西班牙帝国的扩张。

关于殖民地时期美洲的西班牙天主教会的作用问题，国内拉美史学界以往大多将教会作为一个整体去评价，很少有人将修会与在俗教会加以区分，更缺少对修会传教中心的专题研究。但实际上，修会和在俗教会发挥的作用是有区别的。本文试图在国外学者研究成果[④]的基础上就天主教修会传教中心在西属美洲殖民地开拓中发挥的作用作一初步探讨。

---

① 该词多被翻译为宗教团体、教团，笔者认为译为“修会”更恰当。

② 这里的所谓“边疆地区”是指中部美洲和安第斯山中部定居人口密集地区之外的地方，也称为边远地区。但边疆是相对的，并不断被往前推进。西班牙国王最初重视的是人口密集的中心地区，当面临欧洲竞争对手争夺地盘或矿产资源时，才开始加强对边远地区的开发和管理。

③ 该词指的是派往国外传播宗教信仰的使团，也可指传教士和当地人交流的地方。即一词双义，一是指组织，一是指机构。有人译为使团或教区，但笔者在本文中将根据上下文语境将其译为“传教团”或“传教中心”，译为后者的情况会更多，指代修会的传教机构或场所。

④ 国外学者对西属美洲修会传教中心的研究开始于20世纪初，加州大学伯克利分校的赫伯特·尤金·博尔顿最早研究了新西班牙北方的修会传教中心。随后有一系列著作相继问世，如 Herbert E. Bolton, *Texas in the Middle Eighteenth Century*, Berkeley: University of California Press, 1915; Peveril Meigs, *The Dominican Mission Frontier of Lower California*, Berkeley: University of California Press, 1935; Maynard Geiger, *The Franciscan Conquest of the Floridas, 1573 — 1618*, Washington, D. C.: Catholic University of America, 1937; Henry W. Kelly, *Franciscan Missions of New Mexico, 1740 — 1760*, Albuquerque: University of New Mexico Press, 1941; John Francis Bannon, *The Mission Frontier in Sonora, 1620 — 1687*, New York: United States Catholic Historical Society, 1955; Maynard Geiger, *Franciscan Missionaries in Hispanic California, 1769 — 1848*, San Marino: The Huntington Library, 1969. 这些著作的特点是针对北方不同地区进行个案研究。对南美拉普拉塔地区的研究，主要集中在巴拉圭传教中心（或归化区），比较重要的著作有 M. Morner, *The Political and Economic Activities of the Jesuits in the La Plata Region: The Hapsburg Era*, Stockholm: Library and Institute of Ibero-American Studies, 1953; G. Furlong, *Misiones y sus pueblos Guaranies, 1610 — 1813*, Buenos Aires: Editorial Teoria, 1962; P. G. Caraman, *The Lost Paradise: An Account of the Jesuits in Paraguay, 1607 —1768*, London: Sidgwick and Jackson, 1976; B. Ganson, *The Guaraní under Spanish Rule in the Río de la Plata*, Stanford: Stanford University Press, 2013. 但是，尚缺少一种对拉美地区修会传教中心的整体研究，1995年埃里克·兰格和罗伯特·杰克逊编辑出版了《新拉丁美洲传教团历史》(Erick Langer and Robert H. Jackson, eds., *The New Latin American Mission History*, Lincoln: University of Nebraska Press, 1995)，试图对整个拉美地区的修会传教中心的历史以一种“新”的史观加以阐释，但此书仍然是一本由5个案例研究组成的论文集。目前学界对整个拉美地区修会传教中心的研究正在深化中。

一、天主教修会在西班牙教会体制中的地位

西班牙人的美洲征服事业是以天主教的名义进行的。从公元8世纪开始，西班牙基督徒与信仰伊斯兰教的摩尔人进行了一场旷日持久的“收复失地”的战争，到1492年西班牙基督徒取得了最终的胜利，美洲征服则是这场运动在海外的延续。1492年哥伦布第一次航行美洲，在10月12日登陆巴哈马群岛的瓜纳哈里(Guanaharí)岛时，他一手拿着西班牙国旗，一手拿着十字架，跪在地上，以神圣的耶稣基督的名字将这个小岛命名为“圣萨尔瓦多”(San Salvador，神圣的救世主之意)。1493年他第二次航行美洲的时候，随行带去了12名传教士，其中包括4名方济各会的修士。[①]

科尔特斯在征服墨西哥时有两名传教士随同，很快他又恳求国王派遣新的传教士。1524年6月，当他接到12名方济各会传教士到来的消息后，便召集了所有的西班牙绅士和印第安酋长陪同他前往迎接。一见到赤着脚、身穿破旧长袍的传教士，他便跪在了他们面前一一亲吻他们的手。其他人也随之效仿。他对身边感到惊讶的印第安酋长们解释说，自己之所以这样谦卑恭顺，是因为“总督享有的权力，只能涉及人们的身体和财产，那些都是外部的可见的，不能长存世间而终究要毁灭的。而这些人行使的权力，是对人们不朽的灵魂的支配权。他们每一个人的价值要比世界上任何东西，无论是金银还是宝石，甚至比我们从这里看到的天都要大。上帝赋予他们以权力，派他们来把人们的灵魂引入天堂。……所以，你们要非常尊重和敬畏他们，……服从他们，而且要让所有的人都服从他们”。[②]

1532年皮萨罗摧毁印加帝国之后，维森特·瓦尔弗德主教和4位多明我会修士于1534年来到秘鲁，迅速开始了他们的传教工作。

西班牙殖民者为了表明殖民征服的正义性，在每一次殖民行动之前都用最后通牒的方式向印第安人宣读《要求书》(Requerimiento)，这是一个在西班牙国王授意下由西班牙法学家在1512年撰写的征服宣言。其中告知将要被征服的印第安人，上帝

① Enrique Dussel, ed., *The Church in Latin America: 1492—1992*, New York: Orbis Books, 1992, p. 375.

② Geronimo de Mendieta, *Historia Eclesiastica Indiana*, Mexico: Antigua Libreria, 1869, pp. 210—212.

创造了万物和人，并将其委托给教皇管理，而教皇又把你们居住的岛屿和陆地以及这里的万物赠给了西班牙国王。西班牙国王是这里一切的主宰。因此，当你们接到这一通知之后，就应该毫不迟疑地尊他为王，并接受他派来的神父们的布道。你们要承认教会是“全世界的统治者和主宰”，教皇和西班牙国王是这些岛屿和大陆的君主。如果你们这样做，就会有好日子过，如果你们违抗命令，将遭受不可言喻的损失和灾难，后果自负。[①] 总之，征服者要使印第安人相信他们的被征服和被奴役是来自上帝的旨意。

《要求书》中提到的教皇与西班牙国王的关系，实际上是指教皇授予西班牙国王的对教职人员的推荐权，西语 patronato，原意为庇护，这里专指以王室拥有的教职人员推荐权为核心的一系列保护传教的权力，简译保教权。它“允许国王以‘基督的代表’自居，并自行处理西印度群岛的教会事务，而不受来自罗马的干涉。事实上，教皇使节不允许踏上西印度群岛或与之有任何直接联系，……王室对西印度教会的权力实际上是绝对的”。[②] 保教权具体包括：向罗马教廷推荐殖民地的大主教、主教和修士的合适人选，向相应的主教推荐较低级的神职人员人选，可调动、提拔或罢免各级神职人员，并决定其管辖权限；在国王的领土内王室可授权或直接建造大教堂、教堂、修道院、医院、学校等；掌管天主教会的裁判权，可裁决教会与世俗权力之间以及教士之间的任何司法冲突；征收什一税和其他教会赋税；来往于新大陆和罗马之间的所有文件在前往目的地之前，都必须得到西印度事务委员会的批准。[③] 作为回报，教会可以获得可观的国家津贴来开展活动，教职人员的薪酬由国王发放，知名教职人员会兼任殖民地官员。

根据保教权，西班牙的天主教会体制被移植到了美洲。在哥伦布到达西印度群岛之后不到 20 年的时间里，先后建立起了 3 个主教区。到殖民地末期，西属美洲共建

---

① Lewis Hanke, ed., *History of Latin American Civilization: Sources and Interpretations*, Boston: Little, Brown and Company, 1967, pp. 123—125.

② Leslie Bethell, ed., *The Cambridge History of Latin America*, Vol. 1, Cambridge: Cambridge University Press, 1984, p. 300.

③ Enrique Dussel, *A History of the Church in Latin America: Colonialism to Liberation, 1492—1979*, trans. Alan Neely, Grand Rapids: William B. Eerdmans Publishing Company, 1981, pp. 38—40. 关于这一权力，刘文龙先生曾做过系统归纳，参见刘文龙：《西属美洲王权与教权关系初探》，《拉丁美洲研究》1991 年第 3 期。

立了10个大主教省和38个主教区，[①] 并形成了一套完整的大主教、教区主教、助理主教、神父等不同等级的教阶体制。大主教省和主教辖区都由“西印度事务委员会”管理，大主教和主教由西班牙国王任命，教区神父由总督或都督委派。

但在西属美洲殖民初期，在殖民开拓中发挥突出作用的并非在俗教士，而是各个托钵修会的修士。在俗教士是在国王保教权支持下由王室直接派遣的，是由国王任命的主教所负责的，修士则较少受到国王的权势管束。各修会如方济各会（the Franciscans，1493[②]）、多明我会（the Dominicans，1509）、施恩会（the Mercedarians，1514）、奥古斯丁会（the Augustinians，1533）、耶稣会（the Jesuits，1565）等，尽管也在国王的管辖之下，但其具有一定的独立性，教皇曾赋予修会不受当地主教管辖的豁免权。[③] 这些修会在罗马教廷有自己的总部和首脑，在某种程度上受罗马教皇的直接领导，特别是在教义的解释方面，修士要遵守修会创立者制定的内部规则。他们很多人并非西班牙人，而是在西班牙国王的默许之下，从与西班牙有关系的其他国家招募的。[④] 根据有关记录，到1518年底，共有124名传教士前往西印度群岛，其中89人是方济各会修士，32人是多明我会修士，1人是施恩会修士，另外2人的归属不明。在随后的300年里，修士总数增加到约16000人，到殖民地末期，官方派往拉美的宗教人士中，有15097人被确认为修会成员。[⑤]

修会修士通常信仰更坚定，开拓精神更强。与在俗教士相比，他们受过更好的教育，而且支撑他们的是简朴的生活作风。他们将理想主义和传教的热情带到了新大陆，很多修士相信千年至福（millenarians），[⑥] 相信印第安人的皈依能够带来基督的重生。他们强调奉公守法，过一种清贫生活。当获知在美洲有大量印第安人之后，他们认为这是一个实现基督教千年王国来临预言的明显征兆，他们给自己提出了一个创造印第安人基督教国家的艰巨任务，即在不消灭土著文化的前提下根除土著宗教。最晚到达美洲的耶稣会，创建于反宗教改革时期，面对路德教、加尔文教和英国圣公会

---

① Clarence Henry Haring, *The Spanish Empire in America*, New York: Oxford University Press, 1947, pp. 170—171. 到19世纪，西属美洲总共有45个主教区。参见 Bethell, ed., *The Cambridge History of Latin America*, Vol. 1, p. 518.

② 括号里的数字是各修会进入西属美洲的年代，下同。

③ Dussel, ed., *The Church in Latin America*, pp. 377—378.

④ Bethell, ed., *The Cambridge History of Latin America*, Vol. 1, pp. 521—522.

⑤ Dussel, ed., *The Church in Latin America*, p. 377.

⑥ 参见迈克尔·C. 迈耶、威廉·H. 毕兹利编：《墨西哥史》，复旦人译，上海：东方出版中心，2012年，第188页。

等新教的扩张，它要为天主教会争取灵魂和领土。

修会传教士在美洲的任务与在俗教士不同。在俗教士主要在西班牙居民的教区工作，负责传播和保护西班牙社区的正统信仰，主要居住在城市。而修会的主要活动区域在农村，他们在印第安人居住区建立起教区，使周围的土著皈依天主教和文明化，其任务包括向成年人和儿童传授基督教教义，对某些圣礼加以限制，监督并制止某些偶像崇拜的行为，组织皈依者的社会生活等。① 在俗教士在西班牙人建立的城市工作，并没有什么特别困难，因为西班牙法律规定只允许基督徒迁移到殖民地，凡来到殖民地的西班牙人一般都热心于天主教。但是到印第安人定居区传教则会遇到语言不通、宗教冲突以及各种敌意或反抗等多种困难，这要求修会传教士必须具有强烈的传教热忱。

修会最初的传教活动是在委托监护制的框架下进行的。1503 年，西班牙国王命令伊斯帕尼奥拉岛的都督尼科拉斯·德·奥万多实行委托监护制，即殖民当局可以将某一地区居住的一定数量的印第安人赐予某个征服者、士兵、官吏或其他人管辖，被赐者称作委托监护主，负有保护、教化印第安人和使之皈依天主教的责任，作为回报，他有权迫使印第安人提供劳役和贡税，与国王分享收益。② 委托监护主被要求供养必需的修士，由修士提供宗教指导。一般情况下，委托监护主会邀请修士到自己的委托监护区传教，有的修士就住在委托监护区，有的则是巡回传教。③ 通常布道非常简短，洗礼也是集体进行。在征服后的头 15 年里，总共有 400 多万印第安人接受了洗礼。④

但是，委托监护制很快就被滥用，变成了事实上的奴隶制，导致印第安人大量死亡。1511 年 12 月，多明我会修士安东尼奥·德蒙特西诺斯在布道讲坛上谴责殖民者说："你们全都处于不可饶恕的罪孽之中，由于你们残暴地对待这些无辜的受害者，你们将生活在罪孽之中，并将因这罪孽而死去。"⑤ 另一位多明我会修士巴托洛梅·德拉斯卡萨斯也挺身而出，发起了一场保护印第安人免遭西班牙人剥削的斗争。结

---

① Bethell, ed., *The Cambridge History of Latin America*, Vol. 1, pp. 518—519.

② Lesley Byrd Simpson, *The Encomienda in New Spain: The Beginning of Spanish Mexico*, Berkeley and Los Angeles: University of California Press, 1950, pp. 9—13.

③ James Lockhart and Stuart B. Schwartz, *Early Latin America: A History of Colonial Spanish America and Brazil*, Cambridge: Cambridge University Press, 1983, p. 108.

④ Haring, *The Spanish Empire in America*, p. 173.

⑤ Bethell, ed., *The Cambridge History of Latin America*, Vol. 1, p. 514.

果，西班牙国王在1542年《新法律》中废除了印第安人奴隶制，并限制了委托监护制的世袭权。

到16世纪70年代，随着美洲征服进程接近尾声，西班牙国王逐渐以在俗教士取代修会修士。1574年王室颁布《教职人员推荐权规章》重新规定了主教的统治权，主教成为每一个教区的教会生活的柱石，不仅在俗教士，修会的修士也都通过教区逐渐被置于当地主教的权力之下。这种情况在土著居民定居地区表现突出。按照新政策，一旦某个地区印第安人完成了宗教皈依，在俗教士就应该逐渐取代修会修士。而修会修士则应该到更远的边境地区继续他们的传教工作。随着征服向边远地区的推进，修会在边远地区的确获得了更大的发展机会。

二、修会传教中心与西属美洲殖民地边疆的开拓

从17世纪中期开始，各修会的传教事业逐渐在美洲殖民地的边疆地区大规模展开。在新西班牙北方的边境地区，鉴于法国人、荷兰人、英国人乃至俄国人的不断侵袭，西班牙国王改变了最初忽视该地区的做法，希望通过开拓佛罗里达至格兰德河谷一线，建立一个防御区，让敌视的欧洲对手远离墨西哥的宝贵矿场和城镇。在拉普拉塔地区，鉴于葡萄牙人对该地区的不断蚕食，西班牙国王也加强了对该地区的开发。

各修会对这些地区开发的基本模式是建立传教中心。通常是传教士选择一个靠近印第安定居点的地方，在那里建一个临时小教堂和一些简陋的木屋，然后开始做印第安人皈依的工作。通常他们先给印第安人玻璃珠、衣服、毯子或食物之类的东西来引起他们的注意。传教的时候，印第安人被聚集到刚建立的传教中心或传教所，也就是“米西翁”（Misión，西语），一旦某个印第安人皈依了基督教，便被带到传教中心生活，不能离开。日常生活包括祈祷、用餐，成人在田间或作坊中劳动，儿童要上学校。为了保护这些传教中心，西班牙当局会派出士兵在其附近建立军事哨所。多年之后，许多传教中心发展成为繁荣的宗教、农业和商业综合体。在新西班牙北方，典型的传教中心有一个长方形的围墙，墙壁厚度有的地方达8英尺，四角设有哨所。有的在大门上方设有塔楼，安装了大炮，类似“一座城堡”。围墙里面有教堂、修道院、宿舍、学校、作坊和仓库等。每个传教中心院内都有印第安住所，也有些传教中心与印第安村落为邻。为满足居民的生活必需品，传教中心周围数英里的乡村有花园、果园、田地和牲畜等。在巴拉圭，耶稣会建立的传教中心有时也被称为“归化区”

(Reductions)，是修会为便于传教和保护印第安人，将周围散居的印第安人集中起来或从别的地方将印第安人迁移过来所建立的定居点，其中主要建筑是教堂、学校、医院和印第安人的住所。传教中心通常都会得到一个为期十年的特许状，在特许期结束时，传教中心的社区将会成为独立的城镇。

在新西班牙的北方边境，传教工作主要由方济各会、耶稣会和多明我会进行。其中东北部地区主要属于方济各会，其传教团进入了科阿韦拉、新莱昂、新桑坦德、新墨西哥、得克萨斯和佛罗里达。耶稣会传教团进入了西北部，主要在锡那罗亚、索诺拉、奇瓦瓦、下加利福尼亚和亚利桑那州传教。多明我会也来到了下加利福尼亚。[①]而在南美的拉普拉塔地区，传教工作则主要是由耶稣会和方济各会负责的。

在佛罗里达，1565 年，佩德罗·梅嫩德斯·德阿维莱斯袭击并摧毁了法国人在这里建立的基地，然后建立了设防的圣奥古斯丁镇，这是耶稣会在新西班牙北部边境地区建立的第一个传教中心。在 1702 年之前，佛罗里达共建立了 40 个传教中心。据估计，新的传教中心将 2.6 万印第安人转变为基督徒。然而，佛罗里达的传教中心并没有持续很久。1702 年至 1706 年间，驻扎在南卡罗来纳的英国军队入侵佛罗里达，并将所有传教中心烧成灰烬。一些传教士被屠杀，成千上万的印第安人被卖为奴隶。

在得克萨斯，第一个传教中心是 1632 年在圣安赫洛建立的，但不到 6 个月就被放弃了。1680 年，为接纳来自新墨西哥北部的逃难的印第安人，方济各会在西部的埃尔帕索成立了 3 个传教中心。1690 年，方济各会又在东部成立了两个西班牙传教中心，目的是阻止法国人在该地区定居，但因疫病传播和土著的敌意，1693 年不得不放弃。尽管后来又被重建，但它们的重要性大大下降。大多数定居者迁到了中南部的圣安东尼奥，在那里，方济各会沿圣安东尼奥河建立了 5 个传教中心，分别是康塞普西翁、圣荷塞、阿拉莫、圣胡安、埃斯巴达，在整个 18 世纪，它们几乎都是繁荣的，但到该世纪末则趋向衰败。从 1632 年至 1793 年间，得克萨斯共建有 35 个传教中心。

在新墨西哥，1598 年，西班牙征服者胡安·德奥纳特率领 400 名殖民者来到埃尔帕索以北的格兰德河沿岸。殖民者在这里经营牧场，其中包括 12 名方济各会传教士，为当地普埃布洛（Pueblos）[②] 印第安人提供宗教指导。普埃布洛人已经有了稳

① 佛罗里达、得克萨斯、新墨西哥、亚利桑那、上加利福尼亚等西班牙殖民地，到 19 世纪中期先后被美国占领。

② 意为村庄或小镇。新墨西哥的土著居民已经生活在定居村庄里，被西班牙人称为普埃布洛人。

定的经济生活以及复杂的社会结构和宗教，但传教士并不欣赏普埃布洛文明的道德。他们试图通过传教改变普埃布洛人的宗教习俗和信仰，以欧洲基督教文明取而代之。普埃布洛人从小就接受合作和适应社会压力的训练，因此在最初的几十年，他们并没有抵抗传教士。到 1628 年，新建的传教中心已经达到了 50 个。然而，在 17 世纪 70 年代，饥荒、疾病和不断增加的战争伤亡使大多数普埃布洛人相信，接受外来者的宗教信仰是错误的，他们希望回归传统的生活方式。1680 年发生了一次反对传教团的大起义，将传教士赶出了新墨西哥。后来，西班牙人又重返新墨西哥，普埃布洛人最终被迫接受了天主教会的强大存在，不得不参加天主教的宗教仪式，但在同时，他们仍私密地信奉本族的宗教。

在亚利桑那，1687 年，耶稣会传教士尤塞比奥·弗朗西斯科·基诺来到当时被称为上皮梅利亚的地区。皮马人的部落就在这片有着沙漠和山脉的土地上。基诺从位于该地区南部的基地多洛雷斯传教中心向北推进，在一个又一个河谷建立了新的传教中心，直到传教中心网络延伸到亚利桑那。基诺具有超凡的组织才能，他教皮马人养牛和种植小麦等新作物，为传教中心提供了良好的经济基础。他包容印第安人的传统习俗，亲自为大约 4500 名印第安人进行了洗礼，并利用训练好的印第安基督徒去做印第安人的宗教皈依工作，从而赢得更多的皈依者。结果，这些基督徒所在的社区在经济上和精神上都实现了良性循环。耶稣会在亚利桑那建立的传教中心达 20 多个。方济各会接管之后又建立了 3 个新的传教中心。

在下加利福尼亚，第一个传教中心也是耶稣会传教士基诺创建的，1683 年该中心建立于圣布鲁诺，但很快被放弃了。直到 1697 年才由耶稣会传教士胡安·玛丽亚·德萨尔瓦蒂埃拉创建第二个传教中心，到 1767 年，耶稣会总共建立了 18 个传教中心和两个访问站（即附属乡村小教堂）。1768 年耶稣会被驱逐之后，在费里·胡尼佩罗·塞拉的领导下，方济各会接管了耶稣会的传教中心，并于 1769 年建立了圣费尔南多·雷伊·德·埃斯帕尼亚·德·韦利卡塔传教中心，这是方济各会在下加利福尼亚建立的唯一一个传教中心。当塞拉神父被命令前往上加利福尼亚之后，多明我会于 1772 年抵达下加利福尼亚，它一方面接管了耶稣会的传教中心，另一方面又新建了 9 个传教中心。这样，该半岛共建立了 28 个传教中心。耶稣会在下加利福尼亚的传教促成了两项发展：一是鉴于开拓经费的不足，它创立了“虔诚基金”，通过募集私人捐款来维持耶稣会的活动；二是它利用本地作为跳板，支持方济各会和加斯帕尔·德波托拉都督将太平洋海岸的边疆扩展到上加利福尼亚，以抵御俄罗斯人从阿拉斯加向南推进。[①]

在上加利福尼亚，1769 年，德波托拉带领探险队进入该地区时，经验丰富的方济各会传教士塞拉与他同行，这是西班牙人对该地区的最初探索。西班牙国王希望在这里建立传教社区，以阻止沿太平洋而下的俄罗斯人在此定居。1769 年，塞拉创立了该地区的第一个传教中心，即圣迭戈传教中心。第二年，他在蒙特利湾以北更远的地方建立了圣卡洛斯·博罗密欧传教中心，这里成为他的活动总部。接着，在他的领导之下方济各会又建立了圣安东尼奥（1771）、圣加布里埃尔（1771）、圣路易斯·奥比斯波（1772）、圣弗朗西斯科·德阿西西（1776）、圣胡安·卡皮斯特拉诺（1776）、圣克拉拉（1777）和圣布埃纳文图拉（1782）等传教中心，塞拉生前创建了该地区最初的 9 个传教中心。[②] 他去世之后，这项工作继续进行。在 1769 年至 1823 年间，共建成了 21 个传教中心。这些传教中心之间相隔一天的步行距离，它们沿加利福尼亚海岸延伸了 650 英里。

在南美洲，耶稣会传教士在争取智利阿劳坎人诸部落接受基督教方面居于首位，他们还深入秘鲁内地高原，在克丘亚诸部落间进行传教活动。在拉普拉塔地区，方济各会在乌拉圭印第安人中展开了传教活动，但干得最出色的却是在巴拉圭的耶稣会。耶稣会从 17 世纪初开始在巴拉圭建立传教中心。第一批耶稣会传教士于 1605 年从秘鲁来到亚松森，两年后建立了巴拉圭耶稣会省。大约 1610 年，他们开始在巴拉那河上游和乌拉圭河流域的瓜拉尼印第安人中，以及在亚松森东北部、巴拉那河以东的瓜伊拉地区的塔佩人中，建立了传教中心。瓜伊拉的传教中心很快就被葡属巴西圣保罗的奴隶贩子袭击并摧毁。猎奴人被称为圣保罗人（Paulistas），在 1627 年至 1631 年间，圣保罗人摧毁了 9 个传教村庄，并带走了 6 万名印第安人。1631 年，耶稣会传教士开始将他们传教村庄的印第安人向南迁移到瓜拉尼传教中心附近。到 1652 年，据报告耶稣会共建立了 48 个传教中心，其中 26 个被圣保罗人摧毁，留下的 22 个尚有 4 万印第安人。随后，传教中心的数量和规模都有所增加，到 18 世纪中叶，瓜拉尼共有 30 多个传教中心，收容了 10 万多名新皈依的基督教徒。[③]

---

① John Francis Bannon, "The Mission as a Frontier Institution: Sixty Years of Interest and Research," *Western Historical Quarterly*, vol. 10, no. 3 (1979), p. 317.

② 塞拉通过引进农业生产和灌溉技术改变了当地人的生活。他被认为是加利福尼亚的创建者之一，也是唯一一位在华盛顿特区美国国会大厦国家雕像馆中有雕像的西班牙人。

③ Haring, *The Spanish Empire in America*, p. 184.

修会体系通常是将传教地区划分为若干教省，每个教省又划分为若干地区，每个地区有城镇和村庄，较大的印第安城镇便成了传教团的总部，监管着该地区的传教活动，较小的村庄和游牧印第安人由神父定期巡查，那些皈依的印第安人被集中到传教中心。到17世纪末，方济各会在美洲已经拥有17个会省，多明我会拥有9个会省，施恩会拥有8个会省，奥古斯丁会拥有7个会省，耶稣会拥有7个会省。① 仅在新西班牙地区，各修会就建立了277个传教中心，② 在巴拉圭，耶稣会的传教中心最多的时候有100多个。③ 正是这一修会传教中心网络（与殖民者、士兵一起）开拓了西班牙殖民帝国的边疆，奠定了西班牙殖民地统治的根基。

三、修会传教中心在边疆开拓中的功能

各修会的传教中心在边疆开拓的过程中发挥了多重功能，其中包括传播宗教和文明、进行军事防御、控制新皈依的教徒、引入新的经济发展模式、创建新的社会和行政单位等。但是，这些努力并不完全成功。

（一）修会传教中心是天主教信仰和文明的传播中心

修会的首要任务就是向当地土著传播基督教信仰，使之放弃原有的宗教。为此，传教士使用了各种各样的方法。第一是通过宣讲教义、馈赠礼物、热情招待、哄骗以及在必要时关禁闭、禁食、鞭打、焚烧当地神像等手段，将印第安人从异教的“黑暗”引向神父指引的“光明”之中。第二是清除印第安人的性欲罪恶，要求他们革除一夫多妻制，实行一夫一妻制，并反对婚外性关系。对那些违反新的性道德的人，施以公开鞭打、剪掉头发并带上枷锁的惩罚。第三是利用当地语言进行交流。为了以更易理解的方式传递基督教的基本概念和教义，传教士往往会花费很多时间和精力学习土著语言。如在从锡那罗亚向北到亚利桑那南部的马德雷山脉西坡地带，那里的耶稣会专门在一个传教中心设立了一所土著语言学校，新来的传教士必须在那里待上几个

---

① Dussel, ed., *The Church in Latin America*, p. 377.

② Ryan Dominic Crewe, *The Mexican Mission: Indigenous Reconstruction and Mendicant Enterprise in New Spain, 1521—1600*, Cambridge: Cambridge University Press, 2019, p. 3.

③ Virginia Garrard-Burnett, Paul Freston, and Stephen C. Dove, eds., *The Cambridge History of Religions in Latin America*, Cambridge: Cambridge University Press, 2016, p. 188.

月，甚至一年，才会被分配到即将上任的传教中心。[①] 传教士们往往会用当地语言编写词汇手册和教义问答等。在土著语言较为统一的地区，这种做法提高了传教的效率，但在语言种类繁多的远西北地区有 200 个以上的部落，常用的语言大致有 20 种，传教士们几乎无法学习，因此，通常采取的方法是，先通过口译员翻译，在印第安人学会传教士的语言之后，直接用西班牙语授课。[②] 第四是重视对儿童的教育和训练。传教士把西班牙语教学的重点放在儿童身上，如方济各会的传教中心规定，儿童都必须学习西班牙文。每个传教中心都设立小学，教堂里设有唱诗班和管弦乐队。神父们向印第安人传授音乐、赞美诗和乐器演奏，还教他们美术和木刻，对少数格外聪明的人则教以阅读和书写，培植他们在教会中供职。在巴拉圭，传教中心的修士认为，儿童纯洁的心灵、对本土神祇知识的缺乏及对传教士馈赠物质的感激是在异教徒中深植天主教信仰的最大希望。每当修士冒险到新地区传教或劝说印第安人自愿聚集到归化区时，总是带着会讲瓜拉尼语的男孩，这些受过训练的男孩可以协助传教，与当地长老雄辩地谈论基督教的神，并帮助建造十字架和祭坛。[③] 第五是要求印第安人接受天主教圣礼，诸如洗礼、婚礼、忏悔、圣餐、涂油礼等宗教仪式。在每个传教中心，通常每日清晨，钟声会召唤印第安人做弥撒。一位被称作“马多尔”（mador，教会活动管理人）的印第安老人和两个检查员，穿过整个印第安人的住所，要求所有的孩子和未婚者去教堂，参加虔诚和安静的弥撒，结束时，他们用西班牙语与神父一起齐声复述祷文和信条。日落时，在教堂门口重复这一仪式，并以念诵玫瑰经和祈求宽恕或垂怜而结束。在周日和节庆日，“马多尔”和检查员会要求所有男人、女人和孩子都出席弥撒，而且每人都得清洗和梳理整齐。[④] 因此，去教堂的行为本身就是一种文明礼仪训练。

但是，无论是国家还是修会自身，都不认为传教中心的工作仅仅是传播基督教，还要让印第安人接受纪律约束和文明生活的训练，成为国王的臣民。传教中心的本质在于它提供某种纪律，而它成功的核心要素之一是建立定居点，因为面对游牧的印第安人，只有建立定居点，才能实施纪律惩罚。因此，传教中心实际上是文明培训的学

---

① Bannon, “The Mission as a Frontier Institution,” p. 315.

② Herbert E. Bolton, “The Mission as a Frontier Institution in the Spanish-American Colonies,” *American Historical Review*, vol. 23, no. 1 (1917), p. 56.

③ Garrard-Burnett, Freston, and Dove, eds., *The Cambridge History of Religions in Latin America*, pp. 189—190.

④ Bolton, “The Mission as a Frontier Institution in the Spanish-American Colonies,” p. 56.

校，通过对印第安人进行文明教化和违纪惩罚，让他们遵纪守法。为了达到该目的，新的传教中心会请老传教中心的印第安人家庭来做榜样和示范。如墨西哥中部的特拉斯卡拉人的家庭就被迁移到北方，协助新传教中心的印第安人接受西班牙人的“文明”元素，[①] 这些元素包括以钟声为号令的日常生活、对基督教道德的遵从、在公共社区生活中的性别隔离、熟悉农业技术和手工工艺、热爱生产劳动等。另外，印第安人还被允许参加一些世俗节日活动，如丰收节，其中牧人技术竞演、跳舞、斗牛和其他娱乐形式也是传教中心生活的重要部分。

（二）修会传教中心是军事防御和安全控制中心

传教中心对外防御外国人的入侵和敌对印第安部落的袭击，对内保证对新教徒的控制。传教中心和军事哨所通常是在传教士和士兵联合探险期间建立的，成熟的模式如同城堡。在16世纪初，王室法规甚至要求传教士陪同所有的探险队进行探险远征。[②] 传教士往往兼任探险家和边疆特工，记录他们所在边疆的历史和地理，绘制珍贵的地图，并向国王报告，提供相关咨询和建议。他们经常被召集到墨西哥城，甚至被召回西班牙，参加王室咨询会议，他们提供的“专家意见”经常是决定是否占领新地区的主要依据。[③] 传教中心一旦建成，便成为保卫国王领土的屏障，从佛罗里达到旧金山，传教中心的哨所形成了一条延绵不断的边防线。国王对防御边疆的士兵和传教士给予直接支持，其经费来自西班牙财政部，被记录在“战争基金”一栏中。传教团的边疆活动也直接受王室“战争和财政委员会”的领导。[④]

在北方，传教中心所在的边疆充满了冲突。除了外国人的侵袭之外，还经常发生新皈依教徒逃跑事件，甚至被传教的部落会发生反对传教士的起义。为了防止外国人侵扰和敌对部落的攻击，以及追捕逃跑的印第安人和对新皈依教徒实施纪律管制，每个传教中心都配备两名以上的士兵以及枪械、弹药，甚至大炮。1772年，作为传教士培训中心之一的圣克鲁斯·德奎雷塔罗学院的监护人罗穆阿尔多·卡塔赫纳修士写道：“这些传教中心之所以能够得以长期存在是因为它们得到了天主教武装力量的援

---

① Bolton, “The Mission as a Frontier Institution in the Spanish-American Colonies,” pp. 54—55.

② Michael Werner, *Concise Encyclopedia of Mexico*, New York: Routledge, 2001, p. 477.

③ Bolton, “The Mission as a Frontier Institution in the Spanish-American Colonies,” p. 52.

④ 国王发给传教士的年薪根据所在地区的艰苦条件而有所区别，最高者450比索，平均每人350比索左右。另外国王还为传教中心提供初建拨款、特别拨款、军事保护款三类支持。参见 Bolton, “The Mission as a Frontier Institution in the Spanish-American Colonies,” pp. 47—48, 50—51.

助。没有他们，普埃布洛经常会被遗弃，传教士们会遭到野蛮人的杀害。”[1] 那些边疆传教士遇难的案例说明了这种保护的重要性，在1680年新墨西哥印第安人的大起义中就有21名传教士殉道。

在巴拉圭，传教中心同样面临着多重威胁。在帝国竞争层面上，葡萄牙声称拥有耶稣会传教团所在领土的主权，圣保罗猎奴队不断侵扰耶稣会建立的传教中心，委托监护主们也觊觎传教中心的劳动力和土地，他们向国王状告耶稣会垄断了当地的劳动力，其产品也与他们的产品发生了竞争。这意味着传教中心要保护所有人不受葡萄牙劫掠者、敌对部落以及委托监护主（多为种植园主）的伤害。为此，耶稣会武装了瓜拉尼人。[2] 每个传教中心都有自己的军火库，1730年之后，传教中心甚至自己制造火药。归化区一般实行军事化管理，每个归化区被划分为8个连队，定期进行武装操练和军事演习，都督也多次派西班牙官员来指导印第安人使用武器。归化区最有战斗力的队伍是它的骑兵，在与荒蛮部落、葡萄牙人、威胁布宜诺斯艾利斯的英国人的战争中，归化区的民兵也有出色的表现。1637年至1735年间，归化区民兵为国王的事业参战不下50次，国王和都督们也多次对他们表示了最诚挚的谢意。

（三）修会传教中心是生产和贸易中心

为了说服游牧散居的印第安人进入传教中心，修会必须确保定居点能维持基本经济生活。传教士们深信“信仰往往来自胃”。[3] 为此，传教中心引进了新的生产方式和经济发展模式。在利用当地原有动植物资源和生产技术的基础上，各传教中心又引进了欧洲的驯养动物、粮食作物、水果、蔬菜以及耕作和灌溉技术，发展了新的农牧业。同时，制造业（织布、制造砖瓦和陶器、鞣革）、制铁业（农具、锁、钥匙、靴刺、剪刀、钟）和食品业（牛脂、奶油、肥皂、酒、面粉）等也有了长足发展，使传教中心成为当地的生产中心。当然，由于各传教中心所在地区不同，地理环境有差异，经济差异性也比较大。

尽管教堂一直是传教中心的核心和神父引以为傲的对象，但经营农场、牧场和作坊等世俗事务则是赢得新教徒灵魂的必要手段。如在上加利福尼亚，那里的传教中心

---

① Bolton, “The Mission as a Frontier Institution in the Spanish-American Colonies,” p. 54.

② Garrard-Burnett, Freston, and Dove, eds., *The Cambridge History of Religions in Latin America*, p. 189.

③ Bannon, “The Mission as a Frontier Institution,” p. 310.

有的管理着几千名印第安人，传教中心有自己的织布室、铁匠铺、制革厂、造酒厂和仓库；有灌溉沟渠、菜园和粮田；牧场里有成千上万的马、牛、绵羊和山羊。传教士们向新皈依教徒传授照料田地和牲畜的技术，不仅使他们自食其力，而且为他们遵守纪律、走向文明生活奠定了基础。妇女们被教导如何烹饪、缝纫、纺纱和织布，男人们被教导砍伐森林、建筑房屋、打铁锻造、鞣制皮革、开挖沟渠、放牛和剪羊毛等。传教中心变成了一所产业培训的学校。在 1834 年被取消前夕，加利福尼亚的 21 个传教中心管理了 31000 个印第安人，放牧了 396000 头牛、62000 匹马以及 321000 只猪、绵羊和山羊，收获了 123000 蒲式耳的谷物，而那里的新皈依教徒在“果园、花园、葡萄酒制作、织布、商店和工具锻造等方面展示了相应的行业技能”。①

在巴拉圭，传教中心的土地分为“上帝的土地”和个人的小块土地两种，前者的收获物放到公共仓库里，畜牧群也是公共产品。成员以集体劳动为主，各有分工，并有专人负责，定期检查。食品和衣物的分配以公共仓库的供应为主，私人产品做补充。公共仓库提供肉食和统一的服装。农业生产主要种植小麦、水稻、棉花、烟草、靛蓝、甘蔗等，还有各种水果，巴拉圭茶是重要的本地特产。畜牧业有牛、马、羊等。1768 年，这里的耶稣会传教中心共拥有 769869 头牛、124619 头骡子和马、14975 头驴及 38141 只绵羊和山羊。② 由于来自德国和荷兰的耶稣会传教士积极传授技术，这里的手工业和建筑业达到了较高的水平。

传教中心同时也从事贸易活动。据辛西亚·拉丁·德穆列塔对 1772 年至 1793 年传教中心神父给新西班牙总督的报告的研究，在索诺拉北部与亚利桑那南部交界的上皮梅利亚地区已经存在市场机制，这里的印第安人将他们收获的谷物送到矿区和西班牙人社区，换取布匹或其他加工品，流动的商人和小贩也会将商品带到这里，并购买食品。交易价格以白银雷亚尔为单位，但实际交易中很少使用货币，大多是以物易物。耶稣会传教中心有“明显的市场取向”。③ 到 18 世纪中期，该地区已经形成了一个较为复杂的殖民定居点网络，包括传教中心、私人牧场、采矿营地、军事要塞和世俗平民社区，传教中心的经济盈余被用来发展贸易、增加收入，它们的谷物和牲畜可

---

① Bolton, “The Mission as a Frontier Institution in the Spanish-American Colonies,” p. 61.

② “Mission in Colonial America, I (Spanish Missions),” https://www.encyclopedia.com/religion/encyclopedias—almanacs—transcripts—and—maps.

③ Cynthia Radding de Murrieta, “The Function of the Market in Changing Economic Structures in the Mission Communities of Pimería Alta, 1768—1821,” *The Americas*, vol. 34, no. 2 (1977), pp. 161—162.

以为军事要塞和西班牙人社区提供物质支持，它们还给矿区提供照明用的牛油蜡烛、装运矿石的牛皮袋以及食品。上加利福尼亚传教中心的牛油和牛皮甚至被运到墨西哥城销售。① 索诺拉的耶稣会传教中心将剩余的牛油、糖蜜、腌肉以及玉米、小麦、豆类等农产品运到附近的矿区，在那里换取金银，然后交给在墨西哥城的耶稣会管家，由后者帮助购买教堂用的装饰品、药物、布匹、烟草和印第安人所需要的商品。传教士抱怨，由于所有货物的价格很高，利润都被墨西哥商人赚去了。②

在巴拉圭，传教中心的贸易活动依据《教会法》规定行事，出售棉花、烟草、皮革、木材、马毛、蜂蜜等产品，尤其是传教中心制作的珍贵草药，以换取归化区本身无法生产或无法足量生产的商品，如用于宗教活动的细布、丝绸、亚麻布、仪器、铁和玻璃器皿、书籍、纸、盐、葡萄酒、醋、染料等。根据皇家调查委员会的报告，易货贸易的年平均收入为 100000 比索，即人均 7 雷亚尔。③ 17 世纪末，传教中心一次运往西班牙的牛皮就达到 30 万张。传教中心最重要的出口品是马黛茶，其销售市场除了附近的圣菲和布宜诺斯艾利斯之外，还远销智利、波托西和利马。④ 巴拉圭耶稣会对印第安人贸易的独占，甚至引起了西班牙商人和政府官员的憎恨。

（四）修会传教中心是社会和行政单位的培育中心

传教中心一直都是作为临时机构存在，一旦当地的印第安人皈依天主教，被认为完成了文明教化，修会传教士就会转移到新的地方，留下的印第安人将作为西班牙帝国的臣民实行自治。这实际上是一种利用传教中心培育社区并最终转化为社区的做法。

在新西班牙北方，如圣安东尼奥地区的传教中心，每个院落都是独立的，管辖范围不大。这里的政府是模仿西班牙的制度建立的。当地有能力和有声望的人被西班牙当局任命为行政单位的负责人，包括一名州长、一名军事长官、一名市长和一名警

---

① Barnet Pavao-Zuckermam, “Livestock, and Economic Transformations in the Pimería Alta,” in John G. Douglass and William M. Graves, eds., *The Colonial Period in the American Southwest*, Denver: University Press of Colorado, 2017, pp. 290, 301—302.

② Theodore E. Treutlein, “The Economic Regime of the Jesuit Missions in Eighteenth Century Sonora,” *Pacific Historical Review*, vol. 8, no. 3 (1939), pp. 290—291, 296.

③ “Reductions of Paraguay,” https://www.catholic.com/encyclopedia/reductions—of—paraguay.

④ John J. Crocitti, “The Internal Economic Organization of the Jesuit Missions among the Guarani,” *International Social Science Review*, vol. 77, no. 1/2 (2002), p. 6.

官，他们组成了市政委员会。军事长官由传教中心的主席任命，或由地区最高权力机构的“高级军事长官”任命。传教中心设有监狱，用于惩罚和监禁印第安人。印第安劳工则由一名印度安人监督员负责监控。

在巴拉圭的瓜拉尼，传教中心的政府是根据《西印度法》的规定成立的，其组成人员包括：地方行政长官及其副手；三位镇长（其中两位负责城镇，一位负责乡下）、四位议员、一位警长、一位检察官、一位记录员、一位旗手以及一些下级官员和助手。选举于每年12月底举行。新候选人名单由即将退休的官员拟定，并提交给归化区神父批准。第二年的1月1日，新官员的就职仪式和授勋仪式在教堂入口处隆重举行。此外，政府官员在教堂里还有一个荣誉的位置。新官员的任职最后须得到地区都督的确认。传教中心官员受神父领导，每天弥撒结束后，地方长官都会向神父报告所有时事，并从他那里接受必要的指示，然后传达给相关人员。

从法律上讲，传教中心在10年之内必须世俗化，转交给在俗的神职人员，传教中心的共同土地也要分配给印第安人。但这项法律是基于中部地区先进印第安部落的经验制定的，而对边境地区的荒蛮部落来说，则需要更长的监护期，传教士们往往抵制世俗化。世俗化进程始于1753年，在这个过程中，传教中心的院落变成了城镇，其中的土著居民变成了纳税公民。传教中心的小教堂和神父宿舍转交给在俗教会，作为社区教堂运营，土地和建筑物也都交给了社区。随着1767年耶稣会被驱逐，[1] 世俗化进程达到高潮。耶稣会的传教中心要么被世俗化，要么被移交给方济各会，而由于方济各会的传教士数量有限，过渡并不顺利。但可以肯定的是，转交给方济各会的传教中心，其表现要好于转交给世俗当局的。后者由于失去了传教士的保护，西班牙平民增加了对印第安人土地的侵吞和对印第安劳动力的滥用。当地官员的执法也难以推行。独立运动之后，传教中心最终全部实现世俗化。

尽管国王和修会对传教中心的创建和发展做出了种种努力，但传教中心和归化区的运行并不完全成功，主要表现在以下方面：

一是传教中心导致了印第安人较高的死亡率。被集中在传教中心或归化区里的印第安人，由于居住条件和生活习惯的改变、强制性纪律的实施、较高的劳动强度等因

① 由于耶稣会仍然服从来自罗马的指令和对王权的挑战、与在俗教会的矛盾、在美洲进行的大量财富积累以及在巴拉圭形成的独立“王国”等原因，1767年西班牙国王下令将西属美洲的2500名耶稣会修士驱逐出境，没收其财产。参见 John Lynch，*New Worlds: A Religious History of Latin America*，New Haven：Yale University Press，2012，pp. 72—79.

素，特别是对欧洲流行病（麻疹、鼠疫、天花、斑疹伤寒、性病等）缺乏免疫力，大量死亡。如在新墨西哥，1540 年大约有 28 万印第安人散居在数百个普埃布洛。到 1769 年，只剩下 1.7 万人居住在 20 个普埃布洛中。[①] 在巴拉圭，1717 年在巴拉那河和乌拉圭河之间的瓜伊拉省有 121168 名受洗的印第安人，而一次瘟疫就夺去瓜拉尼 32 个传教中心大约 15000 名印第安人的生命，在 1764 年的人口普查中，瓜拉尼的人口只剩下 33000 人。[②] 瘟疫也造成耶稣会的传教中心从高峰的 100 多个减少到 30 个。

二是传教中心存在对印第安人的经济剥削。从理论上讲，印第安人被视为“合法的未成年人”，西班牙国王要求教会对印第安人给予“保护”，鉴于早期修会的自我牺牲精神和清正廉洁，国王把修会看作对委托监护主的一种替代。但在实践中，这种假定被大打折扣。如前所述，传教中心的计划是实现生产的自给自足并有盈余，在所有传教中心，新皈依的印第安教徒都要参加生产劳动，修会传教中心之所以能够得以维系，在很大程度上依赖印第安人的劳动所得。在各修会中，耶稣会最为富有，它通过与殖民地总督签订特别协议，在 17 世纪获得了传教中心的财产控制权和财务管理权，成为整个殖民地最重要的财产所有者之一。各修会传教士也从什一税和神职人员的费用以及农业生产和其他商品的利润中积累财富。他们参与了美洲内部的贸易活动，并从中获利。而所有这些财富都是以被教化和改造的印第安人的辛勤劳动为基础的。修会传教中心从对印第安人的剥削中获利匪浅。

三是传教中心时常激起印第安人的起义，难以保障边境的安全。传教中心所处的边疆地区经常遭遇敌对部落的攻击。在北方，许多土著族裔，包括纳瓦霍人、阿帕奇人、乌特斯人和霍皮人，长期抵制修会的宗教皈依和文化融合政策，并能保持一定的自治。一些被传教的印第安部落不时发生反叛，如 1616 年特佩万人起义、1696 年塔拉乌马拉人起义。1680 年新墨西哥普埃布洛爆发起义，并引发新维兹卡亚、索诺拉和锡那罗亚的一系列起义。新墨西哥起义的根源是传教中心对印第安人的待遇越来越差，对土著习俗的压制越来越多，1680 年 8 月，印第安领袖波佩领导的普埃布洛勇士联盟袭击了当地的传教中心，杀死了 21 名传教士，其余的 12 名被迫逃离。愤怒的印第安人点燃了教堂，毁坏了洗礼、婚姻和葬礼的记录，同时还摧毁了他们能找到的所有宗教雕像和祭坛。1781 年的尤马人起义导致 30 名士兵和 4 名传教士遇害，并切

---

① Garrard-Burnett, Freston, and Dove, eds., *The Cambridge History of Religions in Latin America*, p. 182.

② Crocitti, “The Internal Economic Organization of the Jesuit Missions among the Guarani,” p. 13.

断了北部边境与加利福尼亚的联系。起义表达了印第安人拒绝基督教、维护自己宗教和文化的决心。[①]

四是传教中心宗教皈依和文明教化的目标并未完全实现。促使印第安人皈依天主教和接受西班牙文明是传教中心的两个主要目标，但事实表明，传教中心并未完全达到以上目的。初到美洲的传教士往往将印第安人理解为准备接受皈依的理性人，为了能正确传达基督教教义，他们学习土著语言。方济各传教士在宗教戏剧中扮演了纳瓦人的角色，甚至采纳了本土歌曲和当地服装。传教士们雇佣土著工匠在教堂墙壁上绘制壁画，这些壁画融合了当地的植物和动物以及土著图像和主题。[②] 传教士尝试以任何可能的方式改变土著人的灵魂。许多传教士甚至允许当地人保留他们原有宗教仪式的某些方面，只要其符合天主教的信仰。一些传教士为了讲清楚基督教教义，甚至利用了土著原来熟悉的宗教符号和神灵传说。但面对传教士的教化，印第安人有自己的表达。有的是将自己原有的宗教解释纳入天主教的仪式中，有的明确拒绝，有的则在积怨的基础上发展为起义。最终结果是，传教士被迫接受了一种灵活的宗教文化体系，其中有些方面是基督教与原有宗教文化的并存，如根据殖民地考古和族裔历史数据的综合研究，印第安人的身份通过母语、仪式、口头传说、美学、象征符号、饮食方式、建筑和技术得以维持。在一些北方的传教中心中，印第安人保留了 50%或更多的传统物质文化。[③] 有些方面则是将基督教符号和习俗叠加在土著符号和习俗之上，从而创造出一种融合的宗教文化，典型的代表如墨西哥人所崇拜的瓜达卢佩圣母，虽然瓜达卢佩圣母是基督教的圣母，但她身上穿的衣服带有星星月亮的图案，是印第安人对自然崇拜的元素，她的肤色是深色的，更像墨西哥本地妇女，因此成为新大陆混合文化的象征。

结　语

在 15 世纪末和 16 世纪初，在国王获得保教权之后，西班牙成为一个事实上的政

---

① Henry Warner Bowden, "Spanish Missions, Cultural Conflict and the Pueblo Revolt of 1680," *Church History*, vol. 44, no. 2 (1975), pp. 217—228.

② Louise M. Burkhart, *The Slippery Earth: Nahua-Christian Moral Dialogue in Sixteenth-Century Mexico*, Tucson: University of Arizona Press, 1989, p. 20.

③ Paul Farnsworth, "Missions, Indians, and Cultural Continuity," *Historical Archaeology*, vol. 26, no. 1 (1992), pp. 22—36.

教合一的国家，其对美洲的军事征服与精神征服也同步进行。天主教会在美洲征服中发挥了极其重要的作用。与西班牙国家的在俗教会不同，天主教修会具有相对独立性，修士理想信念更坚定，开拓精神更强，他们的传教对象更多是当地的印第安人。在完成了对西属美洲中心地带定居印第安人的传教工作之后，修会的传教工作就转向了西属美洲的边疆。在新西班牙的北方地区和南美洲的拉普拉塔地区，都分布着大量的修会传教中心。修会传教中心成为西班牙帝国扩张的一支重要力量。

修会传教中心在边疆地区发挥了多种功能。它们在文化上传播天主教信仰和欧洲文明，促进了西班牙对这些地区的语言、文化、法律、建筑、习俗等方面的影响；在军事上防御外国人和敌对印第安部落的侵扰，在一定程度上保障了西班牙居民点在边疆地区的安全；在经济上引进了新的物种和技术，从事生产和贸易，经营卓有成效；在政治上为建立新的社区做准备，对西班牙帝国获得新领土和拓展新边疆发挥了关键作用。但是，从土著的角度看，修会传教中心给印第安人带来了灾难，它们对印第安人的压迫、剥削及其带来的疫病导致印第安人大量死亡，激起印第安人的无数次反抗和起义，最终，修会传教中心所追求的宗教皈依、文明教化、政治管理等目标并没有完全实现。但总的看来，修会传教中心与西班牙政府一起，塑造了一个与军事、政治边界平行的精神文化边疆，[①] 它们是西班牙殖民主义的一个不可或缺的重要组成部分。

① 在今天被美国占领的原西班牙殖民地的领土上，大约有5000万人口仍讲西班牙语，许多家庭仍信奉天主教，昔日的修会传教中心遗址已经成为美国领土上重要的文化景观和旅游业的珍贵资源。

法学

论法律预期能力的立法预设

谢　晖*

摘　要：作为人们交往行为预期机制的法律，其预期能力的大小与立法预设息息相关。立法过程有三个位阶的立法方法，其中一阶立法方法用来认识和解决事物关系的规定性，并把所认识到的规定性赋予法律预期；二阶立法方法用来在多元对立的价值和事实中，通过交涉辩驳，借助或包容、或选择/排除、或设定价值与事实的效力位阶，安排法律的价值和事实预期；三阶立法方法则针对既定法律预期的缺陷（模糊、冲突或空缺），在立法上设置救济方案，进而在实践中逐渐完善法律预期，提高法律预期能力。显然，一阶立法方法通过"真"来"加持"法律预期；二阶立法方法通过"善"来"加持"法律预期；三阶立法方法则通过"美"来"加持"法律预期。

关键词：法律预期能力；立法预设；一阶立法方法；二阶立法方法；三阶立法方法

一、弁言：何谓"法律预期能力"

古希腊学者认为："三位神祇（即分别代表了力量、仁慈和智慧的阿波罗、宙斯和雅典娜——笔者注）代表着神圣的三位一体，他们无可避免地为法律负责。由于这个原因，对于法律管理部门的领导者来说，三种之类似的才能注定必不可少。而且由于在建立法律时，必须让这些完美的才能共同工作，而人类能力无法达到这样，因

* 谢晖，广州大学人权研究院教授（广州　510006）

此，为了建立极其精准的法律，神圣的帮助必不可少。”① 无独有偶，轴心时代中国的伟大思想家们，也在不遗余力地寻求能够播其善于众的“仁者”，且“唯仁者宜在高位”② 才能进而实现“道之以德，齐之以礼，有耻且格”③ 的善良统治。何以如此？因为法律规定的是众人之事，旨在规范人们复杂交往关系中柔顺、和谐、有序、有利及正义的交往关系和交往秩序。

为什么法律会在一定时空内持久、普遍、一般、平等地调整人们的交往行为，并借此反复、长远、公正、有效地获得社会交往的公共秩序？显然，在现代这个科技昌明发达的时代，再用古希腊人那种宗教般神启的说辞，是难以说服人心的。但要用三言两语来回答这一问题，也确实有些困难。不过如下论断，对回答这一问题而言是必需的：这既有赖于人们对法律的需要和服从，也有赖于法律自身具备满足人们交往行为所需的有序制度预期。这一论断也意味着：法律对社会交往的调整，是其作为规范体系反射到人们心理和行为上时，通过心理接受和行为遵从的方式来实现的。其普遍性和一般性，则取决于长期以来法律规范在人们心理所形成的预期。由此，便自然涉及法律的预期性和预期能力问题。④ 在一定意义上，法律之于交往秩序，只有从其自身的规定性，内化为人们的心理认同和接受，从而形成稳定的经验预期或者理性预期时才会发生，并对人们产生实际的规范价值，形成实际的规范效力，构织实际的社会交往秩序。一言以蔽之，人们对法律规定性的心理接受和行为遵从，是法律预期性的基本成因。人们相信，只要自己接受并遵从法律，法律就会兑现其所赋予的权利和义务。这就是法律预期性。因此，“法律预期性”这一概念内含客观因和主观因两个方面。其中，法律规范的规定性，是法律预期性的客观因；主体对法律规定性的感知、接受及其习惯化，⑤ 是法律预期性的主观因。在此意义上，法律预期性乃是法律的客观规定性与人们对法律的主观接受性或服从性的统一。

仅有客观规定性，则预示着法律具有可预期性——它为预期性提供一种必要和可

---

① 斐奇诺：《神圣立法与德性教诲》，林志猛编：《立法与德性：柏拉图〈法义〉发微》，张清江等译，北京：华夏出版社，2019 年，第 111 页。

② 《孟子·娄离上》，杨伯峻译注：《孟子译注》上册，北京：中华书局，1960 年，第 162 页。

③ 《论语·为政》，杨伯峻译注：《论语译注》，北京：中华书局，1980 年，第 11 页。

④ 参见谢晖：《论法律预期性》，《浙江社会科学》2022 年第 8 期；《论法律预期目的及其规范预设》，《东方法学》2022 年第 5 期。

⑤ 有学者认为，为了保持立法稳定性的优点，立法者必须在立法过程中保持一定程度的“立法习惯”，以此来寻求最佳的立法决策。Mirit Eyal-Cohen, “Unintended Legislative Inertia,” *Georgia Law Review*, vol. 55, no. 3 (2021), pp. 1193—1276.

能，是法律预期性的必要而非充要条件。这意味着，法律只有具备客观规定性——规范（文字）意义明确、肯定，规范内容具体、现实，规范手段能行、必行，规范目的可信、有益，等等，才具有可预期性。但是，要将这种可预期性转换为实然的预期性，还须人们对法律的这些规定性做到内心认可和行为服从，从而避免法律的规定性仅具有理论上的效力，而不具有实践的效力（实效）。在更强意义上，无论私权主体，还是公权主体，也无论自然人，还是法人，他们对法律的心理认同和行为服从，端在于法律本身言必信、行必果。倘若法律制定后，仅有形式性、象征性和宣告性，而不表现为实际执行，使规范内容变为人们交往行为的实践行为，谁会真正把法律放在眼里？由此观之，法律预期客观因只有借着法律预期性的主观因，才能使法律预期性得以现实化、实然化。

法律预期性的主观因，指向人们对法律的心理接受，例如：法情感的需要、法功能感的有用、法利益感的有效、法价值感的良善、法目的感的公正，等等。这些心理判断都在不同层次或层面上构成人们接受法律的主观基础。一般而言，心理接受是人们行为服从的前提，也是法律预期性主观因的内在方面。在此基础上，将产生法律预期主观因的第二个方面：行为服从，即人们自觉地服从法律规定（包括运用法律权利、履行法律义务、遵守法律秩序、维护法律尊严等）。这是法律预期主观因的外在方面。显然，这对法律运行而言，是一种低成本、高效益的行为。

当然，人们所有的心理接受和行为服从，都有其利益的深切考量，“指引人类决策的所有法则都指向利益，不可能存在独立于‘手段符合目标’的公平法则，否则就乱套了”。[①] 尽管这一结论将“利益”和“公平”置于绝对对立立场，失之偏颇。但只有在利益基础上的公平，才是实在的，才能满足人们接受法律规定的内在动机——“两害相权取其轻，两利相权取其重”的人类“好利恶害”本性。

既然法律预期性对法律秩序的构造如此重要，那么，法律预期性的源头究竟何在？如何确定？这自然涉及立法理论，同时衍生性地指向法律预期能力这一概念。“能力”一词，给人的直观印象是：它是一个和主体相关的词汇，即只有人——无论自然人，还是拟制人——才有能力可言。法律作为人造的规范，尽管出自人的智虑，但毕竟从人的智虑外化为人们的交往行为规范，就已然是对象化、客体化的。一种对

---

① 桑本谦：《法律简史：人类制度文明的深层逻辑》，北京：生活·读书·新知三联书店，2022 年，第 51 页。

象化、客体化的存在，本质上不具有什么能力，如果其真存在什么能力，那也只能是主体赋予的。

作为人造的交往行为规范，法律的预期能力自然就是立法者所赋予的。准确言之，所谓法律预期能力，就是立法者在立法时，赋予法律明确、稳定、公正、有序地规范和调整人们交往行为的决断水平。相较于法律预期能力，可预期性是法律更为一般的概念，是对法律的一般要求。因此，它不强调法律决断水平的高低。但法律预期能力却必然指向法律可预期的决断水平问题。例如，相较于判例法，成文法具有更高的预期能力，因为成文法的形式理性特征更为明显。判例法在遵循先例的原则下，其预期能力毋庸置疑，但它更多地体现为程序上的可预期性。其实质的可预期性则因法官以及陪审团对实质决断权的把控，从对法律的依赖转向了对法官的依赖。因而法律“不是固定的规则，而是官员，特别是法官的行为；不是一个规则体系，而是一批事实”，“法律或者是（1）实际的法律，即关于这一情况已作出的判决；或者是（2）大概的法律，即一个判决的预测”。[①] 芒罗·史密斯鞭辟入里地揭示了判例法预期能力的局限：

> 判例法的规则和原则从来没有被当作终极真理，而只作为可资用的假说，它们在那些重大的法律试验室——司法法院——中被不断重复检测。每个新案件都是一个试验。如果人们感到某个看上去可以适用的、已被接受的规则所产生的结果不公正，就会重新考虑这个规则。也许不是立刻就修改，因为试图使每个案件都达到绝对的公正就不可能保持和发展一般规则；但是如果一个规则不断造成不公正的结果，那么它就最终被重新塑造。[②]

尽管这些学者对判例法预期性的论述有些极端，似乎在一定意义上否定了判例法的预期性，但他们的论述，也恰当地揭示了成文法预期能力较之判例法预期能力更强的特征。这一简要比较，顺理成章地引出更依赖于立法者的成文法，其预期能力与立法本身的关系。[③]

可见，法律预期能力，就是由立法主体赋予的，无论立法主体是专门的国家立法

---

① 沈宗灵：《现代西方法理学》，北京：北京大学出版社，1992年，第333、335页。

② 本杰明·卡多佐：《司法过程的性质》，苏力译，北京：商务印书馆，1998年，第10页。

③ 当然，判例法照例存在立法问题——“法院参考了预先存在的习惯，然后进行司法立法”。约翰·奥斯丁：《法理学的范围》，刘星译，北京：中国法制出版社，2002年，第186页。

机关，还是判例法的创制主体。尤其是在成文法国家，法律预期能力大致取决于专门立法机关对法律预期的预设。所谓法律预期预设，就是立法主体通过文字总结、模拟、反映和表达事物关系的规定性的活动。无疑，法律文字贴近事物关系规定性的程度越高，法律预期能力越强；反之，法律文字贴近事物关系规定性的程度较低，法律的预期能力也相应较低。而法律化的文字不反映甚至与事物关系的规定性背道而驰，法律就丧失预期能力。那么，立法者究竟是如何预设法律预期的？这涉及立法方法问题，下文笔者将以立法者如何预设或设定法律预期为主题，探究一阶立法方法、二阶立法方法、三阶立法方法及其各自对法律预期“赋能”的根据及方向。

二、通过一阶立法方法赋予法律预期能力

（一）立法中的间接经验与直接经验

立法是立法主体运用文字对特殊事物的一般化表达过程。“在立法中，必须始终寻求合理立法之科学要求的最佳表达，反映社会当前的社会需求”。[①] 众所周知，法律是社会关系的调节者。法律预期性，尽管表现在一套文字规整、逻辑严谨、规范明晰的具体条款上，但归根结底，它只是法律的预期可能，是法律预期的必要条件，而非充分条件。只有当这一必要条件恰切地对接了它所调整的对象——社会关系时，必要条件才有配套的充分条件。那么，立法如何让文字表达符合社会关系，进而更好地设定法律预期能力呢？这用人们熟知的话说，涉及“从群众中来，到群众中去”的问题。

所谓“从群众中来”，是指立法者要深入实际，认真调研，以发现“事物关系的规定性”，并把其总结、概括、抽象为规范文字的过程。对立法者而言，这一过程未必是直接的，在很多时候，立法者对相关规定性的分析、了解和把握，反倒来自间接经验。这取决于立法者知识体系和认知能力的范围——尽管在现代代议制立法体制下，立法机关的构成者，每个人都有自己独特的知识素养，因之，立法机关作为由个体组成的整体，在知识结构上也可以因整体性的知识互补，而产生“一加一大于二”

① J. Svak and B. Balog, “Legislative Culture,” *Pravny Obzor: Teoreticky Casopis Pre Otazky Statu a Prava*, vol. 101, no. 4 (2018), pp. 345—360.

的效果。但立法专家毕竟不能包办技术专家、人文专家以及其他社会学科的专家对事物关系规定性更为深刻的了解，更不能对主体交往中所有的自然依赖关系、社会依赖关系以及身心支持关系中的所有知识了如指掌。他们甚至“没有足够的知识在任何情况下都能很好地起草草案，在许多情况下，他们必须依靠机构的投入才能使立法语言发挥作用”。[①] 因此，在尽量寻求直接经验，掌握一手知识的基础上，立法者还需要不断关注间接经验，认真咨询并听取专家意见，从而掌握事物关系规定性的捷径。

“纸上得来终觉浅，绝知此事要躬行”对立法者而言或许尤为适用。因为立法者不仅要做到自己知，更要以这种知为基础，为法律管辖时空内的所有人立约。在一定意义上，这种角色，在宗教世界中是上帝才能扮演的；而在世俗世界，这一角色却位移给立法者担任。这要求世俗世界的立法者，即便与上帝无关，也至少应具有一定的圣贤人格（品德）和先知水平（知识）。[②] 但知识的来源，不仅是如佛教徒般的苦思冥想，更重要的是人们的实践参与、躬行精神和逻辑反思。所以，立法者深入了解实践，直接获取事物关系的规定性，就显得尤为重要和必要。

在这方面，我国清末民初立法者的实践可资借鉴。一方面，在清末预备立宪的过程中，当局不但邀请立宪国家的学者前来指导，还曾两次派出一些朝内大臣出洋考察，其中第一次历时半年之久，对西方八国及日本的宪制经验进行了实地、认真、严谨的考察，[③] 也撬动了实行帝制逾两千年的古老国家的现代化变革。另一方面，在清末民初民法典的起草过程中，当局在全国范围内组织开展了声势浩大且卓有成效的民事习惯调查。[④] 这些调查及其成果，至今仍是对我国民事习惯和现代民事法律进行比较研究时不可或缺的重要材料，更是观察近代以来我国乡村制度变迁不可多得的参考资料。[⑤] 可见，不经过或不关注间接经验，就很难做到集思广益地观察、总结和提炼事物关系的规定性；同样，不经过深入其中、切身感受的直接经验，对间接经验的领

---

① Jarrod Shobe, “Agency Legislative History,” *Emory Law Journal*, vol. 68, no. 2 (2018), pp. 283－334.

② 参见普兰尼克：《神立法还是人立法》，林志猛编：《立法与德性：柏拉图〈法义〉发微》，第117页以下。

③ 参见夏新华、胡旭晟：《近代中国宪政历程：史料荟萃》，北京：中国政法大学出版社，2004年，第36页以下。

④ 参见前南京国民政府司法行政部编：《民事习惯调查报告录》，胡旭盛等点校，北京：中国政法大学出版社，2005年，第1页以下。

⑤ 笔者曾指导的硕士研究生朱政曾以相关报告中所载山东威海营村的习惯为据，考察了彼时和现在相较，该村民事习惯的变与不变。参见朱政：《文登营村传统秩序变迁研究》，山东大学硕士学位论文，2009年。

会就难以深入肯綮、实事求是，更无法有效地通过文字表达和提升事物关系的规定性。

所谓“到群众中去”，则是指一旦立法产出法律之后，就不属于立法者，立法者固然要接受自身立法的规范和安排。但同时，法律更应被运用于规范人们交往行为——保障主体权利，落实主体义务，科以主体责任，并进而构造交往秩序的社会实践中。“到群众中去”，乃是法律预期能力的检验机制。法律在实践（群众）中被运用、遵守的程度越高，证明其预期能力越强；反之，如果法律在实践（群众）中常被束之高阁，即使其书写得再好，也缺乏实行、必行以及在此基础上使规范与秩序相睦的预期能力。显然，这是一种基于法律运行的后果主义的考量。[①] 但这种考量对立法本身而言，并非可有可无，反之，它是立法、法律与实践互动，从而进一步改进、提升法律预期能力的必要和必需的举措。

“到群众中去”，显然不是说法律产出后，立法者就可以完全置身事外。法律产出后，立法者有时固然要置身事外，不能过分纠结于自己的心智成果，深度参与其中，导致立法权与行政权、司法权及监督权的混同。但必要的置身事中，却是法律继续得以完善的前提条件。那么，究竟如何保障立法者在法律反馈中观察法律的预期效果，改进立法和法律呢？这其实也用得着前述间接经验的理念。当然，这绝不排除立法者通过直接监督和相关调研活动而置身其中。

立法者对行政、司法、法律监督以及其他公权行为中法律有没有、能不能规范相关行为的具体情形予以间接观察、了解，对公民、法人在日常交往行为中有没有、能不能运用、遵守法律的情形予以间接关注、研判，是其了解、掌握、判断法律与事实规定性吻合程度的重要手段，也是进一步设法矫正、补强法律预期性的重要实践基础和根据。可见，立法的结果必须投放到国家机关落实法律的实践中去，必须具体化为公民和法人交往行为的指南，即必须“到群众中去”，才使法律可预期性实然化。但这并不意味着立法主体的离场。反之，只要立法者关注其他主体在执行、运用和遵守法律中的现实境况，就可被看作对相关实践的间接参与，从而获得了相关的间接经验。并且这些经验足以为立法者更理性地对待既定的法律，观察法律运行中出现的问

① 参见尼尔·麦考密克：《修辞与法治：一种法律推理理论》，程朝阳等译，北京：北京大学出版社，2014 年；王彬：《逻辑涵摄与后果考量：法律论证的二阶构造》，《南开学报》2020 年第 2 期；杨知文：《司法裁决的后果主义论证》，《法律科学》2009 年第 3 期；孙海波：《通过裁判后果论证裁判——法律推理新论》，《法律科学》2015 年第 3 期。

题，提供有效可靠的参照。即使立法者所掌握的相关信息是残缺、片面甚至失真的，也能促动立法者积累、了解、掌握、补强更全面的信息。当然，立法者或者以权力制约者的身份（“三权分立”体制下），或者以法律监督者的身份（“议行合一”体制下）直接参与法律的运行，履行其法律使命，从中参与、观察、发现法律预期存在的问题，并反馈到其进一步完善法律预期的活动中。这种情形，更为常见。

可见，立法者“到群众中去”，既是其在制定法律之后，从纯粹的规范转换为规范事实——人们依据法律交往行为——的活动；也是立法者直接或间接地参与法律的执行、运用、遵守，以观察法律预期的实践效果，发现法律预期缺陷并检修法律预期的活动。在此，立法者对间接经验的参照、汲取与其直接经验一样，都是观察法律预期缺陷，观察并完善法律预期，提高法律预期能力的必要举措。立法中的间接经验和直接经验，只是立法者创设、修正、补强或完善法律预期的前提。在此前提下，立法者还必须遵循一定的价值和技术标准，才可能更为妥帖地预设、修订、完善和补强法律预期。

（二）一阶立法方法及其任务

立法面对的主要问题，是要在纷繁复杂的社会事实中发现并提取事物关系的规定性，进而将相关规定性提升为法律。这一过程，需要立法方法发挥作用。笔者对其权且命名为“规定性归纳方法”，即立法者通过深入调研，搜集材料，分析归纳，提升总结，最终发现法律所要调整的对象的规定性。尽管法律调整的对象是纷乱芜杂、不一而足的，但其所调整的每种事物，并非无章可循、无径可踪。反之，任何一种对象、一种社会关系都有其独特的内在规定性。掌握了这样的规定性，就意味着掌握了把相关社会关系纳入法律调整的前提。这意味着只要某种社会关系被纳入法律麾下，成为法律调整的对象，立法者就大致掌握了其内在规定性，立法者寻找、发现相关事物关系的规定性的任务即告完成。

表面看去，事物关系的规定性就放在那里，不增不减，不多不少；事物关系的规定性也不以人们的好恶为前提，不以人喜，不因物悲。它是客观的，是不随人们的意识和意志而转移的，是相对确定的。既然如此，只要人们遵循事物关系的规定性，按照普遍的趋利避害意识和原则来选择自己的行为即可，为何还要立法者耗时费工、多此一举地专门去发现和提取事物关系的规定性，并把其升华为人们交往行为的法律呢？这是因为，事物关系的规定性是客观存在的，但客观存在的规定性，只有被人们发现、认知，并由自在事实、经验事实升华为理性事实之后，才能通过人们自觉的、而不是自发的力量得到把握、驾驭、利用。否则，人们对事物关系的规定性的依从，就只能是感性的、摸着石头过河的自发力量的结果，就是那种“法自然”的自然命令的结果，而不是在对对象规定性理性认知基础上的“自然法”观念，[①] 更无法用这种观念去观照、约束实在法。所以，仅仅依从事物关系的规定性，不过是福来顺享、逆来顺受，它否定了在自然规定性面前的主体能动和反思的精神力量。

这样一来，究竟以顺世论的观念得过且过地接受和服从事物关系的规定性，还是以能动论的理念认真观察、研究、辨识、选择、利用、引导事物关系的规定性？在一定意义上，这既是一种具有认识论意义的事体，也是一种具有人类整体价值观意义的事体。固然，人们的价值观是多样的，但立法者面对事物关系的规定性，不是无原则地顺从，而必须理性地观察、认知并通过法律表达。因为立法者要“为生民立命”，为交往立规，为合作立矩。显然，这只能是取向于能动论的认识活动。

立法者对事物关系规定性的这种观察、认知和总结活动，是一阶立法方法的重要方面。在这方面，立法者是多面手，是具有一定意义的全能的人物。因此，在神学家笔下，为人类立法的，是上帝、神灵；[②] 在哲学家笔下，立法者是哲学王、理性者；[③] 当然，现时代的人们，更为熟悉的是法律的契约特征[④]或权威命令属性。[⑤] 作为个体的立法者，无论他是君王，还是学者，都不可能是全能的。因此，近代以来，代议制立法以及代表来源的多元性，导致立法者的知识也越来越多样——科学家、艺术家、社会活动家、政治家、人文学者、社会学者等，都可能成为立法机关的一员。立法机关代表知识的多元性，整体性地提升了立法者的素质，使立法者在历史的某个横切面上，具有一定的全能性。指出立法者的这种全能性，仍然是为了说明一阶立法方法的基本使命，就在借助立法主体整体上全能的知识素养，使事物关系的规定性尽量全

---

① 参见梁治平：《“法自然”与“自然法”》，《中国社会科学》1989 年第 2 期。

② 史上探究世俗世界权威与秩序的伟大思想家们，也每每把其对法律的论述，尤其有关权威的论述，付诸神灵。参见林志猛编：《立法者的神学——柏拉图〈法义〉卷十绎读》，张清江等译，北京：华夏出版社，2013 年。

③ 如德沃金就把立法者的任务交给哲学家，一如柏拉图主张哲学家做国王。参见德沃金：《法律帝国》，李常青译，北京：中国大百科全书出版社，1996 年。再如阿列克西强调法律是理性的制度化之呈现。参见罗伯特·阿列克西：《法：作为理性的制度化》，雷磊译，北京：中国法制出版社，2012 年。

④ 参见霍布斯：《利维坦》，黎思复等译，北京：商务印书馆，1985 年；卢梭：《社会契约论》，何兆武译，北京：商务印书馆，1963 年。

⑤ 参见约翰·奥斯丁：《法理学的范围》，2002 年。

面、准确、有效地呈现于法律规定中。立法机关的代表中，自然科学家对于天人关系规定性的揭示与阐释，经济学家对于经济人本质以及相关的成本效益关系的揭示与阐释，社会学家对于人类交往模式、合作方式和秩序模式的相关揭示与阐释，心理学家以及人文学者对于人类身心关系的揭示与阐释，历史学家对于社会发展规定性的揭示与阐释，伦理学家和法律学家对于社会规范以及基于规范基础上的纠纷解决的揭示与阐释等，虽然在某一视角上参与对具体问题的分析，但它们的加总，最终形成立法者的全能。这种情形，兼之立法者对间接经验或知识的甄别、吸收和运用，完整地展示了一阶立法方法的所指向的基本任务和内容，同时也展示着"规定性归纳方法"这个一阶立法方法的基本要义。

三、通过二阶立法方法设计法律预期能力

（一）二阶立法方法及其任务

一阶立法方法的规定性归纳，只能发现事物关系的规定性。在此基础上，立法者有可能将其直接升华为法律的规定性，但并不总是如此。如果总是如此，那立法者毋宁是以事物关系的规定性替代了法律的规定性。然而，事物关系的规定性，有些是直线型的。对此，直接升华为法律的规定性并无不可。但很多时候，它是多方面、多层面和交互性的。尤其当我们突出"事物关系"的规定性而不是"事物"的规定性时，业已表明观察的重点是关系本身。所谓关系，就意味着两个或两个以上事物间的交往、互动、互助与互足。这一过程是以主体的独立为前提的，然而，独立的自我很难独立地自给自足。因此，关系性、相互性的互助就至为必要。

剖析事物关系的规定性中"关系"的重要性，进一步引申的是"关系"的复杂性，即"关系"的规定性常常会呈现多面、多层和冲突性。具体到自然对象的规定性，尽管其具有唯一性，但只要这种唯一性投射到主体需要的领域展现为"天人关系"，并转进为"群己关系"时，就必然会呈现复杂、多面和冲突的情形。这是因为，它们被建构在复杂的价值需要体系中，例如：人类的同性繁殖在技术规定性上已不存在困难，人类业已掌握该技术，但涉及这种规定性和人类需要规定性之间的关系时，技术规定的单面性，就变为需要规定的多元和复杂局面。这正是经由同性繁殖的"多利羊"成功诞生后，在世界不同国家的法律上引发种种不同规定的缘由；也是贺建奎

运用“基因编辑技术”产生的孩子来到这个世上时，不但引致全球性的学术伦理争议(法学界也积极参与)，而且在法律上，依法判处贺建奎有期徒刑的理由。

至于纯粹的社会关系，它自始就是与参与其中的人们的需要和价值休戚相关的领域。因此，“关系”就意味着需要和价值以及借此而生的交往事实的多样、多元。多样和多元的价值与事实，可能是通过交换性的互补余缺而融洽相处的，也可能是针尖对麦芒，互不相让，你死我活，难以融洽存在的。对立法者而言，前者好办，因为很容易找出它们之间的契合点，故在规范预设上不存在什么难题。但后者却极为难办，因为立法者面对多元价值和事实时，必须要从中作出取舍。因此，前述一阶立法方法再无法为这里的工作效劳，必须进入二阶立法方法。所谓二阶立法方法，就是在冲突的、难以共存的社会价值和社会事实面前，立法者进行价值选取和事实抉择的方法。由于这种选取和抉择，事关在相关法律管辖的时空范围内无数人的利害关系和行为选择，因此，立法者的选择，自然是一个战战兢兢、临渊履薄的活动，否则，立法不但无益于人们交往行为和社会秩序的建构，还会适得其反。

可见，二阶立法方法的基本使命，就是要面对事物关系规定性中价值与事实的对立性冲突予以抉择、选取，从而设法在冲突的价值和事实间作出妥适的抉择和安排，以尽量减少不加甄别、不予选择地直接根据事物关系的规定性来立法（把事物关系的规定性复写为法律）所不可避免地带来的法律预期冲突问题。立法者的相关选取和抉择，自然意味着其自身也被拖入冲突的价值和事实中。立法不但不置身事外，而且是冲突价值和事实的参与者。不过，与其他参与者相比，他具有一言九鼎的决策权力。他的选择，是特定时空内价值和事实冲突的最终选择，除非对相关选择（立法）进行再选择（法律修改）。立法者依赖二阶立法方法，就是要通过其价值和事实选择，更多地赋予、安排法律的预期能力，使法律更有效力，并促进法律预期能力的现实化，使法律更有实效。

法律有没有实效以及实效究竟有多大？法律的实效究竟在多大程度上反映其效力？[①] 这是法律预期性研究的重要话题。一般的原理是：法律实效与法律效力的吻合程度越高，意味着法律预期能力越强；反之，法律实效与法律效力的反差越大，则意味着法律预期能力越弱。在一定意义上，法律效力，就是立法者对法律的预期设定，

---

① 有关法律效力及法律实效的具体论述，参见张根大：《法律效力论》，北京：法律出版社，1999年；谢晖、陈金钊：《法理学》，北京：高等教育出版社，2005年，第261页以下。

即法律预期性；而法律实效，则是法律预期性的实践表达和展示。当然，这并不意味着法律效力概念就可以替代法律预期性概念，也不意味着法律实效概念能够替代法律预期的实践表达。因为它们所表达的，毕竟有并不相同的实践范围和领域——法律效力和实效都具有法律对社会关系调整的“单面性”，而法律预期及法律预期实践则明显具有法律和其调整对象的互动性或相互性。

预设法律预期，是立法活动通过一定的理念和技术，赋予法律对人们交往行为预期功能的活动。由于法律对于特定时空中的主体具有普遍规范性，因此，法律预期的预设理应遵循一定价值理念，并对相关对立的事实（对立的事物关系的规定性）抱有明确的、不容含混的态度。众所周知，社会需要的纷繁复杂及其内部的冲突，致使人们的行为选择很难完全融洽。立法所面对的价值和事实，不但是多元冲突的，而且是难以共存的。但人们的行为在这种冲突面前必须有统一的遵循或判准，社会秩序才能建立并维系。这是全部立法的使命所在。如果社会价值和事实即便有冲突，但是能够自发地趋于和谐，也就用不着立法的选择和二阶立法方法，因为一阶立法方法已然能够处理相关问题。但事实却并非如此。所以，为了突出法律的预期能力，面对难以共存的多元价值和事实，立法应遵循如下三种具有明显不同的基本理念：或包容，或优先，或排除。

（二）宽容原则与价值（事实）兼顾

法律作为众人应当信守的交往规范体系，自然应表达众人的价值追求。然而，价值总是多元的，因之导致的事实照例是多元的。在学理上，价值多元论是与价值相对论伴生的概念，这自然也意味着它与价值绝对论是相反的概念。在价值和事实多元理念下，立法者究竟如何处理多元、矛盾甚至对立的价值和事实？这显然是法律能否得到公众接受并提升其预期能力的重要话题。特别是，法律的特征之一是保持安定性，以便人们的交往秩序得以保障。在此意义上，它是倾向于价值绝对论的。而价值与事实多元论及与其伴生的价值与事实相对论，尽管可以宽容多元价值和事实，但对价值与事实绝对论——这种不宽容的事体，并不能保持“伦理开放空间”，[①] 即不能宽容不宽容者。反之，必须实行“不能宽容不宽容”。这决定了法律宽容价值和事实多元

① 参见 Roland Wittmann：《“价值多元论”对应“价值相对论”》，刘幸义主编：《多元价值、宽容主义与法律——亚图·考夫曼教授纪念集》，台北：五南图书出版公司，2004 年，第 562 页以下；有关“伦理开放空间”，参见第 563 页以下。

的基本的尺度或界限。

然而，如果我们把法律当作国家或国际社会运作的一个整体，则法律对多元价值和事实能否宽容，在此宽容基础上能否增进法律的预期能力，在实质上不是宪法和法律之下的问题，而是立宪和立法的问题。在现代法治社会，所有立宪和立法活动都是依法展开的作业，即在宪法和法律尚未产生时，立法者就应抱有价值和事实宽容的一般理念，而不应受一种先于法律的"主流价值"或"正确事实"之左右。否则，不但不能在立法中赋予法律价值和事实宽容，还会因此形成法律的价值与事实专横，最终影响人们对法律的接受，影响法律的预期能力。

尽管如此，毕竟价值和事实多元，可能意味着价值冲突与事实对立。这样一来，法律统一与价值和事实多元、法律同一性与立法和法律的价值（事实）宽容性之间，势必存在冲突和对立。因此，立法要做到价值（事实）宽容，就不得不在社会价值和事实基础上，寻求通过规范的价值通约和事实通约。这对于法律调整的有些对象，如天人关系、身心关系而言，是好办的，因为这些事实的规定性是客观的，容易被立法者把握。因之，凡能被天人关系及身心关系的规定性容纳的价值和事实，都在立法者及其法律的宽容之列。反之，则不能被其宽容。

之于群己关系，这种程式化的简单判断大体上也是有效的。但问题在于群己关系本身的规定性在很大程度上是受文化和价值左右的事实——在此，"事实"是客观事实、价值事实和主体精神事实的统一体——即便更加客观的天人关系和身心关系，一旦被群己关系吸纳或建构，就不可避免地有了精神价值的特质。因此，价值和事实多元性，在群己关系中更加明显。多元价值和事实的矛盾、冲突甚至对立，对立法宽容是个严肃且重大的挑战。立法者如何才能对冲突的价值和事实予以宽容，如何做到以统一的规范吸纳矛盾、冲突甚至对立的价值和事实，并且使其心悦诚服地接受？这诚然是一个重大的技术难题。

克服这一难题的钥匙，是在多元的价值和多元的事实中，寻求规范化的价值通约和事实通约，即法律能够通约性地表达、规范和实现多元价值，表达、规范和保护多元事实。法律规范就是多元价值和事实的公约机制。如面对不同的信仰和修行冲突，如何在法律上宽容其各自的价值信守和修行选择？法律只有规定其公约和共存机制，才能被不同的宗教和教徒接受，并产生预期效果。其公约和共存机制是什么？如我国《宪法》第 36 条的规定，就形成两个价值共识。一是权利共识。一方面，信教或者不信教，信教者究竟信仰哪种宗教，是公民权利范畴，由公民自愿选择，公民可拒绝一切对合法宗教信仰的干预行为，哪怕这种干预来自国家机关。另一方面，自主管理宗教团体和宗教事务，属于国家主权范围内的事，国家有权拒绝外来势力的支配。二是义务共识。首先是不歧视义务，信教者和不信教者，信此教者和信彼教者都不得歧视对方。其次是不越轨义务，信教者不得借教而破坏社会秩序，影响社会（特别是族群）团结，损害他人健康，妨害国家教育。最后是保护义务，国家有义务保障公民的信教自由。此种权利共识和义务共识，根据自由和权利原则，兼顾了在信教问题上的不同价值，实现不同价值之宗教间在法律框架内的和平共处、和谐交往、价值互补和事实通融，在规范明示的价值和事实可接受基础上，提升法律的预期能力。

（三）优先原则与价值（事实）识别

价值和事实多元，并不意味着不同的价值、事实之间是等值的、均布的、没有轻重缓急的。现实世界确实有等值、均布和轻重缓急不明显的价值及事实，但也存在与之不同的价值及事实。例如：社会弱者与强者相较，应坚持弱者优先原则，尽管法律对强者的价值主张和权利要求绝不能听之任之。这就是国家何以制定专门的“消费者权益保护法”“老年人权益保障法”“妇女权益保障法”“少年儿童权益保障法”等的缘由，因为相关法律的保护主体，通常是社会的弱者，从而体现弱者利益优先的法律保障原则。

因此，在价值和事实宽容原则的基础上，摒弃均布主义的立法旨趣，根据影响大小、轻重缓急，按照某种“比例主义”的权利义务分配原理，可动态地调整相关价值、事实及其社会关系，就是立法预期性安排中又一需要关注并遵守的原则，即优先原则。具体说来，它是指在多元价值和多元事实并存的背景下，立法者在遵循宽容原则的同时，根据价值和事实的影响大小、范围、轻重来安排法律调整的优先顺位，从而使法律更具有可接受性，并增进法律的预期能力。以我国当代法律对历法的定制为例。众所周知，时间是法律的一个重要向度。法律不但运行在一定的时空中，对时空也常有专门的规定。譬如计时究竟以什么为标准，就是和历法相关的话题。我国作为一个历史悠久、族群众多的大国，在多元的历法中，立法者如何优先性地选择一种为不同族群所共同接受的历法作为公共的计时工具？这涉及对多元价值和事实的识别话题。在相关识别中，科学性、普遍性与习惯等，都是立法者要深入考量的问题。我国最终选择以公历作为计时的法律标准，便有近代以来公历在全球范围内的普遍应用及由此建构的世界时间秩序，公历和我国固有的其他历法相较的科学性，工业、分工和商贸社会对时间的内在要求等因素的考量。

需强调的是，立法虽然赋予我国法律的计时标准是公历，公历被优先作为我国的计时工具，但它并不排斥农历和其他民族的历法在族内行为中的效力。特别和民族传统相关的节庆纪念活动及假日规定的计时，尽管在形式上不可避免地运用公历计时，但在实质上，却以不同民族的历法作为节庆的实际计时标准。这样，优先原则并不否定与公历多元存在的其他历法，反而在强调公历优先时，明显坚持兼顾其他理念。这种“优先－兼顾”模式，正是在法律预期预设中，立法者面对多元价值和多元事实时，为避免冲突、突出共识、强化法律预期能力所采用的基本技术，自然，也是立法者在进行价值识别和事实识别，为优先选择作准备时，理应坚持的态度。否则，就是下文将要论述的排除原则了。

（四）排除原则与价值（事实）否定

上述优先原则，乃是宽容原则的一种变通形式。它不但不否定宽容，而且对其他价值和事实保持兼顾、开放的精神。但并非多元价值和事实都值得宽容并能够被宽容。自然界尚且适者生存、优胜劣汰，人类社会就更是如此。精神主体的特质之一在于他能区分善恶、是非。善恶主要针对价值问题，是非主要针对事实问题。善恶和是非是不能兼容的。特别在法律上，如果允许善恶、是非兼容，无疑会使法律丧失规范导向性，进而丧失可预期性。法律不但不能判断是非、裁决纠纷，反而成为是非和纠纷的根源之一。这种法律，非但丧失构造主体交往秩序的能力，反而成为社会交往秩序的解构者和破坏者。事实上，只要法律奉行无界限的所谓“宽容”，就不但等于没有法律，甚至还不如没有法律。一切皆可，意味着一切皆不可。所以，有学者指出：

> 宽容固然兼具德行、态度、理念……的性质，它作为伦理和理性的原则……之一，应无疑问。但该原则是否应有例外？或者宽容是否应该有其界限？无界限地宽容，就私的领域上，是否会形成纵容、自我扭曲、伪善、滥情甚至滥权的借口与装饰品？在公的领域上，是否会挑战纪律、秩序、权威甚至公平正义？特别是，应否对宽容有敌意的人或对视宽容为无物者（包括个人、团体、国家）予以宽容，……或者是“自由的敌人没有自由”，从近代政治历史经验言，吾人已因

无知、恣意或不善于处理此种宽容，已付出相当代价。[①]

事实上，对任何价值和事实都能保持兼容并包，即便是神灵也无能为力。所以

> 神话所描述的神匠结合了全能和理智，在其统治下，不会丧失任何一“部分”。因为，他不需要牺牲或丧失任何“部分”。这个神能同时关心部分与整体，不用牺牲任何一个。尽管如此，这位神匠规定的私人和公共利益依然神秘，但合理地引出了所有这些问题。

所谓排除原则，是指立法者在立法时，对多元价值和事实中不能与其他价值和事实共处的内容规定其非法性，并且其一旦出现，就通过相关法律强制制裁手段予以处置。只有如此，才能既弘扬法律的价值导向，又凸显法律的行为规范，即法律获得对善恶、是非的判断能力，进而给人们的行为选择提供一种行动预期。只要符合法律价值和事实的导向，其预期结果必然是得到法律的肯定和保护；反之，违反法律的价值和事实导向，其预期结果必然是法律的否定和制裁。可见，缺失了对有些价值和事实在法律上的排除和否定，法律也就自觉地抛弃了预期性。那么，法律不能宽容的内容究竟是什么？对此，我们可以有个基本的结论，即对不宽容者不宽容。这一结论，至少可从如下两方面来理解：其一，某种价值或事实客观上与更多、更大的价值和事实不兼容，从而成为法律否定的对象；其二，当两种价值或事实不可兼得时，也是最需要认真抉择和选取的。我们知道，“两害相权取其轻，两利相权取其重”，这是自古以来就奉行的利益权衡标准。立法者面对这种情形，只能决绝地选择能够和其他价值及事实包容的方面，坚决反对、否定、摒弃那种反人类、反自由、反道义的“价值”和事实。立法者正是通过放任（权利），对必为与必不为的肯定（义务）以及对违反必为与必不为的否定（违法与惩罚），来排除那些与公认的价值和事实不能兼容的方面的。

归根结底，面对社会价值和事实，立法者的任务，就是最大限度地宽容所有能够共存的、可以并行不悖的价值和事实，从而使法律预期能力尽量得以扩展；在多元价值和事实面前，立法者应当分清轻重缓急，因此，即使对能够共存的、并行不悖的价值和事实，也要分清优先和随后的保护关系；而对那些与大众公认的价值和事实无法

---

① 李振山：《论宽容与宪法》，刘幸义主编：《多元价值、宽容主义与法律——亚图·考夫曼教授纪念集》，第409—410页。

共存的内容，立法者必须采取断然的排除机制，确认相关行为是违法甚至犯罪行为，并经由法律的强制处罚予以校正，进而通过法律给人们的行为选择及其后果以明确信号，确保法律规定就是人的行动预期。

那么，法律一旦设定预期，是不是就能一劳永逸地满足人们的行动预期呢？法律预期，特别是法律的不同预期目的之间，[①] 是否会存在冲突呢？显然，前一问题不可能被肯定，后一问题不可能被否定。只要法律预期本身存在不同的方面，就一定会在不同的倾向上产生冲突，这就要求立法必须对可能出现的冲突有所预期，并预备救济工具或技术。只有这样，才能在前述一阶立法方法及其导致的法律预期性基础上，推出二阶立法方法，并在法律运行的动态冲突体系中，预设法律价值（预期目的）或事实冲突的救济方法，从而在立法上动态地、持久地提升法律的预期能力。这里涉及三阶立法方法。

四、通过三阶立法方法补强法律预期能力

（一）立法后法律预期冲突与三阶立法方法

立法为人们的交往行为下定义，供指引，定导航。一旦立法明令，则法律管辖内的所有主体，皆循立法的定义、指引、导航而展开。不如此，就不足以法治。立法者亦然，这就是立法者的作茧自缚效应。对所有主体而言，这种看似有些“异化”的情形，即人创造了法律，法律却反过来束缚、网罗人们的行为，笔者曾称之为“良性异化”。[②] 但如果深入人的符号－规范本质视角，则把人们接受法律调整的行为——无论是顺从内心的自觉接受，根据契约的互制接受还是来自压制的被迫接受，大致可视为人类符号－规范本质的一种现实反映，立法者不过是根据这种人性要求，做了法律上的擘画而已。

但是，立法者的擘画再详备，仍无法完全解决立法后无论在价值上还是事实上存在的法律预期冲突。毕竟立法者是人而不是神。即便是所谓神的律法，也存在着人类智慧在理解上不可避免的歧义。在人类认知的历史长河中，尽管“相信后人能够认识

---

① 参见谢晖：《论法律预期目的及其规范预设》，《东方法学》2022年第5期。

② 参见谢晖：《法学范畴的矛盾辨思》，北京：法律出版社，2017年，第361页以下。

对于前人而言一直隐蔽着的事物，相信‘时间使究明真理成为可能’，从而相信科学进步的可能性”，[①] 但这种可能性在实在法的世界是远水解不了近渴的事体。因此，立法之后，法律自身、社会变迁、实情复杂、立法者认知等所致的法律预期冲突，几乎是不可避免的。即便被人们普遍称道的《拿破仑法典》，也不能解决此种立法预期冲突，所以，在不少学者看来，不是《法国民法典》改变了社会，而是社会改变了《法国民法典》。[②] 因此，立法者所面对的，不仅是立法过程中价值和事实的冲突，在立法之后，也可能出现法律预期的对立冲突。这既体现在预期价值的冲突上，也体现在预期行为的冲突上。

立法后法律预期的必然冲突，既取决于文字表达事物关系规定性的相当有限；也取决于立法者认知的有限——人类在特定时空中理智的不完美及缺陷；还取决于法律运行过程中，既定的滞后预期与新近的事实发展间的不睦。前者经常表现为法律体系中法律与法律、法条与法条对同一类事物的不同表达，从而呈现为法律文字意义的冲突。一旦冲突，人们的相关行为选择就无所适从，法律预期能力因此大为降低。中者经常表现为法律对事物关系规定性的表达或南辕北辙、或顾此失彼。自然，这只能让法律规定不是所谓“恢恢天网，疏而不漏”，反而变成一个漏斗，任凭法律预期流失。而后者，则是既定的、机械的法律面对人类历史变迁的变幻无常、无限发展时，难以避免的事体。任何立法者，不可能不对法律设计预期，并且所有法律预期，都是取经过去、立基现在、面向未来的。但它之面向未来，不是也不可能是面向遥遥无期的未来，只能根据事物发展的历史脉络，面向大体可预见的当下事实和未来发展。

那么，当法律存在或产生预期冲突后究竟该如何救济？对此，一般的情形是司法者在处理个案时，借助法律（司法）方法加以解决。[③] 但这不是说立法在解决这些问题上就无能为力、无所事事。在成文法国家，即使司法运用法律方法对法律预期冲突之救济，也是遵循立法授权的结果。因此，立法不但需要一阶立法方法以把握事物关系的规定性，以便使其升华为法律；不但需要二阶立法方法以识别事物关系规定性的冲突性质，并在不能共存的价值和事实间作出认真权衡，选择更有利于人们交往行为的价值和事实来设计法律预期，以其为人们有预期的交往行为的准据；还需要三阶立

---

① 列奥·施特劳斯：《哲学与律法——论迈蒙尼德及其先驱》，黄瑞成译，北京：华夏出版社，2012年，第75页。

② 参见傅静坤：《〈法国民法典〉改变了什么》，《外国法译评》1996年第1期。

③ 参见谢晖：《法律哲学——司法方法的体系》，北京：法律出版社，2017年。

法方法，解决既定法律的预期冲突问题。所以，所谓三阶立法方法，就是立法主体在法律预期出现冲突时，用立法来解决和消除相关冲突的方法。有了这一方法，立法便可能保持在动态运作中不断完善、增强法律预期能力。反之，抛弃这一方法，以为立法之后，立法主体就可以置身事外，所有的法律事务全部交由执法者和司法者，像自动售货机那样，在事实和法律间不断交换就足矣，则只能使法律因应社会实践的需要而不断完善的要求日渐渺茫。

三阶立法方法表明，立法者不仅在法律制定环节才能参与法律和法治活动，在对法律进行解释、修改、废除、重新制定等法律运行环节中，立法者也是亲临者、参与者——当然，参与不是干预，而是为了供给更好的、预期能力更高的法律产品。三阶立法方法，完整地表达了立法过程中法律方法的特质，表明：一方面，立法活动就是立法方法的运用活动；另一方面，三位阶的立法方法，共同构成立法方法和立法过程的逻辑闭环。那么，当法律预期出现冲突时，三阶立法方法究竟应如何出面予以救济？

（二）立法（前）后法律预期冲突的救济

立法后法律预期冲突的立法救济，大致可分为立法试验、立法监督和立法后评估、立法解释和修改以及立法授权五方面。下面分别予以分析。

首先是立法试验。众所周知，在我国，有试验立法这一重要的立法机制。所谓试验立法，是指在涉及全国性的人与人交往行为的相关领域，虽然有明显的立法需要，但立法者对相关事物关系的规定性尚未完全明了，不能轻率决定，从而授权委托国家行政机关或地方立法机关先行试验的立法举措。因为国家立法机关在相关领域草率径直制定法律，会产生一定时空范围内法律效力的覆水难收，其规范人们交往行为的强度，让相关事实领域过早固化，缺乏必要的转圜空间，阻碍社会秩序的形成。一旦一种法律生效并作为社会秩序的调整机制，人们的交往行为自然会在其时效范围内，长期地受其调整。法律已然制定，即使立法者发现问题愿意矫正，也会被严格立法程序掣肘。与其如此，还不如先交由行政机关或地方立法机关，就人们认识尚不成熟，但确有必要依法调整的事项作出试验性立法，既减少立法机关立法的社会影响，也维护立法机关作为代议机构，代表人民行使立法权的应有权威，同时，使国家立法主体在对试验性立法的观察、分析和总结中，及时发现问题，并在正式立法中予以关注和矫正。

试验性立法，发生在立法机关制定相关法律之前，似乎和主要处理立法后法律预期冲突的三阶立法方法并无直接关联。但事实表明，立法者对其立法可能产生的法律预期冲突作出事先预估，并付诸试验立法方法，本身是避免立法后法律预期冲突的手段。其可以被视为立法者在设定预期困难时，对可能出现的法律预期冲突在法律方法上所作的前置处理，是对避免或减少法律预期冲突之预期。因此，它尽管发生在立法之前，但立法者的未雨绸缪，使得其最终的实效却作用于法律制定之后。即立法者业已通过三阶立法方法，在事前处理了可能发生在立法事后的法律预期冲突。

其次是立法监督和立法后评估。立法监督是人们熟悉的概念，简言之，它是指法律制定后，立法主体通过直接（如质询、执法监督和检查等）或间接的方式，对法律预期的实践效果予以观察、分析、研判的活动，进而修正"立法至上"的观念。[①] 如前所述，法律制定后，立法者并非置身事外，淡出法律视界，而是以独特的方式仍然参与法律活动。这种参与，不是对其他国家权力的替代和包办，更不是径直处理公民权利与义务的具体纷争和事务，而是以观察者的身份进入法律运行环节。虽然笔者在标题中用的是监督字样，但立法者的此种进入，不仅是对执法者、司法者执行和运用法律的监督，也是对其赋予法律的预期效果所作的检视性监督。显然，立法监督也是立法者的自我监督，是对立法时所预设的法律预期能力的监督。故而立法监督不仅是立法者对法律运行的参与，而且是通过参与对法律预期状况的具体观察。借此，立法者可以对其制定的法律作出必要、准确的立法后评估。[②]

因此，立法者如何参与法律运行过程，不仅是其权力运行方式和态度问题，而且是权力运行的智慧和技巧问题。由于监督本身是立法者权力的一部分，但根据权力的人性原理——"一切有权力的人都容易滥用权力，这是万古不易的一条经验"，[③] 立法者不能通过法律自我约束，并在法律上设定对其监督的外部约束机制，立法自身的专横将难以避免，"播下的是龙种，收获的却是跳蚤"。故笔者认为，尽管立法监督对其外部行为——执法和司法行为的监督是必要的，但从立法所肩负的对全社会提供高质量、可预期的法律这一使命而言，立法监督更应着眼于其内部的自我监督，即对其赋予法律的预期在运行中的状况予以评估。一旦发现存在法律预期冲突现象，设法克

① Leigh Osofsky, "Agency Legislative Fixes," *Iowa Law Review*, vol. 105, no. 5 (2020), pp. 2107—2168.

② 参见汪全胜等：《立法后评估研究》，北京：人民出版社，2012 年。

③ 孟德斯鸠：《论法的精神》上册，张雁深译，北京：商务印书馆，1961 年，第 154 页。

服法律预期冲突，提升法律预期能力，为社会供给更有效、可靠的法律预期。

再次是立法解释和修改。立法监督和评估的结果之一，是立法者可能发现一国法律体系或具体法律的预期性缺陷。大致而言，它可能表现为如下几个方面，相应也有几种处理结果：

其一，立法空白、预期阙如。立法空白，通常称法律漏洞，我谓之“法律意义空缺”，[①] 即既有的法律体系或具体法律中对业已存在的社会事实未予规定并调整，或者即使有规定和调整，但规定有缺漏，相关社会事实尚有游离于法律之外的情形。对此，立法者的处理方式一是制定新的立法方案，即针对业已存在、尚未被法律调整的社会事实和社会关系，提出新的立法建议，起草新的法律草案，通过新的法律内容。可见，这种立法乃是填充和补救法律体系在某一领域的整体性缺漏。比如在我国，机器人已经广泛应用于生产、生活领域，但至今并未制定完善的机器人法。二是针对一部具体法律中的意义空缺，立法者进行立法补白，即立法者以此方式来填充和补救一部具体法律的预期缺陷。

其二，立法冲突、预期多元。立法冲突，是指在既有的法律中，不同法律对同一事项的规定不同或同一法律不同条文对同一调整对象的规定有冲突。在法律预期冲突中，前者是较为常见的，因为法律制定顺序有先后，法律门类繁多，社会事实的变迁复杂。所以，在持续、多元、多层的立法中要完全避免不同法律间的预期冲突，实在困难。后者极为罕见——毕竟一部法律的制定，是耗费了立法者大量的精力和智慧，字斟句酌、严谨推敲的结果。面对这种情形，立法者的选择，或者是立法否定，即针对既有的具有层级效力的不同法律，当下位法与上位法的预期出现冲突时，上位法的相关规定必然否定下位法的相关规定，下位法的相关规定自觉服从上位法的相关规定；或者是立法解释，即立法者根据立法实情和社会实际，对水平效力法律之间的预期冲突进行解释，以选择其一、否定其他，保持法律预期的统一性；或者是法律修改，即在条件合适时，立法者根据相关立法程序，适时修改法律，克服法律与法律之间、一部法律内部的预期冲突，保障法律的统一预期。

其三，立法模糊、预期不明。它是指立法主体通过参与法律运行，发现法律的具体规定，如法律概念、法律规范等存在意义模糊——或者一词多义，或者多词一义，或者意义不明的情形。虽然准确地讲，这不属于法律预期之冲突，但毫无疑问，它属

---

① 参见谢晖：《沟通理性与法治》，厦门：厦门大学出版社，2011年，第73页以下。

于立法后存在的法律预期不明。对此，立法者的基本救济手段是进行立法解释，即由法定的有立法解释权的主体，对模糊的法律概念、法律规则等作出有效力的、权威的解释，在一词多义时，选择其中一种意义；在多词一义时，设法统一用词；在意义不明时，澄明法律概念或规范的具体所指。[①] 显然，这些举措，都是为了保障法律预期的统一性。

最后是立法授权。如上三个方面，乃是立法者对法律预期冲突的直接救济。但我们知道，对于既定法律的运行而言，立法远，运行（执法、司法、用法）迩。面对现下的法律预期冲突，急于依法处事的法律运用者——特别是执法主体和司法主体，若要等待立法者通过漫长、冗杂的立法程序进行法律的解释、修改和制定，显然只能耽误当下需要解决的问题。因此，立法者只能通过立法（法律）授权的方式，规定执行者和司法者结合具体事实（案情），运用法律（司法）方法，解决相关事实的法律适用问题。相关授权方式，或者是通过一般法律授权，我国基本采取此方式授权；或者是通过专门法律授权，如有些国家专门制定了“法律解释法”一类的法律。[②]

五、通过立法的法律预期之真、善、美

立法尽管并非人人皆可行使的事，[③] 却是必然关乎人人的事，所以，前文提及立法和法律乃众人之事，就是强调，立法者的使命与众人交往中的方便与否、有利与否、安全与否、公正与否休戚相关。这足以表明立法者的应有地位，也或许是孟子坚持“唯仁者宜在高位”，柏拉图强调由哲学家出任国王（立法者）的缘由。因此，立法者必须向善，公民才有可能通过向善的立法者的法律，理解并运用它：

> 立法者首先应该致力于关注这些善的事物，确保它们正确排序。特别是，公

---

① 参见冯·萨维尼、雅各布·格林：《萨维尼法学方法论讲义与格林笔记》，杨代雄译，北京：法律出版社，2008 年，第 72—79 页。

② 例如：加拿大和英国就分别在联邦层面颁布了统一的法律“法律解释法案”，分别参见 Interpretation Act，https://laws—lois. justice. gc. ca/eng/acts/i—21/FullText. html，2022 年 10 月 30 日；Interpretation Act 1978，https://www. legislation. gov. uk/ukpga/1978/30/schedule/2/enacted，2022 年 10 月 30 日。另外，西澳大利亚以及美国的一些州，也曾颁布过专门的法律解释法。

③ 例外的是“全民公决”立法模式的出现。参见廉思：《当代全民公决制度的类型研究剖析》，《环球法律评论》2008 年第 5 期；胡建淼、方若霖：《全民公决的伦理困境与重构》，《浙江社会科学》2018 年第 9 期。

民必须知道，属人的善向属神的善寻求引导，属神的善则向理智寻求。同样，他们必须知道，这些善作为整体优先于所有其他事物。公民能够在如下方式中学到这些：立法者的法律对荣誉与耻辱的分配，对高贵与卑贱的教导，以及对收入与支出的控制。……如果在法律中，立法者把所有这些都联结起来，那么，他就可以为公民社会护卫者。①

尽管立法者不可能从神灵那里学到什么，但立法者应当具有一定全能的属性，所以，前文对三个不同位阶立法方法之探讨，分别关联着法律及其预期的真善美。不同立法方法和立法阶段，分别关联着立法者赋予法律预期时的索真、辨善和趋美的旨趣。所以，立法者尽管是活生生的，具有和常人一样喜怒哀乐的人，立法机关虽然由一个个性格迥异，可人性的基本特征皆存的个人所组成，但要通过立法实现法律预期的真、善、美，就不得不把立法者——多元知识构造的群体或集合体设想为具有一定神性的存在。

一阶立法方法及其对事物关系规定性的探寻，实质上是对事物及法律预期真的求索。法律作为社会关系的调节器，作为人们交往行为的工具体系，必须源于生活、社会和人们交往行为（事实）的规定性。逃离交往行为规定性的法律，一定会被交往行为抛弃。人类历史上形形色色的法律中，不乏甫一制定就形同失效的情形。因此，法律对事实规定性的记载、反映或表达，只有建立在立法者通过一阶立法方法的调研、分析和认可基础上，才能贴合人们的生活。因之，一方面，一阶立法方法就是立法者在事实中发现其规定性的方法；另一方面，一阶立法方法，也是在对事实规定性的认知基础上，把这些规定性忠实地升华为法律规定的活动，是立法者通过对法律赋予事实的真，② 来安排法律预期，增进法律预期能力的活动。

二阶立法方法及其对多元价值和事实的辨识与选择，实质上是对人类，也是对法律预期善的选择。在多元且往往冲突的价值和事实面前，立法者及其法律只能选择其一，不能彼此兼顾——因为法律要规范“众人之事”。这种选择，既针对多元且不能

① 参见林志猛编：《立法者的神学——柏拉图〈法义〉卷十绎读》，第 122 页。

② 这里自然涉及“法律中的真理”。有学者认为，它“是一种与法律论证形式有关的东西，而不是条件使得法律命题真”（丹尼斯·M. 帕特森：《法律与真理》，陈锐译，北京：中国法制出版社，2007 年，第 201 页）。即使在立法中，赋予法律预期真的过程，与其说是“符合真理”，不如说是“共识真理”，其与二阶立法方法以及三阶立法方法所开放出的真理，都是交涉或沟通意义上的，故而法律是一种交涉、沟通体系。参见马克·范·胡克：《法律的沟通之维》，孙国东译，北京：法律出版社，2008 年。

并存的事实，也针对多元且不能并存的价值。但归根结底，在多元事实中选择其中一种事实，乃是根据社会中“最大多数人的最大幸福”要求作出的。[①] 它仍然属于价值选择的范畴。正因如此，一个国家的法律是系统化的价值选择结果，其运行也需遵循法律的预期价值。[②] 可见，立法者运用二阶立法方法，在多元冲突且不能共存的价值和事实中所作的选择，乃是根据人的需要和善的原则安排的。立法者把自身选择的价值和事实嵌入法律中的举措，实质上对法律赋予了价值的善，并借助这一安排确定法律的价值预期，提升法律的价值预期能力。

三阶立法方法及其对法律预期冲突的救济，实质上是对法律与社会事实联结的状况进行严格审视，并拾遗补阙，对法律预期作出美的安排。法律是理性的范畴，而美更多是感性的范畴。不过理性并不拒绝美，反而给美以更加精致的意蕴。立法者之制定法律，其实是把理性美呈现给社会的活动。诸如严谨又活泼的逻辑美、强制且节制的力量美、理性并审慎的选择美、必行还宽容的秩序与自由美、奖赏与惩罚的公正美、给予和收获的正义美、想象而神秘的预期美等，[③] 都是立法者在立法中应予关注并赋予法律的。但即便如此，法律产生了，仍会无可奈何地呈现其“断臂的维纳斯”一般的美，呈现其残缺美。其中原因，人们探讨甚多。这里想说的是，立法者借用三阶立法方法，不断发现法律预期残缺、冲突和模糊，并予以补救的情形，归根结底是法律预期美的不断完善过程，它虽然不能、也不可能完全克服法律预期美的残缺，但在一般情形下，无疑会增进法律预期美的能力。

正是立法者对三种不同位阶立法方法的使用，使作为人的立法者，在不懈地认知、审慎地选择和严谨地补救中，获得了某种神性的特征；也使法律预期获得了某种言必信、行必果的神圣特质——法律之所以有权威，其内在因由大概全在于此。

---

① 边沁引用贝卡利亚的话说：“如果人生的善与恶可以用一种数学方式来表达的话，那么良好的立法就是引导人们获得最大幸福和最小痛苦的艺术。”边沁：《政府片论》，沈叔平译，北京：商务印书馆，1995 年，“编者导言”，第 29 页。

② 陈征楠曾撰文在系统论视角分析“法律价值的系统论格局”，不过作者的分析对象主要是法律运行中（法律制定后）的价值问题。参见陈征楠：《法律价值的系统论格局》，《中国法学》2022 年第 2 期。笔者以为，法律运行的价值系统格局，取决于法律制定中系统的价值赋予（以及在其反面的系统的价值排除），因此，对立法者在法律上的价值赋予行为，更宜通过系统观点分析。

③ 关于法律与美的关系，参见吕世伦主编：《法的真善美——法美学初探》，北京：法律出版社，2004 年；舒国滢：《从美学的观点看法律——法美学散论》，《北大法律评论》2000 年第 2 期。

《唐律疏议》中的"法"考辨*

刘晓林**

摘　要：《唐律疏议》中的"法"出现频次极高、分布极广，绝大多数表达了与"法律"相关的含义。各篇"序疏"中的"法"指称较为广义的"法律"、较为抽象的"法"或特定法典及其篇目；律典条文中的"法"表述形式复杂，但整体特征清晰，皆有明确的规范指向，即指称律、令、格、式以及其他法律渊源中的具体规范。"罪法""理法""正法"等较为特殊的表述形式，仍与"法"表意的整体特征及具体用法一致。以"法"指称具体规范是立法或注律的常规模式，此种指称围绕"正刑定罪"展开，是传统法发现、论证具体规范不可或缺的技术手段。

关键词：《唐律疏议》；法；立法语言；正刑定罪；立法技术

法律条文中的典型术语对于法律制度史的研究意义重大，如果要在传统律典与律令体系的形成、演进过程中选择若干重要术语进行集中探讨，"法"一定包含其中；若要选择具体素材，《唐律疏议》一定是理想对象。鉴于"法"本身的丰富含义，加之正史文献、经典及其注疏中"礼法""德法"等固定表述，以及近代以来"情理法""法理"等学术话语的深入影响，作为典型立法语言的"法"在律典中表达的含义及其用法值得我们系统梳理。具体而言，这些具有重大影响的固定表述，易于使我们形

---

* 国家社会科学基金重大项目"秦汉至唐律令立法语言分类整理、谱系建构与数据库建设"(21&ZD197)、国家社会科学基金一般项目"唐律中的'法''理'与'法理'研究"(20BFX021)

** 刘晓林，吉林大学法学院教授（长春　130012）

成针对传统法的定式思维；会使我们理所当然地认为传统法中必然存在相关表述，进而忽视作为立法语言的“法”本身的含义与用法，并进一步遮蔽传统法的特质。目前尚未见到立足法律规范，针对“法”的含义与用法进行系统梳理的成果。基于此，本文拟从《唐律疏议》中“法”的表述形式、含义与用法出发，结合律典结构对之进行探讨，并从技术视角对唐律立法的特质稍作总结。

一、分布与特征

《唐律疏议》中“法”共出现1128次，[①] 其中1115次表达的是法律规范、法典及其篇目等含义，[②] 此种用法占总数的99%。作为律典中分布如此之广、出现频次如此之高的常见词汇，表意呈现此种特征显然是立法者有意为之，即立法者刻意回避其通常用法，如“方法”“效法”及其他专门用法。律典中的“法”表达“法律”相关之含义时具体形式较为丰富，但特征清晰，如表达特定法典及其篇目的“法经”“盗法”“贼法”等；表达特定法律规范“斗法”“赎法”“本法”等。另外，还有一些专门表述，如“法杖”“法官”“法司”等。当然，结合具体条文，与“法”相关的表述形式呈现更加丰富且复杂的形态。律典中表达“法律”相关含义的“法”分布情况详如下表：

《唐律疏议》中表达“法律”相关含义的“法”出现频次与分布详表

篇目	出现的频次（律、注、疏）	涉及的条文数（在本篇的比例）
《名例》（凡57条）	357次（30、19、308）	50条（88%）
《卫禁》（凡33条）	27次（3、1、23）	17条（52%）

---

① 此处统计不包括各条条标中出现的“法”，《唐律疏议》条标中“法”出现19次，如《名例》“除免官当叙法”条（21）。另，本文涉及唐律条文皆引自长孙无忌等：《唐律疏议》，刘俊文点校，北京：中华书局，1983年。文中仅标注篇名、条标与总条文数，不再一一注明出处。

② 律典中未直接涉及“法律”相关含义的“法”仅出现13次，主要有三种用法：一是作“仿效”或“效法”，此类用法出现3次，涉及3条律文，如《名例》“八议”条（7）《疏》议曰：“谓贤人君子，言行可为法则者。”“八议”中“议贤”之人皆为贤人君子，其言行可作为民众效法之准则。二是作“方式”或“方法”，此类用法出现9次，涉及6条律文，如《断狱》“拷囚不得过三度”条（477）：“若拷过三度及杖外以他法拷掠者，杖一百。”“他法”即拷囚之法定方法之外的其他方式。“法”的此种用法易于被忽略，而忽略此种用法的直接影响，就是误解相关表述与“法律”相关。三是作专有名词，此类用法出现1次，涉及1条律文，《户婚》“私入道”条（154）《疏》议曰：“断后陈诉，须着俗衣，仍披法服者。”“法服”即僧道尼等专门着装。

续表

篇目	出现的频次（律、注、疏）	涉及的条文数（在本篇的比例）
《职制》（凡 59 条）	81 次（16、1、64）	25 条（42%）
《户婚》（凡 46 条）	98 次（16、3、79）	33 条（72%）
《厩库》（凡 28 条）	51 次（8、2、41）	17 条（61%）
《擅兴》（凡 24 条）	28 次（2、4、22）	11 条（46%）
《贼盗》（凡 54 条）	157 次（17、7、133）	39 条（72%）
《斗讼》（凡 60 条）	107 次（10、6、91）	43 条（72%）
《诈伪》（凡 27 条）	57 次（9、2、46）	21 条（78%）
《杂律》（凡 62 条）	46 次（4、2、40）	23 条（37%）
《捕亡》（凡 18 条）	35 次（5、3、27）	14 条（78%）
《断狱》（凡 34 条）	71 次（14、1、56）	19 条（56%）
总计	1115 次（134、51、930）	312 条（62%）

“法”作“法律”相关含义时集中于《名例》，占总数的 32%；从涉及的律条来看，律内有 312 条出现了相关表述，可见分布极为广泛。[①] 需要注意的是，律典中分布与出现频次达到此量级的典型术语并不多见。[②] 就其分布与涉及的条文作初步梳理，可以看出形式与内容两方面较为明显的特征。形式方面，“法”在律条各部分的分布较平均，其出现在律、注、疏中的比例分别为 12%、4.6%、83.4%。这与律典中典型术语分布的平均值基本持平。[③] 也就是说，唐代大规模修律之前，“法”作为典型立法语言在律典中表达的含义与用法已较为成熟与稳定。内容方面，篇首“序疏”中的“法”与律条中的“法”差异显著，当然，这取决于各篇“序疏”与具体律条截然不同的性质；律典中绝大多数“法”出现于律条，其表达的含义与相应用法具

① 与“情”“理”等相关典型术语相比，“法”在《唐律疏议》中出现频次之高、分布之广是显而易见的。关于《唐律疏议》中“情”“理”含义与用法的统计、分析可参见刘晓林：《〈唐律疏议〉中的“情”考辨》，《上海师范大学学报》2017 年第 1 期；《〈唐律疏议〉中的“理”考辨》，《法律科学》2015 年第 4 期。

② 有一个基础性问题需要说明：文献电子化的背景之下，针对特定字词的统计难度不大，此种研究意义何在？从技术角度来说，统计固然没有障碍，但无法越过的障碍有两个：首先，如何确定统计的对象；其次，单纯的统计不等于基于统计的分析。以本文为例，统计《唐律疏议》中的“法”，显然是基于制度载体、律典演变等方面的考虑；律典中“法”的含义、用法及其特质并未通过数据直接展现，但逐条梳理、分类探讨必须基于相关统计。尤其是针对分布与出现频次达到如此量级且表述形式极丰富的专门术语，立足于统计数据的分析更显必要。

③ 《唐律疏议》中律、注、疏的比例分别为：15%、3%、82%，这个比例大致也是其中典型术语分布的平均值。参见刘晓林：《唐律中的“杀”与“死”》，《政法论坛》2020 年第 3 期。

有明显的特征。

二、“序疏”中的“法”

《唐律疏议》12篇中有8篇“序疏”出现了“法”，共计30次。[①] 结合律典各篇“序疏”的内容与特征，我们产生如下认识：首先，律典各篇“序疏”独立于具体条文，通常所说的律典“12篇、30卷、502条”，各篇“序疏”分别包含于“12篇”之中，但不属于“502条”，[②] 因此，“序疏”中很难说“规定”了什么具体内容；[③] 其次，各篇“序疏”中出现的“法”所表达的含义与其体例相符，呈现专门的旨趣与特征；最后，《名例》“序疏”为各篇“序”中表达最充分者，其中出现的“法”亦最具代表性。[④] 基于此，我们对《名例》“序疏”中涉及“法”的相关表述及其表意稍作探讨。

> 《疏》议曰：“……莫不凭黎元而树司宰，因政教而施刑法。……其法略存，而往往概见，……律者，训铨，训法也。……故铨量轻重，依义制律。《尚书大传》曰：‘丕天之大律。’注云：‘奉天之大法。’法亦律也，故谓之为律。……穆王度时制法，五刑之属三千。……魏文侯师于里悝，集诸国刑典，造《法经》六篇：一、《盗法》；二、《贼法》；三、《囚法》；四、《捕法》；五、《杂法》；六、《具法》。商鞅传授，改法为律。……晋命贾充等，增损汉、魏律为二十篇，于魏《刑名律》中分为《法例律》。……爰至北齐，并《刑名》《法例》为《名例》。

---

① 具体包括：《名例》“序疏”17次；《卫禁》《职制》《擅兴》“序疏”中各1次；《贼盗》“序疏”4次；《杂律》《捕亡》《断狱》“序疏”各2次。

② 钱大群先生谓：“各篇之篇序，其内容都不可归属于任何律条。……它属于‘篇’而不属于‘条’。”钱大群：《唐律疏义新注》，南京：南京师范大学出版社，2007年，第4页。

③ 当然，若不谈具体的行为模式与法律后果，说“序疏”中包含了规范内容亦无不可。如张晋藩先生谓：“唐律所规定的‘德礼为政教之本，刑罚为政教之用’，使礼法之治与德法之治密切结合，形成了礼治、德治、法治三者的统一。”张晋藩：《弘扬中华法文化，构建新时代的中华法系》，《当代法学》2020年第3期。

④ 《名例》“序疏”是针对《名例》而作，阐述了《名例》之主要内容、渊源与特征；亦是针对整部《律疏》而作，表达为“律”与“注”制作“义疏”的旨趣。《名例》“序疏”包含了四方面内容：说明了古代圣王治理国家采用刑罚与教化并举的手段；阐述“律”的创始及“义疏”产生的必要性；解释唐律“义疏”的内容、意义及其必要性；描述律典中《名例》的形成与演变轨迹。因此，《名例》“序疏”体量远大于其他各篇，涉及“法”的具体表述出现频次自然更多。而其他各篇“序疏”皆为篇目沿革之简述，极少出现阐释性内容。

……命诸篇之刑名，比诸篇之法例。”

作为整部《律疏》与《名例》共同的“序”，其体量与表意的包容性非常明显，各篇“序疏”中出现的“法”近60%都分布于此，这些内容清晰地表达了两种含义。

首先，表达广义的“法律”或较为抽象的“法”。《名例》“序疏”中“法”作此用法出现6次，“法亦律也”；“律者，训铨，训法也”，“律”“铨”“法”皆为“评价依据”。“因政教而施刑法”表达着与“依义制律”相同的含义，而“依义制律”的意图显然在于“铨量轻重”。此种表意并不指涉具体的条文或规范，当然，这与其在律典中出现的位置直接相关，即篇首“序疏”中出现的“法”与其作为法典及其各篇之“序”的主旨与功能一致。作为泛指的法律规范，其表述形式并不固定，如“施刑法”，即制定、实施相关法律规范；又如“其法略存”，即传说中的法官皋陶制定的法律规范大多散佚，仅有只言片语得以流传。《卫禁》《职制》《擅兴》《断狱》各篇“序疏”中亦有表达广义法律规范的“法”4次。[①]

其次，指称特定法典及其篇目。《名例》“序疏”中“法”作此用法出现11次，此种表意具有固定的表述形式，如《法经》六篇及其篇目。《贼盗》《杂律》《捕亡》《断狱》各篇“序疏”中亦有特指《法经》及相关篇目的“法”9次。《贼盗》“序疏”：“《贼盗律》者，魏文侯时，里悝首制《法经》，有《盗法》《贼法》，以为法之篇目。”“法经”乃里悝首制之法典，“盗法”“贼法”是其中包含的篇目；而“贼盗律”取代“盗法”“贼法”，即《名例》“序疏”中所说的“商鞅传授，改法为律”，或称之为“法律形式”的演变。

三、条文中的“法”

《唐律疏议》中的“法”，99%表达了与“法律”相关的含义，且绝大多数具有明

① 具体包括：《卫禁》“序疏”中的“卫者，言警卫之法”；《职制》“序疏”中的“言职司法制，备在此篇”；《擅兴》“序疏”中的“大事在于军戎，设法须为重防”；《断狱》“序疏”中的“此篇错综一部条流，以为决断之法，故承众篇之下”。

确的规范指向。[①]“凡律以正刑定罪”,[②] 律内各类术语及其设计皆围绕“正刑定罪”展开，但较之“序疏”，律典条文中的“法”更加直接地指向针对具体行为的量刑及其实现。鉴于条文中的“法”出现频次过高，具体表述形式亦有交叉，清晰、有效的分类探讨难以实现。因此，我们采取整体特征与具体用法相结合的渐次分析，以观察其表意方面的特质。

（一）整体特征

初步梳理各篇条文中的“法”，整体特征显著，较为直接地“观感”是大量复杂表述形式多样性背后隐含的同质性。具体来说，各篇、各条涉及的行为、情节千差万别，加之等级、身份的复杂影响，表述形式极为多样。但稍加梳理便不难发现，条文中出现的“法”都指称具体规范，是对特定条文中复杂内容的简称。当然，不同表述形式的表现程度存在差异。有些表述形式较为直接地展现其所指称的规范内容，如针对特定行为的“殴法”“故杀法”等，针对特定身份的“部曲法”“亲姑之法”等，亦有两者交织的表述方式，如“妾子与父妾相殴法”“凡斗法”等，还有针对特定标准的“刻漏法”“校法”等；有些表述形式则不易直接看出其所指称的规范内容，如“上法”“本法”等；还有一些不易辨别的表述形式，如“常法”“非法”等，但结合条文内容，其指向的具体规范非常清晰。[③] 整体来看，律典条文中“法”的各种表述都指称具体的规范，极少有表达宏观、抽象层面的原理、观念等用法。

1. 指称具体的规范

律典条文中的“法”绝大多数是具体法律规范的简称，最为普遍的表述形式为

---

① 其中仅有个别作较为宏观的用法。如《名例》“死刑二”条（5）《疏》议曰：“古先哲王，则天垂法，辅政助化，禁暴防奸，本欲生之，义期止杀。”“则天垂法”即传说中的统治者遵循天道、天理颁布法律，“法”表达着非常广泛的含义，并未指向律典内外的具体规范。“法”作此种含义所见不多，就分布来看，除了各篇“序疏”之外，多出现于《名例》。

② 李林甫等：《唐六典》卷第六，陈仲夫点校，北京：中华书局，1992 年，第 185 页。

③ 如《职制》“乘舆服御物持护修整不如法”条（105）《疏》议曰：“乘舆所服用之物，皆有所司执持修整，自有常法。不如法者，杖八十。”其中“常法”之表述易于作无具体指向的广义理解，但其所指为《唐六典》“殿中省”条之规范：“殿中监掌乘舆服御之政令，总尚食、尚药、尚衣、尚乘、尚舍、尚辇六局之官属”，具体内容极为详细。参见李林甫等：《唐六典》卷第十一，第 322—332 页。违反了这些具体规范就是“不如法”。

"……法",[①] 此类表述指向非常明确。如《卫禁》"私度有他罪"条（85）《疏》议曰："不知罪人别犯之情者，依常律'不觉故纵'之法。""不觉故纵之法"指的是《卫禁》"阑入庙社及山陵兆域门"条（58）中针对看门守卫规定的罚则："守卫不觉，减二等；主帅又减一等。故纵者，各与同罪。"由此而言，需要进一步探讨两个问题。

首先，此类表述的根源。基于传统法客观具体的立法体例，定罪量刑过程中不同行为及相应量刑条款之间的援引是常态，也是针对具体行为有效量刑的基础。如《名例》"无官犯罪"条（16）《疏》议曰："其父祖或五品以上，当时准荫得议、请、减，父祖除免之后事发，亦依议、请、减法。""议、请、减法"指称的是"八议""上请""减罪"等数条中的具体规范，于本条中具引正文，既不可能，亦无必要，因为"议、请、减法"已清晰指称具体规范。因此，律设此语旨在提高律典体系化程度。

其次，指称对象的性质。并非所有规范皆需以"法"指称，那么，律典条文中"法"所指称的规范内容自然有所不同。结合具体内容，其形式方面较为显著的特征是一定范围内的普遍适用性，标识在于"法"所指称的规范多与"准此""不用此律"等特定术语连用。如《名例》"犯流应配"条（24）律注："下条准此。"《疏》议曰："谓下条云：'流人逃者身死，所随家口仍准上法听还。'上有'下条准此'之语，下有'准上法'之文，家口合还及不合还，一准上条之义。"又《名例》"无官犯罪"条（16）《疏》议曰："若犯十恶、五流，各依本犯除名及配流，不用此条赎法，故云'不用此律'。"特定术语清晰标识了所准之"上法"与不用之"赎法"所具有的通则性条款的性质。[②] 当然，并非"法"指称的所有规范皆有如此普遍的适用效力，但其必然是一定范围内普遍适用的。

2. 指称内容来自律、令、格、式以及礼与典制

律典条文中的"法"除了指称律内适用范围较广的规范之外，还用以指称其他法律形式以及礼与典制中的具体规范。如《名例》"除免官当叙法"条（21）中"叙用

---

① 亦包括其稍有变通的表述形式"……之法"，虽然具体形式稍有不同，但用法一致。"之"为副词，相当于现代汉语"的"。而使我们确信注律者未将两者作实质区别的证据在于注律者本身的表述。如《贼盗》"以毒药药人"条（263）"问答"："若犯尊长及贵者，各依谋杀已杀法；如其施于卑贱，亦准谋杀已杀论。如其药而不死者，并同谋杀已伤之法。""谋杀已杀法"与"谋杀已伤之法"并无功能上的区别，同样增加或省去"之"亦无表意方面的不同。立法者或注律者于同条中交叉使用两种表述形式，主要是基于文辞工整的考虑。

② 参见刘晓林：《唐律中的"余条准此"考辨》，《法学研究》2017 年第 3 期；《唐律立法体例的实证分析——以"不用此律"的表述为中心》，《政法论坛》2016 年第 5 期。

之法”指称的是《选举令》《刑部式》中的相关规范。《诈伪》“妄认良人为奴婢部曲”条（375）“问答”：“依别格：‘随身与他人相犯，并同部曲法。’即是妄认良人为部曲之法。”“妄认良人为部曲之法”是对所引《刑部格》[①] 相应条文的指称。“法”指称律、令具体规范是最为普遍的用法，指称格、式的情况也较为常见，相关表述概括且简明。从注律者的表述中，亦能看出“法”所指称的内容。《斗讼》“监临知犯法不举劾”条（361）：“诸监临主司知所部有犯法，不举劾者，减罪人罪三等。”律《疏》将“犯法”解释为：“有违犯法、令、格、式之事。”可见令、格、式与律相同，皆是“法”所指称的内容。

律典条文中亦见以“法”指称礼与《唐六典》具体规范的用法。如《职制》“乘舆服御物持护修整不如法”条（105）《疏》议曰：“依《礼》：‘授立不跪，授坐不立’之类，各依礼法。……”“礼法”即《礼记·曲礼上》所列举的规范。《贼盗》“夜无故入人家”条（269）《疏》议曰：“‘夜无故入人家’，依刻漏法：昼漏尽为夜，夜漏尽为昼。”“夜”的判断标准是“刻漏法”，具体内容为《唐六典》中的具体规范。[②]

（二）具体用法

律典条文中“法”指称的规范在一定范围内具有普遍适用性，此种指称意图是实现“正刑定罪”。那么，“法”指称的规范必然直接决定针对具体行为的量刑，必然与条文中列举的量刑条款具有密切关联。简而言之，我们进一步探讨的问题是“法”指称的规范是什么、指称的规范如何决定量刑。

1.“法”指称的内容是操作性、技术性较强的规范

从分布来看，律典中出现“法”的条文有 312 条，占总数的 62%。也就是说，以“法”指称具体规范是立法或注律的常规模式。此种常规表述形式之所以出现，自然与“法”所指称的规范自身的性质具有密切关系。“法”指称的内容多为操作性、技术性较强的规范。此类规范具有两个显著特征：一是内容较为细致、复杂；二是适

---

① 钱大群先生谓：“此条中所引格条的内容，涉于犯罪主体之法律适用，其性质当为《刑部格》。”钱大群：《唐律疏义新注》，第 813 页。

② “挈壶正、司辰掌知漏刻。孔壶为漏，浮箭为刻，以考中星昏明之候焉。”注云：“箭有四十八，昼夜共百刻。冬、夏之间有长短：冬至，日南为发，去极一百一十五度，昼漏四十刻，夜漏六十刻；夏至，日北为敛，去极六十七度，昼漏六十刻，夜漏四十刻；春、秋二分，发敛中，去极九十一度，昼、夜各五十刻。秋分已后，减昼益夜，九日加一刻；春分已后，减夜益昼，九日减一刻。二至前后则加减迟，用日多；二分之间则加减速，用日少。”李林甫等：《唐六典》卷第十，第 305 页。

用范围较为广泛。“法”与具体刑种、刑等及执行方式连用的表述，多指称此类规范。如《名例》“死刑二”条（5）“问答”：“笞以上、死以下，皆有赎法。”“赎法”所指为唐律“五刑二十等”对应的具体赎铜数额，如笞一十赎铜一斤、杖六十赎铜六斤、徒一年赎铜二十斤、流二千里赎铜八十斤、二等死刑赎铜一百二十斤等。具体计算标准规定于律内相应条文中，[①] 此处以“赎法”指称相应规范使得条文表述流畅。另有一些本身包含了加减计算规则的表述形式，如“加法”“减法”[②]“流、徒加杖法”“犯流加杖法”“法减五等”“并满之法”等，指称内容皆为具体计算标准与规则。当然，并非只有与刑种、刑等连用的“法”才指称量刑技术规范，只是此类表述的形式特征更加明显。其他表述形式如《厩库》“乘官畜脊破领穿”条（201）：“‘谓围绕为寸者’，便是疮围三寸，径一寸；围五寸一分，径一寸七分。虽或方圆，准此为法，但廉隅不定，皆以围绕为寸。”驾乘官有牲畜致其颈背处磨破需处罚驾乘之人，具体量刑条款为：“疮三寸，笞二十；五寸以上，笞五十（谓围绕为寸者）。”刑等计算、累加以破损面积为标准。“准此为法”标识了“法”所指称的计算标准为通则性条款，并为其他条文援引此规范提供了便利。“法”指称的规范亦可来自其他法律形式，如《断狱》“决罚不如法”条（482）：“诸决罚不如法者，笞三十；以故致死者，徒一年。即杖粗细长短不依法者，罪亦如之。”“不如法”“不依法”指的是未适用《狱官令》中的具体规范。[③]

2.“法”指称的内容是量刑条款的组成部分

基于传统法客观具体的立法体例，“正刑定罪”的实现依赖一套完整的技术规范，而相关规范皆为条文中的直接、详尽列举。如赎铜数额、破损面积、粮食重量等计量标准，这些技术规范直接决定着是否能够针对具体行为准确适用相应刑种、刑等。如

---

① 具体内容参见《名例》中的“笞刑五”条（1）、“杖刑五”条（2）、“徒刑五”条（3）、“流刑三”条（4）、“死刑二”条（5）。

② 虽然唐律中“减法”既有表达一般主体刑罚适用的规则，亦有表达特殊主体刑罚适用的规则，还有表达针对特定情节刑罚适用的规则，但除去身份因素，其指称刑等计算标准与规则的用法是确定的。其中，针对特殊主体刑罚适用的规则特指《名例》“皇太子妃（请章）”条（9）：“诸皇太子妃大功以上亲、应议者期以上亲及孙、若官爵五品以上，犯死罪者，上请；（请，谓条其所犯及应请之状，正其刑名，别奏请。）流罪以下，减一等。”律《疏》中将特定主体量刑“减一等”之优遇称为“减法”。

③ 《断狱》“决罚不如法”条（482）《疏》议曰：“依《狱官令》：‘决笞者，腿、臀分受。决杖者，背、腿、臀分受。须数等。拷讯者亦同。笞以下，愿背、腿分受者，听。’决罚不依此条，是‘不如法’，……依《令》：‘杖皆削去节目，长三尺五寸。讯囚杖，大头径三分二厘，小头二分二厘。常行杖，大头二分七厘，小头一分七厘。笞杖，大头二分，小头一分五厘。’谓杖长短粗细不依令者，笞三十。”

《杂律》“校斛斗秤度不平”条（417）：“诸校斛斗秤度不平，杖七十。”“不平”必须予以处罚，但判断“平”或“不平”需要一套完整的标准或规范。律《疏》中以“校法”指称其具体内容，“其校法，《杂令》：‘量，以北方秬黍中者，容一千二百为龠，十龠为合，十合为升，十升为斗，三斗为大斗一斗，十斗为斛。秤权衡，以秬黍中者，百黍之重为铢，二十四铢为两，三两为大两一两，十六两为斤。度，以秬黍中者，一黍之广为分，十分为寸，十寸为尺，一尺二寸为大尺一尺，十尺为丈。’”这些计量标准直接决定是否构成“不平”及相应量刑，其内容显然是立法针对“不平”所设之量刑条款的组成部分，只不过其表现形式是以“法”指称具体内容，而不必悉数展现于条文中。对于“正刑定罪”而言，“法”指称的具体规范有两种情况，即适用或不适用，相关表述形式大致分为两类：一类是肯定形式，如“从……法”“同……法”“如法”等；另一类是否定形式，如“不从……法”“不合……法”“不如法”等。肯定指称并非单纯引述相应规范的具体内容，而是明确表达针对特定主体、特定行为的量刑应当严格依据此类规范；若不依据此类规范，则予以处罚。[①] 如《厩库》“畜产抵蹋啮人”条（207）《疏》议曰：“依《杂令》：‘畜产抵人者，截两角；蹋人者，绊足；啮人者，截两耳。’此为标帜羁绊之法。若不如法，并狂犬本主不杀之者，各笞四十。”前文已述“标帜羁绊之法”的内容为唐令中的具体规范，但援引唐令不是目的。“法”指称唐令中的操作规范落脚点在于：“若不如法，……各笞四十”，即通过指称具体操作规范，指出违反此规范的相应量刑，这也是实现“正刑定罪”的必由之路。律内所见否定形式还有一种用法，即明确表达不应适用“法”指称的规范。如《名例》“彼此俱罪之赃”条（32）《疏》议曰：“其奴婢同于资财，不从缘坐免法。”即奴婢的法律地位同于财物，不适用配没人遇赦免罪的相关规范。

四、几种特殊表述形式

以上针对《唐律疏议》中“法”的分布及其表意的整体特征、具体用法作了大致梳理，使我们对之有了较为全面的认识。律典条文中的“法”指称具体规范，这些规范来自律、令、格、式以及礼与典制，其内容具有较强的技术性或操作性，是量刑条

---

① 立法者或注律者以“法”指称具体规范，强调必须适用此种规范与处罚不适用此种规范的情况旨趣相同。因为两类表述在律典中出现频次基本一致。以“如法”为检索项，《唐律疏议》中共显示检索结果 62 次，其中包括“不如法”33 次。

款的组成部分。律典条文中亦有一些关于“法”的特殊表述形式，相关内容不多，但易于产生理解的偏差。尤其是立足现代法学理论，极易对一些特殊表述形式作宏观、抽象的理解。故选择其中较有代表性的特殊表述形式稍作辨别，以印证前述律典条文中“法”的整体特征与具体用法。

（一）罪法

“罪法”出现13次，涉及4条律文。其用法稳定，只有“罪法等”与“罪法不等”两种表述形式。[①]《名例》“二罪从重”条（45）：“即以赃致罪，频犯者并累科；若罪法不等者，即以重赃并满轻赃，各倍论。其一事分为二罪，罪法若等，则累论；罪法不等者，则以重法并满轻法。”“以重法并满轻法”即“以重赃并满轻赃”，“重法”“轻法”表意之核心在于“计赃”。“罪法等”是计赃论罪或论刑的标准、规则，落脚点为具体刑种与刑等；“罪法不等”是亡失官器仗与毁伤官器仗不同的量刑计算标准。律注对之进行了说明：“罪法等者，谓若贸易官物，计其等准盗论，计所利以盗论之类。罪法不等者，谓若请官器仗，以亡失并从毁伤，以考校不实并从失不实之类。”结合律《疏》所举事例，“罪法不等”即军防之地领用官器仗丢失总数的20%，处杖八十；损坏总数的40%，处杖八十。由此可见，“罪法”指称的是非常具体的技术标准或规则，对之作概括解释虽不影响整体含义，但显然遮蔽了条文背后蕴含的技术内容。[②]

（二）理法

“理法”出现1次，《户婚》“有妻更娶”条（177）“问答”：“一夫一妇，不刊之制。有妻更娶，本不成妻。详求理法，止同凡人之坐。”本条律文规定，已有妻室再娶妇人为妻，男方徒一年；若女方知男方有妻而嫁，减男方一等处罚，若女方不知情

---

① 律内另有以“罪法”简称“罪之法”的表述，共出现7次，涉及7条律文。如《卫禁》“犯庙社禁苑罪名”条（79）《疏》议曰：“若有辄向射及放弹、投瓦石杀伤人者，各依斗杀伤人罪法。”即向庙、社及禁苑射及放弹、投瓦石导致他人死伤，依斗杀伤人罪之法量刑。律内亦有直接将“罪法”解释为“罪之法”者，如《斗讼》“诬告反坐”条（342）律注：“反坐致罪，准前人入罪法。”《疏》议曰：“反坐其罪，准前人入罪之法。”此“罪法”虽与“罪法等”“罪法不等”具体所指有异，但“法”的整体特征、具体用法同一，即指称具体规范。

② 如钱大群先生将此处之“罪法”注解为：“指处罚轻重之内容。不同罪名或不同赃额，可致罪法不等。”钱大群：《唐律疏义新注》，第200页。“处罚轻重之内容”并非不准确，但不能算精确。至少此种理解可能会使我们放弃探寻“罪法”表意所包含的具体量刑标准。

不予处罚。同时，强制解除“再娶”之“婚姻”关系，即“各离之”。司法实践中可能存在或已经存在的困惑在于：有妻而又娶妇为妻，虽然强制“离之”，但“未离之间”，男方与后娶之女及双方亲属之间是否存在服制关系？这显然是立法者关注的焦点。根据“问答”的解释，后娶之女“本不成妻”。就此而言，“各离之”是说法律强制解除双方的“事实关系”，因为本不存在“法律关系”。“详求理法”表达的含义是详细推究立法原意与法律原理，[①]“理法”与现代语境中的“法理”亦有相似之处。但需注意的是，“详求理法”或为“详求理、法”，“法”表达的仍是具体的条文或规范。[②]律内虽然再无其他“法理”或“理法”连用的表述，但“法”“理”出现于同条，尤其是出现于同一短语、短句中，其用法皆与此同。如《斗讼》“斗殴以手足他物伤”条（302）“问答”：“至如挽鬓撮发，擒领扼喉，既是伤杀于人，状则不轻于殴，例同殴法，理用无惑。”同样出现于“问答”中，一定程度上表达了法律适用的困难。“理用无惑”强调了透过具体条文探寻法律原理与立法原意，“殴法”延续了律内“法”表意的整体特征，即指称具体规范。

（三）正法

“正法”出现2次，《名例》“同职犯公坐”条（40）《疏》议曰：“通判官以下有失，或中间一是一非，但长官判从正法，余者悉皆免罪。”又《诈伪》“父母死诈言余丧”条（383）：“父母云亡，在身罔极。忽有妄告，欲令举哀，若论告者之情，为过不浅，律、令虽无正法，宜从‘不应为重’科。”“律、令虽无正法”表意清晰，即律令中未有明文。现有注释成果对于“判从正法”的注解存在一些不清晰之处，如解释为“长官最后判决正确”[③]或“长官改判，依法纠正”。[④]此类解释极有代表性，倾向于将“正法”理解为“正确”之法。但就法律适用角度而言，“正确”就是严格依据

---

① 仅就此类短语的内涵来看，很难引起学界关注，亦未见专门研究成果。唐律注释作品往往将其解释为通常词汇，而可能遮蔽其丰富内涵与理论价值。如钱大群先生将“详求理法”注释为“在情理与法制上充分推究”。钱大群：《唐律疏义新注》，第435页。此类注释当然不能称为错误，但显然失之于模糊。

② 戴炎辉先生曾指出唐律律《疏》中出现的“理法”及大量相关表述是疏文对律文、注文进行解释必须遵循的内在要求，即解释须“合理”。虽然未述及“合理”的具体含义，但结合其所举之例，可以看出“合理”乃是合于具体的法律规定与抽象的法律原理。如《名例》“除名”条（18）“问答”载：“各于当条见义，亦无一定之理。”戴氏谓此解释之意图在于阐明“概念之相对性”，即通过疏文的解释，寻求法律概念在不同场合的准确适用。参见戴炎辉：《唐律通论》，戴东雄、黄源盛校订，台北：元照出版有限公司，2010年，第16页。

③ 钱大群：《唐律疏义新注》，第173页。

④ 曹漫之主编：《唐律疏议译注》，长春：吉林人民出版社，1989年，第227页。

条文中的表述。结合《断狱》“断罪不具引律令格式”条（484）律《疏》中“断狱之法，须凭正文”及律内相关表述，“正法”强调的是立法之明确规定，这也符合律典条文中“法”表意的整体特征。律典中出现的“非法”“乱法”“违法”等表述，强调的也是与具体法律规范或立法的直接列举相悖。如《擅兴》“非法兴造”条（241）：“诸非法兴造及杂徭役，十庸以上，坐赃论。（谓为公事役使而非法令所听者。）”《疏》议曰：“‘非法兴造’，谓法令无文；虽则有文，非时兴造亦是，若作池、亭、宾馆之属。”律注将“非法”解释为“非法令所听”，此解释仍有不清晰之处：“所听”究竟是严格依据条文的表述，还是依据立法原意或法律原理？律《疏》的解释非常清晰，“法令无文”即未有明确规定，“非时”也与条文的表述不符，如规定应春夏兴造而于秋冬兴造。可见“非法”就是不合立法之明确规定。与之相同，“乱法”是扰乱礼、令，即不依准礼、令之具体规定；[①]“违法”是违反令文之具体规定。[②]

结 语

《唐律疏议》中“法”出现的频次极高、分布极广，表达的含义非常稳定，立法者或注律者主要以其指称具体规范。就此来看，以“法”指称具体规范是唐律立法或注律的常规模式。作为律内典型立法语言，“法”并未表达抽象、概括的观念、原理，在其常规叙述模式背后，隐含的是客观具体的立法体例之下，发现、论证法律规范并使其准确适用的过程，而此过程也是“正刑定罪”得以实现的技术路径。结合文中较为详细的梳理与归纳，总结如下：

首先，律典中的“法”表意非常直接、确定，最为主要的用法是指称具体规范，[③] 频见的表述形式已明确表达其含义，如“斗法”“盗法”“首从之法”等。值得

---

① 如《户婚》“同姓为婚”条（182）“问答”：“同姓之人，即尝同祖，为妻为妾，乱法不殊。《户令》云：‘娶妾仍立婚契。’即验妻、妾，俱名为婚。依准《礼》《令》，得罪无别。”可见娶同姓为妻妾皆为“乱法”，而“乱法”亦是不准《礼》《令》。

② 如《户婚》“立嫡违法”条（158）：“诸立嫡违法者，徒一年。即嫡妻年五十以上无子者，得立嫡以长，不以长者亦如之。”律《疏》中通过引述唐令条文清晰表达了所违之“法”的具体内容，“依《令》：‘无嫡子及有罪疾，立嫡孙；无嫡孙，以次立嫡子同母弟；无母弟，立庶子；无庶子，立嫡孙同母弟；无母弟，立庶孙。曾、玄以下准此’”。立嫡需严格依照唐令之规定，“不依此立，是名‘违法’”。

③ 日本学者谷井阳子将清律中诸如“谋杀人律”“斗殴律”等表述称为“对法条的称呼”。参见谷井阳子：《清律的基础知识》，伍跃译，《法律史评论》2021年第1卷，第104页。这种认识给我们带来极大的启发，但结合本文的探讨，“……法”或“……律”应当是对条文内部具体规范、具体条款的指称，而不能作为“对法条的称呼”。

关注的是，唐律中未见“礼法”“德法”“情理法”“法理”等相关表述。我们详细辨别了“罪法”“理法”“正法”等特殊表述形式，亦未发现其表达抽象、概括含义的痕迹。当然，并不是说唐律或传统法脱离了“天理”“人情”等观念，也不是说其中没有“法理”，而是说我们应当深入观察法律条文，揭示这些观念、原理在具体的法律条文中通过何种立法语言予以表达、如何表达。[①] 与单纯的探讨传统法律文化的若干现象相比，深入揭示经典大义、纲常礼教与法律规范、立法语言的结合方式显得更加切实、有效。毕竟法律传统、法律文化的研究不能脱离法律制度，至少不能与法律条文离得太远。

其次，律典中的“法”指向具体规范本身，意图在于具体规范的准确适用。基于传统法客观具体、一事一例的立法体例，“正刑定罪”的实现依赖一套完整的规范，其全部内容未必皆于本条有所列举，部分内容来源于律内别条以及其他法律形式、法律渊源亦为常态。因此，发现、论证相关规范尤其是本条以外的规范，以组成“正刑定罪”所需要的完整量刑条款，是传统法适用过程中不可或缺的技术手段。举重明轻、举轻明重、比附援引等法律适用技术产生之根源皆在于此，即发现、论证“法”所指称的具体规范，并使之组成本条所需的量刑条款。律内大量“从……法”“依……法”“同……法”“准……法”等表述，皆可视为发现、论证规范与指称具体规范之间对接的痕迹，就此而言，“法”或可视为对接法律适用技术的标识。

---

① 王志强教授指出：“在古代中国，尽管实体原则的决定性意义日益彰显，但对制定法的形式依赖，在唐代以后，始终不同程度地以各种方式顽强存在。单纯的道德价值、情理判断通常并不能独立门户，不能绕过制定法直接指向裁判结果。”王志强：《制定法在中国古代司法判决中的适用》，《法学研究》2006年第5期。

偶在的正义

——系统选择视角下的“同案同判”*

陈洪杰**

摘　要：案例指导制度试图以司法决策的同一性控制来实现形式平等的普遍正义，也许能够在个案意义上消解“同案不同判”的偶在悖论。但这种方法论进路取向于由某个“大主体”的“我思”所预设的那个大写的“一”，追求的是形而上意义的“同一性”，实际上并不利于系统对环境复杂性保持认知开放。在法律自我反思视角下，所谓“同案同判”，或者说作为经验载体的“遵循先例”，主要是为了保证具有相关性和开放可能性的“类案/先例群”能够作为法律沟通的生产“要素”，在“求同/辨异”的系统功能迫令下被有效推送到“找寻衔接”的过程中，从而以其差异化的选择可能性为当下提供反思性的选择结构。

关键词：指导性案例；二阶观察；遵循先例；沟通差异；反思型法

一、法院掷骰子吗：“同案不同判”的偶在悖论与“去悖论”策略

基于法律的平等性、普适性等法治基本原则，个案法律适用应当在事实与规范之间实现“同案同判”通常被认为是不言自明的真值命题。① 吊诡的是，尽管“同案同

---

* 教育部人文社会科学研究一般项目“全面依法治国视野下人民司法的当代历史使命研究”(21YJA820005)

** 陈洪杰，上海政法学院上海司法研究所教授（上海　201701）

① 孙海波：《“同案同判”：并非虚构的法治神话》，《法学家》2019 年第 5 期。

判”很容易在静态抽象的形式逻辑推演中被证明为真，但在法律作为社会功能子系统的实证化运作中，法律系统却并不是以“同案同判”的形而上取向作为自我维持的功能支点，而是以“合法/非法”的二值代码作为化简复杂性的沟通策略。[①] 在二值代码动态衔接的法律沟通中，“第三个值必须被排除在外”。[②] 也就是说，在实证化的法律沟通中，“异/同”这两个值并不构成系统运行的真值代码。这也是为什么，在形而下的司法实践层面，法院完全可以“合法”地“同案不同判”，司法的个案决策也因此呈现一种不可避免的偶在性。在这种有悖于形式正义的司法现象背后，隐藏着法律系统“符码化”运作的深层悖论，下文就以此作为问题的切入点。

（一）个案法律决策的偶在性

在《民法典》实施以前的很长一段时间内，关于《继承法》第 17 条第 2 款的法律解释经常会出现个案适用上偶在的经验差异。根据该规定：“自书遗嘱由遗嘱人亲笔书写，签名，注明年、月、日。”在实践中，经常会出现自书遗嘱不符合上述形式要件的情况，有的是立遗嘱人以电脑打印的方式形成遗嘱，[③] 有的则是遗漏了具体遗嘱时间。对此，有的法院根据法律形式主义逻辑认为，打印遗嘱不符合《继承法》规定的形式要件，应属无效；有的法院对仅仅只是遗漏了具体遗嘱时间的自书遗嘱做无效认定；有的法院甚至严格要求遗嘱的签署日期必须精确到“日”。理由是：在发生争议的时候需要判明立遗嘱人在书写遗嘱时是否具有相应的民事行为能力，不写明准确日期的遗嘱就可能因此处于真伪不明的状态。[④] 有的法院却认为，不能过于苛责普通公民的遗嘱形式必须完备法律要件，《继承法》亦未明文规定打印形式的遗嘱以及未注明年月日的遗嘱即应认定无效，其他形式的无效遗嘱则已由《继承法》明确规定。[⑤] 面对差异化的司法立场，有的当事人试图援引其他法院的裁判逻辑来支持己方立场，法院却指出，我国并未实行判例法制度，其他法院的判决并不当然拘束本

---

① 泮伟江：《法律的二值代码性与复杂性化》，《环球法律评论》2017 年第 4 期。

② 泮伟江：《作为法律系统核心的司法——卢曼的法律系统论及其启示》，《清华法治论衡》2009 年第 2 期。

③ 现行《民法典》继承编对打印遗嘱的形式要件已经做了专门规定。

④ 但这个判断逻辑其实是值得商榷的，因为并不是所有的遗嘱都会就遗嘱能力产生争议，而且就算有争议，也可以结合证据链、证明标准和证明责任问题来加以解决，不必以此为由一概否认其效力。

⑤ 参见浙江省金华市中级人民法院“（2005）金中民一终字第 214 号”。

案。[①] 也就是说，并不认为自己必然有“求同”义务的司法个案决策其实是偶在的。[②]

（二）“符码化”系统运作的悖论生产性

法律运作的核心机制在于以“如果/那么”的条件纲要区分“合法/非法”，[③] 但正如我们所见，由于抽象规范只能凭借具体的决定获得实效，“具有‘解释’的空间”，[④] 法院对同一事实和规范尽管秉持截然不同的解释进路，但不可否认它们依然都是在“依法裁判”。不仅如此，由于法院不得拒绝审判，法官就算面对法律解释的空缺结构，或是形式合法性与实质正当性发生背离的决策困境，也依然需要收敛到“合法/非法”的二值之间做出选择。[⑤] 法院必须做出裁决，哪怕它没有能力做出裁决。[⑥] 对于上述有违形式正义的偶在悖论，法律系统自我合法化的方式是把自我生产的二值代码运用于标识其自身的操作，正如我们在打印遗嘱案中看到的那样，法院“依法裁判”却分别产生了“欠缺形式要件之遗嘱非法”与“欠缺形式要件之遗嘱合法”的矛盾结果。而在以“合法/非法”为二值代码的法律沟通中，即使这些裁判结果相互矛盾，法律系统也必须将“合法”的符码配置给它。[⑦] 这就以自我指涉的方式把二值代码的“悖论性适用”运用于法律自身，[⑧] 法律系统自我合法化的过程同时也就必然会导致“符码化”系统运作的偶在性和悖论生产性，下文试详述之。

1. 二值代码的差异性与同一性

法律沟通的出发点是区分“合法/非法”（二值代码的差异性），这在形式逻辑上也可以表述为“合法不是非法”（初始命题）。在前文所述的遗嘱继承案中，法院采用

---

① 陈洪杰：《论法律解释学视角内外的确定性命题》，《法律科学》2012 年第 2 期。

② 雷磊教授认为，同案同判只是依法裁判的衍生性义务，并不是一项绝对的司法义务。雷磊：《同案同判：司法裁判中的衍生性义务与表征性价值》，《法律科学》2021 年第 4 期。当然，在形而上推演层面，也有观点认为：“同案同判是司法裁判的核心，而依法裁判则是从同案同判中涌现出的现象。”钟浩南：《论同案同判作为司法裁判的核心——一个基于系统论的描述》，《法制与社会发展》2022 年第 6 期。无论从经验现象还是基础原理出发，本文更倾向于赞同雷磊教授的观点。

③ 陆宇峰：《“自创生”系统论法学：一种理解现代法律的新思路》，《政法论坛》2014 年第 4 期。

④ 李忠夏：《宪法学的系统论基础：是否以及如何可能》，《华东政法大学学报》2019 年第 3 期。

⑤ 宾凯：《从决策的观点看司法裁判活动》，《清华法学》2011 年第 6 期。

⑥ 泮伟江：《作为法律系统核心的司法——卢曼的法律系统论及其启示》，《清华法治论衡》2009 年第 2 期。

⑦ 陈洪杰：《法律如何治理——后形而上法哲学反思》，《法制与社会发展》2017 年第 4 期。

⑧ 宾凯：《法律悖论及其生产性——从社会系统论的二阶观察理论出发》，《上海交通大学学报》2012 年第 1 期。

严格的法律形式主义立场来否定欠缺形式要件的遗嘱效力，在形式逻辑表达上实际是对初始命题的一个推论：不是合法即非法。但吊诡的是，“合法不是非法”的初始命题在形式逻辑语言上还可以继续推演出“不是非法即合法”的真值命题，而法院以“继承法中并未规定打印遗嘱及遗嘱未注明年月日则应确认无效”为由认定“欠缺形式要件之遗嘱合法”，用形式逻辑语言来表述恰恰就是“不是非法即合法”。①

也就是说，从“合法不是非法”这个初始命题出发，在形式逻辑语言上均可以成立的两个推论却可以分别“证立”两种相互对立的法律立场：“不是合法即非法”可以证立“欠缺形式要件之遗嘱非法”；而“不是非法即合法”则可以反过来证立“欠缺形式要件之遗嘱合法”。这样一来，看似存在明确区分的初始命题在代入系统沟通之后却在运算值上出现了“合法即非法”（二值代码的同一性）的悖论，初始命题与初始命题的运算值所分别代表的二值代码的差异性与同一性构成了一枚硬币不可分割的两面。就此而言，在司法实践中之所以同时出现“欠缺形式要件之遗嘱非法”与“欠缺形式要件之遗嘱合法”这样一种“合法即非法”的悖论，从表面上看是司法决策主体的个体性差异导致的，而本质上则是因为系统内在悖论在面临选择时的偶在呈现。按照系统论的表述，“任何一种沟通只要在符号性层次上操作，便无法逃脱自我套用和自我矛盾的吊诡，法律系统亦莫能外”。②

2. 系统选择的偶在性与符码配置的绝对性

由于悖论在法律沟通的符号性操作层次上具有自我再生产性，所以在系统论看来，法院的决策经常只是在诸多等价的替代选择项中寻找功能等价物，这些选择的可能性空间无疑受到系统在演化过程中凝结的表达形式和意义结构的制约，但法官究竟从中如何做出选择，却是偶在的。同样以遗嘱继承案为例，对于形式要件欠缺的遗嘱效力问题，从“合法不是非法”的初始命题可以同时推导出“不是合法即非法”与“不是非法即合法”，至于个案中的法院会如何在这两个功能等价物之间做出选择，从系统选择的角度来看其实就是偶在的。比如，对于任何一审判决，在进入上诉程序之后都会面临改判的可能性，这同样可以说明，对于上级法院而言，下级法院的选择就是偶在的。③

---

① 陈洪杰：《法律何以自治：“规则之治”的系统论阐释》，《人大法律评论》2019 年第 2 期。

② 鲁楠、陆宇峰：《卢曼社会系统论视野中的法律自治》，《清华法学》2008 年第 2 期。

③ 宾凯：《法律的自创生机制：隐藏和展开悖论》，《交大法学》2013 年第 1 期。

而更具悖论意味的是，无论法院在可能的功能等价物之间做出何种选择，选择一旦确定，系统就必须以“合法”的符码配置它，否则系统就是在否认自身的合法性。系统就是在这个偶在的选择过程中不断重复生产着二值代码的差异性与同一性。

（三）“去悖论”的经验取向

对于法律适用过程中的司法差异，传统的经验主义解释进路往往将之归结为不同的司法决策主体对法律适用的形式合法性与实质正当性具有不同的“前理解”。因此，作为一种“去悖论”的策略，在主体哲学维度对司法决策者的“前理解”进行同一性控制就成为一种可能的应对思路，当前我国正在探索实践的案例指导制度体现的正是这一思路，这就把“同案同判”的方法论目标在主体间性的维度上转换为一种取向唯“一”的司法裁判技术：“指导性案例的司法运用，主要采用从具体到具体的逻辑路线，遵循指导性案例内在要义并在待审案件论证说理时，……接受指导。”[①]

然而，当面对高度分化社会的多元复杂性时，一个在主体之间取消差异性的同质化系统是否能够保持足够的开放性和反思性以有效对接多元复杂并且快速变化的异质社会？法律作为多元社会体制的产物又是否能够在主体间性的维度上以取向唯“一”的方式实现自我再生产？这些追问归根结底都是从“悖论具有生产性”这个元问题上派生的，下面就让我们进入这一悖论命题。

二、“去悖论”的悖论：“同案同判”的主体哲学进路反思

主体哲学是指“以‘我思’或‘自我意识’为基本建制的全部哲学”。[②] 主体哲学的历史建构在两个方面对人类生活实践产生了意味深长的影响：一方面，历史开始成为以承认人的主体性地位为前提的“人的现实历史”，[③] 奠基于人之主体性的历史与实践哲学为人类运用各种物质与社会技术对外部世界实施操纵和控制提供了可能性；另一方面，根据主体哲学的基本命题，主体实现外部控制的前提在于对内部实现有效控制。正是在这个意义上，福柯基于对西方社会历史的微观权力技术分析指出：“人如何在真理、权力和个人行为这三个领域被建构为知识、权力和道德的主体的同

① 胡云腾等：《〈关于案例指导工作的规定〉的理解与适用》，《人民司法》2011年第3期。

② 吴晓明：《马克思对主体哲学的批判与当代哲学的语言学转向》，《复旦学报》2006年第3期。

③ 姜佑福：《由主体性问题论马克思与黑格尔历史原则的差别》，《复旦学报》2016年第2期。

时，也被客体化，成为受规训的对象。”①

在这里，“大写的我思/自我”成为“起构造、甚至是奠基作用的绝对主体”。②这种“大主体”的“自我”迷思倾向于忽视人类社会多元主体之间在经验层面的个体差异，以先验、抽象的思维看待人的社会属性。其后果是，“人要控制内在自然和外在自然就要采取同一性逻辑”。③个体只有遵照“大主体”预设的“模式”才有可能成为“主体”，“一切主体都是这个‘模式’的复制品”。④只有这样，那个“大写的自我”以及基于“大主体”之理性主义视角而产生的对社会历史的规律性认识才有可能在错综复杂的人类社会生活实践中得到一以贯之的贯彻。⑤而个人作为构造自己的世界、参与共同生活世界的主体，反而失去了自己的位置。⑥

由是观之，最高人民法院于2010年付诸实践的案例指导制度实际上正是在以“自我”为基本建制的主体哲学视角下，对其他司法主体进行同一性控制的权力技术进路。

（一）主体哲学视角下案例指导制度的方法论进路

按照《最高人民法院关于案例指导工作的规定》（法发〔2010〕51号）（以下简称《规定》）第7条的规定：“最高人民法院发布的指导性案例，各级人民法院审判类似案例时应当参照。”在这里，“应当参照”中“应当”的效力逻辑，主要诉诸最高人民法院作为行政性的司法管理机构自上而下的控制机制，“通过各种法院考评等行政措施和手段从‘事实上’实现之效果”。⑦对此，我们可以从最高人民法院官方权威人士在《规定》出台前后分别所做的理论说明和适用解释中得到印证——时任最高人民法院研究室副主任的胡云腾法官曾在《规定》尚处于酝酿阶段的2008年撰文指出：“指导性案例没有法律上的强制约束力，但具有事实上的拘束力。……如明显背离并

---

① 邹益民：《谱系学：尼采和福柯对主体哲学的批判》，《上海交通大学学报》2019年第2期。

② 莫伟民：《主体的真相——福柯与主体哲学》，《中国社会科学》2010年第3期。

③ 王晓升：《超越主体哲学的困境——关于马克思主义哲学研究新路径的思索》，《学术月刊》2012年第8期。

④ 王晓升：《主体的终结和后现代哲学的崛起——从鲍德里亚的视角看》，《学术月刊》2014年第5期。

⑤ 陈洪杰：《从技术智慧到交往理性：“智慧法院”建设的主体哲学反思》，《上海师范大学学报》2020年第6期。

⑥ 祁春轶：《系统理论如何安放人》，《人大法律评论》2019年第2期。

⑦ 泮伟江：《论指导性案例的效力》，《清华法学》2016年第1期。

造成裁判不公，将面临司法管理和案件质量评查方面负面评价的危险。”① 上述观点在胡云腾法官于2011年发表的《〈关于案例指导工作的规定〉的理解与适用》一文中得到再次确认与强调，文章基于人民法院组织体系内部协调统一的视角，认为应当通过上级法院审判监督与本院审判管理的双重约束来保障指导性规则自上而下的贯彻实施。②

从主体哲学“自我”贯彻的行动逻辑来看，案例指导制度的要旨就在于借用指导性案例所凝结的“我思”来安置二阶观察，这样一来，强调“司法系统内部协调统一”的“法院组织体系”就可以实现以“异/同”的二值代码对法律系统“合法/非法”的“自我观察”进行观察，并让此种观察不断自我复制套用而成为主体建构的基础原理。

值得注意的是，以“异/同”作为二值代码的二阶观察其实是源自法律沟通外部的另一个系统，亦即法院组织系统对法律系统的观察，其并不直接参与法律沟通，而是在“小主体”领会、复制“大主体”之“我思”的主体建构过程来实现同一性控制。用胡云腾法官的话说：“法官应将对指导性案例整体内容的正确理解转化为针对待审案件合法合理的司法判断。”③

（二）法律自我再生产视角下同一性控制的主体性悖论

现代社会演化的主要成就是形成高度分化的社会功能子系统，系统通过建构内在的复杂性来化解外部“环境”的复杂性，④ 以互不通约的二值代码作为系统自治与再生产的沟通机制。比如，法律系统使用“合法/非法”的二值代码，政治系统的沟通诉诸“有权/无权”，经济系统则以“支付/不支付”作为沟通基础。在社会子系统功能分化的背景下，处于系统之外的即构成其运行之“环境”。而相互分化的社会功能子系统之间则互为“环境”。

面对多元复杂的外部环境，系统之间的功能耦合主要诉诸“规范上封闭、认知上开放”的运行机制。比如，法律系统一方面通过“合法/非法”的二值代码保持封闭运作；另一方面又对构成“环境”的背景信息保持认知上的开放，“从无穷的信息中

---

① 胡云腾、于同志：《案例指导制度若干重大疑难争议问题研究》，《法学研究》2008年第6期。

② 胡云腾等：《〈关于案例指导工作的规定〉的理解与适用》，《人民司法》2011年第3期。

③ 胡云腾等：《〈关于案例指导工作的规定〉的理解与适用》，《人民司法》2011年第3期。

④ 泮伟江：《中国本土化法教义学理论发展的反思与展望》，《法商研究》2018年第6期。

加以选择（现实化），并转译为法律沟通”。[①] 但问题在于，法律一经制定，便已落后。在立法层面的法律沟通注定不可能对多元复杂的环境变量信息做出及时反应。而就算面对选择依据不足，甚至是无法取舍的两难困境，法院也依然需要“因法之名”做出裁决。事实上，正是在“无法决策的情形下才需要决策”。[②] 在这个面向无穷可能性做出现实化选择，并进行沟通转换的过程中，系统自我维持的关键在于“找寻衔接”，“造成一个沟通连着一个沟通，使法律系统得以再生产”。[③] 司法因此成为法律系统的中心，而与这种以司法为中心的选择悖论同步展开的则是法律悖论的自我再生产。

面对选择悖论，一种经验直观的“去悖论”策略就是闭合选择可能性，我国的案例指导制度诉诸主体哲学进路对司法决策进行自上而下的同一性控制，其要旨就在于以“从具体到具体的逻辑路线”来闭合选择可能性。

然而，越是取向唯“一”的决策系统，却又恰恰越难以在真正意义上闭合选择。原因在于，任何分散的决策后果都会牵一发而动全身地集中指向那个大写的“一”所象征的“我思”，压力传导亦是如此，这无疑是系统不可承受之重。在我国当前司法实践中经常出现的“民意审判”现象所反映的正是这样一个系统问题。这就迫使系统必须引入后果意义上“好/坏”的观察区划“去观察环境对它的观察”，[④] 以便在法律效果和社会效果之间做出“最优”选择。目前影响甚为深远的“社科法学”正是尝试通过引入后果考量来对法律系统的运作进行再观察和价值再判断。[⑤]

但正如李忠夏指出的：“后果是否有能力作为区分法与非法的标准?”[⑥] 产生这一质疑的要害在于，从效率到公正，从秩序到自由，从形式到实质，从个人主义到集体主义，从极端功利主义到社会福利主义……后果考量的价值频谱上存在太多的第三个值，并且这些近乎无穷列举的第三个值之间还经常处于严重对立之中。如果所有这些第三个值未经条件纲要“如果/那么”的事先设定就可以一概导入司法决策的价值博弈中，对法律系统的“算法”必定会造成颠覆性的冲击，“系统/环境”的区分也将难以为继。

---

① 鲁楠、陆宇峰：《卢曼社会系统论视野中的法律自治》，《清华法学》2008 年第 2 期。
② 宾凯：《从决策的观点看司法裁判活动》，《清华法学》2011 年第 6 期。
③ 鲁楠、陆宇峰：《卢曼社会系统论视野中的法律自治》，《清华法学》2008 年第 2 期。
④ 鲁楠、陆宇峰：《卢曼社会系统论视野中的法律自治》，《清华法学》2008 年第 2 期。
⑤ 陈洪杰：《司法决策如何进行后果考量》，《财经法学》2021 年第 2 期。
⑥ 李忠夏：《宪法教义学反思：一个社会系统理论的视角》，《法学研究》2015 年第 6 期。

并且，即便允许后果“好/坏”之考量作为“合法/非法”的替代选择，这种以单个法官的“唯我论”努力来对判决的“正当性”前提进行的外在辩护也未必能够撇清“法官以个人专断僭越社会共识的质疑”。[①] 这无疑是一个悖论式的系统现象，越是取向唯“一”的系统却越是不可避免要在各种可能的后果之间做出选择，而法官越是不得不以“唯我论”的努力承受后果考量的选择压力，法律就越是难以维持“自我”的再生产。

（三）问题检讨

按照系统论的观点，悖论是无法消除的。悖论只能在其没有被注意到的时候才暂时被去悖论。[②] 因此，在系统论视角下，“去悖论”往往只是意味着从系统外部引入其他区分来展开悖论。[③] 换言之，“同案同判”的主体哲学进路引入“异/同”的观察区划其实依然不能消除司法决策所面临的偶在的选择悖论，只不过，司法决策展开悖论的方式转移到了第三个值的“算法”沟通之中。

以此观之，对于我们今天称为“政法”的组织传统，或许就可以被理解为是将不同观察区划间相互转移悖论的方式作为“去悖论”策略。在“政法”的权力组织体制下，司法主体除了受到法律沟通过程与结构的约束，更要服从于各种目的纲要（讲政治）下导入的观察区划。作为组织沟通原点的“大主体”可以设置各种对法律系统的运行进行二阶观察的第三个值，以实现对各个层级司法主体的“主体建构”。从系统沟通的角度来看，这种“主体建构”实际上是把作为自然主体的人“碎片化”为各个沟通单元中的人。[④] 在不同的沟通层次上，法官既是法律人，又要成为道德人，同时当然也是高度组织化的单位人。比如，各种自上而下的“评先进、树典型”活动，实际上就是为司法主体在履行“依法裁判”的职务行为之外又设置了一个与晋升激励正相关的观察区划。在这个区划运作中，组织系统对司法运作进行二阶观察的第三个值是引入司法为民的“道德沟通”。同理，案例指导制度下的“同案同判”实际上也是以类似的方式被导入司法运作的。作为在各个司法主体之间实施同一性控制的组织机

---

① 陈洪杰：《民意如何审判：一个方法论上的追问》，《法律科学》2015 年第 6 期。

② 宾凯：《从决策的观点看司法裁判活动》《清华法学》2011 年第 6 期。

③ 宾凯：《法律悖论及其生产性——从社会系统论的二阶观察理论出发》，《上海交通大学学报》2012 年第 1 期。

④ 祁春轶：《系统理论如何安放人》，《人大法律评论》2019 年第 2 期。

制，“同案同判其实就是限制自由裁量的重要工具”。① 吴英姿教授认为，这会导致决策视角下的“目标置换”：法官为了避免自己将来可能会被追责的风险，就会将揣摩上级意图的意义放在首位，反而将理解与适用法律置于第二位了。②

对于同一性控制所造成的主体性悖论，如果说当前我国案例指导制度下的“同案同判”并非真正“司法意义的同案同判”，那么，什么才算真正司法意义上的“同案同判”？司法意义上的“同案同判”对法律运作而言又究竟意味着什么？

三、同案何以同判：基于法律系统的区分和选择技术

如前所述，“同案同判”的主体哲学进路试图以一种取向唯“一”的自我复制和套用来克服个案法律解释的差异性问题，这种自我指涉的观察图式在看待法律系统的自我运作时有一个盲点，那就是其往往看不到系统并不是以一种先验的同一性想象建构一个总体性的自我，而是在参照外部环境的关系图景中，通过经验地坚持其与外部环境之间的差异性来实现自我维持和扩展的。也就是说，法律的自我再生产同时也是对系统外部环境的选择回应（无论是保持自我指涉的同一性，还是伸张差异，其实都是一种选择分化机制，这种选择往往受制于高度复杂的偶在因素），系统总是在与环境相互观察、相互促成的选择分化可能性中去找寻那个能够实现动态衔接的“自我”。

以判例法国家的“遵循先例”制度为例，这一制度通常被认为是“同案同判”机制原理在法律技术层面具体应用的经验载体。③ 但“遵循先例”在系统选择的意义上同样也不是一种取向唯“一”的自我复制与套用，而是一种面向开放的选择可能性进行自我反思并且找寻衔接的过程——在两造的控辩结构中，双方当事人都会在错综复杂的追溯链条中努力寻找并且提交有利于己方立场的先例，④ 法官必须要在裁判立场中充分说明本案所涉及的法律关系及其判准与各个彼案在何种意义上相同，或者在何种意义上相异。⑤ 与此同时，法官在形成自己裁判立场的判决理由中，在必要的时候也会主动回溯“类案”，进行“求同/辨异”，这被称为“区分”适用的法律技术。比

---

① 陈景辉：《同案同判：法律义务还是道德要求》，《中国法学》2013 年第 3 期。

② 吴英姿：《谨防案例指导制度可能的“瓶颈”》，《法学》2011 年第 9 期。

③ 杨知文认为两者共同的核心模式都在于类比推理。参见杨知文：《非指导性案例的“指导性”与案例指导制度的发展》，《清华法学》2021 年第 4 期。

④ 叶榅平：《遵循先例原则与英国法官的审判思维和方法》，《比较法研究》2015 年第 1 期。

⑤ 程政举：《法治社会司法理性的多维度分析》，《司法智库》2020 年第 2 期。

如，在“亚当斯诉新泽西轮船公司案”中，亚当斯是轮船包房乘客，在航行过程中发生失窃事件。这个案子有两个可能的“衔接”方向：其一，是参照旅店经营者责任，责任主体需要为住客财物的失窃负责；其二，有先例表明，在不能证明铁路公司有明显过失的情况下，铁路公司无需对卧铺车厢乘客的财物失窃负责。在本案中，虽然亚当斯同样不能证明轮船公司存在明显过失，但法院却认为，轮船包房在结构设计、价格乃至于服务内容等方面更接近于移动的旅店房间，因此应当参照适用旅店经营者责任。①

作为一种现实化的选择机制，被推送到决策视野下的先例固然具有法源地位，但在法律自我反思的系统选择语境下，法的正当性“不再依赖形而上学的基础，而转而求诸经验性的环境因素”，②“遵循先例成为法律在运作封闭的基础上不断向外部环境进行信息交换的方式”。③

这也意味着，司法决策必须将环境变量（比如，时间经过就是一个重要的变量因素）纳入考虑，以决定当社会外部环境发生改变时，法律又该如何做出现实化的选择。这个时候，即便是“重复”先例曾经做出过的选择，也需要在理由上说明，“为什么要保持重复，而不是发生解释上的改变”。④ 就此而言，“真正司法意义上的同案同判”的要旨就不在于进行简单的重复，而是要给出“为什么要保持重复”，或者为什么可能会“发生解释上的改变”的理由。换言之，法律系统在面对社会变迁的环境复杂性时，完全可以基于必要的合法性反思而推翻先例或是进行追溯性造法。⑤ 就此而言，无论是“同案同判”，抑或是“同案不同判”，⑥ 实际上都是法律系统进行自我再生产的一种反思机制。

在法律自我再生产的视野下，所谓“同案同判”，或者说“遵循先例”，主要是为了保证具有相关性和开放可能性（由于法律复杂性，具有相关性的前案/先例极有可能是相互不一致，甚至可能是相互对立的。对于系统来说，这就意味着更具开放性的

---

① 孙海波：《普通法系法官背离先例的经验及其启示》，《法商研究》2020 年第 5 期。

② 马剑银：《孟德斯鸠语境中的“法”及其“精神”——重读〈论法的精神〉》，《清华法学》2016 年第 6 期。

③ 刘涛：《冗余和遵循先例：系统论的考察及启示》，《交大法学》2017 年第 2 期。

④ 李忠夏：《功能取向的法教义学：传统与反思》，《环球法律评论》2020 年第 5 期。

⑤ 伊卫风：《推翻先例、追溯性造法与法治》，《东方法学》2017 年第 3 期。

⑥ 周少华教授认为：“与简单化的‘同案同判’相比，基于个别化考量的差异化判决，或许更能实现个案中的正义，也更符合司法活动的真相。”周少华：《刑事案件的差异化判决及其合理性》，《中国法学》2019 年第 4 期。

选择可能性）的“类案/先例群”能够作为生产“要素”在“求同/辨异”的系统功能迫令下被有效推送到“找寻衔接”的过程中，形成具有反思性的选择结构。从而使得即便是不可撼动的历史（过去的判决）也能够以更具开放和选择可能性的方式观照当下，保证法律系统生生不息地一个沟通连着一个沟通，实现自我再生产。

而在案例指导的主体哲学进路下，法律系统保证自我再生产的选择机制则可能缺乏必要的反思性，因为法律沟通无法实现认知开放。① 对此我们可以通过最高人民法院继案例指导制度之后配套实施的一系列周边制度来加以理解。

根据《最高人民法院关于统一法律适用加强类案检索的指导意见（试行）》（以下简称《试行意见》）第 2 条规定：“人民法院办理案件具有下列情形之一，应当进行类案检索：（1）拟提交专业（主审）法官会议或者审判委员会讨论的；（2）缺乏明确裁判规则或者尚未形成统一裁判规则的；（3）院长、庭长根据审判监督管理权限要求进行类案检索的；（4）其他需要进行类案检索的。”也就是说，但凡对于存在决策分歧或是难题，需要在一定范围内统一认识的复杂案件，法院就应当进行类案检索。类案检索大致有两种可能的结果：

其一，是形成取向于“一”的决策参照。《试行意见》第 9 条规定：“检索到的类案为指导性案例的，人民法院应当参照作出裁判。……检索到其他类案的，人民法院可以作为作出裁判的参考。”

其二，是发现存在法律适用分歧。《试行意见》第 11 条规定：“检索到的类案存在法律适用不一致的，……依照《最高人民法院关于建立法律适用分歧解决机制的实施办法》（以下简称《实施办法》）等规定，通过法律适用分歧解决机制予以解决。”

根据《实施办法》第 2 条规定，解决法律适用分歧需要通过一定的上报机制提交最高人民法院审判委员会（以下简称审委会）审议并由其做出决定。另根据《实施办法》第 11 条规定，对于审委会的决定，各级法院“在审判执行工作中应当参照执行”。

显而易见，这样一种对法律适用分歧进行自上而下同一性控制的制度逻辑无疑限制了各层级法院对指导性案例进行“区分”适用的反思空间。因为在错案终身追责的决策风险下，法官最优的决策策略就是在“从具体到具体的逻辑路线”中找到指导性

---

① 在 2020 年 11 月 14 日于华东政法大学召开的第五期浦江民诉沙龙活动中，复旦大学法学院的段厚省教授非常有洞见性地向笔者揭示了这一点，本文的灵感就源自这一次“沟通”，在此谨致谢忱！当然，文责自负。

案例的“我思”中所凝结的那个大写的“一”，[①] 然后在裁判逻辑上进行套用。这样一来，在以“异/同”为二值代码的组织机制下，上上下下的司法主体如果为了规避潜在的责任风险，往往会以取向唯“一”作为决策的认知基础，把头埋在由数据系统所生产推送的“类案”沙堆之下，[②] 下意识地把来自社会环境的信息刺激屏蔽在外，从而在系统意义上削弱法律在应对复杂社会环境时的信息处理和自我反思能力。

四、超越同一性迷思："同案同判"作为法律的自我反思机制

如前所述，真正“司法意义上的同案同判”其实并非取向于某一个“指导性”案例所指涉的那个大写的“一”进行机械的自我复制和套用，而是一种面向多元可能性找寻衔接的反思和选择机制，这种多元可能性甚至并不局限于控辩审三方因为角色立场差异而产生的主体视角差异，在审判者内部也可能会基于各自的价值偏好而找寻不同的衔接。只有当多元可能性充分开放之后，法律沟通的“过程”和“结构”才能真正强化法律自我反思的系统选择能力，以保证“法律系统的再生产是按照法律系统自身的选择机制进行的”。[③]

（一）“同案同判”作为系统选择机制

泮伟江非常形象地将面向多元可能性找寻衔接的系统沟通机制描述为系统对过去的“记忆”和对未来的“预期”，在这个意义维度上，系统沟通的本质是诉诸对过去的“记忆”选择而建构对未来的“预期”。这就意味着，面对过去的司法决策，系统会有选择地“记住”或者“遗忘”，因为每一次发生在不同“当下”的决策都各有其差异化的“过去”和“未来”。在面对这个差异化的沟通结构找寻衔接的过程中，“同案同判其实是作为裁判组织的‘记忆’和‘预期’结构在个案裁判中发挥作用。……

① 为达到统一司法的目的，防止过多细节分散执法人员的注意力和以细节不同为由自由裁量避开或偏离指导性案例，相对于案件原始材料，指导性案例经过了一定的抽象和简化，言简意赅。最高人民法院、最高人民检察院发布的刑事指导性案例，大多数只有一两千字，最短的只有四百多字，一些可能影响案件处理结果的细节信息没有在指导性案例中反映出来。参见秦宗文、严正华：《刑事案例指导运行实证研究》，《法制与社会发展》2015 年第 4 期。

② 陈洪杰：《从技术智慧到交往理性："智慧法院"的主体哲学反思》，《上海师范大学学报》2020 年第 6 期。

③ 鲁楠、陆宇峰：《卢曼社会系统论视野中的法律自治》，《清华法学》2008 年第 2 期。

这意味着，同案同判的真正含义并非是一种强烈的‘决定’与‘被决定’的关系，而是一种决策学意义上的‘结构’与‘结构中的选择’的关系”。[①] 就此而言，诉诸从“具体/个案”到“具体/个案”找寻衔接的司法决策进路越是能够在面对多元可能性时反思自我、沟通差异，就越能吸收系统和环境中的不确定性/合法性风险。[②] 反之，司法决策越是取向唯“一”，反而越可能导致法律系统“过去、当下与未来”的内在统一性遭到割裂。

比如，前文所述的遗嘱继承案就非常具有典型性。在《继承法》及其司法解释颁行的20世纪80年代，电脑及其周边技术应用远远没有进入国人的日常生活，对自书遗嘱书写要件的规范性要求是基本符合当时社会实际的。但到了21世纪，电脑已经高度普及，大量的生效法律文书均采用打印文本结合当事人签名的形式，在社会环境已经发生显著变化的背景下，规范的时针却始终纹丝不动地指向其制定之初的1985年。笔者在2011年左右初次关注到打印遗嘱继承案的实践争议时，即对规范运作始终停留在“过去”的封闭性印象深刻。更让人感触良多的是，当笔者在若干年之后重又关注到这一问题时，虽在个人主观感受上认为已时过境迁，但法律沟通的起点却依然是1985年《继承法》，这种情况一直延续到2020年《民法典》颁布。在这个时间跨度将近35年的法律实践过程中，如果对规范的理解适用始终是按照某种在制定之初即已设定好的“唯一正解”进行司法操作，这种缺乏自我反思的系统运作就会与外部环境形成一道无法逾越的时间鸿沟：外部环境的时间指针分秒不断地指向未来，而系统的时间意识却始终静默在当初的“立法时刻”。在“系统/环境”相互隔阂的时间差异中，系统既不曾进入“当下”，亦不可能真正拥有“未来”。当然，这只是通过纯粹形而上的逻辑推演得出的分析结论。在现实中，系统不仅会运用自身的符码区划来观察环境，也会反思性地观察环境对自身的观察，在观察对象与观察结果之间做出区分。[③] 通过“安排规范与事实之间的双重可变性”，[④] 系统沟通得以在对“事实/规范”做出差异解释的信息抓取和交换过程中生产出新的沟通信息来补偿“系统/环境”之间的时间差异。

---

① 泮伟江：《论同案同判拘束力的性质》，《法学》2021年第12期。

② 陈洪杰：《司法认同的期望象征：反思“无偏倚性”程序策略》，《中外法学》2022年第3期。

③ 宾凯：《法律如何可能：通过“二阶观察”的系统建构——进入卢曼法律社会学的核心》，《北大法律评论》2006年第2期。

④ 李忠夏：《宪法教义学反思：一个社会系统理论的视角》，《法学研究》2015年第6期。

再如，在《刑法》正当防卫条款的法律适用过程中，我国的司法实践基于控制社会暴力的刑事政策取向，曾经长期以一种严格的“行为/规范”主义解释进路规制当事人“以暴制暴”的防卫行为，忽视了正当防卫行为往往是在具有双重偶在性的“行为/认知”情境下发生、演化的。[①] 这种以事后回看方式所导入的规范情境与当事人在犯罪现场惶惶然面对不确定未来的认知情境之间的意识鸿沟，使得正当防卫条款几近沦为“沉睡中”的条款。直到2018年“昆山反杀案”，“规范/认知”之间存在显著分歧，甚至是相互冲突的意识差异却在舆论哗然的环境压力下极具戏剧性地“被‘瞬间再生产’的意识形态有效地‘缝合’在一起”。[②] 这起具有一定偶然性的个案也因为被最高人民检察院列为指导性案例而成为“激活”正当防卫条款的标志性事件。在这里，正当防卫条款之所以发生从“沉睡”到“激活”的转变，是因为“昆山反杀案”同样通过“安排规范与事实之间的双重可变性”采取了有别于“过去”的解释进路，这种对“事实/规范”进行差异解释的多元可能性使得系统在与环境的信息交换过程中找寻衔接的反思和选择能力得到强化。系统也因此而拥有了更为丰富的、可供调用的“记忆”储备去创造对“未来”的“预期”。

（二）“同案同判”作为系统的偶联性公式

泮伟江认为：“如果说，在成文法规则与个案裁判之间存在着大量的权衡和决策的空间，那么，在同案同判结构中的‘前案’与‘后案’中也同样存在着大量的权衡和决策的空间。”[③] 就像“昆山反杀案”作为“前案”之于“后案”亦不是一种“独此/必然”的决定与被决定的关系，这不仅仅是因为“昆山反杀案”在法教义学层面的自洽性尚有可商榷余地，[④] 更在于其作为“激活”正当防卫条款的个案依然只是在系统运作中提供了一种有别于“过去”之成例进行差异解释的选择可能性。这种差异化的可能性既不代表“过去”的解释可能性被彻底排除（否则就不会在后续类案中出现所谓“正当防卫全靠关注度”的批评意见），也不代表其本身就不会演化出更进一

---

① 陈洪杰：《“事后”防卫行为的入罪与出罪——基于法社会学视角的分析》，《苏州大学学报（法学版）》2020年第4期。

② 曾一果：《意识形态的“缝合”：后意识形态社会语境下“昆山反杀案”的批判性思考》，《探索与争鸣》2019年第1期。

③ 泮伟江：《论同案同判拘束力的性质》，《法学》2021年第12期。

④ 陈洪杰：《“以暴制暴”的罪与罚——正当防卫的“规范”幻象与法社会学反思》，《华东政法大学学报》2021年第6期。

步的差异解释可能性。就此而言，在法律系统内部另造一套自有其“记忆”结构的案例系统本身就意味着“差异/多元可能性”的“涌现”，对于以“统一法律适用”作为自身合法性言说的案例指导制度来说，这其实是一种悖论式的难题：案例资源，或者说系统“记忆”越是庞杂，找寻衔接、沟通差异的系统潜力就越大，同时也就越难“定于一尊”。我国指导性案例数量增长始终十分缓慢的原因恐怕也在于此。

总而言之，就像秉持规范中心主义进路的“依法裁判”并不能确保法律适用结果的同一性，以个案解释为中心视角的“同案同判”亦只是法律系统“既非必然，亦非不可能”的偶联性公式。① 我国的案例指导制度及其辅助机制如果继续以取向唯“一”作为展开运作的底层逻辑，反而可能会削弱其找寻衔接、沟通差异的自我反思能力，这无疑是尤为值得检讨的。

（三）统一法制和沟通差异的二律背反

事实上，我国的法律系统也始终纠结于“统一法律适用”和“回应环境压力”这样一种二律背反的逻辑困境中：“统一法律适用”无疑要求的是一种取向唯“一”的中枢决策体制，而“回应环境压力”则要求在系统和环境发生联系的广阔边缘地带能够有及时“回应激扰/沟通差异”的去中心化的分散决策机制。

当前我国非常有特色的“法律解释体制”就非常典型地反映出上述二律背反难题：一方面，为了统一法制，我国的“法律解释体制”通过按职能分工在中央机关之间分配法律解释权，以实现法律理解适用的垂直贯彻，这就要求严格禁止地方职能部门行使一般意义上的法律解释权；但另一方面，地方职能部门除了需要自上而下地执行中央治理意图，还需要在条块关系中考虑地方工作实际，满足“个殊性”的地方治理需求。这样一来，地方职能部门难免就会产生变通释法的现实需要。

比如，2013 年《最高人民法院、最高人民检察院、公安部关于办理醉酒驾驶机动车刑事案件适用法律若干问题的意见》（法发〔2013〕15 号）第 1 条规定：“在道路上驾驶机动车，血液酒精含量达到 80 毫克/100 毫升以上的，属于醉酒驾驶机动车。……以危险驾驶罪定罪处罚。”这一司法解释遵循的明显是行为犯的归罪逻辑，但一些地方释法文件却硬生生将之转变为附条件的结果犯。2013 年《江苏省高级人民法院、江苏省人民检察院、江苏省公安厅关于办理醉酒驾驶案件的座谈会纪要》

① 泮伟江：《论同案同判拘束力的性质》，《法学》2021 年第 12 期。

（苏高法〔2013〕328号，以下简称《江苏纪要》）第14条规定："在农村人员稀少、偏僻道路上醉酒驾驶摩托车，行为人血液酒精含量未超过醉酒标准20%，且未发生事故，或者虽然发生交通事故但仅造成自伤后果或者财产损失在2000元以内的，可以认定为犯罪情节显著轻微，不作为犯罪处理。"在这里，地方变通释法虽然有违"法制统一"原理，但也确实有其对法律实施效果的合理考量。

也正因为如此，对于地方释法的"方言岛"现象，国家总体立场虽然呈现趋于严格的规制倾向，但也留下了弹性操作空间。① 比如，1987年《最高人民法院关于地方各级法院不宜制定司法解释性质文件问题的批复》（1987民他字第10号，现已失效）所采取的基本立场是"不宜制定"，言下之意，虽然"不宜"但也并非绝对不可以。2012年《最高人民法院、最高人民检察院关于地方人民法院、人民检察院不得制定司法解释性质文件的通知》（法发〔2012〕2号）虽然措辞严厉，严令各地司法机关"一律不得制定在本辖区普遍适用的、涉及具体应用法律问题的'指导意见''规定'等司法解释性质文件"。但其实际效果却只是地方司法机关不再以被明令禁止的某某"指导意见"、某某"规定"的名义发布规范性文件，而是如2013年《江苏纪要》那般以"会议纪要"的方式发布，只不过这一类文件只能要求下级机关"参照执行"，②"不得在法律文书中援引"。③ 其中的玄机在于，根据2010年《关于规范上下级人民法院审判业务关系的若干意见》（法发〔2010〕61号）第1条规定，上级人民法院负有监督指导下级人民法院审判业务工作的职能范围。而在高级人民法院这个层次，这种指导工作的具体方式就表现为"制定审判业务文件""召开审判业务会议"等。④这实际上就相当于"关上一扇门，却留了一道缝"。而即便是2015年《立法法》再度重申了对释法主体的排除性限制（该法第104条第3款规定："最高人民法院、最高人民检察院以外的审判机关和检察机关，不得作出具体应用法律的解释"），但在"回应环境压力"的现实需求下，只要上级法院依然负有对下级法院进行业务指导的工作职能，这种"地方释法"的弹性操作空间就不可能被彻底禁绝。

---

① 聂友伦：《司法解释场域的"央地矛盾"及其纾解——以"地方释法"为中心的分析》，《法律科学》2021年第1期。

② 参见《江苏省高级人民法院、江苏省人民检察院、江苏省公安厅关于办理醉酒驾驶案件的座谈会纪要》第32条。

③ 参见《最高人民法院、最高人民检察院关于地方人民法院、人民检察院不得制定司法解释性质文件的通知》第1条。

④ 参见《关于规范上下级人民法院审判业务关系的若干意见》第9条。

与司法解释的情况相比，个案解释显然更具有一种高度去中心化的分散决策特质，这就意味着，系统调用个案“记忆”找寻衔接的选择过程同样也不可避免会在维持对内的自我同一性与回应对外的环境复杂性之间不断做出二律背反式的悖论选择。当然，在系统理论看来，悖论并非系统运作的禁忌或死穴，悖论与“去悖论”之间的内在张力反而是法律与其他社会功能子系统发生分化并且不断自我复杂化的动力机制。[①] 用卢曼的话说，悖论是系统的神龛。它在许多形式中表现出神性：作为多元和差异之统一，作为不确定性的确定性，以及作为自我之合法化。法律的统一性可以在系统中表达为各种区分，这种分化的形式控制着哪种语义得到接受，哪种语义遭到拒斥。[②] 正是通过悖论的显露，系统得以保证自身在当下的决策中调用过去之“记忆”建构未来“预期”的能力得到组织和再生产。

五、结　语

现代社会的多元价值趋向使得我们已经很难奠基于某个大写的“一”来建构层次分明、逻辑递归严密的价值序列。社会也不是按照一个预设的必然性宿命进行线性发展，而是充满了多元可能性和偶在复杂性。当复杂环境的激扰导致法律适用的不确定性时，通过纯粹形而上的“同案同判”来实现形式平等的普遍正义无疑是法律自我再生产的“观察图式”之一。[③] 但这种对抽象同一性的形而上想象其实并不符合法律系统所面临的决策现实，“后果考量”这个当下司法语境中的热点话语就足以揭示，当面临后果意义上的多重选择可能性时，司法决策已经很难在一个既定的参照体系中以一种取向唯“一”的方式找到事先就已经确定好的具体位置。无论是“依法裁判”“同案同判”，还是“遵循先例”，实际上都无法逃避面临选择时无法决策的决策悖论。而法律作为社会功能子系统，其在“合法/非法”符码配置过程中所面临的系统选择悖论其实只是社会选择悖论在法律沟通这个功能区划中的展现形式，相应地，“去悖论”亦不过是在不同的观察区划间转移悖论而已。这就要求与法律悖论同步展开的系统选择机制同时也应该具有一种与社会的多元可能性和环境复杂性相互调适的自我反

① 宾凯：《法律悖论及其生产性——从社会系统论的二阶观察理论出发》，《上海交通大学学报》2012 年第 1 期。

② 尼可拉斯·卢曼：《法院在法律系统中的地位》，陆宇峰译，《清华法治论衡》2009 年第 2 期。

③ 杨知文：《“同案同判”的性质及其证立理据》，《学术月刊》2021 年第 11 期。

思能力，将“去悖论”的操作指向对普适性的真理、共识价值或理性等因素的诉求，使系统沟通能够建立起有社会意义的自我描述。[①]

就此而言，强调“司法系统内部协调统一”的形式正义取向固然能够在个案意义上消解“同案不同判”的偶在悖论，但这种决策进路取向于由某个“大主体”的“我思”所预设的那个大写的“一”，追求的是形而上意义的“同一性”，以取向唯“一”实现“去悖论”，也就扼杀了法律系统基于自我反思的再生产潜力。正如托依布纳指出的：“法律秩序——规范、教义学、制度、组织——只在其自身的元素中再生产自己，但它是在回应环境的需求中这样做的。”[②]

总而言之，在系统和外部环境有选择的信息交换和沟通演化过程中，现代法的范式转换呈现出从“规范取向”向“反思取向”迈进的特质，如果说在“规范取向”下，只要保证形式上的平等性和普适性，法律就可以获得人们的认可；那么在“反思取向”下，法律只有立足于受到普遍认同的价值基础，才能对人们提出规范性要求。[③] 也就是说，在现代法的范式转换背景下，法律自我合法化所要求的不再是那种不加反思的形式正义，而是要求法律决策能够“找寻衔接、沟通差异”，在系统/环境、中心/边缘、合法/非法、公正/不公正、异/同等各种互相转移悖论的观察区划中做出反思，“承认差异化判决的合理性”，[④] 以法律自身的选择机制对外部环境的偶在复杂性做出符合社会正义想象的选择性回应。[⑤]

---

① 宾凯：《法律悖论及其生产性——从社会系统论的二阶观察理论出发》，《上海交通大学学报》2012 年第 1 期。

② 托依布纳：《魔阵·剥削·异化：托依布纳法律社会学文集》，泮伟江等译，北京：清华大学出版社，2012 年，第 275 页。

③ 陆宇峰：《论高度复杂社会的反思型法》，《华东政法大学学报》2021 年第 6 期。

④ 周少华：《刑事案件“同案同判”的理性审视》，《法商研究》2020 年第 3 期。

⑤ 陈运生：《对中国系统论宪法学的反思》，《法学研究》2021 年第 2 期。

合同分类与合同效力：总分结构中类型规范之意义初探

韩世远*

摘　要：关于合同的约束力，西方的理论大抵依有偿与无偿的不同而分别说明；在我国，理应考虑本国的历史文化，探索更具有解释力的理论。就我国民法的外在体系而言，在总则层面的法律行为下，以合同为规范单元，区分“通则”与“典型合同”，为法律人“找法”提供了明确的线索；然而在“典型合同”与“合同”之间，发掘“有偿合同”“无偿合同”“双务合同”“单务合同”等不同分类对应的法规范，本身是对《民法典》做体系化整理的应有内容，同时也可提升法律人的“找法”能力。

关键词：合同分类；合同效力；有偿合同；双务合同

一、问题意识

依法成立的合同，对当事人具有法律约束力（《中华人民共和国民法典》第119条，以下简称《民法典》）。这是我国《民法典》“总则编”中的规定，在《民法典》采总、分结构的框架下（包括“合同编”采用的“通则”与“典型合同”），“合同”是一个抽象概念，是买卖、赠与、借款、保证、租赁等各种“典型合同”的上位概

* 韩世远，清华大学法学院教授（北京　100084）

念，作为对各种合同普遍适用的一般法律规范，它在避免就各种合同分别说明“法律约束力”的同时，也要就其“有效性”接受来自下层各种合同的检验。统一的概念是否必然对应着统一的解释说明本身就是个大问题。合同何以具有约束力（或者“效力”)？当事人何以要遵守？换言之，如果不遵守合同会引发责任的话，其合同责任的基础（the basis of contractual liability）是什么？此类问题，中外学人共同关注。比如，美国学者詹姆斯·戈德雷（James Gordley）教授提出了三个基本问题：为什么要执行合同？依什么确定合同义务的内容？违约的后果该是什么？[①] 日本学者山本敬三教授则从合同拘束力（合同须严守）的含义及射程角度，尝试分析合同责任。[②] 此类问题对于合同法学人而言，“堪可称为迎面就压得透不过气来的学问上重大压力”。[③] 此类问题，在我国法语境下又该如何作答？

关于日本学说，我国已有学者做过介绍，[④] 并呼吁对我国合同拘束力理论进行重构。[⑤] 不过，一如山本教授的论题限定于“契约拘束力与契约责任论”，其对于合同拘束力的关注主要在于詹姆斯·戈德雷教授的第三个问题，或者说对第二个问题也有所涉及，而对于第一个问题并未关注。而日本方面讨论合同责任问题所呈现的两种不同处理模式，即传统理论从“债权债务”角度的构成和新“合同责任论”的所谓“合同构成”，只是日本法追随德国潘德克顿立法模式在现代面临的转轨难题，我国《民法典》不设债法总则编而以合同编通则实现功能替代，正是 2017 年《日本民法典》修订所希望却没有实现的梦想。如今，立足《民法典》反思上述基本的理论追问，仍有必要。

在实践层面，基层法官面对具体合同问题，比如计算机软件开发合同中的开发人有无完成“交付”或者通过验收，如何判定合同是否履行完毕，“找法”的眼光通常仅流连于技术开发合同—合同通则—民法典总则，欠缺合同性质认定的意识，也缺乏

---

① James Gordley, “Contract Law in the Aristotelian Tradition,” in Peter Benson, ed., *The Theory of Contract Law: New Essays*, Cambridge: Cambridge University Press, 2001, p.266. 该书 2003 年曾被中国政法大学出版社以《合同法理论新作集》之名引进影印出版。另见彼得·本森主编：《合同法理论》，易继明译，北京：北京大学出版社，2004 年，第 294 页。

② 山本敬三：《契约法的现代化 II：民法的现代化》，东京：商事法务株式会社，2018 年，第 329 页。

③ 此处借用陈棋炎先生的表达，见陈棋炎：《亲属、继承法基本问题》，台北：三民书局，1980 年，第 2 页。

④ 解亘：《日本契约拘束力理论的嬗变——从债权·债务构成走向契约构成》，《南京大学学报》2010 年第 2 期。

⑤ 解亘：《我国合同拘束力理论的重构》，《法学研究》2011 年第 2 期。

进一步把握民法典的意义脉络的能力，需要提升和改进。

二、两种不同的合同规范模式与我国法的定位

众所周知，无分中外，合同的实践应用均有着悠久的历史，其在社会生活中的重要性越来越被人认识，可是，如何运用法律规范合同实践问题，却是一直在摸索而从未被终结的话题，至少今天可以看到两种不同的合同规范模式。

其一，以德、日为代表的潘德克顿模式。其特点是将法规则的“公因式”提取到极致并法典化，产生出民总、债总、债各等不同的外在体系层次，合同规范须在“法律行为—债权总则—契约总则—各种契约”诸多层次中分别检索，综合运用；债法总则规则的设置安排以“债权”“债务”为基本概念和规范单元。相应的学理体系则区分债法总论与债法分论，通常并不怎么以“合同”为专门的讨论对象，而像海因·克茨（Hein Kötz）那样打破法典外在体系，以“合同”为中心梳理相关规范，作学理阐释，汇为一帙《合同法》,[①] 在德国也是非常特立独行的做法。

其二，以英、美普通法及国际模范法为代表的合同法模式。在普通法中合同法规范通常不区分是哪种类型的合同，而是泛称合同，“合同”是最基本的概念和单元，至于商品买卖等具体合同，如有需要，则以特别立法的形式另行规定，因而，英美国家的合同法教科书往往称“Law of Contract”，而不是“Contracts”。《国际商事合同通则》及《欧洲合同法原则》均集中在合同法总则，只有《欧洲示范民法典草案》[②]（DCFR，或译《共同参考框架草案》）有些例外，除合同法总则外，也规定了分则。

20 世纪 80 年代以来，我国民事立法走的是一条实用主义路线，放弃一步到位的民法法典化模式，改采根据现实需要及成熟度而分步走的模式，先后制定了《中华人民共和国经济合同法》《中华人民共和国涉外经济合同法》《中华人民共和国技术合同法》等合同法律及配套法规；在确立了社会主义市场经济的改革方向后，立法者更是明确要与国际接轨，以《联合国国际货物销售合同公约》及国际模范法为重点学习对象，形成统一的《中华人民共和国合同法》（以下简称《合同法》），并最终成为《民

---

① Vgl. Hein Kötz, *Vertragsrecht*, 2. Auflage, Tübingen: Mohr Siebeck, 2012. 中译本可参见海因·克茨：《德国合同法》，叶玮昱、张焕然译，北京：中国人民大学出版社，2022 年。

② 参见欧洲民法典研究组、欧盟现行私法研究组编著：《欧洲示范民法典草案：欧洲私法的原则、定义与示范规则》，高圣平等译，北京：中国人民大学出版社，2011 年。

法典》总则编“民事法律行为”章的根底和合同编。在此历程中，我国法规则的设计以“合同”为基本单元，弱化了“债权”“债务”。如此，我国法基本近于上述第二种模式。合同规范在“法律行为—合同通则—典型合同”中检索，“债权”“债务”的主要内容被安排在合同通则中一并交代。

之所以要辨别不同的合同法规范模式并关注相应的基本概念和规范单元，是因为民事法律对于人身关系和财产关系的调整借助于法条，而法条对于法规范的表述又离不开法概念，离不开将社会生活事实涵摄于法条中的法概念，进一步，法律人（乃至普通人）的法律思维，以及法秩序的塑造均会受到基本法律概念的影响。比如，我们说“合同的履行”而不说“债务的清偿”，我们使用“违约”而不用“债务不履行”，我们说“违约金”而不说“对债务不履行预定的损害赔偿额”。仅就我国法而言，在《民法典》框架下已然形成了“民事法律行为—合同—典型合同”三级规范构造，对于法律适用而言这一构造脉络清晰、线索连贯，相对容易；不容易的是，在此三级之间，尚潜伏着中间阶层的概念，比如“有偿合同”（《民法典》第 646 条）便是居于“合同—典型合同”之间的类型概念，[①] 又如“当事人互负债务”（《民法典》第 525 条、第 526 条）、“以持续履行的债务为内容”的合同（《民法典》第 563 条第 2 款）等，显然可对应于双务合同、继续性合同等类型概念，发掘它们所对应的规范线索，也可以丰富法律适用人员“找法”的路径，并丰富对相应合同效力内涵的认识。

三、合同效力的两层内涵

合同的“效力”，因语境不同而有不同的含义。其一，指对于合同作为法律行为是否获得法律认可的评价（效力评价），可称为“有效性”（比如《国际商事合同通则》第 3 章的标题“Validity”[②]）。其二，指当事人双方的权利义务，以及义务不履行时所应负的责任，乃至合同对于第三人的关系等问题。[③] 这可以称为“效力内容”，

---

① 在卡尔·拉伦茨（Karl Larenz）的理论中，制定法上规定的债权契约类型，大部分是真正的类型（诸如买卖、互易、租赁、借贷），是源于法律现实的“法律上的结构类型”。参见卡尔·拉伦茨：《法学方法论》，黄家镇译，北京：商务印书馆，2020 年，第 583—584 页。本文所讨论的“有偿合同”这样的类型概念可否归入拉伦茨所谓的“类型序列”，有识之士可进一步研讨和指教。

② 在《国际商事合同通则》的中译本中，Validity 被译作“合同的效力”。参见张玉卿主编：《UNIDROIT 国际统一私法协会国际商事合同通则·2016》，北京：中国商务出版社，2019 年，第 191 页。

③ 郑玉波：《民商法问题研究》（二），台北：自版，1984 年，第 5 页。

比如《荷兰民法典》第6编第5章第4节的标题“Juridical Effects of Contracts”。[①]

从历史上看，欠缺合同法一般规则的罗马法，分别不同的合同类型而异其效力发生原因；后世法学及立法努力有所超越，努力整合进而塑造合同法的一般规则及一般理论，然亦不得不就有偿合同与无偿合同分别说明。18、19世纪欧洲的意思说（the will theory，或译“意志理论”）试图以意思为基础，做统一的说明；至20世纪，便发现意思说亦有诸多难以圆满解释之点，于是便出现了信赖说（the reliance theory），略谓合同责任的基础乃系债务人使得债权人信赖了其允诺。时至今日，西方合同法学界主要是在意思与信赖之间（Wille oder Vertrauen）展开讨论，尚未形成共识。[②] 由此也可引发一系列追问：关于合同约束力的解释及说明为何非得寻求统一的答案？多元的解释和说明又有什么不好呢？纵然通过比较法及国际模范法实现了不同国家合同法规范层面的统一，在确保了其适用统一的前提下，对于规范背后的法理逻辑构成及其解说，因历史及文化的不同，允许存在多元的构成，难道不是很自然的事情吗？我国学说对此当然有所探讨，比如早在1990年，张广兴先生便撰文指出，包括合同在内的“债之所以被赋予法律效力，有着历史的、政治的、经济的以及道德的诸多原因”；“以上诸种因素在债法制度的发展中并非同样重要。强调某种因素，仍与该国家该时代统治阶级的意志有关。这就是不同时代、不同国家的债法对债的效力的内容、范围作出不同规定的原因。就近现代的债法而言，影响或决定债的效力的因素，唯经济与道德两者而已”。[③] 在《民法典》生效及相关司法解释陆续出台的背景下，分析实定法及相关资料，或可增进相关认识。

《民法典》在《合同法》基础上升级改造，使合同编通则兼具债法总则的功能，在某种程度上与《国际商事合同通则》及《欧洲合同法原则》或者《欧洲示范民法典草案》具有相似性，特别是依合同的生命历程设计合同规范的外在体系，相应地，这

---

① 在中译本中被译作“合同的法律效力”，见《荷兰民法典》，王卫国主译，北京：中国政法大学出版社，2006年，第238页。

② 比如由于债务人的原因，债权人合理地相信债务人同意了，在荷兰通常会认为债务人要受其意思的约束，故比较接近信赖说，承认成立合同（there is a valid contract）；与之相对，德国的解决方案则是只承认诉请消极合同利益（an action for the negatives Vertragsinteresse）。See A. Hartkamp, “Law of Obligations,” in J. Chorus, P. Gerver, and E. Hondius, eds., *Introduction to Dutch Law*, 4th revised edn., Alphen ann den Rijn: Kluwer Law International, 2006, pp. 152—153. 关于合同约束力的讨论，另可参见詹姆斯·戈德雷：《私法的基础：财产、侵权、合同和不当得利》，张家勇译，北京：法律出版社，2007年，第475—488页；彼得·本森主编：《合同法理论》。

③ 章戈：《论债的效力》，《法学研究》1990年第4期。

种构造也使得合同法一般规范对于合同事项的普适性本身面临合目的性的制约，特别是要区分狭义债之关系与广义债之关系、有偿合同与无偿合同、双务合同与单务合同等。因而，对于外在体系之外的可得影响法律适用的内在逻辑构造，也有必要尽可能地使之明晰。

四、合同效力的发生是当事人意思与法律评价共同作用的结果

合同是民事法律行为之一种，而民事法律行为是民事主体通过意思表示设立、变更、终止民事法律关系的行为（《民法典》第 133 条）。民事法律行为可以基于双方或者多方的意思表示一致成立，也可以基于单方的意思表示成立（《民法典》第 134 条第 1 款）。由此可见，仅就合同而言，不论其为有偿抑或无偿，在一般规则层面，均系以意思表示一致而成立，当事人的合意是合同的基础。对于作为合意基础的要约，法律要求它应当符合的条件之一便是，“表明经受要约人承诺，要约人即受该意思表示约束”（《民法典》第 472 条第 2 项），即受约束的意旨。既然肯定意思表示为法律行为之核心要素，承认合意为合同的内核，要求当事人有受约束的意旨，也可以说，我国法原则上采纳了“意思说”。不过也应注意，合同的约束力，并非纯粹基于当事人的意思，当事人的意思只是提供了一个基础，约束之力的来源则外在于当事人的意思，最主要的有二，即要么是道德，要么是法律。“君子一言，驷马难追”，这反映了道德规范的力量。法律的力量当然要以法律与合同的结合为必要，也就是像《民法典》第 2 条所说的，民法要“调整”合同关系。民法的“调整”，其实就是以民法规范为尺子，衡量作为特定社会事实的人之行为及人与人之间的关系，并在此基础上做出评判。基于国家法律的肯定性评价，便可请求国家公权力机关予以执行。

关于赋予合同执行力的原因，学界力图追溯久远历史中的公平正义观念并做统一的说明，比如追溯到亚里士多德的正义理论，其中“平均的正义（iustitia commutativa），[①] 指社会上个人相互间的给付与对待给付，务求其均衡，个人的权利，应该相互尊重”。[②] 有偿合同符合“平均的正义”，故其成立较易、消灭较难、效力较强，其债权人所受保护较多。“因之人与人之关系，自应以均衡交换为首要，若

① iustitia commutativa 的英文写法为 commutative justice，通常译为“交换正义”。

② 梅仲协：《法学绪论》，台北：中国文化大学出版部，1989 年，第 64 页。

受而不与，法律必薄之。”① 詹姆斯·戈德雷教授亦从亚里士多德的古老著作中寻求帮助，认为用亚里士多德派别的术语来说，在人们展现审慎及分配正义之德性的程度上（to the extent people exercise the virtues of prudence and distributive justice），合同增进了资源的配置。在亚里士多德派的传统中，诸种选择因其有助于良好生活（即最大限度地尽人之为人的潜能所实现的生活）而显得重要；过这样的生活乃是人类的幸福，这才是人们各种努力讨生活的终极目的。② 詹姆斯·戈德雷教授考察了后世两派理论，一是功利主义理论，另一则是康德和黑格尔的理论，说明何以上述选择是重要的。前者认为法律强制实现合同是为了最大可能满足人们的偏好；后者认为选择之所以重要是因为它们是自由或者自治的一种表达，合同具有拘束力是因为这是自由的必要结果。③ 其实，追溯到亚里士多德的理论也只是一种说法，这种说法是否放诸四海而皆准也颇值得怀疑。历史地看，中国人很早就有交易及合同实践，无论是商周时期的青铜器还是后来敦煌、吐鲁番等地出土的古代契约文书均可反映这一点。中国古代的法典固然是刑事内容居多，但也并非全然没有私法及合同的内容，“一任私契、官不为理”只不过是说很多交易是放给民间通过契约约定，在官方的法典中规定较少而已。《名公书判清明集》收录的宋代的裁判记录，很多原案是基于契约主张权利的，从中可以反映出裁判者对于契约的承认及保护。由此至少说明，当时的中国人有着自己关于契约的理解，契约在实践中的应用顺畅无碍并受国家公权力的保护，与亚氏的理论没有任何关系。西方的理论大抵要依有偿与无偿的不同而分别说明，在中国对此之所以未做太深入研究，恐怕也与人们认为它理所当然不无关系。正所谓“周瑜打黄盖，一个愿打，一个愿挨”，一个“愿”字已具有足够的包容力。合同古称“契约”“质”“剂”等，功能多样，相较于发生债权债务，像不动产买卖之类，其契约的功用更多体现在权利凭证上；当然，今天我们的立法区分债权债务的发生与物权变动（《民法典》第 215 条区分原则），物权变动采公示原则（《民法典》第 208 条）。不论物权、债权，合同一如法律，起“定分止争”的作用，如此，一个“分”字也可包容不同的类型。就债权合同而言，在尚未履行场合，便可呈现为一个“该”字，债务人“该”向债权人交付某物、为某行为或者不为某行为，要解决的是人之相与中给付与

---

① 郑玉波：《民商法问题研究》（二），第 10 页。

② See Gordley, “Contract Law in the Aristotelian Tradition,” in Benson, ed., *The Theory of Contract Law*, p. 268.

③ 彼得·本森主编：《合同法理论》，第 299 页。

对待给付的时间差；同时，合同在获得法律认可的场合，也就成为评判是非对错的基本依据，中国人讲的是个“理”字，据此，纠纷两造，或是理曲，或是理直。

民事法律行为自成立时生效，但是法律另有规定或者当事人另有约定的除外。行为人非依法律规定或者未经对方同意，不得擅自变更或者解除民事法律行为（《民法典》第136条）。如果说合同的“成立”尚属事实问题，及至其“生效”，则进入了对合同的法律评价领域。申言之，合同具备一般生效要件，即行为人的行为能力、意思表示真实以及不违法悖俗（《民法典》第143条），通常便可获得国家法律的积极评价，具有法律约束力。否则，比如约定买卖人口的合同，即便卖方和买方的意思表示是真实的，在今天的法律上也得不到承认，不会按照买卖双方的合意承认其效果。如此，合同效力的发生是当事人意思与法律评价共同作用的结果。如此认识，也与我国通说关于民事“权利”的“法力说”（有别于意思说和利益说）相统一。[①]

法律行为或者合同经由法律评价，在获得积极评价场合，其效力（effects）内容如何，仍有进一步探析的必要。合同效力既为当事人意思及法律评价共同作用的结果，就其效力内容，也可循此路径分析。如果看比较法的话，《荷兰民法典》第6：248条第1款规定，合同不仅具有当事人约定的法律效力（the juridical effects agreed to by the parties），也具有依合同性质因法律、习惯或公平合理要求之适用（apply by virtue of law，usage or the requirements of reasonableness and fairness）而发生的法律效力。[②] 我国《民法典》虽然没有明文规定类似规则，但事实上奉行相似观念。完美的合同总是非常罕见，不完美的合同才是常态。正因如此，大量的合同法规范存在才有意义和价值。

合同作为法律行为之一种，在《民法典》中首先是作为债权的发生原因出现的（第118条第2款），并承认其对当事人具有法律约束力（第119条）。如此，通常就合同若无特别说明，则应理解为债权合同（obligatory contracts），它在当事人之间设立债务关系。当然，《民法典》总则编承认法律行为得基于双方或者多方的意思表示一致成立（第134条第1款），也就是说承认了双方法律行为（bilateral juridical

---

① 参见梁慧星：《民法总论》，北京：法律出版社，2021年，第73页；崔建远等：《民法总论》，北京：清华大学出版社，2019年，第64页；陈华彬：《民法总则》，北京：中国政法大学出版社，2017年，第236页；刘凯湘：《民法总论》，北京：北京大学出版社，2011年，第76页。

② See H. Warendorf，R. Thomas，and I. Curry-Sumner，*The Civil Code of the Netherlands*，Alphen ann den Rijn：Kluwer Law International，2009，p. 711. 另外参见《荷兰民法典》，第238页。

acts）或者多方法律行为（multilateral juridical acts），自然也应承认在债权合同之外尚得有设立物权的物权合同（比如物权编中的许多合同）以及其他领域中的合同。[①]

合同可区分为有偿合同与无偿合同，双务合同与单务合同；两组分类并不必然一一对应，双务合同固然是有偿合同，单务合同则既可以是无偿合同，也可能是有偿合同。《民法典》立法者使用"自然人"之类抽象概念时，当然不必考虑是男人抑或女人，是老人抑或儿童，进而也难谓以哪个为原则而另一个为例外；相似地，在使用抽象的"合同"概念时，通常也不会去想它是哪种类型的合同。不过，在《民法典》合同编通则中，仅有章而无节，章的设计是依合同的生命历程：订立、效力、履行、保全、变更和转让、权利义务终止和违约责任，没有像有些国家的民法典那样进一步分层，分出专门的"双务合同"节来（比如《德国民法典》第 2 编第 3 章第 2 节、《荷兰民法典》第 6 编第 5 章第 5 节等）。然而，法典外在形式上的并列规定并不意味着没有承认合同一般规则内在逻辑上的层次结构，而法律适用恰恰需要法律人能够准确识别此类法典的内在逻辑结构。另外，即便是使用抽象的"合同"概念，不去区分原则与例外，仍然可以说，立法者头脑中有其典型的合同模型（比如买卖合同等）。如果说合同编通则中的一般规则是以有偿合同为其理想模型，[②] 那么，就它们对于无偿合同的可适用性便应有所警惕。类似地，对于双务合同与单务合同、一时性合同与继续性合同等不同合同类型，也有必要做相应的检讨。

合同效力的内容，除了依当事人的意思设定之外，依交易习惯及法律的一般规定，对于合同亦得进行补充，这也可以说是当事人意定效力之外的一般法定效力。立法既有原则性的一般规定，那么，对于例外场合，必定要做专门的特别规定。如果以原则性的规范模式为参照，诸此例外场合的特别规定自然是对于一般法定效力的变异，或为弱化，或为强化，或为深化，进而呈现出不同的样态。

---

① 在本文中，"合同"一词主要是在债权合同意义上使用。

② 分析保管合同这种可以是有偿也可以是无偿的合同类型，人们可以发现立法者是将有偿合同放在主文中规定而将无偿合同置于"但书"中（比如《民法典》第 897 条）。

五、有偿合同、无偿合同与合同效力

（一）主体资格要求不同

订立有偿合同的当事人原则上应为完全行为能力人，限制行为能力人非经其法定代理人同意不得订立重大的有偿合同。对于纯获利益的无偿合同，如接受赠与等，限制行为能力人和无行为能力人即使未取得法定代理人的同意，也可以订立；但有返还原物负担的无偿合同，仍然须取得法定代理人的同意。

（二）责任的轻重不同

在无偿合同中，债务人所负的注意义务程度较低，在有偿合同中，注意义务较高。比如，《民法典》第 897 条规定："保管期内，因保管人保管不善造成保管物毁损、灭失的，保管人应当承担损害赔偿责任。但是，无偿保管人证明自己没有故意或者重大过失的，不承担赔偿责任。"第 929 条第 1 款规定："有偿的委托合同，因受托人的过错造成委托人损失的，委托人可以请求赔偿损失。无偿的委托合同，因受托人的故意或者重大过失造成委托人损失的，委托人可以请求赔偿损失。"

（三）债权人撤销权的构成要件不同

债权人撤销权的构成要件因债务人的行为属无偿行为抑或为有偿行为而有不同。在无偿处分财产权益场合，并不要求债务人的相对人主观上具有诈害意思（《民法典》第 538 条）；在有偿行为场合，则要求债务人的相对人知道或者应当知道该情形（即主观上具有诈害意思，《民法典》第 539 条），在有转得人的场合，解释上也应要求转得人具有恶意。

（四）能否构成善意取得不同

《民法典》第 311 条规定了善意取得制度，其构成要件之一是"以合理的价格转让"，当然是以有偿合同为前提。

（五）买卖规则的准用

对于有偿合同，法律如无特别规定，则参照适用买卖合同的有关规定（《民法典》

第 646 条)。如此，关于出卖人的瑕疵担保义务规则(《民法典》第 612 条以下)的准用，特别具有重要的意义。而对于无偿合同，依《民法典》第 662 条的规定，原则上免责。

(六)合同解释

另外，值得注意的是，《最高人民法院关于适用〈中华人民共和国民法典〉合同编通则部分的解释》(征求意见稿)[以下简称《合同编通则解释》(征求意见稿)]第 1 条第 2 款为合同条款的解释确立了新的规则，即对于合同条款有两种以上解释，属于无偿合同的，应当选择对债务人负担较轻的解释。

六、双务合同、单务合同与合同效力

双务合同(synallagmatic or bilateral contracts)，是一方当事人为获得对方当事人的给付(the presentation；performance)而向对方当事人负担义务的合同(比如《荷兰民法典》第 6∶261 条第 1 款；另见《法国民法典》原第 1102 条)。区分双务合同与单务合同的实益在于，同时履行问题以及风险负担问题是只发生在双务合同场合的问题，另外，基于违约的解除主要是针对双务合同适用的制度。相较于双务合同，单务合同具有补集性(即双务合同以外的合同)，而其内部又具有多样性，故仅凭某合同为单务合同便直接得出某种结论，宜慎之又慎。① 因而，单双务合同之类型区分的意义，主要体现在法律对双务合同规定的特别规则上；而就单务合同的效力，实应就赠与等合同具体考察，以下分别说明。

(一)双务合同的履行抗辩权

《民法典》第 525 条至第 528 条规定了合同履行过程中的抗辩权，尽管就法典的外在体系结构而言未在合同通则分编合同履行章中进一步分层设置“双务合同”一节，从法条中出现的“当事人互负债务”“应当先履行债务”之类表达仍可看出，它

① 中田裕康：《契约法》，东京：有斐阁，2021 年，第 71 页。

们以双务合同为预想模型，强调给付与对待给付之间的牵连性。[①] 此类双务合同履行中的抗辩权，背后的法理逻辑在于给付与对待给付的牵连关系呈现出对等及衡平，从当事人订立合同的意图上讲，负担义务为的是获得对方的给付；从客观评价上分析，基于真实意思之合致的结果，对于双方均是公平的；当然，如果从各自的主观评价上分析，对方给付的价值总是不低于自己给付的价值。

双方的债务如果不是给付与对待给付，可否依第 525 条主张同时履行?《合同编通则解释》(征求意见稿) 第 32 条第 1 款规定："当事人互负债务，一方以对方没有履行非主要债务为由拒绝履行自己的主要债务的，人民法院不予支持，但是对方不履行非主要债务致使不能实现合同目的或者当事人另有约定的除外。"据此，一方的主给付义务与对方的主给付义务以外的其他义务原则上并不构成同时履行关系，比如在买卖合同中，出卖人交货与买受人付款构成给付与对待给付关系，开具发票属于出卖人的从给付义务，通常不应因其尚未开具而拒绝付款；但是，如果买受人作为公司要以发票入账及抵税，那么，发票的获得对于买受人便具有重要意义，对方对此理应知晓，买受人即便获得了货物，只要尚未获得发票，也仍可以拒绝付款。同时履行抗辩规则不仅适用于合同双方当事人的原给付义务，也适用于次给付义务。关于后一情形，《全国法院民商事审判工作会议纪要》第 34 条规定，"双务合同不成立、无效或者被撤销时，标的物返还与价款返还互为对待给付，双方应当同时返还"。

双务合同适用同时履行抗辩规则，而单务合同原则上并无适用同时履行抗辩规则的余地。唯对于不完全双务合同，能否发生同时履行抗辩权，学说上不无争论，原则上以否定说为当。对于附负担赠与能否发生同时履行抗辩权，我国学说多持否定意见，《日本民法典》则明定可准用双务合同的规定（包括同时履行抗辩）。本文认为，对于不完全双务合同原则上应当否定同时履行抗辩权的发生，对于附负担赠与，例外地承认同时履行抗辩权的发生，亦无不妥之处，且其结果也符合公平理念。

关于不安抗辩权，在欧陆法理论上较长的时期内以情事变更条款理论为基础加以解释，1974 年之后，约阿希姆·格恩胡贝尔（Joachim Gernhuber）等学者开始从功能上的牵连性角度阐释该制度，在对待给付的提供受到危害时，就不能再不加限制地承认先履行方的先行给付的义务。我国学者也倾向于从双务合同的牵连性角度阐释不

① 王利明:《合同法通则》，北京：北京大学出版社，2022 年，第 273 页。关于牵连性观念的源起、界定及相近概念的辨析，可参见张金海:《论双务合同中给付义务的牵连性》，《法律科学》2013 年第 2 期。

安抗辩权制度。[①]

（二）赠与合同

赠与合同是赠与人将自己的财产无偿给予受赠人，受赠人表示接受赠与的合同（《民法典》第 657 条），故属于债权合同；据此发生赠与人无偿给予财产的义务，相应地，受赠人也就享有请求给予财产的权利，故属于单务合同。因而，赠与合同原则上因双方当事人达成赠与的合意即可成立，且同时发生效力。关于赠与合同，西欧国家多以之为要式行为，[②] 在东亚地区多以之为不要式行为。[③] 我国法律并没有要求赠与合同必须采用书面形式或者其他特别形式，故属于不要式合同，依一般规则，可以采用书面形式、口头形式或者其他形式（《民法典》第 135 条）。当然，不要式合同不排斥合同采用书面、公证等形式，只是合同的形式不影响合同的成立。[④]

可是，基于赠与合同发生的债权债务，与买卖合同发生的债权债务，在抽象层面上虽然都是债权债务，都可以说债权具有请求力、保持力等效力，但具体层面上，立法只是明确规定，经过公证的赠与合同或者依法不得撤销的具有救灾、扶贫、助残等公益、道德义务性质的赠与合同，赠与人不交付赠与财产的，受赠人可以请求交付（《民法典》第 660 条第 1 款），并没有一般性地规定受赠人的交付赠与财产的请求权。何以如此？既然赠与合同与买卖合同一样属于债权合同，为何不明确地、理直气壮地赋予受赠人以履行请求权？对此，离不开基本的事理，即赠与人单纯给予财产，无须对方做任何回报；受赠人同意接受财产，没有任何负担。仅就单个的法律行为而言，它并非交易，而是单向的给予及获得，简单的事理决定了基本的人情：人赠驽马，不察其齿（Einem geschenkten Gaul schaut man nicht ins Maul）。[⑤] 而从制度层面分析，对于赠与人的义务，与出卖人的义务相比，法规则的设定基本上是以降低对赠与人的要求为目标，其中重要的安排如下：

---

① 参见张金海：《论双务合同中给付义务的牵连性》，《法律科学》2013 年第 2 期。

② 比如《法国民法典》第 931 条和第 932 条第 2 款、《德国民法典》第 518 条、《瑞士债务法》第 243 条。

③ 比如《日本民法典》第 549 条和第 550 条、《韩国民法典》第 554 条和第 555 条、我国台湾地区“民法”第 406 条。

④ 石宏主编：《〈中华人民共和国民法典〉释解与适用·合同编》上册，北京：人民法院出版社，2020 年，第 360 页。

⑤ Vgl. Hans Brox/Wolf-Dietrich Walker，*Besonderes Schuldrecht*，31. Auflage，München：Verlag C. H. Beck，2006，S. 144.

1. 赠与的任意撤销

赠与人在赠与财产的权利转移之前可以撤销赠与（《民法典》第 658 条第 1 款）。这便是赠与的任意撤销，法律之所以规定该规则，是源于赠与是无偿行为，如此，“即便赠与合同已经成立，也可以允许赠与人因自身的某种事由撤销赠与”；“尤其是有的赠与合同的订立，是因一时情感因素而欠于考虑，如果绝对不允许赠与人撤销，则对赠与人太过苛刻，也有失公允”。[①] 在赠与合同成立和生效的情况下，只要财产权利尚未转移，赠与人便可以反悔，摆脱合同的约束力，法律上赋予赠与人以撤销赠与的权利。既然赠与人可以任意撤销赠与，受赠人的债权的效力便受制于赠与人的撤销权，因而，可以说赠与合同的效力（约束力）因此而弱化。正因为如此，有学者称，赠与合同在赠与物交付前，几无拘束力可言，其所生债务与自然债务相当。[②]

2. 赠与的法定撤销

受赠与有如下情形之一的，赠与人可以撤销赠与：（一）严重侵害赠与人或者赠与人近亲属的合法权益；（二）对赠与人有扶养义务而不履行；（三）不履行赠与合同约定的义务（《民法典》第 663 条第 1 款）。这是赠与合同的法定撤销，用以应对受赠人的忘恩负义行为，法律赋予赠与人以撤销权，符合民法的公平和诚信原则，并有利于弘扬社会主义核心价值观。[③] 如此，即便赠与财产的权利已经转移，在符合上述任一法定情形场合，赠与人仍可撤销赠与合同，赠与合同的效力因此进一步弱化。撤销权人撤销赠与的，可以向受赠人请求返还赠与的财产（《民法典》第 665 条）。

3. 赠与人的责任

赠与合同为无偿合同，如完全按照适用于有偿合同的规则严格适用，有失公允，易滋生不良后果，挫伤赠与人赠与财产的积极性，故立法通例均设法减轻或者免除赠与人责任，并因此构成赠与合同的特色。《民法典》亦不例外，原则上不使赠与人负“与出卖人相同的责任”。

（1）对故意或者重大过失致赠与财产毁损、灭失的责任。

在不得任意撤销的赠与场合，因赠与人故意或者重大过失致使赠与的财产毁损、灭失的，赠与人应当承担损害赔偿责任（《民法典》第 660 条第 2 款）。赠与人仅对故

---

① 黄薇主编：《中华人民共和国民法典合同编释义》，北京：法律出版社，2020 年，第 439 页。

② 郑玉波：《民商法问题研究(二)》，第 4 页。

③ 黄薇主编：《中华人民共和国民法典合同编释义》，第 448 页。

意（Vorsatz）或者重大过失（grobe Fahrlässigkeit）负责，这是因为鉴于赠与合同的无偿合同性质，上述规则一般场合符合当事人的意思。[①] 这与《民法典》合同编关于一般的违约损害赔偿责任采无过失责任（严格责任）形成鲜明的对照。

（2）有限的瑕疵担保责任。

赠与的财产有瑕疵的，赠与人不承担责任（《民法典》第 662 条第 1 款前段）。瑕疵担保本属有偿合同的特色，无偿合同无瑕疵担保问题。赠与的财产纵有瑕疵，基于赠与使受赠人纯获利益的特点，亦不应使赠与人承担什么责任。正所谓“人赠驽马，不察其齿”。

附义务的赠与，赠与的财产有瑕疵的，赠与人在附义务的限度内承担与出卖人相同的责任（《民法典》第 662 条第 1 款后段）。附义务的赠与具有特殊性，受赠人所负担的义务虽非对待给付义务，亦不可否认，赠与合同的无偿特色因此而降低，可以认为它实属居于无偿与有偿之间的特殊类型，故使赠与人负担有限的瑕疵担保责任。其相关内涵，有待解明。其一，此时赠与人的责任属无过失责任。其二，就责任形式而言，法条指引向了“与出卖人相同的责任”，可知其为《民法典》合同编第八章规定的“违约责任”的方式，而非其他特别的责任方式。此所谓“瑕疵担保责任”，已经统合入违约责任，不是独立的或者相对独立的责任。责任方式有强制履行（包括修理、更换、重作）、损害赔偿、违约金等。其三，就责任范围（主要是赔偿范围）而言，法条限定为“在附义务的限度内”，如系指所附义务的金钱价值，则赔偿责任（包括赔偿性违约金）的最高数额，以上述金钱价值额为限。唯所附义务非必均有金钱价值，或者均得做金钱评价，此时如何使赠与人承担责任，似值疑问。另外，既言使赠与人负“与出卖人相同的责任”，对于附义务赠与似有必要做进一步的区分和限定，区分为所附义务使赠与人受益者和不使之受益者，对于前者使赠与人负“与出卖人相同的责任”，无可厚非；对于后者，受赠人虽负担了一定的义务，但该义务的履行并不使赠与人获得任何利益，甚至可能是受赠人获得利益（比如受赠人应好好学习一年），如果仍令赠与人负“与出卖人相同的责任”，实难谓有何实质性的道理，故对上述法条，宜做进一步的限缩解释，使之仅限于上述前一种情形。

（3）故意不告知瑕疵或者保证无瑕疵时的赔偿责任。

赠与人故意不告知瑕疵或者保证无瑕疵，造成受赠人损失的，应当承担损害赔偿

---

① 参见来栖三郎：《契约法》，东京：有斐阁，1974 年，第 237 页。

责任（《民法典》第662条第2款）。虽然在买卖的场合解除合同并使之赔偿损害所在多有，在赠与的场合，受赠人因为不存在对待给付义务，即使解除合同也没有什么利益，故仅使之可得请求损害赔偿。[①]

此时的损害赔偿责任，所赔偿者为受赠人的信赖利益（Vertrauensinteresse，受赠人因不知瑕疵的存在而遭受的损失），而非履行利益（如果瑕疵不存在受赠人所会拥有的利益），[②] 对于下列损失，赠与人应予以赔偿：因赠与人不告知赠与物为他人之物，受赠人对于他人的权利主张，提起确认之诉所需的诉讼费用；受赠人丧失取得同类物的机会所遭受的损失；相信赠与物没有瑕疵，对赠与物进行改善或进行利用，因赠与物的瑕疵使该物归于无用所遭受的损失。[③]

由于赔偿的对象是信赖利益，在发生扩大损害场合如何处理尚属问题。比如过年的时候赠与人故意赠与掺毒的包子，处理此种案子，为了不破坏既有的关于损害赔偿范围的原则，当然应该不用担保责任而依侵权行为处理。[④]

（4）履行迟延。

赠与人就经公证或履行道德上义务的赠与，既不许赠与人撤销赠与，受赠人自得请求履行。赠与人履行迟延场合，可否发生迟延损害赔偿？《民法典》对此虽未做规定，鉴于该法原则上不使赠与人负“与出卖人相同的责任”，故在解释上仍不妨借鉴其他地区的做法（比如我国台湾地区“民法”第409条第1项），使赠与人仅负强制履行之责任，此外不再负迟延损害赔偿责任，不负迟延利息或者其他损害的赔偿责任。

七、总　结

合同的实践尽管有悠久的历史，但合同的一般法规则的历史却相对要晚得多。在我国，对于合同的拘束力做说明固然要考察比较法及理论状况，但如果从本国历史文

---

① 参见来栖三郎：《契约法》，第237—238页；远藤浩编：《债权各论 I：契约》，东京：日本评论社，2000年，第73页。

② 此为德国及日本通说见解，参见 Vgl. Hans Brox/Wolf-Dietrich Walker, *Besonderes Schuldrecht*, 31. Auflage, S. 144. 另外参见柚木馨、高木多喜男：《新版注释民法（14）》，东京：有斐阁，1993年，第54页；远藤浩编：《债权各论 I：契约》，第73页。

③ 参见史尚宽：《债法各论》，北京：中国政法大学出版社，2000年，第126—127页。

④ 参见内田贵：《民法 II：债权各论》，东京：东京大学出版会，2007年，第160页。

化角度考虑，也存在着多样解释的可能性。西方的理论大抵依有偿与无偿的不同而分别说明，在我国理应考虑本国的历史文化，探索更具有解释力的理论。就我国民法的外在体系而言，在总则编的法律行为下，以合同为规范单元，并区分“通则”与“典型合同”，为法律人“找法”提供了明确的线索；然而在“典型合同”与“合同”之间，发掘“有偿合同”“无偿合同”“双务合同”“单务合同”“一时性合同”“继续性合同”等不同分类对应的法规范，本身是对民法典体系化整理作业的应有内容，同时也可提升法律人的“找法”能力。

数字经济时代的刑事安全风险及其刑法防控体系*

姜　涛**

摘　要：数字经济是经济发展的数字化形态，呈现平台化、链条化和无区域化等特点。人工智能、区块链、大数据等技术与经济发展的融合发展，不仅导致传统犯罪呈现数字化转型，而且会形成庞大的网络黑灰产业，从而带来金融、网络与信息、知识产权等方面的刑事安全风险，给刑法立法、刑事司法带来严重挑战。刑法理论对此需要分别从立法论与解释论上予以积极回应。从立法论上，刑法的积极预防有其界限，应当采取“刑法治理与多元治理并轨、法律治理与技术治理同步、源头治理与重点治理并重、刑法明确与兜底罪名相融”的发展模式。从解释论上，数字经济时代出现的犯罪新形态，对传统刑法理论的管辖论、不法论、归责论、共犯论等均提出新问题，需要提出与建构能动主义解释论。

关键词：数字经济；网络黑灰产；能动主义解释论；构成要件碎片化；刑事安全风险；技术治理

2022年《中国数字经济发展白皮书》指出：“数字经济是以数字化的知识和信息作为生产要素，以数字技术为核心驱动力量，以现代信息网络为重要载体，通过数字技术与实体经济深度融合，不断提高数字化、网络化、智能化水平，加速重构经济发展与治理模式的新型经济形态。”数字经济健康发展，事关国家发展大局，这需要法

---

* 国家社会科学基金重大项目“数字经济的刑事安全风险防范体系建构研究”（21&ZD209）

** 姜涛，华东政法大学刑事法学院教授、中国法治现代化研究院特邀研究员（上海　201620）

律保驾护航。[①] 犯罪是生产、生活中的越轨行为，在数字经济时代，传统生产、生活方法与数字技术结合在一起，实现了数字化转型。这一转型给刑法带来了新的挑战，形形色色的网络犯罪已经成为数字经济发展带来的“副产品”，导致网络黑灰产业泛滥以及与之相伴的巨大刑事安全风险，进而使数字型犯罪呈现高发态势与出现增幅效应。这类刑事安全风险在金融犯罪、网络与信息犯罪、知识产权犯罪等中得以集中体现。[②] 从工业经济“生产大爆炸”向数字经济“交易大爆炸”转型的特殊时期，新技术集群的颠覆式创新与发展对现行刑法立法与解释均提出新要求，即不仅在立法论上提出完善原有罪刑体系的新要求，而且在解释论上对管辖论、不法论、有责论、共犯论等产生巨大的冲击与突破。面对上述挑战，传统刑法理论有必要在体系与功能方面适当调整，实现数字经济时代刑法治理体系的现代转型，以为数字经济健康、有序、永续发展保驾护航。本文以数字经济时代刑法体系的科学化为理论旨归，研究数字经济时代的刑事安全风险及其刑法挑战，旨在建立一个有效防范刑事安全风险的刑法“新框架”，以期有助于完善数字经济时代的刑法保护体系。

一、数字经济时代面临的刑事安全风险类型

数字经济是随着“互联网技术发展”“数据与信息成为新型生产要素”“生产、销售与交易模式平台化”等出现的新经济形态，是经济秩序的内涵呈现传统经济秩序与网络空间秩序、数据与信息安全等相结合的复合形态，这会带来金融、网络与信息、知识产权等诸多刑事安全风险。

（一）金融刑事安全风险

数字金融是数字经济的重要内容，也是数字经济发展的“助推器”与“新引擎”。在金融市场的数字化转型中，以信息技术为特征的技术风险被耦合进传统金融市场的

---

① 习近平指出：“要完善数字经济治理体系，健全法律法规和政策制度，完善体制机制，提高我国数字经济治理体系和治理能力现代化水平。”《习近平在中共中央政治局第三十四次集体学习时强调 把握数字经济发展趋势和规律 推动我国数字经济健康发展》，《人民日报》2021年10月20日，第1版。

② 最高人民检察院2023年工作报告指出：“坚持全链条打击，起诉非法买卖电话卡和银行卡、提供技术支持、帮助提款转账等犯罪从2018年137人增至2022年13万人。”张军检察长2023年3月7日第十四届全国人民代表大会第一次会议上所作的《最高人民检察院工作报告》，https：//www.spp.gov.cn/spp/gzbg/202303/t20230317_608767.shtml，2023年9月3日。

信用风险之中，从而形成技术风险与信用风险混杂交织的局面。风险类型的交叉与融合，使得金融风险特征愈加复杂、防控难度愈加艰巨的同时，也为金融风险控制的政策方法选择提供了更多的可能。毕竟，虚拟社会中的人群聚集规模是工业时代无法比拟的。比如，2019 年，微信的活跃用户数过 10 亿，Facebook 的活跃用户 15 亿，WhatsApp 的活跃用户数 15 亿，淘宝的活跃用户数 10 亿。这些用户就如同生活在同一座现实城市中的人，生活在同一个网络空间里，用一种不同于城市生活的方式沟通、交易、学习、成长，从而在这个空间中形成新的文化、新的共同价值取向、新的消费习惯和消费模式。[①] 在这一过程中，新型金融犯罪就在虚拟社会中得以蔓延，互联网金融衍生品越来越多地成为金融犯罪的对象。而金融犯罪也不再以传统的犯罪手段（如集资诈骗，非法吸存中的点对点、接触式金融活动）呈现，取而代之的是更为隐蔽的复合型犯罪，如非法经营、涉众型诈骗中披上合法外衣的融资行为。与此同时，金融犯罪的套路和模式进一步分化，多样性、复杂性和隐蔽性愈加凸显。[②] 归纳来看，数字金融带来的刑事安全风险主要体现在以下三个方面：

第一，数字金融创新的诈骗犯罪风险。P2P 机构大量暴雷、ICO 融资诈骗等案件层出不穷，这均表明数字金融若治理不当，可能会引发区域性甚至系统性金融风险。数字金融创新降低了金融行业的准入门槛，自 2013 年开始大量企业涌入数字金融领域，各种互联网金融公司、P2P 网贷平台爆发式增长。不少不法分子趁机通过设立众筹融资平台或者虚构企业、创业融资信息进行虚假的股权众筹融资，骗取投资人的钱款；或者虚构事故利用大众的同情心进行诈捐骗取钱财。还有不法分子利用设立网络平台监管不严、门槛低的“漏洞”，擅自设立网贷平台发布理财投资产品，通过虚构理财产品收益的方式骗取投资人钱款后“跑路”。[③]

第二，数字货币发行的非法集资风险。从形式上看，首次公开发行虚拟数字代币（ICO）的融资方式吸收的是比特币、以太币等数字货币，迥异于吸收法定货币的传统非法集资犯罪，且比特币等基于区块链技术的民间数字货币并未得到我国法律的认可。但是，比特币、以太币等主流数字货币的信用认可程度较高，在二级市场与法定货币之间具有极强的兑换能力，其作为融资标的与法定货币不存在差异，产生了与法定货币基本相同的融资效果。如果不将主流数字货币纳入“资金”的范畴，实践中可

① 朱岩、石言：《数字经济的要素分析》，《清华管理评论》2019 年第 7—8 期。

② 胡金龙、周雯雯：《金融犯罪的规制困境与治理对策》，《中国检察官》2019 年第 19 期。

③ 张英：《互联网金融创新下的经济犯罪防控机制探究》，《暨南学报》2018 年第 8 期。

能会出现大量规避非法集资刑事规范的现象。[①] 可以说，数字货币发行在我国现行刑法规范中打开了缺口，产生了新的非法集资风险。但是，我国目前对于虚拟货币的规制，尚缺刑法意义上的有效手段。同时，是否承认虚拟货币的法律属性，理论上仍存分歧。

第三，数字货币交易的洗钱犯罪风险。洗钱是获取大额犯罪收益的贪利性犯罪的衍生犯罪。犯罪分子为规避执法部门追查，掩饰隐藏其违法犯罪获取的巨额收益的来源、性质、地点或流向，需要用各种手段和方法将违法犯罪收益不停地转换、流动和清洗。数字货币具有去中心化、加密和匿名等特点，导致难以确认数字货币交易参与方的身份，便于犯罪分子掩饰和隐藏犯罪收益。此外，数字货币交易还具有快速、便捷、国际化程度高的特点，便于犯罪资金快速洗白，执法部门想达到及时有效追查洗钱犯罪交易数据的效果通常很难实现。[②]

（二）网络与信息安全风险

信息和通信技术是数字经济发展的关键保障，包括互联网、智能手机、移动和无线网络、光网络、物联网、云存储和云计算、共享服务、应用程序和加密货币等，而数据安全和隐私保护是数字经济高质量发展的重要议题。概括而言，数字经济发展主要得益于三项技术支撑：数据数字化、数字化信息通信技术基础设施、数字化处理和存储。数字经济以一定的硬件制造技术和软件编制技术为基础，通过海量的数据采集、传输、分析，构建起现代的网络生活空间。如果缺乏规制，就会导致技术滥用、数据泄露、侵犯公民个人信息等刑事安全风险。

第一，技术安全风险。在数字经济时代，我国科技发展已取得长足进步，科技水平在全球的地位有了明显提升，部分领域已经处于世界领先水平，尤其是以大数据、云计算为代表的算法技术。与此同时，形形色色的网络黑灰产犯罪已经成为数字经济威胁网络空间安全的“副产品”。恶意代码、恶意软件、恶意程序等网络恶意技术、作弊技术用以侦察、打开、窃取或者销毁数据，且编写代码、制作病毒成本低廉。此外，攻击者还会通过修改、删除、伪造、添加、重放、乱序、冒充、植入病毒等方式修改信息。技术威胁型黑灰产是指通过技术手段非法牟利的网络黑灰产，此类黑灰产

---

① 柯达：《论区块链数字货币的非法集资刑法规制》，《东北大学学报》2020 年第 6 期。

② 冯怡：《虚拟货币洗钱风险及其控制研究》，《金融理论与实践》2021 年第 8 期；《风险为本反洗钱监管机制建设研究》，《金融会计》2022 年第 5 期。

主要隐藏在互联网的物理层、链路层、网络层和传输层，一般不在应用层呈现。技术型黑灰产可以通过技术手段直接实施犯罪，也可以作为技术提供者为网络犯罪的各环节提供支持。形态以恶意注册、DDoS 攻击、Web 应用攻击等最为常见。① 其中，算法黑箱现象里潜伏着的风险，以“抖音”基于数据分析的个性化推送技术为例，该技术取代了旧时代依靠编辑的信息匹配，转而依靠固有的代码发现用户偏好并匹配其感兴趣的信息，② 以增强用户的使用“忠诚度”。而利用算法干预社会舆论、排斥竞争对手等，也会导致新的刑事安全风险。就此而言，通过打击犯罪保障数字时代的核心技术安全是刑法治理现代化首要的规制任务。

第二，数据安全风险。随着数字经济互联网产业蓬勃发展，数据安全的脆弱性与易受攻击性得以凸显。数据被视为数字经济的“新能源”，而数字经济发展必然涉及数据流动，数据泄露及违法使用成为数字经济的最大风险之一。例如，2021 年 10 月 4 日，Facebook、Instagram、WhatsApp 全球服务中断一小时，有专家估计此次中断将给全球经济造成 1.6 亿美元的损失。③ 计算机技术的发展为数据的收集、存储、传输、运算及使用提供了技术支持而形成算法，同时，也为大数据杀熟、以算法干扰社会舆论、以算法实施不正当竞争等利用数据实施的犯罪提供了温床。因为大数据时代海量信息的泛在和控制权限的弱化，不仅使泄露大数据信息或隐私、国家秘密、商业秘密等的主体更加多元化、复杂化，而且使贩卖个人信息行为成为黑灰产业链，为行为人精准实施电信诈骗等犯罪提供了信息支撑，从而给网络数据、个人信息等的法律保障体系带来严重挑战。

第三，网络空间安全风险。网络空间是集互联网、通信网、物联网及其相关终端在内的数据链路集合。随着数字经济发展，网络空间成为犯罪的新阵地，不少犯罪均可以在网络空间完成，包括非法吸收公众存款、诈骗、盗窃、侵犯著作权等犯罪。以网络诈骗为例，据 360 手机卫士、360 政企安全、中国信息通信研究院联合发布的《2020 年上半年手机安全状况报告》显示，2020 上半年，网络诈骗无论是在传播渠道、应用手段还是在诈骗方式等层面，均在不断发生新变化，呈现新趋势，并衍生出

---

① 百度时代网络技术（北京）有限公司发布的《2020 年网络黑灰产犯罪研究报告》，https://www.secrss.com/articles/26793，2023 年 11 月 22 日。

② 冯硕：《TikTok 被禁中的数据博弈与法律回应》，《东方法学》2021 年第 1 期。

③ 《Facebook 全球瘫痪 6 小时　引发美欧监管机关强烈关注》，https://mp.weixin.qq.com/s/TAYOopbqS62clcEBBjJFxQ，2023 年 11 月 22 日。

多种诈骗新手法。其中，网络贷款诈骗成为诈骗重灾区，应用封装与分发平台成诈骗伪装“加工厂”，博彩诈骗形成产业链模式（即“包网平台”产业链+环环相扣的推广策略与诈骗话术模式）是诈骗犯罪的新趋势。同时，不法行为“集团化”与人员分工的“链接化”更加明显。[①] 传统犯罪主要是一种街头犯罪，在数字经济时代，刑法分则部分的犯罪大都可以在网络空间或借助计算机技术完成，就连街头犯罪最典型的敲诈勒索罪，如今都可以发展成为网络信息平台上以删帖或发帖方式实施敲诈，这彻底改变了传统犯罪的行为方式。

（三）知识产权刑事安全风险

数字经济在很大程度上属于知识经济，其发展离不开创新，而创新离不开知识产权保护。[②] 知识产权侵权或盗版被认为是数字经济中“最具破坏性的障碍”，它不仅削弱了合法的服务，损害了生产数字内容的投资者，而且欺骗了守法的消费者。[③] 归纳来看，数字经济的知识产权刑事安全风险主要包含以下三类。

第一，知识产权载体和种类扩张带来的刑事安全风险。数字经济的知识产权扩张表现在载体和种类两个方面：一是传统类别的知识产权借助新的数字技术和网络平台发展形成，其所存在的载体和媒介发生了变化；二是直接基于数字技术形成不同于传统知识产权的智力成果，属于新的知识产权客体，如集成电路布图设计权、电子数据库、域名以及源代码、算法等。传统知识产权刑事保护基于刑法对私权保护的谨慎介入立场，仅规定了八个罪名。但是，算法等新型知识产权难以为《中华人民共和国刑法》[④] 第217条明文列举的八大类侵犯著作权对象所覆盖，知识产权犯罪行为的风险正在逐步扩大。比如，复制或剽窃无人驾驶汽车背后的算法法则，将会导致竞争对手的竞争优势降低。

第二，多元侵犯知识产权行为样态带来的刑事安全风险。数字网络服务提供者对知识产权的侵害起到了重要作用。数字网络服务提供者的技术源自P2P，其技术可以分为通道式与资源汇集式，前者是指直接为资源传输的两端提供便利，在这种服务模

---

① 《2020上半年网络诈骗三大趋势曝光，这些“坑”你必须知道》，https：//www.sohu.com/a/17848100_111312，2021年9月28日。

② 邵素军：《浅析知识产权保护与数字经济发展关系》，《人民论坛》2019年第24期。

③ 李忠民等：《数字贸易：发展态势、影响及对策》，《国际经济评论》2014年第6期。

④ 法律法规除首次出现外均省略“中华人民共和国”。

式下，网络服务提供者并不主动搜集资源，也不承担对资源主动审查的义务，而仅是中立地为使用者提供数据传输的渠道。后者是指网络服务提供者扮演区域资源汇集中心的角色，不同于通道式网络服务，资源汇集式的网络服务提供者需事先主动对资源进行搜集，需求方通过检索，即可下载其储存的相关资源。① 在多元的侵犯知识产权行为样态中，数字网络服务提供者或者是侵犯知识产权的直接实行者或帮助者，都会给数字经济的知识产权保护带来了新的刑事安全风险。截至目前，依据我国现行刑法规范和相关刑法理论，对数字网络服务提供者实施的违法行为尚难以进行周全的防治。

第三，侵犯知识产权犯罪后果泛在带来的刑事安全风险。我国刑法对于知识产权犯罪的认定，通常以侵犯知识产权行为达到一定的数额或者行为的严重程度作为入罪标准。在数字经济时代，其传播的广度和范围大幅提升，甚至犯罪嫌疑人自身也很难准确地知晓侵权数量。以侵犯商业秘密罪为例，如何计算权利人的损失，在数字经济中是一个颇为棘手的问题。侵犯商业秘密罪是情节犯，只有造成重大损失或者严重后果等严重情节方可定罪处罚。依据一般观点，权利人的经济损失通常应当包括商业秘密的研发成本或者获取费用，商业秘密被侵犯所导致的自身价值减损、竞争能力的下降和相应市场份额的减少等，而这其中的每一项都很难被精确客观地计算，自然就很难判定何为重大损失。② 刑法中个罪的构成要件与数字经济时代侵犯知识产权犯罪之间难以对接，这给司法实践带来了诸多难题。

总而言之，传统犯罪数字化与新型数字化犯罪是数字经济时代面临的两大刑事安全风险。面对数字经济时代的刑事安全风险，刑法理论多立足于个罪讨论金融犯罪、网络与信息犯罪、知识产权犯罪等领域刑法立法或刑法解释变革，缺乏从整体视角建构有效规制数字经济时代刑事安全风险的刑法路径与方法。

二、从消极惩罚到积极治理：网络刑法立法的时代转型

在数字经济业已成为我国经济发展新动能的时代背景下，为有效防范刑事安全风险，当务之急在于完善相关法律制度。刑法作为法律体系中最严厉的一环，无疑将对

① 付晓雅：《数字时代知识产权刑法保护的挑战与回应》，《当代法学》2020 年第 2 期。
② 付晓雅：《数字时代知识产权刑法保护的挑战与回应》，《当代法学》2020 年第 2 期。

数字经济的法律风险防控发挥重要作用。面对数字经济时代的刑事安全风险挑战，刑法立法应当予以进一步完善，并实现从消极惩罚到积极治理的基本转变。

（一）我国刑法立法对数字刑事安全风险的积极回应

网络犯罪是数字经济发展的“副产品”，涵盖出于经济动机的犯罪，包括欺诈（例如恶意软件、勒索软件、在线拍卖欺诈和网络钓鱼电子邮件）、黑客攻击、身份盗窃以及非法色情和假冒数字产品的传播；出于政治动机的网络恐怖主义；出于心理动机的犯罪，如复仇色情；等等。从我国近年来刑法修正案的内容来看，数字经济时代刑法立法为回应网络犯罪提出的挑战，出现积极预防的立法理念，并呈现“又严又厉”的罪刑结构。

一是对数字经济以来的数字技术进行立法。面对犯罪技术的不断翻新，刑法立法采取具有堵截性质的兜底罪名不可避免。《中华人民共和国刑法修正案（九）》增设帮助信息网络犯罪活动罪，将为其他犯罪提供技术帮助的行为单独入罪；增设非法利用信息网络罪，将带有预备性质的犯罪行为独立犯罪化；增设拒不履行信息网络安全管理义务罪，将不履行信息网络安全管理义务的行为入罪。由此带来其他重罪（如诈骗罪）的共犯与帮助信息网络犯罪活动罪之间的竞合、“明知”认定困难等司法难题。[①] 以“销售软件行为”为例，哪种销售软件行为属于技术中立，哪种销售软件行为构成帮助信息网络犯罪活动罪，哪种销售软件行为构成上游犯罪（如诈骗罪）的共犯，这在理论与实践上存在重大争议。

二是对数字经济发展拓展而来的犯罪行为立法。这主要体现为对个罪之罪状的扩张性改变。以《中华人民共和国刑法修正案（十一）》（以下简称《修十一》）对侵犯商业秘密罪的修正为例，1997 刑法对侵犯商业秘密罪有“给商业秘密的权利人造成重大损失的”入罪标准限制，《修十一》将其改为“情节严重”标准，从而确保了刑法立法的开放性。这是因为：数字型知识产权犯罪与传统知识产权犯罪相比，具有犯罪成本低、隐蔽性强、犯罪手段更新快、不法结果涉及范围更广泛等特点，不法后果判断不宜再仅以非法经营收入、违法所得等财产数额作为判断标准，还应当将“点击次数”“用户数量”“网页浏览量”等作为“情节严重”的重要考量因素。[②]

---

① 曹化：《帮助信息网络犯罪活动罪司法适用的异化与归正》，《青少年犯罪问题》2023 年第 3 期。

② 姜涛：《数字经济时代知识产权刑法保护的新路径》，《检察日报》2021 年 10 月 11 日，第 3 版。

三是加重刑罚处罚立法。《修十一》针对网络型非法吸收公众存款罪的高发态势，加大了对非法吸收公众存款罪的处罚力度，不仅把法定最高刑提高到十五年有期徒刑，而且把限额型罚金修改为非限额型罚金。这一立法态势体现了刑法的回应性，它积极回应了数字经济时代的刑事安全风险防控的客观需要。

（二）刑法立法需要处理的四类关键问题

数字经济对经济运行方式呈现数据资源化、市场平台化、货币数字化、技术算法化的颠覆性变革。[①] 随着互联网技术发展，数字型犯罪成本低廉而收益丰厚，且犯罪黑数更大，对不法者更加具有诱惑力。例如，传统产业数字化过程中所使用的人工智能等技术工具具有极强的专业性，如果设计者在系统中故意设置漏洞以实现非法目的，则由此所产生的“技术黑箱”，也将成为犯罪行为躲藏的绝佳“栖息地”。[②] 这都会改变犯罪的行为对象、不法行为、不法结果的存在形态，从而引发争议。首先，就行为对象而言，数字化产品（虚拟货币、人工智能等）成为犯罪的行为对象，由此带来机器可否被骗等刑法定性争议。其次，从不法行为看，数字型金融犯罪、数字型知识产权犯罪借助于网络技术，行为人的不法行为呈现隐匿化、链接化、集团化等明显特点，不仅行为人之间的分工呈链条化，行为人之间可能并不认识，也没有传统意义上的共谋等，而且网络平台可能会对不法行为的实施具有“加工”作用。比如，提供上传视频或发布网络暴力信息的平台因没有及时履行监管义务，而为不法行为人上传或发布电信诈骗等信息提供了平台，这会导致数据交易行为、网络不正当竞争行为、大数据杀熟、数据抓取、“二选一”、刷单炒信等新型不法行为层出不穷。最后，在不法结果上，行为人借助于数字技术实施犯罪的对象往往是不特定的，造成的结果发生范围比线下更为广泛，但是，对原子化个人所造成的危害通常并不严重，这给案件的定性、取证等带来难题。对此，刑法立法需保持必要的回应性，即通过修正个罪的构成要件、增设新罪名等多种途径，确保刑法能够及时因应数字经济发展带来的风险挑战，并正确处理如下四类关键问题。

---

① 贾晋京：《数据要素化与经济新规律》，《旗帜》2021 年第 3 期。

② 刘宪权：《人工智能时代证券期货市场刑事风险的演变》，《东方法学》2021 年第 2 期；弗兰克·帕斯奎尔：《黑箱社会：控制金钱和信息的数据法则》，赵亚男译，北京：中信出版集团，2015 年，第 191 页。

1. 刑法治理与多元治理并轨

刑法治理仅是国家治理体系中的关键一环，并不能替代民法、经济法等在网络犯罪治理中的作用。刑法、民法、经济法、行政法等类似于一个完整的足球队，刑法只能处于中场球员的角色与地位，不会是前锋球员、后卫球员或守门员。在数字经济时代，民法典、网络安全法、电子商务法、密码法、电子签名法、反恐怖主义法、数据安全法、个人信息保护法对数字经济带来的风险挑战均有回应，而刑法与上述法律之间的有效衔接，也需要刑法保持必要的谦抑性，以促进民法、经济法等其他法律的完善，而不是放任其他法律的漏洞或低效实施，让刑法成为维护数字经济秩序的第一道防线。以平台垄断的法律规制为例，随着数字经济的进一步深化和发展，平台经济正加速向生产活动的上游进发，形成"产业互联网"，[①] 由此导致部分企业对数据的垄断问题。数据寡头采用平台垄断的算法谋取利益，这种不法结果通常具有明显的放大效应，不仅使平台借助竞争壁垒赢者通吃，控制用户在平台上可以看到的东西，也往往抑制技术创新，具有明显的法益侵害性。从我国现有刑法规定来看，立法机关对平台数据垄断并无单独设置罪名，而只能按照《中华人民共和国反垄断法》进行行政处罚。例如，美团因涉嫌二选一被罚 34.42 亿元。就企业平台的数据垄断而言，是追究刑事责任还是处以行政处罚，这涉及刑法治理模式选择。笔者认为，现有法律对企业平台数据垄断的治理体系是合理的，对于以追逐企业利益为目的的违法企业来说，把行政处罚作为法律治理的第一道防线具有合理性：一方面，可以避免因犯罪追究窒息企业的技术创新发展；另一方面，以高额行政处罚而不是刑事追究增加其违法成本，可以负向激励企业积极进行企业合规建设，以杜绝此类违法行为。毕竟，数字经济时代的技术创新日新月异，这种技术创新更多是带来经济发展的增量，同时伴随着数据垄断等乱象，如何在技术创新与规范发展之间寻求最佳平衡点，是立法与司法上的法益衡量难题，但绝不能以窒息技术进步、经济发展为代价。

2. 刑法治理与技术治理同步

在网络犯罪的治理体系中，亦涉及刑法治理与技术治理的分工协作及其一体化运行问题，即不只是把数字经济的风险防控体系建设看作一个国家行为，而是放置在一个广泛的社会时空背景下来对待。技术治理的目的是将风险文化制度化，加强风险管

---

① 陈根：《从产生垄断到遏制垄断，互联网平台都做了什么?》，https：//k. sina. cn/article _ 2003926263 _77717cf700100 qu1o. html? kdurlshow=1&mod=wpage&r=0&tr=381，2021 年 10 月 20 日。

理实践，降低网络犯罪的发生率，以避免金融机构等系统性失败的风险。以数据的刑法保护为例，在数字经济时代，数据成为生产要素、治理要素，由此推动人类的生产、生活、治理方式的基础性改变，形成数据法律关系，即数据财产成为法律保护对象，数据滥用成为刑法规制对象，数据监督成为刑法管制的有效工具，这是数据在刑法中的“一体三面”。当然，在风险规制方法的“备选武器库”中，何时应选择刑法规制的方法，继而实现技术方法与刑罚手段的最佳配比与衔接，通常会面临着政策抉择难题。笔者认为，刑法是法益保护法，刑法治理应当增进整体社会利益，而不是以强力的制裁给整体社会利益增加带来束缚。尽管网络犯罪因新的技术发展拓展出新领域，但是，技术创新发展整体上有利于增加整体社会利益。对此，立法者不宜为技术创新发展设置太多法律束缚，更不宜动辄对技术研发者入罪，只需要对设计、开发和使用恶意技术的行为予以有效规制。与此同时，只有当技术应用、模式转换导致行为与后果不能为既有刑法概念和制度规则所涵盖时，才需要创制新刑法体系，构建新概念、新规范，解决现行刑法不能解决的问题。以金融犯罪为例，数字经济的金融刑事风险控制必须解决好创新与监管、风险与稳定的动态博弈关系，其核心是要处理好刑法规制与技术发展这一重要命题。一方面，这需要探索刑法与准则、市场、技术各自作用的边界：刑法不应该沦为保护网络准则的工具，通过技术代码能够保护的法益不应求助于刑法。[①] 数字经济的金融刑事风险控制同样必须充分发挥数字金融技术的自我调节功能和涵养能力，同时要更好地发挥刑法的预防功能与惩罚效应。另一方面，从金融市场的运行层次来看，刑法应坚持“抓两头，促中间”的价值理念，即刑法应聚焦数字钱包、开放式电子支付系统等数字化金融基础设施与制度规则的法治保障及微观失范交易行为的矫正调整，警惕运用刑法创设交易制度、推行交易理念和改变交易模式，并应奉行“无基础设施和制度规则即无刑法”和“积极主义刑法有界、谦抑主义刑法无边”的治理观念，以避免可能出现的“金融失控、刑法失控”的双重困境。

3. 源头治理与重点治理并重

数字经济的外部负效应集中表现为网络黑灰产的泛滥，这是网络犯罪泛滥的根源，也基本上划定了刑法治理网络犯罪的重心。网络黑灰色产业是指借助互联网技术

① 欧阳本祺：《论网络时代刑法解释的限度》，《中国法学》2017 年第 3 期；马荣春：《论新型犯罪对刑法理论的影响：以网络犯罪为中心》，《学术界》2022 年第 4 期。

和网络平台，进行有组织、有目的、有分工且规模化的网络违法犯罪。通常来讲，网络黑灰色产业链可分为上中下游：位于上游的黑灰产负责收集并提供各种资源，包括手机黑卡、公民个人信息、商业秘密、动态代理等；中游则负责开发定制大量黑灰产工具，以自动化的方式利用各类黑灰产资源实施各种网络违法犯罪活动；黑灰色产业链的下游负责将其活动“成果”进行交易变现，涉及众多黑灰色网络交易和支付渠道。[①] 与此同时，利用互联网新技术产生的新型网络犯罪形式层出不穷，网络黑灰产也呈现黑灰色产业链的发展趋势。据业界估算，网络黑灰产的产值高达上千亿元，从业人数高达500万人。与数字经济相伴而生的网络黑色经济（网络黑灰产）严重破坏经济秩序，网络黑灰产是产生具体类型化的刑事安全风险的土壤。这就迫切需要基于网络黑灰产的犯罪学洞察，对数字经济的刑事安全风险进行风险评估，进而提出防控数字经济之刑事安全风险的综合治理体系建设路径与方法。网络犯罪有其技术支撑，《刑法修正案（九）》增设帮助信息网络犯罪活动罪在于预防和惩治为网络犯罪提供技术支撑的犯罪行为，正如学者所指出的：“恶意技术才是网络犯罪的源头。刑法不应当过度干涉中立技术，但是，如果一种技术从一开始就是信息作假、掩盖身份，刑法就应当要求开发者负有特别注意义务。准确调整帮助信息网络犯罪活动罪的适用范围，将治理视角转移至恶意技术，才是遏制网络犯罪的第一抓手。”[②] 笔者对此深以为然，数字经济时代刑事安全风险增加的原因是数字经济背后的恶意技术，网络犯罪就是使用计算机技术实施或协助实施的不法行为。互联网技术发展带来犯罪由线下到线上的转移，不法行为由传统的“点到点”发展到“点到面”，行为人的不法行为更为隐蔽、便捷，行为人之间的分工由熟人化发展到匿名化，而被害人的范围更为广泛，被害人被害的机会较传统时代更多，后果也往往更为严重。而支撑网络黑灰产的是恶意代码、恶意程序、恶意软件、恶意干扰、恶意检测、恶意追踪等恶意技术，刑法有必要针对恶意技术增设专门的“滥用网络科技罪”。

4. 刑法明确与兜底罪名相融

在信息技术时代，要理解和解决新问题，必须要有新的立法技术，如果刑法跟不上犯罪技术发展，那么刑法立法就存在滞后性，必定无助于问题的解决。作为前提，

① 百度时代网络技术（北京）有限公司发布的《2020年网络黑灰产犯罪研究报告》；吉冠浩：《指导案例视角下网络黑灰产犯罪罪量的司法证明》，《国家检察官学院学报》2021年第1期。

② 高艳东：《刑法应为“恶意技术”设立红线》，《检察日报》2021年6月22日，第3版。

刑法理论应当重新划分网络犯罪类型，将其分为与传统犯罪本质无异的犯罪、较传统犯罪呈危害“量变”的犯罪、较传统犯罪呈危害“质变”的犯罪三个类别，从而避免对网络犯罪一律从严、从重、从早打击。[①] 更为重要的是，我们要意识到，网络犯罪的最大风险在于网络犯罪持续发展且犯罪手段不断翻新，网络刑法不同于传统刑法的地方在于刑法需要保持较广的灵活性，面对网络犯罪不断翻新态势，刑法立法采取诸如帮助网络信息犯罪活动罪等具有堵截性质的兜底罪名，以保护网络技术的关键基础设施和其他连接设备，切断为电信诈骗等犯罪提供网络技术服务的行为，并强化互联网平台等的合规责任。这是因为：一方面，从事实角度看，网络技术发展瞬息万变，技术迭代创新速度很快，由此导致网络犯罪的花样不断翻新，不能采用传统暴力犯罪的规制技术；另一方面，从规范角度看，刑法是一个旨在保护重要法益的规范体系，它的首要任务是实现集体生活的安全，包括各种重要法益的保护及其保护的确定性。但是，从现实情况来看，刑法只是特定时期人类保护法益的实践经验的总结，刑法立法具有有限性，刑法的涵摄行为类型及其法益侵害性，通常无法根据理性分析而被准确讨论，或者说，刑法立法遵循的是或然性规律而不是严格不变的因果规律，刑法立法的涵摄对象尚存在着不确定性和随机现象，就此而言，刑法立法要有一定程度的开放性，而不是如绝对罪刑法定主义者所主张的绝对的封闭性。因此，从立法上设置具有更大涵摄力的兜底罪名不可避免。兜底罪名与口袋罪并不相同，一直以来，口袋罪被视为司法权扩张的立法理由，多被批判为与罪刑法定原则有所抵牾。兜底罪名与口袋罪的不同地方在于，其构成要件是明确的，只是该构成要件不是类型化的，而是同质性的，典型如诈骗罪、帮助信息网络犯罪活动罪等。在新的时代背景下，面对计算机领域新技术日新月异的发展态势，网络黑灰产背后的技术支撑也不断变化，立法修正的速度远赶不上技术的变化。面对计算机技术日新月异发展，频繁修正刑法并不是可取路径，而是需要重视兜底罪名的设置，以免因个罪之构成要件分类过甚而导致处罚漏洞，改变刑法中个罪之评价不完整给司法实践带来的难题。

三、能动主义解释论：数字经济时代刑法解释论的拓展

面对计算机技术日新月异的发展，频繁修正刑法并不是可取路径，而是追寻立法

---

① 刘宪权：《网络犯罪的刑法应对新理念》，《政治与法律》2016 年第 9 期。

权与司法权之间的功能秩序，在确保刑法立法的开放性的基础上，追求刑法解释的能动性。

（一）数字经济时代刑法解释论面临的实践难题

1. 个罪之构成要件的碎片化

个罪之构成要件的碎片化是指将刑法拆解成多个部分，使之适用不同的罪名，由此使得刑法所构筑的个罪体系变成了一条“碎布地毯”。[①] 个罪之构成要件的碎片化与网络犯罪的链条化发展具有“因果关联”，随着犯罪分工精细化，所有犯罪都可以纵横剖切为若干犯罪环节，纵向组成若干层级的上下链、上下游犯罪，从而带来法条竞合、共犯等司法认定难题。传统犯罪往往具有单一的、完整性的犯罪构成，新型网络犯罪则呈现典型的复杂化、碎片化。其原因在于，犯罪成为一种“利益共享、分工协作、依附共生”的关系：(1) 利益的链条化，即不同犯罪人之间形成利益共同体；(2) 分工的精细化，网络犯罪是典型的涉众型犯罪，并且众多犯罪人之间的分工存在“陌生”现象，即犯罪人之间彼此并不认识；(3) 犯罪的技术化，网络技术发展把不同时空、匿名身份的人聚集在网络空间，形成一个链条式的互联网结构与组织，每个网在其中的行为人都是某一链条犯罪的主犯。

与个罪之构成要件的碎片化相伴而生的是个罪适用的竞合化态势更为复杂。犯罪竞合包括法条竞合与想象竞合，一方面，个罪之构成要件碎片化现象会导致法条竞合问题，例如，袭警罪与妨害公务罪之间就存在法条竞合，袭警行为自然是妨害公务行为，既构成袭警罪，也成立妨害公务罪；另一方面，个罪之构成要件碎片化现象带来想象竞合冲突，例如，诈骗罪共犯与帮助信息网络犯罪活动罪之间就是一种想象竞合关系，从而会带来罪名选择难题。从司法实践来看，由于网络犯罪涉及人数众多，司法机关往往对不同时段抓获的不同犯罪人分阶段、分批次进行处理，导致相同案件的司法处理结果并不一致，甚至有较大差异。个罪之构成要件碎片化现象作为刑法立法精细化的体现，有利于贯彻落实罪刑法定原则、罪责刑相适应原则，但是，逻辑分殊过甚的结果往往是逻辑上不能自洽、冲突，反而会出现抵牾罪责刑相适应原则的偏误。例如，禁止骑脚踏车（类型 I），禁止在公园骑脚踏车（类型 II），禁止节假日在

---

① 井田良：《走向自主与本土化：日本刑法与刑法学的现状》，陈璇译，《刑事法评论》第 40 卷，北京：北京大学出版社，2017 年，第 381 页。

公园骑脚踏车（类型 III），禁止成年人节假日在公园骑脚踏车（类型 V），禁止成年人节假日在公园骑不安全的脚踏车（类型 VI）。很显然，不同个罪之构成要件涵摄的行为类型不同，类型 VI 涵摄的行为类型范围最小，而类型 I 涵摄的行为类型范围最大。因此，在解释论上如何确立个罪之构成要件的涵摄范围是关键。就侵犯公民个人信息罪之构成要件的涵摄行为类型来看，非法使用个人信息行为具有更为严重的社会危害性，且相比于非法提供、非法获取个人信息行为，其侵害具有直接性、精确性等特点，[①] 却并没有被《刑法》第 253 条之一的“出售或者提供”涵摄，如果基于此对其做出无罪认定，自然违背罪责刑相适应原则。故，可以从解释论上，把“非法使用个人信息行为”解释为《刑法》第 253 条之一第 3 款的“以其他方法非法获取公民个人信息”。

2. 网络黑灰产带来的犯罪链条化

区别于传统经济形态对能源、土地、劳动力等物理形态资源的依赖，数字经济以网络科技发展为凭借，促进经济发展模式朝着数字化方向转型。这种转型也带来犯罪链条化演进，数字经济的外部负效应集中表现为网络黑灰产的泛滥，数字经济伴随着网络黑色经济（网络黑灰产），而网络黑灰产是产生类型化的刑事安全风险的土壤。百度公司《2020 年网络黑灰产犯罪研究报告》把网络黑灰产定义为借助互联网技术、网络媒介，为黑客攻击、网络黄赌、网络诈骗、网络盗窃等违法犯罪活动提供帮助，并从中非法牟利的犯罪产业。[②] 刑法立法需要严密网络黑灰产相关犯罪，对上游负责收集提供、分享各种网络黑灰产资源行为，中游负责开发定制、研发黑产工具行为，下游负责黑灰产活动“成果”交易变现行为均有所规制。[③] 如前所述，兜底罪名被视为司法权扩张的立法理由，多被批判为与罪刑法定原则有所抵牾。殊不知，在新的时代背景下，面对计算机、生物等领域新技术日新月异的发展态势，网络黑灰产背后的技术支撑也不断变化，立法修正的速度永远赶不上技术的变化。例如非法买卖、出租、出借电话卡、物联网卡、金融账户、互联网账号行为，均是为网络电信诈骗提供便利条件的行为。电话卡、物联网卡、金融账户、互联网账号尚不能被解释为个人信息，非法出租、出借行为也不是非法侵犯个人信息罪的实行行为。笔者认为，此类行

① 刘宪权、宋子莹：《非法使用个人信息行为刑法规制论》，《青少年犯罪问题》2022 年第 4 期。

② 姜涛：《构建数字经济安全刑事规范新形态》，《检察日报》2021 年 8 月 23 日，第 3 版。

③ 顾全：《数字经济案件分类体系及裁判规则研究》，《中国应用法学》2022 年第 5 期。

为可解释为帮助信息网络犯罪活动罪的实行行为。这一解释结论在理论与实践层面均有支撑。从理论上，有学者指出："对网络犯罪黑灰产业链的刑事规制应立基于积极解释的立场，用足用好刑事立法现有规定，以帮助信息网络犯罪活动罪作为堵截性罪名，并注重实现刑事规制的罪刑均衡。"① 在实践上，在 2021 年 1 至 9 月份，检察机关以涉嫌帮助信息网络犯罪活动罪为由起诉的人数高达 79307 人，排在起诉罪名数量第 4 位，同比上升 21.3 倍。② 此类犯罪起诉人数的攀升乃是网络犯罪大幅度增加的体现，司法实践是对网络犯罪现实的客观回应。刑法既是人权保障法，也是法益保护法，面对犯罪学意义上网络犯罪的大幅度攀升及其严重危害，刑法必须予以积极回应，否则，会导致刑法不正义。

3. 犯罪侦查与司法审判的"截肢化"

数字经济在为我国经济转型注入发展活力的同时，也为传统犯罪数字化升级与新型技术犯罪提供了温床，进而对犯罪侦查与司法审查创新提出了更高的要求。基于网络犯罪链条化的特点，网络犯罪的侦查面临"截肢化"问题，即因为不同国家和地区的人借助于互联网实施犯罪，基于管辖权的冲突及侦查手段的局限性，通常不可能将涉及网络犯罪的犯罪人一网打尽，不仅普遍存在分批、分类处理现象，而且犯罪黑数较大。例如，有的犯罪人在国外从网络空间或借助国外的伪基站发布诈骗信息，被害人有中国人、韩国人、日本人等，我国司法机关只能对发生在中国境内的不法行为、不法结果实际行使案件的侦查权，由此导致犯罪侦查与司法审判的"截肢化"现象。这一现象固然与"有罪必究"的传统司法理念有冲突，但也是无奈之举。首先，网络空间的无国界性导致全球范围内的行为人均可以参与或实施网络犯罪，而刑法上的普遍管辖权、保护管辖权往往仅具有主权宣示意义，如果没有相关国际公约或区际合约，这种管辖权并无法实际执行。其次，电信诈骗等网络犯罪动辄上百上千人参与其中，被害者更是成千上万，对此类案件的侦查必定费事经年，且需要花费巨大的司法成本，在实际操作上存在诸多困难。最后，网络犯罪的数字化转型升级，也给犯罪侦查与司法审判带来诸多挑战，网络犯罪以互联网等手段为主，犯罪的智能化、跨地域、跨国特征相对明显，且有集团性、链条长、变化快、非接触性等特点，使得刑事

---

① 喻海松：《网络犯罪黑灰产业链的样态与规制》，《国家检察官学院学报》2021 年第 1 期。

② 《最高检发布 1 月至 9 月全国检察机关主要办案数据》，https：//www.spp.gov.cn/spp/xwfbh/wsfbt/202110/t20211018_532387.shtml#1，2021 年 10 月 19 日。

侦查的难度明显不断加大。[①]

（二）对网络犯罪应当采取能动主义解释论

面对不断迭代翻新的网络犯罪，刑法立法的快速改变存在难题，比较好的选择是，立足于能动主义解释论的立场，重视适度的目的论扩张解释，以个罪的保护法益为实质根据，适当地扩张解释个罪的构成要件，发挥“兜底条款”的补漏功能，拓展个罪适用范围，充分释放刑法的涵摄力。例如，当出现了虚拟货币、数字货币等新货币形态时，通过实质解释方式将其纳入刑法中货币犯罪、非法集资犯罪等的涵摄范围。还如，扩大非法利用信息网络罪、帮助信息网络犯罪活动罪的涵摄行为类型，把发布链接地址、截屏等行为解释为非法利用信息网络行为，把“制作虚拟炒股、赌博、诈骗、传销等软件行为”“帮助犯罪集团发布诈骗、赌博类的广告链接、二维码等网络推广支持行为”解释为帮助信息网络犯罪活动行为。再如，网络犯罪涉及主体众多，非法开立各类银行账户、开发收款码自动生成等平台、搭建第四方支付资金池、资金流转操作等环节均有不同的人操作，彼此在不同地域，且互相并不认识，这就给传统共犯论带来挑战，刑法理论需要适当改变网络犯罪共犯的认定标准。

为何需要强化能动主义解释论？这是因为，第一，由立法的有限性与社会的无限性之间的矛盾所决定。刑法是一个旨在保护重要法益的规范体系，它的首要任务是实现集体生活的安全，包括各种重要法益的保护及其保护的确定性。目的论扩张解释是立法开放性与司法能动性的产物，有助于化解立法的滞后性与民众的法益保护需求之间的矛盾，也是刑事司法高质量发展的基本要求。第二，这种立法的有限性在网络犯罪中体现得更为明显，计算机技术的快速发展，为网络犯罪提供了技术优势，在利用高科技实施犯罪时，犯罪分子似乎总是领先一步，且随着互联网技术发展，不断出现新型犯罪形态。比如，“薅羊毛”行为、利用算法干扰社会舆论、人工智能“深度伪造”、恶意帮助他人解封微信号、人脸识别替代（面具脸替代人脸）[②]、网络爬虫行为、网络外挂骗局、智能合约骗局、恶意竞价排名、利用漏洞的作弊技术、恶意刷点击、网络深度链接等，刑法立法似乎永远赶不上犯罪变化的速度。第三，能动主义解释论并不违背罪刑法定原则。罪刑法定原则禁止类推适用，但并必然不禁止目的论扩

---

① 陈晓昂等：《大数据背景下网络犯罪案件协同侦查的问题与对策研究》，《网络空间安全》2020 年第 5 期。

② 不法分子利用 3D 打印技术伪造人脸信息。

张解释。类推适用与类推解释不同，它是在刑法没有明确规定的情况下，以实质上具有社会危害性而对其寻找参考罪名，刑法中的口袋罪因其高度抽象，而更加能满足司法实践中类推适用的需要。兜底罪名意义上的目的论扩张解释，立足于刑法的同质性、形式性之双重标准进行解释，符合罪刑法定原则的要求。

如果刑法理论的创新赶不上犯罪技术的发展速度，那么刑法理论发展就不能为数字经济时代的刑法立法、刑事司法提供指南，甚至成为“病态理论”。鉴于空间、主体、行为和结果是影响刑法适用范围的四大要素，有必要基于数字经济时代网络犯罪的“空间的跨区域化”“主体的平台化”“人数的暴增化”“行为的信息化”和“结果的多元化”等特点，结合数字经济带来的刑法规制的新问题，着重对刑法的管辖论、不法论、归责论、共犯论等加以拓展，以合理应对数字经济发展带来的刑事安全风险挑战。

1. 管辖理论的创新发展

我国刑法中的属地管辖以犯罪行为地或犯罪结果发生地为依据确定管辖，没有人怀疑，属地管辖权是行使刑事案件管辖权的最基本和普遍接受的方法。就具体案件的处理而言，网络犯罪涉及不同地域的司法机关对案件的侦查权、起诉权与审判权启动与运行。网络空间具有虚拟化、平台化、去中心化、无国界等特点，涉及犯罪嫌疑人的犯罪地、居住地或者帮助对象的犯罪地等差异，或者有多个犯罪地、居住地等，给刑事管辖理论带来诸多挑战。这种挑战不仅涉及国际公约层面国家管辖权的冲突，也包括国家主权范围内不同地域司法机关的管辖权冲突与协调，且很难确定网络犯罪行为实际发生的地点，因为网络犯罪分子总能找到一种方法来隐藏他们的真实 IP 地址，从而隐藏他们从事犯罪行为的地方。事实上，“在通往最终目标的路上从一个垫脚石移动到另一个垫脚石，攻击者可以掩盖攻击的真正来源，这使得跟踪和追踪攻击者成为一项极其困难的任务”。① 对此，传统管辖理论近乎失灵。司法实践多以犯罪地标准来解决这一难题，司法解释也对此进行了扩张解释，② 却问题丛生。正如有学者归

---

① Jean-Baptiste Maillart, “The Limits of Subjective Territorial Jurisdiction in the Context of Cybercrime,” *ERA Forum*, vol. 19 (2019), p. 379.

② 最高人民法院、最高人民检察院、公安部 8 月 30 日《关于办理信息网络犯罪案件适用刑事诉讼程序若干问题的意见》：“信息网络犯罪案件的犯罪地包括用于实施犯罪行为的网络服务使用的服务器所在地，网络服务提供者所在地，被侵害的信息网络系统及其管理者所在地，犯罪过程中犯罪嫌疑人、被害人或者其他涉案人员使用的信息网络系统所在地，被害人被侵害时所在地以及被害人财产遭受损失地等。”

纳指出的，管辖权规则内部之间的冲突丛生主要表现为“犯罪地的过度扩张解释、指定管辖的二次冲突、并案处理的内在龃龉以及上提管辖的消极后果等”。[①] 理论界则讨论了网络自治理论、网址管辖论、最低限度联系原则、有限管辖原则、扩大属地管辖权的原则等学说在网络犯罪管辖问题上的适用。[②] 由于数据在位于多个司法管辖区的不同服务器之间不断和动态地移动，所以数据的确切位置、存储介质的位置，甚至是云服务提供商的位置等均有不同，因此，在虚拟网络空间中适用属地原则存在重大局限，不宜作为优先原则。笔者认为，就域内管辖权的先决条件是最大化有利于查处网络犯罪原则，可考虑采取集中管辖兼专门管辖模式，即由上一级公安机关或人民法院把网络犯罪案件集中交由特定公安机关或人民法院统一集中管辖。刑事侦查的成功在很大程度上不仅取决于确保正确执行针对网络犯罪的管辖权原则和法律，更加取决于侦查部分的技术手段和办案经验，在未来各地均设有专门的互联网法院的情况下，可采取专门管辖，由互联网法院专门审理网络犯罪案件，以便加快法律程序，更好地获取和保存证据，确保案件审理的专业性。此外，跨国性是网络犯罪猖獗的重要原因，网络犯罪行为不再必然完全发生在单一主权国家的领土内，如果缺乏对域外网络犯罪的管辖规定，将使网络犯罪人形成“低风险”感知。网络犯罪典型的远程受害使国家对域外网络犯罪行使管辖权成为客观必需，其先决条件通常是犯罪的受害者、计算机系统或服务器或受保护的数据位于中国。

2. 不法理论的创新发展

数字化为犯罪创造了机会，将犯罪者的活动领域从物理空间带到了数字空间。在数字经济时代，网络与信息犯罪等不法评价重心是什么？是不法行为，还是不法结果，抑或两者兼而有之？笔者认为，借助数据、信息与互联网技术等实施数字型犯罪，其犯罪成本较低、犯罪涉及面极为广泛，但对原子化的被害人可能带来的法益损害并不大。例如，电信诈骗的行为对象成千上万，每个被害人的损失可能仅为几元或几十元，这类犯罪更应当被评价为一种秩序违反型犯罪，而不是财产型犯罪。对此，不应机械照搬传统刑法以非数字型犯罪为对象所建构的刑法规范，而应为之发展出一套相对独立的罪刑体系，即以法益论正确看待个罪的实质，以做出更为客观，也更具

---

① 满涛：《信息网络犯罪管辖权的规则冲突与协调路径》，《湖南农业大学学报》2021年第2期。

② 《网络犯罪管辖权理论之探讨》，http：//www.chinalawedu.com/web/21714/wl1508211981.shtml，2021年10月9日。

有犯罪预防意义的刑法评价。随着数字经济的发展，网络犯罪的不法行为类型得以扩展，且不法结果的评价标准与重心会有所偏移，对网络与信息犯罪的不法评价来说，需要从“结果无价值”向“行为无价值”转换，且这种“行为无价值”亦有进一步精细区分的必要。以侵犯商业秘密罪为例，传统理论认为权利人遭受的损失是不法行为评价的中心。但是，侵犯企业的数据权益涉嫌侵犯商业秘密罪，按照给商业秘密的权利人造成损害的标准，对于数据而言往往缺乏可操作性的评价标准。这是因为：在网络型侵犯商业秘密案中，权利人遭受的损害往往难以计算，现实损失或潜在损失均不易判断，行为人侵犯商业秘密也未必以自身营利为目的，因此，这并不能按照传统财产犯罪的逻辑认定，而是需要结合数字型侵犯商业秘密罪的本质予以认定。这也正是《修十一》修改侵犯商业秘密罪之入罪标准的原因。对此，可考虑将商业秘密的散布范围、点击量、有无被其他企业运用等，作为不法性判断的标准。同时，刑法为堵截新型网络犯罪，在立法上更加倾向于具有高度涵摄性的构成要件设置，由此导致把不同违法程度的行为纳入同一个罪的构成要件当中。以侵犯公民个人信息罪为例，有学者认为，作为侵犯公民个人信息罪的行为对象，不同领域中的个人信息，具有不同的构成要件该当性判断和违法性判断的基础。我国司法实践实际上采取了领域理论，不同领域的个人信息在侵犯公民个人信息罪构成要件符合性判断中具有不同的意义，刑法解释对不法行为的认定应当实现个别化、类型化。[①] 笔者认为，这一观点是合理的，个人信息不仅种类繁多，而且自身重要性差异较大。例如，个人金融信息与个人学历信息不同，个人金融信息对个人财产安全保护的意义更大。其中，人脸信息属于个人生物信息，具有独特性、直接识别性、不可更改性、易采集性、不可匿名性等特征，人脸识别技术的风险大于收益的可能性是存在的。故而，应当对人脸信息的采集，施加比对一般个人信息的采集更强的规制力度，[②] 其不法判断标准有别于其他个人信息。

3. 归责理论的创新发展

刑法是对社会变迁进程中具有法益侵害或侵害危险的突然事件的积极回应，以现代信息网络和信息通信技术为载体的网络犯罪，具有不同于传统犯罪的不法属性，其

① 欧阳本祺：《侵犯公民个人信息罪的法益重构：从私法权利回归公法权利》，《比较法研究》2021年第3期。

② 邢会强：《人脸识别的法律规制》，《比较法研究》2020年第5期。

刑事归责根据也面临诸多挑战。笔者认为，个人责任与平台责任共同追究，这是网络犯罪的归责模式不同于其他犯罪之处，网络平台在犯罪预防中具有重要意义，需要适度强化网络平台的归责。这是因为：网络平台是犯罪人发布犯罪信息、完成交易、转移财产等犯罪行为实施的网络空间，不仅部分犯罪人会打造专门的网络平台实施非法集资、非法吸收公众存款、赌博等犯罪，如涉黄网络平台、赌博网络平台等，而且网络平台不积极履行合规责任也会造成侮辱、诽谤等网络暴力信息泛滥，危害严重。刑法理论应确立实质损害标准来解决侵犯网络空间秩序行为是否构成犯罪，以具有法益侵害性结果为导向强化网络犯罪平台而非个人的责任追究，以升维打击而非降维打击确立网络犯罪的定罪标准。① 如，需基于平台、数据、算法三元融合的归责原理，以规范保护、数据流动与信息安全重构归责目的和规范体系，从法教义学上明确平台义务与拒不履行网络安全管理义务罪、数据流动与侵犯公民个人信息罪、算法滥用与帮助信息网络犯罪活动罪之间的关联，以解决网络犯罪归责判断难题。

4. 共犯理论的创新发展

分工化、平台化、链条化是数字经济的典型特点，以互联网、大数据、区块链为支撑的新产业把不同地域的行为人聚集在一起，形成一个“分工更为明确、复杂”“涉及人员数量庞大”“角色与地位区分难度更大”的复杂网络。故而，数字时代的网络诈骗、侵犯著作权等犯罪动辄几十人，甚至上百上千人。这给传统共犯论带来严重挑战。第一，行为人之间的共谋认定难题。不同区域的行为人之间并不熟悉，更多是一种指令性的单线联系，难以适用传统共犯论的认定标准。第二，各个犯罪参与者被追究刑事责任并确定其各自的责任大小存在难题，包括是否承认中立的帮助行为等争议。如果说共同犯罪是为了解决多人相互协作、相互分工完成犯罪的责任大小认定，那么由于网络犯罪涉及人数众多，这种分工协作并不易认定。第三，会导致与《刑法》第 287 条之二“帮助信息网络犯罪活动罪”之间的交叉与竞合。帮助信息网络犯罪活动罪的构成要件要求“明知他人利用信息网络实施犯罪，为其犯罪提供互联网接入、服务器托管……”司法解释将其实行行为明确为“信息网络接入、计算、存储、

① 刘艳红：《Web 3.0 时代网络犯罪的代际特征及刑法应对》，《环球法律评论》2020 年第 5 期。

传输服务”“公共服务”“信息网络应用服务”三类。[①] 对于电信诈骗等而言，提供技术支持或广告推广、支付结算等帮助，其实构成诈骗罪的共犯，司法实践往往把帮助信息网络犯罪活动罪发展成为“正犯遗漏或脱逃”情况下适用的罪名，具有明显的堵截性质。

在传统犯罪中，拐卖妇女、儿童罪算是复杂的共同犯罪，教唆行为、帮助行为、实行行为等之间相互衔接、相互配合，形成复杂的共同犯罪。数字经济下的网络犯罪多属于链条式共同犯罪，比复杂的共同犯罪更为复杂，且不同犯罪人之间往往都是单线联系，没有传统共同犯罪意义上的“协商”“共谋”等，呈现一种典型的“连横合纵”格局，具有链条化、碎片化、片面化、疑难化等新特征，正如贾宇教授所指出的：“跨域整合信息进行犯罪，整个实行行为被细分为多个环节由不同的犯罪主体实施，帮助行为、预备行为在犯罪中所起的作用越来越大，这对传统犯罪行为理论和犯罪追诉模式带来挑战。”[②] 以网络电信诈骗为例，网络电信诈骗包含着“诈骗产业链”“侵犯公民个人信息产业链”“网络技术服务产业链”“冒用银行卡办理产业链”“取现或洗钱产业链”等完整产业链条，在这些产业链之下又有更为精细的产业链。例如，侵犯公民个人信息产业链包括收集、贩卖和使用等具体产业链。与传统犯罪的帮助行为相比，网络电信诈骗的帮助行为类型更多，它的前置型帮助行为包括“非法获取、侵犯或使用个人信息”“制作、销售、提供‘木马’程序和‘钓鱼软件’等恶意程序”等，中间型帮助行为包括“借助于伪基站通过网络、电话、短信等方式发布诈骗信息”“搭建网络电话平台”“制作木马程序、钓鱼网站”等，后续帮助行为包括“帮助转移诈骗犯罪所得及其产生的收益”“套现、取现”等，是一个完整的产业链条。笔者认为，链条式个罪的构成要件论主张对处于网络犯罪的不同链条上的行为，分别按照行为所充足的个罪之构成要件进行定罪处罚，不以共犯论来整体进行评价，而是进行链条切割式评价，这就改变了传统共犯论的立场。依据该理论，对网络犯罪不应当不按照传统共犯论去认定共同犯罪，网络型共同犯罪的评价重心是行为的不法形态，

---

① 最高人民法院、最高人民检察院2019年10月21日《关于办理非法利用信息网络、帮助信息网络犯罪活动等刑事案件适用法律若干问题的解释》第1条规定：“提供下列服务的单位和个人，应当认定为刑法第二百八十六条之一第一款规定的‘网络服务提供者’：（一）网络接入、域名注册解析等信息网络接入、计算、存储、传输服务；（二）信息发布、搜索引擎、即时通讯、网络支付、网络预约、网络购物、网络游戏、网络直播、网站建设、安全防护、广告推广、应用商店等信息网络应用服务；（三）利用信息网络提供的电子政务、通信、能源、交通、水利、金融、教育、医疗等公共服务。”

② 贾宇：《数字经济刑事法治保障研究》，《中国刑事法杂志》2022年第5期。

这就需要改变以往“以共谋为中心、以责任为重心、以联络为核心”的判断标准，发展“以正犯为中心、以不法为重心、以因果性为核心”的判断方法与标准：[①] 一方面，对于共犯（主要是帮助犯）的判断，当考虑其行为对正犯的不法行为是否实质上制造法所不容许的风险，如有法所不容许的风险，则通常应当解释为共犯；另一方面，对共犯采取最小从属性说，共犯的违法性不必然从属于正犯，正犯合法时，共犯亦可能违法，正犯违法时，共犯亦可能合法。[②]

线下犯罪的持续下降与线上犯罪的指数级增长，对数字经济时代刑法规制网络犯罪的路径与方法提出了新要求。国家的任务在于防治系统性的社会风险，数字经济时代的网络犯罪更主要是一种刑事安全风险，需要予以刑法规制。同时，因刑法打击面过大动辄使人陷入牢狱之灾，则是一种刑法风险，过度应急性刑法立法与扩张化刑事司法在回应数字经济时代的刑事安全风险之时，也会把太多的人定义为违法犯罪，反而会导致刑法不正义，因此，刑法理论需要认真对待重大犯罪风险与刑法风险之间的冲突与平衡。在数字经济时代，刑法治理的核心方式并不是简单地制定刑法规范，而是需要借助于刑法立法体系、刑法解释理念与方法等制度创新，建构预防与打击并重、法律规制和技术共治并轨的治理新体系，从而建立一个更安全的数字社会。刑法对网络犯罪的规制，不能以牺牲法治原则为代价，刑法立法者、司法者需要区分哪些犯罪是传统犯罪的数字化技术升级，哪些犯罪是因为计算机技术新发展所带来的新破坏，对于前者予以刑法处罚本身并不存在争议，对于后者则需要在犯罪控制与技术创新发展的利益衡量中小心求证，以免刑法压制技术创新发展。与此同时，刑法解释论需要立足于能动主义解释论，实现从“传统的以学科知识生产为导向”向“解决复杂社会问题”的范式转变，有必要基于数字经济时代空间的多元化、主体的平台化及行为的信息化，结合数字经济带来的刑法规制的新问题，着重对刑法中的管辖论、不法论、归责论和共犯论予以拓展，以更好地应对数字经济发展给现代社会带来的刑事安全风险挑战。当然，就数字经济刑事安全风险的刑法应对而言，立法论与解释论上的讨论只是其中两大关键问题，其他还包括刑事政策选择、法治化规范化建构等，鉴于篇幅所限，本文拟另行撰文研究。

---

① 顾全：《数字经济案件分类体系及裁判规则研究》，《中国应用法学》2022 年第 5 期；姜涛：《构建数字经济安全刑事规范新形态》，《检察日报》2021 年 8 月 23 日，第 3 版。

② 王昭武：《共犯最小从属性说之再提倡——兼论帮助信息网络犯罪活动罪的性质》，《政法论坛》2021 年第 2 期。

经济与管理

从组织到行动：行政改革的社会建构转向[*]

史　军　夏志强[**]

摘　要：行政改革是提振公共行政公共性的关键举措。改革开放以来，得益于以机构改革为牵引的行政改革持续推行，行政组织的功能和公共行政的有效性都得到了显著增强，有力夯实了公共行政的公共性。然而，随着改革的深入，机构改革逐渐显露与发展时空脱节和主体缺场的缺陷，而且面临改革边际收益下降和成本攀升的困境。因此，行政改革本身也亟需一场深刻变革。在工业社会转向数字社会的复杂场景中，公共行政的社会建构主义主张以社会场景和社会关系找回时空性和主体性，进而将行政改革的焦点从组织本身的优化转向合作行动的建构。社会建构主义视域下的行政改革，力求将公共行政思维从回应性转向前瞻性，将目标从协作性转向合作性，将方法从自在性转向他在性，以公共行政的社会性确保公共行政公共性的持续高企。未来的行政改革，当根植数字时代，促进政府与社会之间的关系从单向调适到多维互构共变的历史性跨越，搭建多元主体合作行动的基本框架。

关键词：行政改革；社会建构；前瞻性；合作性；他在性

一、引　论

公共行政已成为现代政治生活中高效提供公共服务并有力处置公共危机的重要手

* 国家社会科学基金重大招标项目“基于大数据驱动的公共服务精准管理研究”（20&ZD112）、2022年度贵州财经大学引进人才科研启动项目（2022YJ013）

** 史军，贵州财经大学公共管理学院副教授（贵阳　550025）；夏志强，四川大学公共管理学院教授（成都　610065）

段，紧随公共需求的最新动向而不断改进和及时优化则是夯实公共行政公共性的关键举措。因此，行政改革一直是政府治理理论界和实务界共同关注的热门话题。在政治哲学的视界中，现代政府随着传统权威基础祛魅而不再拥有天然的正当性，必须时刻以合乎既定规范的公共行政，对社会公共需求的回应力的持续存在提供正当性辩护。然而，由千差万别的无数个体需求汇聚和抽象而成的公共需求却随着社会情境的转换变动不居，因此，科学开展行政改革无疑是确保行政效能持续高企的必由之路。改革开放以后，为适应经济体制改革的现实需要，中央高度重视推进行政体制改革，并先后八次推行以“机构改革”为主要抓手的行政改革实践，着重对组织结构和政府职能进行全面调整，其演变的轨迹构成了一幅迈向政府治理现代化的动态图景。

在第八次机构改革落定之际，恰逢改革开放 40 年和中华人民共和国成立 70 年，学界也因此涌现了大批回顾和总结以“机构改革”为重心的中国行政改革研究文献。总体上看，研究主要从三个维度展开：一是历时概览的维度。这类研究根据实施机构改革的关键时间节点进行梳理，包括全景式展示和分阶段总结两个方面。按照时序依次分析机构改革的背景因素以及主要内容，[①] 有利于整体把握机构改革演变的历史脉络。根据不同特征分阶段归纳改革的重点任务，[②] 便于提炼和剖析中国机构改革的独特经验以及现实启示。二是国家建设的维度。这类研究提出，对中国行政改革的理论认知不能止步于机构数量的增减或政府职能的调整，[③] 应当将视野转向现代国家建设

---

① 许耀桐：《中国政府机构改革 40 年来的发展》，《行政论坛》2018 年第 6 期；宋世明：《中国行政体制改革 70 年回顾与反思》，《行政管理改革》2019 年第 9 期。

② 对于改革开放以后机构改革经过的演变历程，陈鹏划分为两个阶段，魏礼群、沈荣华、李军鹏、孙涛等划分为三个阶段，汪玉凯、周光辉、马宝成、高小平等划分为四个阶段，丁志刚等则划分为五个阶段。参见陈鹏：《改革开放四十年来我国机构改革道路的探索和完善》，《浙江社会科学》2018 年第 4 期；魏礼群：《中国行政体制改革的历程和经验》，《全球化》2017 年第 5 期；沈荣华：《我国政府机构改革 40 年的启示和新趋向》，《行政管理改革》2018 年第 10 期；李军鹏：《改革开放 40 年：我国放管服改革的进程、经验与趋势》，《学习与实践》2018 年第 2 期；孙涛、张怡梦：《从转变政府职能到绩效导向的服务型政府——基于改革开放以来机构改革文本的分析》，《南开学报》2018 年第 6 期；汪玉凯：《党和国家机构改革与国家治理现代化》，《中共天津市委党校学报》2018 年第 3 期；周光辉：《构建人民满意的政府：40 年中国行政改革的方向》，《社会科学战线》2018 年第 6 期；马宝成、安森东：《中国行政体制改革 40 年：主要成就和未来展望》，《行政管理改革》2018 年第 10 期；高小平、陈宝胜：《改革开放以来政府机构改革的理性历程——基于政府机构改革阶段性特征的研究》，《学海》2018 年第 3 期；丁志刚、王杰：《中国行政体制改革四十年：历程、成就、经验与思考》，《上海行政学院学报》2019 年第 1 期。

③ 周志忍：《机构改革的回顾与展望》，《公共管理与政策评论》2018 年第 5 期；竺乾威：《机构改革的演进：回顾与前景》，《公共管理与政策评论》2018 年第 5 期。

的发展进程，进而从政治权力的结构性配置[①]和公共行政的周期性改革[②]的角度阐释其对国家治理现代化的意义。三是演变逻辑的维度。新中国成立以来的机构改革构成了中国行政改革的外在逻辑，[③] 而从历次机构改革演变到新近的机构改革则呈现由实验主义转向整体设计的进路。[④] 中国历次机构改革也是有效回应变化中的社会主要矛盾的过程，[⑤] 从“情境－目标－策略”的分析视角而言，权力、效率和民生三重逻辑贯穿始终。[⑥] 由此观之，历次机构改革立足于组织环境变迁的历史趋势进行适应性变革，着力对公共行政的组织结构和组织过程展开调适和优化，实际上只是一种组织变革。机构改革的实施，充分发挥了行政主导经济发展的正向作用，公共行政的公共性也得以确认和提升，同时还积累和丰富了行政改革话语的中国意蕴，对新时代的治理改革实践亦不无裨益。

既有的以机构改革为重心的行政改革显示出如下几个方面的特性。其一，以回应性思维认识改革议程。机构增减和职能调整无疑是机构改革的两大重要举措，但无论是机构的裁撤、合并以及新增，还是职能的厘清、划分以及更新，均是以经济体制改革的现实需求为背景参照，这就决定了机构改革秉持的是一种回应性思维，试图以新的组织状况回应“过去”的需要。其二，以协作性目标主导改革行动。着眼于组织结构和过程的更新，机构改革旨在通过机构的增减和职能的调整促使不同的机构进行互动和磨合，进而达到行政机关内部各个职能部门之间的合理分工和有序协作的基本目标。其三，以自在性方法谋划改革方案。基于组织本身和体系内部的结构重组和职能转变的目标设定，改革方案的设计围绕着组织内部的完善而展开，事实上就出现了抽离外部环境和社会主体推行组织变革的状况，机构改革深深烙下了鲜明的政府自在自为的“自在性”印记。

经济建设在机构改革的持续推进过程中确实保持了较长时期高速增长的发展势

---

① 颜昌武：《机构改革与现代国家建设：建国以来的中国》，《学海》2019 年第 2 期。

② 赵宇峰：《政府改革与国家治理：周期性政府机构改革的中国逻辑——基于对八次国务院机构改革方案的考察分析》，《复旦学报》2020 年第 2 期。

③ 蒋硕亮、徐龙顺：《中国行政体制改革的逻辑、样态与趋向——基于新中国成立 70 年来的经验分析》，《江汉论坛》2019 年第 10 期。

④ 文宏：《从实验主义到整体设计：2018 年党政机构改革的深层逻辑分析》，《学海》2019 年第 2 期。

⑤ 于君博：《改革开放 40 年来中国行政体制改革的基本逻辑》，《经济社会体制比较》2018 年第 6 期。

⑥ 郭哲、曹静：《我国机构改革的进程与逻辑——基于“情境—目标—策略”分析框架的视角》，《求实》2019 年第 3 期。

头，但随着经济新常态的到来，机构改革的边际收益已近峰值并出现递减的趋势。一方面，将精力倾注于行政组织变动的机构改革，以“现实需求”为参照点谋划改革方案，改革的思维和结果已滞后于“现实”，而改革的机会成本和组织的磨合成本则极大地降低了改革的收益。与此同时，对社会公众的客体化处理导致的公众失语和主体缺场，无疑加重了改革的社会成本。另一方面，随着互联网信息技术的快速发展，信息化和数字化高歌猛进，公共需求和社会结构正酝酿着深刻的变革，与之相伴的是深处全球大变革时代，改革和开放都已临界极其紧要的关口，而全球性公共危机大爆发或隐或显的威胁更是将不确定性风险推向了前所未有的高度，公共行政已进入新的时空境遇。因此，行政改革亟待跟进国家治理现代化的基本走向，适应新的时代要求。显然，止步于以组织功能优化和组织绩效提升为尚的“机构改革”已无法满足新的社会阶段对公共行政提出的新要求和新任务，走出机构改革的局限进而回归行政改革的真义，已成为公共行政积极迎接重大考验的必由之路。有鉴于此，“机构改革是否也需要改革”[①] 以及“行政改革应当如何改革”就成了亟需重新审视的关键议题。

二、社会建构主义视角下行政改革的逻辑

20 世纪末，西方发达国家拉开了从工业社会转向后工业社会的演变大幕，同时，经济全球化开始蓬勃发展，“治理”得以传播开来，面对文化多元化、需求个性化和社会复杂化的具体情境，以理性科层制为组织基础并极力追求普遍性的主流公共行政的公共性开始遭受严峻挑战。基于对时代问题的敏锐把握和精准研判，公共行政学家全钟燮教授主张借助社会建构主义理论开拓公共行政研究和实践的新境界，这一观点以新的思维逻辑理解和阐释公共行政，不仅有力弥补了主流公共行政存在的缺陷，同时也以卓越的眼光保持与时代同行。因此，公共行政的社会建构成为独具特色的学术流派。基于对公共行政知识传统的系统性反思和批判，社会建构主义主张深入具体的行动过程对公共行政展开重新认识，以便发掘出那些潜藏深处而极易被忽视的关键要素，重构公共行政的内涵和意义，进而通过行政改革的总体性转向增强公共行政的公共性。

历史地看，公共行政社会建构主义的底层逻辑和哲学根基可以追溯到哲学家胡塞

① 周志忍、徐艳晴：《基于变革管理视角对三十年来机构改革的审视》，《中国社会科学》2014 年第 7 期。

尔开辟的现象学，其意在“客观-科学世界”的主导范式之外，发现另一个“非课题性的”“奠基性的”“直观的”以及“主观的”“生活世界”，并确证多元主体在这个“我们各人或各个社会团体生活于其中的现实而又具体的环境”中得以共在共通的可能性。[①] 借助哲学分析的内在理路，本文从认识论、目的论以及方法论等根本性层面归结和提炼公共行政的社会建构主义的理论构造。首先，就认识论而言，传统公共行政坚持实证主义和功能主义取向，将行政管理者和政策执行者所能认识到的客观现实作为基本出发点，而社会建构主义则以解释主义和批判理论为基础，着力发现由多元主体共同塑造的意义大厦和真实世界。社会建构论者提出，“必须充分读取和理解个体（他人）的行动及其内在信念，关注产生个体行动的社会实践背景，才能建立人际交流、相互体验、感知需求和互动合作的基础”。[②] 其次，就目的论而言，传统公共行政有特定而统一的组织目标，社会公众被抽象化为高度同质的“受众”，倾向于作为行政权力规训和控制的对象和客体而存在，公共行政的社会建构主义则力求个性鲜明的行动主体构造出合作共变的行动模式，激发和彰显个体的独特价值。社会建构框架就是探寻民众与行政管理者实现最有效合作的途径。[③] 最后，就方法论而言，传统公共行政注重理性设计，试图通过科学设计管理流程增强行政组织结构和功能的协调性以及对其所处环境的适应性。社会建构主义则发明了社会设计的概念，将趋于封闭和排外的行政组织向社会公众开放，使其具有包容性和参与性，并通过知识分享和意义建塑形成互构互惠的主体关系。社会设计主张借由开放式的沟通、社会关系和参与，人们较能理解问题里的政治、经济议题，包括其可能性和限制。[④] 针对传统公共行政时空抽离和公众缺席的潜在风险和根本缺陷，社会建构主义从认识论、目的论以及方法论等不同层次展开批判性审思和结构性重塑，试图重新找回时空和公众，发现社会变迁和主体行动对公共行政的决定性价值。为此，行政组织便不再只是一套权力控制和人身支配的系统，更是公共行动和公共生活持续推展的平台。

---

① 倪梁康：《现象学及其效应：胡塞尔与当代德国哲学》，北京：生活·读书·新知三联书店，1994年，第131—142页。

② 孙柏瑛：《反思公共行政的行动逻辑：理性建构与社会建构》，《江苏行政学院学报》2010年第3期。

③ 全钟燮：《公共行政的社会建构：解释与批判》，孙柏瑛等译，北京：北京大学出版社，2008年，第33页。

④ 全钟燮：《公共行政：设计与问题解决》，黄曙曜译，台北：五南图书出版公司，1994年，第161页。

从思维逻辑上看，公共行政的社会建构主义承袭了后现代公共行政理论的基本内核，二者都将批判理论作为共享的思想资源。以米勒和博克斯为代表的后现代公共行政学家提出了话语分析范式，即人们通过对话和协商构建了一个公共的能量场，行政人员和社会公众在此展开互动行动，公共行政不再是官僚制组织的独白而是多元主体开放参与的动态过程。“拥有不同知识、利益和经历的人利益和发言权的公共能量场，把注意力集中在一个有限的政策可能性中。这种可能性在权力、利益和发言权的公共能量场中都充满意向性”。[①] 公共能量场是包括行政人员和社会公众在内的所有行动者构成的真实社会场景，行动主体在对话中表达需求和利益，这就要求公共行政必须具备前瞻性思维，为公共生活的展开搭建平台。在批判理论模式中，公民可以把自身利益作为一种决策工具，但他们还必须与其他公民和公共机构的代表们相互影响，并且学习和评价与决策相关的信息，同时思考对他人及自身的影响。[②] 通过有效的对话，人们彼此理解并力求达成集体行动，由此看来，话语分析范式更加关注行动过程和主体关系，而从对话协商到互构共变都要以各行动者超越自在性并体认到他在性为前提，最终才可能实现合作行动的目标。在奔向数字时代的历史进程中，社会公众相互之间、社会公众与行政人员之间的沟通交流方式都在发生深刻变化，行政组织与其所处环境之间的共生共变关系凸显。这些新的动向要求行政改革从思维方式、目标定位、方法路径等维度进行全方位刷新，而与后现代公共行政理论共享思想资源的公共行政社会建构主义所秉持的前瞻性思维、合作性目标以及他在性方法正是对这一趋向的有力响应。

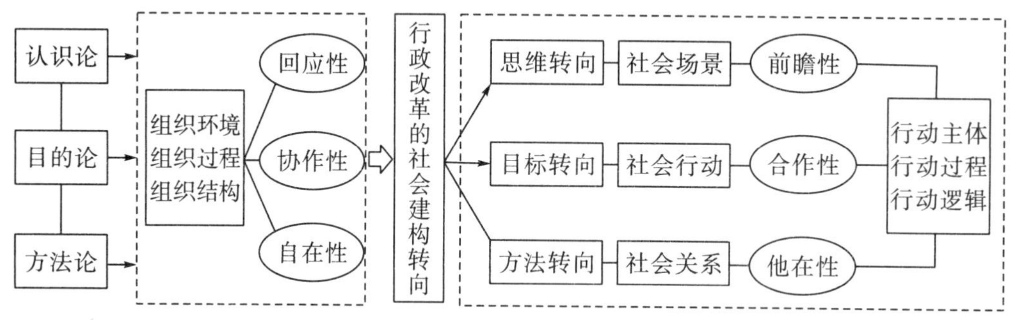

图 1　行政改革总体转向的逻辑构图

---

① 福克斯、米勒：《后现代公共行政：话语指向》，楚艳红等译，北京：中国人民大学出版社，2012 年，第 108 页。

② 博克斯：《公共行政中的批判社会理论》，戴黍译，北京：中央编译出版社，2015 年，第 109 页。

公共行政的社会建构力求使回应性、协作性以及自在性的机构改革真正回归到前瞻性、合作性以及他在性的行政改革的轨道上来。有别于习惯性的观点和思路，公共行政的社会建构主义主张将多元主体的日常生活经验置于行政改革的重要位置，以此界定公共问题并谋划行动策略，最大限度地激发和培育公共行政的社会基础，构筑行政改革总体转向的理想图景。即：公共行政不应按照政府自身的要求进行行政建构，或是根据政治的要求进行政治建构，应当根据社会的要求进行社会建构。[①] 公共行政的社会建构主义旨在根据社会需求的变化革新公共行政的理论和实践，将其作为深化行政改革的理论指引和未来取向，即在确立和遵循社会场景、社会行动以及社会关系根本规范的前提下思索和实施行政改革，聚焦行动主体、行动过程和行动逻辑的成长和升华，这亦是“建设人人有责、人人尽责、人人享有的社会治理共同体”的题中应有之义。具而言之，在社会建构的视域下对行政改革本身实施改革，首先应立足于真实的社会场景以树立前瞻性思维，再以合作性为目标促成行动模式的转换，进而以他在性方法确立新的主体关系，实现行政改革的总体转向并朝着秩序井然且生机盎然的公共行政蓝图迈进。

三、从回应性到前瞻性：行政改革的思维转向

行动主体的行动逻辑和行动策略归根结底取决于行动者所持特定认识论牵引下的支配性思维进路。作为一项影响广泛的公共行动，行政改革的方案谋划、行进步骤以及实施效果等也会受到在改革中发挥决定性作用的思维模式的根本约束。因此，从思维认知的层面切入，梳理和廓清既有机构改革的深层思维逻辑，同时确立社会建构视域下行政改革应具备的主导性思维方式，在此基础上进一步寻求行政改革思维转向的路径，是成功开启“对行政改革进行改革”的首要前提。回溯机构改革的演变历程，改革的发起和决定主体一直极为重视判断和阐释改革的时代背景，并通过正式文件的方式公之于众，以此论证机构改革的必要性和紧迫性，这也表明存在着一个贯穿机构改革始终并统领改革全过程的思维主线（表 1）。

① 张乾友：《朝向他在性：公共行政的演进逻辑》，《中国人民大学学报》2013 年第 6 期。

表1　改革开放以来机构改革概况（作者根据公开文件自制）

时间	改革的背景	改革的目标	改革的重点问题
1982年	坚持计划经济为主、市场调节为辅	精兵简政，放权让利	机构臃肿，高度集中
1988年	发展有计划的商品经济，政治体制改革	转变职能，政企分开	职责不清，政企不分
1993年	建设社会主义市场经济体制	宏观调控，理顺关系	微观管理，关系不顺
1998年	推进社会主义市场经济发展	社会管理、公共服务	直接干预，权责不一
2003年	加入世贸组织，深化经济体制改革	经济调节，市场监管	职能交叉，层次过多
2008年	转变经济发展方式，建设服务型政府	社会建设，大部门制	社会风险，贪污腐败
2013年	加快完善社会主义市场经济体制	人民满意的服务型政府	生态环保，效能不高
2018年	经济新常态，推进国家治理现代化	职责明确、依法行政的政府治理体系	体制机制

从具体背景来看，历次机构改革均将经济体制改革的紧迫需求作为组织环境变化的重要观测指标，并依据此项指标变化态势明确最新的组织任务，进而对行政组织的结构和过程做出功能性变革，这实质上遵循的是一种“回应性”改革思维。随着十一届三中全会的召开，党和国家的工作重心由“以阶级斗争为纲”转变为“以经济建设为中心”，重新回到现代化建设的前进轨道，这也成为中国公共行政的根本遵循。改革开放甫一开始，中央便向地方和社会放权并着力调整政府在经济生活中的作用方式，因此展现出良好的发展势头并取得显著成效。与此同时，计划经济时代遗留下来的高度集中的管制模式对经济领域改革的对冲效应逐渐显现并日益严重，制约着经济转轨的进度和效果。为破除阻碍经济发展的管理体制，中央决定从结构优化和职能转变入手实施机构改革，由此也正式开启了与经济发展相适应的行政管理体制改革的历史进程。如表1所示，纵观公开文件所载的有关机构改革的时代背景，其中尤以1993年适应建设社会主义市场经济体制的重要任务、2003年符合加入世贸组织对经济职能的最新要求以及2013年顺应“使市场在资源配置中起决定性作用和更好地发挥政府作用”的基本判断这三次转变最具典型意义，而共享的思维逻辑在于通过机构改革适时调整政府履行经济职能的程度和方式以及时回应市场化和全球化的发展潮流。进而言之，当相关主体近乎习惯性地将经济体制改革的现实需求作为推行机构改革的背景判准时，其对机构改革的基本认知已被回应性思维所塑造和主导。

随着以“回应性”为思维主导的机构改革的持续推行，政府在经济发展过程中的角色定位和作用方式得以重新厘定，极大地提升了公共行政对经济转轨和公众需求的回应意识和回应能力，从而取得了举世瞩目的发展速度和经济绩效。改革开放启动以后，基于对“人民日益增长的物质文化需要同落后的社会生产之间的矛盾”这一社会主要矛盾的定性和研判，执政党从兑现“全心全意为人民服务”的政治承诺的高度将经济的增长速度和发展程度作为政府绩效和官员晋升的重要考核指标，当政治使命具体化为组织任务时便开始塑造机构改革的认识基础和思维模式。这一战略举措将公共行政的公共性外化为可量化的有效性并与经济发展绩效直接挂钩，通过增强政府主导和驾驭发展经济的有效性获取公众的广泛支持，进而维系其存续的正当性和公共性，这一独具特色的中国进路可概括为累积合法性或绩效合法性。[①] 特殊时期，以回应性为思维导向的机构改革承载着完成经济发展指标的时代重任，实施结果表明其确实有效满足了社会公众对物质条件改善的强烈诉求。

随着时间的推移和空间的延展，回应性导向的机构改革因其自身存在无法避免的缺陷也面临边际收益下降的严峻考验，无法应对新的社会场景对公共行政的最新期待。就基本面向而论，在未来会以更好的方式处置当前的问题，这构成了回应性思维的根本承诺，而实际的改革行动必定具有滞后性。在机构改革的问题诊断、议程发起以及方案谋划阶段，行动主体首先将视点落定到“现在”层面，试图通过未来的行动去解决过去的问题。但是，数字社会中的经济活动却是一种高速流动的状态，等到大刀阔斧的改革全部完成时，组织所处的外部环境可能已经发生了翻天覆地的变化，此时的组织结构和组织过程只是匹配了改革动议之时的组织环境。从行动频次来看，回应性改革采取问题导向的现实主义策略，导致改革行动显示出鲜明的周期性。经济发展所处阶段的不同，所要解决的问题并不相同，机构改革过分追求改革的短期效益损害了社会公众的期待，引起公共行政公共性的流失，额外增加了改革的成本和风险，而看似主动关切现实问题实则是一种出离时空的因应变革，走到了被动的地位。随着云计算、大数据和人工智能等信息技术的快速发展，数字社会正加速到来，社会结构、生产要素和行动机制都发生全面而深刻的转变，这强烈呼唤在公共行政领域发起一场触及意识深处的面向未来的变革，以更加主动的姿态拥抱变化并与之偕行共变。固守回应性思维继续实施机构改革，势必会失去引领发展潮流的先机。

作为一种正快速发育的新型社会形态，数字社会消解着物理时空对行动的限制并

---

① 林尚立：《在有效性中累积合法性：中国政治发展的路径选择》，《复旦学报》2009年第2期；杨宏星、赵鼎新：《绩效合法性与中国经济奇迹》，《学海》2013年第3期。

开始重塑公共行动的逻辑，有关数字政府的探索方兴未艾，重新设计行政改革成为极具挑战性的时代命题。公共行政的社会建构主义以前瞻性思维看待行政改革的理论主张或可作为跨越回应性机构改革局限的替代选择。进入数字时代，互联网络的普及使得人与人之间的交流和沟通更加便捷，身处各地的行动者不仅能通过技术平台实现即时会话，甚至可通过可视化技术营造一种在场感，极大地降低物理时空对行动的束缚；网络问政平台的开通也使社会公众随时随地关注和讨论公共议题变得更加可能。因此，人与人之间、行政主体与社会公众之间，身份和职位不再是区别的主要标准，而是以各自在行动中所扮演的角色来识别彼此，原有的社会结构开始解体。行动模式的新变化改变了原有的社会结构，也呼唤行动理念的更新。信息社会是不同于农业社会、工业社会的新型社会形态，不能简单“套用”农业社会或工业社会的核心价值理念，必须适应信息社会的性质和特点，将自由、开放、共享理念内化为人们的信念、信仰、理想，作为全社会的共同思想基础和精神支柱。① 可知，数字社会意味着行动模式、社会结构、价值理念的全面变革，作为社会系统中重要环节的公共行政应以此为契机进行体系性重构。公共行政的社会建构主义放弃了组织中心主义的成见，转而从社会行动者的视角出发重新审视公共行政，组织环境便扩展为行动者实施行动的社会场景，因而将行动主体置于观察的中心位置并对社会变迁保持高度的敏感性，促成多元主体在具体社会场景中能够顺利开展有效的公共行动，也就内化为行政改革的基本规定。

前瞻性导向的改革将视野投向现实世界进而着眼未来，从社会发展和公共需求的未来趋势反观公共行政现况，通过思维穿梭于未来与现实之间，确立起行政改革的长期主义导向。线性时间观将时间当作参考的对象和刻度使得时间特定和固化为时间点，也就将参考的主体留在了“过去”，“现在”只是作为改革指向的终点而存在，行动与现实的错配导致时间差的出现，空间显得无关紧要。前瞻性思维则以此时此地的真实社会情境为观察起点，将时间和空间重新整合起来作为解释和实施具体行动的依据，激活了流动特性的时空被嵌入到行动演进的全过程。行动与时空的同频共振为持续变革提供有力辩护，时空因此变得具有可塑性且成为塑造的力量。行政组织作为行政权力的行使者，倾向于以自己的方式改造社会从而将组织内部的层级秩序外化为公共秩序，而且极易将墨守成规和寻求确定视为维持组织控制力和持续自存的不二法

---

① 孙伟平、赵宝军：《信息社会的核心价值理念与信息社会的建构》，《哲学研究》2016 年第 9 期。

门，务求规训社会、规避变化。前瞻性思维以发展的眼光看待公共行政，并将其界定为多元主体的行动过程，而不再是一套事先确立的具有独立追求的体制构造，不仅不拒斥不确定性反而更加珍视可能性，并且主动与变化同行，彻底打破习惯性认知对行政改革的垄断和约束。前瞻性思维对时空和变化的重新定义使其拥有了超越回应性思维的独特优势，前瞻性导向改革的突出特质和优势高度契合数字社会的价值取向、演变趋势和基本任务，因此，前瞻性已成为数字社会实现行政改革思维转向的认识基础。

锚定愈渐清晰的数字社会的时空场景，切合推进国家治理体系和治理能力现代化的历史进程，培育和形成前瞻性行政改革思维，重点需要从以下几个方面寻求突破。首先，将关注的焦点从制度向行动转移。在议程发起和形成的阶段，行政改革的动议者和决策者都应从行动的角度重新认识公共行政的本质和作用，以当前为起点力求在未来相当长的时期内将有利于多元主体更好地达成公共行动作为开启行政改革的基本判准，充分论证改革决策的理由。其次，将分析的视角从组织向生活转换。在方案的讨论和谋划阶段，政策制定者应站在具体社会生活的立场去分析和厘清行政改革的重点任务，以此为出发点重塑组织的基本构造和行动机制。最后，将深层的观念从自利向共享转变。在了解到较为真实的公共需求的基础上，决策者和管理者都应当对行政改革实施所需的成本和可能的收益进行综合考量和权衡，并将责任共担和成果共享作为基本观念融入改革的全过程，尽可能选择社会成本较小的行动步骤，筑牢公共行政的社会基础。对后发现代化国家而言，传统的延续性和现实的复杂性交互作用，只有在认知层面深植前瞻性思维才能始终保持战略定力，有条不紊地开展有益于增进共同福祉的行政改革。综上，前瞻性思维的最终形成并成为行政改革的主导思维模式，需要具体到行政改革的议程发起、方案谋划以及实施步骤等阶段，从焦点、视角和观念等不同角度合力促使改革的相关行动主体认识的全面刷新和总体升华。

四、从协作性到合作性：行政改革的目标转向

行动目标决定行动方案实施的具体步骤，而新思维通过新的目标设计才能得到落实。重新定位行政改革目标是行政改革的主导性思维发生实际作用的过程。因此，改革思维的转换与改革目标的变化是互为因果的。从实施方案拟定的改革目标来看，历次机构改革都致力于理顺行政组织内部的条块关系以及行政组织与其他主体间的关

系，从而达到协调高效的状态和目标。其关键是以内部各个条块的协调运转为实施高效的行政管理活动保驾护航，这就是回应性思维追求的改革目标。与此不同，公共行政的社会建构主义将关注的起点从组织内部转向外部，从组织过程转向社会行动，公共行政的使命在于促成多元主体的合作行动，而在前瞻性思维的引领下建构出的行动方式和行动机制便构成了行政改革的基本目标。在梳理贯穿历次机构改革全过程的主要目标的基础上，以前瞻性思维促进行政改革的目标转向成为真正落实对行政改革本身进行改革的关键步骤。

历次机构改革始终围绕组织内部的结构和组织外部的行为两个方面展开，无论是人员和机构数量的增减、职能的转变和更新，还是职责的界定和规范，都将增强公共行政的协作性作为机构改革的核心目标。针对计划经济时期政府包揽一切的管制方式引发的机构臃肿困境，自 1982 年第一次机构改革提出精简机构和人员开始，中央政府在 1988 年、1998 年、2008 年、2018 年等历次机构改革中虽表述不同但均坚持精简效能的目标定位。精兵简政并不等同于简单地缩减机构和人员数量，从前述机构改革目标定位的变化历程来看，随着机构改革的不断深化，越来越涉及政府职能和职责的调整。因此，职能转变和职责优化便顺理成章地成为机构改革更为具体的目标。就职能转变的角度而言，通过历次机构改革已经确立经济调节、市场监管、社会管理、公共服务以及生态环境保护的政府职能体系，而新近的机构改革更是明确地将系统完备、科学规范以及运行高效作为职能体系建设的行动目标。在持续推进机构改革的历史进程中，职责优化经历了从下放权力到大部制改革，再到建立权力清单和责任清单的演变过程，当前已确立建设权责一致、权威高效的职责体系的改革目标。纵观机构改革目标体系形成的过程，力图通过权力的科学配置、事务的合理分工以及责任的明确厘定来重构组织的权力结构和运行过程，进而提高组织应对急剧变化的组织环境的协调性和有效性，这便是回应性思维在实际改革行动中的投射。

在协作性目标的长期牵引下，机构改革的实施使得政府职能得到重构和优化，同时政府的职责逐步变得明确和规范，公共行政正朝着高效协调的方向迈进。首先，以财政分权调节中央与地方政府之间的层级关系。分税制实施以后，国税系统采取垂直领导体制，地税系统则是省以下垂直领导，划定中央与地方的财权，突出了中央政府的宏观调控能力，同时赋予地方政府在经济发展中更多的自主权。新一轮的机构改革则将国税与地税机构合并，实施双重领导的管理体制，更注重机构运行的协调性。其次，以业务分工确定同一层级不同部门之间的权责关系。在机构改革实施的过程中，业务归属和职能划分的重新厘定都会引起部门的裁撤、合并、新设，同时成立临时指挥部促成不同部门协同联动以便应对突发事件。在机构改革方案落实过程中，建立了“三定”规定制度，规范各部门的主要职责、内设机构和人员编制。最后，以领域分离厘定政府的作用方式和具体职责。机构改革推行后，政府行为被具体到经济发展、社会建设以及生态环保等不同领域，在此基础上不断调适政府与市场、政府与社会以及政府与公民之间的关系，探索政府在不同领域中的职责和权限，而“放管服”改革进一步明确了政府的行为方式。从结果上看，历次机构改革着力于组织的结构优化、职能转变以及职责配置，尤其是将服务型政府建设确定为行政体制改革的目标以后，政府的公共服务职能突显，不仅使政府摆脱了事无巨细的泥淖，同时提高了政府提供公共服务和处理公共危机的能力，公共行政的公共性也得到巩固和强化。

随着改革频次的逐步增加，以协作性为行进目标的机构改革所能释放的发展动能和社会效益变得越来越有限。与此同时，长期追求高效协调的行政组织在接近这一目标的过程中也获得了更强的管控能力，处理失当则有窒息社会活力的风险。如表 1 所示，改革开放以来机构改革的目标定位采取叠加累进的方式，即每次在谋划新的改革方案时都会将上一阶段的规定目标和本次新增的改革任务结合起来共同设定为本次改革所要达到的目标，到下一次改革则继续综合前面的改革目标和新的改革任务确定新阶段的改革目标。目标累进的设定方式将会导致任务的后移和积压，随着时间的推移，改革越来越不堪重负，同时多重改革任务相互纠缠可能淹没具体时段的主要工作目标，而机构改革在调整三组关系使其达到协作目标的过程中，还面临着失衡的风险。其一是中央与地方各级政府之间的放权与收权。央地关系的协调处理一直是机构改革的关键，改革开放以后的机构改革始于中央向地方放权，这一举措有利于激发地方政府发展经济的能动性，但地方权力过大容易滋生地方保护主义，反过来影响中央权威。在权力结构的再造过程中，中国政府面临着两难选择。不下放权力，便无法缓解和满足社会方方面面对有限资源的需求，而下放权力又会给政治体系调控一体化带来极大的困难。[①] 其二是同一级政府的各个部门之间的分工与统筹。政府的各个职能部门是落实行政决策并承担行政职责的行动主体，各部门之间的权力配置以业务归属为基本依据，但也存在牵涉多个部门导致职能交叉和重叠的事务，而基于部门利益考

---

① 王沪宁、陈明明：《调整中的中央与地方关系：政治资源的开发与维护——王沪宁教授访谈录》，《探索与争鸣》1995 年第 3 期。

量，部门之间难免出现竞争与推诿的情况，对其进行统一指挥和协调势必成为一大难题。此外，由于一般的职能部门都采取双重领导体制，同时受到上级业务部门和同级政府的领导，省级政府的某一组成部门面对省政府与国务院的部门对同一事务的不同指令时就可能无所适从。其三是地方政府与市场和社会之间的让利与竞争。地方政府被赋予经济发展的主导地位和考核指标，地方官员能够且需要直接参与经济活动，这使其充当了裁判员和运动员的双重角色，与市场主体形成竞争关系，而地方官员急剧膨胀的权力和能力与长期缺位的监督机制和社会参与之间的巨大差距为权力寻租留下了弹性空间。

从工业社会转向数字社会的动态过程中，除自然风险外还充满着各类社会风险，人类已进入风险社会，这为公共行政带来了新的命题。追求组织结构和过程的协作性的机构改革已拙于应付风险社会对公共行政的新要求，着眼于社会行动的合作性行政改革的目标指向便获得了出场机会。在风险社会中，行政组织面对的不再是一贯稳定平和的组织环境，而是一种具有高度复杂性和高度不确定性的社会场景，迎面而来的是一个接一个的行动任务，尤其是涉及公共安全的超常规任务频繁出现，更是牵动着组织的神经。当行政组织感知到外部环境发出的急切需求，决策者以其在组织中所处位置赋予的职权实施组织动员并催动组织体系的高效协调运转，此时，组织的协作程度越高对其公共性的损伤便越大，严重增加了组织本身的风险。对于以垂直控制体系为基本构造的行政组织而言，协调意味着平衡和秩序，高效则趋向于打破常规和平衡。显然，任务的紧急性要求更高的组织效率，而突破常规权责配置的集中动员则可能使组织各组成部分陷入关系混乱和功能停滞的困境，此时，组织内部的失序摧毁了其维持社会秩序的天然优势。总之，就风险社会对社会治理提出的变革要求来看，只要把危机意识植于社会治理体系的建构中，就意味着行动模式的根本性变革。[①] 合作性行政改革目标的确立，就是要搭建多元主体形成合作行动的基本框架，组织内外的各方主体化作平等的行动者，他们围绕公共问题和公共危机的妥善解决而开展合作，因此，与协作性改革注重行政组织的统一协调运转相比，合作性改革将目光转向公共行动的圆满达成，组织运转和行政改革的根本驱动源于公共需求的变化与合作行动的愿景，行动的社会性和任务的实质完成将为公共行政的公共性提供持续证成。

基于数字社会的基本要求，从机构改革的协作性目标转变为行政改革的合作性目

---

① 张康之：《论风险社会中的行动问题》，《学海》2020 年第 5 期。

标，以便更好地实现行政改革的价值，还需从如下方面展开。第一，树立风险意识。传统的自然风险是自然界对人类的根本约束，而现代的社会风险则根源于现代社会情境下的社会行动。风险并不一定是现实已经发生的危机境况，而是面向未来对复杂社会情境产生的一种概括性认知，风险意识的意义在于有关行动者特别是决策者和管理者对这种状况的深刻体认并能将此作为思索和确定公共行政演进趋势和行政改革目标取向的重要参照。第二，化解角色冲突。行政人员的基本职务要求是能够运用职位赋予的公共权力实施相应的行政行为，一经做出便获得确定力和拘束力，追求权力的有效实施，而一般公民则更加期待公共权力和公共生活对其权利实现和个人发展能够产生积极的作用。行政人员与一般公民站在各自的立场参与公共行动可能存在角色冲突，但行政人员首先是共同体中的成员和公民，行政人员和一般公民都是为了共生共在而走向合作行动的行动者。行政人员不再是理性的决策者或执行者，而是与其他主体同为风险共担的个性独特的行动主体，他们也获得了伦理精神和道德判断。第三，搭建开放平台。信息互通是合作行动形成的基本前提，这就要求行政组织克服封闭本性向社会公众敞开，社会中的行动主体也要超越单纯的个人生活世界，二者同在一个信息自由流动的开放空间中进行意义分享和互构共变，逐渐达成合作行动的意向和方案。当然，将合作性确立为行政改革的目标只是对行政改革本身进行改革，合作性改革的落实还需要在国家治理现代化的历史进程中对行政组织系统进行革新，这关涉行政改革的方法问题。

五、从自在性到他在性：行政改革的方法转向

行动目标只有通过适当的行动方法得到实施才会产生现实意义。行政改革的方法不仅关乎改革目标的实现程度，更是维系公共行政公共性的有力保障。因此，行政改革的目标转向也要求行政改革的方法随之改变。从改革重点的调整过程来看，历次机构改革都根据当时所要完成的政治任务对行政组织的结构和功能发起调整和优化，尤其注重祛除对执行任务起到阻碍作用的部分或环节以提高组织的控制功能，采取的是一种“自在性”的改革方法。自在性改革通过优化和增强行政组织的内部控制来稳定和维持外部秩序，遵循由内而外的进路。但该方法并非总能奏效，特别是处于急剧的社会转型时期，各种因素交织和缠绕，新兴的公共问题层出不穷且影响更加深远，以新的改革方法实施行政改革已成为当务之急。公共行政的社会建构主义主张将合作性

确立为行政改革的行进目标，要求面向未来同时突破政府自身面向“他者”思索行政改革的相关问题，致力于多元主体之间新型社会关系的建构，进而以他在性的改革方法落实行政改革的计划。行政改革转向“他在性”方法是对行政改革进行改革的重要环节。

历次机构改革的重点大致相继经历了结构简化、职责明确、理顺关系、职能确定、效能提高以及结构重组等变化的过程，其实是根据组织环境变化的最新要求去摒弃与此不相适应的组织因素，无论是思路还是视野始终未走出行政组织本身。这种始终站在行政组织自身角度实施的机构改革可以说秉持了“自在性”改革方法。机构改革由回应性思维主导，针对变化的组织环境，试图通过行政组织内部结构优化的方式提高行政效率，在这一思路指引下形成的改革方案，行政组织本身便成为各方关注的焦点，机构改革其实是为行政组织赋能。以社会主义市场经济体制的建立和完善为改革的背景，机构改革要求行政组织能够尽快顺应这一新情况，甚至能够胜任其在经济发展过程中的主导性作用。同时，机构改革的协作性目标也要求实施改革方案时将注意力集中于行政组织体系，着力调整中央与地方之间的关系、同级政府不同部门相互之间的关系、具体部门与上级业务部门和同级政府之间的关系等组织内部的纵向和横向关系，从而增强行政组织协调行动的能力。机构改革始终围绕行政组织的内部结构和运行过程而展开，致力于提高行政组织适应环境、发展经济、应对风险的能力，实质上采用的是着眼于组织本身的“自在性”改革方法。

从自在性改革的结果来看，公共行政在行为模式转变和行为规范健全方面都取得了突出的进展，基本改变了计划经济体制下的指令行政模式，政府行为需要受到法律的规范也愈渐成为社会共识。其一，基本摒弃计划经济体制下的行政模式。计划经济时期，政府全面统领经济领域和社会领域的一切事务，行政权力渗透到生产和生活的各个环节，形成了一种管制型政府。机构改革首先着力改变机构臃肿和人浮于事的状况，然后逐步厘清政府在经济领域、社会领域、生态环保领域的职权范围和作用方式，而最近的一次机构改革更是将其纳入推进国家治理现代化的层面，使人民满意的服务型政府建设不断跨越新境界。其二，建立了规范政府行为的行政法体系。改革开放以后，法治政府建设提上日程，机构改革一直肩负着规范政府行为的重要任务。为此，国家立法机关相继制定了《行政处罚法》《行政许可法》《治安管理处罚法》《行政强制法》等规范具体行政行为的法律，确定了政府实施行政行为的程序和方式，同时还颁布了《行政诉讼法》和《行政复议法》，建立行政诉讼制度和行政复议制度，以明确的法律责任约束政府行为。此外，还通过《国家赔偿法》确定政府行为的损害赔偿责任。其三，有效增强了政府提供公共服务的能力。随着自在性机构改革的展开，政府从微观管理中抽离出来，能够将更多的注意力转移到关系民生福祉的基础领域。

随着改革的不断深化，“自在性”机构改革在规范政府行为方面取得重要成就的同时也面临着难以逾越的瓶颈。首先，改革侧重于摒弃性而缺乏建设性。机构改革的起点在于计划经济体制下形成的管控模式已无法适应经济体制改革的时代需要，因此，机构改革采取的是一种以问题为导向的摒弃性策略，即祛除计划经济时期形成的已经对当前经济社会发展产生阻碍作用的成分和因素。摒弃性改革的确能够迅速为经济体制改革开道，但将此作为机构改革的习惯性策略加以延续则束缚了改革的建设性意义的呈现，取消旧的机构但并未同步建立承担原机构职责的新机构，最终导致机构职能的分合与机构数量的增减成为常态。其次，任务后移容易造成问题积压。摒弃性改革针对当前最为突出的问题，但机构改革往往又无法一次性彻底解决这些问题，这就使得改革的任务不断向后推移，而每个阶段都有其特定的任务和亟待解决的难题，结果势必引起问题积压，反而达不到预期的改革目标。比如，有关政府职能的问题一直都是贯穿机构改革始终的一条主线，改革之初就注重政府职能调整，但经过多次改革却仍旧未能妥善解决这一问题。[①] 最后，缺少与其他社会主体关系维度的改革。自在性机构改革将注意力集中于科层制组织自身的结构、功能以及效率等问题，尽管也关注到政企关系和政社关系的调整，但都立足于行政组织的策略性安排，较少深入政府与市场、社会以及公民等之间的双向交互关系问题，也就没能明确行政权力在不同领域的作用边界，更没有从总体上厘清政府、市场以及社会等不同主体各自的作用范围。政府行为的全面回归，不仅使公共服务辐射到社会各个领域，同时也在很大程度上形成了行政强制的倾向：行政体制俨然成为一部设计合理、运转有效的庞大机器，但面对社会出现的突发事件和具体矛盾，则需要每个部件、每个齿轮都随同这一机器系统调整方向，连带运行，失去了灵活多变、敏锐出击的应对能力。[②] 经过持续数轮的机构改革，政府包揽一切的指令性行政方式得到明显改观，但由于其公共性过度倚

---

① 竺乾威：《政府职能的三次转变：以权力为中心的改革回归》，《江苏行政学院学报》2017 年第 6 期。

② 渠敬东等：《从总体支配到技术治理——基于中国 30 年改革经验的社会学分析》，《中国社会科学》2009 年第 6 期。

重行政行为的有效性，特别是高位的经济绩效，全能政府的预设并未在人们认识深处得到根除。此时，快速成长的政府行动能力则极易促使其进入其他主体活动和作用的领域，难以避免越俎代庖的困境。

改革开放以后，中国的经济转轨全面展开，社会转型的速度随之加快，当前已经进入由农业社会和工业社会转向数字社会的关键阶段。这一演变趋势深刻重塑着社会结构和社会关系。“在信息时代，在社会民主化、民众权利意识觉醒、以及媒体作用提升等多重因素影响和作用下，传统的组织管理结构正在由传统的金字塔型组织管理结构逐渐向网络型的分权式管理结构演变，普通大众将在和自己有关事务的管理和决策中发挥日益重要的作用”，① 这极大地提高了公共行政的复杂性。在急剧的社会转型时期，利益重组，社会分化为不同的群体和组织，社会结构面临着深刻转变，社会矛盾和公共危机也变得更加频繁。寄希望于自在性的机构改革，即依靠提升科层制组织的稳定性来掌握或消解社会变迁带来的振荡，自是无法持续。数字社会的不断深化将科层组织逐渐转化为一个行动单元，公共行政成为多元主体的行动过程，政府面对的不再是其管理的对象而是与之共存的行动主体，以“他在性”为方法的行政改革呼之欲出。

“他在性”意味着科层制组织之外的其他组织或个人不再是行政改革的背景或参鉴，而是与自己平等共存的行动者，在此基础上建构全新的社会关系。作为相对于“政府本位”建构出来的概念，“他在性”是公共行政深入复杂多变的情势仍然保持效力的秘诀，也是对现代政府进行重构的关键着力点。传统时期，由于掌握了几乎全部的社会资源，官僚组织占据了社会系统的中心位置，并以权力和信息的高度垄断维持其对社会的排他性控制，由此造就了“中心—边缘”的独特社会结构，组织方式、生活方式甚至思维方式都留下了深重的官僚烙印，政府本位内化为人们认识活动的基础。“政府本位可以归结为两种形态，即权力本位和制度本位。但是，无论是哪一种政府本位，都必然导致行政傲慢，或者说，政府本位就是一切行政傲慢的根源”。②行政傲慢使得政府将其他社会主体都视为无条件受其管制的他者和客体，这一状况直到进入现代社会以后才出现转机。他在性行政改革指向新型社会主体关系的建构，以此彻底祛除政府本位的影响。行政组织作为一个行动单元与多元主体共生共在并且互

① 孙伟平：《信息社会及其基本特征》，《哲学动态》2010 年第 9 期。

② 张康之：《论主体多元化条件下的社会治理》，《中国人民大学学报》2014 年第 2 期。

构共变，包括行政组织和行政人员在内的所有主体都得以从权力控制的牢笼中解脱，从而掌握自由生长和自我成就的主导权。公共行政即拥有不同生活经验并抱有不同发展期待的多元主体在合作行动中相互塑造并相互成就。

站在国家治理现代化的时代潮流下，在接续改革开放以来机构改革对公共行政实践带来的良好发展势头的基础上，以“他在性”为基本的行进目标，具体需要从转变主体关系的角度促进行政改革的方法更新。其一，确立权力的谦抑性。公权力的谦抑性既是一种应然要求也是一种现实情况，这就意味着在真切地认识到公权力作用的有限性的基础上，还要明确划定公权力的作用边界和作用范围，并将公权力作用之外的广阔空间交还给相应的社会主体。他在性行政改革就是确保公共行政在其特定的领域中以特定的程序和方式发挥应有的作用，保障其他行动者的活动空间，并及时团结和借助其他主体的优势和力量建立最广泛的行动网络关系。公权机关在履行法定职责时要坚持比例原则，充分考量行政权力行使的必要性和适当性。其二，承认主体的差异性。在现代社会，多元主体之间存在巨大差异，而公共行政承认这一差异性是社会长期繁荣的关键。从其他主体的日常生活经验中发掘和汲取行政改革的灵感和动力，并以此构建行政改革的目标指向和行动步骤，是以差异性推进他在性行政改革的基本要求。其三，尊重社会的自主性。行动的过程是特定情境下的自由判断和自主选择，自由行动为社会繁荣提供动力，现代公共生活才生机勃勃。[①] 所有的行动者最终都归结和落实到具体而真实的个人，拥有行动的自主性是开展自由行动的前提。社会自主性落实到他在性行政改革的过程中，就是要切实认识到各主体具有不同的行动逻辑并且都有个性化的需求，公共行政并非要改变这一状况而是要确保各主体各行其道并为此采取力所能及的服务性保障措施。

六、余　论

当前，世界格局和社会秩序都处于大变革和大调整的历史进程之中，政府治理效能面临着前所未有的考验，凝聚社会共识走向合作行动进而形成共建共治共享的社会治理格局成为化解冲突以维持秩序的关键要务。行政改革是推进国家治理体系和治理能力现代化的重要环节，也是贯穿公共行政始终的重要议题。公共性是公共行政的根

① 夏志强：《国家治理现代化的逻辑转换》，《中国社会科学》2020 年第 5 期。

本特性，[①] 更是现代政府得以存续的基本证成条件，也是判别行政改革成效的关键指针。机构改革通过行政组织效率的持续高企来换取公共行政公共性的维持，历次机构改革业已取得显著成效，但由于其存在与发展时空逐步脱节和主体缺场的根本缺陷，机构改革正面临着边际收益下降和成本攀升的困境。与此同时，由工业社会向数字社会转型引发的社会风险深刻考验着公共治理水平，对行政改革本身进行改革进而实施更为合理的行政改革已刻不容缓。公共行政的社会建构主义主张从改革的思维、目标以及方法的层面反思和重构行政改革，推进行政改革的总体转向，找回社会场景和多元主体，弥补机构改革的缺陷并正视现实的社会需求，真正走向与社会系统互构共变的行政改革，从而建构合作行动的行政图景。在社会建构主义的视域下，行政改革需要实现从回应性到前瞻性的思维转向、从协作性到合作性的目标转向以及从自在性到他在性的方法转向，通过行政改革夯实公共行政的行动性和社会性，提振公共行政的公共性。

值得注意的是，不同于政治与行政二分的理论假定，中国的公共行政和行政改革始终都要遵循和符合“一元二体”[②] 或“一核统领”[③] 政治结构的基本规定，公共行政和行政改革因此还承担着贯彻执政党政治方略的重任。以有效性换取公共性的机构改革若遇有效性下降则可能影响政治的正当性，而公共行政的社会建构主义对社会场景、社会行动和社会关系的重视与执政党对群众基础和服务宗旨的追求具有高度的契合性。因此，在公共行政的社会建构主义视域下谋划和实施行政改革已成为新时代治国理政的关键抉择。当然，社会变迁永无止境，行政改革也绝不可能一步到位，或许在变化中寻求更新也是社会建构视域下行政改革所要昭示的特殊意涵。此外，公共行政的社会建构理论尽管有鼓励行政改革打破常规的倾向，但并不主张突破法治思维和法治框架，反而要求以法治基础上的秩序为根本保障，再行思索和谋划行政改革与公共行政的相关命题。公共性一直是公共行政理论研究的重要课题，也是一个具有根本意义的政治哲学议题，对此尚需专文展开深入研究。

---

① 夏志强、谭毅：《公共性：中国公共行政学的建构基础》，《中国社会科学》2018 年第 8 期。

② 竺乾威：《政府结构与党政关系》，《暨南学报》2019 年第 7 期。

③ 肖滨、卜熙：《一核统领下的差异化格局——以地方党委书记任职人大常委会主任的三种模式为例》，《开放时代》2020 年第 3 期。

高质量推进现代化产业强国建设

魏际刚[*]

摘　要：产业是国家强大的物质技术基础，建设现代化产业强国是实现中华民族伟大复兴的必要前提。当今中国已处于全方位深刻变革的时代，面对纷繁复杂的变量因素，高质量推动产业现代化、推动产业由大变强，是一项艰巨的系统工程。建设产业强国有其规律性，需“见性、因势、循道、厚德、得法”。中国诸多重要产业在规模上位居世界前列，但在质量效益与创新等方面尚需“二次追赶”。面对全球性竞争与变革，中国需“因势”，牢固树立安全意识、危机意识、竞争意识；“见性”，遵循产业发展规律、创新规律、竞争规律；“循道、厚德”，围绕产业体系、基础、结构、创新、竞争力、可持续、国际合作等多维度进行战略部署；“得法”，以更好的体制机制、国内外环境来促进现代化产业强国建设。

关键词：产业强国；现代化产业；产业发展

党的二十大报告提出，“从现在起，中国共产党的中心任务就是团结带领全国各族人民全面建成社会主义现代化强国、实现第二个百年奋斗目标，以中国式现代化全面推进中华民族伟大复兴”。[①] 全面建成社会主义现代化强国，必须有坚实的物质技术基础，而强大的现代产业至关重要。同时，二十大报告提出“建设现代化产业体

---

* 魏际刚，中国国际发展知识中心研究员（北京　100167）

① 习近平：《高举中国特色社会主义伟大旗帜为全面建设社会主义现代化国家而团结奋斗——在中国共产党第二十次全国代表大会上的报告》，《人民日报》2022 年 10 月 26 日，第 1 版。

系”、将“发展经济的着力点放在实体经济上”，并列出农业、制造、质量、航天、交通、网络、海洋、科技、贸易、教育、文化、人才、体育等强国建设任务，就是从产业层面为社会主义现代化强国建设谋篇布局。

当今中国已处于全方位深刻变革的时代，面对纷繁复杂的变量因素，高质量推动产业现代化、推动产业由大变强，是一项艰巨的系统工程，需要抓住主要矛盾和矛盾的主要方向，做好战略谋划。

一、产业强国的基本内涵与一般规律

何谓“强”？维度不同，认识不同。《周易》提道，“天行健，君子以自强不息”，① 《中庸章句》亦云，“故闻道有蚤莫，行道有难易，然能自强不息，则其至一也”，② 表明一个人、一个企业、一个行业、一个国家、一个民族，均要效法于天，自强不息。《道德经》提道，“胜人者有力，自胜者强”，③ 《墨子》有言“志不强者智不达”，④ 《商君书》有云“能胜敌者，先自胜也”，⑤ 表明强的内涵不但在于力量的外观外比，更外延至意志与思想的内视内省，意志坚定是强的重要特性。《道德经》常论及“强”“弱”之关联，如“柔弱胜刚强”“天下之至柔，驰骋天下之至坚”“见小曰明，守弱曰强”。⑥ 《淮南子》也有“弱而能强，柔而能刚”的相似观点，⑦ 表明包容、顺势的重要性，柔弱中隐含着潜在的刚强，柔弱不是弱小、真弱，而是一种能够容强、避强、化强、胜强的智慧方式，“强”“弱”不是对立的两极，而是相互转化、相生相克的。《中庸》谓“国有道，不变塞焉，强哉矫。国无道，至死不变，强哉矫”。⑧ 表明一个国家无论处于什么状况，意志始终坚守中正之道，就能体现出强的性质。《孙子兵法》提道，“知彼知己者，百战不殆”。这是指在战争、竞争中先“知”而后“行”，了解事态、人我之全貌，继而采取正确的行动来达到“强”的目的。《孙

① 阮元：《十三经注疏·周易正义》，北京：中华书局，1980 年，第 14 页。
② 朱熹：《四书章句集注·中庸章句》，北京：中华书局，2012 年，第 29 页。
③ 楼宇烈：《老子道德经注校释》，北京：中华书局，2008 年，第 84 页。
④ 《墨子》，方勇译注，北京：中华书局，2015 年，第 10 页。
⑤ 蒋礼鸿：《商君书锥指》，北京：中华书局，1986 年，第 112 页。
⑥ 楼宇烈：《老子道德经注校释》，第 89、120、140 页。
⑦ 《淮南子》，陈广忠译注，北京：中华书局，2012 年，第 2 页。
⑧ 《大学·中庸》，王国轩译注，北京：中华书局，2007 年，第 65 页。

子兵法》还谈道，“强弱，形也”，[1] 表明强弱是实力与形势的对比。《淮南子》提道，“众之所助，虽弱必强；众之所去，虽大必亡”，[2] 表明得人心是事业强大的关键。《道德经》还提道，“知其雄，守其雌”，[3]《孙子兵法》亦谈道，“故善战者，立于不败之地，而不失敌之败也。是故胜兵先胜而后求战，败兵先战而后求胜”，[4] 说明强者没有致命的弱点，或能防守住其弱项，即守住安全的底线。从上述各家论断可知，不能在狭义、片面、静止、术的层面去理解“强”，而要从广博、全面、动态、道的层面去领悟“强”。“强”是（有形与无形）力量、意志、韧性、智慧、境界、格局、关系等多方面综合的体现。

基于上述对“强”的认识，强国可以理解为兼具硬实力、软实力、韧性能力的国家。产业强国的内涵可概括为：其重要、关键、核心产业在全球范围内拥有领先的硬实力、软实力、韧性能力的国家。硬实力包括制造能力、科技能力、创新能力、资源配置能力、市场反应能力等，软实力包括思想力、知识力、影响力、规则制定能力等，韧性能力包括抗冲击能力、抗风险能力、快速恢复能力等。

产业如何变强？产业形形种种、千行百业，不同产业属性不同、定位不同、变化不同，发展阶段不同、面临形势不同。不同类型的产业变强，无疑是一项艰巨、复杂的中长期系统工程。因此制定正确的战略显得十分重要，需要明确产业前进方向，了解产业强国的一般规律。具体而言，“见性、因势、循道、厚德、得法”五个方面对产业强国建设影响深远。

“见性”。产业发展的首要任务是认识自身，明晰产业的本质属性，清楚产业存在与发展的价值与意义。农业有农业的本质属性与价值，制造业有制造业的本质属性与价值，商业有商业的本质属性与价值，交通运输、物流、金融、信息、能源、医药卫生等各行业亦然。“见性”就是明白“我是谁，我为谁，我与谁，从哪来，往哪去”。千行百业，各具特征，各得其所，各显其能，各尽其用。例如，制造业与交通运输业是两个不同的行业，制造业是通过原材料、中间品的加工处理提供实体产品的行业，涉及原材料、中间品的供应、研发设计、生产加工、上市流通、售后服务等环节。交通运输则是提供空间位移这一无形服务的行业，涉及交通基础设施、交通运输装备、

---

① 《孙子兵法·孙膑兵法》，骈宇骞等译注，北京：中华书局，2007年，第22、33页。

② 《淮南子》，陈广忠译注，第852页。

③ 楼宇烈：《老子道德经注校释》，第173页。

④ 《孙子兵法·孙膑兵法》，第25页。

交通运输服务等共同协作。“见性”就是要清晰行业的属性、功能、结构与总体，深刻理解行业的内涵、外延与特征，从而了解产业的本质。不偏离本性，才能定位正确，不失根本，坚守发展的初心与宗旨使命。一个产业的本质属性决定了其有别于另一个产业的本质属性与技术经济特征，也决定了产业间的关联程度。产业来源于社会、回归于社会，这种属性决定其为大众提供所需的产品与服务，为民众之幸福提供支撑，即不仅考虑“利”，也要考虑“义”。产业发展离不开自然生态环境，产业发展能够与自然生态环境互促共生，这体现产业的自然观、天地观。“鱼不可脱于渊”，鱼脱离水而去陆地生存，其结果可想而知。现实中，不能正确认识产业自身，偏离本性，定位不准、格局狭小的现象比比皆是。若南辕北辙，缘木求鱼，终不可得。

“因势”。产业发展不仅要认识自身，还要认识现实、认识世界，把握“时势、位势、态势、趋势”，清楚产业处于生命周期什么时段，面临什么样的经济、社会、科技、生态环境、自然地理条件，在全球产业格局中处于什么地位，面对什么样的竞争态势，未来可能的发展趋势等。识时务者，观天下大势，必审时度势，识势通变，因势利导，顺势而为。识势者更进一步谋势、用势乃至造势，为产业发展主动助推有利环境。不同产业的起点、基础、禀赋、实力、潜力不同，所处的时代形势、地域空间、问题症结、机遇挑战各异，产业发展因此需要因时因地因势制宜，具体问题具体分析。当今世界格局正发生深刻调整，如何全面认识变化及变化中的利与害，如何在变局中趋利避害，平衡好安全与效率、竞争与合作是“因势”的核心内容。切不可盲目照搬照抄某一国的发展理论或经验，机械地受理论与经验的局限与束缚。世界上不存在定于一尊的产业发展模式，也不存在放诸四海而皆准的发展标准。例如，西方经济发展理论、国外的工业化理论等有特定的历史条件背景，简单地运用于中国的发展实践，就会犯刻舟求剑、教条主义的错误。中国产业的发展要因自己独特国情与时代背景这个“势”，走中国式的产业发展道路。

“循道”。产业发展要遵循产业之道。“道也者，不可须臾离也。”[①] 产业形形种种，各有其性，各行其道。产业发展之道，意味着产业需要遵循发展规律，掌握规律、运用规律，走合乎规律的道路。充分认识和运用供需规律、竞争规律、生命周期规律、变化规律、创新规律以及事物普遍联系、相互作用、相生相克规律，知本末、终始、先后、动静、虚实之理。产业发展战略制定要“抱一为天下式”，有全局观、

① 《大学·中庸》，第46页。

整体观、系统观，总揽全局、高瞻远瞩、兼收并蓄、系统辩证，尽可能洞悉一切，考虑到方方面面的因素，包括天时地利人和、利益相关主体、上中下游、有利不利、机遇挑战、短期长期、直接间接、国内国际等因素。产业发展战略制定需进行成本效益计算，合理配置要素资源。国家在谋划产业发展时，不仅要寻求某一产业发展最优，更要从经济体系视角促进不同产业之间的协同，实现各类产业发展的总体最优。不仅考虑本国产业发展，也关注他国产业发展，保障全球产业链供应链稳定、开放、有序运行。

"厚德"。产业实现长远发展最终要基于"德"，正如《素书》所指出的，"德足以怀远"。[①] 厚德以载物，产品与服务的功能、作用、质量等要能够满足用户需求，符合人类发展需要和人类文明进程，推动全球发展，"适乎世界之潮流，合乎人群之需要"。产品与服务从设计构思到最终供给，要体现善念、善品、善行、善举，"善始善终，上善若水"。根据需求、形势、趋势、要素条件等变化，产品与服务要能够持续迭代、精进不懈、精益求精，不断提质升级，兼具创新发展、绿色发展，以期止于至善，如《系辞》所言"日新之谓盛德"。[②] 产业是人类社会、国际社会的重要组成部分，要体现自身、行业、社会责任，秉持自律、诚信、包容、开放原则，不采取不正当竞争方式，不损害消费者利益。否则，德不配位、德不配财，不能造福于民，最终难以持续发展。

"得法"。产业发展需要适宜的体制机制与政策环境。《素书》提道"地薄者大物不产，水浅者大鱼不游，树秃者大禽不栖，林疏者大兽不居"，[③] 说明只有厚植良好的环境，才能让产业做大做强做优。《道德经》言及"天之道，利而不害"，[④]《淮南子》提道"治国有常，而利民为本"，[⑤] 即政府要形成有利于产业发展的体制机制、法律法规、政策标准、文化舆论等。不同产业、市场主体的发展情形不同，但均需市场力量与政府力量的有机结合，引导、规范、促进产业健康持续发展，激励市场主体释放活力，保障企业高效生产经营，促进企业积极进取。现实中，存在不少束缚市场主体活力、增加交易成本、遏制创新、阻碍资源配置效率改进、干扰企业正常生产经

① 黄石公：《素书》，张坤校译，哈尔滨：哈尔滨出版社，2016 年，第 33 页。

② 十三经注疏整理委员会：《十三经注疏・周易正义》，北京：北京大学出版社，2000 年，第 319 页。

③ 黄石公：《素书》，张坤校译，第 310 页。

④ 楼宇烈：《老子道德经注校释》，第 192 页。

⑤ 《淮南子》，陈广忠译注，第 722 页。

营的体制机制与政策障碍，这种状况将影响产业强国建设步伐，必须革除，培植适宜产业生长、发展的土壤。“顺乎天而应乎人”，从某种意义上讲，形成有利于促进产业发展的适宜“土壤”，是建设产业强国的基础前提。

“见性、因势、循道、厚德、得法”，此五位一体也。“见性”是建设产业强国的起点，“因势”是建设产业强国的条件，“见性”与“因势”是循道的基础，“循道”是产业强国建设的关键，“厚德”是“循道”的结果，是产业强国建设的体现，而“得法”是产业强国建设的保障。

二、当前中国产业发展的阶段性特点

掌握中国产业发展实际及其特点，是推动产业强国建设的首要前提，就是要了解“在哪儿”“有什么”“有多少”“强不强”。总体看，经过40多年快速发展，中国诸多重要产业在规模上实现了对发达国家的追赶甚至超越，产业竞争力不断提升，但中国还不是产业强国，在质量、效率、竞争力、创新、品牌、前沿技术等方面尚需“二次追赶”，在未来发展道路上还面临巨大风险与挑战。

（一）中国具备迈向产业强国的良好基础

拥有比较完整的产业体系。中国拥有世界上最丰富的各类工业链条，[①] 完善的工业体系提高了产品从开发到市场的速度和效率，有利于保持产业链和供应链的稳定性，有利于生产质优价廉的产品，有利于提升中国产业国际竞争力。各类产业融入全球供应链，与世界经济连接紧密，“世界工厂”的核心地位稳固。中国在全球链供应体系中的影响力不断提升。战略性新兴产业发展壮大，中高技术产业不断发展，数字经济、现代服务业发展迅速。

产业竞争力不断增强。截至2021年，中国连续12年保持世界第一制造大国地位。[②] 高技术产业出口额快速增长，已位居世界第一。谷物总产量稳居世界首位，基础设施规模居世界前列。中国不仅在轻工、纺织等传统工业部门拥有较强的竞争力，在部分重大装备、消费类及高新技术类产品上也达到或接近发达国家水平，产生了一

---

① 张利娟：《加快转型升级　发力建设现代化产业体系》，《中国报道》2023年第1期。

② 王政、韩鑫：《现代产业体系迈出坚实步伐》，《人民日报》2022年10月11日，第1版。

力，走中国特色现代化产业强国之路。

（三）现代化产业强国建设的推进路径

推动重点产业现代化、由大变强，是建设社会主义现代化强国的核心内容。应紧紧围绕产业体系、基础、结构、创新、竞争力、可持续、国际合作等多维度进行战略部署。

一是建设现代化产业体系。建设现代化产业体系关乎发展全局，是促进国内大循环与国际国内双循环的经济基石，是全球性大国经济的题中应有之义。中国需要构建集现代农业、工业、服务业及战略性新兴产业、未来产业于一体的现代化产业体系。提高传统产业科技含量；加速发展新一代信息网络、生物、高端装备制造、新能源、节能环保、新材料、新能源汽车、数字创意等新兴产业，超前部署类脑智能、量子信息、基因技术、未来网络、深海空天开发、氢能与储能等未来产业。推动产业融合发展，推动数实融合发展，统筹推进基础设施现代化。推动产业链供应链现代化，短板产业补链、优势产业延链、传统产业升链、新兴产业建链。构建现代产业生态。

二是优化产业结构。产业结构优化是迈向产业强国的必然要求，也是世界强国的发展经验。产业结构调整，特别是在关键时期对重大产业结构的转化与优化，对于一国迈向强国具有决定性的作用与意义。实践中，产业结构合不合理，已经成为诸多发展难题的根源。目前正在推进的供给侧结构性改革，就是要从根本上优化产业结构、产品结构、服务结构。围绕市场需求、战略需求、未来需求，产业结构优化需要夯实基础研究、技术、工艺、部件、软件、架构等产业发展基础；提升科技含量与质量水平，推动产业迈向中高端；完善各类产业的标准、计量、认证认可、检验检测体系；大力提升产品质量、塑造产品品牌；围绕升级需求，推动新产品、新服务、新技术、新模式发展。

三是增强创新能力。创新是产业结构优化、科技含量提升的关键举措，也是解决当前突出问题、把握未来发展机遇的重要途径。要成为产业强国，就必须是科技强国、创新强国。中国能否从大国迈向强国，关键在于能否把握甚至引领新一轮科技革命与产业变革的时代机遇。面对日益激烈的大国竞争，按照面向世界科技前沿、经济主战场、国家重大需求、人民生命健康和美好生活，加快实现高水平科技自立自强，掌握科技发展主动权。充分发挥国内大市场需求牵引、国内新型举国体制、国内产业体系比较完善等推拉协同效应，推动关键技术追赶跨越。全面释放创新活力，加大科教与人才支撑。推动企业、产业结合自身情况，开展仿制、集成、原始和颠覆式创新，推动企业、产业、国家创新体系一体化构建，推动创新体系建设中政产学研用金有机结合。要处理好自主创新与开放合作、科技发展与成果转化、科技领先与保障安全、新型举国体制与创新生态等关系。

四是提升产业竞争力。以形成国家竞争优势、优势产业、优势企业、优势领域、提高国际竞争力与影响力为导向，进一步提升生产率水平，提高资源配置效率。培育与打造一批具有世界影响力的企业集团，加快培养在国际细分市场领域具有强竞争力的“专精特”中小企业群体。[①] 在重点产业形成若干拥有自主知识产权、主业突出、核心能力强的跨地区、跨行业的跨国大型企业和企业集团，使之成为主动参与全球竞争、产业升级、转变发展方式的骨干力量。

五是增强可持续发展能力。在现代化产强国建设中实现绿色转型、碳达峰碳中和目标。推动产业链、供应链绿色化发展。推进绿色、循环、低碳产业发展。科学设定各行各业碳达峰碳中和目标和路径，将绿色理念贯穿到产业发展各环节，推动全寿命周期绿色化。工业领域强化结构调整与数字化转型，利用科技创新推动节能降耗。交通运输、物流等行业强化运输结构优化，推广新能源车使用，推进综合运输与物流、供应链一体化发展。降低供应链能源消耗总量，加快淘汰落后生产能力，提高能源资源利用效率，加快构建新型能源体系。

六是提升国际资源整合能力。以全球视野和全球战略思维，研判各次各类产业在全球的定位与地位。建立高度开放、对外连接的超大规模国内市场，吸引全球各方资源、要素在中国汇集与配置。根据不同的国际目标市场，分类制定产业国际合作战略，形成中国与世界各国产业协同发展格局，使中国产业深植于世界产业分工体系。

四、促进现代化产业强国建设的建议

“得法”强调现代化产业强国建设离不开体制机制政策及环境的支持，要处理好产业发展中政府与市场、中国与世界、硬实力与软实力等关系，推进产业治理现代化。为此，应构建“五个体系”。

一是构建支撑现代化产业强国建设的政策体系。现代化产业强国建设需要市场力

---

① 魏际刚：《加快建设现代化产业体系》，《学习时报》2022 年 12 月 19 日，第 1 版。

量与政府力量的有机结合。加强现代化产业强国建设的战略谋划与顶层设计，做好规划，引导各行各业与各地区合理定位。中国已出台大量产业政策，助力不同历史时期的产业发展，为产业强国建设奠定了前期政策基础，但政策仍有很大的优化空间，有些政策需要细化落实，有些产业政策需要更加有效和精准。加快现代化产业强国建设需有完整、协同的政策体系来促进和形成政策合力。迈向新征程，中国产业发展的背景、阶段、目标、形势、任务等有了很大变化，产业政策需要与时俱进地调整，以不断提升中国产业发展的质量效益，提升产业竞争力、创新能力和可持续发展能力。

二是构建支撑现代化产业强国建设的市场经济体系。市场是产业发展的源动力，市场经济是现代化产业强国建设的基础性载体。尽管中国市场经济体系建设取得重大进展，但体系完整、结构优化、功能强大、统一开放、竞争有序、公平公正、高效运行、充满活力、富有韧性、规模持续拓展的高标准市场体系尚未完全形成。面对现代化产业强国建设的历史性任务，需要进一步完善与优化市场基础制度、市场要素、市场环境质量、市场开放、市场基础设施、市场结构、市场监管等内容，着力推动全国统一大市场建设，降低生产经营成本与交易成本。

三是构建支撑现代化产业强国建设的开放体系。深刻把握世界变局与全球化的新特征，统筹中国现代化产业强国建设与世界各国产业发展，分类有序扩大市场开放。中国改革开放的实践经验已经证明，封闭没有出路。中国现代化产业强国建设，必须海纳百川，包容开放，使中国拥有最佳营商环境，成为全球最佳投资目的地。积极参与全球产业治理，与国际社会共同打造有利于产业国际合作、产业链供应稳定开放的国际发展环境。

四是构建支撑现代化产业强国建设的法律体系。“国无常强，无常弱。奉法者强则国强，奉法者弱则国弱”,[①] 面对差异化、不断变化的国际国内市场形势，多元化的各类市场主体关系，优胜劣汰、新旧交替的客观现实，需着力构建与中国产业发展阶段相适应、公平保障各类市场主体生产经营、全面释放发展活力激发创新动能、推进产业结构优化、协调好各类主体关系、有效应对国际封锁遏制、保障产业安全的法律体系。

五是构建支撑现代化产业强国建设的文化体系。先进、优秀文化是现代化产业强国建设的软性支撑，同时产业现代化也创造人类文明新形态。产业持续发展、由大变

---

① 张觉等：《韩非子译注》，上海：上海古籍出版社，2012 年，第 29 页。

强，需要有“道”和“德”，有正确的义利观、价值观。中国的现代化产业强国建设在全社会全世界倡导“以人为本”“共同繁荣”的人类情怀，推崇“诚信、品质、责任、共赢、绿色”等社会观、伦理观和价值观，充分弘扬创新精神、企业家精神、科学家精神和工匠精神等。

金融推进共同富裕的基本逻辑与实践路径*

田　轩　丁　娜**

摘　要：实现共同富裕是中国式现代化的本质要求，也是全体人民的奋斗目标。共同富裕包含“共同”和“富裕”，“富裕”是基础，“共同”则指明了“富裕”的性质。基于这两方面内容，金融推进共同富裕也存在两条路径。一是“做大蛋糕”，即发挥金融的本质作用，通过支持科技创新、改善小微企业融资问题以及发挥保险业的风险保障能力等方式服务实体经济，推动经济高质量发展。二是“分好蛋糕”，即积极发展普惠金融，提高弱势群体的信贷和理财能力，有效支持“三农”发展；培育健康有序的资本市场，增加中等收入群体财产性收入；发挥保险业财富分配和基础保障作用，防止规模返贫，改善资源分配不均现状。未来，金融应借助各项先进技术，拓展服务通道，优化资源配置，推进共同富裕。

关键词：共同富裕；金融；“做大蛋糕”；“分好蛋糕”

一、引　言

共同富裕是中国特色社会主义、中国式现代化的本质要求，也是历代中国共产党人坚持的社会发展目标。从新中国成立初期“使农民取得共同富裕和普遍繁荣的生

* 国家杰出青年科学基金项目“资本市场制度供给与开放性创新研究”（71825002）、中央财经大学金融学院2018年度青年教师科研启动项目、中央财经大学金融可持续发展研究项目

** 田轩，清华大学五道口金融学院教授（北京　100083）；丁娜，中央财经大学金融学院助理教授（北京 102206）

活”的目标到“三步走”逐步实现共同富裕，再到科学发展观的提出，均强调共同富裕的实现。党的十八大以来，以习近平同志为核心的党中央把握发展阶段的新变化，把逐步实现全体人民共同富裕摆在更加重要的位置。随着脱贫攻坚战的胜利和小康社会的全面建成，当前已经进入扎实推动共同富裕的历史阶段。

金融是服务实体经济的重要组成部分，其本质是进行跨期的资源配置。习近平总书记强调，要在高质量发展中促进共同富裕，正确处理效率和公平的关系，这也使得推进共同富裕离不开金融体系的支持。2021 年 8 月，中国人民银行指出要把促进共同富裕作为金融工作的出发点和着力点，各类金融机构也纷纷出台相关措施，以更好地服务于高质量的经济发展，并不断强化金融资源分配的公平性。共同富裕是一个集体性目标，只有当社会中大多数人都享受到经济发展的成果时，这个目标才能够实现。在金融领域，推进共同富裕的理论依据是实现经济效率和社会公平的统一，通过更有效地配置金融资源，使资金流向经济发展的薄弱环节和需要扶持的行业，从而更好地服务经济发展。同时，金融机构应注重以可持续的方式发展，保证金融资源的长期稳定性，更好地服务实体经济。

金融推进共同富裕仍面临诸多挑战，如，金融机构需注重服务实体经济，但现实中存在信息不对称、信息不透明、利益驱动等问题，使得金融机构更倾向于为大型上市企业以及高净值群体提供金融服务，而对于一些弱势群体和需要扶持的领域则缺乏足够的关注和支持。此外，金融领域存在的风险和不确定性也对共同富裕的实现产生影响。因此，金融机构需要兼顾资源分配的效率与公平，确保金融资源的安全稳健高效流动，为经济的持续发展和共同富裕的实现提供有力支持。

推进共同富裕是当前中国的重要任务，也是金融工作的重要使命。金融机构应该以共同富裕为出发点和着力点，从加强创新、优化资源配置、加强效率与兼顾公平等方面努力，为实现高质量经济发展和共同富裕做出贡献。

二、金融推进共同富裕的基本逻辑

贫富差距的核心原因是人的能力差距。人的能力取决于两方面：一是先天的自身天赋，往往不可更改，属于内生性因素；二是后天的人力资本积累，属于外生性因素，最终导致不同个体在收入水平上的巨大差异。个人能力的形成依托于消费，父辈积累了较多财富和较高社会地位的个体有更多资源投入这一消费。已经积累了较多财富的个体也会投入较多的资源到能力提升的消费上，从而形成富者能力更强，贫者能力更弱的局面。能力差距的扩大又进一步加大贫富差距。因此，共同富裕的实质是所有人能力的共同提升。[①] 而金融实质上是通过在不确定环境中对资源进行时间和空间维度的配置，影响人的能力发展，进而影响共同富裕的实现。

共同富裕作为一个特定范畴，包含“共同”和“富裕”两方面内容。[②] 其中“富裕”是基础，“共同”则指明了“富裕”的性质，因此，金融和共同富裕的关系也可从两方面进行探讨。一方面是金融对“富裕”，即经济增长的影响。金融在经济中具有十分重要的作用，对经济增长的影响极其显著。它不仅能够通过资金供应促进企业投资，而且能够改善市场交易环境，提高金融服务水平和投资效率，减少各类成本，提供跨时空的资源配置。另一方面是金融对“共同”，即对平等性的影响。金融不断朝着两个方向发展。向上，各种创新性的金融工具不断推陈出新，虽然在一定程度上提升了资源配置的效率，但是由于使用门槛的提高，其逐步成为少数人可以使用的工具，进而使得金融部门和高净值家庭的资产极速飙升，最终加剧贫富分化。向下，各种普惠性的金融产品借助新的科技不断触达低收入群体，使得更多的人能够打破其在人力资本积累上的劣势，获得更高水平的金融素养和更便捷的借贷服务，减少收入波动，进而缩小贫富差距。金融本质上也属于人的一种能力，客观上，不同人群对此能力的掌握差别较大，这必然加大贫富差距。因此，为了实现共同富裕，需要加强对各种金融创新的监管，规范不合理收入，同时也要大力发展普惠金融，提高中低收入人群的金融能力。

综上，金融推进共同富裕有以下两条路径：第一，发挥金融的本质作用，服务实体经济，推动经济高质量发展，“做大蛋糕”；第二，积极发展普惠金融，提升服务中低收入群体的能力，向弱势群体倾斜更多的资源，让更多的人群享受到金融的财富效应。在“做大蛋糕”的同时，助力好“分配蛋糕”。

三、做大蛋糕——金融推动经济高质量发展

实现共同富裕，经济高质量发展仍然是第一位的。共同富裕只有在社会财富的不

---

① 刘尚希等：《共同富裕与人的发展：中国的逻辑与选择》，北京：人民日报出版社，2022 年，第2—5 页。

② 黄泰岩、刘宇楷：《共同富裕的理论逻辑与价值取向》，《理论导报》2021 年第 9 期。

断创造中才能实现，一个停止发展的社会不可能实现共同富裕。2021 年 12 月 8 日召开的中央经济工作会议指出，实现共同富裕目标，首先要通过全国人民共同奋斗把“蛋糕”做大做好。[①]“蛋糕”做大从根本上讲是要提高我国的 GDP 总量，这样我国的人均可支配收入才能上升，才会积累更多的财富，这是共同富裕的基础。而 GDP 总量的提升，核心还是经济高质量发展的问题。

经济高质量的发展，需要坚持“两个毫不动摇”。第一，“毫不动摇地巩固和发展公有制经济”。我国经济制度的重要内容就是要坚持公有制经济为主体，这也是社会主义的制度规定之一。国有经济的主导作用，是保障全国人民能够共享经济发展成果的重要基石。2022 年世界 500 强中，中国企业上榜 145 家，其中国有企业 99 家，占据主导地位。国有企业在大型科技攻关、基础及应用技术研究等方面依然具有绝对优势，是我国维持国际竞争力的重要力量，是实现共同富裕最大的稳定器，其发展得到了传统金融业的大力支持（包括银行借贷和证券发行）。第二，“毫不动摇地鼓励、支持、引导非公有制经济发展”，改革开放 40 多年来，非公有制经济做出了“56789”的重要贡献：5 成以上的税收占比，6 成以上的 GDP 占比，7 成以上的科创成果占比，8 成以上的城镇劳动就业占比，9 成以上的企业数量占比。[②] 非公有制企业在科创领域发挥着关键作用。2022 年我国科创板的上市公司中，80％为私营企业。在一些高新科技行业，比如新能源汽车、人工智能、互联网，非公有制企业担当着冲锋带头的作用，积极拉动产业升级，实现经济高质量发展。庞大的非公有制企业数量及其带动的大量就业，成为中低收入人群就业机会的主要来源，也为中低收入人群能力的进一步提升创造了条件。非公有制企业在推动共同富裕的进程中，发挥着举足轻重的作用，不仅不能“离场”，还要走向更广阔的舞台。“只有充分重视包括民营经济在内的各市场主体作用，在生产及分配环节兼顾公平与效率，才能全面推动共同富裕的实现。”[③] 然而，目前的金融服务与非公有制经济发展的重要地位并不协调。[④] 非公有制企业获取金融服务的难点在于缺乏抵押和担保，难以在现有的金融框架下获得足够的信用资质。非公有制经济体在大型银行中获得的贷款比例低、成本高。此外，由于股

① 《2021 年中央经济工作会议公报全文》，http：// www.zygov.gov.cn/zfbm/sjj/gzdt/202112/t20211217_72072124.html，2021 年 12 月 17 日。

② 易宪容：《非公有制经济仍是社会主义市场经济的重要组成部分》，《光彩》2022 年第 11 期。

③ 田轩：《共同富裕中的民企新机遇》，《21 世纪经济报道》2021 年 11 月 15 日，第 3 版。

④ 陈文华、李恩付：《金融支持非公有制经济高质量发展》，《中国金融》2020 年第 1 期。

权债权融资发展的滞后，非公有制企业获得直接融资的比例也较低。近几年，金融行业逐渐开始重视非公有制企业的融资，为其量身定做差异化的金融服务。例如，积极推动以云计算、区块链和大数据为代表的金融科技，为中小企业建立更加翔实的画像，破解其融资难、融资贵的问题。

经济高质量发展，需要扎实推动产业结构升级。产业结构升级是指从生产效率低的结构形态转变为生产效率高的结构形态，从低附加值的劳动密集型产业，升级到资本密集、技术密集型的高附加值产业。一个国家宏观经济水平的提升，一定会体现为中观层面产业的升级。按照与世界前沿的差距、是否符合比较优势以及研发周期的长短三个标准，[①] 可将我国的产业大致分为五大类：第一，追赶型产业，其同世界领先水平仍然存在差距，产业升级的主要压力在于科技创新；第二，领先型产业，其技术处在世界先进水平，想要更近一步或者保持目前的领先优势，只能靠自主研发，风险和收益均较高；第三，转进型产业，主要是劳动密集型产业，曾经拥有比较优势，但是随着人力成本的增加，比较优势不再，或者转移到了内陆省份；第四，弯道超车型产业，研发时间较短，通常不超过 18 个月，在人力资本上比较有优势，比如一些独角兽企业；第五，战略型产业，研发周期比较长，同时也是关系到国防安全的产业。对这五类产业的升级，金融可以发挥不同的作用。第一、二、四类产业的重点在于推动科技创新，大量研究证明金融能够为企业创新进行融资，并通过相关手段激励创新。[②] 第三类产业的升级，可以考虑将这些劳动密集型企业迁至内陆等仍然具有比较优势的地区，改善区域发展的不平衡，由于这一产业中中小企业占大多数，所能享受到的金融服务十分有限，意味着提升空间较大。第五类产业由于其研发周期长，对融资的需求巨大，金融（尤其是国有银行）对此类产业有着较大的提升作用。

因此，为实现经济高质量发展，金融行业需在继续支持公有制经济的同时，补足其对非公有制经济服务的短板，增加对科技创新的支持，进而推动产业升级。金融促进经济高质量发展进而“做大蛋糕”的具体路径体现在以下几个方面。

（一）支持科技创新

支持科技创新是金融服务实体经济的关键抓手。科学技术是第一生产力。从 19

---

① 林毅夫等：《论中国经济的发展》，北京：中信出版社，2021 年，第 187—191 页。

② 田轩：《创新的资本逻辑》，北京：北京大学出版社，2018 年，第 8—13 页。

世纪以来近两百年的世界历史告诉我们，任何国家的经济政治地位的跃迁，都伴随着一次次的工业革命。当下，我国处在亟须产业升级的重要关口，如何加快实现科技创新，并将其扎实有效地转化为生产力，成为一个关键命题。“十四五”规划强调：“坚持创新在我国现代化建设全局中的核心地位，把科技自立自强作为国家发展的战略支撑，面向世界科技前沿、面向经济主战场、面向国家重大需求、面向人民生命健康，深入实施科教兴国战略、人才强国战略、创新驱动发展战略，完善国家创新体系，加快建设科技强国。”[①] 同时也制定了目标：在“十四五”期间我国的创新能力需要“显著提升”，到 2035 年我国要“进入创新型国家前列”，并在关键核心技术上取得重大突破。

科技创新最大的特点是不确定性。具体体现在以下四个方面。一是技术可行性的不确定性。一个新的技术方向是否可行，事先并不确定，往往经过大量的试错后仍然有可能发现其不可行。二是商业上的不确定性。即使验证技术可行的方案，也会因高昂的初期成本，无法带来正向的利润。三是相关互补技术的不确定性。一个产品的成功是由多项技术的突破决定的。2023 年开年以来火热的大语言模型技术 ChatGPT，其核心算法“神经网络梯度下降”早在 40 年前就被发明出来，但是直到近年来随着 GPU 算力的不断提升，才展现出其最终的威力。单一技术的突破，可能会激发出多个产品的突破，也可能发现其仍然没有用武之地。四是制度和文化的不确定性。创新是破坏性的，往往会损害既得利益团体的利益，从而招来打压和阻挠。[②] 这四个方面的不确定性，导致了创新融资的巨大风险。每一项技术创新成果最终转化为生产力，大致都会经历以下四个阶段：初始研究和开发阶段，实验室生产阶段，大规模生产阶段和产品产业化阶段。这四个阶段的不确定性依次降低，但对资金的需求依次提高。基于这一特点，不同类型的资金支持应该呈现出以下特点：一是财政资金重点参与前期阶段，对高风险、周期长的科研活动提供支持，发挥我国举国体制的优势；二是金融资金重点参与后期阶段，着重强调发挥市场调节机制对资源的配置作用，对冲科技创新在商业上的不确定性。[③]

---

① 《中华人民共和国国民经济和社会发展第十四个五年规划和 2035 年远景目标纲要》，http：//www.gov.cn/xinwen/2021—03/13/content_5592681.htm?pc，2021 年 3 月 13 日。

② 张维迎：《从创新的不确定性看产业政策面临的挑战》，https：//www.aisixiang.com/data/115277.html，2019 年 2 月 28 日。

③ 张晓慧等：《金融促进高质量发展之路》，北京：中信出版社，2022 年，第 95 页。

发达国家的历史经验表明，金融在技术创新转化为先进生产力的过程中起到了加速器的作用，而我国的金融服务在这方面的作用仍然处在相对初级的阶段。核心短板在于以间接融资为主的融资模式与推动科技创新所需的直接融资不相匹配。① 在过去相当长的一段时间内，商业银行在金融体系中发挥了主导作用。但是银行体系与不确定性较高的科技创新存在着以下几个不匹配关系。第一，风险不匹配。商业银行追求本金的安全和投资收益的稳定性，这与科技创新的高风险特点存在着天然的矛盾。第二，周期不匹配。对于科创企业而言，技术研发、产品迭代都需要较长的周期，而商业银行提供的信贷资金仍然属于债务资金，其内部的考核更偏向短期，更注重当期稳定现金流。第三，抵押不匹配。商业银行注重资产的抵押，而不少初期科创企业普遍缺乏资产，没有健全的营收数据，拥有的仅是高科技人才和一些技术专利等知识产权。这些知识产权的价值评估较为困难，难以交易和流通，因而很难成为符合银行标准的抵押物。第四，人才不匹配。我国商业银行长期深耕较为成熟的传统行业，同时，不同的科技产业技术迭代迅速，导致能够在项目尽调、抵押物价值评估、贷后管理等各方面合格的科技金融复合型人才短缺，从而影响商业银行对科创企业的深度支持。

针对以上种种不匹配关系，必须推动间接融资向直接融资转变，建立起以股权融资为主的多层次资本市场体系。“提高直接融资比重是服务创新驱动发展战略的迫切要求。”② 直接融资的优势是“风险共担，利益共享”，这十分契合科技创新风险大、收益高的特点。具体而言，可采取以下措施。

首先，从拓宽源头的角度，全面贯彻落实股票发行注册制，③ 推动长期资金入市。注册制改革意味着由市场供求决定股票发行数量、价格和时间，而不是由证监会等机构审批。这样可以提高股票发行的效率和市场化程度，促进优胜劣汰。推动长期资金入市，旨在引导保险、养老、社保等中长期资金通过多种方式参与股票市场投资，增加市场稳定性和活跃度。这样可以提高股票市场的价值投资比重，降低短期波动风险，为科技创新提供长期稳定的资金保障。

---

① 田轩：《构建创新型金融生态》，《经济日报》2022 年 11 月 15 日，第 5 版；李艳：《金融支持科技创新：经验、问题与建议》，《宏观观察》2016 年第 31 期。

② 易会满：《提高直接融资比重》，http://theory.people.com.cn/n1/2020/1221/c40531-31972981.html，2020 年 12 月 21 日。

③ 田轩：《破解中小微企业直接融资难》，《经济日报》2023 年 2 月 11 日，第 5 版。

其次，从层次的角度，需要建立具有中国特色的多层次资本市场体系，通过主板、科创板、新三板等增加直接融资的包容性。综合考虑行业、市值、财务指标等不同特征，在不同市场板块进行区别设计，加强各板块间的互联互通，为科创企业融资打开多元渠道，引导长期资金流向具有创新潜力但短期可能经历挫折的优质科创企业。同时，加快私募股权基金的发展，政府部门要加大对私募股权基金的政策支持和制度建设，提供税收优惠、财政补贴、资金配套等激励措施；市场主体要加强自身建设和创新能力培养，提高私募股权基金的专业水平和风险管理能力，开拓多元化的募资渠道和投资领域；拓宽多样化的退出渠道，如上市、并购、回购等，利用区块链等技术手段提高退出效率和安全性。

最后，从配套的角度，鼓励建设知识产权质押融资平台，丰富科创企业的可抵押资产。例如，中知在线是中国首家知识产权金融创新服务平台，联合多家金融机构，提供专利融资、商标融资等服务。此外，金融机构应发展科技保险等创新型金融产品，这是一种针对科技型企业的风险管理工具，可以为企业提供科技项目失败、知识产权侵权、产品责任等方面的保障。

（二）大力改善小微企业融资难问题

大力改善小微企业融资难问题是补齐金融对非公有制经济支持短板的重要措施。小微企业数量占我国市场主体九成以上，GDP 贡献比例六成以上，创造就业八成以上。在提高我国居民收入、保就业促和谐方面有着举足轻重的作用。然而目前小微企业的融资需求仍然没有得到满足。小微企业对中国经济的贡献同所获得的金融机构的贷款不成比例。据测算，我国小微企业的贷款需求约为当前规模的 1.5～2.3 倍，仍然有着较大的增长空间。①

小微企业融资难、融资贵的核心原因是缺乏可抵押的资产，同时内部管理不规范，报表不规范，依赖其自身提供的运营财务信息难以评估其信用。这就导致银行在为小微企业服务时或以较差的风控水平进行运营，或花费较高的成本进行风险评估。因此，大型商业银行倾向于做“大生意”。近年来，国家出台了相关政策，鼓励降低小微企业贷款成本、鼓励大型银行建设小微企业专营机构等。因此，银行的普惠型贷

---

① 《中国中小微企业融资发展报告》，https：//www.iresearch.com.cn/Detail/report?id＝3877&isfree＝0，2021 年 11 月 15 日。

款成为解决小微企业融资问题的主力。

积极的政策引导是改善小微企业融资环境的重要手段，但仍需从根本上降低小微企业的信用评估成本，提升其融资能力，具体路径包括以下几点。第一，提升金融机构对科技的运用水平。运用大数据、云计算等技术打造互联网金融服务平台。平台经济利用新科技实现四流信息的数字化、安全、共享，将四流信息通过隐私计算等手段同金融机构共享，提升小微企业的信用评估水平和信贷获得能力。第二，发展供应链金融。利用核心企业的信用优势为上下游小微企业提供信贷担保，提高小微企业融资可获得性；依据小微企业在供应链内的商品贸易往来，以其原材料、存货甚至未来的产成品等进行抵押借款，降低小微企业的融资成本；通过区块链技术赋能供应链金融，其能追溯不可篡改的特征能够降低链上机构间的信用协作风险和成本，智能合约有助于进一步降低违约风险，提高小微企业的融资效率。第三，深化债券市场化机制改革。既要妥善应对现有的债券违约风险，又要推出更多的债券融资产品，加速资产证券化进程，让小微企业能够更便捷地获得债券融资支持。①

（三）积极发挥保险业的风险保障能力，提高经济循环效率

保险通过契约将资金集中起来，用以补偿被保险人的经济损失。保险有两个重要的特点：一是用集体的力量补偿个体损失，从而极大降低个体风险；二是聚拢大量的长周期资金，可以为科技创新、产业升级提供长期稳定资金。

非寿险能够提高经济循环效率。② 非寿险主要通过两方面效应促进经济活动。第一是预期效应。投保非寿险的主体对未来经济活动的损失预期有明确的、可以量化的判断，因而可以更精准地分配自己的资金。同时，也促进低风险偏好的主体积极进入市场，提升市场活力。第二是补偿效应。当被投保人发生财产损失后，可获得保险合同上约定的补偿，增强被投保人的韧性，使其可以继续参与市场活动，不会因为风险事件而彻底退出市场。

完善的保险机制能够促进居民消费。习近平总书记提出，要加快构建以国内大循环为主体、国内国际双循环相互促进的新发展格局，形成需求牵引供给，供给创造需

---

① 田轩：《破解中小微企业直接融资难》，《经济日报》2023 年 2 月 11 日，第 5 版。

② 邱晓华等：《新征程上我国保险业服务共同富裕的功能研究》，《保险研究》2022 年第 4 期。

求的更高水平的动态平衡。[①] 其中扩大内需是关键抓手之一。我国居民收入的主要构成部分为工资性收入。由于对医疗和养老等方面保障的担心，我国居民倾向于通过储蓄防范这些风险，从而压缩了消费空间。完善的医疗保险和养老保险，能够明确提高人们对未来不确定事件的预期，从而将储蓄转化为即时消费，促进内循环发展。

大规模的保费沉淀可以成为促进产业升级的资金来源。经济高质量发展的核心是产业升级。保险通过契约将大规模人群的资金汇集起来，同时这些契约合同的签订周期较长，因此险资具有规模大、周期长、来源稳定的特点。“养老金融供给与资本市场长期资金相辅相成，以金融促民生。”[②] 险资可以引导资金投向新基建、城市化和战略性的新兴产业，提高对高端制造、创新性产业集群的支持力度。2022 年第一季度，险资用于配置“股票与证券投资基金”的比例仅为 12.13%，[③] 仍然具有较大的提升空间。

为了更加高效地助力经济高质量发展，提升风险保障能力，保险行业可采取以下措施。一是提升巨灾风险保障服务能力。建立自然灾害综合管理平台，将保险纳入减灾资源管理和调用，支持保险行业建立和优化灾害分析与保险赔付模型；也可借鉴国际成熟方案，比如巨灾保险连接证券，拓宽保险资金的融资渠道。二是丰富第三支柱养老金融产品供给，包括养老储蓄、商业养老理财、商业养老保险、商业养老金等产品，满足不同层次和类型的投资者的需求。三是完善健康管理模式，从“事后赔付”向“事前管理”、从健康人群向亚健康或带病人群转型和延伸，提供疾病预防、康复护理等服务。同时，加强与医疗健康服务机构合作，通过患者行为管理、产品创新、数据共享和对接、服务规范标准建设等途径，构建管理型医疗保障服务闭环。四是立足资产配置优势，发挥风险管控能力，通过对养老金和保险资金的管理树立长期投资和价值投资的理念，挖掘与长期资金相匹配的优质资产，做好养老金大类资产配置，追求稳健收益，帮助客户穿透经济周期、抵御通货膨胀，实现养老金的保值增值。

---

① 习近平：《高举中国特色社会主义伟大旗帜　为全面建设社会主义现代化国家而团结奋斗》，《人民日报》2022 年 10 月 26 日，第 1 版。

② 田轩：《统筹资本市场改革与安全》，《经济日报》2023 年 1 月 31 日，第 5 版。

③ 《险资对股票与基金配置比例处近 3 年低位　多家险企称已逢低加仓》，https：//finance.sina.com.cn/jjxw/2022—05—24/doc—imizirau4474027.shtml，2022 年 5 月 24 日。

四、分好蛋糕——金融改善低收入群体收入，扩大中等收入群体规模

习近平总书记在《扎实推动共同富裕》中提出，要“着力扩大中等收入群体规模。要抓住重点、精准施策，推动更多低收入人群迈入中等收入行列”。[①] 国家统计局对于中等收入群体的标准定义为年收入在 10 万～50 万元的家庭（三口之家），也即人均收入在 3.3 万～16.7 万元之间。截至 2020 年，我国符合这一标准的中等收入群体大约有 4 亿人，低于全国总人口的 50%，这表明我国大部分人口仍然是低收入群体。按照五等分分组法计算可知，约有五分之二的城镇居民仍然属于低收入群体，约有五分之四的农村居民属于低收入群体。根据《第七次全国人口普查公报》，2020 年我国约有 9 亿城镇居民和 5.1 亿农村居民，[②] 这意味着我国有 3.6 亿城镇居民和 4.1 亿农村居民属于低收入群体。

因此，提升低收入群体收入，扩大中等收入群体规模是实现共同富裕的必然选择。作为调节资源跨期配置的金融业，可从以下几方面发挥作用，进而促进公平高效地“分好蛋糕”。

（一）大力发展普惠金融

传统银行业集中了大量资源服务于大型成熟企业和高净值群体，一定程度上加剧了贫富分化。近年来，随着普惠金融的发展，弱势群体理财能力不断提升，农村金融相关政策的出台提高了农民的财产性收入，也为农业活动提供了更多的信贷支持。

提高弱势群体信贷能力。随着人工智能、大数据等技术在金融领域的应用，商业银行的各类成本有所下降，开始将越来越多的资源向弱势群体倾斜。同时，大数据征信技术的应用，使得传统的信用白户（农民、大学生、低收入群体等）能够获得一定的征信评分，进而在不提高银行坏账风险的前提下为更多客户提供信贷服务。

强化理财服务，提升居民财产性收入。银行通过运用互联网技术开发更多的创新产品，使得理财产品的购买门槛不断降低，满足不同层次、不同风险偏好的居民的理财需求，推动理财“平民化”，提高弱势群体和中等收入群体的财产性收入，实现普

---

① 习近平：《扎实推动共同富裕》，《求是》2021 年第 20 期。

② 《第七次全国人口普查公报（第六号）》，http://www.stats.gov.cn/sj/tjgb/rkpcgb/qgrkpcgb/202302/t20230206_1902006.html，2021 年 5 月 11 日。

惠性财富管理。同时，随着图像识别、语音识别和自然语言处理等技术的应用，银行将开发机器人来替代大量人工，在开户、理财顾问等领域发挥作用，使得除了高净值群体以外的更多客户能够享受银行理财服务，促进金融资源的公平分配。

支持“三农”。习近平总书记在二十大报告中指出，要“全面推进乡村振兴。完善农业支持保护制度，健全农村金融服务体系”。[①] 我国金融体系对乡村振兴建设的支持由来已久。2016 年，国务院印发《推进普惠金融发展规划（2016—2020 年）》指出，要提高农村商业银行、农村合作银行、农村信用联社服务“三农”的能力。我国专门成立了农业政策性银行“中国农业发展银行”，用以扶持棉粮油业的发展。其他国有大型银行也积极发展农业信贷。为解决棉粮油领域的抵押担保问题，中国农业银行采取了农业设施抵押、种植业知识产权质押等针对性的担保形式。[②] 为提高农村土地使用效率，部分地区开展了“土地银行”试点。农民将土地承包经营权“存入”银行，定期获得利息，“土地银行”则将土地承包经营权“贷”给需要的企业，这不仅提高了农村闲置土地资源的利用效率，更为农民增加了财产性收入。[③] 该模式值得在全国范围内推广。

推进普惠金融发展，可从以下几个方面开展。第一，鼓励发展地方性中小银行，鼓励其利用可获得的“软信息”对小微企业以及当地弱势群体进行合理的信用评估，在降低信息不对称的同时优化银行资金配置效率。第二，充分利用政府大数据，如当前正在建设的国家数据局，银行机构可将自身数据在该平台共享，同时接入其他部门数据，各层级数据互通互联进一步为银行赋能，使其在低收入群体中拓展信用可靠的客户。第三，提升科技水平，深入探索智能风控，在反洗钱、欺诈等风险领域加大侦查与防范力度，防止违法犯罪团伙侵害普通群体利益。第四，加强银行对农村家庭的服务，在农村设置便利服务机，与农村小超市、供销社、村支部、诊所等合作，为农村家庭小额取现、转账、查询以及生活缴费等提供金融服务。

（二）培育健康有序的资本市场

资本市场在资源配置和财富分配中发挥着重要作用。健康有序的资本市场，能够

---

① 习近平：《高举中国特色社会主义伟大旗帜为全面建设社会主义现代化国家而团结奋斗——在中国共产党第二十次全国代表大会上的报告》，《人民日报》2022 年 10 月 26 日，第 1 版。

② 彭江：《提升金融服务乡村振兴水平》，《经济日报》2022 年 11 月 1 日，第 7 版。

③ 王震江：《中国农村土地银行研究》，北京：中国金融出版社，2018 年，第 5 页。

促使全民共享经济增长红利，增加居民（主要指中等收入群体）财产性收入。

员工持股计划。虽然我国城镇居民的财产性收入已达到总收入的 10%，是农村居民该收入比重的数倍。但是相比于西方发达国家，这一比例仍然较低。美国在 2018 年时，中等收入人群财产性收入占比高达 43.1%。同时，随着收入水平的不断增长，总收入中财产性收入的占比也在不断提升。当前，全球前百分之一的人群拥有着超过 40%的资产，这些超额的资产大多数由其所拥有的资本创造，属于“按资分配”。资本可以参与到分配当中，人力资本也应当参与到分配中，推行“按生产要素分配”的原则，而员工持股计划则是实现按生产要素分配企业利润的有效途径。员工持股计划既提升效率又兼顾公平。① 员工拥有企业的股份，个人的收益就和企业的效益挂钩，能够有效调动员工的积极性，提升企业活力。同时，员工通过股票可以获得公司的分红，共享公司发展带来的利润，也可以通过股票变现获得财产性收益，这在一定程度上抑制了贫富差距的加剧。万得（Wind）的数据显示，2022 年，我国 A 股 252 家公司发布了员工持股计划。为提高员工持股计划实施的合理性，应根据不同的企业性质制定差异化、针对性的激励方案，明确参与人群及参与比例，制定清晰明确的退出机制。

现金分红制度。资本市场为上市公司提供了面向公众的融资渠道，上市公司则应当为投资者提供合理的回报，与全体投资者共同分享企业发展带来的红利。作为企业经营利润的分配途径之一，现金分红体现了发展成果人民共享的思想。随着近年来证监会股利政策的不断完善，我国上市企业现金分红规模逐年增长。2021 年上市公司年报显示，该年度现金分红规模达到 1.55 万亿元，80%以上的盈利公司进行了现金形式的股利分配。② 然而，目前我国仍然存在现金分红比例低、分红金额不稳定以及分红时间不确定等问题，应通过增加企业股票高送转成本、引导投资者长期持股、健全退市制度等方式提升现金分红规模。

独立董事制度。在资本市场运行过程中，财富的再分配也存在于所有投资者之间。而上市公司的大股东，作为财富分配中的掠夺者，使得中小股东蒙受损失。例如，大股东利用自身的内部信息优势，择时进行股票增持或减持（股价被低估时增持，被高估时减持），并在此过程中谋利。这显然侵害了大量中小股东的利益，有违

---

① 宋志平：《共同富裕下的共享企业建设》，《中国企业报》2021 年 11 月 30 日，第 2 版。

② 《A 股公司 2021 年盈利 5.3 万亿增近两成　合计完成现金分红 1.55 万亿再创新高》，http：//finance.sina.com.cn/roll/2022—05—05/doc—imcwiwst5626735.shtml，2022 年 5 月 5 日。

共同富裕的思想。我国证监会于2001年出台了独立董事相关制度，指出独立董事"尤其要关注中小股东的合法权益不受损害"。独立董事是指独立于公司股东且不在公司内部任职，与公司或公司经营管理者没有重要的业务联系或专业联系，并对公司事务做出独立判断的董事。实证研究表明，独立董事的存在能够在一定程度上抑制大股东的"掏空"行为。[①] 目前，纳入统计的A股上市公司独立董事有15000名左右，在公司治理过程中发挥了一定的正向作用。为进一步提升独立董事对上市公司的监督作用，强化对中小股东的保护，应以优化独立董事的提名和选聘方式等为重点创建相关制度，确保其独立性和专业性。[②]

为进一步强化资本市场助力"分好蛋糕"，优化金融资源配置，可采取以下措施。第一，在全面推进注册制改革的背景下，推进资本市场基础制度配套改革，包括交易所公司制改革、采取更灵活的交易制度、完善强制退市标准、优化退市流程环节等。[③] 第二，加快资产证券化发展，重点支持中小微企业债券融资。第三，完善集体诉讼制度，减少中小投资者参与集体诉讼的成本与限制。第四，在资本市场设立举报人制度，鼓励内部人对财务造假、发行欺诈和内幕交易等有损广大投资者利益的行为进行举报。

（三）发挥保险业财富分配和基础保障作用

保险业在促进分配方面起着重要作用。它可以减轻风险带来的损失，缓解不确定性的影响，防止已经脱贫的群众或者已经步入中等收入群体的群众重新返贫。健全的社会保障制度能够缓解我国区域不平衡和城乡二元差异。保险金可通过直接投资和委托投资等方式，实现保值增值，进一步加强社会保障能力。

兜底保障，防止规模性返贫。我国五险（养老保险、医疗保险、失业保险、工伤保险、生育保险）参保人数从2012年的7.88亿、13.4亿、1.52亿、1.9亿、1.5亿提升到2021年的10.3亿、13.6亿、2.3亿、2.8亿、2.4亿。[④] 其中基本医疗保险参保率已经超过95%。同时，我国的医疗保障体系针对低收入群体出台了相关倾斜政策，贫困人口的医疗保险参保率在99.9%以上。相比于普通居民，贫困人口的大

---

① 叶康涛等：《独立董事能否抑制大股东的"掏空"?》，《经济研究》2007年第4期。

② 马春阳、周琳：《独立董事如何"既独又懂"》，《经济日报》2021年9月22日，第7版。

③ 田轩：《发挥科创融资的"活水"效应》，《经济日报》2023年4月1日，第5版。

④ 国家医保局：《我国生育保险制度建设与20年发展数据一览》，《中国医疗保险》2021年第10期。

病保险起付线降低了50%，报销比例提升了5%，贫困人口的医疗自付比例得到了显著的降低。为进一步提升社会保险兜底保障功能，应加快完善社会保险体系。保险机构应当通过与基本医疗保险、大病保险、医疗救助等制度衔接，为困难群众构建多层次医疗保障体系，解决因贫看不起病、因病加剧贫困问题；通过政府购买服务的方式，由商业保险机构承办困难群众大病补充保险。

提高基金抗风险能力，缩小区域差距。2012年以来，我国社会保障体系建设进入了快速发展阶段。2014年统一城乡居民基本养老保险制度；2016年进行医疗、医保、医药“三医联动”改革；2018年建立企业职工基本养老保险基金中央调剂制度，该调剂制度要求每个省份上解本省份部分养老基金，构成中央调剂基金，再由中央统一调剂使用，以平衡各地区的养老基金负担，从而整体上提高养老基金的抗风险能力；2021年，我国东部地区共向中西部和老工业基地省份拨付养老金1768亿元，有力缓解了社保基金收支的区域结构性矛盾。[①] 未来应进一步完善社会保障体系的再分配功能，建立针对贫困地区、弱势群体的社会保障专项转移支付制度。

社保资金增值，增强社会保障能力。在我国，社会保障基金主要由三部分组成，一是最基本的五险；二是企业年金、行业年金及个人养老金；三是由全国社保基金理事会直接负责运行的全国社会社保基金。根据《全国社会保障基金理事会社保基金年度报告（2021年度）》，截至2021年末，社保基金会管理的基金资产总额30198.10亿元，投资收益额1131.80亿元，投资收益率4.27%。[②] 各项社会保障基金均可投资市场上的各种金融产品，如股票、债券、基金等实现增值，抵御物价上涨带来的财富缩水，进而促进全民共享经济社会发展所创造的财富红利，为共同富裕做出贡献。

为更好地发挥保险业财富分配和基础保障的作用，可从以下几个方面展开。第一，强化科技赋能，利用人工智能、深度学习等技术，对客户数据进行深入分析，构造更加智能化的定价模型，为弱势群体提供更多符合需求的基础保险产品。第二，促进保险业与医疗信息深度融合，建设医保大数据，将医保服务与远程医疗、电子病例等结合，从而降低中低收入群体就医成本，防止因病返贫。第三，采用气象数据、全球卫星定位、遥感技术等科技手段对农业险进行精准高效定损和理赔，解决农民后顾之忧。

---

① 敖蓉：《社会保障体系建设进入快车道》，《经济日报》2022年9月9日，第9版。

② 《全国社会保障基金理事会社保基金年度报告（2021年度）》，http://www.ssf.gov.cn/portal/xxgk/fdzdgknr/cwbg/sbjjndbg/webinfo/2022/08/1662381965418407.htm，2022年8月18日。

新发展阶段我国区域经济高质量发展的理论逻辑、实践路径与政策转型

任保平*

摘　要：高质量发展是新发展阶段区域经济发展的主要目标，而区域经济高质量发展是区域经济发展的高级形态。进入新发展阶段，我国区域经济发展呈现超传统性的分化状态、显著的扩散效应以及结构优化和创新实力成为发展新引擎等新特征，面临区域经济平衡约束、动力制约及结构性制约三个方面的制约条件。新发展阶段我国区域经济高质量发展可从发展路径及政策转型两方面推进，在发展路径方面，应培育区域经济高质量发展的增长点、构建新增长极、创新发展战略、融入全国统一大市场；在政策转型方面，应从数量型区域经济政策调控转向质量效益型区域经济政策调控，从区域经济增长极政策调控转向区域协调发展调控，从区域转移调控转向区域内生创新调控，从区域需求管理调控转向区域绿色供求动态平衡调控，从非均衡区域经济政策转向区域均衡经济政策的调整。

关键词：新发展阶段；区域协调发展；区域经济高质量发展

二十大报告指出“深入实施区域协调发展战略、区域重大战略、主体功能区战略、新型城镇化战略，优化重大生产力布局，构建优势互补、高质量发展的区域经济

* 任保平，南京大学数字经济与管理学院特聘教授（南京　210093）

布局和国土空间体系”。① 在新发展阶段加快构建新发展格局，着力推动高质量发展的过程中要推动区域经济高质量发展的任务，即高质量发展已经成为区域经济发展的主要目标，而区域协调发展则是实现区域经济高质量发展的重要路径。因此，在新发展阶段，由于我国区域发展格局的重大变化，区域经济发展质量的提升不应局限于短期，而要着眼于长期、可持续，做好区域经济高质量发展的路径选择与政策转型。

一、区域经济高质量发展的一般理论逻辑机理

高质量发展是深入贯彻新发展理念，且经济增长数量达到一定阶段后，实现效率提升、结构优化、新动能培育和人民生活水平提升的结果。“区域高质量发展可以被视为区域发展的一种高级状态”，② “区域高质量发展不仅是推进中国式现代化的必要支撑，也是推进中国式现代化的关键抓手”。③ 由于经济高质量发展具有系统性，其发展标准呈现显著的层次性：宏观上经济高质量发展的标准是效率标准，中观上是结构标准，微观上是市场标准。④ 以往区域经济发展问题以总体研究为主，缺乏实施机制探讨。因此，本文将区域经济划分为宏观、中观、微观层面，从宏观的整体层面、中观的产业层面、微观的企业层面三个层次分析区域经济高质量发展的一般理论逻辑机理，为区域经济高质量发展提供一般理论依据。

（一）宏观层面区域经济高质量发展的逻辑机理

效率是宏观层面区域经济高质量发展的标准，主要以提高区域潜在增长率、要素利用效率为核心，具体逻辑机理表现在以下两个方面。

一是区域经济高质量发展是生产力因素与宏观层面区域经济长期变动的结果。宏观层面的区域经济长期变动中，潜在生产率能够衡量经济体中所有生产要素最优配置下所能达到的最大增长率，从而实现区域经济高质量发展。区域经济高质量发展取决于实际或者潜在生产要素的数量、质量和配置效率。潜在生产要素的实际利用效率由

① 习近平：《高举中国特色社会主义伟大旗帜为全面建设社会主义现代化国家而团结奋斗》，《人民日报》2022 年 10 月 26 日，第 1 版。

② 孙久文、苏玺鉴：《新时代区域高质量发展的理论创新和实践探索》，《经济纵横》2020 年第 2 期。

③ 贺灿飞、李志斌：《论中国式现代化进程中的区域高质量发展》，《社会科学辑刊》2023 年第 2 期。

④ 任保平、李禹墨：《新时代我国高质量发展评判体系的构建及其转型路径》，《陕西师范大学学报》2018 年第 1 期。

总需求方面的因素决定。当潜在生产要素的实际利用效率系数变化时，会引起区域经济发展的周期性波动，因而要提高潜在生产要素的实际利用效率，促使实际增长水平与其保持一致，避免经济大起大落。而区域经济平稳发展，可以避免出现大范围的经济波动，使得区域经济运行具有稳定性。区域经济实际增长速度一般由需求因素决定，潜在生产率则由供给因素决定，在既定的区域经济状态下，潜在生产率的改善需要相当长的时间，而实际增长速度的调整更为迅速。

二是宏观层面区域经济高质量发展与生产效率有关。一个区域的经济制度状况不仅决定生产效率的发挥程度，且与生产效率成正比。同时，制度对于长期的区域经济发展有着至关重要的作用，其决定着社会信息流动的成本。各种经济制度相互包容，信息流动充分，则所有经济生活主体的市场信息完备程度较高，市场能够有效配置资源。资源配置问题一般体现在区域经济发展的结构性变迁过程中，在这种情况下，由于资本和劳动力在农业和非农业部门中流动，若要素完全流动，则要素回报率在部门之间会获得相同的报酬，此时因价格不存在扭曲，能够最大化发挥区域全要素生产率。如果价格存在扭曲，则价格效应与规模效应同时发生，致使区域全要素生产率无法发挥到最大程度。

（二）中观层面区域经济高质量发展的逻辑机理

中观层面区域经济高质量发展的标准是结构标准，要以优化区域产业结构来实现区域经济高质量发展。产业结构作为经济结构的主要方面，其协调优化能够促进各类生产要素和资源向效率较高的部门流动，对科技创新驱动、资源配置优化和生态环境保护等多个方面发挥重要作用，是实现区域经济高质量发展的中观层面标准。

首先，中观层面农业生产经营方式创新推进区域农业经济高质量发展。一是以科技创新提升农业发展水平，实现农业经济高质量发展。科技创新可推动农业绿色生产，促进农业生产向更加节约、更为持续的方向转型；通过转变长期形成和固化的传统农业生产经营方式，推动农业生产向更高效、更优质和更高附加值的方向发展。二是完善农业产业组织，实现农业经营和组织制度的现代化，转变长期以来分散的小规模经营现状。三是重视人力资本要素对农业现代化发展的重要作用，对农民进行人力资本投资，提高农业劳动者的受教育程度，同时激励创新创业人才进入农业，进行新技术和新产品的研发、培育和推广。[①]

其次，中观层面通过新型工业化与工业现代化的协调实现区域工业经济高质量发展，发挥科学技术创新在工业经济高质量发展中的关键作用。一是推动产业化创新，提高工业生产效率，促进产业结构向中高端迈进；通过产学研协同创新，实现重大专项技术突破，培育未来主导产业。二是转变经济发展方式，改善现阶段工业生产中资源利用效率低下和生态环境破坏问题，实现经济与社会、人与自然之间的可持续和谐发展。三是协同推进区域产业数字化和数字产业化，提高区域产业基础能力现代化和区域数字化能力。充分发挥我国人力资源丰富的优势，培养高素质创新创业人才，为产业创新和产业结构升级提供坚实的人力资本保障。

最后，中观层面以第三产业的发展推动区域经济高质量发展。消费不仅是社会再生产的终点，也是社会再生产的起点，不断为生产提供新的动力。消费结构和消费层次的提升能够推动区域现代生产力的发展，促进区域产业结构的优化升级。因此，新发展阶段区域经济高质量发展需要转变过去主要以投资和出口拉动经济增长的方式，在促进区域消费与投资协调方面发力。一是培育区域消费力，提高居民收入水平，逐步实现居民可支配收入以及劳动报酬占比的提高，注重调整分配结构，合理地缩小贫富差距，完善社会保障体系，在住房、医疗、教育、就业、养老等方面提供合理有效的保障，促使居民形成对未来生活的良好预期。二是注重培育和发展区域现代服务业和消费性服务业。在数字经济发展背景下，区域现代服务业的发展围绕“互联网+”展开，不断促进互联网和服务业的融合发展。而消费性服务业则致力于满足区域居民日益增长的美好生活需要，实现服务多元化和专业化。

（三）微观层面区域经济高质量发展的逻辑机理

在微观层面，区域经济高质量发展的标准是市场标准，即按照市场需求实现效益最大化。基于此，区域经济高质量发展的微观机理在于通过企业创新、企业商业模式创新和企业人力资本作用的发挥促进区域经济高质量发展。

第一，微观层面企业创新促进区域经济高质量发展。企业创新是指企业为制造新产品、提供新技术和提高产品质量所进行的研发活动，企业创新通过技术进步扩大生产可能性边界，促进区域经济高质量发展。一是在区域生产体系中引入生产要素、生

---

① 任保平、赵通：《高质量发展中我国经济协调发展路径分析》，《黑龙江社会科学》2019 年第 1 期。

产技术以及生产条件的新组合，通过引进新技术生产出新产品，开辟新的市场，带动区域产业结构优化和新兴产业形成，促进区域经济高质量发展。二是协调区域生产要素分配，使市场在要素资源配置中发挥有效作用。带动资源从生产率较低的部门向生产率较高的部门转移，提高资源在部门间的配置效率，促进整个区域经济高质量发展。

第二，微观层面企业商业模式创新促进区域经济高质量发展。企业商业模式创新涉及产品、工艺或者组织创新等多个要素的变化，企业商业模式创新是指企业以新的方式形成赚取更多收益的经营方式。企业商业模式创新是一种在组织形态、服务方式等方面进行的服务创新，与技术创新不同，技术创新是开发出新产品或者新的生产工艺。企业商业模式创新注重从客户的角度出发，激励企业围绕效率或客户所期望的产品特征展开竞争，使企业以更低的生产和管理成本生产出客户满意的产品。通过提高社会劳动生产率和生产要素的边际生产率，促进整个区域的资源从生产率低的行业向生产率高的行业流动，带动区域产业结构转型升级，推动构建区域现代化产业体系，促进区域经济高质量发展。① 同时，企业商业模式创新开创了一个全新的可赢利产业领域和盈利模式，给企业带来战略性的竞争优势和持久的盈利能力，带动区域整个行业产业积极寻求比较竞争优势，推进区域经济发展方式从要素驱动转向创新驱动，从而促进区域经济高质量发展。

第三，微观层面人力资本作用发挥促进区域经济高质量发展。人力资本是区域经济高质量发展的核心要素，不仅有利于促进区域生产水平专业化和深化分工，还能加长迂回生产链条，形成区域经济高质量发展的迂回生产方式，提高产品附加值，实现规模报酬递增，促进区域经济高质量发展。人力资本对促进区域经济高质量发展的作用机制在于两方面。一是人力资本通过发挥内部效应和外部效应影响区域经济高质量发展。内部效应表现为人力资本投资增加了区域经济主体自身的收益，提高了人们处理不均衡状态的能力和效率，从而带来分配效益。外部效应表现为在生产过程中，教育水平的提升提高了劳动者的平均劳动熟练程度与工作效率，降低单位产品的生产成本，从而提高效益。二是人力资本通过提高全要素生产率间接促进区域经济高质量发展。人力资本使得劳动者较快地接受新工艺、新方法，将自主创新和引进的新技术尽快与生产过程相结合，提高区域生产力水平和质量，通过提高区域全要素生产率促进

① 任保平、甘海霞：《中国经济增长质量提高的微观机制构建》，《贵州社会科学》2016年第5期。

区域经济高质量发展。

二、新发展阶段我国区域经济高质量发展的现实依据

进入新发展阶段意味着我国区域经济进入创新驱动、经济结构优化、新动能培育的阶段，也意味着我国区域经济发展进入经济运行方式与经济增长动力大幅转换的高质量发展阶段。这些新变化带来的区域经济发展新特征是我国区域经济高质量发展的现实依据。具体而言，新发展阶段我国区域经济发展有以下新特征。

（一）区域经济呈现超传统性的分化状态

进入新发展阶段，中国经济整体呈现结构转化等特征。在经济结构转型驱动下，区域经济逐渐打破传统行政区域边界，呈现要素聚类日益清晰的分化状态。区域经济的分化已从单一的 GDP 增长率等经济增长的结果差异延伸至经济发展条件及经济发展过程的多维层面差异。2012 年至今，2019 年中国南北方人均 GDP 的差距最大，北方地区与南方地区人均 GDP 的比例为 0.7689，2020 年该比值上升至 0.7957。① 这意味着尽管南北方差距扩大趋势有可能扭转，但区域间的分化逐步由点及面，在空间特征上具有划时代的普遍性与超越传统的辐射性。在增长率层面，经济带间的差距存在逐步缩小的趋势，2021 年东部、中部、西部、东北四区域的居民人均可支配收入分别为 44980 元、29650 元、27798 元和 30518 元，最高的东部和最低的西部之间的收入比由 2013 年的 1.70∶1 缩小至 1.62∶1，区域相对差距逐步缩小。② 但在广阔的外延面上，区域间叠加裹附着丰富的模式特征与倾斜政策，辅之差异化的执行路径与经济效率，最终传导于经济增长结果与演化效益的分化。这种由贯穿经济增长各环节的差异引发的区域间的分化结果，对区域经济的细致分类提出了更高要求，对传统区域板块划分与宏观调控带来挑战：不但要求细化区域经济政策，更要求基于发展现状与潜力对目前分属于不同区域板块的地区做更精准的甄别，从而改变政策落后的阶段性扭曲，提升内化政策服务于高质量发展的机制活力。

---

① 叶振宇：《统筹解决我国区域发展不平衡不充分问题》，《发展研究》2022 年第 2 期。

② 数据主要来自国家统计局网站：《经济结构不断优化　协调发展成效显著——党的十八大以来经济社会发展成就系列报告之十一》，http：// www. stats. gov. cn/xxgk/jd/sjjd2020/202209/t20220927_1888751. html，2022 年 9 月 28 日。

（二）区域经济各板块呈现日益显著的扩散效应

扩散效应是指位于经济扩张中心的周围地区，随着发展改善逐步与中心地区建立起流通桥梁，进而从中心地区获得资源，促进本地区的发展。我国区域经济发展模式具有典型的追赶、超越特征，存在显著的扩散效应，而新发展阶段区域经济更呈现出空间、人口等多维扩散效应。第一，空间扩散效应。区域经济数量增长时期，各区域内部随着省、市经济发展格局的不断优化，在一定范围内自发形成以具有先发优势的省、市为核心，通过极化效应吸引先进技术、资本等，从而进一步扩大规模的增长极带动式发展模式。新发展阶段区域经济出现多元增长极并行发展的新状态，在形成新增长极的分化格局背景下，周边省、市通过扩散效应加快从增长极获取新的增长红利。这种扩散效应既存在于传统东、中、西三大经济带内部，又延伸至各大经济带之间，使得区域经济逐渐打破传统经济带之间的隔离，呈现更为交错复杂、界限模糊的区域格局。第二，人口扩散效应。第七次全国人口普查结果显示，我国东部地区人口占 39.93%，中部地区占 25.83%，西部地区占 27.12%，东北地区占 6.98%。与 2010 年相比，东部地区人口所占比重上升 2.15 个百分点，中部地区下降 0.79 个百分点，西部地区上升 0.22 个百分点，东北地区下降 1.20 个百分点。[①] 可见，人口进一步向经济发达区域、城市群集聚。同时区域扩散过程伴随着城镇化程度的不断提高，城镇化模式在人口结构变化及劳动力迁移的趋势下，从传统的“空间城镇化”逐渐演变为“人的城镇化”，开始第一阶段的增长极人口聚集反应。如四川省第七次全国人口普查公报显示，截至 2020 年 11 月成都市常住人口占全省比重超过 25%，同第六次全国人口普查数据相比，成都市人口占比上升 6.22 个百分点，上升比重最高。[②]“人的城镇化”阶段城镇化人口走向主要是从农村流向城市，从周边流向增长极中心，初步完成聚集，为增长极快速发展提供保障。其后随着增长极的成长，周边区域通过极化效应重铸人才吸引力，人口开始出现增长极向周边回流现象。新发展阶段这一特征将更为显著。

---

① 《第七次全国人口普查公报》，《中国统计》2021 年第 5 期。

② 《四川省第七次全国人口普查公报（第二号）》，http：//tjj.sc.gov.cn/scstjj/tjgb/2021/5/26/68cf8ce902a44c389e72591bd5a31ca2.shtml，2021 年 5 月 26 日。

（三）结构优化及创新实力成为区域经济发展潜力提升的新引擎

经济数量增长初期，先发区域经济规模扩张主要依靠区位及资源优势，这一阶段区域间发展差异并不显著。其后发展路径发生分化：一部分区域持续发展粗放型经济增长路径，增长率逐渐降低；一部分先发区域率先完成资本积累，并开始推动产业结构转型升级、前瞻性布局新兴产业，从而拉大区域间发展差距。近年来由于资源禀赋结构变化，区域原有增长红利逐步消失，依靠传统资源优势的增长区域出现颓势，增长动力不持续，而依靠转型实现现代化可持续增长的区域则持续领跑。经济总量扩张依赖产业结构转换，反过来，产业结构转换也会带动经济发展。这种结构因素是经济长期发展的重要变量之一，新发展阶段尤为显著，结构优化已成为新发展阶段区域经济发展潜力提升的新引擎。另一部分先发区域在完成初期积累后，发挥内生增长动力，借助科技创新步入“熊彼特”式创新增长阶段。以东部地区先发优势为主，中西部显著落后。伴随经济社会的进步与发展，各地方主体逐渐意识到创新在新发展阶段的决定性作用，开始意识到推动区域经济发展质量、效率、动力升级，都需要依靠创新驱动来实现。例如，“G60 高速公路、沪苏湖高铁、商合杭高铁沿线的杭州、合肥、松江、嘉兴、金华、湖州、苏州、宣城、芜湖九地携手共建 3.0 版长三角 G60 科创走廊，正式启动了协同创新之路的建设。形成了中国制造迈向中国创造的先进走廊、科技和制度创新双轮驱动的先试走廊、产城融合发展的先行廊的战略定位”。[①] 随着区域经济发展意识的变化，区域创新格局也开始呈现多元化趋势，区域科技创新总体格局逐步改善，在投入与转化规模上均出现了东部一枝独秀向东中西协同发展的转变。三大经济带上东部继续领先；中西部等省份逐渐发力，创新综合实力增强。可以看出，新发展阶段以创新杠杆撬动区域经济持续快速增长，提供追赶超越机会，将给予落后区域经济迅速崛起的机会，因此创新实力成为区域经济增长潜力提升的新引擎。

三、新发展阶段我国区域经济高质量发展需要破解的难题

新发展阶段，我国区域经济高质量发展面临着区域经济不协调、新增长极持续增

① 《长三角 G60 科创走廊探索区域高质量发展新路径》，《人民日报》2022 年 11 月 10 日，第 15 版。

长动力不足、供需动态平衡阶段性缺失等问题，成为我国区域经济高质量发展要破解的难题。

（一）区域经济发展多层次分化

区域经济发展多层次分化是我国区域经济高质量发展面临的平衡约束条件。从区域经济发展空间分布看，横向空间分布与纵向时间分布均有较大差异，形成多层次分化状态。首先是横向空间分布，各大区域经济发展状况相差较大，如 2021 年东部、中部、西部、东北地区生产总值分别为 59.2 万亿元、25.0 万亿元、24.0 万亿元和 5.6 万亿元。且各大区域经济发展呈现无线性规律的阶梯型分布，波动性较强，存在显著的空间分化特征。其次是纵向时间分布，2013—2021 年，东部、中部、西部、东北地区生产总值分别年均增长 7.0%、7.5%、7.7%和 4.7%。[①] 对数量增长先行区域而言，经济增长规模持续扩张，但随着经济增长总量的不断增加，经济发展质量和效益并未持续提升。各区域在规模快速扩张阶段频繁出现质量问题，尤其是较为发达的三大沿海区域及东北地区，存在显著的时间分化特征。在时间分化与空间分布基础上，不仅存在原有的东西部区域经济差距，而且形成了南北经济差距，就西部地区而言，西南地区普遍快于西北地区。这种多层次分化制约着区域经济高质量发展。其主要原因在于区域横向显著分化现状反映出各区域无法发挥协调一致联动式机制，区域宏观调控点、面效果无法顾及，调控效果低于预期，提升经济发展质量和效益的路径受阻。而且我国长期实行同质化区域经济政策，区域差异化、定制化发展战略实施效果欠佳，各区域多走模仿追逐路径，区域差距持续扩大，形成新的特征。因此，区域经济发展多层次分化是新发展阶段我国区域经济高质量发展需要破解的难题之一。

（二）区域经济新增长极持续增长动力不足

区域经济新增长极持续增长动力不足是我国区域经济高质量发展所面临的动力制约条件。新发展阶段，区域经济要素禀赋条件发生变化，原有增长红利不再持续，传统要素推动力减弱，新增长极经济持续增长动力不足。分化结构下易形成新的区域经济增长带和增长极，但在不断形成新增长极过程中，区域经济规模与经济增速仍延续

---

① 数据主要来自国家统计局网站：《经济结构不断优化　协调发展成效显著——党的十八大以来经济社会发展成就系列报告之十一》，http：//www.stats.gov.cn/xxgk/jd/sjjd2020/202209/t20220927_1888751.html，2022 年 9 月 28 日。

已有规律，如2022年广东、江苏两省的GDP均超过12万亿元，占全国GDP比重均在10%以上，海南、宁夏、青海、西藏4个地区GDP不足万亿元。[①] 一方面，区域经济规模整体仍持续“东强中西弱”模式，且三大沿海地区规模占比再度上升。东北地区作为传统资源型、重工业带动发展区域受“去产能”冲击显著且转型较慢，先行规模明显下降，部分时间段内甚至出现负增长。另一方面，区域经济增长速度延续“中西快东慢”格局，各沿海及东北地区经济增速回稳态势明显。同时南北差距成为新的特征，主要表现为经济份额的“南升北降”，经济增速的“南快北慢”，人均GDP增速南高北低。如2013—2019年南北地区居民消费水平差距逐渐扩大，北方地区人均GDP增速连续7年低于南方。[②] 区域经济格局分析可以看出，各新增长极对区域经济的改善程度有限，改善效果不稳定。其原因在于新的可持续增长模式应以扩大生产可能性边界的内生动力为核心，这种内生动力以科技创新为引擎，通过创新发展路径提高区域经济发展潜力。但进入新发展阶段，区域经济高质量发展波动显著，创新投入不足，且创新成果转化力度较弱。同时区域经济发展内生动力转化路径受阻，经济持续增长动力依然不足，难以遏制区域经济分化加剧趋势，制约区域经济高质量发展。因此，区域经济新增长极点持续增长动力不足是新发展阶段我国区域经济高质量发展需要破解的难题之二。

（三）区域经济结构升级的阶段性扭曲

区域经济结构升级存在阶段性扭曲是我国区域经济高质量发展所面临的结构性制约条件。随着数量型经济高速增长阶段遗留问题的显现，各区域均积极实施经济结构转型升级战略，一些区域在结构转型初期成绩较为突出，多数区域在转型过程中面临着产业、供求、消费等结构层面的阶段性扭曲困境。产业结构层面，整体上看我国区域工业化、城市化的历史任务还未完成，经济发展的基本面未完全转型，基础设施建设及高速增长的房地产行业仍是区域经济发展的主要推动力。在此背景下，转型重点落脚于大力布局第三产业，服务业的迅速扩张促进了结构优化，但其引致的单位GDP能耗下降仅是阶段性特征。长期来看，区域经济进入难以通过生产过程中全要素生产率的提高促进高质量发展的结构节能阶段性扭曲困境。供求结构层面，近年来

---

① 《智研年榜：2022年中国内地31省份GDP排行榜单TOP31》，https：//baijiahao.baidu.com/s?id=1757318430353490468&wfr=spider&for=pc，2023年2月9日。

② 吕承超、崔悦：《中国南北经济差距及其趋势预测》，《中央财经大学学报》2022年第6期。

区域经济正从粗放型增长向集约型增长、从分工初期向分工高级化转型。在这一过程中，长期积累的结构性矛盾正通过供给侧改革逐渐改善。但近年来区域经济在矫正要素配置扭曲、减少低端无效供给、扩大有效中高端供给、缓解供需结构错配现状的过程中，由于缺乏长期机制、中长期动力塑造不足等原因进入供求结构的阶段性扭曲困境。消费结构层面，消费升级发挥了阶段性作用。消费结构升级进入上游产品结构改善效果显著、下游消费动力不足的阶段性扭曲困境。因此，区域经济结构升级的阶段性扭曲是新发展阶段我国区域经济高质量发展需要破解的难题之三。

四、新发展阶段我国区域经济高质量发展的路径与政策转型

遵循区域经济高质量发展的一般理论逻辑，结合新发展阶段我国区域经济高质量发展的现实依据和需要破解的难题，新发展阶段我国区域经济高质量发展，需要在宏观政策上依据地区间发展模式匹配激发市场活力，助力经济改革的有效政策引导。应集中于市场运行机制中频发、易发的错配环节，对现行区域经济发展的初始条件、运行过程等进行质量型调控，从而使区域经济结构与演化结果逐渐步入高质量发展轨道，重新激发区域经济长期高质量发展活力。具体来看，需要从以下方面进行路径与政策转型。

（一）新发展阶段我国区域经济高质量发展的路径

新发展阶段我国区域经济高质量发展应以推进区域协调发展为核心，区域协调发展的重点不完全是缩小区域差距，而是要在缩小区域差距基础上培育区域经济高质量发展的新动能、新优势和新增长点。在发展战略上不再实施传统的抱团取暖式的区域发展战略，而是要进一步实施大纵深区域发展战略，实施跨区域协调发展战略。在发展目标上，不再关注区域经济数量增长的差距，而是聚焦培育区域经济高质量发展的新动能，提高区域经济发展能力和现代化水平。区域经济高质量发展必须着力解决区域经济发展不协调、不充分问题，补齐短板，提高区域经济高质量发展能力和现代化水平。新发展阶段我国区域经济高质量发展的路径在于：

首先，培育区域经济高质量发展的新增长点。区域经济新增长点是能够带动区域经济上新台阶，市场需要潜力大、增长比较快、辐射带动能力强，推动区域经济从数量扩张型转向高质量发展型的带动点，包括产业新增长点、投资新增长点、消费新增

长点、开放新增长点等。新发展阶段我国区域经济高质量发展新增长点的培育包括三点。一是培育产业新增长点。以数字经济与实体经济深度融合为思路，大力发展人工智能、物联网、平台经济，培育出新的产业增长点。二是培育投资新增长点。推动传统基础设施提升改造投资，利用互联网、大数据、人工智能等新技术提升改造传统基础设施，推动传统基础设施迭代升级。以 5G、大数据中心、云计算、物联网、工业互联网等为重点，加大数字基础设施投资力度。提高传统产业数字化改造升级投资，扩大战略性新兴产业和数字产业化投资，特别是产业和企业信息化、智能化改造的投资。三是培育消费新增长点。加快培育新型消费，实现线上线下消费有机融合，推动互联网医疗、在线文娱、智慧零售、智慧旅游、智慧超市、智能体育、智慧餐厅等新型消费，推进品牌消费、品质消费。四是培育区域开放新增长点。把区域对外开放与对内开放相结合，深度推动共建“一带一路”大格局，探索国际交流合作和创新开放新模式，形成东西双向互济、陆海内外联动的全方位开放新格局。

其次，构建区域经济高质量发展的新增长极。增长极理论最初由法国经济学家佩鲁提出，该理论认为增长极是由创新性行业在空间上聚集从而推动一个地区经济增长并辐射其他地区的单位。新发展阶段，要努力打造区域经济高质量发展的新增长极，区域经济高质量发展新增长极的作用主要表现在两方面。一是对周围地区的辐射效应和扩散效应。新发展阶段经济高质量发展的新增长极作为一个地区的中心和区域中发展水平最高的集合单元，对外围地区的生产方式和产业布局选择存在较大影响，会带动相关行业、部门和企业的发展。二是增长极通过促进区位经济、规模经济和外部经济带动区域经济增长。“集中的专业化生产和企业间密切的交流合作使得不同企业之间不仅可以提高分工程度、降低管理费用、减少非生产性支出从而降低边际成本，而且能够促进企业之间共同承担新产品、新技术开发的投入，提高企业自主创新能力和产品竞争力，同时还使得不同企业不断集聚从而形成稳定而庞大的市场需求和市场供给。”① 新发展阶段我国区域经济的空间结构发生了深刻变化，中心城市和城市群已成为集聚经济增长要素的主要空间形式，构建区域经济高质量发展的新增长极，要积极发挥中心城市和城市群的作用。发达地区中心城市与城市群已形成并成为经济高质量发展的新增长极，可以通过中心城市与城市群的产业外溢、基础设施和公共服务的延伸效应带动发达地区经济高质量发展。欠发达地区的城市群没有完全形成，主要依

---

① 任保平、赵通：《高质量发展中我国经济协调发展路径分析》，《黑龙江社会科学》2019 年第 1 期。

靠中心城市作为增长极，因此要推动中心城市间的互联互通与分工协同，发挥其集聚效应、规模效应和范围效应带动区域经济高质量发展。

再次，创新区域经济高质量发展战略。把过去抱团取暖式的区域发展战略转变为多元互构、多层次互动、多模式互补的区域大纵深发展战略，推动区域协调纵深发展。实施跨区域协调发展战略，改变以行政辖区为单元的区域协调发展，推动产业跨地区布局、人才跨地区流动、创新要素跨地区配置、企业跨地区投资、重大区域政策跨区域协同配套，强化区域间合作，以区域经济一体化培育区域经济高质量发展的新动能。实现区域共同富裕和共同现代化，“先发展地区为后发展地区提供现代化要素，需要实现效率和共享的包容、先发展地区先富和后发展地区跨越式发展的包容、市场有效和政府有为的包容”,① 把区域协调发展的重点转向后发展地区。一是促进陆海、东西的联动与开放。形成新发展阶段我国经济全面对外开放的新格局，通过建设“一带一路”促进西部地区成为经济开拓的核心区，中部地区发挥腹地广阔优势，东部地区实现产业结构的转型升级。二是打造现代核心经济圈。将经济发展过程中出现的“城市病”问题放在更大的战略空间中进行考虑，对非首都核心功能进行有序疏导和再布局。三是推动长江经济带建设。构建长江流域生态环境保护协调机制，建设沿江绿色生态廊道，同时发挥科技领先和产业体系完备的优势，增强创新活力，为其产业结构向中高端水平迈进提供有力支撑。四是深入推进西部大开发战略。新发展阶段西部大开发要“立足西部发展以缩小东西部经济差距、融入‘一带一路’提升沿线区域发展水平、区域联动协同促进世界经济均衡化发展三大维度，通过补短板、整合区域信息交通资源、协同区域经济平台实现集合效应最大化”,② 完善西部地区基础设施建设，培育重点城市群，增强可持续发展基础能力。五是推动黄河流域经济高质量发展。黄河流域生态环境保护与经济高质量发展是我国区域经济的北方战略，黄河流域区域开发经历了由点轴式开发-增长极式开发向相对均衡区域开发模式的转变，新发展阶段，要在坚持生态环境保护基础上，努力形成多元互构、上中下游互动、多元一体、大纵横推进的区域经济发展模式。

最后，融入全国统一大市场。区域经济高质量发展以区域协调发展为抓手，而区域协调发展应以全国统一大市场为基础，因为现代市场体系健全、开放、竞争和统一

---

① 洪银兴：《区域共同富裕和包容性发展》，《经济学动态》2022 年第 6 期。

② 李杰：《双循环格局下西部大开发促进区域协调发展机理效应论析》，《四川大学学报》2022 年第 1 期。

的程度直接影响着市场对资源配置的范围和程度。在形成区域统一大市场后，区域经济高质量发展要积极融入全国统一大市场，这需要做到以下几个方面。一是消除限制生产要素有序自由流动的各种体制障碍，消除城乡之间、区域之间的体制壁垒，着力促进不同区域的居民在公共服务、社会保障和经济政策等方面享有同等权利和自由，在协调发展基础上提高城乡区域经济高质量发展。二是建立统一完善的市场规则，创造良好的生产经营市场环境。处理好市场与政府之间的关系，让市场在资源配置中发挥决定性作用，让政府在经济高质量发展中提供完善优质的公共服务、加强市场监管等方面发挥主导作用。三是着力形成市场一体化。区域经济高质量发展的统一大市场的本质是市场一体化。市场一体化包括商品市场一体化、要素市场一体化、服务市场一体化、市场规则和制度一体化。市场一体化强调使市场从区域分割走向区域整合，在区域内市场一体化基础上，进一步推动区域间市场一体化。

（二）新发展阶段我国区域经济高质量发展的政策转型

进入新发展阶段，需要通过区域经济政策转型，以经济高质量发展为区域政策取向，构建旨在提升区域经济发展质量的宏观、整体政策体系。在实现区域宏观层面经济高质量发展的基础上，加快构建地区间协同发展机制，缩小地区间发展差异，有效提高区域经济高质量发展能力。

1. 从区域经济数量型政策调控转向区域经济质量效益型政策调控

区域经济高质量发展的宏观政策应与效率型经济多元化增长的新特征相匹配，在传导机制与运行机制的政策引导中积极地由数量型转为质量导向型。政策调控价值取向以发挥要素创新作用为依托，实施创新驱动战略，以建立绿色循环机制为主体，注重提高区域经济效率。一是传统生产领域，应以要素质量提升、技术创新等贯穿生产全链条的创新模式，提高传统产品的附加值，提升产品竞争力，达到以效率提升弱化传统要素消减的损失。对三大沿海区域而言，经济政策调控核心在于释放多领域创新红利并与现代化生产路径相契合。二是新兴生产领域，应充分发挥创新的效率溢出效应，实现区域数字技术和数据要素的双轮驱动，推动数字经济与实体经济、制造业的深度融合，开发新的生产要素补充原有要素禀赋红利的消退，扩大创新技术影响面，发挥乘数效应。对东北地区而言，着力破解老工业基地复苏困境、质量型人口红利、政府挤出效应下新兴民营经济乏力的限制，寻求差异化发展，经济政策调控应主动弱化数量考核，不以数量为转型目标，在高质量发展方面给予经济政策与市场机制缓冲时间。对长江和黄河中游地区而言，较快的追赶速度为质量型经济调控提供转型机遇，区域经济政策调控核心是平稳创新，走出低端锁定陷阱，在实现规模效率与技术效率双赢的同时，注重改善要素质量和效率提升中高净值低贡献度的扭曲困境，完成质量型跨越。对西部地区而言，数量与质量双重落后的背景对质量转型需求迫切，区域经济政策调控的核心在于追赶超越，寻求地区特色发展模式，以效率提升为调控核心，走出要素投入式的路径依赖。

2. 从区域经济增长极政策调控转向区域协调发展调控

数量型经济增长阶段区域经济发展以增速为长期目标，初始禀赋差异导致投入的数量级分化，在不同效率的运行轨迹下生成了区域间增长结果与效益的多维度分化。区域多层次分化是新发展阶段区域经济高质量发展的重要阻碍。要破解这一阶段性错位发展问题，必须强化区域协调发展理念，实施区域协调发展调控，从原有的促进区域经济新增长极带动调控思路，转向以补短板、强弱项为核心的协调发展调控。以优化结构布局为出发点，扩散强化经济增长极原有高成长性产业的带动作用，突破区域经济系统内部增长极对周围地区高吸取低返回的相互联系与制约下形成的增长阻力，使区域经济系统内部内分力大小与组合作用力走向平衡与协调，从而缩小区域内发展主体的差异。在系统内部多层次差异的长江和黄河中游与西部地区，从各自突破发展，转向依托于清晰化的主体功能区建设以及区域内部各省、市政府的合作机制，重在充分发挥合作过程中区域地方政府积极性，从而全面拓宽区域发展空间、增强区域经济高质量发展后劲，实现区域经济全面协调可持续发展。

3. 从区域转移调控转向区域内生创新调控

数量型经济增长阶段区域间协调多为政府资源转移，以发达区域的盈余贴补欠发达地区的部分损失，短期可以应急，但长期看难以改善欠发达地区自身竞争力不足的本质问题。高质量发展阶段，事后的成果转移应转变为内生的创新驱动，以激发区域经济内生活力和自增长能力。在通过增强区域经济创新力和竞争力实现区域经济高质量发展过程中，以现有区域经济发展模式看，创新需要主观与客观双重条件，主观上需要创新主体突破低端需求锁定，以更高的思想与技术理念引导创新行为；客观上需要打破传统机制对创新的阻隔效应，着力在供给端加强创新机制建设与保障。一是着力于具有前瞻性、引领性的产业创新，充分认识到数字经济促进区域经济高质量发展的功能，“把数字经济培育成为推动经济高质量发展的核心动能”；[①] 二是加强与调动区域创新积极性、实施区域创新驱动战略，构建区域创新体系，加强与区域科技成果转化相匹配的体制机制建设，提高区域创新能力；三是推动区域经济通过新业态、新品牌迈向全球中高端价值链的激励机制建设；四是促进区域培养创新人才和创新团队的保障机制建设。通过以上供给侧创新机制建设，为高质量发展战略和区域创新驱动发展战略的深入实施提供有效的供给端保障。

4. 从区域需求管理调控转向绿色供求动态平衡调控

需求管理与供给管理是区域经济宏观调控的两种主要方式。需求管理是对需求侧进行调节管理的宏观调控方式，面向传统“三驾马车”，其增长目标不具有长期性，因增长红利逐渐消退，凯恩斯主义增长思路已经失灵。供给管理是对供给端进行调节，面向生产环节，增长目标具有长期性，其能与潜力增长模式与效率提升阶段的质量转型相匹配。新发展阶段，长期需求管理下的“三期叠加”危机频发，国际贸易博弈背景与国内要素禀赋结构变迁彰显了需求管理的弊端。此时，从生产方面入手的供给端调控成为区域经济高质量发展的核心，供给端调控主要包括改造传统产业和助推新兴产业成长，构建区域现代化产业体系，培育区域经济高质量发展的新动能和新优势。但为避免过度的供给侧调控走上单一需求管理调控旧路，对供求双方应赋予新时代下绿色动态新含义，从追求单一层面的过度干预，转向区域内部以生产领域绿色调控为主的供求双方动态平衡。在需求侧探索有效需求模式，构建区域新型消费体系，培育区域新的投资增长点。推动区域经济实施高水平开放，建立区域体系外部供给与需求相结合的高效动态平衡，最终实现供给侧与需求侧相衔接、内外作用一致的区域经济高质量发展新格局。

5. 从区域非均衡经济政策转向区域均衡经济政策的调整

非均衡的区域经济政策注重培育经济发展的重点区域。通过政策倾斜、政策优惠等方式优化部分地区经济发展的基础设施环境和制度环境，推进差异化的地区发展模式。通过行政干预诱致要素流转和产业布局，实现部分地区的快速发展。但非均衡的区域经济政策加剧了地区经济发展的差异性和非协调性。因此，为实现区域经济高质量发展，需要积极调整区域经济政策，从区域非均衡经济政策转向区域均衡经济政

---

① 王军等：《数字经济能否推动区域经济高质量发展？》，《中国软科学》2023 年第 1 期。

策，弥合空间差异、协调区域发展。

一方面，推行因地制宜的区域经济政策。针对各区域发展特征和发展阶段，推行多元化的区域经济政策供给，构建区域协同发展机制，优化发达区域的产业布局，加强落后区域产业转移承载能力。同时，应根据各区域资源禀赋和地理位置，结合区域工业化程度与经济发展水平，明确不同区域战略地位，有效释放区域比较优势，并在产业政策的扶持下培育符合发展阶段的竞争优势。在全面推进各区域经济发展的同时，进一步强化多元化的区域协调发展经济政策，利用经济带、城市群等区域协同发展战略，深化区域专业分工，增强区域间的技术要素、产品产业等各方面的协同发展。对工业化程度较高、国际贸易参与度较高的东部沿海地区，应进一步培育区域产业竞争优势。“现代化不能让后发展地区掉队，要促进先发展地区和后发展地区一体实现现代化”,① 对于发展相对滞后的中西部地区，应增强区域基础设施水平，提升产业转移承载能力，促进产业集聚，以规模经济推进工业化进程。此外，应优化地方政府行为，降低政府对区域经济发展的直接参与，进一步深化区域市场化改革，不断释放市场主体活力，培育区域产业发展的内生动力。

另一方面，推行协调区域间经济发展的政策，应构建统一的区域要素市场，减少阻碍要素跨部门配置的制度障碍，促进要素在区域间产业间的合理配置。提高要素配置效率，特别要完善技术市场，促进技术在区域间扩散，全面提高区域全要素生产率。优化区域产业合作，促进区域产业一体化，依据区域比较优势和产业布局，细化区域产业分工，推进区域间产业合作。进一步优化区域基础设施与市场环境，促进区域间产业转移和集聚。利用多元化的区域协同发展战略，不仅要促进省域间合作，积极发挥东部地区对中西部地区的带动作用，还应积极推进城市间协调发展，通过城市群、经济带等发展战略，在促进区域全面协调发展的基础上，推进区域经济高质量发展。

---

① 洪银兴：《中国式现代化论纲》，南京：江苏人民出版社，2022 年，第 244—245 页。

超越国家汲取能力：国际数字税实践的政治经济分析*

方鹿敏　孟天广**

摘　要：税收是现代国家汲取能力的集中体现，既反映了国家对经济社会活动的干预，更是现代国家实现有效治理的资源保障。进入数字时代，经济社会的数字化转型赋予了税收新的政治经济意义，数字税成为全球税制转型的重要议题。国家间差异化数字税征收实践主要源于全球数字经济产业链中的角色差异，而非国家间汲取能力的强弱。对于积极推进数字税实践的市场国而言，其征税逻辑则因资源汲取能力的差异而有所不同，这源于数字化转型带来的结构关系变革，给汲取能力迥异的国家带来了不同挑战。总之，现代国家将数字税视为应对其在国内和全球两个治理体系中权威流失的一种解决方案，数字时代的税收实践在一定程度上具备了超越资源汲取的政治经济意涵。

关键词：数字化转型；数字税；汲取能力；政治经济逻辑

一、引　言

第四次工业革命推动人类社会迈入数字时代，不仅促进了人工智能、云计算等新兴技术革新及其普及应用，加速传统经济产业迭代转型和社会运行机制演变，也对国

---

*　国家社会科学基金重大项目“基于大数据的智能化社会治理监测、评估与应对策略研究”（18ZDA110）、清华大学自主科研计划“计算政治学视角下的数字政府理论与实证研究”（2022THZWJC09）、清华大学国家治理研究院基金项目

**　方鹿敏，清华大学政治学系博士后研究员；孟天广，清华大学政治学系长聘教授（北京　100084）

家治理和全球治理产生了深远影响。这种影响具有“破坏性创设”的特点,[①] 传统治理体系因结构关系和治理需求的不断演变面临诸多挑战。税收治理是国家治理的重要组成，在经济社会数字化转型的背景下，税收改革已成为全球各国的热点政经议题。经济活动的虚拟化使数字企业得以在“无实体存在”的条件下产生利润，错配价值创造与利润分配，为跨国数字企业税基侵蚀和利润转移（base erosion and profit shifting，BEPS）提供了机会，进一步引发数字经济市场国就保障税收主权、反对税收不公平、跨越数字鸿沟等一系列议题的利益诉求。[②]

全球层面的数字税实践源于传统国际税收体制中“联结度规则”面临的严峻挑战。若继续将“永久常设机构”（permanent establishment）作为判断税收管辖权基础，将持续损害数字经济市场国的税收权益。因此，经济合作与发展组织（Organization for Economic Cooperation and Development，OECD）和二十国集团（G20）利用多边机制推动现有国际税收制度改革，主张利用税收工具应对数字经济对传统利润分配规则的冲击。由于不同利益相关者围绕数字经济形成差异化的利益诉求，国际层面始终难以就税收制度改革达成共识，部分数字经济市场国随即通过国内立法单边开征数字服务税（digital services tax，DST）。

税收是国家汲取财政收入的首要渠道，也是现代国家和社会互动的关键纽带。[③] 在传统的社会经济形态下，私人部门缴纳的税收在国家财政收入中占比越高，表明国家的汲取能力越强。从这个意义上看，征税是衡量一国汲取能力的重要指标。然而，经济数字化给予了税收超越资源汲取的意涵：部分积极开征数字服务税的国家汲取能力较弱，而部分对数字税持消极立场的国家则具备较强的汲取能力。从上述现象可以看出，数字经济时代，数字税征缴不只是发挥着为国家履行其职能提供资源汲取的功能。这也引发了对数字税实践的政治经济学思考：对于现代国家而言，数字化转型的政治经济本质为何？相关问题背后的逻辑暗含了数字化对传统权力结构在两个层面所产生的深刻影响：一是本国经济社会数字化转型在国内层面影响着国家治理权威，二是全球数字经济格局重构着国家间的利益分配格局。

本文试图从数字经济与传统经济的特征差异出发，讨论汲取能力强弱不同的国家

---

① 孟天广：《数字治理生态：数字政府的理论迭代与模型演化》，《政治学研究》2022 年第 5 期。

② 刘宏松、程海烨：《美欧数字服务税规则博弈探析》，《欧洲研究》2022 年第 3 期。

③ 马骏、温明月：《税收、租金与治理：理论与检验》，《社会学研究》2012 年第 2 期；张长东：《税收国家及其治理任务》，《社会科学》2022 年第 5 期。

推进数字税实践的政治经济逻辑，并在此基础上探究经济社会数字化转型对国家乃至全球权力结构的影响。本文首先在理论层面分析了经济环境、税收和国家汲取能力三个基础概念之间的关联性，接下来阐明数字经济区别于传统经济的若干特征，并以数字服务税为例分析了全球数字税实践。其次提出国际数字税征收实践的类型学，在此基础上探讨税收改革实践如何回应数字化转型背景下国内和国际权力结构关系的演变。最后总结了现代国家征收数字税的本质及其超越资源汲取的政治经济含义，并对中国的数字税实践提出了理论启示。

二、经济环境、税收与国家汲取能力

通常而言，国家的税收体系（system of taxation）被认为是结构条件（structural conditions）、政治制度（political institutions）以及两者之间相互作用的产物，其中的结构条件特指经济环境，主要包含一国的经济结构（economic structure）以及地缘关系（geopolitical relations）。[①] 经济环境的变化意味着一国产生经济收益的主要产业和形式发生了变化，此时，若国家继续依赖原有的税收制度，不仅难以持续获得充裕的财政收入，还无法平衡新生结构关系中各个力量的诉求，从而面临促进经济增长、维护政治稳定、保障国家安全等一系列压力。因此，建立起与经济环境相适应的税收制度，是现代国家理性选择的政治决策，其核心目的在于从新的经济收益中挖掘财政增收潜力，通过提高财政收入优化资源配置，同时确保税制改革潜在的政治代价最小化。[②]

税收制度的核心任务是为国家提供较强的资源汲取（resource extraction）能力，从而保证国家能够长期稳定地筹集财政收入。这里所包含的逻辑是，通过汲取财政收入，国家得以构建起有效实现其意志的能力，这种能力涉及国家对内与对外两个维度的核心职能，譬如维持国内秩序、向公众提供公共服务、防止外部干预、满足他国对

① Edgar Kiser and Steven M. Karceski, “Political Economy of Taxation,” *Annual Review of Political Science*, vol. 20 (May 2017), pp. 75—92.

② 潘文轩：《税源变化引致税制变革：对税制变迁规律的一种理论解释与现实考察》，《经济体制改革》2009 年第 6 期。

其国际地位的预期等。[①] 因此，税收被认为是衡量现代国家汲取能力的核心指标，也是所有其他各项国家能力的基础。缺乏优良税制会抑制国家资源汲取能力，进而影响国家意志的实现。[②]

那么，税收如何促进国家汲取能力？在多数情况下，国家为了实现各项对内与对外职能，需要向全社会汲取资源，只有依赖这些社会性资源，国家才能执行其战略意志与目标。[③] 因此，税收汲取能力是国家实现有效治理、促进社会经济发展的基础性要件，也是一个国家生命力的来源。这也对应了米格代尔对第三世界国家脆弱性的解释，即对于大部分第三世界国家而言，发展的主要障碍是缺乏向社会渗透并汲取资源的能力。国家一旦缺乏这种能力，便无法以特定方式挪用资源并调控社会关系进而实现其政策目标。[④]

相较于米格代尔从国家-社会关系的视角来理解国家汲取资源的能力，查尔斯·蒂利的论点更关注国家本身。他认为，在欧洲民族国家构建的过程中，以强制性手段汲取资源必不可少，因为各国必须建立起与税收相关的行政体系用于资源汲取，从而维持战争中军队的竞争力。[⑤] 在蒂利的论述中，征税能力是资源汲取能力的直接体现，也是国家能力最重要的基础。[⑥] 这一点也为诸多学者所认可，税收汲取是国家能力的重要维度之一，现代国家为了汲取财政收入，必须以行政理性化的方式确保公民遵循纳税义务，即建立起一整套对纳税人进行监督的制度，作为汲取财政收入的必要保障。[⑦]

可以说，建立一个有效的税收体系离不开集权化官僚行政（centralized

---

① Michael Mann, "The Autonomous Power of the State: Its Origins, Mechanisms and Results," *European Journal of Sociology*, vol. 25, no. 2 (November 1984), pp. 185—213; Charles Tilly, *Coercion, Capital, and European States, AD 990—1990*, Cambridge: Blackwell, 1990, pp. 87—91.

② 王绍光：《国家汲取能力的建设——中华人民共和国成立初期的经验》，《中国社会科学》2002年第1期。

③ 欧阳景根、张艳肖：《国家能力的质量和转型升级研究》，《武汉大学学报》2014年第4期。

④ J. S. Migdal, *Strong Societies and Weak States: State-Society Relations and State Capabilities in the Third World*, Princeton: Princeton University Press, 1988, p. 8.

⑤ C. Tilly, "War Making and State Making as Organized Crime," in P. B. Evans, D. Rueschemeyer and T. Skocpol, eds., *Bringing the State Back in*, Cambridge: Cambridge University Press, 1985, pp. 169—191; Tilly, *Coercion, Capital, and European States*, pp. 82—84.

⑥ Timothy Besley and Torsten Persson, "The Origins of State Capacity: Property Rights, Taxation, and Politics," *American Economic Review*, vol. 99, no. 4 (September 2009), pp. 1218—1244.

⑦ 马骏、温明月：《税收、租金与治理：理论与检验》，《社会学研究》2012年第2期；Margaret Levi, *Of Rule and Revenue*, Berkeley: University of California Press, 1988, p. 32.

bureaucratic administration）的支持，因为集权化的官僚机构可通过强化政治沟通、信息传递和处理等行政过程形成具有强制属性的税收权威。① 对于现代国家而言，税收制度同样在国家和公民之间建立起一种双向关联纽带：在强制性收税行为的基础上，国家向公民提供公共服务并维持一个可运转的社会制度，公民则通过纳税行为承担起作为公民的财政责任。② 如果国家能够基于财政收入提供足够丰富的公共品，公民便会更加自愿遵守纳税义务，从而在宏观上形成一个稳定性更强的税收体系，这也意味着国家能够维持强大的财政汲取能力和较高的治理水平。③

概言之，经济环境、税收与汲取能力三者存在如下关系：当国家建立起与经济环境相适应的征税制度时，便有了汲取充足财政收入的能力。然而，当经济社会快速数字化转型时，国家征收数字税的目的和意图是什么？经济环境的变化究竟如何影响税收体系的变革？接下来，本文将从传统经济与数字经济的特征比较出发，结合数字税的起源与扩散，探讨数字税实践背后的政治经济逻辑。

三、数字经济时代的国际征税实践

（一）数字经济和数字税的起源与扩散

在全球范围内，数字经济已成为一种继农业经济和工业经济之后被普遍认可的经济形态，但国内外学界尚未对数字经济的定义和相关测算方法达成统一共识。作为首次提出“数字经济”概念的学者，塔斯考特的关注点在于，数字技术（digital technologies）可以通过构建起技术层面的关系网络建立并发展出人与人之间新的联系形态，从而赋能财富创造与社会发展。④ 此后，随着信息通信技术的发展，一些研究将数字经济和互联网经济进行了概念互换，强调互联网基础设施的发展改变了信息

---

① Kiser and Karceski，“Political Economy of Taxation，” p. 87.

② 张长东：《税收国家及其治理任务》，《社会科学》2022 年第 5 期。

③ Bruno S. Frey，“Deterrence and Tax Morale in the European Union，” *European Review*，vol. 11，no. 3（July 2003），pp. 385—406；Mick Moore，“Revenues，State Formation，and the Quality of Governance in Developing Countries，” *International Political Science Review*，vol. 25，no. 3（July 2004），pp. 297—319.

④ Don Tapscott，*The Digital Economy: Rethinking Promise and Peril in the Age of Networked Intelligence*，New York：McGraw-Hill，1996.

的存在和传播形式，信息通过数字化技术转变为数字要素，从而融合到社会经济活动的各个方面。[①] 经济合作与发展组织则将以数字化交易实现的经济活动均视为数字经济形式，不仅包括以数字化平台为依托的各类新型产业，也包括在信息通信技术渗透传统经济后所产生的传统经济数字化状态。[②]

相较于传统经济形态，数字经济有如下显著特征：用户数据要素价值化和经济活动虚拟化。[③] 前者强调数字经济的发展驱动力来自用户进行数字化活动时所生成的数据资源，具体而言，用户在使用数字化产品和服务的同时生成了不同类型的数据，如搜索数据、消费数据、浏览数据等。这些数据成为企业发展的生产要素，不仅塑造了"用户参与价值创造"的业态新特征，也使数字企业具备了权力扩张的资源基础。后者则揭示了数字经济活动的"无边界"属性，企业无须设立法定实体即可在一个国家或地区开展数字化营利活动。数字经济的上述两项特征挑战了传统税收体系中的"联结度规则"，即实体存在的永久常设机构是税收管辖权的基础，使市场国税收权益受损，并可能引致不同国家或地区间税收收益的重新分配。[④] 在数字时代的全球经济中，跨国企业可通过算法、软件、数据等无形资产而非实体存在创造利润，从而在传统的国际税收体系下规避税收责任。[⑤] 这一现象直接冲击了传统国际税收规则，促使学术界和政策实践部门围绕对数字经济进行征税的问题展开讨论，"数字税""数字经济税收"等概念应运而生。

在数字经济全球化的时代，越来越多跨国企业的注册地与实际经济活动发生地出现分离，传统的国际税收制度未能充分考虑新的市场结构形成机制中实际经济收益的

---

① 佟家栋、张千：《数字经济内涵及其对未来经济发展的超常贡献》，《南开学报》2022 年第 3 期。

② Rumana Bukht and Richard Heeks, "Defining, Conceptualising and Measuring the Digital Economy," Development Informatics Working Paper, no. 68 (August 2017), pp. 1—26.

③ 徐翔、孙宝文、李涛：《基于"技术—经济"分析框架的数字经济生产函数研究》，《经济社会体制比较》2022 年第 5 期；严宇、孟天广：《数据要素的类型学、产权归属及其治理逻辑》，《西安交通大学学报》2022 年第 2 期。

④ 侯思捷、刘怡：《应对经济数字化挑战的国际税收规则演进：市场国和新联结度》，《国际税收》2020 年第 9 期。

⑤ Dick Bryan, Michael Rafferty and Duncan Wigan, "Capital Unchained: Finance, Intangible Assets and the Double Life of Capital in the Offshore World," *Review of International Political Economy*, vol. 24, no. 1 (January 2017), pp. 56—86; Margarita Gelepithis and Martin Hearson, "The Politics of Taxing Multinational Firms in a Digital Age," *Journal of European Public Policy*, vol. 29, no. 5 (May 2022), pp. 708—727.

地理分布问题，从而助推了跨国企业结构性权力在全球范围内加速扩张。[①] 具体而言，相关跨国企业利用国际税收法律的差异和错配人为减少应税利润，或将利润从高税负国家（地区）转移至低税负国家（地区），出现税基侵蚀和利润转移问题。针对这一问题，作为全球多边机制之一的 OECD 在 2019 年发布了关于数字经济税收规则的“双支柱”（two pillars）征求意见方案，试图重构数字经济时代的国际税收治理原则。其中，支柱一方案提出了新的利润分配原则和联结度规则，利润的分配不再局限于纳税人在非居民国家是否构成开展经营活动的常设机构。也就是说，对联结状态的判定不再以物理存在作为依据，而是通过企业的具体销售额确定其在市场国是否形成“显著经济存在”（significant economic presence），以这种新的规则保护市场国应获的税收权益。[②]

与支柱一创设新的征税规则不同，支柱二旨在通过提出全球反税基侵蚀（Global Anti-Base Erosion，GLoBE）的方案解决 BEPS 的一系列遗留问题，即通过人为设定最低税率保证跨国企业支付最低税收，以抵消企业转移利润的风险。[③] 围绕如何对数字经济征税的问题，欧盟重点提出向跨境数字服务和数字产品征收数字服务税，试图在欧盟范围内构建起统一且公平的数字市场环境。美国则反对部分国家单边征收数字服务税，主张在 OECD 和 G20 等多边机制中调整部分税收规则，以增强国际税收治理框架对全球经济数字化的适应性。[④] 随后，包括法国、英国、比利时、匈牙利在内的诸多欧洲国家先后单边征收数字服务税，数字税的实践范围在全球范围内逐步扩大。

数字服务税是一种直接税（direct taxation），直接税本身包含了国家治理的内在逻辑。一方面，征收直接税需要衡量实际的经济生产，这一过程依赖于以行政官僚制度为基础所建立起的税收体系。另一方面，直接税对财富进行从富人到穷人的再分配，通过扩大福利权利，构建起社会对国家的依赖性，从而实现国家对社会的渗透和

---

① Pepper D. Culpepper，“Structural Power and Political Science in the Post-Crisis Era，” *Business and Politics*，vol. 17，no. 3 (October 2015)，pp. 391—409；Wei Cui，“The Digital Services Tax：A Conceptual Defense，” *Tax Law Review*，vol. 73，no. 1 (2019)，pp. 69—112.

② Georg Kofler and Julia Sinnig，“Equalization Taxes and the EU's 'Digital Services Tax'，” *Intertax*，vol. 47，no. 2 (February 2019)，pp. 176—200.

③ 高金平：《OECD“双支柱”改革方案之国内应对》，《国际税收》2020 年第 12 期。

④ 刘宏松、程海烨：《美欧数字服务税规则博弈探析》，《欧洲研究》2022 年第 3 期。

控制。[①] 鉴于此，本文将国际数字税实践具体界定为各国单边征收的直接税——数字服务税，并在此定义的基础上进一步探讨各国的实践形式及其背后的政治经济意涵。

（二）国际数字税实践的基本形式：数字服务税

为解决经济数字化转型背景下“企业在何处纳税”和“国家对什么征税”两项核心问题，欧盟委员会明确提出对在其成员国内开展数字交易的企业征收均衡税(equalization levy)，该提议的主要内容是对包括搜索引擎、在线广告、在线交易平台等在内的各类数字服务收入征收3%的数字服务税。对于开展数字化经营的企业而言，用户在享受数字服务时所产生的庞大数据是其优化商业决策并创造价值的重要资源。由于用户参与了价值创造，其所在的国家有权对境内开展数字经营业务并获得收入的企业进行征税。[②] 因此，数字服务税以法律形式确认了用户对数字企业的价值贡献，将“联结性”和“显著经济存在”两个概念直指企业价值创造地这一本质问题，回应了数字经济背景下价值创造和支付来源的地理分割，从而保护了市场国直接和间接税基以及国家的税收主权。[③]

数字服务税自兴起以来便受到越来越多国家的重视，同时伴随着诸多围绕合法性和公平性等问题的质疑。截至目前，已有超过40个国家和地区征收或拟征收数字服务税，包括英国、法国、奥地利、意大利、西班牙等欧洲OECD成员国，以及印度、老挝、津巴布韦、突尼斯、尼泊尔等非OECD国家和地区。整体而言，各个国家和地区数字服务税征收实践的差异主要体现在纳税范围、起征点以及税率上。首先，数字服务税以企业特定的数字服务收入为税基。数字服务包括搜索引擎、社交媒体、在线交易市场、订阅服务等各类线上服务形式，但各国相关立法对数字服务内容的定义范围有较大差异。例如，英国相关法律规定，企业向英国境内用户提供的搜索引擎、社交媒体和在线交易市场等服务被纳入数字服务税的征收范围，葡萄牙的数字服务税征收方案则重点关注企业通过提供商业视听服务所获得的收入。其次，数字服务税的

---

① Paola Profeta and Simona Scabrosetti, *The Political Economy of Taxation: Lessons from Developing Countries*, Cheltenham and Northampton: Edward Elgar, 2010, pp. 5—17.

② 齐萌、刘博：《数字服务税：理论阐释、国际实践与中国进路》，《上海财经大学学报》2022年第3期。

③ 张牧君：《数字服务税的争议与法理辩释》，《法律科学》2022年第4期；Wei Cui, “The Superiority of the Digital Services Tax over Significant Digital Presence Proposals,” *National Tax Journal*, vol. 72, no. 4 (December 2019), pp. 839—856.

起征点通常通过企业提供应税服务的全年营收规模来确定，大多数国家和地区采取“双门槛”的起征点制度，将企业同时满足征税国国内和全球两个营收门槛作为征收数字服务税的依据。从实践层面看，全球征收或拟征收数字服务税的国家和地区均设置了较高的国内和全球营收门槛，大型跨国数字技术企业成为数字服务税的重点纳税对象。① 最后，绝大多数国家和地区采用单一、固定数字服务税税率，所设定的税率普遍在1%～15%。值得注意的是，数字服务税作为一项新征收的独立税种，其征收实践可能对利润较低的企业带去过重的课税负担，因此5%以内的低税率在各国较为常见。②

目前，围绕数字服务税的法理争议主要集中在两个方面：税收管辖权的合理性与征税制度的公平性。前者的争议焦点在于，实体常设机构的存在是长期以来国际税收规则中判定国家征税权的核心标准，数字服务营收的可征税性并不意味着征税国具有相应的税收管辖权，这使得数字服务税的合法性基础受到质疑。但同时有学者指出，数字服务税管辖权的正当性基础建立在纳税人与征税国的经济联系上。由于数字经济“无边界”交易、虚拟实体存在、高度依赖用户参与等区别于传统经济的重要属性，对特定数字服务征税实质上强化了国家在征税实践中权力的绝对性，即国家对受其控制的人、财产和一系列相关经济活动均享有完全税收主权。③ 对于后者而言，数字服务税将大型跨国数字技术企业作为重点纳税对象的征税立场尤为明显，被认为违背了税收立法的公平原则，导致其税制设计的中立性和公平性受到质疑。④ 围绕相关争议，部分研究则强调数字服务税以一种看似苛刻的措施回应了跨国数字技术企业基于庞大用户参与优势所获得的巨额受益，这为市场国对跨国企业征收数字服务税提供了一个基于公平（fairness-based）的理由。⑤

---

① 清华大学数据治理研究中心：《国际视角下的数字税立法实践》，《数字治理系列研究报告》2022年5月。

② 齐萌、刘博：《数字服务税：理论阐释、国际实践与中国进路》，《上海财经大学学报》2022年第3期。

③ 张牧君：《数字服务税的争议与法理辩释》，《法律科学》2022年第4期。

④ 刘宏松、程海烨：《美欧数字服务税规则博弈探析》，《欧洲研究》2022年第3期。

⑤ Maha R. Atal, “The Janus Faces of Silicon Valley,” *Review of International Political Economy*, vol. 28, no. 2 (October 2020), pp. 336—350; Gelepithis and Hearson, “The Politics of Taxing Multinational Firms in a Digital Age,” pp. 708—727.

四、不同类型国家的数字税差异化实践

从前文论述中已知，税收是国家汲取能力的直接体现。国家财政收入中来源于私人部门缴纳的税收比例越高，表明其社会资源汲取能力越强，税收质量越高，国家提供公共产品和公共服务的能力也越强。① 也就是说，对于那些汲取能力较强的国家而言，私人部门所缴纳的税收构成了其财政收入的主要来源。这些国家逐渐演变为一种高级形式的财政国家：通过建立起一个稳定、高效且具有共识性的税收制度，以征税形式向私人部门进行规模化“借贷”并以提供相应的公共产品和公共服务作为“返还”。② 汲取能力弱的国家更多依赖国有部门上缴的利润或国家垄断的自然资源出口获得的财政收入，前者主要指实行高度集中计划经济体制的国家，后者则主要包括那些经济结构单一，且经济严重依赖国家垄断的自然资源（如石油、天然气等）开采和出口的国家。③

在传统经济形态下，不同的国家汲取能力通常对应不同强度的私有经济基础和税收实践。然而，经济数字化转型在全球体系中构建了新的生产者与消费者角色：在数字经济产业链中，拥有较多大型数字企业的国家成为生产者（注册国），相应地，缺少大型数字企业的国家成为消费者（市场国）。部分国家在传统经济形态下输出资本和产业价值，是传统产业链中的生产者，但在数字时代则失去了产业链中的生产者地位，转变为数字经济形态下的消费市场国，特别是部分工业化高度发达的欧洲国家。④ 因此，在汲取能力之外，本文将一国在全球数字经济产业链中的角色作为另一个关键维度，构建起下述三种国家类型：强汲取能力的数字经济注册国、强汲取能力的数字经济市场国、弱汲取能力的数字经济市场国。表 1 呈现了三类国家数字税实践

① 欧阳景根、张艳肖：《国家能力的质量和转型升级研究》，《武汉大学学报》2014 年第 4 期；Jeffrey F. Timmons，“The Fiscal Contract：States，Taxes，and Public Services，” *World Politics*，vol. 57，no. 4（July 2005），pp. 530—567.

② M. Moore，“Between Coercion and Contract：Competing Narratives on Taxation and Governance，” in D. Brautigam，O. H. Fjeldstad，and M. Moore，eds.，*Taxation and State Building in Developing Countries：Capacity and Consent*，Cambridge：Cambridge University Press，2008，pp. 34—63.

③ 马骏、温明月：《税收、租金与治理：理论与检验》，《社会学研究》2012 年第 2 期；Hazem Beblawi，“The Rentier State in the Arab World，” *Arab Studies Quarterly*，vol. 9，no. 4（October 1987），pp. 383—398.

④ 李文：《数字服务税实施意愿的国际比较》，《公共财政研究》2020 年第 2 期。

的差异化趋势。由此得出，数字经济产业链的消费者角色是国家征收数字税的充分条件，国家的汲取能力不再是税收的必要条件。

表 1　不同类型国家的数字税差异化实践

数字经济产业链中的角色	汲取能力	
	强	弱
生产者（注册国）	消极征收	—
消费者（市场国）	积极征收	积极征收/消极征收

首先，数字经济注册国通常具备较强的收入汲取能力，此类国家征收数字税的意愿较低。其本国数字企业的价值创造地与支付来源地重叠，现有的税种可基本覆盖数字企业在本国进行经济活动所产生的各类利润。与此同时，本国的数字消费市场并未被他国挤占，不存在税收管辖权丢失和税收收入被侵蚀等情况。这类国家在现有税收体系之外开征新税种的动力被削弱，从而形成了消极征收数字税的趋势。以美国为例，由于拥有苹果、奈飞、亚马逊等多家跨国数字巨头的总部，市场国的数字税政策会导致这些大型跨国数字企业面临巨大的税收成本。当前，美国仍以商品与服务税（goods and services tax，GST）和增值税（value-added tax，VAT）等间接税形式向提供数字产品和服务的线上平台征税，以此覆盖数字企业在本国境内经济活动所获得的利润。

其次，当数字经济市场国具备较强的收入汲取能力时，征收数字税的意愿更强。由于数字经济的价值创造与支付来源出现地理分割，强大的收入汲取能力驱动国家积极开征新的税种，以保护本国的税收管辖权和税收收入。这种税收情境常见于两类国家中。第一类是西欧发达的工业化国家，如英国、法国、意大利等。这些国家长期从私人部门经济活动的利润中汲取财政收入，通过社会福利维系分配正义（distributive justice）及民主制度的运行。① 第二类是一些从传统的中央计划经济体制转向现代市场经济，并逐步培育起收入汲取能力的国家，如部分中东欧转型国家。这些国家私人部门的收入基础在一些特定情况下难以向国家提供稳定充裕的财政来源，② 因而倾向

---

① Gurminder K. Bhambra，"Relations of Extraction，Relations of Redistribution：Empire，Nation，and the Construction of the British Welfare State，" *The British Journal of Sociology*，vol. 73，no. 1 (January 2022)，pp. 4—15.

② Gerald M. Easter，"Politics of Revenue Extraction in Post-Communist States：Poland and Russia Compared，" *Political Theory*，vol. 30，no. 4 (December 2002)，pp. 599—627.

于依托其已经建立的税收制度积极开启对数字经济的征税实践。在新冠肺炎疫情暴发后，波兰的私人部门经济活动遭遇困境，政府公共支出激增。为了缓解不断加剧的财政赤字压力，波兰政府启动税收改革，旨在通过对大型跨国数字企业在国内的获利征税，以增加财政收入。

最后，在汲取能力偏弱的数字经济市场国中存在两种情况。一是部分具有一定计划经济特征的国家在数字税征收方面表现积极，如越南。这些国家依靠其相对强大的行政官僚体系，将数字税作为管理现金流并执行预算计划的工具，通过对数字经济征税影响资源配置，从而达到调控经济运行的目的。二是那些整体经济力量偏弱且行政化程度较低的国家，如部分欠发达的非洲和东南亚国家。一方面，这些国家的征税能力较弱，公共官僚机构难以应对开征一项全新税种的实践；另一方面，这些国家的数字经济产业尚处于发展的初级阶段，出于鼓励本国产业发展的考虑，征收数字税并非一项紧迫议题。

五、数字化转型背景下的税收改革逻辑

在经济社会数字化转型的背景下，各国在税收改革方面的差异化实践引发了另一个困惑：不同国家对数字经济征税意愿背后的逻辑是什么？这一困惑包含两个相关的问题：不同汲取能力的国家征收数字税的动因有何差异？为何国家在数字时代出现了汲取能力与税收实践的错位？接下来，本文比较分析了不同汲取能力下市场国征收数字税背后的政治经济逻辑，并进一步探究汲取能力迥异的国家如何利用税收改革应对数字时代新结构关系带来的挑战。

（一）不同国家汲取能力下的数字税征收逻辑

差异化的汲取能力揭示了不同的国家与社会关系，其背后是国家间治理逻辑的差异。因而，税收在汲取能力强弱差异的国家有着不同的角色意义。强大的汲取能力使国家得以通过一套正式的税收制度持续汲取社会资源，进而构建起国家对社会的依赖。在此背景下，公民的纳税人意识开始形成，要求国家回应其为财政做出的贡献。[1] 国家如何利用并配置这些财政资源以回应公民的需求，成为此类国家在治理过

---

① 马骏：《中国财政国家转型：走向税收国家?》，《吉林大学社会科学学报》2011 年第 1 期。

程中面临的首要问题。相较而言，汲取能力较弱的国家对社会资源的依赖度低，国家治理无需对社会让步。此时，税收的主要角色并非汲取财政资源，而是调节经济活动、完成国家发展战略。

伴随着经济社会数字化转型，不同汲取能力的国家面临着重塑税收体系的难题：由于数字经济的价值创造和税负支付出现了地理分割，不仅引起了国家间税源竞争的难题，还导致税收干预经济社会发展的工具效应渐趋弱化。实际上，跨国企业数字化经营带来的税基侵蚀和利润转移问题，使不同汲取能力的数字经济市场国面临着迥异的税收治理困境。对于汲取能力较强的国家而言，税基侵蚀将使国家对内失去部分用于维持治理权威的社会资源，对外则失去在全球数字领域的话语权和竞争力，从而影响政府与市场、国家与社会甚至国家之间的关系。而在那些汲取能力较弱的国家，税基侵蚀将弱化税收在实施国家经济干预、提供公共物品等方面的经济工具角色。

尽管面临经济社会数字化转型所带来的税收挑战，但国家通过税收开展国家治理的基本逻辑并未变化。汲取能力的强弱差异，使得两类国家的数字税征收实践受到不同逻辑的驱动。强汲取能力的国家依赖私有部门缴纳的税收进行社会渗透，进而调节国家与社会的关系。为了巩固财政资源，市场国对数字经济征税的焦点首先在于扶植本国私有部门数字产业的发展，从而保护税收制度的社会经济基础。此外，通过助力数字产业发展，数字税可能进一步动摇以美国为代表的注册国在全球数字经济领域的优势地位。[①] 在汲取能力较弱的国家中，积极开征数字税的国家主要是少数在传统计划经济体制下引入市场机制的国家（如越南），此类国家更关注如何通过税收制度提供基础公共物品并执行经济干预。然而，无论国家汲取能力如何，近年来数字经济的兴起和发展作为一项重要的经济环境因素，伴随着传统经济模式比重逐步降低，带来了税源结构的改变。国内外税制变迁的历史引出了“税源变化引致税制变革”的假说，[②] 它强调国家能够从数字经济中发掘财政征收的潜力。因此，数字经济市场国必然会通过税制改革稳定本国税源，使国家财政能够从跨国企业的数字化经营中获得充足的收入来源。

将不同国家汲取能力下数字经济的征税逻辑纳入产业发展、经济调节和税源变化三个主要动因中，并结合前文叙述进行更为具体的归纳，可以得出表 2：

---

① 刘宏松、程海烨：《美欧数字服务税规则博弈探析》，《欧洲研究》2022 年第 3 期。

② 潘文轩：《税源变化引致税制变革：对税制变迁规律的一种理论解释与现实考察》，《经济体制改革》2009 年第 6 期。

表 2　不同国家汲取能力下的数字税征收逻辑

征税动因	汲取能力	
	强	弱
产业竞争	提升本土数字竞争力	—
经济调节	国际经济博弈	实施国家发展计划、调控宏观经济
税源稳定	保障国家财政收入	保障国家财政收入

（二）数字化转型背景下的税收改革：新结构关系的生成及其应对

长期以来，税收都是衡量国家汲取能力的核心指标。当一国已经形成了国家财政对税收的依赖，便认为其拥有较强的收入汲取能力。然而，在社会数字化转型的背景下，部分积极实践数字税的国家在过去并不依赖税收汲取财政收入，而部分对此持消极态度的国家，其财政收入中实际来源于私人部门缴纳的税收比例很高。这些现象的背后反映出数字时代税收的两个主要变化：第一，除了提供财政资源外，数字经济形态下产生的价值收益还有其他重要的政治经济含义，因此，数字税无法作为衡量国家资源汲取能力的直接指标；第二，国家在税收改革方面的实践差异，很大程度上反映了其在结构关系演进中所面临的不同挑战，这些挑战因国家汲取能力的强弱差异有所不同。本节试图回答如下问题：数字化转型的政治经济本质为何？数字化转型带来了哪些新的结构关系？这些新结构关系对不同汲取能力的国家而言意味着什么？

前文提到，社会经济环境作为一项结构性因素会带来税源的变化，推动国家进行税收改革，使税收制度与新的经济环境相适应。除了使国家财政收入的经济源泉发生变化，更重要的是，经济环境的变化通常伴随着国家内部新的结构关系的出现。在西方工业化国家的近现代历史上，税收制度的演进与两个环境条件紧密相关：工业革命和全球化。这两个条件性因素生成了国家内部新的结构关系，通过影响财政资源的汲取和再分配，推动了国家税收制度的发展。

工业革命前，由于无法从公民所创造的价值中汲取充足的财政收入，大多数国家属于低税收社会（low-taxation societies），战争支出是国家对税收需求的主要原因。[①] 工业资本主义的发展不仅催生了工人与资本家两大阶级群体，也开启了政治民主化的

① Tilly，*Coercion*，*Capital*，*and European States*，pp. 61—95.

进程。[①] 由于工人无法占有生产资料，工人阶级和资本家这两大群体形成了对抗性的阶级关系。数量庞大的工人阶级试图从资本家群体中获取更多补偿性资源，累进税制成为工人阶级的主要诉求，并逐渐演变为遵循多数统治的民主制度下最重要的税收制度。[②] 20 世纪以来的全球化进程则使越来越多来自欠发达地区的劳动力流向发达的工业化国家，引发了工业化国家内部不同族群之间的群体互斥。由于人们普遍更愿意为群体内成员而非其他群体的成员纳税，国家内部日益增加的族群异质性导致越来越多民众反对高税收支撑起的福利制度。[③] 强大的福利国家和开放的移民政策同时存在，出现了累进税制的困境，国家不得不面对这样一个矛盾：被迫降低的高税率将难以支撑起移民背景下不断增加的公共财政支出。[④]

工业化和全球化构建的阶级关系和族群关系，向国家提出了优化资源配置的政治诉求。相较而言，尽管数字的赋权性和虚拟性生成了新的支配关系，但在这种结构关系下，国家和政府的首要任务并不是满足特定群体的资源诉求，而是在国内和全球两个体系中应对权威流失危机所带来的治理挑战。从本质上看，数字化转型所带来的结构关系演变并非集中于社会层面，而是通过改变生产和分配方式，重塑了权力结构。一方面，数字化社会中的国家治理高度依赖数字技术以及公民日常活动所提供的数据资源，数据和技术成为一种规范性权力（regulative power），在一定程度上重构了政治权威的边界，并影响国家社会关系以及政府市场关系。[⑤] 另一方面，数字化意味着各类政治经济活动均可在虚拟空间打破实体边界的阻碍。基于数字产业的优势，注册国在虚拟空间对市场国形成内容输出的支配效力，[⑥] 通过影响市场国的经济利益与价

---

① Moshe Justman and Mark Gradstein, "The Industrial Revolution, Political Transition, and the Subsequent Decline in Inequality in 19th-Century Britain," *Explorations in Economic History*, vol. 36, no. 2 (April 1999), pp. 109—127.

② 张长东：《税收国家及其治理任务》，《社会科学》2022 年第 5 期；Kimberly J. Morgan and Monica Prasad, "The Origins of Tax Systems: A French-American Comparison," *American Journal of Sociology*, vol. 114, no. 5 (March 2009), pp. 1350—1394.

③ Maureen A. Eger, "Even in Sweden: The Effect of Immigration on Support for Welfare State Spending," *European Sociological Review*, vol. 26, no. 2 (April 2010), pp. 203—217; Jude C. Hays, "Globalization and Capital Taxation in Consensus and Majoritarian Democracies," *World Politics*, vol. 56, no. 1 (October 2003), pp. 79—113.

④ Kiser and Karceski, "Political Economy of Taxation," pp. 83—84.

⑤ Marco di Giulio and Giancarlo Vecchi, "Implementing Digitalization in the Public Sector. Technologies, Agency, and Governance," *Public Policy and Administration*, vol. 38, no. 2 (April 2023), pp. 133—158.

⑥ 官云牧：《数字时代主权概念的回归与欧盟数字治理》，《欧洲研究》2022 年第 3 期。

值观构建起国家间非对称的相互依赖关系。

从国内层面上看，数字化在驱动国家调整治理模式的同时，也使国家面临传统政府权威被侵蚀的难题。数字企业掌握越来越多数据资源，推动其持续利用智能算法进行精准信息投放和政治动员，而国家治理体系对数据的依赖加剧了此类企业数字权力的扩张。[①] 这一过程同步蕴含了两个层次的变化。第一个层次涉及“政治权力”（political power）。政府在治理过程中日益依赖数字企业所提供的资源，其在权力结构中的核心位置开始受到挑战，传统以政府为中心的权力结构正在悄然变化。第二个层次涉及“政治权威”（political authority）。数字企业掌握了网络基础设施、垄断了一定数量信息并具备强大政治动员能力，逐渐在大众传播的议程设置中占据重要位置，通过引导公众的注意力和价值偏好影响政府决策，进而侵蚀传统政府的政治权威及社会控制能力。[②] 数字化的赋权属性强化了国内社会力量对国家权威的反向支配，这一问题在那些汲取能力不强、财政收入主要来源并非税收的国家尤为突出。由于长期以来国家对公民和社会的依赖度低、自主性高，这些国家公民的政治参与动机较弱，数字化转型则进一步激发了公民的政治诉求。随着公民意识的形成，国家若无法通过税收平衡数字经济的规模化扩张，其原有的社会和经济干预模式将面临越来越多的社会压力。[③]

从全球层面上看，跨国数字企业的崛起重构了全球治理中的结构关系。新的权力结构关系主要冲击了一些私人部门发达、汲取能力较强的国家在原有结构关系中的利益和话语权，主要体现在数字经济产业链中的注册国对市场国形成的多种支配关系。最值得关注的是，美国基于本土数字企业在全球市场的垄断地位，主导了数字治理的决策制定过程，从而激发了以欧洲为代表的市场国在全球数字竞争中的诉求。从本节的分析框架出发，市场国的诉求可被分解为下述两类：

第一类诉求涉及国际政治中的战略自主。数字时代的国家间竞争，聚焦于寻求对数据资源、数字技术和数字基础设施进行管控和规制的权力。[④] 福山指出，官僚自主

---

① 庞金友：《当代欧美数字巨头权力崛起的逻辑与影响》，《人民论坛》2022 年第 15 期。

② Victor Bekkers et al., “New Media, Micromobilization, and Political Agenda Setting: Crossover Effects in Political Mobilization and Media Usage,” *The Information Society*, vol. 27, no. 4 (July 2011), pp. 209—219.

③ 马骏：《中国财政国家转型：走向税收国家》，《吉林大学社会科学学报》2011 年第 1 期。

④ 官云牧：《数字时代主权概念的回归与欧盟数字治理》，《欧洲研究》2022 年第 3 期。

性在于独立制定符合自己利益的政治目标，[①] 放置到国际层面，战略自主性也表明一国在不依赖他国的情况下有维持自身政治、经济、安全等核心利益的能力。[②] 当一国从治理体系到公民日常生活均过度依赖非本土数字企业的数据资源和技术时，将面临战略自主性丢失的困境。例如，欧盟近年来先后提出了“技术主权”（tech sovereignty）、“数字主权”（digital sovereignty）等概念，强调维护其在数字时代战略自主性的重要性，以更好捍卫价值和利益。[③] 结合欧盟与欧洲国家的经验，对跨国数字企业在本国领土内产生的利润征税，是提升本土数字竞争力、摆脱对外部行为体依赖的一种积极尝试。[④]

第二类诉求涉及国际经济中的利益平衡。一方面，在跨境贸易中，具有“显著经济存在”的注册国数字企业在市场国所支付的有效税率，远低于传统经济形态下的有效税率，为市场国带来税收收入损失，也冲击了原有的全球税收利益分配格局和产业发展格局。数字税通过提高跨国数字企业的纳税合规成本，为本土数字产业赢得发展的空间。另一方面，在经济数字化转型的背景下，传统税收规则作为一种“非中性规则”，对不同主体有着不同意义。随着新的利益相关方出现，不同利益主体对全球经济治理产生差异化需求，导致数字经济时代的税收治理体系持续碎片化。[⑤] 对于数字化转型后失去市场主动权的国家而言，积极推动数字经济税收改革，不仅成为提升其在全球数字税收规则制定中影响力和话语权的重要手段之一，也为参与未来全球经济博弈拓展了政治空间。

六、结论与启示

税收帮助国家获取财政收入，为政府履行各项内外职能提供物质资源保障，长期

---

① Francis Fukuyama, *State-Building: Governance and World Order in the 21st Century*, Ithaca: Cornell University Press, 2014, pp. 92—118.

② Jolyon Howorth, “Strategic Autonomy: Why It's Not about Europe Going It Alone,” *European View*, vol. 18, no. 2 (October 2019), pp. 254—254.

③ Huw Roberts et al., “Safeguarding European Values with Digital Sovereignty: An Analysis of Statements and Policies,” *Internet Policy Review*, vol. 10, no. 3 (October 2021), pp. 1—28.

④ 刘宏松、程海烨：《美欧数字服务税规则博弈探析》，《欧洲研究》2022 年第 3 期。

⑤ 庞中英：《全球治理赤字及其解决——中国在解决全球治理赤字中的作用》，《社会科学》2016 年第 12 期；余振、沈一然：《数字税国际争议对全球经济治理的影响及中国对策》，《天津社会科学》2022 年第 3 期。

以来被认为是衡量国家汲取能力的直接指标。进入数字时代，部分积极实践数字税的国家在过去并不依赖税收汲取财政收入，而部分对此持消极态度的国家，其财政收入中实际来源于私人部门缴纳的税收比例很高。本文发现，数字经济产业链中的市场国是积极推进数字税实践的主要力量，国家间不同的数字税实践主要反映了全球数字经济产业链中的角色差异，而非汲取能力的强弱。因此，数字经济下的价值收益已经超越了资源供给的内涵，这赋予了数字时代税收新的政治经济意涵。本文着重探讨了数字税改革的全球实践所涉及的几个重要的理论问题，包括数字化转型的政治经济本质、数字化转型带来的结构关系演变，以及汲取能力强弱差异的国家如何利用数字税实践应对新结构关系带来的不同挑战。

本文指出，数字化转型的政治经济本质是信息革命对生产、分配和权力结构的重新塑造，其背后蕴含了两种结构关系的演变：第一，在国内治理层面，政府传统的权威边界被打破；第二，在全球治理层面，原有的税收利益分配格局和产业发展格局被打破，出现了注册国与市场国之间新的非对称依赖关系。新的结构关系为汲取能力迥异的市场国带去了不同挑战，进而形成了差异化的征税逻辑：一些汲取能力较强的国家在数字时代面临全球竞争中传统产业优势丢失、话语权减弱的风险，不得不积极寻求全球治理中的战略自主和利益平衡；而在汲取能力偏弱的国家中，数字化带来社会力量的增长，国家面临越来越多来自社会层面的压力，故更加重视维系政府在对内治理中的政治权威。

数字税改革的全球实践更多体现了国家在新结构关系下面对权威流失的一种应对逻辑。这一发现在理论层面丰富了税收的政治经济意涵，也为理解各国差异化的数字税实践提供了新的思路。目前，中国正处于数字经济高速发展的时期。2022 年，中国数字经济规模已达到 50.2 万亿元，数字经济占 GDP 比重达 41.5%，相当于第二产业占国民经济的比重。① 在稳定国内市场的同时，越来越多的中国数字企业开始走向海外。从某种程度上看，中国已经成为数字经济的消费大国和全球数字产业链中的生产者，对内面临着在平台设置、渠道管控、信息沟通等方面的治理挑战，对外则需要面对部分市场国利用数字税进行政治经济博弈的压力。对于中国而言，为更好地把握数字化转型带来的新机遇，最重要的是在支配关系的视角下全面理解自身数字生产

① 中国信息通信研究院：《中国数字经济发展研究报告（2023 年）》，http://www.caict.ac.cn/kxyj/qwfb/bps/202304/t20230427_419051.htm，2023 年 4 月。

者的角色。在此基础上，中国应主动参与双边或多边框架下的数字税议题谈判，在全球数字治理中塑造话语优势，确保新的国际税收框架体系能够充分维护本国的税基。同时，应结合本国数字企业在海外市场的实际竞争力，系统评估数字化转型背景下各国税收改革对中国参与全球利润再分配权力的影响，设定有效保护本国企业发展空间的数字税税率，避免跨国数字巨头的全球结构性权力扩张与市场国的征税机制共同对中国在全球治理中的角色造成冲击。

附录：年度总目录

哲学、宗教、艺术学

历史学

文学与文献学

传播学

政治学

法　学

经济与管理

扫码阅读全年文章
第一期
第二期
第三期
第四期
第五期
第六期